KAU

David King
WIEN 1814

David King

# WIEN 1814

*Von Kaisern, Königen und dem Kongress, der Europa neu erfand*

Aus dem Amerikanischen von Helmut Dierlamm, Hans Freundl und Norbert Juraschitz

Piper München Zürich

*Mehr über unsere Autoren und Bücher:*
*www.piper.de*

Die Originalausgabe erschien 2008 unter dem Titel »Vienna 1814. How the Conquerors of Napoleon Made Love, War, and Peace at the Congress of Vienna« bei Harmony Books, einem Imprint von der Crown Publishing Group, Random House, Inc., New York 2008.

*Meinen Eltern*

FSC
www.fsc.org
MIX
Papier aus verantwortungsvollen Quellen
FSC® C014496

ISBN 978-3-492-05675-5

Vorsatz: Sitzung der Bevollmächtigten der acht an dem Pariser Frieden beteiligten Mächte in der Staatskanzlei. Kupferstich, 1819, von Jean Godefroy nach der Zeichnung von Jean-Baptiste Isabey. © Imago/Getty Images
Nachsatz: Maskenball im Redoutensaal der Hofburg. Radierung nach einer Zeichnung von Joseph Schütz. © Imago/Getty Images
Gesetzt aus der Garamond Premier Pro
Satz: Kösel Media GmbH, Krugzell
Druck und Bindung: GGP Media GmbH, Pößneck
Printed in Germany

*Sie sind im richtigen Moment gekommen. Wenn Sie Feste und Bälle mögen, hier gibt es genug davon. Der Kongress geht nicht vorwärts, sondern er tanzt.*

Fürst de Ligne

# Inhalt

# Vorwort

*4. Mai 1814*

Die hohe, schlanke Fregatte HMS *Undaunted* glitt langsam auf den kleinen Fischereihafen zu. Zwei Dutzend erschöpfte Ruderer halfen dabei, das elegante Schiff an den hastig gebauten hölzernen Kai zu manövrieren. Eine Menschenmenge schrie sich heiser, und auf dem Wasser trieben Blumensträuße als Willkommensgrüße für die Fremden. An Bord des Schiffs war der neue Kaiser von Elba, absoluter Herrscher über jedes Fleckchen der 27 Kilometer langen Insel.

Alle versuchten neugierig, einen Blick auf den kleinen Mann mit dem alten grünen Mantel, den weißen Kniehosen und den leuchtend roten Stulpenstiefeln zu erhaschen. Sie erkannten ihn sofort an seinem Gang: gesenkter Kopf, leicht vorgebeugt, Hände auf dem Rücken ineinandergelegt, hektischer Schritt – wie »ein wildes Tier im Käfig«. Flocken von Schnupftabak klebten auf seiner Oberlippe, was sein zerzaustes, ungepflegtes Aussehen verstärkte.

Erst zwei Wochen zuvor hatte er versucht, sich mit einem giftigen Gemisch aus Opium, Belladonna und Weißem Germer umzubringen, das er in einer herzförmigen Phiole um den Hals getragen hatte. Die Dosis hätte durchaus tödlich sein können, doch das Gift hatte durch den strengen russischen Winter offenbar an Wirkung verloren. Nun aber schienen alle bösen Erinnerungen an diese katastrophale Zeit Welten entfernt. Natürlich war die Insel, die Napoleon jetzt durch sein Fernglas betrachtete, kein Korsika. Doch er hatte sich in sein Schicksal ergeben und stellte sich vor, was ihn in seinem sonnigen goldenen Käfig erwarten würde.

Denn Napoleon Bonaparte, der geniale Wahnsinnige, war schließlich doch aufgehalten worden, nachdem er den größten Teil des Kontinents erobert hatte. Zuvor war ein Staat nach dem anderen mit erstaunlicher Geschwindigkeit dem kühnen »Mann des Schicksals« unterlegen. Von Madrid bis Moskau war die französische Trikolore gehisst worden; stolze Mitglieder des Bonaparte-Clans hatten überall in seinem ausgedehnten Reich die Throne bestiegen. 1814 jedoch war das monströse Gebilde durch seine Übergröße und geschwächt durch zu viele militärische Katastrophen zusammengebrochen. Napoleon war geschlagen, sein Reich zerfallen, und das ganze Gefüge der internationalen Beziehungen war völlig in Unordnung geraten. Es war Zeit für den Wiederaufbau.

Könige und Königinnen, Fürsten und Diplomaten kamen im Herbst 1814 zur herbeigesehnten Friedenskonferenz nach Wien. Mehr als 200 Staaten und Fürstenhäuser schickten Vertreter, um die vielen ungelösten Probleme zu klären. Wie sollten die Siegermächte den kriegszerrütteten Kontinent wiederaufbauen? Wie würden die Millionen entschädigt, die Familienmitglieder verloren oder unter der napoleonischen Herrschaft gelitten hatten? Der Wiener Kongress bot eine Chance, begangenes Unrecht wiedergutzumachen und, wie viele hofften, die »beste aller möglichen Welten« zu schaffen.

Beobachter sagten voraus, dass die Verhandlungen in drei bis vier Wochen abgeschlossen wären. Selbst altgediente Diplomaten rechneten nicht mit mehr als eineinhalb Monaten. Doch die Delegierten feierten in freudiger Erwartung eines dauerhaften Friedens ein Fest nach dem anderen. Die Friedenskonferenz verkam schon bald zu einem Jahrmarkt der Eitelkeiten mit Maskenbällen, Turnieren mittelalterlichen Stils und großen offiziellen Banketten – zu einem »schillernden Chaos«, das die Ufer der Donau in festlichem Glanz erstrahlen ließ.

So schwanden die Hoffnungen auf eine rasche Lösung, während sich die Friedensstifter vergnügten, schnell dahin. Heimliche Intrigen, persönliche Abneigungen, erbitterte Feindschaften und eine Vielzahl weiterer unerwarteter Hindernisse sorgten dafür, dass sich die illustre Gesellschaft auf fast gar nichts einigen konnte. Die Delegierten mussten sich eingestehen: Um den Frieden zu ringen würde genauso schwer werden, wie Napoleon zu besiegen.

Nach sechs Monaten im »Wonnetaumel« brachte völlig überraschend ein Kurier eine mit der Aufschrift »Dringend« gekennzeichnete Depesche ins Außenministerium. Es war kurz nach sechs Uhr morgens, und der österreichische Außenminister Klemens Fürst von Metternich war zu müde, um sich noch einer weiteren Angelegenheit zu widmen, die keinen Aufschub duldete. Er legte den Brief auf seinen Nachttisch und ging wieder zu Bett. Eineinhalb Stunden später öffnete er die Depesche, die vom kaiserlich-königlichen Generalkonsul in Genua (tatsächlich dem in Livorno) stammte. Sie lautete:

> Der englische Commissär Campbell ist soeben in dem Hafen erschienen, um sich zu erkundigen, ob sich Napoleon zu Genua [eigentlich Livorno] nicht habe blicken lassen, denn von der Insel Elba sei er verschwunden; worauf infolge der verneinenden Antwort die englische Fregatte ungesäumt wieder in See gestochen sei.

Noch im Halbschlaf dämmerte dem übermüdeten Fürsten die schreckliche Wahrheit: Napoleon Bonaparte war entkommen, und niemand hatte eine Ahnung, wo er hinwollte. Danach kleidete sich der Fürst »in wenigen Minuten« an und gab die Nachricht an die Kongressteilnehmer weiter. Als an diesem Abend im Redoutensaal der Vorhang fiel, war die Jagd auf den »meistgefürchteten Kriegsherrn seit Dschingis Khan« eröffnet.

Der Wiener Kongress war tatsächlich völlig anders als jede andere Friedenskonferenz in der Geschichte. Er war die erste umfassende Friedensanstrengung seit 175 Jahren, und seine Bewertung ist bis heute umstritten. Abgesehen von den zahlreichen Problemen und Konflikten ist eines seiner faszinierendsten Merkmale die explosive Mischung der Delegationen, die in die dekadente Habsburgerhauptstadt entsandt wurden.

Die österreichischen Gastgeber wurden von dem eleganten, hochkultivierten und eitlen Fürsten von Metternich vertreten, einem »Don

Juan« und brillanten Verführungskünstler. Frankreich entsandte nach Napoleons Niederlage und Verbannung einen mindestens ebenso geschliffenen und gewieften Diplomaten: Fürst Charles-Maurice de Talleyrand-Périgord. Fast alle skandalösen Beschuldigungen, die gegen ihn erhoben würden, seien wahr, räumte Madame de la Tour du Pin ein, aber dennoch sei er der charmanteste Mann, den sie je kennengelernt habe. Mit seiner gepuderten Perücke, Samtjackett und roten Absätzen sah er aus wie der letzte Überlebende des Ancien Régime. »Ein Scheißhaufen in Seidenstrümpfen« war Napoleons Urteil.

Die launenhafteste und hitzigste Delegation jedoch war zweifellos die preußische. Der norddeutsche Staat war damals zu stark, um noch als Mittelmacht oder -staat zu gelten, aber noch nicht stark genug für den Großmachtstatus. Sein König, Friedrich Wilhelm III., war persönlich nach Wien gekommen und hatte die größte, gebildetste und fleißigste Delegation mitgebracht. Die Preußen verlangten eine Entschädigung, nachdem ihr Land von den französischen Invasoren ohne viel Federlesens aufgeteilt worden war.

Großbritannien wurde von seinem Außenminister Robert Stewart, Viscount Castlereagh, vertreten. Der reservierte und exzentrische Gentleman hatte in London als Mitglied des Parlaments einen Skandal verursacht, als er einen anderen Minister des Kabinetts zum Duell forderte, weil er dadurch ein bösartiges politisches Intrigenspiel beenden zu können glaubte. Nun jedoch widmete er sich ganz den strategischen Interessen seines Landes. Dabei war er sich sehr wohl bewusst, dass er eine starke Wirtschafts- und Seemacht repräsentierte.

Die vierte der in Wien vertretenen Großmächte war Russland, und Zar Alexander wenigstens zu Beginn der Star der Friedenskonferenz. Der große, blonde Mann in der grünen Uniform und mit dem breiten, schief sitzenden Hut war impulsiv und neigte zum Exzess. Sein sexueller Appetit war gewaltig und konnte sich durchaus mit dem seiner Großmutter Katharina der Großen messen. Außerdem neigte er zum Mystizismus und wurde immer unberechenbarer. »Wäre er eine Frau«, hatte Napoleon einst gesagt, »würde ich ihn vermutlich zu meiner Geliebten machen.«

Solcher Art waren die angesehenen und weltgewandten Staatenlenker, die sich für das unvergessliche neunmonatige Schauspiel des Wiener Kongresses versammelten: für die größte und aufwendigste Party der Geschichte. Sie intrigierten, schmiedeten Ränke, versuchten sich in Position zu bringen und konkurrierten in Staats- wie Herzensangelegenheiten leidenschaftlich miteinander. Ein Teilnehmer, der junge Liederdichter Comte Auguste de La Garde-Chambonas, schilderte das Geschehen wie folgt:

> Auf einem Balle wurden Königreiche vergrößert oder zerstückelt, auf einem Diner eine Schadloshaltung bewilligt, eine Verfassung auf der Jagd entworfen [...] das Vergnügen allein riss alles mit sich fort.

Dennoch wurden trotz all der ungehemmten Vergnügungssucht Weltkarten neu gezeichnet, die Neutralität der Schweiz garantiert, die Freiheit der Meere und internationalen Flüsse proklamiert, diplomatische Abläufe festgeschrieben, wertvolle Kunstwerke restauriert und viele weitere Fortschritte erreicht. Und am Ende dieser historisch einmaligen Versammlung kamen die Delegierten auch ans Ziel: Am 9. Juni 1815 wurde die Kongressakte mit der Friedensregelung unterzeichnet.

*Wien 1814* spielt in Ballsälen, Schlafzimmern und Palästen. Es erzählt die Geschichte, wie diese ungewöhnliche Festgesellschaft zustande brachte, was Henry Kissinger einmal als die längste je gekannte Friedensperiode in Europa bezeichnet hat.

*Kapitel 1*

# Brot und Spiele

*Es ist ein königliches Gewühl. Von allen Seiten schreit man Friede, Gerechtigkeit, Gleichgewicht, Entschädigung, Legitimität [...]. Was mich anbetrifft, der ich bloß wohlwollender Zuschauer bin, so werde ich nichts als einen Hut reklamieren, da ich den meinigen bloß damit ruiniere, die Souveräne zu grüßen, denen man an jeder Straßenecke begegnet.*

Fürst de Ligne

Prächtig verzierte Rokokokutschen rumpelten durch die von zwei Jahrzehnten Revolution und Krieg verwüstete Landschaft. Überall auf den schlechten, unbeleuchteten Straßen lauerten Gefahren: Mordgierige Banditen hielten sich an einsamen Reisenden schadlos, und selbst Gasthäuser waren nicht immer ein sicherer Hafen, sondern oft die reinsten »Räuberhöhlen«. Das Reisen in der finsteren Nachkriegswelt war etwas für »Furchtlose, Narren und Selbstmörder«. Im Herbst 1814 war es auch etwas für Traumtänzer und Müßiggänger. Vergnügungshungrige strömten scharenweise zu einem beispiellosen Spektakel nach Wien.

Anlass war der Wiener Kongress, die lang erwartete Friedenskonferenz, die über die Zukunft Europas entscheiden sollte. Könige und Königinnen, Prinzen und Prinzessinnen, Herzöge und Herzoginnen, viele Diplomaten und etwa 100 000 weitere Besucher reisten in die mitteleuropäische Stadt, deren Bevölkerung sich in dieser Zeit um ein Drittel vergrößerte. Keiner von ihnen wusste, was ihn erwartete. Zu dem Kongress war durch eine Zeitungsannonce eingeladen worden.

Die Revolutionskriege und die napoleonischen Kriege hatten Europa auseinandergerissen. Zum ersten Mal in der Geschichte waren riesige per Wehrpflicht ausgehobene Armeen durch den Kontinent marschiert und hatten einen »totalen Krieg« geführt. Frankreich hatte mit dem berühmten Dekret vom August 1793 den Standard für die umfassende Mobilisierung gesetzt:

> Die jungen Männer werden in den Kampf ziehen, verheiratete Männer werden Waffen schmieden und Vorräte transportieren; Frauen werden Zelte und Kleidung nähen und in den Hospitälern dienen; Kinder werden alte Wäsche auftrennen; alte Männer werden an öffentliche Plätze verbracht, um den Mut der Krieger zu erwecken.

Am Ende des Krieges im Frühjahr 1814 war das Leiden ungeheuer gewesen: ein schreckliches Martyrium, in dem Staaten verwüstet, Volkswirtschaften ruiniert und Familien dezimiert worden waren. Fünf Millionen Menschen waren tot, Unzählige verletzt oder für den Rest ihres Lebens verstümmelt. Ganze Dörfer waren von der Landkarte verschwunden. In entsetzlichem Ausmaß waren Landstriche verwüstet, Gesetze mit Füßen getreten und Gräueltaten begangen worden.

Die vielen Probleme, die die Katastrophe verursacht hatte, waren natürlich kompliziert, heikel und heftig umstritten. Die gegen Frankreich verbündeten Koalitionsmächte hatten verständlicherweise viele schwierige Entscheidungen auf die Zeit nach dem Krieg verschoben. Deshalb war nach der Niederlage Napoleons nur das Schicksal Frankreichs offiziell geklärt worden: Im Mai 1814 hatte man nach nur zwei Monaten durch den Vertrag von Paris das französische Territorium in den Grenzen vom Januar 1792 wiederhergestellt. Dies bedeutete, dass Frankreich zwar den größten Teil seiner Eroberungen zurückgeben musste, aber alle Gebiete behalten durfte, die es bis zum vereinbarten Stichtag erobert hatte, darunter Gemeinden im Nordosten, Chambéry in Savoyen, die frühere päpstliche Enklave Avignon und sogar einige Kolonien in der Neuen Welt. Dank des Vertrags sollte der französische

Staat ein größeres Territorium und eine größere Bevölkerung haben als unter den Königen Ludwig XIV., XV. und XVI.

Die Koalitionsmächte hatten gehofft, dass es dem neuen König Ludwig XVIII. unter diesen günstigen Bedingungen leichter gelingen würde, seinen Thron zu sichern und sein Land friedlich in die internationale Gemeinschaft zu integrieren. Deshalb ersparten sie Frankreich auch andere Strafen, die üblicherweise über eine besiegte Macht verhängt wurden. Es musste keine Reparationen zahlen, die Größe seiner Streitkräfte wurde nicht begrenzt. Das war ein äußerst moderater Friedensvertrag.

Alles andere jedoch war ungeklärt geblieben. Der Wiener Kongress würde zahleiche schwierige Entscheidungen über das frühere Reich Napoleons und seine vielen Satellitenkönigreiche treffen müssen. Letztlich ging es um ganz Westeuropa, um riesige Gebiete östlich des Rheins und um einige umkämpfte Inseln von der Karibik bis zum Indischen Ozean.

Das schwierigste Problem war zunächst das Schicksal Polens. Napoleon hatte das Land als den »Schlüssel zur Schatzkammer« bezeichnet, und die sogenannten »aufgeklärten Herrscher« (»despotes éclairés«) des 18. Jahrhunderts hatten versucht, sich so viel wie möglich von diesem strategisch wichtigen Territorium unter den Nagel zu reißen. Sie hatten es nicht weniger als dreimal geteilt, bis es 1795 völlig von der Landkarte verschwunden war – einverleibt »wie eine Artischocke, Blatt für Blatt«, um eine Formulierung Friedrichs des Großen zu gebrauchen.

Russland hatte sich den Löwenanteil des polnischen Territoriums einschließlich Litauens, der Ukraine, Weißrusslands und Ostpolens gesichert, Österreich die alte Hauptstadt Krakau zusammen mit der reichen Agrarregion Ostgalizien und den Salzminen von Tarnopol. Und Preußen hatte Warschau und Danzig annektiert sowie einen Landstreifen, der sich nach Norden bis zur Nordsee erstreckte und später als der »Polnische Korridor« bekannt wurde. Eine derart zynische und skrupellose Machtpolitik war für viele Zeitgenossen untragbar.

Im Krieg hatte sich Napoleon diese Empörung zunutze gemacht und die polnischen Teilungen als »unverzeihlich, unmoralisch und politisch unhaltbar« angeprangert. Er versprach den Polen, ihnen ihr Land zurückzugeben, wenn sie ihm beweisen könnten, dass sie »es wert seien, eine Nation zu sein«. Aber trotz der zahlreichen polnischen Opfer tat er nicht mehr für sie, als das kleine Herzogtum Warschau zu schaffen, das er dann seinerseits rücksichtslos ausbeutete. Der Wiener Kongress schien eine gute Gelegenheit zur Wiederherstellung Polens zu bieten, auch wenn es nicht leicht sein würde, eine Lösung zu finden.

Napoleon hatte als produktiver Königsmacher überall in Europa (von Italien und Spanien bis Holland) Freunde und Verwandte auf die verfügbaren Throne gesetzt. Und in Deutschland hatte er die neuen Königreiche Bayern, Württemberg und Sachsen geschaffen. Was sollten die Sieger nun mit all diesen gerade erst eingesetzten Monarchen anfangen, die sich verzweifelt an ihre Kronen klammerten? Und was sollte mit den älteren Herrscherhäusern geschehen, die der napoleonische Wirbelsturm hinweggefegt hatte und die sich jetzt um eine Rückkehr in ihre Königreiche bemühten? Der Wiener Kongress rüstete sich für eine ungewöhnliche Schlacht um die Throne Europas.

Außerdem schwelte eine heftige Kontroverse über gestohlene Kunstwerke. In nur wenigen Jahren hatten sich Napoleon und seine Grande Armée einen Ruf als Kunsträuber von historisch beispielloser Dreistigkeit erworben. Napoleons Leute hatten zahllose Meisterwerke von Michelangelo, Raffael, Tizian oder Rembrandt verschleppt. Der Kaiser verfolgte ein einfaches Ziel: Paris sollte »die schönste Stadt sein, die es je geben konnte«. Dominique-Vivant Denon, der für die Beschlagnahmung der Kunstwerke verantwortliche Franzose, handelte mit gnadenloser Effizienz und verwandelte sein Museum, den Louvre, in ein künstlerisches »Weltwunder«.

Nun standen all die Skulpturen, Gemälde, Juwelen, Wandbehänge und anderen gestohlenen Schätze erneut zur Disposition. Die Franzosen wollten ihre Trophäen natürlich unbedingt behalten, und die Koalition hatte sich schon widerstrebend damit einverstanden erklärt, indem sie eine Klausel in den Pariser Vertrag einfügte, die es Frankreich erlaubte, seine Beute zu behalten. Im Herbst 1814 wurde erneut die Forderung laut, die Raubkunst an ihre früheren Besitzer zurückzugeben, und sie war in den besonders schlimm betroffenen Ländern wie Italien oder den Niederlanden sehr populär.

Außer den offiziellen Delegationen hielten sich auch informelle und inoffizielle Repräsentanten in Wien auf – viele Selbsternannte wollten ihre eigenen Hoffnungen und Projekte durchsetzen. Da die Struktur des Kongresses unklar war, glaubten viele, sie hätten das Recht, am Entscheidungsprozess teilzunehmen, und waren mit dieser Erwartung gekommen. Die privaten Repräsentanten verkauften alles Mögliche, von der Verfassung bis zum Lied. Der amerikanische Unternehmer Dr. Justus Bollmann hatte eine ganze Angebotspalette nach Wien mitgebracht; unter anderem wollte er die erste Dampfschifffahrtsgesellschaft auf der Donau aufbauen.

Delegationen aus Frankfurt, Lübeck und Prag waren gekommen, um die Rechte der jüdischen Minderheiten zu verteidigen, die eben erst von Napoleon gewährt worden waren und deren Wiederaufhebung nun drohte. Eine andere Gruppe wollte, dass der Kongress einen weltweiten Kreuzzug gegen die Piraterie startete, von den Korsaren des Mittelmeers bis zu den Bukaniern in der Karibik. Verlagsvertreter kämpften in Wien gegen eine ganz andere Art von Piraterie, nämlich gegen »die Räuberbande, die man als literarische Piraten bezeichnet« und die skrupellos und »straflos Autoren und Verleger« beraubte. Sie hofften, dass ein internationales Urheberrecht zum Schutz geistigen Eigentums geschaffen würde.

Offenbar hatten alle eine Vorstellung davon, wie die Nachkriegswelt idealerweise wiederaufgebaut werden sollte. Das Problem war nur, dass sich die Friedensstifter viel uneiniger waren, als sie geglaubt hatten. Und all die Meinungsverschiedenheiten, die im Überlebenskampf gegen Napoleon so erfolgreich unterdrückt worden waren, traten nun in Wien mit Macht wieder zutage.

Die Hauptstadt des Habsburgerreichs war für ein globales Treffen eine gute Wahl. Geografisch und kulturell war die Stadt das Herz Europas. Noch bis August 1806 war sie das Zentrum des Heiligen Römischen Reichs gewesen, des gigantischen maroden Staatsgebildes, das von Napoleon zerschlagen worden war. Nachdem es fast 1000 Jahre existiert und manchmal drohend und manchmal wankend seine Schatten über Mitteleuropa geworfen hatte, gehörte es nun der Vergangenheit an. Seine imperiale Würde und Größe jedoch waren noch lange nicht verblasst.

»Die Stadt«, schrieb ein Reisender nach seiner Ankunft in Wien, »wirkt selbst wie ein Königspalast«. Die engen Gassen, die sich durch das mittelalterliche Stadtzentrum schlängelten, waren von großen barocken Adelspalais gesäumt. Mit den vielen Türmchen und Kuppeln und hellen, weißen klassizistischen Steinsäulen wirkte eines üppiger und kunstvoller verziert als das andere. Ganze Reihen großer Erkerfenster blickten auf eine der grünsten Hauptstädte Europas, eine Tatsache, die wenigstens zum Teil der Umsicht Kaiser Josephs II. zu verdanken war: Er hatte im 18. Jahrhundert angeordnet, dass für jeden gefällten Baum ein neuer gepflanzt werden musste.

Wien hatte tatsächlich ein aristokratisches Flair, das Städten wie zum Beispiel London fehlte oder das andere wie Paris seit der Revolution verloren hatten. Österreichische, ungarische und böhmische Aristokraten lebten dort oftmals in Häusern, die über eigene Ballsäle und Reitschulen oder manchmal sogar über ein privates Opernhaus verfügten. Viele französische Emigranten, die vor der Revolution geflohen waren, hatten sich in der Stadt niedergelassen. Sie waren freilich oft beträchtlich ärmer als vor der Revolution und lebten in den billigeren Wohnungen in den oberen Stockwerken.

Die relativ kleine Gruppe der Kaufleute trat in Wien nicht in Erscheinung, und die Handwerker produzierten überwiegend Sättel, Harnische, Kutschen, Uhren, Musikinstrumente und andere Luxusgüter für den Hof und die gehobene Gesellschaft. Das ertragreichste Produkt war der Wein. Er fand reißenden Absatz, denn in Wien »frühstückten die Menschen bis zum Diner und dinierten bis zum Souper«, wie ein Historiker es formulierte.

Die große Mehrheit der Veranstaltungen auf dem Friedenskongress fand im Stadtzentrum statt. Es war damals noch von einer Stadtmauer umschlossen, die etwa dort verlief, wo heute die Hauptverkehrsader der Ringstraße pulsiert. Der Legende zufolge war die dicke Mauer mit dem Lösegeld für den englischen König Richard I. »Löwenherz« finanziert worden, der 1193 auf dem Weg zum Zweiten Kreuzzug in Gefangenschaft geriet. Tatsächlich war sie im Lauf der Jahrhunderte immer wieder neu errichtet und umgebaut worden und hatte mehreren Belagerungen standgehalten, darunter zwei besonders schrecklichen durch die Türken. Nach dem letzten Angriff der Franzosen im Jahr 1809 war die Mauer nicht mehr instand gesetzt worden, und die verbliebenen Basteien dienten auf dem Kongress vor allem als beliebter Spazierweg mit hervorragendem Blick auf die Stadt.

Wien wurde in einer großen Ebene erbaut, auf der sich die Donau teilt und mühelos an Furten durchquert werden konnte, wie die Römer entdeckten, die dort im 1. Jahrhundert ein Lager errichteten. Im Mittelalter war Wien eine kleine Stadt nahe der verwundbaren Ostgrenze des Karolingischen Reichs, eine Lage, die sich in dem Namen Österreich niedergeschlagen hat. Historisch diente es schon lange als Knotenpunkt zwischen Ost und West. Kreuzfahrer, Kaufleute, Mönche und viele andere kamen durch die Stadt, wenn sie nach Osten reisten, entlang der mächtigen, schlammigen Donau, die sich über 2800 Kilometer weit vom Schwarzwald bis zum Schwarzen Meer erstreckt.

Mit einer Bevölkerung von etwa einer Viertelmillion war Wien die drittgrößte Stadt nach London und Paris und hatte den Ruf, lebensfroh und sinnlich, aber auch »grantig« und leicht reizbar zu sein. »Wien ist die Weltstadt, in der man die ungewöhnlichsten Ausbrüche erleben kann«, formulierte es die französische Emigrantin Baronne du Montet. Ein anderer Bewunderer der Stadt, Comte Auguste de La Garde-Chambonas, der auf der Suche nach Abenteuern weit gereist war, schwärmte von Wien als der Heimat des Glücks. In jenem Herbst sollten die Besucher der Friedenskonferenz selbst erleben, was er damit meinte.

Offizieller Gastgeber des Kongresses war Franz I. Kaiser von Österreich – der Letzte, der je zum Kaiser des Heiligen Römischen Reichs gekrönt wurde. Der im italienischen Florenz geborene Monarch war das Familienoberhaupt der Habsburger, des ältesten und vielleicht glanzvollsten europäischen Herrscherhauses, das in praktisch ungebrochener Nachfolge seit dem 13. Jahrhundert auf dem Thron saß. Die einzige Unterbrechung seiner fast 600-jährigen Herrschaft war der Wittelsbacher Karl VII. gewesen, der in den frühen 1740er-Jahren kurz Kaiser des Heiligen Römischen Reichs war, bevor die Krone wieder an die Habsburger fiel (oder genauer gesagt an das Haus Habsburg-Lothringen, wie es von da an genannt wurde).

Kaiser Franz I. war ein mittelgroßer Mann mit hohen, scharf geschnittenen Wangenknochen und schneeweißem Haar und mit dem berüchtigten markanten Habsburger Kinn. Er war erst 46, sah aber wesentlich älter aus. Es hatte damals schon 22 stürmische Jahre auf dem Thron hinter sich und sowohl die Französische Revolution als auch Napoleon gut überstanden. Tatsächlich wirkte er so müde und ausgelaugt, dass er laut einem Zeitgenossen »umfallen würde, wenn man ihn einmal hart anbliese«.

Informierte Beobachter wussten, dass Franz beim Volk und bei Hofe beliebt war. Er wurde als »Vater Franz« und als »Landesvater« bezeichnet und auch musikalisch gefeiert, so von Joseph Haydn mit der Hymne »Gott erhalte Franz den Kaiser«, der Melodie der heutigen deutschen Nationalhymne. Einige Mitglieder seiner Familie bezeichneten den weißhaarigen Kaiser sogar als »Venus« – Göttin der Liebe. Dies war zugegeben eine Habsburgerexzentrizität, wenngleich der Kaiser ein großer Liebhaber von Statuen, Siegeln und Antiquitäten war und manchmal selbst den verträumten und abwesenden Blick einer antiken Statue hatte.

Wenn der Kaiser nicht versuchte, im kontrollierten Chaos der österreichischen Verwaltung – den Mühlen der Bürokratie – wieder ein bisschen Ordnung zu schaffen, genoss er die Musik seiner großartigen Musikstadt. Er selbst spielte im Streichquartett der Familie die Violine und wurde manchmal auch von seinem Außenminister Metternich auf dem Cello begleitet. Außerdem stellte er gern Süßigkeiten her, versorgte mit Leidenschaft die Blumen in den Gewächshäusern der Hofburg oder studierte die große Landkartensammlung in seiner Bibliothek. Seine Kenntnisse über die Geografie Europas waren so groß, dass ihm keiner der anderen Herrscher, die zum Wiener Kongress kamen, das Wasser reichen konnte. Seine Büchersammlung, die bei seinem Tod aus 40 000 Bänden bestand, sollte später den Kern der Österreichischen Nationalbibliothek bilden.

Im Mittelpunkt des gesellschaftlichen Mahlstroms des Wiener Kongresses stand die Residenz des Kaisers, die Hofburg oder, wie sie im Volksmund hieß, die Burg. Ursprünglich im 13. Jahrhundert als funktionaler Teil der alten Stadtbefestigung mit vier Wehrtürmen erbaut, hatte sie sich zu einem ausgedehnten Palast entwickelt und erstreckte sich im Stadtzentrum über mehrere Häuserblöcke, da die Habsburger sie kontinuierlich um neue Flügel und Höfe erweitert hatten.

Der Kaiser hatte die Hofburg für die anderen Monarchen geöffnet. Nach reiflicher Überlegung, um ja keinen der königlichen Gäste zu brüskieren, hatte er dem russischen Zaren die exquisit weiß und golden getäfelten Rokokosuiten in der Beletage der Amalienburg angeboten. Der im späten 16. Jahrhundert entstandene und nach der Frau Kaiser Josephs I. benannte Teil der Hofburg war erst kurz zuvor renoviert worden. Er beherbergte prächtige Räume mit extravagant vergoldeten Spiegeln, Kristalllüstern und damastbezogenen Stühlen auf glänzendem Parkett.

Der König von Preußen wurde in einer Suite im zweiten Stock des Schweizertrakts untergebracht, dem alten mittelalterlichen Zentrum der Hofburg, in dessen Innenhof ursprünglich Turniere hatten stattfinden sollen. Zugang gewährt das »Schweizertor« aus dem 16. Jahrhundert mit einem gekrönten Habsburgeradler, das von zwei großen ruhenden Löwen flankiert ist. Der Trakt beherbergte die Lieblingsgemächer von Kaiserin Maria Ludovika, die in einen anderen Teil der Hofburg zog, um für den königlichen Gast Platz zu machen.

Drei weitere Könige, zwei Kaiserinnen, eine Königin und viele Fürsten wurden in der Hofburg untergebracht. Der König von Dänemark, der lange, dünne, redselige Friedrich VI., logierte ebenfalls im Schweizerhof, der große, ernste, melancholische König von Württemberg im ersten Stock der Amalienburg. Und am Ende des Monats bezog der bayerische König Maximilian I. Joseph, der populäre »gute König Max«, Gründer des Oktoberfests, mehrere Suiten im sogenannten Reichskanzleitrakt, einem Flügel aus dem frühen 18. Jahrhundert.

Jeden Abend wurden in der Hofburg 40 bis 50 Tische beladen – für Bankette, die exorbitante Summen verschlangen, wie man munkelte. Die Bankette waren jedenfalls äußerst raffiniert und hatten bis zu acht Gänge. Der erste bestand in der Regel aus einer Suppe und Vorspeisen. Diener mit Perücke und Livree brachten sie in großen Terrinen und auf Serviertellern an die Tische. Diese waren mit schwerem Tafelsilber und Kristallgläsern gedeckt und hatten oft einen gewaltigen bronzenen Tafelaufsatz mit einer Fülle von Blumen und Kerzen.

Danach folgte eine Vielzahl weiterer Gerichte, meist mit Rind, Schinken, Wild, Fasan, Rebhuhn oder einem anderen Fleisch. Einige Jahre später sollten die Kombinationen von Wein und Speise viel stärker standardisiert werden: Austern wurden nun mit Chablis gereicht, gekochtes Rind mit Rheinwein und gebratenes Fleisch mit Bordeaux oder vielleicht auch mit Tokajer, dem delikaten Dessertwein von den kaiserlichen Weinbergen in Ungarn. Früchte, Süßigkeiten, Kuchen und eine Vielzahl von Pasteten, Käsesorten oder Flammeris schlossen die Hauptmahlzeit ab. Eis dagegen wurde nur in Anwesenheit des Kaisers serviert. Außerdem standen den unter Schlafmangel leidenden Gästen täglich etwa 600 Portionen Kaffee zur Verfügung, die in riesigen Kesseln gebrüht wurden.

Die Küchen, wo all diese Festmähler für den Kongress zubereitet wurden, waren ebenfalls spektakulär. In der Hauptküche, die über eine Treppe unter der Hofkapelle zugänglich war, befand sich ein riesiger Spieß, an dem man einen ganzen Ochsen braten konnte, dazu mehrere kleinere Spieße für Gänse, Enten, Hasen oder Fasanen. Eine Fülle von Kupferkesseln und Kochtöpfen stand bereit, und die glühend heiße Luft in der Küche war vom Rauch der Holzkohle geschwängert. Das Feuer unter dem größten Spieß war so groß, dass es in den Augen manches Betrachters wie eine Vision der Hölle wirkte. In weiteren kleineren Räumen war ein Heer von Chefköchen, stellvertretenden Chefköchen, Köchen und anderem Küchenpersonal dabei, zu schneiden und hacken, zu klopfen und zu reiben – und die »armen Tiere« zu traktieren, »grad wie's der Teiffel mit'd Seelen der Verdammten macht«.

Damit die vornehmen Gäste des Kaisers stilgerecht unterhalten wurden, hatte dieser ein Festkomitee ernannt, das für Planung, Bekanntmachung und Durchführung des gesamten offiziellen Unterhaltungsprogramms zuständig war. Es verantwortete den gut gefüllten Veranstaltungskalender der Gesellschaft, der auf Anordnung des Kaisers lebendig und frisch sein sollte. Das Festkomitee war mit der ständigen Herausforderung konfrontiert, neue, noch interessantere Mittel und Wege für die »Jagd nach Vergnügen« zu finden und sicherzustellen, dass die Atmosphäre »allgemeiner Freude« erhalten blieb – all das für ein ausgesprochen elitäres Publikum, das nur das Beste gewohnt war und extrem kritisch reagierte, wenn seine hohen Standards nicht erfüllt wurden.

Die Mitglieder des Festkomitees mussten extrem hart arbeiten – so wird übereinstimmend berichtet. Sie organisierten einen opulenten Ball nach dem anderen, Bankette, Maskeraden, Jagden, und sorgten für jene Extravaganz und »sinnlose Verschwendung«, die spätere, nüchternere Generationen mit dem Wiener Kongress verbinden sollten.

Die Hausgäste auf unbestimmte Zeit bei Laune zu halten war bisweilen eine große Strapaze für die Gastgeber. Wiener Witzbolde machten sich darüber schon bald lustig und nahmen auch die gefeierten Gäste aufs Korn, die die Gastfreundschaft des Kaisers so gerne in Anspruch nahmen:

*Der russische Zar vögelt für alle.*
*Der König von Preußen denkt für alle.*
*Der König von Dänemark spricht für alle.*
*Der König von Bayern trinkt für alle.*
*Der König von Württemberg isst für alle.*
*Der Kaiser von Österreich zahlt für alle.*

Kurze Zeit sollte Wien die Hauptstadt Europas sein, Schauplatz einer gewaltigen Siegesfeier und des glanzvollsten Gipfeltreffens seit dem Untergang des Heiligen Römischen Reichs. Paläste und Parks, Opernhäuser und Ballsäle: die ganze Stadt verwandelte sich in einen schillernden barocken Tummelplatz. Es hatte schon andere große Friedenskonferenzen gegeben, aber noch nie etwas Vergleichbares. Der Wiener Kongress war die spektakulärste Friedenskonferenz aller Zeiten. Und wegen seiner Extravaganz und Dekadenz auch eine der umstrittensten.

*Kapitel 2*

# Zwei Fürsten

*Gütiger Himmel, Madame. Wer könnte einem Mann mit so vielen Lastern widerstehen?*

Comte François-Casimir Mouret de Montrond zu seiner Geliebten über seinen Freund Talleyrand

Tafelsilber wurde poliert, weiße Tischtücher gebügelt und Servietten gestärkt und gefaltet. Die Weinkeller wurden mit den besten Tropfen der Region aufgestockt – darunter auch mehrere 100-jährige Flaschen Tokajer, deren Wert dem Jahresgehalt eines Dozenten an der Universität Wien entsprach. Viele hohe Gäste sollten bald »wie Bauern auf einen Markt« in die Stadt strömen, wie es ein Beobachter ausdrückte.

Die kaiserlichen Kutschen wurden frisch gestrichen: dunkelgrün, mit einem gelben Wappen auf der Tür, die Kutscher in die passende gelbe Livree eingekleidet. Alle 300 Kutschen, die den Gästen des Kaisers zur Verfügung stehen würden, sollten das gleiche Erscheinungsbild haben, damit unerfreuliche Auseinandersetzungen über die Rangfolge der Fahrzeuge möglichst unterblieben. Eine weise Entscheidung, denn mindestens einer der vornehmen Gäste hätte etwas mehr Glamour erwartet: Signor Castelli von der neapolitanischen Delegation verglich seine Kutsche mit einer »gemächlich dahinrollenden Kemenate«.

Im Zentrum des Geschehens stand der österreichische Außenminister Klemens Fürst von Metternich. Der 44-jährige blond gelockte Mann mit den blassblauen Augen und der schlanken, durchtrainierten Gestalt eines Fechters war gut mittelgroß, hatte feine Gesichtszüge, ein Talent für geistreiche Konversation und galt als der »Adonis der Salons«.

Es war kaum zu glauben, dass dieser elegante, kultivierte Mann, der für das österreichische Außenministerium ein gewaltiges Netz von Intrigen gesponnen hatte, gar nicht in dem Land geboren war, dessen Politik er nun bestimmte. Vor seinem 21. Geburtstag war er nicht ein einziges Mal in Wien gewesen. Er war ein Rheinländer und in Koblenz geboren, einer Stadt am Rhein und in einer Region, die für ihre großen Kathedralen und terrassierten Weinberge bekannt ist. Sie ist von einer kreativen französisch-deutschen Mischkultur geprägt, die sich durch einen unbeschwerten Lebensstil auszeichnet.

Metternichs voller Name lautete: Klemens Wenzel Nepomuk Lothar von Metternich-Winneburg-Beilstein, wobei die einzelnen Bestandteile jeweils auf einen herausragenden Vorfahren oder ein großes Gut der Familie irgendwo in Mitteleuropa verwiesen. Metternichs Vater Franz Georg Karl war als Reichsgraf des Heiligen Römischen Reiches Inhaber eines Titels, den nur 400 Familien besaßen. Seine Mutter Maria Beatrix von Kagenegg hatte Kaiserin Maria Theresia als Kammerfrau gedient. Dennoch gehörten die Metternichs nach den Maßstäben ihrer Zeit nicht unbedingt zur Elite. In der ausgeprägten Hackordnung stand eine erkleckliche Anzahl Prinzen, Kurfürsten, Markgrafen, Herzöge und Fürsten hoch über dem Grafen. Und die Wiener Crème de la Crème sollte viele Jahre lang dafür sorgen, dass Metternich seinen niederen Status nicht vergaß.

Er verbesserte seine Position jedoch erheblich, als er in eine der vornehmsten Familien Wiens einheiratete. Seine Frau Eleonore Gräfin von Kaunitz-Rietberg, die er Lorel nannte, war eine Enkelin des Fürsten Wenzel von Kaunitz, jenes berühmten österreichischen Politikers, der im 18. Jahrhundert als Staatskanzler etwa 40 Jahre lang die Außenpolitik des Reiches geprägt hatte. Eleonore war hingerissen von Metternichs Charme: »Ich kann mir nicht vorstellen, dass ihm irgendeine Frau widerstehen kann.« Die beiden mussten sich allerdings gegen den beträchtlichen Widerstand ihrer Familie durchsetzen, bevor sie im September 1795 heirateten. Doch die Ehe war alles andere als glücklich.

Der Schürzenjäger Metternich hatte im Lauf der Jahre zahlreiche Liebesaffären, darunter eine mit Napoleons jüngster Schwester Caroline und eine weitere mit der Frau des französischen Marschalls Jean-Andoche Junot. Er hat seine Schwäche für außereheliche Affären nie überwunden – »heimliche Stelldicheins in gemieteten Kutschen, Rendezvous in gespenstischen Grotten und waghalsige nächtliche Klettertouren zu Fenstern in oberen Stockwerken«. Bei alledem machte Lorel wohl oder übel gute Miene zum bösen Spiel.

Ein solches Arrangement kam in aristokratischen Familien bestimmt nicht selten vor; doch mit den gemeinsamen Kindern ging Metternich sehr liebevoll um. Das älteste, seine zur Zeit des Wiener Kongresses 17-jährige Lieblingstochter Maria, erinnerte mit ihrem Witz, Charme und guten Aussehen damals schon viele an den Vater. Der 14-jährige Viktor war der einzige überlebende Sohn der Familie (zwei Brüder waren im Säuglingsalter gestorben), ein sehr begabter Student und damals schon für eine Karriere als österreichischer Staatsbeamter vorgesehen. Die beiden Jüngsten waren die zehnjährige Clementine und die dreijährige Leontine. »Mein eigentlicher Beruf war der, Kinderfrau zu sein«, soll der Fürst einmal gesagt haben.

Der Grund, warum es Metternich im November 1794 das erste Mal nach Wien verschlug, waren die Wirren der Französischen Revolution. Fanatische Revolutionsarmeen waren im Rheinland ausgeschwärmt und hatten bei der Jagd auf die elegante, dekadente Aristokratie eine Spur der Zerstörung durch das Land gezogen. Die Metternichs entsprachen genau ihrem Beuteschema und mussten fliehen, um ihr Leben zu retten. Ihr Familienbesitz am Rhein wurde zerstört und geplündert.

Kein Wunder, dass Metternich eine nachhaltige Abscheu gegen Kriege entwickelte; sie seien »eine recht hässliche Erfindung«, weckten die niedrigsten Instinkte der Menschen und endeten fast immer mit allen möglichen barbarischen Verbrechen. Spätere Erlebnisse bestätigten seine frühen Erfahrungen. Im Jahr 1809 hatte Österreich eine scheinbar günstige Gelegenheit für den Angriff auf Napoleon wahrgenommen, war aber schnell geschlagen und als politische Macht fast völlig ausgeschaltet worden. Eine weitere Niederlage, das war Metternich bewusst, würde es vielleicht nicht überleben.

Just in diesem Jahr der Niederlage bekam Metternich die Chance, die österreichische Außenpolitik zu leiten. Nachdem er sich als österreichischer Gesandter in Dresden und Berlin und schließlich auch als Botschafter in Paris bewährt hatte, wurde er zum österreichischen Außenminister ernannt. Seine Politik in den darauffolgenden fünf Jahren bis zum Wiener Kongress war ausgesprochen umstritten.

Er hatte die Ehe von Erzherzogin Marie-Louise, der ältesten Tochter des Kaisers, mit Napoleon arrangiert. Dieser Schachzug war extrem unpopulär in vielen Wiener Kreisen, wo man Napoleon immer noch für den Antichrist hielt und die Ehe als schwere Demütigung empfand. Metternich dagegen hielt sie für ein notwendiges Übel, weil sie Österreich stützte, indem sie es mit der stärksten europäischen Macht verband, und weil ihm das mehr Zeit für die Heilung seiner Wunden verschaffte. Ähnlich umstritten war die Tatsache, dass Metternich das Bündnis mit Napoleon, das seiner Ansicht nach Österreich am Leben erhalten hatte, noch weiter fortsetzte, als die Auflösung des französischen Imperiums schon längst begonnen hatte.

Seine Kritiker wiesen auf zahlreiche persönliche Schwächen hin. Er erschien ihnen als oberflächlicher und leichtfertiger Mensch. Was in seinem Außenministerium ein Jahr lang höchste Priorität gehabt hatte, konnte von ihm mit erstaunlicher Gleichgültigkeit plötzlich als »vorsintflutlich« abgetan werden, wenn er das Anliegen für überholt hielt. Die Politik des Fürsten hatte eine Tendenz, zu fluktuieren und zu irritieren, wenn er wie ein »ministre papillon« (Schmetterlingsminister) zwischen seinen Kollegen hin und her flatterte.

Metternichs Vertrauen in die eigenen Fähigkeiten wirkte absolut unerschütterlich. Es war von einer schockierenden und schwer zu ertragenden Arroganz, die laut seinem Biografen Alan Palmer auf der Verwechslung von »Überheblichkeit und Würde« beruhte. Kritik ließ er an sich abprallen, und er wirkte erstaunlich unbeeindruckt vom Ausmaß der Probleme, mit denen er oft konfrontiert war. Für viele Kritiker war er deshalb ein durchtriebener, oberflächlicher, selbstverliebter Dandy und Hochstapler.

Metternichs Bewunderer ließen sich von dieser Kritik aber nicht beeindrucken. Natürlich steckte in jedem Vorwurf ein Körnchen Wahrheit. Metternich konnte tatsächlich faul, eitel und respektlos wirken, doch zugleich pflegte er das Image der noblen Nonchalance ganz bewusst. Er gab sich gern als ein zu Scherzen aufgelegter Müßiggänger und Dilettant, ging aber in Wirklichkeit die Diplomatie wie ein Schachspiel an und setzte alles daran, zu gewinnen. Gegner, die seine Fähigkeiten beharrlich unterschätzten, wurden von ihm matt gesetzt.

In seinen fünf Jahren als Außenminister hatte Metternich die österreichische Diplomatie vorsichtig und geschickt durch ein Labyrinth von Problemen geführt. Er hatte Österreich nach der vernichtenden Niederlage und der Unterwerfung unter Napoleon im Jahr 1809 Schritt für Schritt zu einem wichtigen Verbündeten Frankreichs gemacht und war dann im richtigen Moment, im August 1813, zur Koalition übergelaufen, die Napoleon schließlich besiegen sollte. Eine Historikerin hat dieses Meisterstück als eine der bemerkenswertesten Leistungen in der Geschichte der Diplomatie bezeichnet.

Auf jeden Fall war es gefährlich, diesen charmanten Außenminister zu unterschätzen, der sich durchaus skrupelloser Mittel bediente und selbst einmal seine Taktik mit den Worten »Lavieren, Ausweichen, Schmeicheln« charakterisierte. Bis zum Wiener Kongress hatte Österreich von seiner Diplomatie enorm profitiert, und nun hatte es ganz den Anschein, als würde es dabei bleiben.

Der Gedanke, in Wien eine Friedenskonferenz abzuhalten, war ein Jahr zuvor erstmals aufgekommen, als die Koalition Mitte Oktober 1813 in der großen Entscheidungsschlacht der napoleonischen Kriege bei Leipzig einen monumentalen Sieg über Napoleon errungen hatte. Historiker nennen das dreitägige Gemetzel die »Völkerschlacht«; Metternich bezeichnete sie einmal als »Schlacht der Welt« (»bataille du monde«). In Leipzig schlug der russische Zar Alexander erstmals Wien als Standort der Friedenskonferenz vor, und der österreichische Kaiser erklärte sich sofort einverstanden, bevor der wankelmütige Zar seine Meinung wieder ändern konnte.

Ursprünglich war geplant, nur die Herrscher der Siegermächte nach Wien einzuladen. Aber im Frühjahr 1814 drängte der britische Außenminister Lord Castlereagh darauf, die Konferenz zu erweitern und die Vertreter aller am Krieg beteiligten Länder mit einzuschließen. In Artikel XXXII des Pariser Friedensvertrags war diese Version ausdrücklich enthalten. Man hatte vereinbart, bis spätestens 15. Juli in Wien einen »allgemeinen Congreß« mit allen »von einer und der andern Seite in dem gegenwärtigen Kriege begriffene[n] Mächte[n]« abzuhalten. Der Termin wurde jedoch in den Herbst verschoben, weil der Zar nach langer Abwesenheit zuerst in seine Hauptstadt Sankt Petersburg zurückkehren wollte. Als neuer Eröffnungstermin wurde der 1. Oktober festgesetzt.

In Österreich war man sich natürlich bewusst, dass es teuer werden würde, für eine Friedenskonferenz und eine Siegesfeier, die der Größe des Anlasses entsprach, als Gastgeberland zu fungieren, und man war sich auch darüber im Klaren, dass es die ohnehin schwierige Finanzlage des Reiches verschärfen würde. Österreich hatte erst drei Jahre zuvor den Staatsbankrott erklärt. Seine 1811 neu ausgegebenen Banknoten hatten bereits vier Fünftel an Wert verloren, und es war schwer verschuldet. Das Land hatte seit 1792 länger gegen Frankreich gekämpft als irgendeine andere Macht mit Ausnahme Großbritanniens, und seine Staatseinnahmen waren während des Krieges stark zurückgegangen.

Wien war zweimal von Napoleon erobert und besetzt worden; zweimal hatten die Aristokraten und der Hof ihr Hab und Gut zusammenpacken und aus der Hauptstadt fliehen müssen. Von Ulm bis Wagram waren die Ebenen Mitteleuropas förmlich übersät mit Dörfern, deren Namen an irgendeine österreichische Niederlage erinnerten. Wiener Witzbolde hatten den Spruch: »Veni, vidi, vici« (»Ich kam, ich sah, ich siegte«), den Julius Cäsar auf einem Triumphzug vor sich hertragen ließ, für ihren Kaiser Franz umgeschrieben: »Venit, videt, perdit« (»Er kommt, er sieht, er verliert«).

Nach jeder Niederlage (1797, 1801, 1805 und 1809) hatte Napoleon den Österreichern demütigende Friedensbedingungen diktiert. Jedes Mal hatten sie nicht nur viel Geld, sondern auch große Gebiete verloren: Belgien, die Lombardei, die Toskana, Venedig, Triest, Tirol, Vorarlberg, Kroatien, Istrien, Dalmatien und (zusammen mit weiteren ehemals polnischen Gebieten) Krakau. Außerdem hatten sie zahlreiche Fürstentümer auf dem linken Rheinufer verloren. Allein durch den Vertrag von 1809 hatte Habsburg 3,5 Millionen Untertanen und mehr als 100 000 Quadratkilometer Land abtreten und die gewaltige

Summe von 85 Millionen Francs als Kriegsentschädigung zahlen müssen. Der Kaiser hatte einen Großteil seines Tafelsilbers einschmelzen lassen müssen, um die von Napoleon verlangten Summen aufzubringen.

Realistisch betrachtet bestand kaum Hoffnung, alle verlorenen Gebiete zurückzubekommen, und tatsächlich wollten die Österreicher auch gar nicht alles zurück. Sie verzichteten gern auf Belgien – wegen seiner Ferne vom Kernland und seiner Nähe zu Frankreich –, und sie legten keinen Wert mehr auf die Krone des Heiligen Römischen Reichs, weil diese mit gravierenden Machtbeschränkungen für den Kaiser verbunden gewesen wäre. Nicht verzichten wollten sie jedoch auf Norditalien, Dalmatien und andere Gebiete an der Adriaküste, die ihnen Napoleon genommen hatte.

Mit Österreich war also ein Land zum Gastgeber der Friedenskonferenz geworden, das in den napoleonischen Kriegen tief gesunken war. Doch trotz der starken Gebietsverluste ihres Landes und obwohl es dem Bankrott immer noch gefährlich nahe war, übernahmen Kaiser Franz und Metternich gern die Verantwortung für den Kongress. Der Grund war klar: Als Gastgeber hoffte Österreich, vom guten Willen der Gäste zu profitieren und Gegenleistungen für seine zu Recht gerühmte Gastfreundschaft zu erhalten.

Mehrere Straßenzüge von der Hofburg entfernt hatte der hauptverantwortliche französische Delegierte Charles-Maurice Fürst de Talleyrand am 23. September gegen Mitternacht die Stadtgrenze überschritten. Nachdem er in nur sieben Tagen mehr als 1200 Kilometer von Paris nach Wien gereist war, stieg er vor dem stattlichen und eleganten gelb-grauen Palais Kaunitz aus der Reisekutsche. Das Palais lag zentral in der Johannesgasse 1029 gleich neben der verkehrsreichen Kärntner Straße in der Nähe des Stephansdoms und war das Hauptquartier der französischen Gesandtschaft auf dem Kongress.

Trotz der hervorragenden Adresse, eines spektakulären Kalkstein-Stiegenhauses und seines gut bestückten Weinkellers hatte man das Gebäude zuvor gründlich herrichten müssen. Tatsächlich war das französische Personal, das eine Woche vor Talleyrand eingetroffen war, entsetzt gewesen. Die Möbel in den Salons waren bei ihrer Ankunft noch mit weißen Leintüchern bedeckt und die Porträts durch dunkle Tücher vor der Sonne geschützt gewesen. Die Vorhänge aus rotem Damast hatten ihren ursprünglichen Glanz schon lang verloren, die Kristalllüster steckten noch in ihren Staubschutzhüllen und mussten erst einmal poliert werden. Alle Räume mussten gut durchgelüftet und geputzt, die Matratzen von Mottenbefall befreit werden.

Das Palais war nach Fürst von Kaunitz benannt, dem größten österreichischen Diplomaten des 18. Jahrhunderts. Er hatte viel für die »Diplomatische Revolution« getan, die 1756 die erbitterten Feinde Österreich und Frankreich zum ersten Mal seit Jahrhunderten zusammenbrachte. Talleyrand gefiel der Gedanke, im Haus des Mannes zu arbeiten, der diese sensationelle Versöhnung erreicht hatte, und er hoffte, seine eigenen Wunder zu wirken. Gleichzeitig jedoch war er sich der Herausforderungen sehr bewusst, mit denen seine Gesandtschaft konfrontiert war.

»Ich werde vermutlich eine undankbare Rolle spielen«, seufzte er, als er an seine Aussichten auf der Friedenskonferenz dachte. Er musste ein Land vertreten, das einen Krieg angefangen und verloren hatte, der Europa ins Chaos gestürzt hatte, und natürlich würden viele Frankreich dafür zur Rechenschaft ziehen. Talleyrand war über die diplomatische Lage seines Landes besorgt und betrachtete seine Mission als »überaus schwieriges Unternehmen«, aber er war sehr gut für sie geeignet. Er hatte die Begabung, Verbindungen, das Charisma und das Renommee für die Aufgabe, ganz zu schweigen von den messerscharfen Instinkten, die er bei der Arbeit mit fast allen führenden Gestalten des napoleonischen Zeitalters erworben hatte. Talleyrand war sowohl im Reich der Diplomatie als auch in der vornehmen Gesellschaft eine lebende Legende.

Der fast 61-Jährige maß etwa 1,75 Meter und hatte einen dichten hellbraunen Haarschopf unter der gepuderten Perücke. Sein Gesicht war schmal, zart und unvernarbt, obwohl er als Kind eine gefährliche Pockenerkrankung überstanden hatte. Er hatte eine leichte Stupsnase, eine hohe Stirn, starke Augenbrauen und blaue Augen, die er oft halb geschlossen hielt, was ihm ein gelangweiltes Aussehen verlieh. Sein Mund wirkte wie zu einem Dauergrinsen erstarrt. Ansonsten war sein Gesicht fast ausdruckslos. Es hieß, man könne ihn 20-mal in den Hintern treten, ohne dass auch nur ein einziger Muskel in seinem Gesicht zucken würde.

Er sah aus, als wäre er einem Salon des 18. Jahrhunderts entsprungen – mit Seidenstrümpfen, engen Kniehosen, diamantbesetzten Schnallenschuhen und Samtjackett, das oft violett, scharlachrot oder apfelgrün war. Die gestärkte Satinkrawatte trug er stets perfekt gebunden, die Manschetten mit exquisiten Spitzen besetzt. Seine Bewegungen waren langsam und bedächtig, da er den rechten Fuß nachzog. Er war bekannt für seine Eleganz, seine Kultiviertheit und seinen ungeheuren Charme. »Wenn man Talleyrands Konversationstalent kaufen könnte«, sagte eine Verehrerin, »würde ich mich sofort in den Bankrott stürzen.«

In vieler Hinsicht war der hinkende französische Minister ein Überlebenskünstler. In den 30 Jahren zuvor hatte er vielen Herren gedient, von der Kirche über die Revolution bis zu dem Aufsteiger Bonaparte und dem wieder eingesetzten Bourbonenkönig Ludwig XVIII. Er verfügte über eine geradezu unheimliche Fähigkeit, sich unentbehrlich zu machen, und schaffte es, jedem Regime, dem er diente, seinen Stempel aufzudrücken.

Tatsächlich hatten einige der Kongressteilnehmer ihm seine Vergangenheit nie vergeben. Er war ein geistreicher nicht geistlicher Priester gewesen und hatte eine ganze Schar von Bewunderern, Geliebten gehabt und sogar einige uneheliche Kinder (darunter vermutlich der romantische Maler Eugène Delacroix). Er hatte einen Skandal verursacht, als er nach seiner Weihe zum Bischof von Autun auf das Amt verzichtete und heiratete. Seine Braut, die schöne Catherine Grand, hatte ebenfalls eine anrüchige Vergangenheit: Der ehemalige Bischof hatte, wie gewitzelt wurde, die ehemalige Kurtisane geheiratet.

Hinzu kam, dass Talleyrand aus seinem Posten als Außenminister ein höchst lukratives Unternehmen gemacht hatte. Er ließ sich für seine Dienste stets mit Diamantringen und großen Geldsummen bezahlen, mit Geschenken, Bestechungsgeldern, »Benutzungsgebühren« oder wie auch immer man sie nennen wollte. Als Frankreich 1803 das Louisiana-Territorium an die Vereinigten Staaten verkaufte, steckte Talleyrand ein ganzes Drittel des unter Präsident Thomas Jefferson entrichteten Kaufpreises von 15 Millionen Dollar in die eigene Tasche.

Am meisten jedoch störten seine Kollegen in Wien natürlich weder sein Finanzgebaren noch seine Liebesaffären, ja nicht einmal eine ganze Serie gebrochener Eide. Sie nahmen vor allem an seiner Beziehung zu Napoleon Anstoß. Schließlich hatte Talleyrand Napoleons Machtübernahme durch den Staatsstreich von 1799 mitgeplant. Und er hatte dem jungen, unerfahrenen und taktlosen General geholfen, sich im Sumpf der französischen Politik zu behaupten. »Talleyrand ist ein hochintelligenter Mann«, sagte Napoleon einmal. »Er gibt mir extrem gute Ratschläge.«

Doch derselbe Talleyrand hatte, wie jedermann wusste, auch zum Sturz Napoleons beigetragen. 1805 musste der erfahrene Diplomat einsehen, dass die vielen militärischen Triumphe das Urteilsvermögen des Generals getrübt hatten und er für gute Ratschläge nicht mehr empfänglich war. Immer wieder hatte Talleyrand gegen seine Aktionen Protest erhoben, gegen seine blinde Aggression, seine unbeugsame, autoritäre Herrschaft und die abstoßende Art, wie er unterlegene Völker demütigte. Immer wieder hatte Talleyrand vergeblich auf ein gerechteres und humaneres Verhalten gedrängt, das, wie er argumentierte, auch im nationalen Interesse Frankreichs gelegen hätte. Im August 1807 hatte er schließlich genug. »Ich will nicht der Scharfrichter Europas werden«, sagte er und trat von seinem Amt als Außenminister zurück.

Talleyrand hatte erkannt, dass Napoleon trotz seines Charismas eine furchterregende Gestalt war, die nicht aufhören konnte, Krieg zu führen. Er war illegal an die Macht gekommen und konnte seine Macht nur durch außerordentliche Maßnahmen erhalten, und das hieß in seinem Fall, permanent Krieg zu führen. Wenn Frankreich oder Europa je wieder eine Friedenszeit erleben sollte, musste Napoleon schlicht und einfach gestoppt werden. Natürlich kam legale Opposition bei einem Gewaltherrscher nicht infrage, und so folgerte Talleyrand, dass das einzig effektive Mittel des Widerstands darin bestand, seinen Feinden zu helfen. Was er dann in den folgenden Jahren auch tat.

Am bekanntesten wurde die Tatsache, dass er im Frühjahr 1814 eine Geheimbotschaft in das Hauptquartier der Koalition schickte und ihre zögernden Armeeführer aufforderte, sofort nach Paris zu marschieren. Napoleons Regime wanke, schrieb er, und es sei Zeit zu handeln: »Ihr geht auf Krücken. Bedient Euch doch Eurer Beine […].« Die mit unsichtbarer Tinte geschriebene Botschaft wurde von einem Komplizen durch das Kriegsgebiet geschmuggelt und kam gerade rechtzeitig im Hauptquartier der Koalition an. Zar Alexander setzte die Armee in Marsch, und wenige Tage später hatte sie Napoleons Hauptstadt eingenommen. Für die Bonapartisten war Talleyrands Botschaft Hochverrat. Für andere war sie ein heroischer Akt, der viele Menschenleben rettete.

Jetzt, im Herbst 1814, wurde Talleyrands Ankunft in Wien mit einiger Besorgnis zur Kenntnis genommen. Natürlich hatten fast alle Kongressteilnehmer Talleyrands Hilfe für die Koalition begrüßt, und die meisten wollten, dass Ludwig XVIII., der gerade wieder eingesetzte König von Frankreich, Unterstützung bekam. Zugleich jedoch hatten sie die zwielichtige Vergangenheit des französischen Außenministers in Erinnerung und wollten möglichst nichts mit ihm zu tun haben. So sagte Metternich: »Leute wie dieser Herr von Talleyrand gleichen scharfschneidigen Werkzeugen, mit denen zu spielen gefährlich ist.« Er sei ein Meister der Manipulation, ein treuer Freund, der sich jeden Moment in einen gefährlichen Feind verwandeln könne. Deshalb sei er mit großer Vorsicht zu behandeln.

*Kapitel 3*

# Erlauchte Gäste

*Fürwahr, diese armen Könige sollen auch einmal Ferien haben.*

Fürst de Ligne

Als am Vormittag des 25. September die Kirchenglocken läuteten und Kanonen Salut schossen, strömten die Wiener in Scharen auf die Straßen oder lehnten sich aus den Fenstern der oberen Stockwerke, um nach dem am sehnlichsten erwarteten Gast Ausschau zu halten: dem russischen Zaren Alexander. Er wurde als moderner Alexander der Große gefeiert. Wenn Napoleon der »Eroberer Europas« gewesen war, dann genoss Alexander nun den Ruf, »der« Bezwinger des Eroberers von Europa zu sein. Napoleons Einmarsch in Russland und der Brand Moskaus hätten auch seine Seele entfacht, sagte der Zar vor ehrfürchtig lauschenden Zuhörern. Seine Zeit in Wien markierte den Höhepunkt seines Lebens.

Das Festkomitee war bemüht, dem Zaren einen besonderen Empfang zu bereiten. Am Tag seiner Ankunft wurde die Stadt schon im Morgengrauen durch Kanonenschüsse geweckt, und man gab bekannt, dass Alexander gerade in einem nahe gelegenen Dorf aufgebrochen sei und in gut zwei Stunden eintreffen werde. Metternich fand den Salut lächerlich. »Es beweist, dass niemand mehr gesunden Hausverstand besitzt«, sagte er. »Denn nie wurde eine ganze Stadt mit Kanonenschüssen geweckt, um anzukündigen, dass ein Souverän noch 40 Lieues entfernt sei.«

Das Wetter an jenem Morgen war herrlich: sonnig und warm mit einem lauen Lüftchen. Auch das Timing stimmte, denn die Ankunft des Zaren fiel auf einen Sonntag, sodass ein Großteil der Stadtbevölkerung Zeit hatte, das Schauspiel zu beobachten. Offenbar brannten die Massen darauf, den berühmten Zar mit eigenen Augen zu sehen. Dies galt insbesondere für viele junge Frauen, die ihn »wie Mondsüchtige« anhimmelten.

Der Zar ritt auf einem weißen Lipizzanerhengst, der in den Ställen des österreichischen Kaisers zugeritten worden war. Er tippte sich an den Hut und winkte mit seiner großen Hand. Offenbar war er an jubelnde Menschenmengen gewöhnt. Der geistreiche, gut aussehende und weltgewandte Mann war 1,83 Meter groß. Sein hellbraunes Haar lockte sich über einer hohen Stirn, und sein Gesicht war von einem dichten Backenbart umrahmt. Er hatte eine gerade Nase, einen schmalen Mund, blendend weiße Zähne und die blauen Augen seiner Großmutter Katharina der Großen. Seine Wangen waren so rosig, dass man oft fälschlich annahm, dass er errötet sei.

An seiner Seite ritt ebenfalls auf einem weißen Hengst der preußische König Friedrich Wilhelm III. Der 44-Jährige hatte dunkelbraunes Haar, und seine Augen waren genauso blau wie seine Uniform. Wie schon in Paris nach ihrem Sieg über Napoleon ritten die beiden Herrscher nun auch in Wien gemeinsam ein. Zu ihnen stieß als dritter Monarch Kaiser Franz von Österreich. Er war quer durch die Stadt und über die Taborbrücke geritten, um seine Gäste zu begrüßen.

Der Einzug in der Hauptstadt des Kaisers ließ an Prunk nichts zu wünschen übrig. Den drei siegreichen Monarchen folgten Erzherzöge, Generäle, frühere Fürsten des Heiligen Römischen Reichs sowie eine Eskorte von Soldaten, die eine bunte Vielfalt von Uniformen aus den napoleonischen Kriegen trugen. Der Zug führte unter den Kastanien des Praters entlang, betrat durch das Rotenturmtor im Nordosten die Stadt und folgte dann ihren schmalen Straßen, bis er nach etwa einer Stunde im Innenhof der Hofburg ankam – eine Parade voller Glanz und Pracht, wie ein in der Zuschauermenge stationierter Polizeiagent berichtete. In perfekter Ordnung, fügte er hinzu, ohne jeden Unfall oder Zwischenfall, über den zu berichten wäre.

Noch am selben Morgen waren der Zar und der König von Preußen zusammen mit den Königen von Dänemark und Württemberg und dem österreichischen Kaiser zu einem großen offiziellen Frühstück geladen. Nur der König von Bayern fehlte. Er traf erst drei Tage später in der Stadt ein. Damals kam es selten vor, dass so viele Monarchen an einem Tisch saßen, in jenem Herbst in Wien jedoch sollte das Ereignis fast alltäglich werden.

Zar Alexander war in vieler Hinsicht eine der verwirrendsten und komplexesten Persönlichkeiten auf dem Kongress. Einerseits pries ihn Thomas Jefferson als Leitstern der Aufklärung: »Ich glaube, dass es keinen anderen Menschen gibt, der solche Tugenden besitzt und der mit so viel Begeisterung gewillt ist, das Los der Menschheit zu verbessern.« Andere jedoch betrachteten den oft wie einen Heiligen Verehrten als einen schrecklichen Sünder mit Blut an den Händen.

Alexander war unter schwierigen und recht ungewöhnlichen Umständen aufgewachsen. Seine Großmutter Katharina die Große hatte ihn als ihren offensichtlichen Liebling verwöhnt. Er wuchs im Geist der Aufklärung auf, das heißt, in seiner Erziehung wurden ihm Vernunft, Freiheit und das Wohl des Volkes als hohe Werte vermittelt, und man brachte ihm bei, wie wichtig eine geschriebene Verfassung sei. Diese Erziehung erschien manchen etwas seltsam für einen künftigen Zaren, der bald einen der autokratischsten Staaten der Welt regieren sollte.

Dass Katharina ihren Enkel so unverhohlen bevorzugte, missfiel seinem Vater Großfürst Paul, dem Sohn und Nachfolger Katharinas. Der von Natur aus extrem eifersüchtige Paul reagierte auf seinen Rivalen in seiner brutalen Art, indem er ihn bei jeder Gelegenheit mental und körperlich demütigte. Als Paul 1796 Zar wurde (obwohl Katharina den Befehl gegeben hatte, ihren Enkel zum Zaren zu krönen), wurde das Leben für Alexander noch schwerer. Pauls unvorhersehbare Ausbrüche von Grausamkeit brachten ihm Beinamen wie »der geisteskranke Zar« oder »Wüterich« ein, und die Übergriffe gegen seinen Sohn hörten erst auf, als er im März 1801 ermordet wurde. Eine Gruppe von Verschwörern, darunter der Kommandeur des Semjonowskoje-Leibgarderegiments, stürmte das Schloss, drang mit Gewalt in die Gemächer des Zaren vor und erdrosselte ihn.

Durch diesen Mord kam der junge, idealistische Alexander auf den

Thron. Die Rolle des 23-Jährigen bei dem Attentat ist bis heute umstritten. Einige Zeitgenossen und Historiker haben ihn der Mittäterschaft beschuldigt; andere haben vermutet, dass er von der Verschwörung wusste und nichts tat, um den Mord zu verhindern. Auf jeden Fall verfolgte und bestrafte er die Mörder nicht, von denen einige später an seiner Seite dienten. Sicher ist jedoch, dass ihn das Ereignis tief verstörte und mit Schuldgefühlen belastete, die allen Berichten zufolge mit der Zeit immer schlimmer wurden. Er wurde lange Zeit von schweren Albträumen geplagt, in denen er immer wieder die schrecklichen Schreie seines Vaters hörte.

Seine Ehe bot ihm keinen Trost. Er war unglücklich mit Elisabeth von Baden verheiratet. Die deutsche Prinzessin, vor der Ehe Luise von Baden, hatte aschblondes Haar und funkelnde Augen und war nach Ansicht eines Zeitgenossen »gewiss eine der schönsten Frauen der Welt«. Die beiden sahen zusammen wie zwei Engel aus; oder wie Cupido und Psyche, so Katharina die Große. Doch sie passten nicht gut zusammen und lebten am Ende getrennt. Elisabeth saß in einem fremden Land fest und fühlte sich, wie sie selbst sagte, völlig alleingelassen.

Beide hatten natürlich außereheliche Affären: der Zar unter anderem mit seiner Geliebten Marija Naryschkina und, wie manche spekulierten, sogar mit seiner Schwester Großfürstin Katharina Pawlowna. Auch Elisabeth hatte diverse Liebhaber, vor allem Militärs, aber auch eine Beziehung von »zweifelhafter Intimität« mit einer hübschen Gräfin. Sie hatte außerdem eine Affäre mit Adam Fürst Czartoryski, einem der Berater des Zaren. Der polnische Patriot war nach der Zerstörung Polens als Geisel nach Russland gekommen und hatte Alexanders Vertrauen gewonnen. Dieser nahm offenbar keinen Anstoß an der Beziehung zwischen seiner Frau und seinem Berater, sondern soll sie, den meisten Quellen zufolge, sogar als gerechten Ausgleich für die Freiheiten, die er sich selbst erlaubte, dazu ermutigt haben.

Bei seiner Ankunft in Wien hatte er bereits 13 Jahre regiert. In dieser schwierigen Zeit war Napoleon mit mehr als 600 000 Soldaten in Russland einmarschiert, damals der größten Armee, die die Welt je gesehen hatte. Dörfer waren zerstört, das Land verwüstet, mehrere Hunderttausend Menschen getötet und die Stadt Moskau niedergebrannt worden. Alexander rechnete fest damit, dass Russland für diese Opfer im Krieg gegen Napoleon entschädigt würde. Zumindest würden ja wohl seine Anliegen nicht ignoriert werden. Unter keinen Umständen wollte der Zar in einer für ihn so wichtigen Angelegenheit wie Polen einen Kompromiss eingehen.

Er hatte noch nicht dargelegt, was für Pläne er genau für die Region hatte, obwohl er inoffiziell schon versprochen hatte, das Königreich Polen wiederherzustellen. Das hieß, er wollte das Stück polnischen Territoriums, das er von Katharina der Großen geerbt hatte, mit dem Gebiet des von Napoleon geschaffenen Herzogtums Warschau zusammenlegen, das seine Armee seit dem Ende des Krieges besetzt hielt. Der Zar schien es ernst zu meinen, und viele polnische Patrioten nahmen ihn beim Wort. Doch es bestanden auch erhebliche Zweifel daran, dass er seine großen Versprechungen würde erfüllen können. Er mochte die besten Absichten haben – aber würde er dem von ihm geschaffenen Staat letztendlich wirklich auch Freiheit und Unabhängigkeit gewähren?

Niemandem war wohl bei dem Gedanken, dass sich das riesige Russische Reich durch ein Satellitenkönigreich Polen so weit nach Westen ausdehnen und der empfindliche und unberechenbare Zar dadurch zum neuen Nachbarn werden könnte. Sowohl Castlereagh als auch Metternich hatten Angst vor den Folgen. Würde Russland dadurch nicht zur neuen konkurrenzlosen Großmacht werden und vielleicht eine Vorherrschaft erringen, die nicht einmal Napoleon besessen hatte?

Alexander hatte bereits die Unterstützung seines mit ihm reisenden alten Freundes, des Königs von Preußen, gewonnen. Der Zar und der König hatten eine enge Arbeitsbeziehung entwickelt, die durch einen selbst für jenes melodramatische Zeitalter melodramatischen Akt besiegelt worden war. Als Alexander 1805 Berlin besucht hatte, waren er und der König in die Krypta des aufgeklärten Herrschers Friedrichs des Großen hinabgestiegen und hatten sich dort ewige Freundschaft geschworen.

Natürlich war die emotionale Szene in den Wirren des Krieges in Vergessenheit geraten, und die beiden Mächte hatten einander verraten. Später jedoch, als sich das Blatt zu ihren Gunsten gewendet hatte, konnten beide ihre Fehler zugeben. Dieses Mal, schworen sie, würden sie zusammenhalten, und sie besiegelten ihr neues Bündnis mit einem Deal: Russland sollte in Polen freie Hand bekommen, und Preußen würde als Gegenleistung für seine Hilfe (und für die Übergabe seines polnischen Territoriums) das Königreich Sachsen bekommen. Beide Länder hatten diese gegenseitigen Versprechen schon im Februar 1813 im Geheimvertrag von Kalisch schriftlich festgehalten und einander bedingungslose Unterstützung zugesagt.

Man möchte nicht glauben, wie schön seine Räume seien, wenn sie von der Sonne durchflutet würden, hatte Metternich einmal gesagt, als er die hohen, elegant gestalteten Fenster seiner Amtsräume im Außenministerium lobte. Sein Problem bestand vor allem darin, genug Zeit zu finden, um ihren Anblick zu genießen.

Ende September 1814 war der Kongress noch gar nicht eröffnet, und doch war der Außenminister entsetzt über die gigantische Menge an Arbeit, die sich bereits stapelte. Es galt, Depeschen zu lesen und Protokolle oder Agenden zu verfassen, ganz zu schweigen von den endlosen logistischen Problemen der Friedenskonferenz, deren inoffizieller Leiter Metternich jetzt schon war. Nicht enden wollende »Geschäfte« sah der Außenminister in einem seiner schwachen Momente vor sich liegen.

Wie er befürchtet hatte, rannten ihm die Besucher in der aus weißem Stein erbauten Staatskanzlei, die das Außenministerium beherbergte, die Tür ein. Der aus dem frühen 18. Jahrhundert stammende große Bau war mit korinthischen Säulen geschmückt, und seine Fassade zeigte zum nördlichen Ende der Hofburg. Er wurde auch Ballhaus genannt, weil er früher von den Habsburgern als Tennishalle genutzt worden war. Wie Metternichs Kritiker bemerkten, passte das nur allzu gut zu seinem spielerisch-frivolen Umgang mit der Diplomatie.

Metternichs Amtsräume mit den schönen hohen Fenstern befanden sich im ersten Stock. Die Wände des Verhandlungsraums waren vom Parkettboden bis zur neuen Stuckdecke mit grünem Damast bezogen. Er war mit dunklen Holzverzierungen, goldgerahmten Ölgemälden und weißen Marmorbüsten, die auf Sockeln ruhten, geschmückt. Außerdem war er mit einem neuen Marmorkamin und vielen neuen Möbelstücken ausgestattet, die Metternich einige Monate zuvor in Paris gekauft hatte. Er habe über die Ausstattung gründlich nachgedacht, sagte Metternich, weil er befürchtet habe, in dem Saal viel Zeit verbringen zu müssen.

Das große Vorzimmer mit seiner fünfeinhalb Meter hohen Decke war meist überfüllt. Bittsteller, die auf eine Audienz bei Metternich hofften, waren mit einer schier endlosen Wartezeit konfrontiert und vertrieben sie sich, so gut sie konnten, indem sie einander Geschichten erzählten oder einfach die Wände anstarrten, an denen offene Mahagonischränke mit hübschen, in rotes Marokkoleder gebundenen Büchern standen.

An einem Morgen jenes Monats war Metternichs Vorzimmer wieder einmal voll mit Leuten, die irgendein Anliegen bei ihm durchbringen wollten. Der preußische Staatskanzler Karl August von Hardenberg, der erst einige Tage zuvor in Wien angekommen war, bat um eine Audienz. Er beschwerte sich gerade über die Schwierigkeit, eine Unterredung mit dem von ihm so genannten »Metternich dem Unsichtbaren« zu bekommen. Ein Vertreter des Königs von Bayern, Feldmarschall Fürst von Wrede, wartete ebenfalls, wahrscheinlich mit seinen geliebten Landkarten in der Hand. Besonders auffällig waren vier Männer in langen schwarzen Gewändern, die mit einem glänzenden silbernen Malteserkreuz geschmückt waren. Sie vertraten den im 11. Jahrhundert gegründeten Malteserorden.

Die Ritter wollten zweifellos ihre Schätze wiederhaben, die sie 1798 an Napoleon verloren hatten. Er hatte ihre Insel geplündert und Gold- und Silberkelche und Juwelen aus einer Schatzkammer mitgenommen, die seit dem 13. Jahrhundert gefüllt worden war. Auch Malta selbst wollten die Ritter zurück. Die Briten hatten eine baldige Wiederherstellung der alten Verhältnisse in Aussicht gestellt, als sie die Insel von Napoleon befreit hatten, doch sie hatten ihr Versprechen noch nicht erfüllt und machten laut dem Großmeister des Ordens auch keine Anstalten, dies zu tun. Der Großmeister hatte völlig recht. Die Briten hingen inzwischen an der schönen und strategisch wichtigen Insel mit dem hervorragenden Flottenstützpunkt und hatten sie sich im Vertrag von Paris gesichert.

In dem überfüllten Raum warteten noch zahlreiche weitere Männer, darunter zwei oder drei Dutzend deutsche Adlige, allesamt frühere Ritter des nicht mehr bestehenden Heiligen Römischen Reichs. Viele von ihnen hatten alte Privilegien und oft auch Familienbesitz verloren, als Napoleon das Reich auflöste und dessen westliche Ausläufer stückweise verteilte, indem er seinen Vasallenkönigreichen Bayern, Württemberg und Westphalen neue Territorien verlieh. Einige der Ritter drängten auf Wiederherstellung ihrer Rechte und ihres Besitzes, mancher hoffte sogar auf eine Wiederbelebung des Heiligen Römischen Reichs.

»Ich habe ganz Europa in meinem Vorzimmer«, sagte Metternich eitel und frustriert, als er die vielen Bittsteller mit den dicken Ledermappen betrachtete und an die endlose Arbeit dachte, die sie verhießen. Er freute sich nicht auf die harten Verhandlungen, die vor ihm lagen, sondern rechnete mit vier bis sechs höllischen Wochen.

Wenn Metternich das schiere Ausmaß der Probleme gar zu überwältigend erschien, konnte er ein privates Treppenhaus benutzen, eine mit Kopfstein gepflasterte Gasse überqueren und sich in ein aus dem 18. Jahrhundert stammendes Adelspalais in der Schenkengasse 54 flüchten.

Dies war das Palais Palm, und Metternich versuchte schon seit einem ganzen Jahr mit all seinem Geschick, eine Liebesaffäre mit einer Frau zu arrangieren, die eine der beiden großen Suiten des Palais bewohnte: der Herzogin Wilhelmine von Sagan. Metternich hatte damals schon zahlreiche Liebesaffären gehabt, doch diese war anders. Die Herzogin war eine der begehrenswertesten Frauen ihrer Zeit, und Metternich war sichtlich ihrem Charme erlegen.

Die Herzogin von Sagan war eine schlanke, zierliche 33-Jährige mit dunkelblondem Haar und tiefbraunen Augen – eine atemberaubende Schönheit, die obendrein eines der größten Vermögen in Europa geerbt hatte. Sie besaß überall in Ost- und Mitteleuropa Schlösser, darunter auch das etwa 150 Kilometer südlich von Berlin gelegene Schloss Sagan, das Wallenstein, der berühmte Feldherr des Dreißigjährigen Krieges, errichtet hatte. Sie führte ein unstetes Leben.

Schon als Metternich in seinen unbeschwerten Tagen als Diplomat in Dresden die Herzogin durch eine gemeinsame Freundin kennengelernt hatte, war er fasziniert gewesen. Sie war im baltischen Kurland (heute zu Lettland gehörig) aufgewachsen, in ganz Europa herumgereist und sprach ein halbes Dutzend Sprachen fließend. Sie steckte in ihrer zweiten unglücklichen Ehe und stand vor ihrer zweiten Scheidung. »Ich richte mich mit meinen Ehen doch nur zugrunde«, soll sie einmal gescherzt haben.

Sie hatte ihren Geburtsnamen behalten und verwaltete ihre Besitzungen selbst, was angesichts ihres gewaltigen Besitzes keine kleine Aufgabe war. Einen Teil ihres Vermögens hatte sie für wohltätige Zwecke ausgegeben und sogar ein Privatlazarett für verwundete Soldaten finanziert. Als einmal eine Magd in ihrem Haushalt vorzeitig Wehen bekam, war sie als Hebamme eingesprungen und hatte bei der Geburt eines gesunden Kindes geholfen.

Die Freundschaft zwischen Metternich und der Herzogin hatte sich im Sommer 1813 langsam zu einer Liebesbeziehung entwickelt, als Metternich gerade daran arbeitete, einen Frieden mit Napoleon zu arrangieren. Der Frieden kam damals nicht zustande, wohl aber die Liebesaffäre. Metternich sah die Herzogin so oft wie möglich und hatte ihr mitten in der diplomatischen Krise den ersten langen Liebesbrief geschrieben. Darin heißt es:

> Ich habe Sie seit Jahren gesehen; ich fand Sie schön; mein Herz schwieg noch still; warum ist dieser süße Seelenfrieden von mir gewichen? Warum sind Sie, die mir nichts war, für mich alles?

Die Herzogin war überrascht und fühlte sich durch die Aufmerksamkeiten des einnehmenden Staatsmanns geschmeichelt, doch er hatte sie damit nicht erobert – wenigstens noch nicht. Metternich jedoch blieb hartnäckig. Einen Monat später schrieb er:

> Ich schreibe, weil ich Sie heute Morgen nicht sehen werde, und ich muss Ihnen sagen, dass ich Sie mehr liebe, als mein Leben – dass mein Glück nichts ist, wenn Sie nicht sehr großen Anteil daran haben.

Die Herzogin konnte in ihrem Palais gut ein ganzes Zimmer mit den Geschenken füllen, die Metternich ihr geschickt hatte: eine Vielfalt von Dingen, vom in rotes Marokkoleder gebundenen Buch bis zur aus Lava hergestellten Lampe. Metternich hielt seinerseits jedes Geschenk in Ehren, das er von ihr bekam. Auf einem Regal in seinem Arbeitszimmer stand ein kleines schwarzes Kästchen mit einer Haarlocke der Herzogin.

Metternich schätzte ihren Verstand, ihr Urteilsvermögen, ihre Großzügigkeit. Es gefiel ihm, wie sie auf den Bällen im Abendkleid erstrahlte, aber er mochte auch die legere Flanellkleidung, die sie in ihren Privatgemächern trug, darunter ihr persönliches Lieblingsstück, »einen alten wattierten Kittel mit Löchern in den Ellenbogen«. Metternich liebte auch die kleinen Eigenheiten, zum Beispiel wie sie ihren Cognac zu sich nahm: Sie balancierte einen Zuckerwürfel auf einem kleinen Silberlöffel und tauchte ihn vorsichtig in die bernsteinfarbene Flüssigkeit – bis sie am Schluss den Rest hinunterschlürfte. »Was«, schrieb er einmal, »gefällt mir nicht an Dir?«

Am Ende des Sommers gab die Herzogin schließlich nach und gestand Metternich ebenfalls ihre Liebe: »Ich weiß nicht, wie ich Sie liebe, aber ich liebe Sie, und zwar von ganzem Herzen.« Metternich war begeistert von der Neuigkeit: Liebe zu machen ist eine Sache, sie zu gestehen eine andere. Er schrieb sofort zurück: »Plötzlich bin ich an den lieblichsten, gesegnetsten Ort der Erde versetzt.« Und im selben Brief:

> Du hast mich vor Glück trunken gemacht, ich liebe Dich hundertmal mehr als mein Leben. Ich lebe nicht, ich werde nicht leben, außer für Dich.

Ihre Beziehung ließ sich nicht völlig geheim halten, und das Palais Palm versprach in jenem Herbst ein Ort von besonderer Anziehungskraft zu werden. Neben der Herzogin von Sagan, die im ersten Stock in ihren eleganten Salon einlud, gab es nämlich noch eine zweite Frau in einem parallelen Flügel des Palais, die genauso intelligent, witzig, wohlhabend, schön und, ja, auch genauso umstritten war: Fürstin Katharina Bagration, die 31-jährige Witwe von Pjotr Iwanowitsch Bagration, einem russischen General und Kriegshelden, der bei Borodino gefallen war. Katharina war blond und hatte hellblaue Augen und eine rosa schimmernde weiße Haut, die ein Verehrer mit Alabaster verglich. Ihre skandalträchtigen Abendkleider waren sehr tief ausgeschnitten und hatten ihr den Spitznamen »der schöne nackte Engel« eingebracht.

Die Fürstin Bagration und die Herzogin von Sagan waren damals schon seit vielen Jahren geschworene Feindinnen. Gründe dafür gab es viele; sie waren unter mehreren Schichten von Klatsch, Intrigen und Gegenintrigen tief vergraben, doch ein Großteil der gegenseitigen Abneigung lag sicherlich auch in einer jahrelangen Rivalität um Ansehen und Einfluss in der Gesellschaft begründet. Jedenfalls hatten die beiden sehr viel gemeinsam.

Sie waren etwa gleich alt, kamen beide aus dem Baltikum, waren älteste Töchter reicher aristokratischer Familien und hatten beide den ganzen Kontinent bereist und schon an den verschiedensten Orten Europas gelebt. Beide hatten jung geheiratet, waren nun jedoch frei und von vielen Verehrern umschwärmt. Beide hatte es zur Zeit des Kongresses »durch einen seltsamen und fatalen Zufall« nach Wien verschlagen, wie es ein regelmäßiger Besucher der Salons formulierte, und nun waren die zwei Diven auch noch in zwei Flügeln desselben Palais gelandet, die einander gegenüberlagen. Ihre Fenster gingen tatsächlich auf denselben Hof hinaus.

Den ganzen Herbst hindurch spähten auf beiden Seiten Augen hinter Seidenvorhängen hervor und beobachteten genau, welche Kutschen kamen und gingen und welche Gäste sie in welchen Salon brachten. Die zwei Frauen konkurrierten um alles: vom wichtigsten Gast bis zum gesellschaftlichen Ansehen ihrer Soireen. Sie waren zwei Bienenköniginnen, die sich denselben Stock teilen mussten, und ihre Rivalität wirkte sowohl belebend als auch belastend auf manche Beziehungen während des Kongresses. In den Korridoren, Stiegenhäusern und Gesellschaftszimmern des Palais wurden zahlreiche Intrigen gesponnen.

Die Wiener High Society musste buchstäblich die Wahl treffen und entweder links der Treppe die »russische Sirene« Fürstin Bagration oder rechts die »Kleopatra von Kurland« Wilhelmine von Sagan aufsuchen. Was die Siegerin des Wettstreits der beiden Frauen aus dem Norden betraf, »waren die Wetten offen«, wie es ein Beobachter der vornehmen Gesellschaft formulierte.

Die zwei Damen hatten noch eine weitere Gemeinsamkeit: Sie waren alle beide Metternichs Geliebte gewesen. Und beide erregten nun offenbar auch die Aufmerksamkeit des extravaganten russischen Zaren.

*Kapitel 4*

# Dorothea: ein Glücksgriff

*Es ist sehr wichtig, aus der französischen Botschaft einen angenehmen Ort zu machen.*

Talleyrand

Trotz ihrer langen Reise trafen die Briten als eine der ersten offiziellen Delegationen in der Stadt ein. Ihr Leiter war Lord Castlereagh, groß und blond, ein 45-Jähriger, der 20 Jahre jünger aussah. Der dünne, fast zerbrechliche Mann war gewöhnlich schwarz gekleidet, was angeblich oft auch seiner Stimmung entsprach. Sein langes, kantiges Gesicht vermittelte den Eindruck aristokratischer Distanziertheit, oder wie jemand trocken bemerkte: Er sah ganz so aus, als ob er sich ständig langweile. Jedenfalls verfügte er über ein hervorragendes Pokerface, das ihm sowohl bei den diplomatischen Verhandlungen in Wien als auch am Spieltisch gute Dienste leisten sollte.

Castlereagh und seine Leute waren schon am 13. September in der österreichischen Hauptstadt angekommen und hatten sofort das ihnen zugewiesene Hauptquartier aufgesucht, ein Haus, das etwas versteckt in der schmalen Milchgasse lag. Die gleichen Räume waren einige Jahre zuvor von einem jungen Musiker namens Wolfgang Amadeus Mozart gemietet worden. Als er in den frühen 80er-Jahren des 18. Jahrhunderts dort wohnte, arbeitete er an seinem ersten deutschsprachigen »Singspiel« *Die Entführung aus dem Serail* und hatte eine Affäre mit Constanze, der Tochter seiner Vermieterin, die er 1782 heiratete. Die gemütliche kleine Wohnung war vielleicht für Mozart ein geeigneter Ort gewesen, um die Oper zu schreiben, sie war aber viel zu beengt für die stolze Delegation des Landes, das immerhin den Sieg der Koalition über Napoleon finanziert hatte.

Castlereagh suchte eine neue Unterkunft und zog schon nach einer Woche in eine Suite mit 22 Räumen am Minoritenplatz, einem eleganten kopfsteingepflasterten Platz mit herrschaftlichen Häusern und der Minoritenkirche aus dem 15. Jahrhundert im Zentrum. Damit war die britische Delegation nur wenige Meter von Metternichs Amtsräumen am Ballhausplatz und von der Hofburg entfernt. Castlereagh und seine Frau, Lady Emily, wohnten im obersten Stock, der diplomatische Stab im ersten Stock, und das Erdgeschoss war für gesellige Veranstaltungen reserviert. Den Castlereaghs war es ein Vergnügen, bei einigen ihrer Soireen mit den betörend ätherischen Klängen der Glasharmonika, eines von Benjamin Franklin erfundenen Instruments, für eine ganz besondere Atmosphäre zu sorgen.

Im Gegensatz zu den anderen wichtigen Delegationen bei der Friedenskonferenz führte Großbritannien immer noch Krieg, und zwar auf dem amerikanischen Kontinent gegen die junge Republik der Vereinigten Staaten. Dieser Britisch-Amerikanische Krieg wird in der amerikanischen Geschichtsschreibung als »War of 1812« bezeichnet; in der britischen Geschichtsschreibung hat er keinen eigenen Namen und wird unter die napoleonischen Kriege subsumiert. Während des Wiener Kongresses tobten immer noch Schlachten an mehreren Fronten in Kanada, an den Großen Seen und auf dem Atlantik. Tatsächlich waren, nur wenige Wochen bevor Castlereagh in Wien eintraf, britische Truppen in der Chesapeake Bay gelandet und hatten Washington niedergebrannt, wobei auch das Finanzministerium, die Library of Congress und der Präsidentensitz in Flammen aufgegangen waren. Der amerikanische Präsident James Madison und seine Frau und Dolley waren geflohen, und ein Ende des Krieges schien sich nicht abzuzeichnen.

Obwohl dies bedeutete, dass die Briten einen Teil ihrer Aufmerksamkeit Amerika widmen mussten, hatte die Wiener Friedenskonferenz für sie klare Priorität, und sie glaubten dort in einer starken Position zu sein. Großbritannien hatte sich als das einzige Land, das über die ganze Zeit und manchmal sogar völlig allein gegen Napoleon kämpfte, enormes Ansehen erworben. Die Briten besaßen die größte Flotte der Welt und die reichste Volkswirtschaft, und ihre kolonialen Besitzungen waren von Südafrika bis Indien über den ganzen Erdball verteilt. Während des Krieges hatten sie den Franzosen und ihren Verbündeten weitere Kolonien abgetrotzt. All das würde ihnen, so ihre Überzeugung, bestimmt zu einer starken Verhandlungsposition verhelfen.

Die Briten wollten die für die Royal Navy so wichtige Freiheit der Meere sichern, die auch im Krieg mit den Vereinigten Staaten einer der vielen Streitpunkte war. Castlereagh wollte außerdem dafür sorgen, dass das Flachland und die Küste des Gebiets, auf dem sich das heutige Belgien befindet, unter keinen Umständen wieder einem feindlichen Land in die Hände fallen würden. Dies bedeutete vor allem, Frankreich fernzuhalten. Der Hafen von Antwerpen war ein möglicher Ausgangspunkt für eine Invasion auf den Britischen Inseln: eine »geladene Pistole auf Englands Brust«.

Castlereagh drängte darauf, diesen Hafen, ja ganz Belgien, dem neu gegründeten Königreich der Niederlande zuzuschlagen, dessen Herrscher Wilhelm I. von Oranien ein guter Verbündeter Großbritanniens war. Tatsächlich hatte Castlereagh bereits eine Zusage, dass er in diesem Punkt Erfolg haben würde. Die Übergabe des Territoriums war in einer Geheimklausel des Ersten Pariser Friedens vorgesehen, und der britische Außenminister rechnete fest damit, dass die Unterzeichnung dieses Vertrags eine reine Formsache sein würde, wie stark auch immer der Widerstand in Belgien sein mochte.

Ansonsten war Castlereagh bereit, das britische Verhandlungsziel auf die Herstellung eines allgemeinen Gleichgewichts der Kräfte zu beschränken, das seiner Ansicht nach dem Weltfrieden am förderlichsten wäre. Diese Politik diente aber auch, wie er wohl wusste, den geschäftlichen Interessen seines Inselstaats, der damals schon auf dem besten Weg war, die »Werkstatt der Welt« zu werden.

Wie eine ganze Reihe von Politikern einschließlich seines Mentors, des früheren Premierministers William Pitt, war er der Ansicht, man dürfe nicht zulassen, dass ein Staat oder eine Gruppe von Staaten den Kontinent dominierten, und wenn einer im Begriff schien, übermächtig zu werden, würde Großbritannien eingreifen und das

»gerechte Gleichgewicht« wiederherstellen. Traditionell war dieses Gleichgewicht in den vergangenen 150 Jahren immer wieder durch Frankreich bedroht gewesen. Nun jedoch, nach der Niederlage Napoleons, gab es eine neue potenzielle Gefahr.

Sie ging von Russland aus, das in den letzten Jahren der napoleonischen Kriege Großbritanniens Verbündeter gewesen war. Zwar hatten mehrere Länder den Ehrgeiz, zur Großmacht aufzusteigen, aber nur Großbritannien und Russland konnten das bereits für sich beanspruchen. Russland war natürlich ein Gigant. Es verfügte über die größte Landmasse des Kontinents und war etwa 20-mal so groß wie Großbritannien. Es besaß die größte Armee der Welt, und es hielt einen Großteil des früheren französischen Kaiserreichs besetzt, darunter Polen, Sachsen und das an Dänemark grenzende Holstein. Castlereagh fürchtete einen kometenhaften Aufstieg Russlands, dessen Ansehen dank seiner überwältigenden Siege enorm gestiegen war – und dessen Herrscher nicht gerade für maßvolles Verhalten bekannt war.

Bevor Castlereagh Außenminister geworden war, hatte er am St. John's College in Cambridge studiert, das Studium jedoch ohne Abschluss abgebrochen. Stattdessen kehrte er in seine Heimat nach County Down im Nordwesten von Irland zurück und wurde mit 21 in das irische Parlament gewählt. Er stieg schnell auf. Auf allen Etappen – als Handelsminister, als Kriegsminister und schließlich seit 1812 als Außenminister – hatte er sich als selbstbewusst und angesichts heftigen Widerstands als recht unbeugsam erwiesen. Er legte eine churchillsche Hartnäckigkeit an den Tag und war einer der zähsten Kämpfer in der politischen Arena seiner Zeit.

Lord Castlereagh hatte beim Aufbau des modernen British Foreign Office eine zentrale Rolle gespielt. Als er 1812 die Leitung übernahm, hatte Großbritannien nur in sechs Staaten noch über diplomatische Vertretungen verfügt, und nur einer dieser Staaten wurde *nicht* von einer Regierung geführt, die sich im Exil oder im Gefängnis befand oder auf andere Weise entmachtet war. Nach dem Zusammenbruch von Napoleons Reich konnte Großbritannien dann wieder Botschaften in den befreiten Ländern einrichten. Castlereagh war zur rechten Zeit am rechten Ort gewesen und hatte fast den gesamten auswärtigen Dienst seines Landes neu besetzt.

Castlereagh war auch der erste britische Außenminister gewesen, der je in offizieller Mission das europäische Festland besucht hatte – im Januar 1814, während der letzten Kriegshandlungen. Nun, auf seiner zweiten Europareise, hatte er einen relativ großen Stab zur Friedenskonferenz mitgebracht. Er hatte 14 Assistenten, unter anderen den unermüdlichen Lord Clancarty, der zuvor als Botschafter in Den Haag gewirkt hatte und seinen Minister in vielen Angelegenheiten, insbesondere jedoch in Bezug auf die Niederlande beriet, und Lord Cathcart, einen früheren Soldaten und Russlandexperten, der der Delegation wegen seiner guten Beziehung zum Zaren angehörte. Auch der Unterstaatssekretär Edward Cooke und Castlereaghs Privatsekretär Joseph Planta waren mit von der Partie. Beide waren hart arbeitende und loyale Helfer ihres Chefs.

Der wohl berüchtigtste Engländer der Abordnung war Sir Charles Stewart, der 36-jährige britische Botschafter in Wien und Veteran der Spanienfeldzüge. Der laute und nicht gerade beliebte Mann hatte einen recht ausgefallenen Sinn für Humor, der besser in eine Kaserne gepasst hätte als in die Salons, und viele Kritiker zweifelten gelinde gesagt an seinen diplomatischen Fähigkeiten. Wenn er ein bisschen zu tief ins Glas geblickt hatte, spielte er sich oft auf – »ein insolenter Engländer, der alles mit Füßen zu treten scheint«. Seine leuchtend gelben Stiefel und Extravaganzen brachten ihm den Spitznamen Lord Pumpernickel ein. Viele vermuteten, er sei nur deshalb in Wien, weil er Castlereaghs Halbbruder war.

Talleyrand machte nach seiner Ankunft im Palais Kaunitz Höflichkeitsbesuche bei den über die Stadt verstreuten Delegationen. Er hatte den neuen Titel Fürst von Talleyrand auf seiner Visitenkarte stehen, den ihm König Ludwig XVIII. unmittelbar vor seiner Abreise aus Paris verliehen hatte. Der französische Außenminister musste damit nicht mehr den Titel Fürst von Benevent benutzen, den ihm Napoleon verliehen hatte – ein Vorteil, da er sich im Interesse seines Landes so stark wie möglich von Bonaparte distanzieren musste.

Frankreich war, wie Talleyrand sagte, durch den Friedensvertrag von Paris glücklicherweise der »Zerstörung entgangen«, aber er wusste, dass die Vertreter der Koalitionsmächte hart kritisiert worden waren, weil sie nicht erheblich mehr verlangt hatten. Viele sahen in Frankreich immer noch dieselbe skrupellose und gefährliche Macht, ein Land voll fanatischer Kreuzzügler, das seine Nachbarn einfach nicht in Frieden lassen konnte. Ohne französische Beteiligung würde der Kongress doch viel reibungsloser laufen!

Dieses schlechte Image drohte natürlich die Anstrengungen der französischen Diplomatie zu beeinträchtigen, und das war ungünstig für Talleyrand, weil er viele Ziele zu erreichen hoffte. Nachdem mit Ludwig XVIII. wieder ein Bourbone französischer König geworden war, wollte er zunächst einmal, dass mit Ferdinand IV. auch in Neapel wieder ein Bourbone auf den Thron zurückkehrte, den seit 1808 Joachim Murat, einer der schneidigen Marschälle Napoleons, innehatte. Talleyrand würde auf dem Kongress die Ansicht vertreten, dass der Bourbone als der legitime Herrscher diesem süditalienischen Königreich am ehesten Frieden bringen könnte.

Eine weitere hohe Priorität hatte für Talleyrand die Rettung des Königs Friedrich August von Sachsen, der Gefahr lief, seine Krone und sein Land zu verlieren. Der König war ein Vetter Ludwigs XVIII., er war mit Frankreich verbündet und, wichtiger noch, ein Gegengewicht zur wachsenden Macht Preußens, das, wie Talleyrand fürchtete, die Vorherrschaft über ganz Deutschland anstrebte. Preußen müsse in die Schranken gewiesen werden, argumentierte Talleyrand, oder es werde in ein paar Jahren eine Militärmonarchie bilden, die für ihre Nachbarn sehr gefährlich werden könnte.

In jener ersten Woche in Wien wollte Talleyrand das Fundament für seinen diplomatischen Feldzug legen, indem er elegante Salons besuchte und bei Kaiser Franz und der kaiserlichen Familie, den Vertretern der anderen Großmächte, aber auch bei vielen kleineren Delegationen vorsprach, die sonst häufig vernachlässigt wurden. Er hatte nach seiner Ankunft acht oder zehn Tage mit Besuchen vor sich, eine Aufgabe, die auch »bessere Beine als die meinen ermüden würde«, wie er klagte.

Für Wien hatte Talleyrand ein Team von Diplomaten, Experten und Unterstützern zusammengestellt, das ihm helfen sollte, seine Ziele zu erreichen. Eines seiner prominentesten Mitglieder war sein alter Freund Emmerich Herzog von Dalberg, ein junger Mann aus einer der ältesten deutschen Adelsfamilien, die beträchtliche Besitztümer im Rheinland hatte, insbesondere zwischen Speyer und Worms. Dalberg konnte skrupellos und unzuverlässig sein und neigte außerdem zu indiskreten Prahlereien. All das war Talleyrand durchaus bekannt. Er habe Dalberg ausgewählt, sagte er, »damit er all die Geheimnisse ausplaudert, von denen ich will, dass sie allgemein bekannt werden«.

Talleyrand brachte noch zwei weitere prominente Regierungsvertreter mit. Der erste war ein alter Freund, der Marquis de la Tour du Pin, ein ehemaliger Botschafter in Holland und harmloser Vergnügungssüchtiger, der nicht mit zu vielen Aufgaben belastet werden durfte. »Er taugt dafür, die Pässe zu stempeln«, sagte Talleyrand über ihn. Den zweiten, Comte Alexis de Noailles, einen extremen Royalisten, wählte Talleyrand, weil er ein wohlbekannter Spitzel der königlichen Familie und insbesondere des Bruders von Ludwig XVIII. war. »Wenn man schon ausspioniert wird«, begründete Talleyrand seine Entscheidung, »ist es am besten, von einem Agenten überwacht zu werden, den man selbst gewählt hat.«

Die drei Delegierten mochten für komplexe internationale Verhandlungen recht ungeeignet erscheinen, doch nach den Maßstäben der Diplomatie des frühen 19. Jahrhunderts hatten sie durchaus ihre Vorzüge. Alle drei waren Adlige, sie waren mit den Finessen der Salonpolitik vertraut, und sie verfügten über zahlreiche Kontakte in der kosmopolitischen Aristokratie Europas, die auf dem Wiener Kongress alle von Nutzen sein konnten.

Die beste Wahl für die strittigen außenpolitischen Fragen war Jean-Baptiste de Gouey, Comte de la Besnardière, ein 49-jähriger Beamter aus dem Außenministerium. Laut Talleyrand hatte er sich den Ruf erworben, das vielversprechendste Talent des Ministeriums zu sein. Als ungenannter Koautor vieler Papiere der französischen Delegation übernahm er jedenfalls einen erheblichen Teil der Arbeitslast.

Zusätzlich brachte Talleyrand eine Entourage von Kammerdienern, Friseuren, Köchen und anderen Bediensteten mit, die alle die Delegation versorgten. Unter ihnen war der 36-jährige Komponist, Pianist und Diplomat Sigismund von Neukomm, der als sein persönlicher Assistent fungierte. Der Österreicher aus Salzburg, ein früherer Schüler von Joseph Haydn, half Talleyrand, sich bei sanften, verträumten

Klängen zu entspannen oder in seine Welt der Verschwörungen und Gegenverschwörungen zu versenken.

Eine besonders glückliche Hand hatte Talleyrand bei der Wahl seiner Gastgeberin. Sie fiel auf Dorothea de Talleyrand-Périgord, die hochintelligente und bildhübsche 21-jährige Frau seines Neffen Edmond – sie war die jüngere Schwester der Herzogin Wilhelmine von Sagan.

Dorothea hatte herrliches schwarzes Haar und glänzende dunkle Augen. Sie waren von einem so dunklen Blau, dass sie schwarz wirkten, und hatten, wie ein Verehrer es formulierte, »ein höllisches Feuer, das die Nacht zum Tage machte«. Ihre Haut war blass, betont durch etwas Rouge, und sie hatte eine sehr schlanke Taille. Vor Beginn der Friedenskonferenz war sie todunglücklich und sehr viel allein.

Sie war etwa 13 Jahre jünger als ihre Schwester Wilhelmine, und die beiden hätten nicht unterschiedlicher sein können. Wilhelmine, das älteste Kind der Familie, war der Liebling ihres Vaters – vergöttert, verwöhnt und mit einer glänzenden Bildung aufgezogen. Dorothea dagegen wurde ziemlich vernachlässigt. Ihre Kindheit war, wie sie selbst sagte, »traurig und unglücklich«. Während Wilhelmine schon als kleines Kind Vergil auf Lateinisch rezitierte, stellten Gäste auf dem Schloss der Familie schockiert fest, dass die siebenjährige Dorothea kein Wort lesen konnte und nicht einmal das Alphabet kannte.

Es ist nicht ganz sicher, wer ihr leiblicher Vater war. Sie selbst bezeichnete immer Peter von Biron, den Herzog von Kurland, als ihren Vater, doch ihre Biografen sind schon recht bald zu dem Schluss gekommen, dass wahrscheinlich der verarmte polnische Adlige und Hauptmann eines Söldnerregiments Graf Olek Batowski, der kurz auf dem Schloss der Familie gewohnt hatte, ihr Vater war. Wie dem auch sei – Herzog Peter jedenfalls war bei ihrer Geburt schon fast siebzig und sehr krank.

Dorothea lernte keinen der beiden Männer richtig kennen. Der Pole verließ das Schloss bald nach ihrer Geburt, und der Herzog von Kurland starb, als sie sieben war. Auch ihre Mutter, Herzogin Anna Dorothea von Kurland, stand ihr nicht wirklich nah und war zu sehr mit ihren gesellschaftlichen Aktivitäten beschäftigt. Auch zu ihren drei

Schwestern hatte Dorothea keinen intensiven Kontakt; selbst die jüngste war zehn Jahre älter als sie. Sie hatte kaum Spielkameraden in ihrem Alter und blieb weitgehend sich selbst überlassen.

Jahre später beschrieb Dorothea, wie sie als Kind ausgesehen und sich gefühlt hatte:

> Klein, mager, von gelblicher Gesichtsfarbe und vom Augenblick meiner Geburt an schwierig. Meine Augen waren so dunkel und groß, dass sie in völligem Missverhältnis zu den Proportionen des Gesichts standen und meine übrigen Züge viel zu klein geraten erschienen [...]. Traurig bis zur Melancholie erinnere ich mich sehr genau, wie ich mich danach sehnte, zu sterben.

Erst der schwedische Gast Graf Gustav Armfelt, einer der Geliebten ihrer Mutter, interessierte sich für Dorotheas Erziehung. Er unterrichtete sie selbst und entdeckte zu seiner nicht geringen Überraschung, dass sie sehr schnell lernte. Tatsächlich gelangte er schon bald zu der Überzeugung, dass sie ein ungewöhnlich begabtes Kind war.

Auf sein Betreiben war ganz plötzlich für die begabte jüngste Tochter der Familie kein Aufwand mehr zu groß. Die Herzogin engagierte zwei Vollzeitlehrer, der eine war Abbé Scipione Piattoli, ein ehemaliger Sekretär des letzten Königs von Polen. Er machte mit der jungen Dorothea Exkursionen, die ihren neu entdeckten Interessen entsprachen, so zum Beispiel viele Fahrten ans Theater, die durch Unterrichtsstunden bei der damaligen Königin des Berliner Theaters Friederike Unzelmann ergänzt wurden. Um Dorotheas Interesse für Astronomie zu befriedigen, arrangierte Piattoli, dass sie durch den königlichen Astronomen am Berliner Observatorium unterrichtet wurde.

Dank ihrer ermutigenden und inspirierenden Lehrer zeigte Dorothea schon bald Anzeichen eines außerordentlich scharfen Verstands und die Fähigkeit, auch schwierige Sachverhalte extrem schnell zu begreifen. Außerdem frönte sie unablässig ihrer neuen Leidenschaft des Lesens. Sie rannte in die Bibliothek der Familie, kletterte die Leiter hinauf bis zum obersten Regal und saß dort unter der hohen Decke mit einem Buch auf dem Schoß.

Mit 15 wurde sie jedoch unter Druck gesetzt zu heiraten. Obwohl man ihr versprochen hatte, dass sie sich ihren Ehemann selbst aussuchen dürfe, sollte sie nun den Mann heiraten, den ihre Mutter – oder besser gesagt Zar Alexander, oder noch besser gesagt Talleyrand – für sie ausgewählt hatte. Ihre Zukunft wurde wie eine internationale Intrige geplant.

Der französische Minister hatte von der schönen Erbin Dorothea gehört und wollte, dass sie seinen Neffen, den 22-jährigen Edmond de Talleyrand-Périgord, heiratete. Da sie eine Untertanin des russischen Zaren war, bat er Alexander, ihre Mutter dazu zu überreden, dass sie die Ehe arrangierte. Der Zar, der sich Talleyrand für dessen Hilfe gegen Napoleon zu Dank verpflichtet fühlte, erklärte sich einverstanden und brachte bei einem Besuch auf Schloss Kurland im Oktober 1808 seine Wünsche unmissverständlich zum Ausdruck: »Meine liebe Herzogin, ich lasse keine Ihrer Ausflüchte gelten«, sagte er. »Ich habe mein Wort gegeben und bitte nun um das Ihre als Beweis der Freundschaft, deren Sie mich versichert haben und auf welche ich Anspruch zu haben glaube.«

Als die Herzogin ihrer Tochter die Ehe mit Edmond vorschlug, lehnte diese rundweg ab. Sie wollte sich selbst einen Ehemann aussuchen, und sie hatte sich bereits für den polnischen Patrioten Adam Fürst Czartoryski entschieden, über den ihr Hauslehrer sie informiert hatte. Der Fürst war 23 Jahre älter als sie, und die beiden hatten kaum ein Wort miteinander gewechselt, aber für eine junge Romantikerin wie Dorothea spielte das keine Rolle. Sie war fest entschlossen, diesen Mann zu heiraten, und kein Mensch, nicht einmal der »Kaiser aller Reußen«, würde sie daran hindern.

Als ihre Mutter merkte, wie ernst es Dorothea war, beschloss sie, ihrer Tochter mit einem raffinierten Trick die jugendliche Verliebtheit in den von ihr idealisierten Fürsten auszutreiben.

Zunächst einmal setzte sie Dorotheas Hauslehrer mit Drohungen unter Druck und zwang ihn zu der falschen Erklärung, dass der polnische Fürst sich gerade mit einer anderen Frau verlobt habe. Als Dorothea immer noch an ihrem Heiratsplan festhielt, arrangierte die Herzogin einen Besuch polnischer Freunde auf dem Schloss, die die Lüge bestätigen mussten. Ganz Warschau spreche von der Verlobung des Fürsten, behaupteten sie, und am Ende erklärte sich die traurige Dorothea bereit, den Franzosen zu heiraten, den sie kaum kannte.

Edmond war ein hervorragender Soldat und Kavallerieoffizier, der mehrere Auszeichnungen für seine Tapferkeit bekommen hatte, aber er war kein guter Ehemann. Er war ein notorischer Schürzenjäger, der an seine außerehelichen Liebschaften und seine Spielleidenschaft ein Vermögen verschwendete. Auch für seine protzigen Uniformen mit »goldenen Tressen, Pailletten und Edelsteinen« häufte er erhebliche Schulden auf. Zu allem Übel konnte Edmond intellektuell Dorothea nicht das Wasser reichen, und das Ehepaar hatte fast gar keinen Gesprächsstoff.

»Es war unmöglich, seinen Gemütszustand oder seine Gedanken vorauszusehen«, klagte Dorothea, weil »niemand je [...] das Schweigen so sehr gepflegt hat.« Edmond war offenbar gerade oft genug zu Hause, um drei Kinder zu zeugen: Napoleon-Louis, beziehungsweise nur noch Louis seit dem Sturz des Kaisers; Dorothea-Charlotte-Emily; und den kleinen Alexander-Edmond. Abgesehen von ihren Kindern, die die sehr liebte, empfand Dorothea ihre Ehe als traurig und trostlos.

Dann, im Sommer 1814, unmittelbar vor dem Wiener Kongress, kam es zu einer Tragödie. Dorotheas Tochter erkrankte an Masern, im frühen 19. Jahrhundert ein lebensbedrohliches Ereignis. Und nachdem sich das kleine Mädchen scheinbar erholt hatte, bekam es einen plötzlichen Rückfall und starb.

Dorothea war am Boden zerstört und musste zu ihrem großen Unglück den ganzen Schmerz allein ertragen. Edmond war immer noch im Krieg. Seit seine Tochter auf der Welt gewesen war, hatte er nur ein paar Monate daheim verbracht. Der Rest der Familie hielt sich in Berlin, in Kurland oder in den Kurorten Mitteleuropas auf. Der einzige Mensch, der Dorothea besuchte, war Talleyrand. Er fand trotz seines vollen Terminkalenders die Zeit, sich um die arme trauernde Mutter zu kümmern.

Dorothea brauchte ganz offensichtlich einen Tapetenwechsel, und eines Tages in jenem Sommer fragte Talleyrand, ob sie ihn nicht nach Wien auf die Friedenskonferenz begleiten wolle. Sie könne in der Gesandtschaft als Gastgeberin fungieren.

Dorothea nahm das Angebot an. Es gab nichts, was sie noch in Paris gehalten hätte. Natürlich würde sie ihre Kinder vermissen, aber sie konnten bei ihrer Mutter wohnen. Schließlich sollte der Kongress nur ein paar Wochen dauern.

Und so hatte Dorothea etwas, womit sie sich beschäftigen konnte. Sie wählte Kleider, Gewänder, Handschuhe, Fächer, Masken, Strümpfe, Schmuck und viele verschiedene Arten von Schuhen aus. Das alles wurde in große Truhen verpackt und von Lakaien in die Reisekutschen geladen. Am 16. September waren alle Vorbereitungen getroffen. Dorothea und Talleyrand reisten zusammen nach Wien.

Talleyrand bewunderte schon bald ihre Fähigkeiten. Sie war schön, anmutig, charmant und vor allem sehr intelligent. Sie las für ihr Leben gern, hatte Talent für die Kunst der Konversation und schaffte es, dass die Menschen sich bei ihr wohlfühlten. Andere Salonlöwinnen waren vielleicht weltgewandter, aber Dorothea mit ihrer ungekünstelten jugendlichen Unschuld schuf sich ihre eigene Nische.

*Kapitel 5*

# Die Großen Vier

*Sich stellen, als wisse man, was man nicht weiß, und wisse nicht, was man weiß – hören, ohne zu verstehen, und verstehen, ohne zu hören – verheimlichen, dass man nichts zu verheimlichen hat – [...] tief scheinen, wenn man nur hohl ist – irgend eine Rolle gut oder schlecht spielen – [...] mit kleinen Mitteln die größten Zwecke verfolgen: das ist, meiner Treu, die ganze Politik!*

*Der tolle Tag oder Figaros Hochzeit* (1784)
Pierre Augustin Caron de Beaumarchais

Angesichts der vielen Monarchen, Staatsmänner und anderen Berühmtheiten, die zum Kongress kamen, polierten die Wiener Straßenkünstler eifrig ihr Repertoire auf. Neue Marionettenspiele kamen in den über die Stadt verstreuten Puppentheatern zur Aufführung, mehrere Tierschauen wurden geboten – in einer führte der Schausteller einen Affen, eine Eule und einen Hai vor, den er angeblich bei Triest aus dem Meer gefischt hatte. Eine größere Auswahl exotischer Lebewesen gab es im Tiergarten des Schlosses Schönbrunn zu sehen – seltene Vögel, Bären, Büffel, zwei Kamele und eine kleine Sammlung von Kängurus aus Neuholland, das heute Australien genannt wird.

Im nördlich des Stadtzentrums gelegenen Prater, einem riesigen Park, der früher ein Jagdgebiet des Hofes gewesen war, ging es besonders lebhaft zu. Es gab dort Kaffeehäuser, Restaurants, Tanzhallen und Spielzimmer. Manche Gebäude hatten die exotische Gestalt von chinesischen Pavillons, indischen Kiosken, Schweizer Chalets und »Hütten von Wilden«. Schön angelegte Wege für Spaziergänge und Kutschfahrten führten durch den Park, und es gab gute Plätze für Feuerwerke. Die hohen Bäume im »prächtigen Wald« und auf dem großen Rasen warfen laut Cadet de Gassicourt »Schatten, die dafür sorgen, dass die Erde von einem grünen Teppich bedeckt ist, der niemals durch die Sonne gelb wird«.

Ein Schausteller hatte ein »optisch-mechanisches Theater« aufgebaut, in dem er Szenen des schrecklichen Krieges zeigte, wie etwa »den Brand von Moskau« und »die Schlacht bei Leipzig«, um nur einige der Attraktionen zu nennen. Er hatte auch eine neue Szene, die den Einmarsch der Verbündeten in Paris zeigte, »von mehreren 1000 beweglichen Figuren belebt«.

Neugierige Touristen schlenderten durch die engen, gewundenen Gassen in der Umgebung des Stephansdoms und füllten die gemütlichen kleinen Marktplätze in der Innenstadt. Selbst die an die Attraktionen des Londoner West End gewohnte Frau Castlereaghs war begeistert. *»Mon Dieu* – welch eine herrliche Stadt«, rief sie nach einem Schaufensterbummel aus. »Welche Läden! Wir haben uns beim Schauen fast die Hälse verrenkt.«

Überall in der Stadt rieben sich die Geschäftsleute schon die Hände. Herbergsbesitzer, Gastwirte, Kaffeehausbesitzer und Theatermanager richteten sich darauf ein, die reichsten und mächtigsten Menschen Europas, die oft mit großem Gefolge in die Stadt kamen, zu beherbergen, zu bewirten und zu unterhalten. Hutmacher, Perückenmacher, Handschuhmacher, Schneider, Näherinnen, Friseure, Bäcker, Metzger, Floristen und Spielzeugmacher hofften allesamt auf eine gute Saison.

Auch die Vermieter rechneten sich aus, welche Profite sie machen könnten, als die vornehmen Kongressteilnehmer in die Stadt strömten und um Unterkünfte konkurrierten, die schon in den besten Zeiten knapp waren. Manchmal wurde ein ganzes Haus an eine glückliche Delegation vermietet, wie zum Beispiel an die Spanier, die in der Nähe der Briten ein Gebäude am Minoritenplatz bezogen. Häufiger jedoch mussten sich die Delegierten mit Suiten, einzelnen Räumen oder gar Mansarden begnügen.

Als der preußische Botschafter Wilhelm von Humboldt im August in Wien eintraf, beschwerte er sich, dass man selbst zu diesem frühen

Zeitpunkt »kein Loch für vieles Geld« mehr fand. Die Mieten waren explodiert. Eigentümer in der Bestlage nahe der Hofburg spekulierten, dass die Mieteinnahmen so hoch sein könnten wie der Wert der vermieteten Gebäude, wenn der Kongress nur etwas länger dauern würde als die drei bis sechs Wochen, die die meisten Diplomaten veranschlagt hatten.

Auch bei den Gütern des täglichen Bedarfs kam es zu einem massiven Preisanstieg. Die Fleischpreise hatten sich um ein Mehrfaches erhöht, und viele Wiener beschuldigten die Metzger, die Preise willkürlich zu erhöhen. Gutes Feuerholz kostete schon unmittelbar vor dem Kongress 50 Gulden pro Klafter, »ohne Fuhrlohn, Hacken, und Schneiden«. Auch für Kerzen stiegen die Preise, weil für all die Bälle, Bankette und anderen nächtlichen Ereignisse zahllose Kronleuchter und Kandelaber bestückt werden mussten. Selbst die Seifenpreise kletterten nach oben, »weil's bei die Kungreß viel Hosen z'waschen [...] geben wird«.

Die Winzer in den fruchtbaren Tälern der Umgebung zogen ihre beste Lese auf Flaschen und brachten auch neue Weine auf den Markt. Die Bäcker ließen sich nicht lumpen und kreierten eine fleischgefüllte Kongresssemmel, wobei Kritiker bemängelten, man brauche schon eine starke Brille, wenn man den Fleischanteil ausmachen wolle.

Wo immer Metternich einherschritt, der Zar stolzierte oder Talleyrand hinkte, versammelten sich gaffende Menschenmengen. Noch das kleinste Detail wurde registriert: wer welches Kaffeehaus, welche Gastwirtschaft oder Schenke besuchte und wer ein »monströses Trinkgeld« gab. Selbst völlig bedeutungslose Ereignisse zogen neugierige Zuschauer an. Wie Friedrich Anton von Schönholz beobachtete: »Allenthalben, wo ein Gerüst gezimmert, Geräte aus und eingeschafft, ein Glaswagen gewaschen, ein Teppich ausgeklopft wurde, strömten Haufen zu.«

Natürlich hatte die Ankündigung eines Kongresses, der über die Zukunft Europas entscheiden sollte, Begehrlichkeiten geweckt und einen ganzen Strom von Delegierten in die Stadt geschwemmt, die noch aus dem winzigsten Fürstentum und dem kleinsten Schweizer Kanton kamen. Der Papst entsandte seinen Kardinalstaatssekretär Ercole Consalvi, und der Sultan des Osmanischen Reichs seinen Berater Mavrojény. Selbst die Marschälle Napoleons schickten einen Vertreter, der dafür sorgen sollte, dass sie die ausgedehnten Besitzungen behalten durften, die ihnen der ehemalige französische Kaiser verliehen hatte, bevor sie ihn dann fast alle verrieten.

Napoleons Stiefsohn, der Fürst und frühere Vizekönig Italiens Eugène de Beauharnais, war noch in seiner napoleonischen Uniform persönlich nach Wien gekommen, um seine Interessen zu vertreten. Man hatte ihm im Ersten Pariser Friedensvertrag einen Staat versprochen, aber noch nicht festgelegt, wo er sein würde. Zu den zahllosen deutschen Fürsten, die nach Wien kamen, gehörte unter anderen Herzog Karl August von Sachsen-Weimar-Eisenach, der großzügige Mäzen von Goethe, Schiller, Herder, Wieland und vielen anderen Dichtern und Schriftstellern, die sein kleines Herzogtum zu einem literarischen Arkadien machten.

Ebenfalls in Wien waren mehrere Mitglieder des Hauses Reuß, eines Herrschergeschlechts, das sich ab dem 11. Jahrhundert in Thüringen seine lokal begrenzte Herrschaft aufgebaut hatte. Alle Männer der Familie hießen Heinrich (Heinrich der Lange, Heinrich der Kurze, Heinrich der Tapfere und so weiter, bis man sie ab dem 17. Jahrhundert durchnummerierte – mit dem Plan, bis 100 durchzuzählen und dann wieder von vorn zu beginnen). Die Familie hatte sich außerdem in zwei Linien gespalten: in eine jüngere und eine ältere, die auf dem Kongress durch Fürst Heinrich XIX. Reuß vertreten war. Weitere Familienmitglieder, die nach Wien kamen, waren unter anderen Heinrich LII. und Heinrich LXIV.

Eher unauffällig war der junge, hochgebildete 29-jährige Jacob Grimm, der mit der Delegation aus Hessen-Kassel gekommen war. Er und sein Bruder Wilhelm hatten erst zwei Jahre zuvor die *Kinder- und Hausmärchen* publiziert, die unter dem Namen *Grimms Märchen* besser bekannt sind, und Jacob Grimm nutzte seine Freizeit in Wien, um an einer weiteren Sammlung von Volksmärchen zu arbeiten, die nach dem Kongress publiziert werden sollte.

Aufregung lag in der Luft, und alle bemühten sich, in irgendeiner Weise an der aufwendigen Friedenskonferenz teilzunehmen. Auch die vornehmsten Familien Wiens versuchten sich um jeden Preis einen Platz zu sichern, wie Schönholz überrascht feststellte. Sie boten sich sogar »für die Livree an, um den Wunderdingen, die da kommen sollten, möglichst nahe zu sein«. Fürst de Ligne sagte, er wäre dem Kongress nicht für 100 000 Gulden ferngeblieben.

Unter die Scharen neugieriger Zuschauer mischten sich manche mit einem Spezialauftrag. Der 54-jährige Wiener Polizeichef Franz Hager Freiherr von Altensteig führte einen sehr in- und extensiven – und manchmal auch sehr inkompetenten – Spionagedienst. Seine zahlreichen Agenten beobachteten die nach Wien strömenden Besucher, folgten ihnen oder freundeten sich mit ihnen an. Hager war direkt dem österreichischen Kaiser Franz unterstellt, der wie viele aufgeklärte Herrscher großen Wert darauf legte, vor allem über die Taten, Worte und Gedanken seines Volkes aufgeklärt zu sein.

Der österreichische Staat hatte schon viel Erfahrung in der Kunst der Überwachung, im Abfangen von Briefen, Dechiffrieren, kurz: im Bespitzeln. Die Habsburger Agenten hatten ihre Kunst unter den wachsamen Augen Josephs II. perfektioniert, und Kaiser Franz machte dort weiter, wo sein Onkel aufgehört hatte. Er erhöhte das Budget für seinen Geheimdienst um 500 Prozent und weitete dessen Tätigkeit stark aus. Eine schlagkräftige Truppe von Spionen wurde rekrutiert, wobei der Kaiser das Talent bewies, Beamte auszuwählen, die alle anständigen Leute verabscheuungswürdig fanden, wie ein eingeweihter Erzherzog wusste.

Die Wiener Spione waren im Reichskanzleitrakt der Hofburg stationiert, der bequemerweise neben der Residenz des Kaisers lag, und dass sie verabscheuungswürdig waren, reichte bei Weitem nicht aus, um die in sie gesetzten Erwartungen zu erfüllen. Der Druck auf das Polizeisystem war enorm, als es die Vorbereitungen für die große Friedenskonferenz traf.

Gerade erst hatten Spione einen Ring fanatischer italienischer Patrioten enttarnt, die geplant hatten, den Wiener Kongress mit der Ermordung des österreichischen Kaisers zu eröffnen. Die Verdächtigen waren empört darüber, dass ihr Heimatland erneut unter Fremdherrschaft geraten war und damit, wie einer von ihnen es formulierte, aus dem Fegefeuer Napoleons in die Hölle Österreichs gestürzt war. Mitte August hatte die Polizei die Verschwörung in aller Stille aufgedeckt und die Verdächtigen ausgewiesen.

Egal wie groß die Gefahr eines Attentats tatsächlich war, die Polizei arbeitete schnell und sorgfältig und nutzte die Gelegenheit, zusätzliche Mittel zu beantragen, damit sie eine Tragödie auf der Friedenskonferenz auch garantiert verhindern könnte. Es sei unbedingt notwendig, argumentierte die Polizeiführung, alle Aktivitäten genau zu überwachen, um den vielen königlichen Gästen wirklich Sicherheit zu bieten. Der Kaiser gab seinen Segen.

Die offiziellen Instruktionen, die Ende August 1814 verkündet wurden, lassen die wachsenden Ambitionen des aufgerüsteten Spionageapparats erkennen:

> Da eine gewisse Zahl von Delegierten der verschiedenen auf dem Kongress vertretenen Mächte schon in Wien angekommen ist und der Rest in einem steten Strom folgen wird, sollten Sie mich nicht nur über die Ankunft und die Adresse jedes Einzelnen informieren, sondern es auch zu Ihrer Aufgabe machen, dank einer intelligent durchgeführten heimlichen Überwachung stets zu wissen, wo sich die Delegierten aufhalten und in wessen Gesellschaft sie sich befinden.

Eine weitere Instruktion lautete, täglich Berichte zu schreiben und sie im Büro des Kaisers abzuliefern. Franz werde sie jeden Morgen sehr genau lesen.

Baron Hager war in den Polizeidienst eingetreten, als seine vielversprechende Karriere als Kavallerieoffizier (er war der letzte Kommandant des Böhmischen Dragonerregiments Nr. 5 gewesen) durch eine Reitverletzung ein vorzeitiges Ende fand. Seit 1812 war er Präsident der Polizei- und Zensurhofstelle in Wien und hatte wirkliche oder vermeintliche Rebellen, Radikale, Geheimgesellschaften und viele andere Bedrohungen des Staates verfolgt. Nun jedoch sah er sich bei den Spionage- und Sicherheitsvorkehrungen mit einer Reihe von Herausforderungen konfrontiert, die selbst den unerschrockensten und engagiertesten Geheimdienstchef ins Schwitzen gebracht hätten.

Wie zum Beispiel sollte er die vielen ausländischen Delegationen – Franzosen, Briten, Russen, Preußen und wahrscheinlich noch 200 weitere der größeren unter ihnen – mit all ihren exotischen Sprachen und

Gebräuchen überwachen? Bevor er sich allerdings dieser Aufgabe widmen konnte, was er bald mit großem Eifer tun würde, musste er sich noch mit einem anderen Problem herumschlagen: All seine unermüdlichen Anstrengungen wurden nämlich durch die Tatsache verkompliziert, dass der Kaiser manchmal Befehle gab und Entscheidungen traf, die ganz offensichtlich zu den bereits verteilten Aufgaben im Widerspruch standen.

So hatte er seine Residenz für einige Monarchen geöffnet – eine gastfreundliche Geste, durch die er viele Besucher um sich scharte, was aber seinem Spionagechef erhebliche Probleme verursachte. Zunächst einmal war die königliche Residenz offiziell tabu für Hagers Spitzel. Doch selbst wenn sich dieses Hindernis durch eine kreative Form der Infiltration überwinden ließ, stellte allein schon die bauliche Beschaffenheit der Hofburg den Geheimdienst vor ernsthafte Probleme.

Die Hofburg war ein verwinkeltes, labyrinthisches Bauwerk mit zahlreichen Hintertüren, Seiteneingängen und Geheimgängen – ein Albtraum selbst für das findigste Überwachungsteam. Schlimmer noch für die informationshungrigen Agenten: Ein Großteil der Aktivitäten auf dem Kongress würde sich an denkbar unzugänglichen Orten abspielen: in den Schlafzimmern, wo die jungen Delegierten das Schloss von Kaiser Venus in ein goldenes Bordell verwandeln würden, wie man munkelte.

Während sich Wien darauf vorbereitete, für die königlichen Scharen ein gigantisches Fest zu veranstalten, war Talleyrand frustriert und besorgt über den Mangel an politischer Auseinandersetzung. Und er hatte allen Grund zur Sorge.

Obwohl Talleyrand eine Woche vor dem offiziellen Eröffnungstermin eingetroffen war, musste er schon bald feststellen, dass Metternich, genau wie er befürchtet hatte, an seinem mit grünem Billardtuch bezogenen Tisch in der Staatskanzlei bereits geheime Treffen arrangiert hatte. Und er hatte nur ganz wenige Länder eingeladen, nämlich »die Großen Vier«, wie damals Österreich und seine wichtigsten Verbündeten am Ende des Krieges, Großbritannien, Preußen und Russland, bezeichnet wurden.

Bei diesen Treffen sprach Metternich für Österreich und Castlereagh für Großbritannien. Russland entsandte Karl Graf von Nesselrode, einen gebürtigen Deutschen, der einen spektakulären Aufstieg vom Seemann in der russischen Flotte zum engen Berater des Zaren hinter sich hatte, und Preußen war durch Karl August Fürst von Hardenberg vertreten, einen fast völlig tauben 64-Jährigen mit schlohweißem Haar. Ihm zur Seite stand der preußische Gesandte in Wien Wilhelm von Humboldt, ein herausragender Gelehrter und Linguist, der zuvor das preußische Bildungssystem reformiert und die Universität Berlin gegründet hatte. Sein Bruder war der berühmte Forschungsreisende und Naturforscher Alexander von Humboldt.

In Artikel XXXII des Pariser Vertrags war zu einem »allgemeinen Congreß« aufgerufen worden, zu dem alle »von einer und der andern Seite in dem gegenwärtigen Kriege begriffene Mächte« Vertreter schicken sollten. Doch in einem geheimen Zusatzartikel hatten die Großen Vier sich selbst die Vollmacht verliehen, die Friedenskonferenz zu organisieren und die Regeln für die Verhandlungen festzulegen. Das gestaltete sich schwieriger als erwartet, und die Gruppe hatte Mühe, sich zu einigen.

Seit dem ersten Geheimtreffen, einer fünfstündigen Sitzung am 15. September, hatte Metternich immer wieder darauf hingewiesen, welche Probleme ein Kongress in Form einer parlamentarischen Versammlung aufwerfen würde. Erstens wäre er zu groß und zu schwerfällig; zu viele Staaten mit zu vielen Forderungen würden die Verhandlungen hoffnungslos überfrachten, sodass die ganze Veranstaltung zum Scheitern verurteilt wäre. Eine solche Situation konnte, so Metternich, die Diplomatie vergiften, indem sie all die Manöver, Intrigen und Verschwörungen wieder heraufbeschwor, die das Unglück der vergangenen Jahre maßgeblich mitverursacht hatten.

Viel besser sei es, einen vertraulicheren diplomatischen Stil zu pflegen, bei dem die vier Mächte alle Entscheidungen in einer Kabinettssitzung hinter verschlossenen Türen träfen. Ein Austausch unter wenigen Kompromissbereiten sei viel besser als ein anarchischer diplomatischer Basar für alle. Die Preußen und die Russen teilten diese Einschätzung. Nur Castlereagh war skeptisch.

Der britische Außenminister wollte zwar ebenfalls die Kontrolle über die Entscheidungsfindung behalten, trat jedoch dafür ein, die Beschlüsse der Großen Vier durch einen Kongress von Staatsvertretern ratifizieren oder sanktionieren zu lassen. Dies würde besser mit den allgemein bekannten Artikeln des Pariser Vertrags übereinstimmen – und außerdem: War nicht ganz Wien voll von Delegierten, die nur zu diesem Zweck gekommen waren und nun erwarteten, dass der Kongress bald in einem der großen Ballsäle der kaiserlichen Residenz eröffnet würde?

Das sei richtig, räumte Metternich ein, doch es gebe gravierende Probleme. Wer genau dürfe an einer solchen Versammlung teilnehmen? Im Fall von Neapel zum Beispiel: Sollte man den Vertreter des gegenwärtigen Königs Joachim Murat als offiziellen Delegierten anerkennen, obwohl Murat als früherer Marschall Napoleons seine Krone noch von diesem empfangen hatte? Oder stattdessen den Vertreter König Ferdinands IV., des Bourbonen, den Napoleon ins Exil getrieben hatte und der als legitimer Herrscher Anspruch auf die Krone erhob? Und was sei mit all den Fürsten und Rittern aus dem ehemaligen Heiligen Römischen Reich? Es gebe Hunderte, ja »Millionen von ihnen«, wie jemand spottete, und jeder habe seinen eigenen Vertreter. Sollte man wirklich jeden selbst ernannten Delegierten in Wien auf dem Kongress zulassen?

Am 22. September, einen Tag bevor Talleyrand in Wien eintraf, waren sich die vier Mächte schließlich über die Organisation der Konferenz einig. Castlereagh war überstimmt worden. Der Wiener Kongress würde gar kein Kongress sein – kein Parlament gleichberechtigter souveräner Staaten und ganz bestimmt keine »beratende Versammlung Europas«. Vielmehr würde er Schauplatz vieler Einzelverhandlungen sein und allenfalls ein »Europa ohne Entfernungen« abbilden.

Was die Verhandlungsführung betraf, hatten sich die vier Mächte darauf geeinigt, selbst einen moderierenden General- oder Leitungsausschuss zu ernennen. Und dieser Ausschuss würde von der Tagesordnung bis zur endgültigen Entscheidungsfindung alles kontrollieren:

> Der Ausschuss ist der Kern des Kongresses; der Kongress existiert nur, solange der Ausschuss besteht, und er ist zu Ende, wenn er sich auflöst.

Dem Generalausschuss sollten nur Mitglieder der vier Großmächte angehören – das Konzept der »Großmacht« mit besonderen Vorrechten wurde in diesem Geheimprotokoll geboren.

Diese Regelung war nach Ansicht der Großen Vier nur gerecht. Sie hatten im Kampf gegen Napoleon die Hauptlast getragen und glaubten, sich dadurch das Recht erworben zu haben, über die Zukunft Europas zu entscheiden. Alle anderen Staaten konnten natürlich ihre Meinung äußern, doch sie sollten erst zum Zug kommen, *nachdem* sich die vier Verbündeten geeinigt und eine endgültige Entscheidung getroffen hatten. Die beratenden Mächte sollten nur kommentieren – und zustimmen. Sie hatten keine Chance, selbst Dinge anzustoßen oder zu ändern. Die Entscheidungsmacht sollte allein bei den Großen Vier liegen.

Doch es gab ein gravierendes Problem bei diesem Plan: Wie würde man all die Leute informieren, die nach Wien gekommen waren, um in der Versammlung mitzubestimmen – oder sie wenigstens von den Hinterbänken aus zu verfolgen? Der französische Gesandte jedenfalls würde vermutlich sehr negativ darauf reagieren, »dass dieser Kongress kein Kongress« sein sollte.

Castlereagh hatte seine Kollegen gedrängt, Frankreich an den Gesprächen zu beteiligen oder seine Gesandtschaft wenigstens über ihre Pläne zu informieren. Und es sollte nicht lange dauern, bis Metternich erkannte, dass Castlereagh recht gehabt hatte. Gerüchten zufolge, die sowohl in den Salons als auch in den Rapporten der Spitzel auftauchten, hatte Talleyrand während seiner ersten Woche in Wien die vielen Staaten, die vom Entscheidungsprozess ausgeschlossen werden sollten, alarmiert und zum Widerstand aufgestachelt. Die Rapporte ließen außerdem vermuten, dass er bei vielen auf offene Ohren stieß.

Warum sollte man ihn nicht beiseitenehmen und für den Plan gewinnen? Als Vertreter eines besiegten Landes würde er sicher Entgegenkommen zeigen, und sei es nur, weil er dadurch für sein Land oder für sich selbst etwas zu gewinnen hoffte. Das war gut möglich. Doch es war genauso gut möglich, dass der Plan fehlschlug.

*Kapitel 6*

# Verhandlungstage und Schicksalsstunden

*Was in 20 Jahren zerstört wurde, kann nicht in 30 Tagen wiederaufgebaut werden.*

Talleyrand

Am Morgen des 30. September schickte Metternich in das Palais Kaunitz ein Billett, in dem er Talleyrand zu einer »vorläufigen Conferenz« am Spätnachmittag bat. Die Einladung kam morgens zwischen neun und zehn Uhr, lange bevor Talleyrand aufstand.

Wenn Talleyrand sich auf den Tag vorbereitete, kam er in den Ankleideraum und nahm vor dem Porzellanofen Platz. Er wurde von drei Kammerdienern umsorgt, dem Aufseher und seinen beiden Gehilfen, die graue Livreen mit langen Schürzen trugen. Die drei entfernten zunächst die Flanellbinden und Strümpfe, die er nachts getragen hatte, und deponierten sie in einem Eimer mit Kölnischwasser. Dann reichte einer ihm eine Tasse Kamillentee, und die anderen machten sich daran, ihm den Rest des Nachtgewands auszuziehen. »Sein […] Körper war bedeckt mit Unterhosen, Westen, Morgenröcken [und] mit allen möglichen Tüchern, die überall an ihm herumhingen.«

Als Nächstes nahmen die beiden Assistenten ihm seine Nachtmütze ab, eine Haube aus Batist, die mit einem Band aus Spitze um seinen Hals befestigt war, und machten sich daran, »ihn zu kämmen, zu frisieren, mit Salben einzureiben, zu pudern«. Danach ließ er sich drei große Gläser mit lauwarmem Wasser bringen, das er, wie ein Augenzeuge es beschrieb, »durch die Nase einsog und – wie ein Elefant durch seinen Rüssel – wieder ausstieß«, in eine Silberschüssel.

Er tupfte sich das Gesicht mit einem warmen Tuch ab und tauchte die Füße in einen Eimer mit übel riechendem medizinischen Barèges-Wasser. Danach wurden sie abgetrocknet und parfümiert. Nun zogen ihm die Kammerdiener die weißen Seidenstrümpfe, die Kniehosen und die Schuhe an. Als er aufstand, legte er die letzte Morgenkleidung ab, und die Diener streiften ihm geschickt das Hemd über. All das vollzog sich so dezent wie möglich, da er während der Prozedur oft Gäste empfing. Am Ende des langwierigen Rituals, das in der Regel knapp zwei Stunden in Anspruch nahm, war er makellos in Samt und Seide gekleidet und bereit für des Tages erstes Gefecht.

Am frühen Nachmittag des Septembertages, an dem das schöne Sommerwetter immer noch hielt, ratterte und rumpelte Talleyrands dunkelgrüne Kutsche durch die von imposanten Palais gesäumte enge Johannesgasse. Die Fahrt zu Metternichs Sommervilla, einem weitläufigen Gebäude in klassischem italienischen Stil, dauerte etwa 20 Minuten. Die Sommerresidenz lag am Rennweg, einer Hauptverkehrsstraße, die durch ein Gebiet mit zahlreichen Adelspalais führte.

Auf dem Weg zur Besprechung traf der französische Außenminister seinen Kollegen Don Pedro Gómez Havela de Labrador, den spanischen Gesandten, der ebenfalls unglücklich darüber war, dass er von Metternichs Geheimtreffen ausgeschlossen wurde. Wie Talleyrand war auch Labrador an diesem Tag als einer der Unterzeichner des Vertrags von Paris zum Treffen in der Sommervilla eingeladen worden.

Labrador konnte sich mit Recht darauf berufen, dass Spanien beim Sieg über Napoleon eine wichtige Rolle gespielt hatte. Napoleons Invasion in Spanien im Jahr 1808 war für den Korsen eine Katastrophe gewesen. Die französische Armee war in einen langen erbitterten Kampf verwickelt worden, der ihre Ressourcen erschöpft, ihre Moral zerrüttet und die Streitkräfte über ein großes Gebiet verteilt hatte, sodass sie nicht mehr gebündelt und effizient eingesetzt werden konnten. Deshalb erwartete Spanien jetzt, an der Wiener Friedenskonferenz beteiligt zu werden. Und seine Rolle würde sich laut Labrador keinesfalls darauf beschränken, die Beschlüsse anderer abzunicken – sie beide wollten doch nicht die »Marionetten« spielen.

Talleyrand arbeitete schon lange mit seinem Landesnachbarn zusammen. Auch wenn die beiden Delegierten nicht immer gut miteinander auskamen, hatten sie doch Gemeinsamkeiten: Beide waren stolze Aristokraten, und beide waren bei der Durchsetzung ihrer Interessen sehr erfinderisch. Allerdings zeigte sich nicht jeder von dem spanischen Gesandten beeindruckt: Er habe noch nie einen dümmeren Mann getroffen, sagte der Duke of Wellington, nachdem er ihn kennengelernt hatte. Labrador war jedenfalls ein entschlossener und extravaganter Mann und hatte ein aufbrausendes Temperament.

Metternichs Villa, in der Talleyrand und Labrador rechtzeitig eintrafen, befand sich noch in den letzten Stadien der Renovierung für den Kongress, die unter anderem die Einrichtung eines neuen Ballsaals umfasste. Sie stiegen eine Granittreppe hinauf, gingen durch einen großzügigen Flur und betraten einen Saal. Es war etwa zwei Uhr – die angegebene Zeit. Trotzdem stellten sie bei der Ankunft fest, dass die Versammelten offensichtlich schon seit einer Weile um einen langen Tisch saßen. Und zugleich bestätigte sich, was sie gehört hatten: Österreich, Russland, Preußen und Großbritannien waren als einzige Mächte vertreten.

Talleyrand nahm schweigend auf dem leeren hochlehnigen Stuhl zwischen Fürst Metternich und Lord Castlereagh Platz, und Labrador setzte sich auf die andere Seite des Tisches zu den beiden preußischen Gesandten. Der britische Außenminister saß am Kopf des Tisches und sollte offenbar trotz seines schlechten Französisch die Gesprächsleitung übernehmen. Am anderen Tischende saß Metternichs Berater Friedrich von Gentz, der gerade zum Generalsekretär des Kongresses ernannt worden war.

Talleyrand ließ seinen Blick durch den Raum schweifen und musterte die Handvoll Männer, die mit ihm am Tisch saßen. Dann fragte er misstrauisch, warum er als einziges Mitglied der französischen Delegation zu dem Treffen eingeladen worden sei.

»Man hat zu den vorläufigen Konferenzen nur die Kabinettschefs versammeln wollen«, verkündete Castlereagh.

»Aber Herr von Labrador bekleidet diese Stelle nicht und ist doch eingeladen«, widersprach Talleyrand zu Recht und deutete auf den Spanier, der mit ihm zusammen gekommen war.

»Ja weil der Staatssekretär von Spanien nicht in Wien anwesend ist«, erklärte Metternich in seiner gedehnten nasalen Sprechweise.

»Auch sehe ich hier außer dem Fürsten Hardenberg noch den Herrn von Humboldt, der doch nicht Staatssekretär ist«, entgegnete Talleyrand mit Blick auf die beiden Mitglieder der preußischen Delegation.

»Der Grund dafür ist die Infirmität des Fürsten, die Ihnen wohl bekannt ist«, lautete die Antwort. Gemeint war die Schwerhörigkeit des preußischen Staatskanzlers, der ein Hörrohr benutzte.

»Infirmitäten hat am Ende jeder, also auch das Recht, sich hier geltend zu machen«, entgegnete Talleyrand, womit er auf sein lahmes Bein anspielte.

Der Franzose agierte streitlustig, aber mit dem ihm eigenen entwaffnenden Charme, und war keineswegs bereit, sich wie der Vertreter eines besiegten Landes zu verhalten, obwohl er das natürlich de facto war. Sein selbstbewusstes Auftreten zeigte schon bei diesem ersten Treffen Wirkung. Man einigte sich darauf, dass bei künftigen Sitzungen auch ein Berater des französischen Diplomaten willkommen wäre. Wichtiger als dieser Teilsieg war jedoch, dass Talleyrand Gleichbehandlung mit den anderen Mächten verlangte.

Nach dem kleinen Schlagabtausch eröffnete Castlereagh die Sitzung und verlas einen Brief des portugiesischen Vertreters Pedro de Sousa Holstein, Conde de Palmela, der sich über seinen Ausschluss von den Beratungen beschwerte. Schließlich habe auch sein Land den Pariser Vertrag unterzeichnet. Warum er nicht zu den Sitzungen eingeladen worden sei? Wie denn die Großen Vier dazu kämen, die portugiesische Krone so zu beleidigen?

Nach der Verlesung des Briefes brachten sowohl Talleyrand als auch Labrador ihre Unterstützung für den portugiesischen Grafen zum Ausdruck. Die anderen Anwesenden hörten höflich zu und vertagten prompt die Entscheidung, wer zu den organisatorischen Treffen eingeladen werden sollte, auf einen späteren Termin.

»Der Zweck der heutigen Zusammenkunft«, leierte Castlereagh, »ist der, Ihnen von dem Kenntnis zu geben, was die vier Höfe seit ihrer Ankunft hierselbst verhandelt haben.« Er schaute zu Metternich hinüber, der wie auf ein Stichwort Talleyrand das Protokoll reichte.

(Das Protokoll als Zusammenfassung einer bestimmten Politik oder Entscheidung kam damals gerade in Mode und ist eine der bleibenden Errungenschaften des Wiener Kongresses.)

Talleyrand begann das Dokument zu lesen, das bereits von den vier Mächten unterzeichnet war, und stellte fest, dass darin häufig der Begriff »Verbündete« verwendet wurde. Er unterbrach seine Lektüre und fragte, »ob denn noch Krieg bestehe und gegen wen«. Wohl nicht gegen Napoleon – er sei ja auf Elba. Nicht gegen Frankreich – mit ihm habe man Frieden geschlossen. Und ganz bestimmt nicht gegen den König von Frankreich: Er sei der Garant dieses Friedens. Wenn es trotzdem immer noch verbündete Mächte gebe, habe er hier nichts verloren.

Talleyrand hatte den Finger auf den wunden Punkt gelegt. In einer eng vernetzten, klatschsüchtigen Stadt wie Wien war die öffentliche Meinung ein wichtiger Faktor. Der Krieg war vorbei, und die Aufgaben der Zukunft waren gewaltig. Es war nicht sinnvoll, ein derart polarisierendes Vokabular beizubehalten.

Dem Ausdruck liege keine böse Absicht zugrunde, versuchten die Vertreter der Großen Vier, Talleyrands Einspruch zu entkräften. Sie hätten ihn nur »der Kürze wegen« gebraucht.

»Kürze«, mahnte Talleyrand, dürfe jedoch »nie auf Kosten der Genauigkeit erkauft werden«.

Die Kritik war offensichtlich angekommen, und Talleyrand arbeitete sich weiter durch den Text.

»Ich verstehe das nicht«, sagte er schließlich.

Talleyrand studierte den Text mit demonstrativer Sorgfalt ein zweites Mal und sagte erneut: »Ich kann das nicht verstehen.« Wie er später zugab, war sein Unverständnis bewusst übertrieben, um die absolute Unangemessenheit der Geheimtreffen zu betonen. Zahlreiche Entscheidungen waren schon getroffen worden, bevor die anderen Diplomaten überhaupt in der Stadt angekommen waren.

Talleyrand bekam eine Zusammenfassung der Beschlüsse in die Hand gedrückt und wurde mehr oder weniger deutlich um seine Zustimmung gebeten. Er war jedoch nicht bereit, widerstandslos mitzuspielen, und stellte die Legalität der bei solchen Geheimtreffen im rechtsfreien Raum gefassten Beschlüsse unverblümt infrage:

> Es gibt für mich zwei Daten, zwischen denen ein leerer Raum liegt, nämlich der 30. Mai, an welchem Tage die Bildung des Kongresses beschlossen wurde und der 1. Oktober, wo er zusammentreten sollte. Alles, was in der Zwischenzeit geschehen ist, existiert für mich nicht und ist mir gänzlich fremd.

Daraufhin herrschte peinliches Schweigen. Schließlich ergriff Metternich das Wort, das Protokoll wurde sofort zurückgezogen, und so ging auch dieser Punkt an Talleyrand. Die Siegermächte, die Napoleon in die Knie gezwungen hatten, schienen erstaunlich nachgiebig gegenüber dem Vertreter der von ihnen besiegten Macht.

Kaum war das Protokoll vom Tisch, als Metternich schon das nächste hervorzog und hinlegte, als würde er eine Karte ausspielen.

Das neue Protokoll war komplizierter, aber, wie Talleyrand schnell erkannte, kaum weniger suspekt. Es sah vor, sämtliche Probleme und territorialen Fragen auf dem Kongress in zwei Kategorien einzuteilen: allgemein (ganz Europa betreffend) und speziell (nur lokal oder regional relevant). Aber auch diese beiden Kategorien sollten von zwei Ausschüssen verhandelt werden, die die Großmächte ernennen würden. Und erst dann, wenn beide Ausschüsse beraten und entschieden hätten, sollte der Kongress zusammentreten. Dieser Vorschlag, sollte Talleyrand später sagen, hätte bedeutet, dort aufzuhören, wo man seiner Ansicht nach hätte beginnen sollen.

Außerdem wären die vier Großmächte, wie Talleyrand betonte, durch das Protokoll zu »unumschränkten Herren über die gesamten Kongressverhandlungen« geworden.

Dank seiner schnellen Auffassungsgabe, für die er berühmt war, erkannte Talleyrand sofort, dass er auf Zeit spielen musste. Er erklärte, dass ein Akt von solcher Tragweite nicht nach einmaligem Lesen voll und ganz beurteilt werden könne. Er werde Zeit zum Nachdenken brauchen. Er wolle keine Rechte verletzen, die sie »doch insgesamt hochzuhalten gedächten«. Nach der Anarchie des letzten Krieges wäre es doch wirklich ein Unglück, wenn sie als Diplomaten hier in Wien genau die Rechte verletzten, die sie schützen sollten. Außerdem, fügte er hinzu, sei ihm »die Idee, alles fertig zu machen, bevor der Kongress zusammentritt [...], vollständig neu«.

Gewiss, antwortete Castlereagh. Aber nur eine kleinere Anzahl von Mächten könne wohlabwägend und in der gebotenen Eile arbeiten.

Talleyrand entgegnete, warum man nicht sofort den Kongress eröffne und welche Schwierigkeiten dem entgegenständen?

Als Talleyrand sich so für das Mitspracherecht aller Staaten einsetzte, versetzte der preußische Vertreter Hardenberg, dass er sich nicht von einem Haufen Duodezfürsten wie dem Fürsten von Leyen oder dem Fürsten von Liechtenstein die Entscheidungen diktieren lasse. An diesem Punkt vertagte Castlereagh schnell die Sitzung. Er wollte Talleyrand nicht die Chance geben, noch einen Punkt zu machen.

Talleyrands Widerstand drohte die Pläne der Großmächte zunichtezumachen, die den Kongress in ein elitäres Gipfeltreffen verwandeln wollten, das sich hinter verschlossenen Türen abspielen sollte. In jener Nacht vertraute Friedrich von Gentz seinem Tagebuch an, wie ernst die Krise war. Talleyrand und Labrador hatten »unsere Pläne radikal durcheinandergebracht und zerstört«.

Nach der gut zweistündigen Konferenz, auf der der französische Delegierte »sie schwer gescholten« hatte, machten Gentz und Metternich zur Beruhigung einen Spaziergang durch die Gärten der Villa. Der österreichische Außenminister zeigte seinem Berater, dass die Vorbereitungen für eine Feier zum ersten Jahrestag des Siegs der Koalition in der Schlacht von Leipzig schon weit gediehen waren. Was Gentz jedoch besonders verwunderte, war die Haltung Metternichs. Dieser wirkte seltsam unberührt von »der Peinlichkeit und der furchtbaren Schwäche unserer Position«.

Der preußische Gesandte Wilhelm von Humboldt kehrte nach der Sitzung in der Sommervilla in das »Spielmann'sche Haus« zurück. Es lag am Graben, einer wichtigen Straße im Wiener Stadtzentrum, die von Läden, Kaffehäusern und Restaurants gesäumt war. Die Routinegeschäfte der Gesandtschaft wurden im ersten Stock des Gebäudes erledigt. Sie konnte sich in dem neuen Domizil viel besser auf ihre Arbeit konzentrieren als in ihrer ersten provisorischen Unterkunft neben den Räumen der Fürstin Bagration im Palais Palm, wo die Wiener »Beau Monde« ein und aus ging.

Der 47-jährige Humboldt, dessen helles Haar schon früh weiß

wurde, galt als einer der fleißigsten Delegierten in der Stadt. Diplomatische Depeschen, Memoranden, Exposés und Protokollentwürfe stapelten sich zusammen mit vielen anderen Papieren auf seinem Schreibtisch. Wenn er gerade nicht an einer weiteren Schrift über die preußische Politik arbeitete, feilte er an seiner großen Studie der baskischen Sprache, die er schon ein Jahrzehnt in Arbeit hatte.

Außerdem war er emsig damit beschäftigt, die Tragödie *Agamemnon* des altgriechischen Dramatikers Aischylos ins Deutsche zu übersetzen. Er feilte während des ganzen Kongresses fast jeden Tag an dem Text herum und war damals mit dem Prolog fast schon zufrieden. Die Herausforderungen der altgriechischen Sprache halfen ihm dabei, sich von seinem aufreibenden Tagesgeschäft als Diplomat zu entspannen. »Kriege und Friedensverträge vergehen«, schrieb Humboldt einmal, »aber ein guter Vers bleibt.«

Es überrascht wohl niemanden, dass sich Humboldt im Lauf seiner Karriere viele Feinde gemacht hatte. Sein Verhandlungsstil war aggressiv, und für einen Diplomaten war er zu direkt. Der hochgebildete und mit einem scharfen Verstand begabte Mann neigte außerdem zur Selbstherrlichkeit, die sich oft in einer starrsinnigen und unflexiblen Verhandlungsposition manifestierte. Er wurde oft kritisiert, weil er ein bisschen elitär, nicht wenig ehrgeizig und viel zu rechthaberisch war. Er selbst sagte, dass er für Ideen lebe. Für viele seiner Kollegen war Humboldt etwas zu verliebt in seine »Subtilitäten und Paradoxa«, die ihm selbst zwar großes Vergnügen bereiteten, andere jedoch schnell langweilten.

Tatsächlich fragten sich einige, ob Humboldt mit seinem gelehrten Habitus nicht besser an eine altehrwürdige Universität gepasst hätte statt in das wilde Intrigen- und Pokerspiel auf dem Wiener Kongress. Schlimmer noch als seine Tendenz zur Pedanterie, die auf dem internationalen Parkett dieser Konferenz unangenehm auffiel, war die große Gefühlskälte, die manche an ihm wahrnahmen. Wie konnte er die schrecklichsten Schlachtfelder besuchen, die noch mit den Überresten des Gemetzels übersät waren, und dabei ganz ruhig ein Gespräch über die *Poetik* des Aristoteles fortsetzen? Humboldt, schrieb ein Biograf, verhielt sich wie ein kühl kalkulierender Rechner und behandelte die Welt und die Menschen, als sei alles nur ein Spiel.

Doch der preußischen Delegation war im Herbst 1814 nicht nach Spielen oder Spielchen zumute. Obwohl Preußen bei Weitem die schwächste Macht der Großen Vier war, galt seine Delegation als gefährlich und war vermutlich die größte Unruhestifterin auf dem Kongress. Sie war mit ehrgeizigen, fleißigen und brillanten Geistern wie Humboldt besetzt, die aggressiv wirkten und offenbar über das geistige Rüstzeug verfügten, um ihrer Streitlust die nötige Stoßkraft zu verleihen.

Keine Großmacht hatte einen so großen Anteil ihres Territoriums verloren wie Preußen, und mit Ausnahme Österreichs war keine andere Macht so oft von den Franzosen gedemütigt worden. Im Gegensatz zu anderen Siegermächten jedoch, die schon während des Krieges oder im Vertrag von Paris Gewinne gemacht hatten, war das Königreich Preußen nur noch ein Schatten seiner selbst, ein zerstückeltes Land, kaum halb so groß vor Kriegsausbruch.

Außerdem wurden die preußischen Herrscher schon seit Jahrhunderten von einem Gefühl der Verwundbarkeit geplagt. Die mit Tannenwäldern bewachsenen Ebenen, die Sanddünen und das Marschland im Norden boten gegen einen Angreifer keinen Schutz. Das preußische Territorium war weder von Bergen noch von großen Weltmeeren oder von einer anderen natürlichen Grenze geschützt, und dieser Mangel an natürlichem Schutz erhöhte die militaristischen Neigungen des Königreichs im verwundbaren Herzen des Kontinents. Schon lange vor dem damaligen König Friedrich Wilhelm III. waren die Preußen bekannt dafür gewesen, dass sie im Zweifel auf ihre Armee vertrauten.

Seit Jahren schon, insbesondere aber nach den schmachvollen Niederlagen von Auerstedt und Jena im Jahr 1806, reformierten die Preußen ihre Institutionen. Die Armee übernahm die französischen Methoden des Drills und der Wehrpflicht, und die Regierung zentralisierte die Verwaltung. Das Land war nicht mehr eine Verschwörung von Mittelmäßigen, zusammengehalten von der Furcht, den nächsten Schritt zu tun, wie Metternich einmal gespottet hatte. Es hatte die Leibeigenschaft aufgehoben, sein Bildungswesen reformiert und sein Steuersystem effizienter gestaltet. Und Preußen war entschlossen, eine größere Rolle in Mitteleuropa zu spielen.

Ähnlich wie die preußischen Soldaten besonders gefürchtet waren, weil sie mehr plünderten und zerstörten als andere marodierende Krieger, hatten sich die preußischen Diplomaten den Ruf erworben, bei Verhandlungen besonders unnachgiebig zu sein. Humboldt und Hardenberg gehörten zu den wenigen auserwählten Diplomaten, die das begehrte Eiserne Kreuz bekamen, die berühmte militärische Auszeichnung, die Friedrich Wilhelm III. einige Jahre zuvor gestiftet hatte. Beide erhielten sogar das Eiserne Kreuz erster Klasse am weißen Bande, und sie sollte die Einzigen bleiben, denen diese Ehre je zuteilwurde.

Was Preußen auf dem Wiener Kongress unbedingt erreichen wollte, war die Annexion eines Landes, das viele Teilnehmer, einschließlich Lord Castlereaghs, nur mit Mühe auf der Karte finden konnten: des Königreichs Sachsen genau in der Mitte des Kontinents. Zieht man eine gerade Nord-Süd-Linie zwischen Kopenhagen und Rom und eine Ost-West-Linie zwischen Warschau und Paris, schneiden sich die Linien in Sachsen. Castlereagh war nicht besonders gut in Geografie, und das Problem Sachsen hörte sich für ihn recht obskur an, doch es sollte für den Kongress und für die Zukunft Europas schon bald enorm wichtig werden.

Anfang des 19. Jahrhundert war Sachsen eine Region mit florierenden Städten, Bauernhöfen und Bergwerken gewesen, in denen unter anderem Silber und Edelsteine abgebaut wurden. Dresden, die Hauptstadt des Königreichs, erstreckte sich beidseitig der Elbe und konnte sich zahlreicher schöner Paläste rühmen. Manche waren »so groß wie Städte« und hatten der für ihre prächtige Renaissance- und Barockarchitektur berühmten Stadt den Namen »Elbflorenz« eingebracht.

Nun aber schwebte dieses Königreich auf dem Wiener Kongress in höchster Gefahr, weshalb der König von Sachsen auf einer Karikatur des »tanzenden Kongresses« verzweifelt seine Krone festhält. Das Problem mit Sachsen bestand für Preußen darin, dass es im Krieg auf der falschen Seite gekämpft hatte. Zwar hatten auch die Russen, die Österreicher und sogar die Preußen irgendwann im Lauf der Kriege Napoleon unterstützt, am Ende jedoch hatten sie sich alle der gegnerischen Koalition angeschlossen und ihr damit zum Sieg verholfen. Der König von Sachsen dagegen hatte sich nach einem kurzen Versuch, neutral zu bleiben, 1813 wieder auf Napoleons Seite geschlagen, und jetzt waren mehrere Mitglieder der siegreichen Allianz auf seinen Thron erpicht.

Preußen forderte wegen der großen Opfer, die es im Krieg hatte bringen müssen, das ganze Königreich. Staatskanzler Karl August von Hardenberg stellte die schlichte Frage: Hatte nicht Preußen, das für die gemeinsame Sache den größten Einsatz gezahlt hatte, Anspruch auf Gebietszugewinne, die zu denen seiner Nachbarn proportional waren?

Diese Ansicht wurde jedoch nicht von allen geteilt. Preußen hatte tatsächlich große Opfer gebracht, aber viele fürchteten wie Talleyrand, dass es durch eine solche Annexion unmittelbar südlich seines Staatsgebiets zu viel Einfluss gewinnen und das Mächtegleichgewicht in Mitteleuropa stören könnte. Und woher nahm Preußen das Recht, einen König zu entthronen und ein ganzes Königreich einschließlich der Städte Dresden und Leipzig zu annektieren? Der König von Sachsen war empört und schickte eine Delegation nach Wien, die für ihn eintreten sollte. Leider war er nicht in der Lage, selbst zu kommen, da ihn die Preußen im Oktober 1813 gefangen genommen und auf Schloss Friedrichsfelde in Berlin interniert hatten. Als der Kongress mit der Debatte über seine Zukunft begann, war der König noch Kriegsgefangener.

*Kapitel 7*

# »Unglückliches Europa!«

*Politik ist die Kunst der Kriegsführung, ohne jemanden zu töten.*

Fürst de Ligne

Im September verbrachte Fürst Metternich so viel Zeit wie möglich mit Wilhelmine von Sagan. Er war unsterblich verliebt in sie. Kaiser Franz sagte zu ihm – nicht nur im Scherz: »Für mich gehört sie zu den wichtigsten Personen auf dem Kongress.« Die Herzogin wurde zu einem unverzichtbaren Teil von Metternichs Leben.

Der österreichische Außenminister freute sich auf jede Begegnung mit der Herzogin, wenn er vormittags um elf Uhr – »zu unserer Stunde«, wie er sagte – ihren rosa-weißen Salon im Palais Palm betrat und sie sich bei einer Tasse Schokolade über verschiedene Angelegenheiten unterhielten. Metternich hatte vor ihr keine Geheimnisse – sie redeten über alles. Er gab so viel auf ihre Meinung, dass er sie sogar zu seiner »geheimen Beraterin« machen wollte. Sie kenne – und verstehe – die Probleme besser als alle seine Berater, hatte er ihr einmal gestanden.

Wenn sie nicht zusammen waren – und das kam zu seinem Bedauern viel zu häufig vor –, sehnte Metternich sich danach, sie zu sehen. In solchen Momenten zog er sich an seinen Schreibtisch zurück und schrieb zu später Stunde bei Kerzenlicht schwülstig: »Wenn die Liebe meines Herzens mir nur noch eine weitere Nacht gewährte, würde dies mich entschädigen für die Schmerzen eines ganzen Lebens.« Wilhelmine schrieb zurück und erklärte, dass sie auf ihn warte und nur an ihn denke.

Doch die Herzogin von Sagan hatte auch noch andere Dinge im Kopf. Hinter ihrer glamourösen Fassade wirkte sie bisweilen melancholisch, ja deprimiert. Die Klatschmäuler des Kongresses – und auch manche Historiker – vermuteten, dass sie in den vom russischen Zaren beherrschten Gebieten Besitz oder Einnahmen zu verlieren fürchtete. Das war natürlich ein wichtiges Anliegen der Herzogin, aber sie wurde noch von einer größeren Sorge umgetrieben, von der fast niemand auf dem Wiener Kongress etwas wusste, nicht einmal die Spione des Barons.

Ihr Geheimnis wurde erst 1949 enthüllt, als die tschechische Wissenschaftlerin Maria Ullrichová die alte Zisterzienserabtei in Plass besuchte, eines von Metternichs böhmischen Gütern. Unterhalb der Brauerei des Klosters stand eine Mauer – eine vorgetäuschte Mauer, wie sich herausstellte, die den Eingang zu einem verborgenen Keller versperrte. Als Ullrichová erkannte, dass es sich um eine Attrappe handelte, die sich zur Seite schieben ließ, stieß sie auf mehrere blaue Kartons mit der Aufschrift »Acta Clementina«, und darunter befand sich auch eine kleine schwarze Schachtel mit vergoldeten Kanten. Auf einer Seite standen in Metternichs deutlicher Handschrift die Worte »Briefe der Herzogin von Sagan«.

Die Metternich-Forschung war natürlich über seine Beziehung zur Herzogin im Bilde, aber niemand hatte gewusst, dass diese Briefe erhalten geblieben waren, oder auch nur geahnt, wie nahe sich die beiden tatsächlich gestanden hatten. Die Briefe, die mit einer kleinen weißen Schleife zusammengebunden waren, hatten Metternichs Nachkommen irgendwann Mitte bis Ende der 1930er-Jahre versteckt, kurz bevor deutsche Truppen in die Tschechoslowakei einmarschiert waren. Glücklicherweise sind alle 616 Briefe unversehrt geblieben und liefern den Historikern viele Informationen über das Privatleben Metternichs, die Herzogin und ihren Salon auf dem Kongress.

Nur wenige wussten, dass die Herzogin von Sagan 14 Jahre vor dem Kongress eine Tochter zur Welt gebracht hatte, die sie dann auf Druck ihrer Mutter zur Adoption weggegeben hatte. Wilhelmine war zu diesem Zeitpunkt erst 18 Jahre alt gewesen. Ihre schwierige Schwangerschaft und der Verzicht auf ihre Tochter, der sie sehr mitnahm, wurden gegenüber ihren jüngeren Schwestern verheimlicht, ihr Zustand als Rekonvaleszenz von einem Kutschenunfall ausgegeben.

Bei dem unglückseligen Vater des Kindes handelte sich um den schwedischen Adeligen und einstigen Kavallerieoffizier Gustav Armfelt, der Anfang der 1790er-Jahre sein Land hatte verlassen müssen (es war derselbe Mann, der Dorothea zu ihren Studien ermutigt hatte). Das Schicksal führte Armfelt auf das Gut der Herzogin von Sagan, wo er längere Zeit als Gast der Familie verweilte. Er war nicht nur Kavallerieoffizier, sondern er sah auch so aus. Die Medaillen an seiner Uniform funkelten, und er war ein glänzender Unterhalter. Der schwedische Gentleman war charmant, schneidig – und damals pikanterweise auch der Liebhaber von Wilhelmines Mutter.

Wilhelmines Romanze war auf grausame Weise entdeckt worden. Eines Abends bemerkte ihre Mutter, die Herzogin von Kurland, bevor sie zu Bett ging, dass eine Kerze aus dem Halter genommen worden war, und fragte sich, wer wohl um diese späte Stunde noch im Haus unterwegs sein mochte. Als sie den Spuren nachging, entdeckte sie in einem Raum des weitläufigen Schlosses den 42-Jährigen und ihre minderjährige Tochter in einer kompromittierenden Situation. Entsetzt gab sie ihrer Tochter eine Ohrfeige, wobei die scharfen Ränder ihres Saphirrings dem Mädchen das Gesicht zerkratzten.

In den folgenden Monaten wurde Wilhelmine von ihrer Mutter zur Heirat mit Fürst Louis de Rohan gezwungen, der als Angehöriger des Hochadels während der Revolution aus Frankreich geflohen war. Er war hochverschuldet, seine Existenz ruiniert, und er kümmerte sich wenig um seine reiche Braut, die von einem anderen Mann schwanger war.

Unter dem Druck der Mutter gab Wilhelmine ihr Kind, das den Namen Adelaida-Gustava erhalten hatte, aber auch »Vava« genannt wurde, in die Obhut von Armfelts Verwandtschaft in Finnland. Die Herzogin kümmerte sich darum, dass ihre Tochter finanziell versorgt war. Die wahre Identität ihrer Tochter sollte bis zur Vollendung ihres 15. Lebensjahres im Herbst 1814 geheim gehalten werden, und dieses Datum rückte nun näher.

Wilhelmine hatte den Entschluss bald bereut und verlangt, dass ihre Tochter ihr umgehend zurückgegeben werden solle. Sie war verzweifelt darüber, dass sie das Kind der Familie ihres Geliebten überlassen hatte, und verachtete sich selbst dafür, dass sie den Forderungen ihrer Mutter nachgegeben hatte. Immer wieder wurde sie von ihren Schuldgefühlen überwältigt. Sie versuchte ihrem Kummer zu entrinnen, indem sie sich in die Welt der Salons stürzte oder »wie eine verlorene Seele« umherzog. Immer öfter wurde sie von Depressionen und heftigen Migräneattacken heimgesucht, die jeweils drei bis vier Tage andauerten.

Es gab nur einen in Wien, der ihr Geheimnis kannte: Fürst Metternich. Die Herzogin hatte es ihm vor ungefähr zehn Monaten, um Weihnachten 1813, anvertraut und ihn um Hilfe gebeten. Vielleicht, so hoffte sie, konnte der österreichische Außenminister seinen Einfluss geltend machen und ihr helfen, ihre Tochter zurückzuerlangen? Vielleicht konnte er auch mit dem Zaren sprechen?

Die junge Vava befand sich in Finnland, einem Land, das der Zar 1809 besetzt hatte und das nun in seinem Hoheitsgebiet lag; darüber hinaus hatte er den Vater des Mädchens als Gouverneur eingesetzt. Vielleicht konnte Metternich Alexander dazu bewegen, einzugreifen – schließlich hatte der Zar dies schon einmal getan, als er Wilhelmines Mutter besucht und Dorothea für Talleyrands Neffen gewonnen hatte.

Begeistert darüber, dass er ihr helfen konnte, und überzeugt davon, dass er Erfolg haben würde, hatte Metternich sogleich sein Wort gegeben. Er werde unverzüglich den Zaren um diesen Gefallen bitten, erklärte er – und er wolle die Sicherheit Russlands davon abhängig machen.

Im anderen Flügel des Palais Palm unterhielt Fürstin Bagration ihren Salon, in dem die Elite des Kongresses, insbesondere Mitglieder der russischen und der preußischen Delegation, verkehrten. Fürst Hardenberg und Graf Nesselrode waren Stammgäste, und bisweilen erschien der Salon fast wie ein kleines Sankt Petersburg mitten in Wien. Viele Jahre später verfasste ein Bewunderer eine lebendige Beschreibung der anmutigen Fürstin, die überall, wo sie erschien, Aufmerksamkeit erregte. Sie habe niemals etwas anderes als weißes indisches Musselin getragen, das sich an ihren Körper schmiegte und diesen in all seiner Vollkommenheit enthüllte.

Wie einer der Agenten von Baron Hager berichtete, habe Bagration noch nicht die wilde Torheit der Jugend abgelegt. Sie hatte im Laufe der Jahre zahlreiche Liebschaften gehabt – und 13 Jahre zuvor auch eine Romanze mit Metternich. Zu dieser Zeit lebten beide in Dresden, das damals als ein prunkvolles, wenn auch etwas heruntergekommenes, rückständiges Nest galt. Metternich war ein junger, 28-jähriger Gesandter auf seiner ersten diplomatischen Mission; Bagration die schöne, 19 Jahre alte Ehefrau eines wesentlich älteren russischen Generals, der die meiste Zeit abwesend war. Im Jahr 1802 hatte die Fürstin eine Tochter zur Welt gebracht, die sie kühn Clementine nannte, nach dem Mann, der mit großer Sicherheit ihr Vater war, Klemens Metternich.

Die außereheliche Beziehung währte nicht lange, hinterließ jedoch ihre Narben. Über das Ende dieser Liebesaffäre ist zwar außer Klatsch und Tratsch wenig bekannt, aber es deutet nichts darauf hin, dass die Trennung einvernehmlich und ohne Probleme abgelaufen wäre. Dennoch suchte Metternich im Sommer 1814 abermals Bagrations Salon auf. Die beiden waren sich in dem Kurort Baden bei Wien wiederbegegnet; er lag idyllisch im Wiener Wald, mit der Kutsche ungefähr zwei Wegstunden von der Stadt entfernt. Metternich bereitete sich dort auf den Kongress vor und erschien regelmäßig im Salon der Fürstin, um Karten zu spielen, etwas zu trinken und sich über die neuesten Gerüchte zu informieren. Er amüsierte sich so gut, dass er sogar mit dem Gedanken spielte, die gesamte Friedenskonferenz in diesem angenehmen Badeort abzuhalten.

Nun, auf dem Wiener Kongress, entwickelte Bagration erneut Interesse für ihren alten Liebhaber, »ihren« Metternich, und schien entschlossen, ihn zurückzugewinnen. Auch wenn sich Metternich ganz offensichtlich mehr für die Frau im anderen Gebäudeteil des Palais Palm interessierte, war Fürstin Bagration nicht gewillt, untätig herumzusitzen und eine Niederlage einzustecken, vor allem nicht gegenüber der Herzogin von Sagan. Und wenn sie ihn nicht kriegen konnte, dann sollte Metternich eben die Folgen zu spüren bekommen.

Einen Tag nach seinem ersten Treffen mit den Großen Vier in der Sommervilla begab sich Talleyrand in die Hofburg zu einer Audienz mit dem russischen Zaren. Alexander hatte Talleyrand ausrichten lassen, dass er mit ihm zu sprechen wünsche. Daraufhin ersuchte der französische Staatsmann, wie es der Etikette entsprach, höflich um eine Audienz. Es war ihre erste Begegnung in Wien, und sie hatten sich monatelang nicht gesehen.

Talleyrand und der Zar hatten sich während der napoleonischen Kriege kennengelernt. Im September 1808 hatten sie sich in Erfurt gegen Napoleon verbündet und gemeinsam die Hochzeit von Dorothea arrangiert. Der Zar war ein großer Bewunderer von Talleyrands Fähigkeiten. Als die Koalition Paris einnahm, erwies der Zar Talleyrand eine besondere Ehre, indem er in seinem Haus zu Gast blieb anstatt im Königspalast (man munkelte, der Palast sei mit Sprengsätzen vermint, und einige Historiker haben sich darüber Gedanken gemacht, inwieweit Talleyrand dieses Gerücht gestreut haben mochte).

Doch das Verhältnis der beiden hatte sich inzwischen merklich abgekühlt. Zum einen machte der Zar Talleyrand dafür verantwortlich, dass der französische König seiner Zusage nicht nachkam, eine echte konstitutionelle Monarchie einzuführen. Das war besonders enttäuschend für den Zaren, zumal er Talleyrand auch verübelte, dass dieser ihn dazu gebracht hatte, die Wiedereinsetzung des Königs zu unterstützen. Alexander war wenig beeindruckt von Ludwig und hätte die meisten der anderen Thronanwärter bevorzugt, etwa Bernadotte, den ehemaligen Marschall Bonapartes, oder einen jungen Bourbonen wie den Herzog von Orleans. Doch Talleyrand hatte ihn überredet, Ludwig zu akzeptieren, und nun, da sich die Dinge in Frankreich ungünstig entwickelten, war der Zar alles andere als erfreut.

Die Spannung war spürbar, als der französische Außenminister in der Hofburg ankam. Nach einer einleitenden Diskussion über die Lage in Frankreich wurde die Diplomatie in Wien zum Thema der Unterhaltung, insbesondere Russlands Absichten in Polen, worauf das Gespräch eine gefährliche Wendung nahm.

»Lassen Sie uns jetzt über unsere Angelegenheiten sprechen«, sagte der Zar ungeduldig. »Wir müssen hier damit zu Ende kommen.«

»Das hängt einzig und allein von Eurer Majestät ab«, erwiderte Talleyrand. »Sie werden sich rasch und glücklich erledigen, wenn Eure Majestät sie mit derselben Hochherzigkeit auffassen, die Sie für Frankreich zeigen.«

»Aber jeder muss seinen Vorteil finden«, entgegnete der Zar.

»Und jeder seine Rechte.«

»Ich behalte, was ich mit meinen Truppen besetzt habe«, erklärte der Zar unverblümt, womit er auf das besetzte Polen anspielte.

»Eure Majestät werden nicht behalten wollen, was Ihnen nicht rechtmäßig gehört«, erwiderte der französische Außenminister schlagfertig mit seiner tiefen, sonoren Stimme.

»Aber die Großmächte sind mit mir einverstanden.«

»Ich weiß nicht, ob Eure Majestät Frankreich auch zu diesen zählt?«

»Ja, gewiss; doch wenn Sie absolut nicht wollen, dass jeder seinen Vorteil finde, was verlangen Sie dann?«, fragte Alexander.

»Ich stelle das Recht voran, die Vorteile kommen hinterher«, antwortete Talleyrand.

»Die Vorteile Europas bilden das Recht«, erklärte der Zar.

»Diese Sprache, Sire, ist nicht die Ihrige; Ihr Herz weiß nichts davon.«

»Doch, doch, ich wiederhole: Was für Europa vorteilhaft ist, das ist auch das Recht.«

Wie Talleyrand in seinen Erinnerungen schrieb, drehte er sich um, lehnte die Stirn an die Wandvertäfelung und rief aus: »Unglückliches Europa!« Nachdem er auf diese Weise seine Enttäuschung zum Ausdruck gebracht hatte, weil er fürchtete, dass das Recht des Stärkeren den europäischen Kontinent von Neuem in Krieg und Leiden stürzen würde, wandte sich der französische Minister wieder an den Zaren und sprach ihn auf den künftigen Frieden in Europa an. »Sire, soll es denn später heißen, dass Sie Europa zugrunde gerichtet haben?«

»Eher den Krieg, als dass ich auf das verzichte, was ich besetzt halte«, verkündete Alexander.

Talleyrand erwiderte nichts mehr, seine Körpersprache jedoch, so erklärte er später, brachte seinen Unmut und Widerwillen zum Ausdruck, aber auch die Bereitschaft, sich ins Unvermeidliche zu fügen und die Feindseligkeiten wiederaufzunehmen.

»Ja, lieber den Krieg«, wiederholte der Zar und beendete damit das unangenehme Schweigen.

Als die Uhr in der Ecke schlug, stieß der Kaiser aller Reußen plötzlich hervor: »Ah, jetzt ist es Zeit fürs Theater; ich muss hingehen. Ich habe es dem Kaiser versprochen; man erwartet mich.«

Mit diesen Worten verließ der Zar unvermittelt den Raum und gab damit zu erkennen, dass ihn das Schicksal von zweieinhalb Millionen Menschen im russisch besetzten Polen herzlich wenig interessierte, ganz zu schweigen von den Sorgen der in Wien anwesenden Friedensstifter.

*Kapitel 8*

# Überall Spitzel!

*Meine Kinder können nicht niesen, ohne dass Fürst Metternich es zu Ohren kommt.*

Ein Besucher Wiens über das Spitzelnetz der Stadt

Kerzen brannten bis spät in die Nacht im Geheimen Ziffernkabinett der Hofburg. Dem Polizeiminister Baron Hager war wohlbewusst, dass der Wiener Spionagedienst trotz der kürzlich erfolgten Budgeterhöhung heillos überfordert war mit der Aufgabe, alle Neuankömmlinge in der Stadt zu überwachen.

Baron Hager bemühte sich verzweifelt darum, ein weitgespanntes Netz von Agenten und Mitarbeitern aufzubauen, die in ausländische Botschaften eingeschleust werden, Überwachungen durchführen und wichtige Würdenträger in der Stadt beschatten und sorgfältig notieren sollten, welche Orte sie aufsuchten, mit welchen Leuten sie sich trafen und was sonst noch Außergewöhnliches geschah. Besondere Aufmerksamkeit galt den Banketten und den Unterhaltungsveranstaltungen, an denen viele Diplomaten des Wiener Kongresses teilnahmen. Jeden Morgen blätterte Kaiser Franz bei seinem Milchkaffee die dicken Dossiers der Polizei durch. Dadurch wurde er bald zu einem der bestinformierten Menschen in der Stadt.

Der Spitzelbaron hatte bereits einige ranghohe Persönlichkeiten auf seiner Mitarbeiterliste. Zu seinen Zuträgern zählten beispielsweise der Dichter Giuseppe Carpani, ein alter Freund Mozarts, und die berühmte Wiener Kurtisane Josephine Wolters. Die Identität der Agenten wurde streng geschützt, einige der aktivsten Spione wurden niemals enttarnt und sind nur durch ihren Decknamen bekannt, wie etwa ein sehr umtriebiger Agent, der unter dem Kürzel ∞ geführt wurde, oder der sehr gebildete, geheimnisvolle Informant, der seine täglichen Berichte mit ** unterzeichnete. Bei Letzterem muss es sich um einen Adeligen gehandelt haben, der sich in den höchsten Gesellschaftskreisen bewegte und sogar von Baron Hager mit »Euer Hoheit« angesprochen wurde.

Einige dieser Spione suchten auch die eleganten Salons auf – am Montag bei Metternich, am Dienstag bei Lord Castlereagh und am Freitag entweder bei der Herzogin von Sagan oder der Fürstin Bagration. Talleyrand, der gewöhnlich später als die übrigen Gäste speiste, spielte ebenfalls eine gewisse Rolle, wenngleich er nicht unbedingt die mächtigsten Leute in Wien anzog. Das gesellschaftliche Parkett spiegelte die Diplomatie wider: Frankreich war isoliert.

Den Spionen wurde aufgetragen, alle wichtigen Ereignisse mit größtem Eifer und höchster Wachsamkeit zu beobachten, während sie Champagner schlürften, beim Tee plauderten oder an kleinen runden Tischen Karten spielten. Sie sollten die Kaffeehäuser und die von Kerzenschein erhellten Schenken in der Innenstadt aufsuchen. Sie sollten sich auch unter die Menschenmengen mischen, die sich vor den Läden am Graben versammelten, in den Parks des Praters und auf den Promenaden entlang der alten Stadtmauer.

Mit der Hilfe von Postämtern in allen Teilen des Reiches wurden viele offizielle Briefe und Depeschen abgefangen und in das Ziffernkabinett in der Hofburg gebracht. Hier öffneten versierte Mitarbeiter die Briefe mit einem beinernen Messer, schrieben den Inhalt ab und versiegelten die Umschläge wieder sorgfältig über einer rauchlosen Kerze. Eine andere Gruppe entschlüsselte die Botschaften, wenn dies erforderlich war, und die Spione ergänzten immer wieder ihre Sammlung von Chiffren.

Neben dem Anzapfen des Kuriersystems und der Überwachung von Ballsälen, Salons und anderen Versammlungsorten arbeitete Baron Hager auch daran, die Reichweite seines Informantennetzes in der Stadt zu vergrößern. Die Kutscher der 300 kaiserlichen Gefährte wurden angewiesen, alles mitzuteilen, was sie bei den Gesprächen ihrer hochrangigen Fahrgäste mithörten. Die Portiers, die vor den Gesandtschaften und Adelspalais standen, den Portierstock in der Hand, registrierten die Besucher und die Dauer ihres Aufenthalts. Sogar einige Vermieter berichteten über ihre Mieter, wie etwa ein Herausgeber der *Wiener Zeitung,* der über die Aktivitäten von Graf Anstett Mitteilung machte, einem Mitglied der russischen Delegation, der bei ihm in der Weihburggasse 983 eingezogen war.

Im Idealfall gelang es der Wiener Polizei, Agenten in die wichtigsten Gesandtschaften einzuschleusen, und eine der besten Quellen war natürlich die Dienerschaft. Livrierte Diener, die bei den Banketten hinter den Stühlen standen, Lakaien, die dreiarmige Kerzenleuchter durch dunkle Palais trugen, Mitglieder einer Ehrengarde für einen der hohen Gäste, der Gehilfe eines Kammerdieners, vielleicht auch der Kammerdiener selbst, konnten in der Nähe eines wichtigen Delegierten untergebracht werden.

Besonders nützliche Informanten waren die Zimmermädchen, die den Inhalt von Schubladen durchsehen, Abfallkörbe durchwühlen und in Porzellanöfen oder Kamine spähen konnten, um nach Papierresten zu suchen, die nicht vollständig verbrannt waren. Diese Überreste – in der Sprache der Spione »chiffrons« genannt – wurden dann dem Büro des Barons übergeben und erforderlichenfalls sorgfältig wieder zusammengesetzt. Man konnte ja nie wissen, ob ein kleines Stück Papier, wie unbedeutend es auch erscheinen mochte, nicht in Wirklichkeit den Schlüssel zu einem Geheimnis enthielt, dem die Analytiker der geheimen Staatspolizei auf der Spur waren.

Doch einige aufmerksam gewordene Delegierte ergriffen bald Maßnahmen, um sich dieser unerwünschten Überwachung zu entziehen. »Wir haben jetzt genug Verweise von der unwürdigen Wut, alle Briefe zu öffnen …«, schrieb der preußische Gesandte Humboldt nach Berlin und teilte mit, dass sich seine Delegation um sicherere Kommunikationskanäle bemühen werde. Ein Angehöriger seiner Botschaft, der einflussreiche Militärtheoretiker und -stratege Generalleutnant Antoine-Henri Jomini, ergriff noch weiter gehende Vorsichtsmaßnahmen. Er begann damit, wichtige Dokumente einzuschließen, veranlasste den Austausch aller Schlösser in seinem Büro und nahm stets den Schlüsselbund mit, wenn er es verließ.

Auch Lord Castlereaghs Geheimniskrämerei zahlte sich aus – sein irritierendes Übermaß an Vorsicht, wie ein Informant klagte. Der britische Außenminister hatte darauf beharrt, sein Personal selbst auszusuchen, auch die Türsteher, die Zimmermädchen und die Küchenhilfen. Die Männer und Frauen, die von der Polizei zu ihm geschickt wurden und ihre Dienste anboten, wurden alle zurückgewiesen. Castlereagh sorgte auch dafür, dass alle nicht mehr benötigten Dokumente, wie banal oder unwichtig sie auch sein mochten, zusammengetragen und systematisch vernichtet wurden.

Wie die Briten versuchte auch Talleyrand den Spähern und Lauschern das Handwerk zu legen. Wer Talleyrand kenne, berichtete ein genervter Agent, werde verstehen, wie schwierig es sei, Informationen aus seinem Quartier zu erlangen. Die Spione würden ihre Anstrengungen verstärken müssen. Talleyrand verwandelte das Palais Kaunitz in eine wahre Festung.

Die gekrönten Häupter, die am Wiener Kongress teilnahmen, waren es nicht gewohnt, in so großer Nähe zu anderen Staatenlenkern zu leben, und laut Polizeiberichten wuchsen in der Hofburg die Spannungen. Manchem missfiel es offenkundig, wenn ein anderer stärkere Beachtung fand, und nach Ansicht vieler wurde dem russischen Zaren die meiste Aufmerksamkeit zuteil.

Es kursierten Geschichten, in denen sein narzisstisches Verhalten hervorgehoben wurde: dass er sich jeden Morgen einen Eisblock in sein Gemach bringen lasse, um, wie man munkelte, seine rötliche Gesichtsfarbe zu verbessern, während das Eis in Wirklichkeit wohl zur Behandlung einer Hautkrankheit verwendet wurde, die sich bei ihm zu entwickeln begann. Es hieß auch, dass er nur an seine Uniform denke und dass sie ihm, da er im Laufe des Sommers zugenommen hatte, etwas zu klein geworden sei und er daher aus Sankt Petersburg eine Ersatzuniform habe herbeischaffen lassen. Auch die Mitglieder seiner Delegation blieben von Klatsch nicht verschont, etwa indem man ihnen vorwarf, sie würden auf verantwortungslose Weise mit der Macht Russlands prahlen, sie würden auf den Parkettboden spucken und ihr Auftreten sei allgemein nicht »stubenrein«.

Der Zar hatte einen ganzen Beraterstab nach Wien mitgebracht, und seine Delegation war von allen Großmächten die weitaus internationalste. Von den neun wichtigsten Beratern des Zaren kamen vier aus Deutschland: Graf Nesselrode, Heinrich Friedrich Karl Reichsfreiherr vom und zum Stein und die Grafen Gustav von Stackelberg und Johann von Anstett. Ein weiterer stammte aus Polen, Adam Fürst Czartoryski, und einer aus der Schweiz, Alexanders früherer Hauslehrer Frédéric-César de La Harpe. Dann gab es noch einen Berater aus Korfu, Ioannis Antonios Kapodistrias, und einen aus Korsika, Carlo Andrea Pozzo di Borgo. Der Zar hatte nur einen prominenten russischen Berater auf dem Kongress, und das war ein Ukrainer: der frühere Botschafter in Wien, Graf Andrej Kyrillowitsch Rasumowsky.

Dieser kosmopolitische Beraterstab gab den anderen Kongressteilnehmern Rätsel auf, und manche fürchteten, dass der Zar die Männer nur mitgebracht habe, um den Einfluss Russlands in ihre Länder hinein auszudehnen. Andere fürchteten um ihre eigenen Anliegen. Würde der Zar beispielsweise auf jene Berater hören, die ihm empfahlen, in Deutschland nationalistische Bestrebungen zu unterstützen, oder auf jene, die ihn dazu drängten, im östlichen Mittelmeerraum eine aktivere Politik gegenüber dem Osmanischen Reich zu verfolgen? Einige fragten sich auch, ob sich der Zar hinter die unterdrückten nationalen Minderheiten auf dem Balkan stellen würde. Als ob das Verhalten Alexanders nicht schon ungewiss genug gewesen wäre, mussten die Wiener Diplomaten nun auch noch herauszufinden versuchen, welcher Berater momentan das Ohr des leicht zu beeinflussenden Zaren hatte.

Wie auch andere Monarchen auf dem Kongress achtete der Zar nicht auf besondere Sicherheitsvorkehrungen, wenn er sich auf offener Straße zeigte, zumindest nicht am Anfang. So beobachtete man ihn einmal, wie er eine Schenke betrat, sich ein Bier bestellte, es austrank und dann, was höchst ungewöhnlich war, selbst bezahlte. Ein anderes Mal wurde der Zar gesehen, wie er mit einer jungen Wienerin sprach, die er auf einem Ball kennengelernt hatte. Unverzüglich wurden Spione auf den Fall angesetzt. Das Mädchen wurde verfolgt und identifiziert, dann bezog ein Agent vor ihrem Haus Stellung. Manchmal wurden die Spione aber auch an der Nase herumgeführt. Jedenfalls tauchte später über diese Adresse nichts mehr auf in den überquellenden Polizeidossiers.

Die Agenten des Barons hatten auch andere Monarchen bei ihren täglichen Ausflügen zu beschatten begonnen und fingen Briefe von ausländischen Botschaften ab – auch die britische Royal Mail blieb davon nicht ausgenommen. Die Korrespondenz des dänischen Königs Friedrich VI. wurde kurzerhand entwendet. Der dänische König war an seinem grünen Umhang, dem mit einer Goldspitze versehenen Spazierstock und seiner fast gelehrtenhaften Erscheinung gut zu erkennen – und leicht zu beschatten. Der König besuchte häufig ein Wiener Blumenmädchen. Die junge Frau löste einen Skandal aus, als sie anfing, sich als »Königin von Dänemark« zu bezeichnen.

Einer der besten Orte für die Informationsbeschaffung war der Graben, eine belebte Straße in der Altstadt, die im Mittelalter den Burggraben der Stadt gebildet hatte. Viele Delegierte waren hier untergebracht – damals wie heute ein idealer Treffpunkt für Verabredungen oder spontane Diskussionen. Hier befand sich der »Freiluft-Club«, wie ein Spitzel es nannte, in dem Faulenzer, Müßiggänger, Redenschwinger und Schwätzer die vorbeiflanierenden Kongressteilnehmer beobachteten.

Für viele dieser Schaulustigen war es das Höchste, wenn sie Fürst de Ligne sahen, einen eindrucksvollen 79 Jahre alten ehemaligen Feldmarschall aus Flandern, der in seiner langen Militärlaufbahn Friedrich dem Großen, Joseph II. und Katharina der Großen gedient hatte. In den Pariser Salons hatte man ihm den Spitznamen »Märchenprinz« verliehen. Mit unzähligen Geschichten und seinem zynischen Humor war er der Oscar Wilde seiner Zeit, der Gott und die Welt kannte, von Voltaire über Rousseau bis zu Casanova. Er hatte buchstäblich als einer der Ersten Casanovas aufsehenerregende Lebenserinnerungen gelesen, zu einem Zeitpunkt, als sie noch geschrieben wurden, und er hatte den Abenteurer auch als einer der Letzten vor seinem Tod im Jahr 1798 gesehen.

Fürst de Lignes Bonmots machten schnell die Runde. Er soll jenes geflügelte Wort geprägt haben, das bis heute mit dem Wiener Kongress verbunden wird: »Der Kongress geht nicht vorwärts, sondern er tanzt.« Er musste es wohl wissen, denn er ließ keines der geselligen Ereignisse aus.

Mittlerweile allerdings war er verarmt. Er hatte sein Vermögen verloren, als die französischen Revolutionäre den größten Teil seines Grundbesitzes beschlagnahmt hatten, und den Rest hatte er durch seinen Lebensstil aufgebraucht. Während des Kongresses wohnte er in einem kleinen Haus in der Nähe der alten Stadtmauer. Es umfasste nur einen einzigen Raum in jeder Etage, wobei das Schlafzimmer auch als Salon diente; de Ligne nannte die Wohnung scherzhaft seinen »Vogelbauer«. Doch wie zahlreiche Besucher bezeugten, war der verarmte Fürst nach wie vor ein Bonvivant.

> Die Wände waren rosenrot wie seine Wangen. [...Und seine Wangen waren rosenrot] wie sein Humor, der so rosenrot war wie seine Reden. Rosenrot wie seine Reden war sein Briefpapier, rosenrot war seine Livree, alles war rosenrot.

In seiner beengten Behausung verkehrte lange Zeit die Wiener Elite; jeder wollte den berühmten Fürsten persönlich kennenlernen und seine Geschichten, Anekdoten und schlagfertigen Erwiderungen hören, die er, wie man wusste, mit fast geschlossenen Augen zum Besten gab. Er lenkte noch immer seine klapprige Kutsche selbst, die einst vor einem halben Jahrhundert unter Ludwig XV. hochmodern gewesen war. Der Fürst war ein »Mann, den die Zeit vergessen hatte«.

Eine andere gern – aber selten – gesehene Person war Anna Protassoff, die vor vielen Jahren Katharina der Großen als »Vorkosterin« unschätzbare Dienste geleistet hatte: Sie hatte alle Gardesoldaten einer eingehenden Prüfung unterzogen, die für das Schlafzimmer der Zarin ausgewählt worden waren. Mittlerweile war sie um die 70 und hatte beträchtlich an Leibesfülle zugenommen. Fürst de Ligne arrangierte einmal in seiner Wohnung ein Treffen seines Schützlings Auguste de La Garde-Chambonas mit der Gräfin. Der junge Schriftsteller schilderte seinen ersten Eindruck von dieser Berühmtheit folgendermaßen: »Beim Eintreten [...] erblickte ich eine ungeheure Masse auf dem Sofa.« Die Gräfin sei behängt gewesen mit klirrendem Schmuck:

> Auf ihrem Kopfe, am Halse, an den Armen glänzten Diademe, Armbänder, diamantene Halsketten, mit kostbaren Steinen eingefasste Medaillons; ungeheure Ohrgehänge baumelten bis auf die Schultern herab.

In seinem Beisein unterhielten sich Anna Protassoff und Fürst de Ligne, als wären sie auf wundersame Weise 50 Jahre in die Vergangenheit entrückt. Und irgendwie schien das zu diesem Kongress zu passen, der ebenfalls von manchen als anachronistisch betrachtet wurde. Man warf ihm vor, er wolle die Zeit zurückdrehen, als wären Napoleon, die Französische Revolution und die letzten beiden Jahrzehnte nur ein böser Traum gewesen.

Talleyrand war verärgert über die Großen Vier und ihre Absicht, dem Kongress ihren Willen aufzuzwingen, aber zumindest erfüllte ihn der anfängliche Erfolg der französischen Gesandtschaft mit Genugtuung. Der Herzog von Dalberg, der Marquis de la Tour du Pin, Comte Alexis de Noailles und Comte de la Besnadière taten, was er von ihnen erhofft hatte, hielten ihn auf dem Laufenden und verbreiteten die Informationen, die er in der Stadt in Umlauf bringen wollte. Die französischen Küchenchefs servierten vorzügliches Essen, und auch der Musiker Neukomm enttäuschte nicht, wenngleich er unter strenger Überwachung der Polizei stand, die nicht glauben wollte, dass er nur mitgebracht worden sei, um Klavier zu spielen. Besonders zufrieden war Talleyrand jedoch mit Dorothea.

Allein durch ihre Familienbande hatte Dorothea enge Beziehungen zu den wichtigsten Delegationen. Sie kannte die Russen durch ihre Mutter und die Österreicher durch ihre Schwester Wilhelmine. Was die Preußen betraf, so verfügte Dorothea hier aufgrund ihres umfangreichen Besitzes im Königreich aus eigener Kraft über Ansehen und Einfluss. Ihr Palais in Berlin, das Friedrich der Große für seine Schwester hatte erbauen lassen und das als Nummer 7 Unter den Linden in der Nähe des Brandenburger Tores lag, gehörte zu den imposantesten Häusern der Stadt; im 20. Jahrhundert wurde es als Botschaft der UdSSR genutzt.

Als Talleyrand nicht zu den gefragten Montagssoireen bei Metternich eingeladen worden war, hatte er Dorothea gebeten, sich an ihre ältere Schwester zu wenden, die Herzogin von Sagan. Es bedurfte nur einer schlichten Bitte. Der österreichische Außenminister antwortete umgehend, dass Dorothea und Talleyrand selbstverständlich willkommen seien. Darüber hinaus, fügte Metternich hinzu, dürften sich die beiden als Dauergäste der intimen Abendessen betrachten.

Das war natürlich ein Durchbruch. Die Salons waren ein ideales Umfeld für jene Art von Diplomatie, die Talleyrand bevorzugte, das subtile und informelle Lancieren seiner Interessen an einem Ort wie Metternichs Salon, an dem sich die Leute versammelten, die Europa regierten. Bei solchen Zusammenkünften musste man schon sehr viel Pech haben, wie es ein regelmäßiger Besucher dieser Salons ausdrückte, wenn man nicht einem Kaiser, einem König oder einem herrschenden Fürsten begegnete oder nicht einem Kronprinzen, großen General, berühmten Diplomaten oder gefeierten Minister über den Weg lief. Bei einigen denkwürdigen Anlässen ließ Metternich das Essen auf dem edlen Sèvresporzellan servieren, das Napoleon ihm für die Anbahnung seiner Heirat mit Marie-Louise geschenkt hatte. Im Salon Metternichs konnten die Diplomaten am Tage über die Aufteilung von Napoleons Imperium streiten und abends von seinem Porzellan speisen.

Dorothea bewährte sich nicht zuletzt als ausgezeichnete Gastgeberin in der französischen Gesandtschaft. Sie führte den Salon, präsidierte am Tisch und brachte jeden Raum, in dem sie sich aufhielt, zum Leuchten. Sie gab jedem das Gefühl, dass er willkommen war, regte die Konversation an und leitete sie geschickt. Wenn jemand zu streitlustig oder verbissen oder einfach nur in unangenehmer Weise auf einem bestimmten Thema herumritt, konnte sie die Diskussion elegant wieder in die richtigen Bahnen lenken. Der Liederdichter La Garde-Chambonas, der in diesem Herbst die französische Gesandtschaft besuchte, rühmte ihre gewandten Umgangsformen. Auch wenn Frankreich zu diesem Zeitpunkt vielleicht nicht die bedeutendsten Persönlichkeiten anzog, verstand Dorothea das Land würdig zu repräsentieren. Sie machte die »Honneurs« mit großer Anmut.

Auch hinter den Kulissen wurde Dorothea auf vielfache Weise zu einer wichtigen Helferin Talleyrands; sie wirkte anscheinend sogar bei der Formulierung bedeutender Dokumente mit. Wie die Staatsmänner im 18. Jahrhundert sparte Talleyrand sich lieber die Mühe, seine Briefe und Depeschen eigenhändig zu entwerfen. Stattdessen diktierte er sie, während er im Raum auf und ab ging, und Dorothea, die auf dem Bett lag oder am Mahagonitisch saß, schrieb den Text mit ihrem Federkiel nieder. Gemeinsam lasen beide anschließend das Memorandum oder die Depesche noch einmal durch, Zeile für Zeile, um jedes Wort ringend.

Mit Talleyrand zusammenzuarbeiten muss eine sehr wertvolle Erfahrung gewesen sein, vor allem für jemanden, der so intelligent und aufmerksam war wie Dorothea. Sie bewunderte seinen »besonnenen Mut«; er verfügte über »eine Geistesgegenwart, eine kühne Entschlossenheit und eine instinktive Art von Widerständigkeit«, die zusammen, wie sie hinzufügte, »die Gefahr so verführerisch erscheinen ließen«.

Während Talleyrand und Dorothea die Kongressteilnehmer in das Palais Kaunitz zu locken versuchten, wurde Metternich von seiner Liaison mit Dorotheas älterer Schwester, der Herzogin von Sagan, in Beschlag genommen. Manche Kritiker hatten den Eindruck, dass Metternich seine Aufgaben als Außenminister und als Gastgeber vernachlässige, und dies verschlimmerte sich nun noch, nachdem die Großen Vier ihn zum »Präsidenten des Kongresses« bestimmt hatten. Der preußische Gesandte Humboldt beklagte sich einmal, Metternich sei verrückt vor Liebe, Stolz und Eitelkeit, er vertrödele die Vormittage, stehe erst gegen zehn Uhr auf und eile dann davon, um der Sagan zu Füßen zu liegen.

Metternich freute sich stets darauf, die Herzogin bei ihren vormittäglichen Treffen zu sehen oder auch an anderen Orten, in ihrer Theaterloge oder in einem heißen, überfüllten Salon, den sie durch ihre eindrucksvolle Erscheinung dominierte. Er war froh, dass er der Herzogin helfen konnte, ihre Tochter zurückzuerlangen, und er hatte einige seiner tüchtigsten Mitarbeiter mit der Sache betraut, darunter auch Gentz, den Generalsekretär und Protokollführer des Kongresses. Abends dann schüttete Metternich ihr sein Herz aus:

> Wenn die Welt unterginge, aber Du mir erhalten bliebest, ich würde nichts weiter begehren; doch wenn ich Dich verlieren sollte, wüsste ich nichts mehr mit der Welt anzufangen – einzig noch [mit dem Stückchen Erde], auf dem ich begraben werde.

Neben Metternich fanden sich auch andere führende Mitglieder des österreichischen Außenministeriums in ihrem Salon im Palais Palm ein. Ebenso die Briten, die in der Gegnerschaft zu den Russen eine gemeinsame Basis mit den Österreichern fanden. Der Salon der Herzogin wurde sogar als das »Hauptquartier der Österreicher« bezeichnet, in Analogie zum gegenüberliegenden »russischen Hauptquartier« der Fürstin Bagration, in dem so viele russische Besucher und preußische Sympathisanten verkehrten.

Besonders lebhaft ging es im Salon der Herzogin am Freitagabend, dem 30. September zu, und auch Metternich amüsierte sich prächtig. Als die Kutschen, die draußen auf dem Hof warteten, die letzten Gäste wegbrachten, gab es keine Anzeichen dafür, dass auch Metternich das Gebäude verließ. Er wurde erst am Nachmittag des folgenden Tages wieder gesehen, als er in der Reichskanzlei erschien. Mit hoher Wahrscheinlichkeit hatte Metternich die Nacht mit der Herzogin verbracht. In dieser Nacht, so bekannte er später, habe er das größte Glück seines Lebens erfahren.

Im anderen Flügel des Palais Palm wurde auch Zar Alexander an diesem Abend durch eine Herzensangelegenheit abgelenkt. Er wurde an der Seite der spärlich bekleideten Fürstin Katharina Bagration gesehen. Die Fürstin hatte den gesamten Abend über Besucher abgewiesen, ihre Bediensteten entschuldigten dies damit, dass sie entsetzliche Kopfschmerzen habe. Dann wurden auch die Diener weggeschickt. Wenn dadurch Gerüchte zum Verstummen gebracht werden sollten, war es alles andere als hilfreich.

In Wien verbreiteten sich Geschichten über den Besuch des Zaren: Er sei am Palais vorgefahren, habe viermal geläutet, und daraufhin sei die Fürstin nur mit einem Negligé bekleidet die Treppe herabgekommen. Einige wollten auch einen heiklen Moment mitbekommen haben: Als der Zar das Schlafzimmer der Fürstin betrat, habe er dort zu seiner Überraschung einen Männerhut entdeckt. Verlegen habe die Fürstin gelächelt und erwidert: »Oh, das ist der Hut meines Dekorateurs Moreau. Er schmückt das Haus für das morgige Bankett.«

Vielleicht sagte die Fürstin die Wahrheit, da sie tatsächlich für den nächsten Tag einen Ball plante, und Karl von Moreau, der dem Festkomitee angehörte, war einer der meistbeschäftigten Dekorateure in der Stadt. Der Zar zumindest akzeptierte diese Erklärung, und beide lachten über seinen »unbegründeten« Verdacht. Der Spitzel, der über diesen Klatsch berichtete, bemerkte dazu ironisch: »Ein Schelm, wer Böses dabei denkt.«

Der spätabendliche Besuch des Zaren bei der Fürstin sorgte für einen Riesenwirbel in Wien. »Man spricht über nichts anderes mehr«, berichtete ein Informant.

*Kapitel 9*

# Der Kongress tanzt, die Welt dreht sich weiter

*Die Überreste eines Balles sind wahrlich ebenso interessant wie die Überreste vergangener Reiche und Denkmäler.*

Graf Z im Hotel »Römischer Kaiser« eines frühen Morgens im Herbst 1814

Der Kongress sollte am 1. Oktober 1814 seine Arbeit aufnehmen. Aber als dieser Tag kam, war die Friedenskonferenz noch immer nicht offiziell angekündigt worden. Der Eröffnungsball, der am folgenden Tag in der Hofburg veranstaltet werden sollte, fand jedoch wie geplant statt. Kaiser Franz I. und Kaiserin Maria Ludovika taten ihr Möglichstes, damit dieser Maskenball ein Erfolg wurde, und eine Gräfin erinnerte sich später, dass es »ein wahrhaft prachtvolles Ereignis« gewesen sei.

Riesige Kristalllüster und schätzungsweise 8000 Kerzen erzeugten eine »blendende, fast Schwindel erregende Wirkung« in dem weiß und golden vertäfelten Ballsaal. Die Haupttreppe, geschmückt mit einem riesigen Aufgebot an Blumen und Pflanzen, führte hinauf zu den oberen Galerien und Balkonen, die mit rotem und goldenem Samt ausgelegt waren und von denen man hinabblicken konnte auf die Reihen von Stühlen, die auf dem Parkettboden symmetrisch angeordnet waren. Ungefähr 10 000 bis 12 000 Gäste hatten den großen und den kleinen Redoutensaal sowie den Innenbereich der Spanischen Hofreitschule gefüllt. Einige der Nebenräume waren in einen üppigen Orangenhain verwandelt worden, in dem Leihgaben aus den Gewächshäusern des Kaisers ihren Duft verströmten.

Das große Ereignis war dank der umtriebigen Fälscher, die täuschend »echte« Einladungskarten nachgemacht hatten, hoffnungslos überlaufen. Einige Türsteher trugen das Ihre dazu bei. Offensichtlich hatten sie eine simplere Methode gefunden, aus der allgemeinen Begeisterung Kapital zu schlagen: Sie nahmen den Gästen die Einladungskarten ab und verkauften diese weiter an Leute, die begierig darauf waren, wenigstens einen Abend lang ein rauschendes Fest von Königen und Kaisern mitzuerleben.

Die Bedienungen, eine »breite und lärmende Schlachtreihe«, mussten sich in dem »wahren Durcheinander« der maskierten Gäste und ungebetenen Besucher behaupten. Es ist nicht bekannt, welche Speisen das Festkomitee an diesem Abend servieren ließ, doch für einen ähnlich großen Ball während des Kongresses mit der gleichen Besucherzahl ist eine Bewirtungsliste erhalten geblieben, in der 300 Stück Schinken, 200 Rebhühner, 200 Tauben, 150 Fasane, 60 Hasen, 48-mal »bœuf à la mode«, 40 Kaninchen, 20 große weiße Truthähne und zwölf mittelgroße Wildschweine aufgeführt waren. Neben vielem anderen gab es auch eine reiche Auswahl an gebratenem, gebackenem und kaltem Fleisch und sonstigen Delikatessen, darunter 600 eingelegte und gesalzene Zungen.

Als »Konfekt« gab es die verschiedensten Mehlspeisen und Torten sowie Mandeln, Pistazien, Schokolade, Pomeranzen und französisches Blätterteiggebäck. Es wurden 2500 bis 3000 Liter Suppe serviert, 2500 gemischte Kekse, 1000 »Mandl-Wandl« (ovale Plätzchen mit Mandelfüllung), 60 Gugelhupfe (Napfkuchen) sowie weitere Kuchen und Süßigkeiten. Mandelmilch, Limonade, Schokolade, Tee und viele Sorten von Wein waren erhältlich, auch Tokajer und »Meneser«. Die leeren Weingläser nachzuschenken und die Teller wieder aufzufüllen, dürfte für die Bediensteten eine nicht enden wollende Aufgabe gewesen sein.

Plötzlich kündigten Trompetenfanfaren die Ankunft der königlichen und kaiserlichen Majestäten an. Der österreichische Kaiser, der Zar und viele Könige erschienen mit Kaiserinnen, Königinnen und

Erzherzoginnen am Arm. Alle Augen folgten der glanzvollen Prozession, als sie durch den Saal zog und an den Plätzen auf der Ehrentribüne zum Stehen kam, die mit großen weißen und silbergesäumten Behängen geschmückt war. Die Kaiserin nahm vorn Platz, neben der Zarin; hinter ihnen saßen die Königin von Bayern und die russische Großherzogin Katharina, Alexanders Schwester. Die Würdenträger wurden von eleganten Damen flankiert, »schön wie Statuen«.

Die meisten der wichtigen Diplomaten und Damen waren anwesend, mit wenigen Ausnahmen wie dem preußischen Gesandten Wilhelm von Humboldt. Dieser hatte bereits am Vorabend an einem Bankett teilgenommen und wollte sich wohl nicht schon wieder in einen heißen, überfüllten Raum zwängen, wo er sich nicht bewegen konnte und ihm der Schweiß über das Gesicht lief. Er hatte sich so unwohl gefühlt, dass er den Gesandten von Hannover, Graf Münster, ein wenig beneidete, der sich bei einem Kutschunfall eine Rippe gebrochen – und damit eine gute Entschuldigung für sein Fernbleiben hatte.

Auch der junge Autor Auguste de La Garde-Chambonas fand an diesem Abend den Weg zum Ball und war fasziniert davon, was er hier erlebte. Am meisten beeindruckten den jungen Abenteurer aber nicht die Staatenlenker:

> Man kann sich nichts Glänzenderes denken, als diese Vereinigung von lauter jungen schönen Damen, eine jede der Art ihrer Reize gemäß geschmückt.

Viele Frauen trugen damals elegante einfache Abendkleider mit tiefem Dekolleté. Das Oberkleid bestand gewöhnlich aus Petinet oder Krepp, das Unterkleid aus Satin in derselben Farbe, wobei weiß gerade am beliebtesten war, gefolgt von hellblau, gelb, violett oder pastellfarben. Die Ärmel waren üblicherweise lang, eng und mit Spitzen, Stickereien oder Satin eingefasst. Manche Damen bevorzugten kurze Ärmel oder kombinierten sie mit langen weißen Handschuhen. Häufig waren Blumen oder Schleifen im Haar befestigt, zusammen mit Diamanten, Perlen und anderen Edelsteinen, die im Licht der Tausenden von Kerzen wundervoll glitzerten. Beim Tanzen sahen diese Frauen aus wie »Meteore«, die den Himmel erhellten.

Das Orchester hatte mit einer Polonaise begonnen, einer langen Prozession, die wie ein eleganter Marsch wirkte und sich durch den riesigen Saal zog. In einem der kleineren Säle wurde Menuett getanzt – mit einer gewissen deutschen Steifheit, was einigen der modebewussteren jungen Balldamen ein Kichern entlockte. Der Favorit der jüngeren Generation war natürlich der Walzer mit seinen graziösen Drehungen, bei dem man immer den Eindruck hatte, als würden schon die ersten Takte des Orchesters die fröhlichen Tänzer unter Strom setzen.

Der Walzer, der hier im Herbst 1814 getanzt wurde, war noch nicht der berühmte Wiener Walzer, wie ihn später Johann Strauss (Sohn) schuf mit seinen Werken *An der schönen blauen Donau*, *Geschichten aus dem Wiener Wald* und dem *Kaiserwalzer*. Er war langsamer und noch näher an seinem Ursprung als Volkstanz aus dem alpenländischen Raum. Aber auch er war ein Dreher, ein »walzender« Tanz. Der Walzer teilte die Tänzer in Paare, nicht Gruppen und war mit wesentlich mehr Berührung verbunden als alle früheren Tänze der Neuzeit.

Es war wohl kein Zufall, dass der Kongress von diesem intimen Tanz so sehr ergriffen wurde. Lord Byron beschrieb den Walzer in einer berühmten Ode:

*Von da, wo lässt das Kleid den Busen frei,*
*Wo man geglaubt, der Sitz des Herzen sei,*
*Herab zur Taillegegend und zu andern*
*Mag ungestört die Hand des Fremden wandern.*
*Der Dame ihre mag dafür erfassen,*
*Was Fürstenbauch sie will berühren lassen.*

Neben dem Walzer war auch die Maskerade ein zentrales Element der Unterhaltung in Wien während des Kongresses. Der Ballsaal, in dem es von maskierten Feiernden nur so wimmelte, wurde zum »lebenden Abbild einer Gesellschaft, die sich dem Vergnügen, den Tändeleien und dem verführerischen Zeitvertreib jeglicher Art verschrieben hatte«. Bei diesen Anlässen wurde das einengende höfische Protokoll vorübergehend außer Kraft gesetzt – hinter der Maske, die eine seltene Freiheit gewährte, ganz zu schweigen vom Reiz des Unbekannten. Die

Person hinter der Maske konnte im Wien des Jahres 1814 buchstäblich jedermann sein.

Die Kleider, der Schmuck, das Tanzen – La Garde-Chambonas war geblendet. Er konnte nicht genug schwärmen von den Damen, die er sah, alle in schimmernder Seide und hauchfeinem Tüll, anmutig schwingend und wogend.

> Die fortwährende Musik, das Geheimnis der Verkleidungen, die Intrigen, von denen ich umgeben war, das allgemeine Inkognito, die Lustigkeit ohne Maß und Grenze, mit einem Worte, die Magie dieses großen Schauspiels verwirrten meinen Kopf.

»Auch ältere und stärkere Gemüter«, fuhr der junge Mann fort, »konnten dem Zauber ebensowenig widerstehen.« Zum Leidwesen des österreichischen Festkomitees fanden viele Gäste auch andere Dinge unwiderstehlich. Fast 3000 silberne Teelöffel verschwanden an diesem Abend.

Allmählich stellte sich beim Wiener Kongress wieder der Alltag ein. Während die Delegierten der Großen Vier in ihren Büros arbeiteten, an Besprechungen teilnahmen oder Verabredungen zu treffen versuchten, verbrachten die Hoheiten den Vormittag gewöhnlich auf der Jagd, verfolgten Truppenparaden auf den Exerzierplätzen oder widmeten sich zusammen mit anderen Staatenlenkern oder bevorzugten Begleitern anderen Aktivitäten. Die Nachmittage waren gewöhnlich für Treffen oder Sitzungen reserviert, auf denen jedoch keineswegs, wie jemand klagte, alles zunichtegemacht wurde, was die Diplomaten während des Tages mühsam erreicht hatten. Am Abend warfen sich die Gäste wieder in ihre Ausgehuniformen, um bei den »wahrhaft wundervollen« Feierlichkeiten zu glänzen, die der österreichische Kaiser veranstaltete.

Zu den zahlreichen Veranstaltungen, die für die erste Kongresswoche geplant waren, gehörte ein Konzert des Wiener Hofkapellmeisters Antonio Salieri, jenes Opernkomponisten, der Beethoven und später auch Schubert und Liszt unterrichtet hatte. Das Gerücht, dass Salieri Mozart vergiftet habe, kursierte bereits auf dem Kongress, obwohl es dafür keine Beweise oder Anhaltspunkte gab (einer der Polizeiagenten, Giuseppe Carpani, verfasste später eine Verteidigungsschrift zugunsten von Salieri). Salieri sollte während des gesamten Herbstes aktiv am musikalischen Programm des Wiener Kongresses mitwirken, und er dirigierte sogar ein Großkonzert mit etwa 100 Klavieren – ein Arrangement, das dem Vernehmen nach aber eher experimentell und innovativ war als wohlklingend.

Gemäß den Gepflogenheiten der Zeit verliehen sich die Monarchen gegenseitig Ehren und Auszeichnungen. Großbritannien nahm die Staatenlenker in den Bath- und den Hosenbandorden (mit »Diamond George« als Ordenszeichen) auf. Der König von Dänemark ehrte seine Kollegen mit seinem höchsten Staatspreis, dem Elefantenorden, und der König von Preußen vergab den Hohen Orden vom Schwarzen Adler. Der Kaiser von Österreich hatte die wahrscheinlich begehrteste Auszeichnung zu bieten, das Goldene Vlies. Alle diese Schleifen, Sterne, Kreuze und Kragen wurden den Empfängern in dieser ersten Woche um den Hals gelegt oder an die Brust geheftet.

Das Festkomitee war nicht die einzige Einrichtung, die Veranstaltungen plante. Jeden Abend war in einer Botschaft, einem Salon, einer Schenke oder an einem anderen Ort in der Stadt Unterhaltung geboten. Am Dienstagabend veranstaltete das Ehepaar Castlereagh seine Soiree am Minoritenplatz, mit Abendessen, Violin- und Gitarrenmusik und Tanz. Obwohl diese Soireen gut besucht waren und man gewöhnlich vor zehn Uhr abends nur schwer Einlass fand, klagte Agent ** über Langeweile. Die Gäste würden kühl empfangen und kaum beachtet. Der Raum sei nur spärlich beleuchtet und dürftig möbliert, und viele Damen würden keinen Sitzplatz finden und müssten stehen. Tatsächlich erschien dieser Saal ohne die leitende Hand einer guten Gastgeberin manchmal eher wie ein Café denn wie ein Salon.

Wenn sich die britischen Gesandten in anderen Salons der Stadt sehen ließen, erschienen sie vielen als linkisch und unbeholfen. Entweder versuchten sie Eindruck zu machen, hörte ein Polizeispitzel jemanden sagen, oder sie lungerten herum wie Tiere in einer Höhle. Andere belächelten die eigenartige Garderobe der Briten, die man bestenfalls als exzentrisch bezeichnen konnte. Dass es sich hier um eine Inselmacht handelte, die abgeschnitten war vom Kontinent, war in diesem Herbst für nicht wenige Beobachter offenkundig.

Ein Angehöriger der britischen Gesandtschaft, der Botschafter Lord Stewart, war mit dem Lenker einer anderen Kutsche in Streit geraten, nachdem es fast zu einer Karambolage gekommen wäre – damit musste man immer rechnen in einer Stadt, in der so viele Pferdedroschken auf den schmalen Straßen unterwegs waren. Das Ereignis machte rasch die Runde in den Wiener Salons. Einem Gerücht zufolge hatte der britische Diplomat den Kutscher beinahe in die Donau gestoßen. Auch Polizeiagenten beschäftigten sich mit dem Vorfall, fanden dabei jedoch heraus, dass vielmehr der Kutscher den Botschafter beinahe verprügelt hätte.

Was war geschehen? Lord Stewart hatte zuvor anscheinend einige Flaschen Bordeaux geleert und nach dem Beinahezusammenstoß wüste Beschimpfungen hervorgestoßen, die Fäuste geballt, mit seinen früheren Erfolgen als Boxer geprahlt und den Mann zu einem Faustkampf herausgefordert. Der Kutscher, der offenkundig kein Englisch verstand, griff nach seiner Peitsche und zog sie dem Engländer über das Gesicht. Da griffen einige Passanten ein, und kurz darauf erschien auch die Polizei und verhinderte Schlimmeres, wenngleich die Beamten zunächst nicht glauben wollten, dass es sich bei dem randalierenden Betrunkenen um ein ranghohes Mitglied der britischen Delegation handelte.

Lord Stewart war schon vorher in den Polizeiberichten aufgetaucht, weil er sehr viel Zeit in der Gesellschaft von »Damen mit zweifelhaftem Ruf« verbrachte. Er war Stammgast in mehreren Bordellen der Stadt. Viele lagen im Bezirk Leopoldstadt, der zum größten Teil im 17. Jahrhundert entstanden war, ein Stadtgebiet, in dem einstmals das florierende jüdische Viertel der Stadt gewesen war. Stewart und seine Freunde hatten zudem die Vorzüge des ungarischen Weins entdeckt, und während seiner ersten Woche in Wien hatte der britische Botschafter mehrmals zu seiner Kutsche getragen werden müssen.

Am lebhaftesten unterhielt man sich in den Salons in der Woche der Kongresseröffnung wahrscheinlich über die angeblich kurz bevorstehende Ankunft von Napoleons Ehefrau Marie-Louise. Seit dem Zusammenbruch von Napoleons Imperium war die 23-jährige Frau zwischen ihren Verpflichtungen hin- und hergerissen und wusste nicht, ob sie ihren Ehemann auf Elba besuchen oder zu ihrem Vater Kaiser Franz und ihrer Familie nach Wien zurückkehren sollte. Nach längerer Bedenkzeit hatte sie sich schließlich zur Rückkehr nach Wien entschlossen. Nun sollte sie jeden Augenblick ankommen, und man spekulierte darüber, wie sie wohl darauf reagieren würde, dass man in Wien freudig den Sturz ihres Gemahls feierte.

Während sich die Diplomaten auf den Schlagabtausch bei der nächsten Sitzung der Großen Vier vorbereiteten, entschloss sich Talleyrand zu handeln. Da er fürchtete, dass sein Ausschluss von der Konferenz der Großmächte ihn jeglicher Einflussmöglichkeit berauben würde, spielte der französische Außenminister seine Stärke aus. Talleyrand war zu Recht überzeugt, dass seine Vorstellung vom Kongress als einem Parlament von gleichberechtigten Staaten bei der großen Mehrzahl jener Delegierten Zustimmung finden würde, die nach dem vorgeschlagenen Modus ebenfalls ausgegrenzt werden würden.

Völlig eigenmächtig verfasste Talleyrand einen Bericht über das Geheimtreffen, unterzeichnete ihn und brachte ihn in Umlauf – ein eklatanter Verstoß gegen die diplomatische Etikette. Die Großen Vier, die sich die »Verbündeten« nannten, so erklärte er darin, zielten darauf ab, »sich zu unumschränkten Herren über die gesamten Kongressverhandlungen zu machen«. Dies laufe dem Geist des Kongresses zuwider und mache alle Hoffnungen zunichte, dass eine echte Friedensregelung gefunden werden könne. Die Großmächte hätten kein Recht, den Kongress zu usurpieren und sich zu »Schiedsrichtern über die Angelegenheiten Europas aufzuwerfen«.

Diese Aktion stieß bei den Großen Vier selbstverständlich auf wenig Begeisterung. Damit war nicht nur die Struktur des bevorstehenden Kongresses allgemein bekannt geworden – auf ungebührliche Weise und zur Unzeit von einer außenstehenden Partei öffentlich ausgeplaudert –, sondern Talleyrand hatte in ihren Augen auch ein völlig verzerrtes Bild von den Vorgängen gegeben. Russland murrte, Österreich war verärgert und die Preußen schäumten vor Wut.

Auf einem Treffen der Großen Vier am 2. Oktober verurteilte Wilhelm von Humboldt das französische Papier als »eine unter uns geschleuderte Brandfackel«. Die preußische Botschaft konterte offenbar sehr schnell mit einer eigenen Propagandakampagne und brachte die Nachricht in Umlauf, dass die Franzosen schon wieder in ihre alten Gewohnheiten zurückgefallen seien. Talleyrand wurde beschuldigt, Zwietracht unter den Verbündeten zu säen, damit sich sein Land die begehrten Gebiete in Belgien und das linke Rheinufer aneignen konnte.

Castlereagh dagegen sprach sich für ein konstruktiveres Vorgehen aus und begab sich sehr früh an diesem Tag zum Palais Kaunitz, um die Angelegenheit persönlich mit Talleyrand zu besprechen. Er respektierte den französischen Staatsmann und seine Ansichten, obwohl sich die beiden Männer keineswegs in allen Fragen einig waren. Viele Beobachter glaubten, dass Castlereagh am wohlwollendsten gegenüber der französischen Gesandtschaft eingestellt sei, und unter den Großen Vier war er das auch.

Der britische Außenminister erklärte Talleyrand in seiner ruhigen, begütigenden Art, dass die Verhandlungen in Metternichs Sommerresidenz als streng vertraulich betrachtet worden seien. Die unerwartete Veröffentlichung von Talleyrands Note habe die österreichischen und preußischen Repräsentanten in große Verlegenheit gebracht. Talleyrand hörte aufmerksam zu, nahm jedoch nichts zurück, entschuldigte sich nicht und zeigte auch sonst keine Anzeichen von Bedauern. Er erinnerte den Briten lediglich daran, dass dieser ihn nach seiner Ansicht gefragt habe, und darauf habe er immerhin antworten müssen.

Talleyrand führte des Weiteren aus, dass er den äußerst unklugen Versuch, den Kongress abzuschotten und seine Ergebnisse im Vorhinein festzulegen, nicht hinnehmen könne. Napoleonische Ideen einer gewaltsamen Machtübernahme oder eines einseitigen Vorgehens sollten aus der internationalen Politik verbannt werden. Das Respektieren der Grundsätze von Recht und Gerechtigkeit sei dagegen der einzige vorwärtsweisende Weg. Castlereagh kehrte unbeeindruckt in sein Quartier zurück.

Am 3. Oktober verfasste Talleyrand eine zweite Note, in der er seine Hauptanliegen bekräftigte, und diesmal sorgte er für eine noch weitere Verbreitung. Sie erzielte große Wirkung. Viele Fürsten und Delegierte außerhalb des Eliteklubs der Großmächte teilten Talleyrands Besorgnis und lobten seinen Mut. Er setze sich für die kleineren Staaten ein, und wie es schien, als Einziger. Wer hätte das gedacht: Indem er sich zum Fürsprecher von Recht und Gesetz machte, wurde der Außenminister eines Landes, das sich selbst noch bis vor Kurzem kleine Länder einverleibt hatte, nun als deren Beschützer gepriesen.

Die Großmächte wussten, dass sie rasch handeln und dem Franzosen Einhalt gebieten mussten. Metternich beauftragte seinen Berater Friedrich von Gentz, die offizielle Antwort auf das aufrührerische Papier Talleyrands zu verfassen. Gentz war der Generalsekretär des Kongresses, ein kleiner Mann mit rotem Haar und einer dicken Brille. Durch Begabung und Ehrgeiz hatte sich Gentz diese Stellung im Zentrum des Geschehens erkämpft.

Gentz musste sich beweisen. Er war kein Fürst wie Metternich, Talleyrand oder Hardenberg, die alle entweder während des Krieges oder kurz danach in diesen Rang erhoben worden waren. Er war nicht einmal ein Graf wie sein Freund, der russische Berater Karl Nesselrode, ein Mann, den er entdeckt und viele Jahre lang gefördert hatte. Gentz hatte zwar ein aristokratisch klingendes »von« in seinem Namen, aber anscheinend wusste niemand, woher es stammte, und viele vermuteten, er habe es sich selbst zugelegt – was tatsächlich auch der Fall war.

Der 50-jährige Gentz, Deutscher von Geburt, hatte an der Universität Königsberg bei dem Philosophen Immanuel Kant studiert, und diese akademische Ausbildung machte sich bemerkbar. Er war ein scharfzüngiger Diskussionsteilnehmer, sehr geschickt darin, Ideen und Vorstellungen ins Gespräch zu bringen, und verstand es, Dinge so zu hinterfragen, dass er bisweilen als der Sokrates des Wiener Kongresses erschien. Wie der berühmte Philosoph war auch Gentz unbeliebt bei den Menschen, die Opfer seiner rücksichtslosen Taktiken wurden. Er war ein sehr fleißiger Arbeiter, mied die meisten Vergnügungen und diskutierte lieber an einem ruhigen Abend in einem Salon über Politik, seine größte Leidenschaft. Doch der Vergleich mit Sokrates galt nicht für seinen unverhohlenen Materialismus. Gentz liebte Schokolade, Parfüm und glitzernde Ringe. Wenn man ihn über die Maßen glücklich machen wolle, sagte Metternich einmal, dann brauche man ihm nur ein paar Bonbons zu geben.

Gentz war früher Beamter in Preußen gewesen, hatte das konservative *Historische Journal* herausgegeben und politische Schriften ins Deutsche übersetzt, unter anderem Edmund Burkes *Reflections on the Revolution in France.* Im Jahr 1797 wuchsen ihm seine Schulden über den Kopf, fünf Jahre später scheiterte seine Ehe, und er zog nach Wien. Er trat in den österreichischen Staatsdienst ein, dort wurde Metternich auf ihn aufmerksam, und er wurde schließlich zu dessen wichtigstem Mitarbeiter. Metternich hatte ihm auch die Teilnahme am Kongress und den Zugang zu den höchsten gesellschaftlichen Kreisen ermöglicht.

Als Gentz nun beauftragt wurde, eine Erwiderung auf die Vorwürfe Talleyrands zu verfassen, machte er sich sogleich mit dem für ihn charakteristischen Eifer an die Arbeit. Schon am nächsten Tag war das Schreiben fertig. Alle Entscheidungen der Kommission seien legal, erklärte Gentz in einem Frontalangriff auf Talleyrand. Zudem befänden sich sämtliche Entscheidungen im Einklang mit früheren Vereinbarungen, insbesondere mit dem Ersten Pariser Frieden von 1814, jenem internationalen Abkommen, das die rechtliche Grundlage für den Wiener Kongress bilde. Wie seine Kollegen erwartet hatten, fand Gentz genau die richtigen Worte.

Gentz' Text wurde von den Großmächten ohne Einwände akzeptiert und unterzeichnet. Noch am selben Abend, am Dienstag, dem 4. Oktober, wurde auf einer Soiree der Herzogin von Sagan das Papier der französischen Delegation vorgelegt. Metternich wartete den passenden Augenblick ab, dann trat er auf den französischen Staatsmann zu und überreichte ihm vor den versammelten Gästen in einem theatralischen Auftritt das Dokument.

Talleyrand ließ sich dadurch natürlich nicht aus der Fassung bringen. Kaum 24 Stunden später hatte auch er eine Erwiderung verfasst, ein weiteres Schreiben, in dem er unbeirrt auf seinen Ansichten beharrte. Die Großmächte besäßen kein Recht, erklärte Talleyrand, »alles fertig zu machen, bevor der Kongress zusammentritt« und alle anderen Staaten von ihrer Klüngelei auszuschließen. Ihr Versuch, ihren Willen zum Gesetz zu machen, sei nicht besser als Napoleons Vorgehensweise und würde nur zu denselben Ergebnissen führen – Krieg und Blutvergießen.

Als Talleyrand dieses Papier beim nächsten Treffen der Großen Vier am 5. Oktober in Metternichs Sommerresidenz vorlegte, kam es abermals zu einer recht »stürmischen« und »denkwürdigen« Sitzung, wie Gentz in seinem Tagebuch notierte. Talleyrands Protestschreiben wurde am Tisch herumgereicht. Sowohl Metternich wie auch Nesselrode »warfen nur einen kurzen Blick darauf, wie Männer, denen eine oberflächliche Durchsicht genügt, um den ganzen Inhalt eines Schriftstückes sofort mit ihrem durchdringenden Geiste zu erfassen«. Metternich wandte sich an Talleyrand und forderte ihn auf, sein Schreiben zurückzuziehen. Dieser weigerte sich. Metternich versuchte es noch einmal eindringlicher, doch Talleyrand blieb standhaft. Dann fügte der französische Staatsmann noch hinzu:

> Ich werde an Ihren Konferenzen nicht mehr teilnehmen. Ich bin hier nur als Mitglied des Kongresses und werde seine wirkliche Eröffnung abwarten.

Doch Talleyrand machte zu viel Wind in den Wiener Salons und fand zu viele Anhänger, als dass man ihn ignorieren konnte. Der französische Außenminister verhielt sich ganz und gar nicht so, wie es die Großmächte erhofft hatten, als sie ihn zu ihrer Konferenz eingeladen hatten.

Verärgert rief Metternich, dass er die Friedenskonferenz umgehend absagen werde – eine Drohung, die zu diesem Zeitpunkt so unrealistisch war, dass sie niemanden erschreckte. Der russische Diplomat Graf Nesselrode kam Metternich zu Hilfe und erklärte unmissverständlich, dass die Entscheidungen in Wien rasch getroffen werden müssten, weil der Zar bereits Ende des Monats wieder abreisen müsse. Talleyrand entgegnete ungerührt: »Das tut mir leid, denn er wird dann nicht den Abschluss der Verhandlungen sehen.«

»Wie soll man aber den Kongress eröffnen«, fragte Metternich, »wenn noch nichts für seine Arbeiten vorbereitet ist?«

»Wohlan«, erwiderte Talleyrand mit gespielter Herzlichkeit, »damit Sie sehen, dass es nicht bloßer Widerspruchsgeist ist, der mich beseelt …, mache ich Ihnen folgenden Vorschlag: Da Sie nun einmal die Eröffnung des Kongresses zu vertagen wünschen, weil noch keine vorbereitenden Arbeiten getroffen sind, gut, so möge der Termin auf 14 Tage, meinetwegen auch auf drei Wochen hinausgeschoben werden.« Vorausgesetzt natürlich, betonte er, dass die am Tisch Versammelten zwei Bedingungen akzeptieren würden. Erstens solle ein fester Termin für die Eröffnung des Kongresses bestimmt werden, und zweitens sollten die Kriterien dafür, wer zu den Beratungen zugelassen werde, genau definiert werden. Er hielt diese Bedingungen sogleich schriftlich fest und reichte das Papier den Großen Vier.

Die Unterredung war nicht sehr erfreulich verlaufen für die Bezwinger Napoleons, und ihre Enttäuschung lässt sich daran ermessen, wie die Versammlung endete. Sie wurde nicht ordnungsgemäß geschlossen, sondern schien sich in Luft aufzulösen – die Teilnehmer entfernten sich einer nach dem anderen.

Castlereagh, der als Letzter ging, folgte Talleyrand die breite Steintreppe hinab. Wie viele der in Wien Anwesenden bevorzugte er die persönliche und informelle Art des Umgangs. Er versuchte Talleyrand auf seine Seite zu ziehen, indem er ihm zu verstehen gab, dass gewisse Angelegenheiten, die Frankreich besonders am Herzen lagen, durchaus zu seiner Zufriedenheit geregelt werden könnten.

» Es handelt sich ja gar nicht um diese oder jene Fragen «, erwiderte Talleyrand, » sondern um die Rechtsgrundsätze, nach denen sie alle behandelt werden müssen … Was würden wir aber im Interesse Europas ausgerichtet haben, wenn wir nicht die Grundsätze wieder zu Ehren brächten, deren Missachtung sein ganzes Unglück verschuldet hat?«

Talleyrand wies Castlereagh noch einmal eindringlich auf die sich bietende Chance hin, Recht, Ordnung und Frieden wiederherzustellen:

> Die gegenwärtige Epoche ist eine solche, wie sie vielleicht nur einmal im Laufe von Jahrhunderten sich einstellt. Eine günstigere Gelegenheit kann uns kaum geboten werden, und wir sollten sie nicht ergreifen?

*Kapitel 10*

# Das Volksfest

*Ich habe gegenüber Talleyrand zwei Fehler begangen: Zum einen habe ich seine guten Ratschläge nicht angenommen, zum anderen habe ich es versäumt, ihn aufknüpfen zu lassen, als ich seinen Ideen nicht gefolgt bin.*

Napoleon

Castlereagh befand sich in einer heiklen und unangenehmen Situation. Neben der Tatsache, dass ihm Talleyrands Sicht einleuchtete, hatte er noch einen weiteren Grund dafür, den Widerstand des besiegten Gegners hinzunehmen. Castlereagh fürchtete mehr denn je die Bedrohung durch Russland – und sein bedenklich enges Verhältnis zu Preußen.

Auf einer Konferenz mit nur vier Mächten besaß eine Allianz aus diesen beiden großes Gewicht. Castlereagh würde bald nur noch einen potenziellen Verbündeten an seiner Seite haben: Österreich, einen bekanntermaßen schwankenden und unsicheren Partner, geführt von einem Außenminister, der nach allgemeiner Meinung »eher gelackt als gestählt« war. Der britische Außenminister war besorgt darüber, wie sich sein österreichischer Verbündeter verhalten würde, wenn er unter Druck geriet, und so hielt er es für gut möglich, dass er in der Zukunft einmal Talleyrands Unterstützung brauchen würde.

Castlereaghs Plan bestand natürlich nicht darin, mit Frankreich zu kooperieren; er wollte lieber die Preußen auf seine Seite ziehen, weg von ihrem russischen Verbündeten. Und er glaubte, dass er gute Chancen hätte. Er verstand sich gut mit den preußischen Diplomaten, und er wollte ohnehin ein starkes Preußen. Ein mächtiges Preußen würde seiner Ansicht nach eine »stabile Grundlage« für Deutschland bilden und zugleich ein wertvolles Gegengewicht darstellen gegen die Bedrohung von außen durch die »unersättlichen Mächte«, sei es Frankreich im Westen oder Russland im Osten.

Tatsächlich teilten der preußische Kanzler Hardenberg und Humboldt Castlereaghs Furcht vor einem übermächtigen Russland, das möglicherweise die Vorherrschaft über Deutschland und Mitteleuropa, wenn nicht gar den gesamten europäischen Kontinent erlangen würde. Sie konnten diese Befürchtungen allerdings nicht offen zur Sprache bringen, weil Preußen noch immer eng mit Russland verbündet war. Doch beide Staatsmänner machten hinter verschlossenen Türen deutlich, dass sie der Überzeugung seien, Preußen hätte durch eine Kooperation mit Großbritannien und Österreich in Zukunft einen besseren Stand. Das Problem sei nur, auch ihren König zu überzeugen, der entschlossen an dem Bündnis mit dem russischen Zaren festhalte.

Unterdessen wartete Talleyrand im Palais Kaunitz auf die versprochene Einladung zu einer Besprechung darüber, nach welchen Kriterien die Teilnahme an der Konferenz geregelt werden solle. Die Tage gingen dahin – aber kein Wort mehr von diesem Treffen. Die einzige Einladung, die momentan kursierte, betraf anscheinend eine königliche Jagd in einem Park in der Nähe von Wien.

Am 6. Oktober – Talleyrand wartete noch immer – stand eine weitere Festlichkeit auf dem Programm, die auf einem weitläufigen Areal mit gepflegten grünen Rasenflächen und schattigen Alleen im Nordwesten der Wiener Innenstadt stattfinden sollte. Dabei handelte es sich um den Augarten, ein ehemaliges königliches Jagdgebiet, das vor fast 40 Jahren der Allgemeinheit zugänglich gemacht worden war. Es beherbergte den ältesten Barockgarten Wiens sowie ein Palais aus dem 18. Jahrhundert, in dem heute die Wiener Sängerknaben untergebracht sind. Im Augarten lag auch die Porzellanmanufaktur, und lange Zeit wurden hier Morgenkonzerte veranstaltet, bei denen unter anderem Werke von Mozart und Beethoven aufgeführt wurden. Nun sollte dort ein »Volksfest« stattfinden – eine Feier zu Ehren jener Menschen, die durch ihren Einsatz zum Sieg der Verbündeten beigetragen hatten.

Die Organisatoren der Veranstaltung hatten ein großes Amphitheater errichtet, in dem die Monarchen und andere Ehrengäste Platz nehmen sollten, sowie ein lang gestrecktes Gebäude, das aus Buntglas gebaut worden war und einem Regenbogen ähneln sollte. Mit wehenden Fahnen und dekoriert mit Auszeichnungen marschierten die Veteranen der napoleonischen Kriege zur Musik von Trommeln und Pfeifen an den Zelten und den Zuschauern vorbei. Es gab Wettläufe, Pferderennen und einen »Freiluftzirkus«. Akrobaten führten ihre Kunststücke vor, Reiterformationen zeigten ihre Darbietungen, und Armbrustschützen aus den Tiroler Alpen maßen sich im Scharfschießen.

Am Ende der Darbietungen stieg ein Wiener Ballonfahrer in seine Segeltuchkonstruktion, die ungefähr so groß war wie ein vierstöckiges Haus, schwebte »majestätisch über der Menge und schwenkte die Fahnen aller Nationen«. Dann nahmen die gefeierten Veteranen an 16 langen Banketttischen Platz, die sich unter der Last der Speisen und Getränke bogen, und feierten bei Militärmusik. Die übrigen Soldaten und höherrangigen Militärs ließen sie hochleben, auch der russische Zar, der mit einem Glas in der Hand aufstand und in seinem ausgezeichneten Deutsch verkündete: »Der Kaiser von Russland trinkt auf euer Wohl, alte Männer!« Er bekräftigte den Toast, indem er sein Kristallglas gegen eine Pflanzenvase schleuderte.

Überall im Park wurden die Besucher von Gruppen von Tänzern unterhalten, die in Volkstracht gekleidet Tänze aus verschiedenen Teilen Österreichs darboten. Für das große Finale sorgte der Wiener Feuerwerksmeister Stuwer. Seine pfeifenden Raketen malten die Fahnen der Siegermächte in den Himmel.

Später am Abend flanierten die Festteilnehmer durch die Straßen von Wien und bestaunten Palais und Paläste, die durch Kerzen in den Fenstern erhellt wurden. Während sich viele in die Ballsäle begaben, wie etwa den Apollosaal, und die Nacht in den überdachten Gärten mit ihren künstlichen Grotten und moosbewachsenen Felsen durchtanzten, fanden sich die Staatsmänner und ihr Gefolge im Theater ein. Sie sahen sich das Ballett *Flore et Zéphire* an, in dem die Starballerina

Emilia Bigottini auftrat und mit ihren graziösen Tanzkünsten die Zuschauer in den Bann zog.

Die ausgelassene Stimmung, die auf diesem Volksfest herrsche, werde angefacht von der Hoffnung auf einen dauerhaften Frieden, der mit den unaufhörlichen Opfern so vieler Jahre erkauft war, wie es ein Beobachter ausdrückte. Das waren die Friedensstifter dem Volk, das im Krieg so viel hatte leiden müssen, allerdings wirklich schuldig: den bestmöglichen Frieden zu schließen.

Zwei Tage später, am 8. Oktober, kam endlich Metternichs Einladung zu dem informellen Treffen, bei dem über die Modalitäten der Kongresseröffnung gesprochen werden sollte. Es würde um 20 Uhr in der Sommervilla beginnen. Talleyrand wurde gebeten, möglichst ein wenig früher zu kommen, dann könne Metternich ihn über einige neuere Entwicklungen informieren.

Als Talleyrand am Abend erschien, dankte ihm Metternich zunächst für seinen Vorschlag bezüglich der Einberufung des Kongresses und fügte hinzu, er habe sich erlaubt, ebenfalls einen Entwurf auszuarbeiten, der nur geringfügig von seinem, Talleyrands, Vorschlag abweiche, doch er hoffe, dass dieser damit einverstanden sei. Talleyrand bat darum, den Entwurf lesen zu dürfen.

»Ich habe ihn augenblicklich nicht schriftlich vorliegen«, entgegnete Metternich. »Gentz hat ihn bei sich, um noch letzte Hand anzulegen.«

»Wahrscheinlich wird er bei den *Verbündeten* zirkulieren«, erwiderte Talleyrand sarkastisch, mit Betonung auf dem Wort, an dem er Anstoß genommen hatte.

»Sprechen Sie nicht von Verbündeten«, entgegnete Metternich, »es gibt ja gar keine mehr.«

»Ich meine hier auch nur Männer«, fuhr Talleyrand fort, »die in dem Sinne verbunden sein sollten, dass sie ohne weitere Beratung dieselbe Denkungsart und die gleiche Willensrichtung an den Tag legen.« Dann erinnerte er den österreichischen Außenminister daran, dass beide Länder viele Gemeinsamkeiten besaßen, nicht zuletzt das Anliegen, einem aggressiven Russland Einhalt zu gebieten. Der Zar wolle Polen, und würde man ihm bei dieser fixen Idee nachgeben, könnte sich die Lage Österreichs deutlich verschlechtern. Talleyrand unterstrich die Gefahr, die ein russisches Polen darstellen würde, durch eine unverblümte Frage: »Wie könnten Sie Russland gestatten, sich wie ein eiserner Gürtel um Ihre bedeutendsten und wichtigsten Länder, Ungarn und Böhmen, herum zu legen?«

Metternich bemerkte kühl, dass der französische Außenminister ihm offenkundig nicht vertraue, worauf Talleyrand spöttisch erwiderte, dass dieser ihm bislang auch noch keine Veranlassung dafür gegeben habe.

»Hier ist Feder und Tinte«, fuhr Talleyrand theatralisch fort. »Wollen Sie es niederschreiben, dass Frankreich nichts für sich begehrt, ja, dass es auch nichts annehmen wird? Ich bin bereit, meinen Namen darunterzusetzen.«

»Aber Sie haben da die Affäre von Neapel, die recht eigentlich die Ihrige ist«, entgegnete Metternich und erinnerte seinen Besucher daran, dass Frankreich bestrebt war, den Bourbonenkönig Ferdinand IV. wieder auf seinen Thron in Süditalien zurückzubringen.

»Die meinige nicht mehr als die von jedermann«, entgegnete Talleyrand, womit er andeuten wollte, dass es im Interesse aller Beteiligten liege, dem Recht wieder zur Geltung zu verhelfen.

> Für mich ist sie nur eine Prinzipiensache. Ich verlange nur, denjenigen auf dem Thron von Neapel zu sehen, der auf ihn ein unbestreitbares Recht hat; weiter nichts, und jeder ehrliche Mann wird es mit mir verlangen.

Und er fügte hinzu: »Solange man nach Grundsätzen handelt, wird man mich stets zuvorkommend finden.«

Zu den Grundsätzen, auf die Talleyrand den Kongress verpflichten wollte, gehörte die Legitimität. Obwohl der Begriff vage und nicht näher definiert war, wurde er gewöhnlich als Bezeichnung für die Rechtsstaatlichkeit benutzt oder für die allgemein akzeptierte »Ordnung der Dinge«, die sich im Laufe der Zeit herausgebildet hatte. Talleyrand erklärte, dies sei »ein notwendiges Element des Friedens und des Wohlergehens der Völker, die dauerhafteste oder vielmehr die einzige Garantie für ihre Stärke und ihren Bestand«. Mit anderen Worten, Legitimität sei »der Schutzschild von Nationen«, und er hoffe, so fügte Talleyrand hinzu, dass sie auch der oberste Grundsatz bei der Wiederherstellung der europäischen Ordnung sein werde.

Insbesondere verlangte er, dass Wien den König von Sachsen als *legitimen* Herrscher eines souveränen Staates anerkannte und Ferdinand IV. als *legitimen* König von Neapel wieder in sein Amt einsetzte. Zu Frankreichs aggressiven Nachbarn, den Preußen, erklärte Talleyrand, dass er sich niemals mit deren völlig aus der Luft gegriffenen Gebietsforderungen abfinden werde. Und auch dem russischen Zaren werde er niemals erlauben, ein Phantompolen zu bilden und dadurch sein Reich bis an die Weichsel und in die Mitte Europas auszudehnen.

Metternich, der Talleyrands Angst vor Russland teilte, ergriff seine Hand und versicherte ihm: »Ich sehe, dass unsere Ansichten wesentlich weniger auseinandergehen, als Sie denken.«

In diesem Augenblick wurde mitgeteilt, dass mittlerweile auch die übrigen Teilnehmer zur Konferenz eingetroffen seien, die zum ersten Treffen eines neuen Ausschusses werden sollte: des Ausschusses der Acht. Dabei handelte es sich um die Großen Vier und die übrigen vier Staaten, die den Pariser Frieden mitunterzeichnet hatten (Frankreich, Schweden, Spanien und Portugal). Widerstrebend hatten die Großen Vier Talleyrands Einwand akzeptiert, dass es keine rechtliche Grundlage dafür gebe, alle Entscheidungen allein zu treffen, und durch den neuen Generalausschuss versuchten sie jetzt, ihre Verhandlungen wieder auf eine solidere Basis zu stellen. Man begab sich in den Sitzungssaal, um die Zulassungsbedingungen für den Kongress endgültig auszuhandeln. Nach einigem Hin und Her verständigten sich alle darauf, den Kongress am 1. November zu eröffnen.

Zur Frage des Teilnehmerkreises wurden zwei Vorschläge vorgelegt: einer von Talleyrand, der andere von Metternich. Beide waren sich recht ähnlich. Der Hauptunterschied bestand darin, dass nach Talleyrands Plan der Gesandte des Bonapartisten Murat ausdrücklich nicht zur Konferenz zugelassen werden sollte, während Metternichs Konzept eher unbestimmt gehalten war und in dieser Frage keine Aussage traf. Schließlich wurde Metternichs Vorschlag angenommen.

Talleyrand erklärte sich mit dieser Vereinbarung einverstanden, verlangte jedoch eine kleine Änderung: Bei der Eröffnung des Kongresses solle »nach den Grundsätzen des Völkerrechts verfahren« werden.

Bei diesen Worten sprang Hardenberg auf, stemmte die Hände auf den Tisch und rief: »Nein, nein!... Völkerrecht... das ist überflüssig! Weshalb sollen wir ausdrücklich sagen, dass wir nach dem Völkerrecht handeln werden? Das versteht sich ja von selbst.«

Wenn es eine Selbstverständlichkeit sei, entgegnete Talleyrand, könne es nicht schaden, dies auch ausdrücklich zu erklären.

»Was soll uns hier das Völkerrecht?«, fragte der preußische Vertreter Humboldt.

»Ohne das Völkerrecht wären Sie gar nicht hier«, erwiderte Talleyrand.

Die Spannungen wuchsen, und Lord Castlereagh, die mäßigende Kraft im Raum, zog Talleyrand beiseite und fragte ihn, ob er, wenn man in diesem Punkt seinem Wunsch entspreche, »danach zugänglicher« sein würde. Der Franzose lenkte ein.

Dass es so große Mühe bereitet hatte, die Großen Vier dazu zu bewegen, die Friedenskonferenz dem Völkerrecht zu unterstellen, erschien als ein böses Omen. Talleyrand allerdings war zuversichtlich, dass das Völkerrecht dazu beitragen würde, die Begehrlichkeiten der aggressiveren Mächte zu zügeln. Metternich war froh, dass er eine weitere Verschiebung des Kongresses hatte erreichen können, und er wollte die Zeit nutzen, um eine Möglichkeit zu finden, den Russen entgegenzutreten. Er begab sich nach Hause, um sich ein wenig mit Poesie zu beschäftigen und an die Herzogin von Sagan zu denken.

Einige Tage vor diesem wichtigen Treffen hatte Talleyrand zusammen mit Dorothea ein Abendessen besucht, eines der typischen Bankette, wie sie in diesem Herbst in Wien fast täglich veranstaltet wurden: erlesene Menüs, ausgezeichnete Weine und geistvolle Gespräche mit prominenten und interessanten Gästen. Die Herzogin von Sagan hatte zu dem Essen eingeladen und zeigte ihr ganzes Können. Was alle überraschte, war jedoch, dass die Person, die an ihrer Seite saß, nicht Fürst Metternich war.

Vielmehr war es ein früherer Geliebter von ihr, Alfred Fürst zu Windischgrätz, ein 27 Jahre alter Spross einer österreichischen Adelsfamilie, der Kavallerieoffizier war und sich im Krieg als Oberst eines Kürassierregiments hervorgetan hatte. Er war durch und durch Soldat, groß und kräftig, und rauchte gern Zigarren, eine Gewohnheit, die er sich in Brüssel angeeignet hatte. Fürst Alfred wird nachgesagt, dass er diese »belgische Angewohnheit«, wie das Zigarrenrauchen genannt wurde, im österreichischen Adel populär gemacht habe.

An diesem Abend hatte sich zwischen den beiden sichtlich weit mehr als ein harmloser Flirt abgespielt, und alle Anwesenden hatten das Bankett in der festen Überzeugung verlassen, dass die Herzogin die alte Flamme wieder entzündet hatte. Die Beziehung der Herzogin zu Fürst Alfred war auf einer anderen Ebene angesiedelt als die zu Fürst Metternich. Während der Außenminister geistreich und charmant war und sich gewandt in den eleganten Salons und exklusiven Opernlogen bewegte, bevorzugte Windischgrätz eher schlichtere Genüsse.

Schon der Beginn der Romanze zwischen Alfred Fürst zu Windischgrätz und der Herzogin von Sagan war charakteristisch für ihre Beziehung. Eines Nachmittags im Jahre 1810 waren sie zu einem Landgasthof in einem landschaftlich schönen Weinanbaugebiet bei Wien hinausgeritten. Als die Herzogin ihr Glas anhob, bemerkte Alfred, der eine Zigarre in der Hand hielt, einen Ring an ihrem Finger. Es war ein großer, eindrucksvoll gestalteter Rubinring. Der Graf erkundigte sich näher nach dem Schmuckstück und fragte sich zweifellos, ob ein Liebhaber ihr diesen Ring geschenkt hatte.

In Wirklichkeit hatte die Herzogin den Ring selbst gekauft. Sie hatte ihn im Schaufenster eines Wiener Juweliers entdeckt und musste ihn einfach haben. Doch aus verschiedenen Beweggründen – Stolz, Koketterie und wohl auch Neugier, was geschehen würde – wollte die Herzogin dies nicht offen zugeben. Sie antwortete ausweichend und vage, und dies rief bei dem hochdekorierten Kavallerieoffizier einen Eifersuchtsanfall hervor. Plötzlich schnellte der unbeherrschte Fürst hoch, griff über den Tisch und riss ihr den Ring vom Finger.

Als er ihn in der Hand zu drehen begann, um nach einer Gravur oder einem anderen Hinweis auf seine Herkunft zu suchen, sprang die Herzogin auf, eilte um den Tisch und versuchte ihm den Ring wieder abzunehmen. Es kam zu einem kleinen Gerangel, wie zwischen zwei verliebten Heranwachsenden, bis schließlich die Herzogin, die unbedingt den Ring zurückhaben wollte, die Zähne in seinen Arm grub. Der Fürst hielt sie daraufhin fest und schob sich mit der freien Hand den Ring zwischen seine tabakbraunen Zähne. Die Herzogin befreite sich mit einem Ruck, wobei der Fürst versehentlich den Ring verschluckte. Der Ring wurde geborgen und der Herzogin zurückgegeben. Bei einem Ausflug mit dem Fürsten musste man also mit allem rechnen.

Als Metternich vom Essensbegleiter der Herzogin erfuhr, war er sehr beunruhigt. Die frühere Liaison der beiden war ihm zwar nicht unbekannt, doch der Gedanke an ihr Zusammensein raubte ihm seine übliche Gelassenheit. Er konnte den Gedanken nicht ertragen, dass ein anderer seinen Platz an ihrer Seite einnahm, und bat die Herzogin brieflich um eine Erklärung. Hier müsse gewiss ein Missverständnis vorliegen, schrieb er.

Als am 9. Oktober der Ball des Kaisers in der Spanischen Hofreitschule begann, beschäftigte Metternich dieser Gedanke noch immer. An diesem Tag schrieb er mitten in einer Besprechung einen Brief an die Herzogin. Er erinnerte an ihre gemeinsame Vergangenheit und daran, wie er bei ihr »Freudentränen« vergossen habe. Er könne es nicht erwarten, sie wiederzusehen.

An diesem Abend sah die Herzogin hinreißender aus denn je. Sie erschien zusammen mit 23 weiteren Frauen, die sich in vier Gruppen aufteilten und gekleidet waren wie die vier Elemente. Sechs junge Damen in blauen und grünen Kleidern, die mit Perlen, Korallen und Muschelschalen besetzt waren, verkörperten das Wasser. Sechs andere hatten leuchtend rote Gewänder an und hielten Fackeln in den Händen; sie repräsentierten das Feuer. Eine weitere Gruppe junger Frauen mit Flügeln und hauchdünnen, durchsichtigen Schleiern stellte die Luft dar. Die Herzogin von Sagan gehörte zu der Gruppe, die die Erde symbolisierte, und trug ein braunes Samtkleid sowie einen Kopfputz in Form eines goldenen Korbes, der mit juwelenbesetzten Früchten gefüllt war. Für Metternich stach sie alle anderen aus.

Der Ballsaal war brechend voll, und es war schwierig, sich durch die Tanzmenge hindurchzubewegen. Doch Metternich argwöhnte, dass die Herzogin ihm aus dem Weg ging. Sie hatte offensichtlich keine

Zeit für ihn, und er war nie allein mit ihr. Fürst Alfred dagegen schien dieses Kunststück problemlos zu meistern.

Nur an der Seite der Herzogin hätte Metternich das prächtige, glanzvolle Schauspiel auch genießen können: wie sich Könige und Fürsten in der weißen Stuckhalle vergnügten, die von Tausenden Kerzen in silbernen Lüstern erleuchtet wurde. Der Zar tanzte, wie es hieß, mit 50 Frauen und tat offenkundig sein Bestes, um den Ruf der Friedenskonferenz als »tanzender Kongress« zu bestätigen.

Metternich fühlte sich elend. Spätnachts brachte er in einem langen Brief an die Herzogin von Sagan seine Gefühle zu Papier: »Und wenn einmal der Tag nahen wird, an dem Du Dich den Grenzen des Lebens näherst, wo alle Träume zerfließen und das Wahre allein zählt … und Du dann rückblickend meine Briefe durchgehst, die guten und auch die unguten, sie alle werden Dir zeigen, dass ich Dich mehr geliebt habe wie mein Leben, mehr als Du je geliebt worden bist und mehr als Du es je sein wirst …« In der Liebe zu verlieren war Metternich noch weniger gewohnt als in der Diplomatie.

*Kapitel 11*

# Ein zügelloses Gerangel?

*Verrat, Sire, ist nur eine Frage des Zeitpunkts.*

Talleyrand

Als Metternich über die Herzogin nachgrübelte und von der Angst gepackt wurde, dass sie aus seinem Leben entschwinden könnte, mussten Wiens Diplomaten wieder längere Wartezeiten in seinem Vorzimmer in Kauf nehmen. Zwei Tage nach dem Maskenball erschienen die beiden Genfer Delegierten Jean-Gabriel Eynard und Charles Pictet de Rochement in der Staatskanzlei zu einem Treffen, das für ein Uhr mittags anberaumt war. Sie waren die Ersten, die an diesem Tag kamen – es war ein Dienstag, und Metternichs Salons am Montagabend dauerten gewöhnlich bis in die frühen Morgenstunden. Während sie auf Metternich warteten, erschien ein hochgewachsener, elegant wirkender Mann mit einem roten Käppchen, langen scharlachroten Handschuhen und in Seidengewändern und begann sich mit ihnen zu unterhalten.

Dieser Mann, so stellte sich heraus, war Kardinalstaatssekretär Consalvi, päpstlicher Gesandter in Wien. In den vergangenen 14 Jahren war Consalvi im Vatikan sowohl für die Außenpolitik als auch für die inneren Angelegenheiten zuständig gewesen. Er galt als Reformer und hatte unter anderem in Rom die Ausgrabungsarbeiten auf dem Forum und die Restauration des Kolosseums geleitet. Er hatte auch durchgesetzt, dass die Straßen Namen erhielten und die Häuser durchnummeriert wurden. In erster Linie aber war Consalvi bekannt geworden durch seine Verhandlungen mit Napoleon über das wegweisende Konkordat (1801), das nach den Wirren der Revolution zur Versöhnung zwischen der katholischen Kirche und dem französischen Staat geführt hatte.

Consalvi hatte zudem 1804 den widerstrebenden Papst Pius VII. überredet, zur Kaiserkrönung Napoleons nach Paris zu reisen, und dies war das erste Mal seit fast 300 Jahren, dass ein Papst an einer solchen Zeremonie teilnahm – nach der Krönung von Karl V. 1530 in Bologna. Consalvi fungierte im Vatikan als »päpstlicher Vikar«, ein Amt, das es in der Geschichte des Papsttums vor ihm nie gegeben hatte – und auch nie wieder geben würde.

Consalvi war ein sehr geschickter Diplomat, der in derselben Liga spielte wie Metternich, Talleyrand, Castlereagh und die übrigen Größen auf der Wiener Friedenskonferenz. Laut dem Schriftsteller Stendhal war Consalvi sogar der Größte unter ihnen, weil er in dieser Runde »der einzige Ehrliche« war. Neben seiner Aufrichtigkeit hatte sich der Kardinalstaatssekretär auch den Ruf eines harten Verhandlungsführers erworben, was sich bei mehreren Gelegenheiten zeigte, als Spannungen in den Beziehungen zwischen Napoleon und dem Vatikan aufkamen. Napoleon nannte Consalvi einen »Wolf im Schafspelz« und drohte mehrmals, er werde ihn erschießen lassen. (Consalvi weigerte sich unter anderem, Napoleons Scheidung von seiner ersten Frau Joséphine anzuerkennen, und brachte eine größere Gruppe von Kardinälen dazu, die Hochzeit mit Marie-Louise zu boykottieren.)

In den Revolutionskriegen und den napoleonischen Kriegen hatte das Papsttum die größten Verluste in der Neuzeit hinnehmen müssen. Die französische Armee war mehrmals in den Kirchenstaat vorgestoßen und hatte ihm einen großen Teil seiner Besitzungen abgenommen, darunter ausgedehnte Gebiete wie die »Legationen« (Ferrara, Bologna und Ravenna). Auch die Marken waren verloren gegangen sowie viele weitere Orte wie Avignon, das seit 1309 zum päpstlichen Herrschaftsgebiet zählte, und Venaissin (seit 1228).

Darüber hinaus hatte Napoleon den Vatikan schamlos geplündert und gut hundert Kunstwerke geraubt, die von französischen Beauftragten ausgewählt worden waren. Ein Beobachter sprach in seiner Beschreibung des entsetzlichen Spektakels von französischen »Kannibalen«, die mit Verzeichnissen in der Hand umherliefen und all die Kostbarkeiten aussuchten, die nach Paris geschafft werden sollten: den *Apollo von Belvedere*, den *Sterbenden Gallier*, Raffaels *Verklärung Christi (Transfiguration)*, Domenichinos *Letzte Kommunion des hl. Hieronymus* und die *Laokoon-Gruppe*, um nur einige bedeutende Skulpturen und Gemälde zu nennen. Die Franzosen hatten den Papst im Vertrag von Tolentino (1797) gezwungen, ihnen die Eigentumsrechte an diesen Kunstwerken zu übertragen, und durch weitere Raubzüge waren noch wesentlich mehr Kunstschätze in ihren Besitz gelangt. Als sich der Papst zwei Jahre später weigerte, auf seine Rechte als Herrscher des Kirchenstaates zu verzichten, hatte ihn Napoleon im Vatikan festnehmen lassen. Pius VI. starb schließlich in französischer Gefangenschaft, und sein Nachfolger Pius VII. wurde erst im Januar 1814 freigelassen.

Wie viele andere Kongressteilnehmer hatte auch der Vatikan schlagkräftige Argumente für die Forderung nach Rückgabe seiner Territorien und anderen Besitzes, zumal der Legitimitätsgrundsatz breite Unterstützung genoss. Doch der Papst hatte den Abtretungsvertrag unterschrieben, und es war nicht sicher, ob die Kongressteilnehmer Consalvis Argumentation folgen würden, dass diese Zustimmung nur unter Druck erfolgt sei – wie plausibel das auch sein mochte. Die gegenwärtigen Besitzer wollten ihre Territorien jedenfalls behalten: Murats Armee stand in den Marken, die Österreicher in den Legationen.

Eynard, Pictet de Rochemont und Consalvi warteten immer noch auf den österreichischen Außenminister, der schließlich nach eineinhalb Stunden Verspätung erschien. Consalvi wurde aufgrund seiner Stellung als päpstlicher Legat als Erster zur Audienz geladen, als Nächster kam gleich der preußische Gesandte Humboldt an die Reihe, der gerade erst angekommen war und sich vorgedrängelt hatte. Dringende Geschäfte, erklärte er, doch viele Wartende im Raum fassten dies nur als weiteres Beispiel für die Arroganz der Preußen auf. Am späten Nachmittag, nach drei Stunden Wartezeit, erschien einer von Metternichs Kammerdienern und verkündete, dass der österreichische Außenminister nun keine Besucher mehr empfangen könne, weil er eine Verabredung zum Abendessen habe und sich dafür noch nicht angekleidet habe. Dennoch gelang es den beiden Schweizer Delegierten irgendwie, doch noch Zutritt zu erhalten, vermutlich mithilfe eines stattlichen Trinkgelds.

Angenehmere Manieren als Metternich zu haben sei nicht möglich, notierte Eynard an diesem Tag nach dem kurzen Treffen in seinem Tagebuch. Zudem schien Metternich auf ihrer Seite zu sein – er war scheinbar immer auf der Seite dessen, mit dem er gerade sprach. Obwohl der Außenminister in seiner Heiterkeit und Unbekümmertheit recht einnehmend und umgänglich wirkte, hatte Eynard den Eindruck, dass er von Erschöpfung gezeichnet sei. Metternich hatte dunkle Ringe unter den Augen, und Eynard merkte, wie häufig er ein Gähnen unterdrücken musste. Er konnte nicht ahnen, wie sehr Metternich die Herzogin von Sagan beschäftigte.

Niemand weiß genau, was Fürstin Bagration zu dieser Zeit tat, obwohl viele Gerüchte darüber kursierten, dass sie sich an Metternich schadlos zu halten versuchte. Offenkundig waren ihre Versuche gescheitert, ihn zurückzugewinnen, und in mehreren Spitzelberichten wurde erwähnt, dass die Fürstin zunehmend wütender werde. Sie wolle sich für die Missachtung durch Metternich rächen, schrieb einer der Spione. Ein anderer berichtete, dass sie alles ausplaudere, was sie wisse oder gehört habe, was Österreich schaden könnte. Besucher ihres Salons waren entsetzt über ihre kompromittierenden Kommentare, wenngleich in den Polizeiberichten Einzelheiten ihrer Wutausbrüche diskret verschwiegen wurden.

Dem russischen Zaren wurde unterstellt, dass er sich die Verbitterung von Fürstin Bagration über den österreichischen Außenminister zunutze zu machen versuche. »Metternich hat Sie nie geliebt«, soll Alexander laut dem Agenten Nota zu ihr gesagt haben. »Er ist ein kalter Mensch, glauben Sie mir«, habe der Zar hinzugefügt, »er ist ein Wesen mit Fischblut; können Sie denn diese Gestalt aus Gips nicht sehen? Er liebt niemanden.«

Wie es die Gerüchte vorhergesagt hatten, war Marie-Louise am 7. Oktober in Wien angekommen und im Westflügel von Schloss Schönbrunn eingezogen, der Sommerresidenz der Habsburger im Süden der Stadt. Es war eine weitläufige Schlossanlage, die Fassade in einem senfgelben Ton gestrichen, den die Wiener »Maria-Theresia-Gold« nannten, nach der Monarchin im 18. Jahrhundert, die alles neu ausstatten hatte lassen. Schönbrunn sollte ursprünglich Schloss Versailles von Ludwig XIV. in den Schatten stellen, doch den Österreichern ging das Geld aus, lange bevor sie ihr Ziel verwirklichen konnten.

Marie-Louise war ohne großes Aufsehen nach Wien zurückgekehrt, und sie hatte sich absichtlich verspätet, um nicht an der Eröffnungszeremonie der Friedenskonferenz teilnehmen zu müssen. Sie schien in den vier Jahren, seit sie zur Heirat mit Napoleon gezwungen worden war, kaum gealtert zu sein. Sie hatte noch immer ein jugendliches Gesicht »wie Milch und Blut« und eine Figur, »als wann's vom Drachsler kummet«. Sie brachte ihren Sohn mit, den dreieinhalbjährigen Napoleon Franz, den ehemaligen König von Rom und französischen Thronerben. Dieser »kleine Napoleon«, der mit seinem hellen Teint seiner Mutter ähnelte, redete oft von seinem Vater und zeigte große Neugier gegenüber jedem Franzosen, den er traf. Die Kutsche von Marie-Louise trug noch immer die Embleme Napoleons, und ihre Diener waren in die napoleonische Livree gekleidet.

Es waren anstrengende sechs Monate gewesen seit der Abdankung Napoleons, und Marie-Louise hatte ihren Ehemann zum letzten Mal vor acht Monaten gesehen. Sie hatten sich Ende Januar 1814 voneinander verabschiedet, als Napoleon zu dem genial ausgedachten, wenngleich letztlich gescheiterten Frühjahrsfeldzug aufbrach. Marie-Louise war in Paris geblieben und hatte die Leitung eines Gremiums der vormaligen Ratgeber Napoleons übernommen und die verbliebenen Reste seines Reiches verwaltet. Ende März rückten die Koalitionstruppen auf die Hauptstadt vor, und Marie-Louise musste entscheiden, ob sie bleiben oder auf sichereren Boden ausweichen sollte. Sie war unschlüssig, wenngleich sie dazu neigte, in Paris zu bleiben, und daher übertrug sie dem Rat die Entscheidung.

Nach einer ausführlichen Diskussion, einer Abstimmung und einem Brief Napoleons, der in letzter Minute eintraf und in dem er schrieb, dass seine Familie unter keinen Umständen dem Feind in die Hände fallen dürfe, hatte sich Marie-Louise bereit erklärt, sich vorübergehend in die Residenz in Orléans zu begeben. Dort fand schließlich am 12. April ein skurriles Wettrennen um die frühere Kaiserin statt: Napoleon hatte eine Kavallerieeskorte entsandt, um Marie-Louise zu »befreien«, während einige österreichische Offiziere unterwegs waren, um sie zu »retten« und zu ihrem Vater zurückzubringen. Die Österreicher trafen als Erste ein.

Todesangst habe sie um ihn, schrieb Marie-Louise an ihren Ehemann, als sie gezwungen wurde, die österreichischen Offiziere zum Schloss Rambouillet zu begleiten, rund 50 Kilometer südwestlich von Paris. Doch sobald sie ihren Vater Kaiser Franz wiedersehe, so versprach sie Napoleon, werde sie unmissverständlich erklären, dass sie ihm nach Elba folgen wolle, und niemand werde sie daran hindern, das zu tun. Den meisten Berichten zufolge hatte Marie-Louise das durchaus ernst gemeint.

Obwohl die Heirat der beiden politisch motiviert gewesen war, hatte sich zwischen Napoleon und Marie-Louise unverkennbar auch eine Liebesbeziehung entwickelt. Dies nahmen die meisten Historiker überrascht zur Kenntnis, als im 20. Jahrhundert eine Sammlung von persönlichen Briefen Marie-Louises entdeckt wurde. »Es gibt niemanden auf der Welt, der Sie so sehr liebt wie Ihre ergebene Louise«, hatte Marie-Louise in einem der vielen herzlichen Briefe an ihren Ehemann geschrieben, die im Laufe der Zeit entstanden.

Doch Marie-Louises Entschlossenheit, sich zu ihrem Ehemann nach Elba zu begeben, stieß auf heftigen Widerstand ihres Vaters. »Er verbietet mir, zu Ihnen zu reisen, um Sie zu sehen«, teilte sie Napoleon mit. »Ich habe ihm rundheraus erklärt, dass es meine Pflicht ist, Ihnen zu folgen.« Aber ihr Vater hatte nicht nachgegeben und ihr befohlen, nach Österreich zurückzukehren, ihr jedoch zugleich versichert, dass sie bald die Freiheit erhalten würde, selbst über ihre Zukunft zu entscheiden.

Zu ihrem Bedauern hatte sich Marie-Louise dem Wunsch ihres Vaters gebeugt und war für fünf oder sechs Wochen nach Wien zurückgekehrt, bevor sie den Rest des Sommers in den Bädern von Aix-en-Savoie verbringen würde, wo ihre Ängste kuriert werden sollten. Ihr Arzt hatte ihr absolute Ruhe an einem angenehmen Ort verschrieben, wo sie sich voll und ganz ihrer Behandlung widmen könne. Als sie zur Kur aufbrach, hatte sie Napoleon noch versichert, dass sie ihn inniger liebe als jemals zuvor und dass sie beabsichtige, anschließend nach Elba zu kommen.

Doch in dieser Zeit geriet Marie-Louises Entschlossenheit ins Wanken. Ihr waren die Herzogtümer Parma, Piacenza und Guastalla versprochen worden, was auch im Vertrag von Fontainebleau festgehalten (und später im Frieden von Paris bestätigt) worden war. Zu ihrer großen Enttäuschung musste Marie-Louise nun jedoch erfahren, dass dies keineswegs garantiert war. Ihr Vater und Metternich hatten sie brieflich darüber informiert, dass es Bestrebungen gebe, diese Herzogtümer den spanischen Bourbonen zurückzuerstatten, die sie vor dem Krieg besessen hatten, und dass mehrere Staaten diesen Plan unterstützten, darunter das bourbonische Spanien und Frankreich. Marie-Louises Anwesenheit in Wien sei daher dringend erforderlich, betonten – oder übertrieben – sie. Sie solle ihre Heimkehr vorbereiten, um sich ihren Interessen und ihrem Sohn zu widmen, und nicht zuletzt auch, um ihren Pflichten als österreichische Erzherzogin nachzukommen.

Daher befand sie sich nun wieder in Wien, um am Kongress teilzunehmen. Was für eine betrübliche Aussicht, hatte sie in Gegenwart ihres Sekretärs geseufzt, als sie gemächlich auf Wien zuritt, eine Stadt voller Leute, die sich alle als Bezwinger ihres Ehemanns fühlten.

Zu den vielen inoffiziellen Gästen, die in die Stadt strömten, gehörten auch Johann Georg Cotta und Carl Bertuch, die 81 deutsche Verlage und Buchhändler repräsentierten. Cotta war Inhaber eines größeren Verlagshauses in Stuttgart, dem auch die *Allgemeine Zeitung* gehörte, Bertuch der Sohn eines Weimarer Verlegers, der die Werke vieler berühmter Autoren herausbrachte. Gemeinsam hofften sie auf dem Kongress einige der Missstände aus der Welt zu schaffen, mit denen die Verlagsbranche sich herumschlagen musste. Insbesondere wollten sie sich dafür einsetzen, die Zensur und die restriktive obrigkeitliche Kontrolle der Presse abzuschaffen, und zugleich verlangten sie mehr Schutz gegen den Raubdruck von Büchern. Das erste Problem beeinträchtigte letztlich die Qualität der Publikationen; das zweite zehrte schmerzhaft an den Gewinnen der Verlagshäuser.

Damit hatten die Verleger allerdings keinen leichten Stand gegenüber monarchistischen Regierungen, denen viel gelegen war an der Kontrolle der Presse, sei es durch die Zensur oder indem sie staatliche Druckereien unterhielten. In Österreich beispielsweise war durch einen Erlass vom September 1810 die Notwendigkeit einer »vorsichtigen Hand« bekräftigt worden, wie man die Zensur nannte, um »Herz und Kopf der Unmündigen vor den verderblichen Ausgeburten einer scheußlichen Phantasie, vor dem giftigen Hauche selbstsüchtiger Führer und vor den gefährlichen Hirngespinsten verschrobener Köpfe« zu schützen. Neben diesem eigennützigen Paternalismus, der häufig nur dazu diente, abweichende Meinungen zu unterdrücken, war der Staat auch noch aus anderen Gründen an der Aufrechterhaltung des Status quo interessiert. Schließlich zahlten auch die Unternehmen, die Bücher unrechtmäßig nachdruckten, Steuern und Gebühren.

Doch hier stehe sehr viel mehr auf dem Spiel, argumentierten Cotta und Bertuch. Ohne Pressefreiheit und ohne Urheberschutz würden nur noch wenige Autoren bereit sein, anspruchsvolle Bücher zu schreiben, und noch weniger Verlage würden das Risiko eingehen, sie zu veröffentlichen. Am Ende würden nur noch Gesang- und Gebetbücher gedruckt werden. Jedenfalls wäre es ein Jammer, wenn die sich jetzt bietende Chance für Gelehrsamkeit und Handel im aufstrebenden Deutschland vertan würde. Dort gebe es eine große Bevölkerung, wachsenden Wohlstand und eine gemeinsame Schriftsprache über alle Landesgrenzen hinaus – kurz gesagt, einen großen Markt von Lesern.

Die Wiener Polizei beobachtete viele ausländische Delegationen misstrauisch, doch diese Verleger erschienen ihr besonders verdächtig. Agent Göhausen glaubte, dass Cotta und Bertuch einer verbotenen Geheimgesellschaft angehörten, dem Tugendbund. Dieser erfreute sich aufgrund des Patriotismus, der sich in Deutschland während der Kriege gegen Frankreich verbreitet hatte, eines regen Zulaufs und verfolgte besorgniserregende patriotische Ziele wie die nationale Einigung Deutschlands. »Agent H« – mit hoher Wahrscheinlichkeit Wilhelm Hebenstreit, der Theaterkritiker und spätere Herausgeber der *Wiener Modenzeitung* – wurde beauftragt, die Aktivitäten der beiden Herren sorgfältig im Auge zu behalten.

Agent H wusste, dass die Verleger bei einigen einflussreichen Delegationen Unterstützung genossen. Insbesondere die Preußen waren ihnen wohlgesinnt. Hardenberg und Humboldt verfochten seit Jahren eine liberale Reformpolitik, und Bertuch erlangte dank eines Empfehlungsschreibens, das kein Geringerer als Goethe verfasst hatte, einen Gesprächstermin bei Humboldt. Auch beim Freiherrn vom Stein, der damals der russischen Delegation angehörte, hatten sie leichtes Spiel. Er betrachtete den Urheberschutz als Bestandteil der Grundrechte, die er in der neuen deutschen Verfassung verankert sehen wollte: Gleichheit aller Bürger, das Recht, an jeder Universität zu studieren, die Freiheit der Berufswahl, das Recht auf Auswanderung und der rückwirkende Schutz vor Verbrechen, um nur einige zu nennen.

Cotta wie auch Bertuch waren einnehmende, vielseitig interessierte Gesprächspartner, die engagiert ihre Sache verfochten, ihre Argumente aber auch häufig mit Anekdoten über berühmte Autoren würzten, die sie persönlich kannten, wie beispielsweise Goethe. Zudem lockten sie in Wien einige Leute mit lukrativen Verlagsverträgen, wie etwa Antoine-Henri Jomini, den Schweizer Militärtheoretiker, der in der preußischen Delegation tätig war. Insbesondere Cotta musste beobachtet werden, da er, wie Agent H berichtete, ein reicher Mann war, der über viele wichtige Kontakte verfügte.

Mitte Oktober hatten die beiden Verleger auch eine Audienz bei Fürst Metternich erwirkt, was angesichts des engen Terminplans des österreichischen Außenministers zu dieser Zeit durchaus beachtlich war. In dieser Unterredung, die am Nachmittag des 14. Oktober stattfand, sicherte ihnen Metternich seine Unterstützung zu. Er wirkte aufrichtig wie so oft. Doch worin würde diese Unterstützung bestehen? Metternich versprach oft Hilfe, aber dann verlief die Sache im Sande. Die Verleger waren jedenfalls gut beraten, ihre Bemühungen um eine Lobby nicht einzustellen.

Zu den anderen Gruppen, die um diese Zeit Beistand suchten, gehörten auch die jüdischen Delegationen, die aus mehreren deutschen und mitteleuropäischen Städten angereist waren. Unter der französischen Besatzung waren viele alte Gesetze, die Juden diskriminiert hatten, aufgehoben und dafür neue erlassen worden, die die Rechte der Juden ausweiteten. Nach dem Krieg jedoch wandten sich viele deutsche Länder und Städte gegen die französische Gesetzgebung, und einige waren bereits im Begriff, die alten diskriminierenden Regelungen wieder einzuführen. Die jüdischen Delegationen wollten erreichen, dass wenigstens der Status quo einer Gleichberechtigung erhalten blieb – sie war zwar unvollkommen, aber einer Rückkehr zu den früheren Repressionen auf jeden Fall vorzuziehen.

Es gab mehrere jüdische Delegationen in der Stadt, die weitgehend unabhängig voneinander agierten. Jakob Baruch und J. J. Gumprecht repräsentierten die Frankfurter Juden, der Bankier Simon Edler von Lämel sprach für die jüdische Gemeinde in Prag. Dr. Carl August Buchholz, ein christlicher Rechtsanwalt, engagierte sich für die jüdischen Gemeinden in Bremen, Hamburg und seiner Heimatstadt Lübeck. Buchholz erstellte darüber hinaus eine 157 Seiten umfassende Broschüre zur Verteidigung der Judenrechte, die bald unter den politischen Würdenträgern des Kongresses in Umlauf war. Alle diese Delegationen konnten auf ein gutes Netz von Unterstützern in der Stadt zählen, zu denen auch einige der einflussreichsten Wiener Bankiers gehörten, wie etwa Nathan von Armstein, Salomon Mayer Rothschild und Leopold Edler von Herz.

Doch die Wiener Polizei war misstrauisch gegenüber den jüdischen Delegationen und ordnete im Juli 1814, also noch vor Beginn der Konferenz, ihre besondere Beobachtung an. Ein Beamter in der Abteilung, die für jüdische Angelegenheiten zuständig war, wurde beauftragt, eine Liste mit den Namen prominenter Juden in der Stadt zu erstellen, die überwacht werden sollten; als die Delegierten im Herbst nach und nach eintrafen, wurden auch ihre Aktivitäten sorgfältig registriert. Der Argwohn der Polizei ließ sich nicht leicht zerstreuen, und Ende Oktober entdeckte ein Spitzel, dass die Vertreter der Frankfurter Juden als »Kaufleute« auftraten, und man versuchte, sie aus der Stadt auszuweisen.

Lange wurde vermutet, dass Metternich hinter diesen Schikanen stand, doch wie der verdienstvolle Historiker Enno Kraehe zeigen konnte, war es im Gegenteil wahrscheinlich gerade der österreichische Außenminister, der durch sein Eingreifen die Ausweisung verhinderte. Er war befreundet mit einem der fraglichen jüdischen Delegierten, mit Jakob Baruch, den er 1792 bei der Kaiserkrönung von Franz I. kennengelernt hatte.

Die Polizei registrierte und beobachtete weiterhin aufmerksam alle Neuankömmlinge, und im halbamtlichen Veröffentlichungsorgan, der *Wiener Zeitung* wurden ständig weitere namhafte Persönlichkeiten angekündigt. Anfang Oktober erschien der Großherzog von Baden, und schon nach kurzer Zeit füllte sich das über ihn angelegte Dossier mit Berichten über seine nächtlichen Ausflüge ins Theater und seine Jagd nach Frauen – Schauspielerinnen, Zimmermädchen und schließlich der Tochter eines Orangen- und Zitronenverkäufers. Auch Fürst Thurn und Taxis war in der Stadt, denn er hoffte, seiner Familie das Monopol über das Postwesen im Habsburgerreich sichern zu können. Der Fürst von Piombino wartete mit einer ganzen Reihe von Argumenten auf, warum er Anspruch auf die Insel Elba habe – und nicht deren gegenwärtiger Bewohner, Napoleon Bonaparte.

Auch andere Regenten von Kleinstaaten traten sehr großspurig auf, aber am ärgsten trieb es der Fürst von Nassau-Weilburg. Der russische Offizier und »Armeehistoriograf« Alexander Iwanowitsch Michailowski-Danilewski beschrieb eine Audienz bei ihm. Als er die Suite des Fürsten betreten hatte, musste er mehrere Lakaien und Kammerdiener passieren, die in goldener Livree an der Doppeltür standen. Der Fürst, der sich in einem abgelegenen Raum aufhielt, stand vollkommen regungslos an seinem Platz und empfing seine Bittsteller wie einst der Sonnenkönig. »Ich hätte beinahe laut losgelacht«, berichtete Michailowski-Danilewski, überrascht über diesen seltsamen Anblick.

Viele andere Besucher kamen in diesem Herbst aus geschäftlichen Gründen oder auf der Suche nach Abenteuern nach Wien: Kurtisanen, Schurken, Scharlatane, Schauspieler und Glücksspieler, darunter auch einer der besten Whistspieler des europäischen Kontinents, Mr. O'Bearn, und Mr. Raily, ein berüchtigter Falschspieler, der später verarmt starb. Der Salon, der von Madame Frazer geführt wurde, galt als Lieblingsaufenthaltsort vieler dieser Glücksritter. Seine Spieltische – »Flammentöter der Konversation«, wie eine in der Welt der Wiener Salons hoch angesehene junge Dame sie abschätzig nannte – waren der Anziehungspunkt, nicht der Tee, der meist kalt war. Häufig begrüßten zwei kleine bellende Hunde die Gäste, die hier ihr Glück zu machen hofften.

Währenddessen unternahm der russische Zar einen sehr bedeutsamen Schritt. Am Nachmittag des 13. Oktober, drei Tage nachdem er das Schlachtfeld bei Aspern-Essling bei Wien besichtigt hatte, wo die

Österreicher im Frühsommer 1809 Napoleon besiegt hatten, suchte er Castlereagh in dessen Quartier auf. Es war ein Verstoß gegen die Etikette, dass ein Monarch den Außenminister einer fremden Macht besuchte. Doch die Angelegenheit war wichtig, und der Zar umging die Formalitäten, indem er offiziell Emily Castlereagh seine Aufwartung machte. Anschließend blieb er noch eine Weile, um mit ihrem Ehemann zu plaudern – es wurde ein angespanntes eineinhalbstündiges Gespräch.

Der Zar war fassungslos, dass sich Castlereagh gegen seine Absicht wandte, Polen wiederherzustellen. Alexander erklärte, dass dies nichts mit Machtpolitik zu tun habe, sondern eher eine Frage der »öffentlichen Moral« sei. Die schändliche Aufteilung des Landes im 18. Jahrhundert könne nun endlich korrigiert werden. Er werde darüber hinaus sicherstellen, dass das Land eine »aufgeklärte« Verfassung erhalte. Die polnischen Patrioten seien begeistert über diesen Plan, erklärte der Zar, und auch er selbst freue sich, dass dieses alte Reich wieder eine neue Blütezeit erleben werde.

Wie sich Großbritannien einem solch philanthropischen Vorhaben in den Weg stellen könne? Und außerdem, so fragte der Zar, welche Absichten verfolge Castlereagh denn eigentlich in Polen, einem Land, das nicht das Geringste mit den nationalen Interessen Großbritanniens zu tun habe? Jetzt befand sich Castlereagh in einer schwierigen Lage. Er fürchtete, dass das russische Vorhaben das Gleichgewicht der Kräfte und damit den Frieden in Europa gefährden könnte, doch er musste seinen Widerstand Punkt für Punkt begründen, ohne den Zaren weiter zu verärgern oder gegen die komplizierten Regeln des Protokolls zu verstoßen, das den Umgang zwischen einem Monarchen und einem Außenminister bestimmte.

Russland habe selbstverständlich gewisse Rechte, räumte Castlereagh ein, doch diese Rechte würden dadurch begrenzt, dass sie nicht zum Schaden anderer gereichen dürften. Insbesondere sollten sie nicht »die Sicherheit der Nachbarn des Kaisers« gefährden. Russlands Vorhaben sei dazu angetan, das Unabhängigkeitsstreben jener Polen zu schüren, die in den Nachbarländern lebten, wie etwa im österreichischen Ostgalizien, was zu erheblicher Unruhe in der Region führen könne.

Als der Zar erwiderte, dass es für Polen nur eine mögliche Lösung gebe, weil seine Armee das Land bereits besetzt halte, entgegnete Castlereagh, dass der Anspruch des Zaren auf ein bestimmtes Territorium nicht allein auf der Besetzung beruhen dürfe.

Es wurde schnell klar, dass Russland und Großbritannien sehr unterschiedliche Auffassungen hatten und dass auch eine Diplomatie des Vier-Augen-Gesprächs nicht zu einer Verständigung führen konnte. Im weiteren Verlauf des Tages ließ Castlereagh dem Zaren ein Memorandum zustellen, eine Form der schriftlichen Zusammenfassung einer Diskussion, die ebenso wie das Protokoll zu den wichtigen Hinterlassenschaften des Kongresses gehört. Er schrieb, es sei seine »feierliche Überzeugung«, dass nun alles von Alexander abhänge – also die Frage, »ob sich der gegenwärtige Kongress als ein Segen für die Menschheit erweisen wird oder lediglich als eine Zurschaustellung von Uneinigkeit und Ränkespielen und als ein zügelloses Gerangel um Macht«.

Als sich der Zar in den Salon von Fürstin Bagration begeben hatte, wo er bis zwei Uhr morgens blieb, verfasste Castlereagh ein zweites Memorandum. Darin bekräftigte er seine Sorge, dass die russische Politik in Polen »die Saat eines neuen Krieges aussäen« werde, der »mit der Zerstörung aller Hoffnung, der Ruhe, der Zuversicht und des Friedens enden« werde. Dann schickte Castlereagh das Schreiben an seine bisherigen Verbündeten – an alle bis auf Russland.

Wie viele vorhergesagt hatten, entwickelte sich Polen zu einem der größten wunden Punkte – dem »schmerzenden Zahn« – der Friedenskonferenz. Weder Russland noch Großbritannien hatten sich umstimmen lassen. In dieser Pattsituation komplizierte noch ein anderer, eng damit verknüpfter Streitpunkt die polnische Frage auf dem Wiener Kongress: die Zukunft des Königreichs Sachsen.

Geografisch waren die beiden Regionen miteinander verbunden – die Nordpolnische Tiefebene ging im Südwesten ohne eine klar erkennbare natürliche Abgrenzung in das sächsische Tiefland über. Und historisch: Ende des 17. Jahrhunderts waren die beiden Reiche unter derselben herrschenden Dynastie vereinigt worden. Obwohl diese Bande in den 1760er-Jahren wieder zerschnitten worden waren, hatte

Napoleon die beiden Gebiete im Zuge der Schaffung des Königreichs Sachsen und des Herzogtums Warschau wieder zusammengeführt – und beide dem König von Sachsen überlassen.

Auch in diplomatischer Hinsicht gab es eine Verbindung: Wenn Polen wiederhergestellt werden sollte, wie der Zar verlangte, dann würde der Kongress sowohl Österreich als auch Preußen Teilgebiete wegnehmen müssen. Und wenn Preußen seine vormaligen polnischen Territorien verlor, würde es anderweitig entschädigt werden müssen, damit es wieder seine Bevölkerungszahl von 1805 erreichte, die ihm zugesichert worden war, und die naheliegendste Möglichkeit war da ganz einfach Sachsen. Mit anderen Worten, wenn der Zar in Polen seinen Willen durchsetzte, dann würde der preußische König höchstwahrscheinlich Sachsen zugesprochen bekommen. Das war die Abmachung, welche die beiden Monarchen getroffen hatten und die sie nun mit Nachdruck durchzusetzen versuchten.

Doch in Wien gab es heftigen Widerstand gegen diese Lösung. Der König von Sachsen weigerte sich, auch nur einen Quadratmeter seines Reiches abzutreten, doch leider saß er immer noch in einem preußischen Gefängnis. Auch der Vertreter des sächsischen Königs in Wien, Friedrich Albrecht Graf von der Schulenburg, protestierte gegen den Vorschlag, aber auch er war weitgehend machtlos. Die Preußen hatten sich geweigert, seine Akkreditierung als offizieller Delegierter anzuerkennen, und drängten auch alle anderen Länder zu diesem Schritt.

Talleyrand schließlich war es, der den sächsischen Außenseitern zu Hilfe kam. Wie üblich agierte er dabei sehr geschickt. Als die Preußen erklärten, sie hätten wegen des Verrats des sächsischen Königs an der Sache der Koalition einen Anspruch auf Sachsen, stellte Talleyrand die schlichte Frage, ob dies nicht eine Sünde sei, die sie alle vor ihrem Gewissen zu verantworten hätten. Hatte nicht jede Nation – Österreich, Russland und Preußen – irgendwann Napoleon Gefolgschaft geschworen? Alle Versammelten in Wien hätten sich zu irgendeinem Zeitpunkt loyal gegenüber dem Eroberer verhalten – alle mit wenigen Ausnahmen wie Castlereagh und die Briten. Warum sollte also der sächsische König als Einziger bestraft werden?

In den Diskussionen in den Hinterzimmern der Salons wie bei den Abendessen in der Botschaft verurteilte Talleyrand die preußischen

Begehrlichkeiten gegenüber dieser Region als einen Verstoß gegen jegliche öffentliche Moral und als ein unaussprechliches Verbrechen. Zudem würde man dadurch, fügte er hinzu, eine gefährliche Torheit begehen. Wenn Preußen Sachsen erhalte, mit seinen zahlreichen Festungen, Palästen, Gütern und seinem fruchtbaren Ackerland, würde Europa zulassen, dass im Herzen des Kontinents ein mächtiger Staat erstarke, der später nicht nur Frankreich, sondern den Frieden in ganz Europa bedrohen könnte.

Die meisten übrigen deutschen Staaten und Fürsten sahen es ähnlich wie Talleyrand. Einer der Fürsprecher Sachsens, der Herzog von Sachsen-Coburg-Saalfeld, argumentierte sehr einleuchtend und untergrub damit die Grundlage der preußischen Ansprüche auf Sachsen. Besaßen die Preußen ein Recht auf Eroberung? Nicht nach dem Völkerrecht. Konnten sie sich auf eine Kapitulation berufen? Der König habe seine Rechte nicht aufgegeben und werde sie niemals aufgeben. Gab es einen Urteilsspruch eines internationalen Gerichts? Nein, es habe keine Verhandlung stattgefunden, und dem König von Sachsen solle man zumindest erlauben, sich selbst zu verteidigen. Und was wollte das sächsische Volk? Ihren König, ihren *legitimen* König, Friedrich Augustus.

Ob denn den führenden Akteuren des Kongresses tatsächlich daran gelegen sei, einen Präzedenzfall zu schaffen, wonach eine aggressive Macht »legal« einen anderen Landesfürsten stürzen und sich sein Territorium aneignen könne. Wo bestehe dann noch ein Unterschied zu Napoleon Bonaparte? Hatten sie überhaupt nichts gelernt aus dem blutigen Chaos der vergangenen 20 Jahre?

Doch all diese Argumente erzielten praktisch keine Wirkung bei den Preußen. Sie hätten schließlich, so meinten sie, nicht einen schrecklichen Krieg geführt und ihr Blut und ihr Geld geopfert, nur um sich am Ende vom besiegten Feind und ein paar kleinen Fürsten, die unter seinem Einfluss standen, etwas vorschreiben zu lassen. Zudem besaßen sie nach wie vor die Unterstützung des russischen Zaren, der mittlerweile so erzürnt zu sein schien über die verfahrene Situation, dass er die Sache selbst in die Hand zu nehmen drohte. Die russische Armee halte Sachsen besetzt, erinnerte Alexander, und er könne es ohne Weiteres seinem Verbündeten Preußen überlassen.

Das war eine beunruhigende Aussicht, und der Zar bluffte gewiss nicht. Am meisten Sorgen machten sich paradoxerweise die preußischen Gesandten Hardenberg und Humboldt. Sie wollten zwar Sachsen haben, so viel stand fest, aber sie wollten das Gebiet nicht auf diese Weise zugeschlagen bekommen – durch feindliche Einnahme des Territoriums, wodurch Preußen zu allem Übel in der Schuld Russlands stehen und von dessen Wohlwollen abhängig werden würde.

In Anbetracht dieses Dilemmas hatte Hardenberg einen drängenden Brief an die Außenminister von Großbritannien und Österreich geschrieben, in dem er sie bat, unverzüglich zu handeln. Preußen würde sie in der Polenfrage bereitwillig gegen den Zaren unterstützen, schrieb er, wenn sie ihm nur zusicherten, dass Preußen Sachsen erhalten werde. Er selbst brauchte etwas Greifbares, das er seinem König vorlegen konnte.

Lord Castlereagh fiel es nicht schwer, dieses Zugeständnis zu machen, »um der künftigen Ruhe in Europa willen«, wie er schrieb. Talleyrand war empört über Castlereaghs »Schwäche« und warnte ihn, dass er im Begriff sei, einen schrecklichen Fehler zu begehen. Es gebe eine viel bessere Möglichkeit, sowohl Polen als auch Sachsen zu retten: Man solle den Kongress eröffnen, und zwar sofort. Und so die aggressiven Mächte zwingen, ihre Ansprüche vor ganz Europa zu rechtfertigen – dann werde man schon sehen, wie ihre Vorhaben unter dem Gewicht ihrer Unhaltbarkeit zusammenbrächen.

Doch der britische Außenminister war fest entschlossen; damit gab es nur noch eine Person, die Widerstand leisten konnte, und das war Metternich, der aber leider im Augenblick stark abgelenkt war. »Metternich ist verliebt, er putzt sich heraus, schreibt Briefchen, und seine Staatskanzlei dümpelt vor sich hin«, beobachtete Talleyrand. Da musste Gentz ihm beipflichten. Er suchte Metternich während der Krise um Sachsen mehrere Male auf und stellte fest, dass der österreichische Außenminister gedanklich vollkommen in Beschlag genommen wurde von der Herzogin von Sagan und »dieser unglückseligen Liaison mit Windischgrätz«.

Eins stand fest: Wenn nicht bald etwas geschah, würde der russische Zar ein ganzes Königreich einfach seinen preußischen Verbündeten überlassen – mit oder ohne Zustimmung des Wiener Kongresses.

*Kapitel 12*

# Sechs Höllenwochen

*Und es ringen im Verborgenen feindselige Geister mit den Dolchen der Intrige unter den Sammet- und Purpurmänteln gegeneinander.*

Karl von Nostitz, ein sächsischer Soldat in russischen Diensten, merklich enttäuscht vom Kongress

In jenem Herbst hätte man meinen können, der Sommer würde eigens für die Gäste in Wien länger dauern. Am 18. Oktober 1814, einem weiteren herrlichen Sonnentag, inszenierten Metternich und das Festkomitee zur Feier des ersten Jahrestags des Koalitionssieges in der Leipziger Völkerschlacht ein spektakuläres Friedensfest. Kammerdiener und Dienstmädchen hetzten auf der Suche nach der neuesten Mode durch die ganze Stadt. Die Hutgeschäfte, hieß es, seien wie Bäckereien bei einer Hungersnot belagert worden.

Metternich hatte ursprünglich zur Feier des Friedens keine Militärparaden geplant – »Keine Soldaten mehr!«, hatte er betont. Aber er war überstimmt worden. In letzter Minute hatte sich Kaiser Franz doch entschlossen, die militärische Stärke Österreichs zu demonstrieren, und Feldmarschall Fürst Schwarzenberg gebeten, etwas Angemessenes vorzubereiten. Obwohl sich der betagte Feldherr im privaten Kreis über das »rasende Gewühle« beklagte, weil er so kurzfristig informiert worden sei, kam er dennoch der Bitte nach. Die Wiener Garnison mit ihren rund 16 000 Mann wurde eilends für die Parade gedrillt.

So gut wie sicher hatten die wachsenden Spannungen mit Russland den Ausschlag für die Entscheidung des Kaisers gegeben, seine Truppen aufmarschieren zu lassen. Ein bisschen Säbelrasseln könnte vielleicht den Zaren dazu bewegen, von seinem hohen Ross herabzusteigen.

Am selben Nachmittag versammelten sich Monarchen, Soldaten und Zuschauer im Prater zu einem Friedensfest, das nun also einen martialischeren Charakter bekommen hatte. Die Organisatoren hatten über einen Flussarm der Donau eine provisorische Brücke gebaut, mit einem wohl einzigartigen Geländer, bestehend aus den bei der Völkerschlacht von Napoleons Heer erbeuteten Steinschlossgewehren, mit Weidenruten zusammengebunden.

Im Zentrum des Interesses stand ein großer Bau mitten im Park, das sogenannte Friedenszelt. Siegestrophäen und Standarten zierten die Säulen, und Stufen mit roten Damastteppichen führten zum Altar, der mit Blumen geschmückt war. Auf der Tribüne standen für Europas Monarchen samtbezogene Stühle.

Als es losging, verstummte die Menge respektvoll, eilends nahmen die Leute den Hut ab, und der Erzbischof von Wien begann vor Monarchen, Soldaten und einer ungeheuren Zuschauermenge mit einer öffentlichen Messfeier. Der Liederdichter La Garde-Chambonas schilderte das Schauspiel wie folgt:

> Im Augenblick der Konsekration begrüßte eine Artilleriesalve die Gegenwart des Soldatengottes. Und gleichzeitig fielen wie auf einen Wink alle diese Krieger, Prinzen, Könige, Generäle, Soldaten aufs Knie und beugten sich vor Dem, der in seiner Hand den Sieg oder die Niederlage hält.

Nachdem sich Pulver- und Weihrauch verzogen hatten, läuteten die Kirchenglocken, und ein großer Chor sang eine deutsche »Friedenshymne«. Die Monarchen schritten weiter und stellten sich in der Nähe des Burgtors auf. Die Soldaten marschierten unter ihren Augen vorüber und erhielten anschließend Medaillons, die man aus den von Napoleons Grande Armée erbeuteten Kanonen gegossen hatte.

An Tischen, die in der Form eines riesigen Sterns aufgestellt waren, wurde ein weiteres Bankett veranstaltet. Unteroffiziere brachten jedem Soldaten je einen Teller Suppe und Schweinefleisch, dazu ein Dreiviertelpfund Rinderbraten, Semmeln und mit Aprikosenmarmelade gefüllte Krapfen; das Ganze hinuntergespült mit einem Viertel Wein. Ungeachtet der Spannungen hinter den Kulissen prosteten der österreichische Kaiser und der russische Zar den Soldaten zu und demonstrierten Einigkeit.

An jenem Abend wurden geladene Gäste auf einem Friedensball in Metternichs Sommervilla am Rennweg bewirtet, wo der österreichische Außenminister eigens zu diesem Anlass dem Anwesen einen Anbau hinzugefügt hatte. Die Konstruktion glich einem Kuppelbau und war ringsum von klassischen antiken Säulen umgeben. Sie war ganz aus Holz und hatte auch einen Parkettboden aus Walnussholz. Alles war von den neuartigen bunten »bengalischen Lichtern« erleuchtet, und mit den vielen roten türkischen Zelten in der Eingangshalle wirkte das Ganze wie eine Szene aus *Tausendundeiner Nacht.*

Wie gewünscht, trugen die Frauen entweder blaue oder weiße Kleider, »die Farben des Friedens«. Viele waren mit Gold oder Silber umsäumt und mit Diamanten verziert. Etliche Frauen trugen außerdem Blumenkopfschmuck oder Kränze aus Oliven-, Eichen- oder Lorbeerzweigen als Friedenssymbol. Andere Damen zogen ein Diadem vor, sodass sie zusammen mit Diamantohrringen, Perlenketten und Juwelenschmuck an ihren Kleidern vom Scheitel bis zum Zeh glitzerten. Auch die Männer funkelten und blitzten mit ihren vielen Orden und Medaillen.

Bei der Sitzordnung sorgte Metternich dafür, dass die Herzogin von Sagan einen guten Platz bekam: Er schickte ihr den Plan im Voraus zu und ließ sie selbst aussuchen. Für den großen Auftritt an jenem Abend hatte sie einen idealen Platz. Zum Vergnügen der 1800 Gäste schwebte über ihren Köpfen ein Heißluftballon. In Metternichs riesigem Garten wurden Ballettszenen vorgeführt, in und um nachgebauten Tempeln zu Ehren der antiken Götter Apollo, Mars und Athene; hinter Hecken verborgene Ensembles unterhielten die Gäste mit Musik.

Der Abend endete mit einem Feuerwerk, das erst die Schrecken des Krieges und anschließend die Freuden des Friedens an den Himmel malen sollte. In den Augen eines Gastes übertraf Metternichs Fest jede

Feier, die er jemals in Frankreich erlebt hatte, selbst zur Glanzzeit von Napoleons Reich. Auch in puncto Festivitäten hatte Metternich offenbar Napoleon geschlagen.

Am nächsten Morgen begab sich Gentz zum Frühstück zu Metternich, um mit ihm Geschichten vom Friedensball auszutauschen. Aber ungeachtet des offenkundigen Erfolgs traf er Metternich niedergeschlagen an. »Was für ein trister Morgen nach einem Festtag«, vertraute Gentz seinem Tagebuch an. Offenbar war am Vorabend etwas passiert.

Der russische Zar, der die von Fürstin Bagration gestreuten Gerüchte gierig aufgesogen hatte, war den ganzen Abend über Metternich hergezogen. Die Stimmung der Feier sei durch die Anwesenheit »zu vieler Diplomaten« verdorben, beschwerte sich der Zar. Erst würden sie schlechte Entscheidungen treffen, und dann müssten »wir Soldaten uns zu Krüppeln schießen lassen« – er identifizierte sich gerne mit den Truppen. Diplomaten seien, schob er nach, grundsätzlich nicht vertrauenswürdig, und er könne ihre Falschheit nicht ertragen.

Das Benehmen des Zaren hatte Metternich als Gastgeber in eine peinliche Lage gebracht und gedemütigt. Abgesehen von den Kränkungen des Zaren war Metternich ganz aufgebracht, weil er vorgehabt hatte, an jenem Abend mit der Herzogin zu sprechen, und sei es nur für einen Augenblick. Das war ihm nicht gelungen. Jener Morgen nach dem Ball sei, wie Gentz bemerkte, ein »sehr schwarzes Schauspiel« gewesen.

Darüber hinaus war Metternich beunruhigt, weil es ihm bislang nicht gelungen war, die kleine Vava für die Herzogin zu gewinnen. Er hatte versprochen, nicht »um alle Schätze der Welt« aufzugeben, und der Erfolg schien bereits zum Greifen nahe, als er erfuhr, dass der Vater des Kindes Gustav Armfelt im vorigen Monat einen Herzschlag erlitten hatte und gestorben war. Und leider erwies sich der Zar als extrem unkooperativ. Bei ihrer letzten Begegnung am 15. Oktober erklärte der Zar, als Metternich das Thema erneut ansprach, er wisse mit Bestimmtheit, dass Vava lieber in Finnland bei der Familie Armfelt bleiben wolle. Und nach dem letzten Ausbruch auf dem Friedensball schien der Zar noch weniger hilfsbereit.

Metternich klammerte sich geradezu an den Fall des Mädchens –

»unser Kind«, wie er sie nannte. Womöglich war seine verzweifelte Hartnäckigkeit das letzte Pfand, mit dem er die Liebe der Herzogin zurückerobern wollte, wie ein Historiker mutmaßte. Offenbar wartete Metternich nur auf eine Gelegenheit, mit seiner geliebten Herzogin in Kontakt zu treten, wie geschäftsmäßig die Angelegenheit auch sein mochte und wie gering seine Erfolgschancen mittlerweile schienen. Er schwor, dass er Wort halten werde, und widmete sich noch intensiver dem Streit um das Sorgerecht.

Da Metternich von all diesen Fehlschlägen der Kopf schwirrte, hörte er nicht sonderlich aufmerksam zu, als Talleyrand kam und ihn davor warnte, sich allzu sehr auf die Preußen zu verlassen. Metternich hatte noch nicht auf Hardenbergs Angebot geantwortet, Österreich gegen Russland zu unterstützen, sofern Preußen im Gegenzug in Sachsen Gebietsgewinne erhalte. Talleyrand wollte Metternich unbedingt davon abbringen, diesen Vorschlag anzunehmen, und glaubte, er habe auch das richtige Argument, um den österreichischen Außenminister zu überzeugen.

Wenn Metternich es Preußen gestatte, Sachsen für sich zu vereinnahmen, führte Talleyrand aus, werde Preußen sein polnisches Territorium dem Zaren überlassen. Und am Ende habe Metternich dann Alexander zu genau dem von ihm gewollten Gebietsgewinn verholfen. Österreich hingegen hätte es künftig mit einem viel stärkeren Russland *und* Preußen zu tun, die seine Grenzen bedrohten. Österreich müsse sich unbedingt Preußen widersetzen, schloss Talleyrand. »Die Gerechtigkeit, der Anstand, selbst seine Sicherheit verlangen das.«

Doch Metternich schob alle Argumente Talleyrands beiseite und heckte seinerseits einen Plan aus: Er zog ernsthaft in Betracht, preußische Gewinne in Sachsen zu akzeptieren, allerdings wollte er seine Zustimmung an so viele Bedingungen knüpfen, dass Preußen entweder akzeptierte und so letztlich den österreichischen Interessen diente, oder ablehnte und auf seine Zustimmung verzichten musste.

Eine seiner Bedingungen wäre, dass Preußen sich nicht nur gegen Russland stellen sollte, sondern auch den Zaren *erfolgreich* daran hindern müsste, dass er Zugriff auf Polen bekam. Auf diese Weise überließ Metternich es Preußens eigenen Vertretern, ihren König davon zu überzeugen, dass die Gefahren, die mit dem Erhalt Sachsens aus den

Händen des unberechenbaren Zaren verbunden waren, viel größer waren als jeder theoretische Nutzen.

Metternich erwähnte diesen Plan damals mit keinem Wort gegenüber Talleyrand, der selbstverständlich energisch dagegen protestiert hätte. Aus der Sicht des französischen Außenministers hätte er das eigentliche Problem der aggressiven Haltung Preußens ohnehin nicht gelöst, während er sehr wohl das fragile Gleichgewicht stören und den Frieden Europas gefährden konnte.

Mittlerweile hatten die geringen Fortschritte beim Kampf um das Sorgerecht für ihre Tochter die Herzogin von Sagan entmutigt. Als Gastgeberin eines der bestinformierten Salons in der Stadt wusste sie, dass die Friedenskonferenz jeden Moment in einen Krieg umschlagen konnte. Es musste sofort etwas unternommen werden. Wenn Metternich den Zaren nicht überzeugen konnte, musste sie die Sache vielleicht selbst in die Hand nehmen.

Am 20. Oktober trug die Herzogin auf einem Ball, den der russische Botschafter Graf Stackelberg gab, ein seidig glänzendes rotes Kleid, das der gefragte Pariser Designer Louis-Hippolite Leroy entworfen hatte, und hatte ein Familienerbstück angelegt: einen perlenförmigen Smaragd, der in ein fein gearbeitetes goldenes Diadem gefasst war und auf ihrer Stirn funkelte. Sie ging direkt auf den Zaren zu und bat ihn in aller Form um eine Audienz. Die Antwort des Zaren war herzlich – und grausam für Metternich, der in Hörweite stand.

»Meine liebe Herzogin, dazu braucht es doch keine Audienz«, sagte der Zar, nahm ihre Hand und zog sie aus ihrem Knicks hoch. »Natürlich werde ich *Sie* besuchen«, fuhr er fort. »Nennen Sie nur den Tag und die Stunde – wäre es Ihnen morgen um elf Uhr genehm?«

Elf Uhr! Der Zar hatte absichtlich die Zeit gewählt, die Metternich für gewöhnlich mit der Herzogin verbracht hatte, und damit nicht genug: Sie hatte ohne das leiseste Zögern eingewilligt. Metternich durchfuhr ein schmerzliches Gefühl des Verrats und der Zurückweisung. Zuerst war sie zu Fürst Alfred zurückgekehrt, und jetzt das. Der zutiefst gekränkte Metternich verließ sofort den Ball. Die Kutschfahrt nach Hause war an jenem Abend mit Sicherheit sehr einsam.

Als er in der Kanzlei ankam, konnte er nicht schlafen. Er setzte sich an seinen Schreibtisch und schüttete in einer weiteren verzweifelten Mitteilung an die Herzogin sein Herz aus. Es war vier Uhr morgens. »Ein Verhältnis, ein Traum, der Schönste meines Lebens ist verschwunden … Ich bin bestraft, weil ich meine Existenz einem zu verführerischen Zauber anvertraute.«

Metternich spürte ganz genau, dass er die Herzogin gerade wirklich verlor. Mit gebrochenem Herzen fuhr der Staatsmann fort:

> Du bist es, die mir mehr Leid zufügte, als das ganze Universum je an mir gutzumachen vermöchte – Du hast meiner Seele alle Zuflucht geraubt; Du hast meine Existenz gefährdet in einem Augenblick, da mein Geschick mit Fragen verbunden ist, welche die Zukunft ganzer Generationen entscheiden … Was ich habe, …, dieses Leben, mein Vertrauen, meine ganze Zukunft, all meine Hoffnung, ich warf all dies in die Waagschale.

Mit diesem Brief, den er nicht sofort abschickte, wollte Metternich ihre Beziehung offiziell beenden. Trotz seiner Niedergeschlagenheit sah er allerdings ganz klar, dass die Herzogin sie bereits nach ihrem Belieben beendet hatte, und er war am Boden zerstört. »Ich habe meine letzte Illusion verloren«, klagte er, als er über die Konsequenzen dieses Bruchs nachdachte. Ohne ihre Liebe war für ihn »die Welt ohne Farben und das Leben ohne Reiz«.

Von Anfang an war Napoleon Bonaparte in den Salons natürlich eins der wichtigsten Gesprächsthemen. Viele Delegierte in Wien hatten ihn persönlich kennengelernt, und andere waren auf dieses Ungeheuer neugierig, das einst die ganze Welt in Angst und Schrecken versetzt hatte.

Napoleons Erfolge, Fehlschläge und umstrittene Taten wurden in der ganzen Stadt diskutiert. Ein Delegierter, der Herzog von Rocca Romana, der König Joachim I. von Neapel (Murat) repräsentierte, belebte die Unterhaltungen mit packenden Erzählungen von der Invasion in Russland im Jahr 1812. Auf dem Höhepunkt zog dieser »Apollo von einem Mann« stets den Handschuh aus und zeigte die Hand, an der er in dem schrecklichen Frost vier Finger verloren hatte. Wenn sie sich die vielen Geschichten über Napoleons Vorzüge und Fehler anhörten, schienen manche Delegierten seine Anwesenheit auf der Weltbühne fast zu vermissen. Einige gaben sogar offen zu, dass er weit mehr staatsmännische Qualitäten hatte als die siegreichen Souveräne, die gerade der Misere des Wiener Kongresses die Krone aufsetzten.

Es sei geradezu skandalös, wie sich der Kongress benehme, sagte der französische Herzog von Dalberg zum Agenten ** und machte kein Hehl aus seiner Kritik an der Übereinkunft der Großmächte, Talleyrand, die französische Gesandtschaft und die meisten anderen Delegationen in der Stadt vom Kongress auszuschließen. »Wir begreifen Metternichs Politik überhaupt nicht«, fuhr er fort.

> Wenn er die Krone Polens Russland aushändigt, dann wird Russland in nicht einmal 15 Jahren die Türken aus Europa verjagen, und Russland wird eine größere Gefahr für die Freiheit Europas sein, als Napoleon jemals gewesen war.

Dalberg ereiferte sich immer mehr, als er weiterredete, und wollte einen allgemeinen Weckruf aussenden. Es sei unerlässlich, drängte er, sich dem Koloss zu widersetzen, der Österreich und die anderen Mächte zermalmen werde.

Die Spannung zwischen Russland und Österreich zählte mit Sicherheit zu den Hauptschwierigkeiten des Kongresses. Die beiden Mächte waren seit dem Ende der napoleonischen Kriege unsichere Verbündete. Bei strategischen und taktischen Fragen hatten sie häufig entgegengesetzte Standpunkte vertreten, insbesondere Anfang 1814, als die österreichische Armee über Schweizer Gebiet in das napoleonische Frankreich einmarschiert war – eine direkte Missachtung der Wünsche und Zusagen des Zaren, dass die Koalitionspartner die Neutralität der Schweiz achten würden. Die Beziehung zwischen Österreich und Russland hatte sich von diesem Affront nie erholt, wie Gentz später feststellte.

Verschärft wurden die politischen Probleme durch eine starke persönliche Rivalität zwischen Metternich und Zar Alexander. Nach Gentz' Beobachtung betrachtete der Zar Metternich mittlerweile als seinen Erzfeind und war extrem eifersüchtig auf Metternichs Beliebtheit in den Salons. Er war geistreich, kultiviert und kam bei Frauen gut an. Der Zar war in der Annahme nach Wien gekommen, dass er bewundert werde, wie Gentz sagte. Es fiel ihm schwer, das Rampenlicht mit anderen zu teilen, insbesondere mit einem Mann, den er inzwischen hasste.

Spione hatten ebenfalls das wachsende Interesse des Zaren für Metternichs Privatleben bemerkt – seine krankhafte Neugier, wie ein Agent es ausdrückte. Alexander wurde auch verdächtigt, dass er im Palais Palm Erkundigungen einholte – die Herzogin von Sagan und die Fürstin Bagration kannten natürlich beide ihren ehemaligen Liebhaber wohl am allerbesten. Vor allem die Fürstin Bagration gab bereitwillig Auskunft. Offenbar hatte sie Metternich noch nicht verziehen, dass er sie wegen der Herzogin von Sagan verlassen hatte. Sie schien es auszukosten, den Wissensdurst des Zaren zu befriedigen, meldeten Spione, und teilte ihm die intimsten Details ihrer ehemaligen Liebesaffäre mit.

Auf dem Kongress erreichte der Ärger des Zaren über Metternich, so befand Gentz, den Grad eines unversöhnlichen Hasses, und dies habe wiederum die täglichen Ausbrüche des Zornes und der Raserei des Zaren geschürt. Für Klatschmäuler ein gefundenes Fressen – aber die Verhandlungen belastete es natürlich schwer. Wie Gentz folgerte, war Alexanders Hass auf Metternich der Schlüssel für die meisten Ereignisse des Kongresses.

Gentz urteilte zwar häufig zugunsten Metternichs voreingenommen, und diese Darstellung ist mit Sicherheit einseitig. Aber Gentz betrachtete Metternich längst nicht mehr als das unfehlbare »Orakel von Delphi«, wie er ihn früher einmal genannt hatte. Davon war er weit entfernt. Von Zeit zu Zeit entpuppte sich Gentz sogar als offener Kritiker Metternichs – und zog nicht nur in seinem Tagebuch über ihn her, sondern auch ganz offen und indiskret in Salons und bei Soupers in der ganzen Stadt.

Polizeibeamte hatten außerdem bemerkt, dass Gentz Mitte Oktober dem Palais Kaunitz viele Besuche abstattete. Offensichtlich verstanden er und Talleyrand sich hervorragend. Sie dinierten in der Botschaft zusammen, auch mit gemeinsamen Bekanntschaften wie der Herzogin von Sagan. Der französische Minister hatte, so schien es, die bekannte Schwäche Gentz' für Schmeicheleien, Parfüm, Schokolade und Geld entdeckt, und er gewann immer mehr Einfluss auf Metternichs Sekretär.

Als Gentz am 21. Oktober wie üblich um zehn Uhr morgens zum Frühstück erschien (nur wenige Stunden nachdem Metternich seinen Brief an die Herzogin beendet hatte), sollte ein paar Straßen weiter im Palais Palm bald ein zweites, sehr viel interessanteres Frühstück stattfinden. Der Zar kam in den sogenannten Österreichischen Salon, um sich zu Metternichs Stunde mit der Herzogin zu treffen. Ihre Unterhaltung dauerte etwa zwei Stunden, aber es ist nicht bekannt, was sich damals genau abspielte. Vermutlich willigte der Zar ein, alles in seiner Macht Stehende zu tun, um der Herzogin bei der Erlangung des Sorgerechts zu helfen. Er wollte sie nicht enttäuschen.

Unmittelbar danach nahm die begeisterte Herzogin eine Kutsche zum Palais Kaunitz, um ihre Schwester Dorothea aufzusuchen; und schon bald schmückte die Gerüchteküche das morgendliche Treffen in den schillerndsten Farben aus. Viele behaupteten zu wissen, dass der Zar die Herzogin gezwungen habe, ihre Beziehung zu Metternich abzubrechen. Auch Baron Hagers Spione gingen davon aus. Als Metternich eine Gelegenheit gefunden hatte, die Herzogin danach zu fragen, hatte sie ausweichend geantwortet: Der Zar sei bei ihr im Haus gewesen und habe sich sehr anständig benommen, zumindest in seinen Äußerungen.

Am Samstag, dem 22. Oktober, war Metternich bereit, reinen Tisch zu machen. Zuerst schickte er der Herzogin von Sagan das Schreiben, mit dem er die Beziehung beendete, und dann, später am Abend auf einem Ball in der Villa des Grafen Zichy, erklärte er in einem folgenschweren Brief an Hardenberg seine Haltung zu Sachsen. Er hatte beschlossen, Preußens Beistandsangebot im Gegenzug für die Annexion Sachsens zu akzeptieren. Natürlich knüpfte Metternich seine vorläufige Zusage an etliche wichtige Bedingungen: Preußen müsse auf alle übrigen Ansprüche auf deutsche Territorien verzichten, diese Annexion als Teil einer umfassenden Regelung betrachten, und vor allem müsse es den Zaren wirklich *erfolgreich* von der Einnahme Polens abhalten. Alexander musste gestoppt werden, davon war Metternich inzwischen mehr denn je überzeugt.

Es war mit Sicherheit ein aufwühlender Abend für Metternich.

Emotional war er am Ende, und auf diplomatischer Ebene hatte er soeben einen Brief überreicht, der, so Gentz, binnen drei Monaten mehr Kummer hervorrief, als er in seinem ganzen Leben erlitten hatte.

Obwohl Österreich nur zögerlich die preußischen Gebietsgewinne billigte, verlor Metternich keine Zeit mit der Forderung, dass Hardenberg alsbald die Auflagen des Handels erfüllen möge. Preußen müsse sich sofort mit Österreich zusammentun, und vor allem müssten sie sofort handeln. Am 24. Oktober, in nur zwei Tagen, sollten der österreichische Kaiser, der russische Zar und der preußische König zu einer einwöchigen Reise nach Ungarn aufbrechen. Metternich wollte noch vor der Fahrt eine gemeinsame Strategie ausarbeiten – also noch bevor der österreichische Kaiser sich mit den beiden engen Verbündeten aus dem Staub machte.

Am Nachmittag des 23. Oktober, dem Tag vor der Abreise, trafen sich Metternich und Hardenberg in aller Eile. Castlereagh, der weiterhin ein starkes Russland fürchtete, stieß dazu. Am Ende ihres privaten Treffens, das in Castlereaghs Hauptquartier am Minoritenplatz stattfand, beschlossen die drei Minister, dem Zaren geschlossen entgegenzutreten und zu verlangen, dass er in der Polenfrage kooperiere: Alexander musste entweder einem völlig unabhängigen Polen zustimmen, oder es gab überhaupt kein Polen. Russland, Preußen und Österreich würden stattdessen das Gebiet untereinander aufteilen. Unter keinen Umständen werde man es jedoch dem Zaren erlauben, einfach seinen Willen durchzusetzen.

Sie wollten Alexander eine Frist von fünf Tagen nach seiner Rückkehr nach Wien einräumen; und wenn er nicht einwilligte, würden sie, wie Castlereagh vorschlug, ihm androhen, die Polenfrage der gesamten Staatengemeinschaft vorzulegen. Nachdem sie sich auf diesen Plan geeinigt hatten, mussten sich Metternich und Hardenberg beeilen, das Vorhaben von ihren Monarchen absegnen zu lassen.

Gleichzeitig hatte der russische Zar seinerseits das dringende Bedürfnis, noch vor Antritt der Reise die Polenfrage zu klären. Er hatte gehört, wie unzufrieden die französische Delegation mit dem Verlauf der Konferenz sei, und ließ erneut verlauten, dass er gerne mit Talleyrand einige Worte wechseln würde. Der französische Minister bat daraufhin, wie es die Etikette verlangte, um eine Unterredung mit dem Zaren.

Talleyrand war in der Tat unzufrieden. Preußen, seine größte Sorge, versuchte immer noch, seine umstürzlerischen Grundsätze zu verwirklichen und wollte Könige absetzen und Königreiche vernichten. Metternich hingegen sei sich der wirklichen Gefahren gar nicht bewusst und lediglich »ein Spielball der Intrigen, deren Leiter er zu sein glaubt«. Und das Schlimmste: Castlereagh pfusche wie ein »Schuljunge« in der Diplomatie herum. Die Diplomaten würden sich alle wie Schildkröten bewegen, so Talleyrand, und unterdessen werde Sachsen von der Landkarte entfernt. Man müsse etwas unternehmen.

Also führten Talleyrand und der Kaiser aller Reußen am 23. Oktober ein zweites Gespräch. Nach einer kurzen Begrüßung kam Alexander auf Polen zu sprechen und fragte Talleyrand, welchen Standpunkt er in dieser Frage einnehme. Wie aus Talleyrands Korrespondenz hervorgeht, hoffte er damals, im Gegenzug für seine Kooperation in der Polenfrage, die Unterstützung des Zaren bei der Rettung Sachsens zu erhalten.

Talleyrand erklärte, zu Polen habe er »noch die nämliche« Ansicht; sprich: Er plädiere für ein wiederhergestelltes und unabhängiges Königreich. Die einzige Sorge Frankreichs, fügte er hinzu, sei, dass die neu gezogenen Grenzen auf keinen Fall Russlands Nachbarn in Gefahr bringen dürften.

»Diese Staaten« – Österreich und Preußen – »brauchen sich nicht zu beunruhigen«, sagte der Zar. »Übrigens habe ich 200 000 Soldaten in dem Herzogtum Warschau; man vertreibe mich doch!«

Als das Thema Sachsen auf den Tisch kam, war er nicht sehr entgegenkommend. Alles sei bereits arrangiert, sagte er brüsk. Er habe das Territorium dem König von Preußen gegeben, und Österreich habe zugestimmt.

»Ich weiß nicht, ob Österreich damit einverstanden ist«, entgegnete Talleyrand. »Ich kann es kaum glauben, so sehr widerspricht es seinem Interesse.«

Dann sprach Talleyrand die Rechtmäßigkeit des Vorgehens an und fragte: »Allein kann das Einverständnis Österreichs Preußen zum Eigentümer von dem machen, was dem Könige von Sachsen gehört?«

»Wenn der König von Sachsen nicht abdankt, wird er nach Russland gebracht werden und dort sterben. Es ist schon ein anderer König dort gestorben«, entgegnete der Zar und spielte damit auf den letzten polnischen König Stanislaus II. August an, der in den 1790er-Jahren von russischen Truppen entführt und aus dem Land geschafft worden war, um seine Tage nahe Sankt Petersburg zu fristen.

»Eure Majestät wollen mir gestatten, daran nicht zu glauben; der Kongress ist nicht versammelt worden, um ein solches Attentat zu erleben.«

»Wieso ein Attentat?«, erwiderte der Zar. »Ist nicht Stanislaw nach Russland gegangen? Warum soll der König von Sachsen nicht ebenfalls hingehen?«

Talleyrand wusste nicht recht, wo er bei der Antwort auf diese Frage anfangen sollte, und bemühte sich, wie er selbst sagte, seine Empörung zu unterdrücken. Ehe er etwas sagen konnte, setzte der Zar zu einem Monolog darüber an, wie viel Frankreich ihm schulde und wie bedeutungslos dieses ganze Gerede über das Völkerrecht doch sei. »Ihr öffentliches Recht existiert für mich nicht, ich weiß nicht, was das ist«, sagte der Zar. »Welchen Wert soll ich auf alle Ihre Pergamente und Ihre Verträge legen?«

Dann führte Alexander aus, wie er dem preußischen König sein Wort gegeben habe, ihm Sachsen zu übertragen, und dass er die Absicht habe, das Versprechen zu halten. In diesem Moment sah Talleyrand eine Gelegenheit, den Zaren daran zu erinnern, dass er eine Bevölkerung von neun oder zehn Millionen versprochen hatte. »Sie können sie ihm geben, ohne Sachsen zu zerstören«, sagte Talleyrand und überreichte ein Blatt Papier, das mehrere Alternativen aufzählte.

»Der König von Sachsen ist ein Verräter«, antwortete der Zar und spielte damit auf die Loyalität des Königs zu Napoleon an. Dabei überging er geflissentlich, dass auch er einst Napoleon die Treue gehalten hatte. Das Gleiche galt für den preußischen König und letztlich für die meisten Staatsoberhäupter und Delegierten auf dem Kongress.

Talleyrand hatte gehofft, den Zar zu überzeugen, dass er einen zufriedenstellenden Frieden erreichen könne, ohne das eigene Ansehen zu beschädigen. Das war ihm nicht gelungen. Alexander hielt immer noch an seiner Linie fest, das Königreich Sachsen aufzulösen und sein

Gebiet Preußen anzugliedern. Die Unterhaltung endete, wie sie begonnen hatte, mit Verärgerung und Enttäuschung.

Am nächsten Morgen, dem Tag der Abreise nach Ungarn, hatten sich Metternich und Hardenberg noch nicht die Billigung ihres gemeinsamen Widerstands gegen den Zaren gesichert. Alexander war ihnen zuvorgekommen und hatte Metternich allein in seine Räume zitiert. Ihr Gespräch in dem weiß und golden getäfelten Flügel der Hofburg zählte zu den wohl schwierigsten der gesamten Karriere Metternichs.

Der Zar forderte rundheraus Metternichs Einwilligung: »Ich habe die Absicht, ein unabhängiges Polen zu schaffen. Ich möchte Ihre Zustimmung, bevor ich heute nach Ungarn abreise.«

»Eure Majestät«, erwiderte Metternich mit seinem Tonfall, der gelegentlich als respektlos aufgefasst wurde, »wenn es darum geht, ein unabhängiges Polen zu schaffen, so kann auch Österreich eines gründen.«

Daraufhin brauste der Zar auf. Metternich sei der Einzige, erklärte er, der es wage, in diesem Ton mit ihm zu sprechen – Alexander bezeichnete ihn als »aufrührerischen« Ton, als ob der österreichische Außenminister sein Untertan wäre. Dann stieß der Zar voller »Arroganz und Sprachgewalt« eine Flut von Beschimpfungen hervor, nach denen Metternich wie vor den Kopf gestoßen und sichtlich erschüttert war.

Metternich verglich dieses Gespräch mit einer Begegnung mit Napoleon in seiner wahnhaftesten Phase. Er war sich nicht mehr sicher, ob er die Hofburg am Ende durch die Tür verlassen werde oder durch das Fenster, wie Alexander angeblich gedroht hatte. Der österreichische Minister wollte jedenfalls nie wieder unter vier Augen mit dem Zaren sprechen, erklärte er und sagte voraus, der Zar werde eines Tages genauso verrückt werden wie sein Vater.

Die diplomatischen Beziehungen waren auf einem Tiefpunkt angelangt. Der Zar reiste mit dem Kaiser und dem König nach Ungarn ab, doch er übertrug niemandem in seiner Abwesenheit eine Vollmacht, ihn zu vertreten; dabei war noch immer kein einziges der drängenden Probleme der Friedenskonferenz gelöst.

*Kapitel 13*

# Robinson Crusoe

*Wenn ich einen Thron sehe, überkommt mich sofort die Versuchung, mich daraufzusetzen.*

Napoleon

In ganz Europa verfolgten die Regierungen, wie sich die Siegermächte in Wien in Festivitäten und Streitigkeiten verloren. Und zu den aufmerksamsten Beobachtern zählte, wie sich herausstellte, Napoleon Bonaparte.

Er richtete sich gerade in seinem neuen Heim auf Elba häuslich ein, einer Felseninsel, die gut zehn Kilometer vor der Nordwestküste Italiens liegt. Sie zählt zu den sechs Hauptinseln des Toskanischen Archipels, zu dem im Süden auch die winzige windgepeitschte Insel Montecristo gehört, die durch Alexandre Dumas' Roman unsterblich wurde. Im Norden liegt die karge Insel Gorgona, die als Kulisse für ein anderes Werk der romantischen Fiktion diente: *Clisson et Eugénie.* Die Novelle handelt von einem jungen korsischen Rebellen, der eine eigene Armee hat, aber von einem vertrauten Freund verraten wird. Der Autor war kein Geringerer als Napoleon, im Alter von 26 Jahren.

Die Wahl der neuen Heimat Napoleons war im Frühjahr 1814 auf Elba gefallen, als die Koalition Paris besetzt und seine sofortige, bedingungslose Abdankung verlangt hatte. Zar Alexander hatte persönlich versprochen, dass Napoleon großzügige Bedingungen gewährt würden, sofern er kooperierte. Man suchte die Landkarte nach einem geeigneten Exil ab, das dem französischen Kaiser die Entscheidung erleichtern würde, unverzüglich den Thron frei zu machen.

Frankreich, Italien und andere Orte innerhalb des ehemaligen Ersten Kaiserreiches wurden von den Siegern rasch als inakzeptabel ausgeschlossen. Wie der Historiker Norman Mackenzie erklärte, kam Korsika nicht infrage, weil es Napoleons Geburtsort und außerdem französischer Besitz war. Sardinien gehörte dem Haus Savoyen, und auf Korfu hatten sowohl England als auch Russland ein Auge geworfen. Es wurden noch viele weitere abgelegene Orte in Betracht gezogen, von den Kanarischen bis zu den Karibischen Inseln. Einige plädierten für Trinidad, andere für die Azoren oder sogar für die Botany Bay in Australien. Talleyrand sprach sich vehement für Sankt Helena im Südatlantik aus. Der russische Zar schlug schließlich die Insel Elba vor.

Genau genommen schlug Alexander nicht nur die Insel vor – er weigerte sich rundweg, eine andere Option zu akzeptieren. Die Gründe für seine Haltung sind nicht ganz klar. Nach dem Eindruck mancher genoss der Zar seine neue Rolle als großmütiger Eroberer und aufgeklärter Herrscher, der in Friedenszeiten ebenso gnädig wie unerbittlich im Krieg war. Andere vermuteten hinter der Wahl der lächerlich kleinen Insel die Absicht, den gefallenen Titanen zu demütigen. Österreich hatte jedoch eine ganz andere Erklärung für die Entscheidung.

Hinter der »zur Schau gestellten Großzügigkeit« des Zaren verbarg sich in Metternichs Augen lediglich der Versuch, Österreich zu brüskieren. Die Insel Elba lag viel zu nahe beim Festland – und hier lagen auch Österreichs Interessen in Norditalien –, insbesondere weil man nicht ausschließen konnte, dass Napoleon eines Tages der neuen Heimat überdrüssig wurde. Immerhin war er erst 45 Jahre alt und hatte womöglich noch eine vielversprechende Karriere vor sich; langfristig könnte er sich als Magnet für die Unzufriedenen des Kontinents erweisen. Abgesehen davon war es nicht am Zaren, ihm die Insel zuzusprechen: Sie gehörte den Habsburgern (als Teil des wiederhergestellten habsburgischen Großherzogtums Toskana). Wie Metternich vermutete, konnte der Vorschlag des Zaren lediglich zum Ziel haben, in Österreichs Rücken einen Unruheherd zu platzieren. Die südliche Hälfte des weitläufigen Habsburgerreiches wäre extrem stark der Gefahr einer Rückkehr Napoleons ausgesetzt.

Zum Leidwesen Österreichs war kaum darüber diskutiert worden, ob Napoleon nach Elba geschickt werden sollte. Der russische Zar hatte Paris als Erster erreicht und sofort auf seine Lösung hingewirkt. Als die österreichische Delegation Anfang April 1814 endlich den vom Krieg verwüsteten Nordosten Frankreichs durchquert hatte, hatte Alexander seinen Vorschlag bereits unterbreitet und Napoleons Zustimmung erhalten. Die Vereinbarung müsse so schnell wie möglich unterzeichnet werden, sagte der Zar, ehe Napoleon es sich anders überlegte.

Aber waren die Österreicher wirklich vor Paris aufgehalten worden, wie sie behaupteten, oder hatten sie sich absichtlich Zeit gelassen? Kaiser Franz wollte sich mit Sicherheit nicht an der offiziellen Entthronung seiner Tochter Marie-Louise, seines Schwiegersohns Napoleon und seines Enkels, des Königs von Rom, beteiligen. Was Metternichs zuverlässigsten Verbündeten Castlereagh betraf, so fehlte auch er und schien es ebenfalls nicht sonderlich eilig zu haben. Vielleicht hoffte er, den unerfreulichen Eindruck zu vermeiden, Frankreich einen Regimewechsel aufzwingen zu wollen. Wie lange sollte denn der Zar noch auf seine Bündnispartner warten? Napoleon schien schon wieder zu schwanken, und dieser ruhelose Mensch neigte bekanntlich zu raschen, riskanten Manövern. Der Zar hatte seine Entscheidung getroffen und drängte die anderen.

Laut den Bestimmungen des Vertrags, der damals als »Abdankungsvertrag« bezeichnet wurde (in den Geschichtsbüchern ist vom Vertrag von Fontainebleau die Rede, benannt nach Napoleons Schloss, obwohl er dort gar nicht unterschrieben wurde), sollte Napoleon den offiziellen Titel »Kaiser und Souverän der Insel Elba« führen. Dieser Rang wurde ihm für den Rest seines Lebens zugesprochen sowie eine Pension in Höhe von zwei Millionen Francs jährlich, die aus der französischen Staatskasse bezahlt werden musste. Seine Frau Marie-Louise sollte die Herzogtümer Parma, Piacenza und Guastalla in Norditalien erhalten, und ihr Sohn, Napoleon junior, wurde zum »Prinzen von Parma«. Artikel III des Vertrags enthielt sogar die beschönigende Behauptung, die Abdankung sei Napoleons eigener Wille gewesen. Was Napoleons Angehörige anging, von denen viele ihren Thron verloren hatten, so sollten auch sie eine jährliche Zuwendung in Höhe von insgesamt 2,5 Millionen Francs erhalten. Wie der Zar versprochen hatte, erwies er sich in der Tat als großzügig.

Als Metternich und Castlereagh Anfang April in Paris eintrafen, waren sie entrüstet über die Bedingungen dieses Vertrags. Castlereagh weigerte sich, ihn zu unterschreiben. Großbritannien würde *niemals* diesen Vertrag unterzeichnen, der Napoleon Ansprüche auf Elba garantierte. Österreich war ebenfalls sehr enttäuscht. Angesichts dieses Fait accompli des Zaren verunglimpfte Metternich die Regelung als niederträchtig und dumm. Binnen einem Jahr, prophezeite er, werde Napoleon aufs Schlachtfeld zurückkehren, und Europa werde sich erneut mit ihm herumschlagen müssen. Sein Protest war vergebens. Niemand war in der Lage, sich dem Zaren zu widersetzen; also reiste Napoleon ohne weitere Diskussion nach Elba.

Bei Napoleons Ankunft Anfang Mai 1814 lebten rund 12 000 Menschen auf der kleinen, sonnigen Insel. In der Hauptstadt Portoferraio, die an der Südküste Elbas an einer Bucht mit einem lang gezogenen Felsvorsprung liegt, lebten etwa 3000 Inselbewohner. Die Wege waren in einem erbärmlichen Zustand, häufig einfache Ziegen- und Eselspfade, und die Straßen waren nicht viel besser, meist kaum mehr als staubige Steinstufen, die sich den Steilhang hinaufzogen. Es gab eine Kirche, eine Taverne und ein Café namens »Buon Gusto«, in dem der einheimische Wein, der »alciato«, angeboten wurde. Die Inselhauptstadt sei »nicht mehr als ein kleiner, verwahrloster Mittelmeerhafen«, so fasste es damals ein Zeitgenosse zusammen.

Von einem Schiff aus gesehen, das in den Haupthafen der Insel einfuhr, schien Elba ganz aus zerklüfteten Felsen, roten Ziegeldächern und weiß gekalkten Mauern zu bestehen. Überreste der sagenumwobenen Vergangenheit fielen ebenfalls ins Auge, etwa die alte Burg, die in gut 350 Meter Höhe auf einem Felsvorsprung aufragte und nach einer Volkssage von wilden Riesen errichtet worden sein soll. Um die Insel rankten sich viele Legenden. Angeblich hatten Jason und die Argonauten auf ihrer Suche nach dem Goldenen Vlies hier angelegt, und selbst der trojanische Prinz Äneas war mit dem Auftrag, tapfere Kämpfer für den Trojanischen Krieg zu werben, nach Elba gekommen.

Abgesehen von solchen ausschmückenden Überlieferungen hatte die kleine Insel auf ihren gut 200 Quadratkilometern eine Fülle historischer Ereignisse erlebt. Zum großen Teil waren sie leider blutig und tragisch gewesen. Elba war einer langen Liste von Eroberern zum Opfer gefallen, darunter Etrusker, Römer, Westgoten, Ostgoten und Langobarden. Später im Mittelalter nahmen die Städte Pisa und Genua die vorgelagerte Insel ein. Es folgte das Königreich Spanien, das die Insel schon bald an die florentinische Dynastie der Medici abtrat, die dann rund 200 Jahre über die Insel herrschten. Andere hatten nur für kurze Zeit regiert, darunter Deutsche, Türken und zuletzt die Engländer und die Franzosen.

Elba war im Grunde eine sehr arme Insel. Ihr Boden war felsig, die Jahreszeiten extrem. Dürreperioden und sintflutartige, fast schon tropische Regenfälle verwüsteten die Felder, Hungersnöte waren oft die Folge. Viele Jahre lang musste Elba immerhin zwei Drittel des Getreidebedarfs importieren, zum größten Teil aus dem benachbarten Italien. Aber ungeachtet der landwirtschaftlichen Schwierigkeiten und verbreiteten Armut verfügte die Insel über einige wertvolle Bodenschätze.

Bei Rio Marina auf der Ostseite der Insel schürften Männer mit Pickeln und Schaufeln das Eisenerz, die größte Einnahmequelle der Insel. Es hatte der Hauptstadt Portoferraio, wörtlich übersetzt »Eisenhafen«, auch ihren Namen gegeben. Im Süden lagen reiche Steinbrüche; sie lieferten harten Granit und Marmor fürs Festland, die für Bauten wie den Dom zu Pisa verwendet wurden. Ferner gab es Salzvorkommen, die das große Lagerhaus an der Piazza della Granguardia hinter dem Hafen füllten. Orangen, Oliven, Granatäpfel und Trauben wuchsen in Hülle und Fülle, und die Fischernetze brachten ebenfalls große Fänge ein, vor allem Thunfisch und Sardellen.

Größtenteils akzeptierten die Bewohner von Elba rasch ihren neuen Souverän – nicht zuletzt dank seines bekannten Charismas. Napoleon war zu einem äußerst ungünstigen Zeitpunkt auf die Insel gekommen. Nach etlichen Wechselfällen in den letzten 20 Jahren hatten die Besitzrechte von den Franzosen zu den Briten gewechselt, dann gewannen die Franzosen wieder die Oberhand, auch wenn die Inselbewohner revoltierten und Elba im Chaos zu versinken drohte. So hatten Wachposten von den Küstenbefestigungen aus auf die einlaufende britische Fregatte HMS *Undaunted* geschossen, als sie den Kaiser zu seiner neuen Insel brachte.

In der ganzen Verwirrung war jedoch eines sicher: Die kleine Hauptstadt von Elba war, gelinde ausgedrückt, nicht vorbereitet auf die merkwürdige Episode, die ihr bevorstand. Sämtliche Insignien eines kaiserlichen Hofes mussten gefunden oder geschaffen werden. Da es keine Residenz gab, musste Napoleon in einem behelfsmäßigen Palast einquartiert werden: dem ungenutzten oberen Stockwerk des Rathauses, das einst als Lagerhaus für Biskuitwaren gedient hatte. Stühle, Tische, Schreibtische und andere Möbelstücke wurden rasch für den improvisierten Thronsaal ausgeliehen. Was den Thron selbst anging, so wurde keiner gefunden. »Was ist schon ein Thron«, hatte Napoleon einst selbst gesagt, »ein Stück Holz bedeckt mit Samt.« Auf Elba traf das recht genau zu: Napoleons Thron war ein mit Papierblumen dekoriertes geliehenes Sofa.

Während Napoleon Robinson Crusoe spielte, wie Fürst de Ligne spottete, war Wien vollauf mit seinen eigenen Angelegenheiten und Spekulationen beschäftigt. Graf Pálffy habe, so munkelte man, eine Affäre mit der berühmten Ballerina Emilia Bigottini, und jetzt war sie anscheinend schwanger. Wie es hieß, sollte der Graf ihr kürzlich eine lebenslange Pension in Höhe von 6000 Francs angeboten haben. Fürst Eugène de Beauharnais wurde dabei beobachtet, wie er in einen Juwelierladen huschte und Unsummen für seine neue Mätresse ausgab. Laut einem anonymen Polizeibericht, der Ende Oktober Baron Hager vorgelegt wurde, betrug die Rechnung 32 000 Dukaten, und der Fürst beglich einen Teil davon, indem er einen Kavalleriesäbel in Zahlung gab, den ihm sein Stiefvater Napoleon einst geschenkt hatte.

Die meisten Gerüchte gingen von der russischen Delegation aus. Da der Zar darauf bestand, alle wichtigen diplomatischen Entscheidungen selbst zu treffen, stellten viele Mitglieder seines Stabs bald fest, dass sie reichlich freie Zeit hatten, und so verirrten sich manche auch in die Wiener Rotlichtbezirke. Ein Delegationsmitglied war angeblich sogar dafür zuständig, die Bordelle zu inspizieren und dem Zaren höchstpersönlich jemanden zuzuführen. Andere hielten das jedoch für leeres Gerede: Alexander brauche in dieser Hinsicht gewiss keine Hilfe.

Viele hohe russische Militärs wurden ebenfalls mit bekannten Kurtisanen im Theater in der Leopoldstadt beobachtet und nahmen sie manchmal auch in ihre Suite in der Hofburg mit. Die 19-jährige Kokotte Josephine Wolters machte von sich reden, weil sie fast jede Nacht als Mann verkleidet an den Schlosswachen vorüberschlüpfte. Trotz der Beschwerden anderer Delegationen legten die Polizeibeamten keinen großen Wert darauf, diese Eskapaden zu beenden. Besagte Kokotte arbeitete auch für den Spionagechef.

Laut Polizeiberichten regten sich die Russen in jenem Herbst offenbar selbst über viele Dinge auf, nicht nur über die Ränkespiele Österreichs. Sie machten kein Hehl aus ihrer Unzufriedenheit mit England, insbesondere mit Castlereagh, der sich in die Polenfrage einmischte, statt zu vermitteln. Frankreich warfen sie vor, dass es die Ängste bei den kleineren Staaten schüre und versuche, die Bündnispartner zu entzweien. Einige Mitglieder der russischen Delegation klagten ferner über die wachsende antirussische Stimmung in der Stadt. So verwendeten zwei Wiener Perückenmacher, einer nicht weit vom Stephansdom und der zweite in der Schwertgasse, in ungehörigster Weise Büsten des Zaren Alexander als Puppe, um ihre neuesten Perücken auszustellen.

Spitzel registrierten weitere Anzeichen der Spannung, als sie ihre Observierung fortsetzten und weiterhin Briefe abfingen, die ausländischen Botschaften infiltrierten und heimlich in Büroräumen nach vergessenen Papieren oder Schnipseln suchten. Die Kronprinzen zweier rivalisierender Königreiche, Bayern und Württemberg, hätten sich um ein Haar duelliert. Sie hatten im Salon der Fürstin von Thurn und Taxis »Blinde Kuh« gespielt, als der eine den anderen beschuldigte, er würde schummeln. Glücklicherweise wurde das Duell durch ein Machtwort des bayerischen Königs noch rechtzeitig verhindert.

In jenem Herbst wurden nur wenige Verbrechen gemeldet – was erstaunlich ist, wenn man bedenkt, dass sich die Crème de la Crème in der Stadt aufhielt und ihren Reichtum ohne Scheu zur Schau stellte. Jemand hatte der Fürstin von Liechtenstein einen seltenen Edelstein gestohlen, und man war in die spanische Botschaft eingebrochen und hatte Papiere aus Labradors Büro entwendet, aber alles in allem hatte Wien bislang eine geringe kriminelle Aktivität erlebt.

Für kurze Zeit erregte eine Intrige des Fürsten der Walachei (im heutigen Rumänien) die Aufmerksamkeit der Polizei. Der Delegierte, Fürst Bellio, hatte die Aufgabe, die Korrespondenz zwischen seinem Souverän und Friedrich von Gentz zu übermitteln. Aber offensichtlich hatte Bellio die vertraulichen Briefe geöffnet, ihren Inhalt kopiert und sie dann mit einem gefälschten Siegel wieder verschlossen. Mitte Oktober versuchte Bellio, ein Treffen mit Fürstin Katharina Bagration zu arrangieren, um gegen Bezahlung sein Wissen an den russischen Zaren weiterzugeben. Ehe es jedoch dazu kam, durchsuchte die Polizei seine Räume im zweiten Stock einer Villa am geschäftigen Stock-im-Eisen-Platz und beschlagnahmte die Papiere. Der Fürst wurde umgehend zur Grenze eskortiert.

Unter all den Gerüchten und Intrigen, die in der ganzen Stadt ausgeheckt wurden, löste in den ersten Wochen den größten Skandal ein kleiner Zettel aus, den ein erst unlängst eingeschleustes Zimmermädchen aus der französischen Botschaft geschmuggelt hatte. Die Notiz war vage, kryptisch und nicht sehr glaubwürdig. Sie bezog sich auf einen französischen Konsul in Livorno, den Chevalier Mariotti, der angeblich an einem Plan zur Entführung Napoleons arbeitete. Das Motiv für ein solches Komplott war unbekannt, und das Vorhaben schien auch einigermaßen unrealistisch, aber Baron Hager leitete für alle Fälle die Information unverzüglich an den österreichischen Kaiser weiter.

Als sich die Blätter rot und golden färbten, die Temperaturen sanken und der Himmel immer häufiger grau und trübe verhangen war, trug das Wetter gewiss nicht dazu bei, Fürst Metternich aufzumuntern. Er wartete verzweifelt auf die Antwort der Herzogin auf seinen Brief, und am 23. Oktober traf sie ein. Die Herzogin erklärte, dass sie in Wirklichkeit vorgehabt habe, ihre Beziehung zum Fürsten Alfred zu Windischgrätz zu beenden, aber obwohl sie erkannt habe, dass er nicht der Richtige für sie sei, bedeute er ihr zu viel, um den Kontakt abzubrechen. Ganz offen fügte sie hinzu, dass sie Metternich nicht länger als

Liebhaber betrachte. Sie habe ihre Gefühle erforscht, aber: »Über eine herzliche Freundschaft hinaus blieb in mir alles still.«

Diese Feststellung dürfte ihn kaum beruhigt haben. Metternich war immer noch niedergeschlagen und verzweifelt. »Du hattest die Macht, mich zu töten«, schrieb er am selben Abend zurück. »Ich sagte dir, dass es so sein werde.« Erneut schüttete Metternich der Herzogin sein Herz aus und verglich die qualvollen letzten 72 Stunden mit 100 Jahren:

> Ich bin nicht mehr der Mann, der ich vorgestern war ... Der alte Freund ist tot, und du hast seine Asche in den Wind gestreut.

Das Herz sei ihm gewaltsam aus dem Leib gerissen worden, warf er ihr vor. Gerüchte, dass der Zar die Nase in seine Privatangelegenheiten stecke, ließen ihm ebenfalls keine Ruhe. Ob sie ihm nicht mitteilen wolle, was genau sie dem Zaren versprochen habe.

Alexander zog mit Sicherheit Metternichs Glaubwürdigkeit in Zweifel, aber ob er tatsächlich so weit gegangen war und die Herzogin unter Druck gesetzt hatte, den Kontakt zu Metternich abzubrechen, wie Gerüchte behaupteten? Der Zar hatte sich schon in der Vergangenheit in das Privatleben von Untertanen eingemischt, etwa als er Dorothea, der jüngeren Schwester der Herzogin, eine Heirat aufzwang. Baron Hagers Spitzel waren überzeugt, dass der Zar in diesem Fall wieder genauso vorging und ihr androhte, ihr die Ländereien wegzunehmen. Gleichzeitig mache er deutlich, dass er sich nur mit einem förmlichen Bruch mit Metternich zufriedengeben werde.

Vielleicht hatte der Zar auf die Herzogin eingewirkt – und dazu hätte er natürlich weitaus stärkere Druckmittel gehabt als das von einigen Spitzeln genannte: ihre Tochter im russisch kontrollierten Finnland. Ob die Gerüchte nun stimmten oder nicht, jedenfalls glaubte Metternich, dass der Zar die Tochter der Herzogin skrupellos als Schachfigur benutzt und die Herzogin gedrängt habe, ihn zu verlassen. Bei diesem Mann wundere ihn gar nichts mehr, schrieb Metternich. Und diese Einschätzung sollte sich auf sein Verhalten gegenüber dem Rivalen auswirken.

Ende Oktober waren der Kaiser, der Zar und der König von ihrer

Ungarnreise zurückgekehrt. Die drei Monarchen hatten die Städte an der Donau besucht, die »Perle« Buda und das jüngere, wirtschaftlich aufstrebende Pest, die beide noch im selben Jahrhundert zu Budapest verschmelzen sollten. Sie hatten die Hauptstadt besichtigt, Trauben gepflückt und das Grab von Alexanders Schwester Alexandra aufgesucht, die Erzherzog Joseph, den Palatin von Ungarn, geheiratet hatte und vor 13 Jahren dort gestorben war.

Trotz der Hoffnung, dass ein Ortswechsel die Stimmung entspannen würde, hatte man die Probleme einfach 240 Kilometer donauabwärts verlegt. Der russische Zar blieb bei seinem unkooperativen Verhalten, das der üblichen diplomatischen Etikette widersprach. Aufbrausend, wie er war, explodierte er oft, und Spitzel meldeten ein wütendes Türenschlagen in dem ungarischen Palast, wo sie untergebracht waren. Außerdem berichteten sie, dass er seine Mitmonarchen brüskiere, indem er die meiste Zeit mit hübschen Frauen verbringe.

Der Zar, so hieß es, lasse keine Gelegenheit aus, Metternich und die Diplomaten zu verunglimpfen, die er so sehr verachtete. Zum österreichischen Kaiser sagte er, dass sie beide sich mit dem preußischen König zu einer Art Union der Monarchen zusammentun sollten, um selbst zu Lösungen für Europa zu gelangen. Er arbeitete daran, Metternich aus dem Amt zu entfernen.

Aber dazu kam es nicht, zumindest noch nicht. Die Gunst des österreichischen Kaisers rettete Metternich. Franz I. mochte seinen Außenminister und vertraute seinem Urteil, was der Zar oder die wachsende Zahl der Kritiker Metternichs auch behaupten mochten. Spätestens jetzt zeigte das herrschsüchtige Auftreten des Zaren dem Kaiser, wie schwierig es war, mit ihm zusammenzuarbeiten.

So kam es, dass Franz I. während der Reise nach Ungarn durchblicken ließ, dass allen besser gedient wäre, wenn die Monarchen die komplizierten Verhandlungen ihren Außenministern überlassen würden. Wie Diplomaten dann auch bei späteren Verhandlungen erfahren sollten, erschwerte der Rangunterschied zwischen einem Staatsoberhaupt und einem Außenminister den üblichen Konsensfindungsprozess des Gebens und Nehmens im Konferenzsaal.

Trotz Alexanders Anstrengungen genoss Metternich somit weiterhin den Rückhalt seines Kaisers und blieb österreichischer Außenminister. Als Kaiser Franz jetzt nach Wien zurückkehrte, war er erst recht auf der Hut vor dem Zaren. Der preußische König hingegen erwies sich nach der Reise gegenüber Alexander als loyaler denn je und verdiente sich einen neuen Beinamen: Kammerdiener des Zaren.

*Kapitel 14*

# Diner beim Zaren

*Man kann schwerlich mehr Einblick haben als Zar Alexander, aber ein Element fehlt. Es ist mir nie gelungen herauszufinden, welches.*

Napoleon

Die öffentliche Meinung zum Wiener Kongress erreichte einen neuen Tiefpunkt. »In unserer Konferenz rückt es gar nicht voran«, murrte ein Mitglied der bayerischen Delegation. »Es wird gar nichts entschieden; über nichts kann man sich einverstehen.« Die Lähmung wurde auf einen simplen Grund zurückgeführt: »Die Sitzungen werden auch viel zu selten. Die ewigen Feste, die wir alle zum Ekel haben, absorbieren alle Zeit.« Auf einem Ball hörte man sogar, wie sich der preußische König beklagte, sie alle seien anscheinend nur hier, um sich zu amüsieren.

Metternichs Fehler, sagten die einen: Er sei falsch, perfide und liebeskrank. Wie um alles in der Welt könne er österreichischer Außenminister sein, geschweige denn Präsident des Kongresses? Es kursierten Gerüchte, dass Metternich in Kürze entlassen oder aber einen Nervenzusammenbruch erleiden werde. Andere gaben dem Zaren und seinem tyrannischen, selbstherrlichen Verhandlungsstil die Schuld. Wieder andere suchten die eigentliche Ursache für die Uneinigkeit in den von der Herzogin von Sagan und Fürstin Bagration eingefädelten Intrigen – beide hatten angeblich die Lenker der Welt in der Hand wie Schachfiguren.

Nach der letzten Verschiebung vor zwei Wochen rückte auch der neue Eröffnungstag, der 1. November, rasch näher; und immer noch deutete nichts auf eine offizielle Eröffnung hin. Viele fürchteten bereits, dass der Kongress überhaupt nicht stattfinden könnte. Die Vorstellungen der Friedensstifter schienen unvereinbar.

Für die meisten Delegationen außer den Großen Vier war die ganze verschwendete Zeit äußerst ärgerlich. Es wirkte wie eine Ironie der Geschichte, dass sich ausgerechnet der Repräsentant der besiegten Macht – Talleyrand – als prominentester Fürsprecher einer unverzüglichen Eröffnung des Friedenskongresses entpuppte.

Castlereagh, Metternich und Hardenberg hatten zwar heimlich vereinbart, dem Zaren damit zu drohen, dass sie die Vollversammlung aller Staaten einberiefen und ihr die Polenfrage vorlegten. Doch das geschah nur auf Castlereaghs Drängen hin, und er schien wirklich als einziger Minister eine baldige Eröffnung des Kongresses zu begrüßen. Das merkte Talleyrand natürlich und sah in Castlereagh einen potenziellen Verbündeten.

Die beiden Außenminister kamen recht gut miteinander aus, auf beruflicher Ebene als Diplomaten ebenso wie gesellschaftlich als Kosmopoliten. Beiden gelang es problemlos, über den Umstand hinwegzusehen, dass ihre Länder fast 20 Jahre lang miteinander im Krieg gewesen waren, was wiederum Teil einer umfassenderen feindlichen Konstellation war, die fast 150 Jahre zurückreichte. Großbritannien und Frankreich waren geschworene Gegner, aber zumindest Talleyrand machte sich Hoffnungen, das zu ändern.

In Wien war die größte Differenz zwischen den beiden Delegationen lediglich eine Frage der Prioritäten. Für Castlereagh bestand die Hauptaufgabe darin, sich der Ausdehnung Russlands zu widersetzen, das von einem Zaren angeführt wurde, der wie »ein neuer Bonaparte« auftrat. Talleyrand hingegen machte sich weniger wegen des streitbaren Zaren Sorgen als wegen der aggressiven Preußen, die unter Umständen tatsächlich einen neuen Krieg beginnen könnten. In seinen Augen waren Castlereaghs Ansichten recht naiv. Seine etwas beschränkte Sicht führte Talleyrand darauf zurück, dass sein Land in einer luxuriösen Lage war – als ungefährdete Inselmacht, die von einer starken Flotte und dem stürmischen Ärmelkanal geschützt wurde.

Castlereagh war seinerseits der Meinung, dass Talleyrand überreagiere, da er von unnötigen Ängsten vor seinem deutschen Nachbarn vereinnahmt werde. »Frankreich braucht einen Deutschen Bund niemals zu fürchten«, schloss Castlereagh, »er ist per se nicht offensiv.«

Talleyrand sah es daher als seine Aufgabe, Castlereagh vor Augen zu führen, wie gefährlich Preußen wäre, wenn es Sachsen bekäme. Bei einem privaten Treffen Ende Oktober im englischen Hauptquartier am Minoritenplatz humpelte Talleyrand zu den Landkarten auf dem Tisch und erteilte dem britischen Minister eine Lehrstunde in Geschichte. Er führte ihm vor, »dass, wenn Sachsen und Schlesien in einer [der preußischen] Hand wären, Böhmen in wenigen Wochen erobert werden könne.«

Genau das hatte Preußen bereits dreimal unter Friedrich dem Großen bei Konflikten mit Österreich getan – und sollte es auch im 19. Jahrhundert unter Bismarck wieder tun. Und falls Böhmen exponiert sei, liege »das Herz der österreichischen Monarchie offen und ohne Verteidigung« da. Laut Talleyrands Schilderung huschte ein »überraschter« Ausdruck über Castlereaghs langes Gesicht. Da appellierte Talleyrand unmittelbar an das britische Eigeninteresse: Wollten sie denn wirklich Sachsen mit dem reichen Leipzig – seit dem Mittelalter eine große Handels- und Messestadt – einem Land wie Preußen überlassen, auf dessen Bündnistreue man sich keineswegs verlassen könne? Das hieße, den freundlich gesinnten Staat Sachsen einer Macht opfern, deren Politik äußerst ungewiss sei.

Talleyrand hatte den Finger auf ein grundlegendes Problem der britischen Außenpolitik gelegt: Castlereaghs ganze Strategie basierte auf der Annahme, dass Preußen als eine unabhängige souveräne Macht handeln würde und keinem Druck von außen ausgesetzt wäre. Aber das entsprach schlicht nicht den Tatsachen. In Anbetracht der Abhängigkeit Preußens vom Zaren verfolgte Castlereagh im Grunde eine Politik, die höchstwahrscheinlich mit dem Ergebnis endete, das er am meisten fürchtete: ein viel stärkeres Russland.

Doch Talleyrands Argumente reichten nicht aus, um Castlereagh umzustimmen. Gegen Ende ihrer Unterhaltung merkte der französische Minister allmählich, dass es für die britische Unterstützung Preußens einen weiteren Grund geben musste. Castlereagh wappnete sich nicht nur gegen eine von Russland ausgehende Bedrohung, sondern er hatte immer noch vor Frankreich Angst. Talleyrand versicherte ihm daher, dass von seinem Land überhaupt keine Gefahr mehr ausgehe. Frankreich wäre doch verrückt, wenn es einen neuen Krieg begänne.

Da Castlereagh immer noch nicht überzeugt war, versuchte Talleyrand es mit einer ganz anderen Argumentation. Natürlich gebe es eine Möglichkeit, den russischen Expansionsdrang ein für alle Mal zu stoppen: Eröffnet den Kongress. Der Zar werde es kaum wagen, seine unverschämten Forderungen vor einer Versammlung aller Delegierten vorzubringen. Dafür sonnte er sich doch viel zu gerne in seinem Image als Kriegsheld, Befreier und aufgeklärter Denker.

Die Eröffnung des Kongresses sei mit Schwierigkeiten verbunden, gab der britische Staatsmann vage zu bedenken. Als Talleyrand ihn aufforderte, sich deutlicher zu äußern, drängte Castlereagh ihn, mit Metternich zu sprechen. »Hiernach glaube ich annehmen zu dürfen«, schrieb Talleyrand, »dass sie untereinander irgendetwas abgemacht haben«, und Castlereagh hätte diese Vereinbarung »wohl nicht verschwiegen, wenn er nicht Ursache hätte, von mir Einwendungen dagegen zu erwarten«.

Wie gerufen kam am 30. Oktober eine Einladung zu einem vertraulichen Gespräch mit Fürst Metternich am selben Abend um 20 Uhr. Das war unmittelbar vor einer Sitzung des Generalausschusses der Acht, der jetzt darüber entscheiden musste, was aus dem Kongress werden sollte. Bis zum vorgeschlagenen Eröffnungstermin waren es nur noch zwei Tage.

Metternich schien sich allmählich zu fragen, ob die Eröffnung eines Kongresses womöglich gar keine so schlechte Idee wäre. Es war noch das kleinste Übel, verglichen mit dem Risiko eines Russischen Reiches, das einen Satellitenstaat Polen gründete und seinen Einfluss bis nach Mitteleuropa ausdehnte. Seine Kollegen im Ausschuss standen ebenfalls so stark unter Druck, dass sie beschlossen hatten, Talleyrand zu bitten, ihnen seine Vorschläge für die Organisation der Friedenskonferenz zu unterbreiten.

Auf diese Bitte war der französische Außenminister gefasst gewesen und hatte zum Treffen sein Konzept mitgebracht. Demnach sollte ein Leitungsgremium gebildet werden, das alle Verhandlungen organisieren und interessanterweise eine Reihe von Unterausschüssen ernennen würde, die sich konkreter mit allen anstehenden Einzelproblemen befassen sollten. Talleyrand regte drei solcher Ausschüsse an: einen für Sachsen, einen für Italien und den dritten für die Schweiz. Was die heikle Frage anging, wer teilnehmen dürfe, sollte es auch eine Kommission zur »Verification der Vollmachten« aller Kandidaten geben. Und der Kongress aller Staaten, bei dem sämtliche Entscheidungen ratifiziert würden, sollte unverzüglich eröffnet werden.

Castlereagh unterstützte selbstverständlich diesen Plan, und jetzt schloss sich Metternich ihm an. Graf Nesselrode hingegen protestierte im Namen Russlands, dass er nicht dafür stimmen könne, weil er nicht ausreichend informiert sei. Die preußischen Delegierten äußerten sich noch ablehnender; Kanzler Hardenberg soll sogar gesagt haben, er bekomme es bei dem Gedanken an einen Kongress mit der Angst zu tun. Am Ende der Sitzung wurde Talleyrands Vorschlag zurückgestellt, weil Russland und Preußen bei ihrer Blockadehaltung blieben. Am Vorabend der geplanten Eröffnung wurde der Kongress erneut verschoben. Einige Wochen später sollte er ein letztes Mal verschoben werden – um in Wirklichkeit nie zu beginnen. Ja, in gewissem Sinne sollte der Kongress niemals zusammenkommen. Und der Leitungsausschuss und die Unterausschüsse wurden nie aufgelöst. Denn die eigentliche Arbeit des Wiener Kongresses sollte hier erledigt werden, in kleinen Gruppen hinter verschlossenen Türen.

Mitten in dieser kleinen Krise, als es für viele so aussah, als könnten sich die Großmächte auf keinen gemeinsamen Nenner einigen, bekam Metternich offenbar eine merkwürdige anonyme Notiz. Vermutlich geschah dies noch am Abend der Sitzung, dem 30. Oktober, bei einem Maskenball in der Hofburg. Eine maskierte Gestalt trat an den österreichischen Außenminister heran, reichte ihm einen gefalteten Zettel und verschwand sofort in der Menge im Ballsaal.

Die Note stammte von einer namentlich nicht genannten Quelle, die sich lediglich als »eine Persönlichkeit allerhöchsten Ranges«, mit der er unlängst gestritten habe, zu erkennen gab. Fürst Metternich wurde eine stattliche Summe versprochen, wenn er sich nur in einer bestimmten Angelegenheit kooperativer erweise. Der zweite Teil des Angebots dürfte für ihn allerdings noch sehr viel verlockender gewesen sein. Der unbekannte Absender behauptete, er sei in der Lage, Metternich bei seinen Problemen mit einer »hochgestellten Dame«, an der er sehr interessiert sei, zu helfen. Das Ganze war zugegebenermaßen sehr vage, aber der Autor der Notiz versicherte Metternich: »Ew. Durchlaucht werden verstehen.«

Und Metternich verstand. Die mysteriöse »Persönlichkeit allerhöchsten Ranges«, mit der er unlängst gestritten hatte, war so gut wie sicher der Zar, und es gab zu der Zeit nur eine »hochgestellte Dame«, an der er interessiert war: die Herzogin von Sagan. Nach der Schilderung eines Mitarbeiters von Castlereagh nahm der österreichische Außenminister die Note in Empfang und warf sie einfach beiseite. Er tat so, als verstehe er *nicht*. Später bedauerte Metternich, dass er den Zettel nicht als Beleg für die billigen Tricks des Zaren behalten hatte.

Um die gleiche Zeit erhielt auch Talleyrand Informationen, die sich in künftigen Verhandlungen als nützlich erweisen könnten. Das betraf Castlereagh, der sich, so hilfreich er sonst für den Kongress war, als harte Nuss erwies, wenn es um seine Preußenpolitik ging. Womöglich änderte sich das schon bald, hoffte Talleyrand, und zwar aus gutem Grund.

Laut Talleyrands Informationen hatte Castlereagh ein Geheimnis, das ihn, wenn es enthüllt würde, in eine peinliche Lage brächte. Allem Anschein nach hatte Castlereagh nicht die Billigung der britischen Regierung für seine preußenfreundliche Linie, ja es sah ganz so aus, als würde der britische Außenminister sogar gegen die Anweisungen seiner eigenen Regierung handeln.

Diese Entdeckung zur rechten Zeit stammte von einem sächsischen Offizier, der soeben aus London in Wien eingetroffen war. Er brachte Nachrichten von einem Treffen mit dem Prinzregenten, der Talleyrands Befürchtungen ganz offensichtlich teilte. Andere Quellen hatten diese Entdeckung bestätigt, darunter ein Minister König Ludwigs in Paris, der ein aufschlussreiches Gespräch mit dem britischen Botschafter in Frankreich, dem Duke of Wellington, geführt hatte. Castlereagh hatte also – vorsichtig ausgedrückt – keine Vollmacht für seine Vorgehensweise und könnte durchaus bloßgestellt werden, weil er die Wünsche seiner eigenen Regierung missachtet hatte.

Während Talleyrand noch überlegte, wie er diese Information am geschicktesten nutzen könnte, unterstützte Castlereagh eifrig preußische Regierungsvertreter in ihrem Vorhaben, den preußischen König vom russischen Zaren wegzulocken.

Die ganze Anspannung und Unsicherheit kam Anfang November bei einem dramatischen Diner in der Privatsuite des Zaren in der Hofburg zum Ausbruch. Der Zar und der preußische König speisten allein, und gegen Ende der Mahlzeit kam Alexander auf die Außenpolitik zu sprechen und erinnerte seinen Verbündeten daran, wie wichtig es sei, das Königreich Polen wiederherzustellen. Nachdem er geschworen hatte, dass er in diesem Punkt niemals nachgeben werde, brachte der Zar sein Erstaunen, seine Enttäuschung und seinen Ärger darüber zum Ausdruck, dass der König von Preußen, sein »bester Freund«, gegen ihn intrigiert habe.

Von diesem Vorwurf völlig überrumpelt, beteuerte der König »tausendmal« seine völlige Unschuld. Er schwor, dass er wie versprochen den Zaren unterstützt habe, und das gelte für Polen ebenso wie für jede andere Angelegenheit, die sein Bündnispartner wünsche. Sie hätten sich doch ewige Freundschaft geschworen, daran habe sich nichts geändert.

»Es ist nicht genug, dass Sie diese Gesinnung hegen«, entgegnete Zar Alexander. »Ihre Minister müssen auch nach derselben handeln!«

Seine Minister würden selbstverständlich unterstützen, was er zu unterstützen beschließe, rechtfertigte sich der König.

Jetzt wurde der preußische Kanzler Hardenberg zu Tisch gerufen. Der betagte und erfahrene Staatsmann, der wusste, wie man sich mit »einer liebenswürdigen Unterhaltung« die Zeit vertreibt, sah sich in einer äußerst unangenehmen und unerfreulichen Situation.

Der Zar bombardierte ihn augenblicklich mit einer Reihe von Fakten und Fragen. Russland und Preußen wären, so Alexander, zu einer »endgültigen und unumstößlichen« Einigung über Polen gelangt. Ob der Kanzler den Anweisungen seines Königs Folge leisten werde oder nicht, wollte der Zar wissen. Der preußische König saß nur da und zeigte keine Regung angesichts der misslichen Lage seines Vertreters.

Als Hardenberg ansetzte zu erklären, wie wichtig es sei, zur Polenfrage einen internationalen Konsens zu erreichen, sagte der Zar barsch: »Das sind die Argumente des Herrn Metternich.« Dann deutete er plötzlich an, Metternich hätte angeboten, die Preußen zu hintergehen. Hardenberg war zu Recht skeptisch. Metternich mochte unberechenbar sein, doch diese Behauptung erschien ihm aus der Luft gegriffen. Dafür ärgerte sich der österreichische Minister viel zu sehr über den Zaren. Alexander wirkte so wütend und verzweifelt, dass ihm möglicherweise jedes Mittel recht war, um seinen Willen durchzusetzen.

Mit welchem Recht behandelte der Zar den Kanzler eines anderen Königs auf diese Weise? Gentz berichtete später, dass das Ereignis den preußischen Kanzler so sehr mitgenommen habe, dass manche Freunde um seine Gesundheit fürchteten. Als seine Kollegen in der britischen und österreichischen Delegation von dem Diner hörten, hofften sie, dass er aus Protest zurücktreten werde.

Der preußische Kanzler wurde angewiesen, seine »Intrigen« mit Großbritannien und Österreich unverzüglich zu beenden. Er sei nunmehr verpflichtet, die preußische Politik so auszuführen, wie sein König sie beschlossen habe; und das hieß für ihn in der Praxis, eine Linie zu unterstützen, die nach seiner persönlichen Überzeugung sein Land und die Stabilität des ganzen Kontinents bedrohte.

Hardenberg war äußerst aufgebracht. Danach soll er den Zaren als die perfideste, tückischste, intriganteste Person bezeichnet haben, »unendlich viel gefährlicher als Bonaparte«. Aber er war unsicher, wie er sich verhalten sollte. Er kritzelte seinen Eindruck in das Tagebuch: »Russland, vom [preußischen] König in allen Stücken unterstützt, hatte Unrecht. Mais que faire?«

Als Metternich von den Vorwürfen des Zaren erfuhr, schrieb er sofort an Hardenberg und versicherte ihm, dass die Behauptungen nicht wahr seien. Er erklärte sich sogar bereit, dies in Anwesenheit des Zaren zu wiederholen.

Über diese Entwicklung war auch Lord Castlereagh überaus beunruhigt. Er hatte seit Monaten versucht, mit Hardenberg eine gemeinsame Front zu bilden – und dabei hatten sie letztlich beide gegen ihre eigene Regierung auf etwas hingearbeitet, das nach ihrer Überzeugung dem künftigen Frieden besser dienen würde. Ihre Zusammenarbeit war ein bewusster Akt des Ungehorsams, hatte aber zu ihrem Leidwesen genau das Gegenteil bewirkt. Der russische Zar und der preußische König waren nur noch enger zusammengerückt.

Am 7. November teilte der unglückliche Hardenberg seinen Kollegen offiziell mit, dass Preußen künftig Russland unterstützen müsse. Castlereagh las diese Note mit wachsender Sorge und Mutlosigkeit. Wenn man den Herrscher Russlands nicht zu einem maßvolleren öffentlichen Agieren bewegen könne, seufzte Castlereagh, werde der Frieden, den alle so teuer erkauft hätten, nur von kurzer Dauer sein.

*Kapitel 15*

# Die Jagd nach dem Phantom

*Der Triumphwagen des Kongresses steckt im Morast fest.*

Baron Franz von Gärtner in einem Brief an Graf Erbach, 16. Mai 1815, von der Polizei abgefangen

Gut zehn Kilometer vor der Küste Norditaliens war Napoleon immer noch dabei, sich auf sein Leben als »Kaiser und Souverän der Insel Elba« einzurichten. Schon nach der ersten Nacht auf der Insel war ihm klar geworden, dass sein derzeitiger »Palast« im Rathaus ungeeignet war. Vom Stadtplatz drangen bis spät in die Nacht Stimmengewirr und Gitarrenklänge zu Napoleons Fenster hoch. Für ein so kleines Städtchen konnten die Bewohner Portoferraios ganz schön laut sein.

Zum Lärm kam noch der Gestank hinzu, der auf die üble Angewohnheit zurückzuführen war, den Abfall einfach auf die Straße zu kippen. Das machten damals zwar viele Städte ganz ähnlich, doch in Elba regnete es viel zu wenig, um alles wegzuspülen, sodass der Müll im Rinnstein verrottete. Der Gestank war manchmal unerträglich. Deshalb hatte im Mai die Suche nach einer neuen Unterkunft oberste Priorität gehabt.

Ganz offensichtlich gab es auf der Insel nichts, was es mit den Tuilerien, Fontainebleau, Versailles, Saint-Cloud oder einem anderen der Schlösser aufnehmen konnte, die Napoleon von Frankreich her gewohnt war – nicht einmal annähernd. Nachdem er mehrere infrage kommende Residenzen wieder verworfen hatte, da keine von ihnen sonderlich einladend war, entschied er sich für ein Haus am Ortsrand.

Es war ein bescheidenes einstöckiges Haus mit acht Räumen, von denen vier bei einer Renovierung vor rund 50 Jahren angebaut worden waren. Der Name »Villa dei Mulini« war von den Windmühlen abgeleitet, die sich hier bis zu ihrer Zerstörung im Jahr 1808 noch gedreht hatten. Das etwa 90 Jahre alte Haus hatte ursprünglich einem Gärtner der Medici als Wohnsitz gedient. Die Fassade war leuchtend rosa gestrichen und mit smaragdgrünen Läden versehen.

An dem Haus gefiel Napoleon vor allem die Lage. Auf einem abgelegenen Felsvorsprung knapp 50 Meter über dem Meer konnte er bequem in dem windumtosten Garten der Villa sitzen und den Horizont nach anlaufenden Schiffen absuchen. Mit der Bucht, dem Fort und den gefährlichen Riffen ringsum entging einem geschulten Auge mit Fernglas kein großes Schiff, das die Insel ansteuerte.

Napoleon interessierte sich natürlich nicht aus purer Neugier für den Horizont. Er fürchtete um seine persönliche Sicherheit, und das zu Recht. In den letzten 20 Jahren hatte sich Napoleon mit seiner Politik einer hohen Besteuerung, der allgemeinen Wehrpflicht, von oben verordneter Gesetzesreformen und dreister Plünderungen sowohl in Frankreich als auch im von ihm besetzten Europa viele Feinde gemacht. Royalisten, Radikale, Patrioten und sogar Mönche mit Dolchen im Gewande – es gab viele Menschen, die einen Groll hegten und gerne Blutrache genommen hätten. Neben den potenziellen Mördern bestand auch die Gefahr, dass Piraten, von denen es im ganzen Mittelmeer nur so wimmelte, den ehemaligen Kaiser entführten und als Lösegeld die Schätze forderten, die Gerüchten zufolge auf der Insel vergraben sein sollten. Mit anderen Worten: Napoleon war in großer Gefahr.

Während also Wachen aufgestellt wurden, um die ankommenden Schiffe zu beobachten, machte sich Napoleon unverzüglich daran, die Verteidigungsanlagen der Insel zu verbessern. Sie waren in einem jämmerlichen Zustand. Er ließ die verfallenen Wachtürme wieder aufbauen, die Mauern zum Schutz des Hafens befestigen und die Feuerkraft auf den Befestigungsanlagen erhöhen. Der beste Hafen seines neuen Reiches, zugleich der einzige für große Schiffe, musste so sicher wie möglich gemacht werden.

Der Exkaiser hatte sich auch sehr gefreut, als seine treue Kaiserliche Garde Anfang Sommer unbeschadet eingetroffen war. Man hatte ihm 400 Mann gestattet, aber ihre Zahl war bereits auf über 1000 gestiegen. Diese Soldaten waren die letzten Überreste der einst unbesiegbaren Grande Armée. Jetzt bildeten sie den Kern seiner Armee auf Elba, auch wenn ihre Funktion an die neue Umgebung angepasst werden musste. Die polnischen Ulanen beispielsweise, die künftig kaum Gelegenheit für die kampfwütigen Vorstöße der Kavallerie bekommen würden, mussten auf die Artillerie umgeschult werden.

Napoleon hatte loyale Anhänger um sich geschart. Antoine Drouot, ein Bäckersohn, der in den Rang eines Generals aufgestiegen war, wurde zum Verteidigungsminister und Gouverneur Elbas ernannt. Drouot hatte den Spitznamen »Le sage de la Grande Armée« (»der Weise der Grande Armée«), und er freute sich darauf, sich seinen Studien zu widmen. Er lernte Italienisch, las täglich in der Bibel und spielte mit Napoleon Schach.

General Pierre-Jacques Cambronne, der Anführer der Garde, war alles andere als zufrieden. Der »hoffnungslos ungebildete Rüpel« Cambronne, der schon so oft verwundet worden war, dass es aussah, als wäre er überall mit Narben »tätowiert«, war ein ruheloser Soldat, dem auf Elba sterbenslangweilig war. Ein weiterer hoher Anhänger, dem die Untätigkeit auf die Nerven ging, war General Graf Henri Bertrand. Der zum Verwalter gewandelte Ingenieur war jetzt der Großkämmerer am Hof von Elba und wachte über die Einhaltung der Etikette, die ebenso ausgefeilt war wie einst im französischen Kaiserreich. Bertrands Karriere hatte seit dem Umzug nach Elba einen Knick bekommen, und seine Frau Fanny, die ihn begleitet hatte, war der Meinung, dass sie einen Fehler gemacht hätten.

Als Flotte hatte Napoleon die kleine *Inconstant* mit 16 Kanonen (die ihm als Flaggschiff diente), den Dreimaster *Etoile* und die *Caroline* mit 26 Tonnen. Daneben baute Napoleon mit einer neuen Polizeitruppe eine zweite Verteidigungslinie auf. Ein korsischer Landsmann, Poggi di Talavo, wurde zum Polizeichef ernannt und bekam die Überwachung des gesamten Verkehrs von und nach Elba übertragen. Jeder brauchte künftig eine Reisegenehmigung, und alle Neuankömmlinge mussten sich in der Festung Forte Stella neben dem Hafen melden.

Polizisten patrouillierten mit kleinen, wendigen Feluken in den abgelegenen Buchten der Insel. Fremde und verdächtige Personen wurden gründlich ausgefragt. Das kleine und exponierte Elba wurde zu einer Inselfestung ausgebaut.

Zwei Menschen gab es, nach denen sich Napoleon sehr sehnte: seine Frau Marie-Louise und ihr dreijähriger Sohn, der ehemalige König von Rom. Sie hatte versprochen, ihm nach Elba zu folgen, und seit Mai wartete Napoleon und klagte über ihre Abwesenheit, seinen täglichen Kummer. Am Anfang hatte er ihr fast jeden Tag geschrieben. Er hatte auch angefangen, in seiner »Palazzina« einen gesonderten Flügel für sie einzurichten, und ließ in Erwartung ihrer baldigen Ankunft die Räume neu streichen und möblieren. Er habe in seinem Königreich alles, was er brauche, schrieb Napoleon an seine Frau: »Nur Sie, meine teure Louise, fehlen mir – Sie und mein Sohn.«

Marie-Louise mied die Feierlichkeiten der Friedenskonferenz in Wien, so gut es ging. Die Festivitäten gingen hier jeden Tag weiter, schrieb Marie-Louise an Napoleon und fügte hinzu, dass sie selten über sie informiert werde und auch nicht das geringste Interesse daran habe.

Alle diese Festivitäten der Sieger über ihren Mann mussten ihr natürlich abstoßend vorkommen. Sie dürften auch ihre Frustration angesichts der neuen Unsicherheiten um die Herzogtümer, die man ihr eigentlich vertraglich zugesichert hatte, verstärkt haben. Es kursierten Gerüchte darüber, wie erpicht manche Signatarstaaten seien, die Vereinbarungen zu brechen. Jeden Tag gebe es eine neue Version, schrieb ihr Sekretär Baron Claude-François de Méneval. Erst werde ihr Parma zugesagt, am nächsten Morgen wieder jemand anderem übertragen. Marie-Louises Stimmung schwankte deshalb zwischen Bangen und Hoffen, und all dies steigerte wiederum ihre Befürchtungen und ihre Bereitschaft, sich dem Wunsch des Vaters zu fügen.

Während Marie-Louise darauf wartete, dass der Kongress über ihre Zukunft entschied, verbrachte sie die Zeit mit Ausritten im Park, Spaziergängen im Garten, Mahlzeiten mit ihrem Gefolge und Italienisch- und Zeichenunterricht – Hauptsache, sie wurde von ihren Sorgen abgelenkt. Ein Lieblingszeitvertreib war für sie die Musik, und immer öfter sah man ein neues Gesicht am Flügel in ihrem Salon, einen Grafen mit einer schönen Tenorstimme: den gut aussehenden, eleganten General Adam Albert von Neipperg. Als Folge eines Säbelhiebs in der Schlacht trug er eine schwarze Seidenklappe über dem rechten Auge, und er hatte den Ruf eines Frauenhelden. Neipperg war in jenem Sommer von Kaiser Franz persönlich in ihrer Suite einquartiert worden. Neipperg sollte Marie-Louise davon abhalten, nach Elba zu fahren, und wurde ausdrücklich angewiesen, jedes Mittel anzuwenden. Und er hatte Erfolg.

Nach allen Darstellungen waren Marie-Louise und Neipperg auf ihrer Rückreise von der Kur nach Wien ein Liebespaar geworden. Die Affäre hatte eventuell schon Ende August 1814 angefangen, so gut wie sicher jedoch spätestens Ende September, als sie im Gasthaus »Zur Goldenen Sonne« in Küssnacht logierten, nicht weit von Luzern in der Schweiz. Diese romantische Beziehung blieb natürlich unter höchster Geheimhaltung. Marie-Louises Sekretär, der treue Bonapartist Baron Méneval, hatte allerdings bereits einen Verdacht. Er könne sich nicht länger einreden, dass sie der reine und makellose Engel sei, den er über jeden Tadel erhaben wähnte.

Die französischen Mitglieder ihres Hofstaats dürften sich ebenfalls über Neippergs wachsenden Einfluss auf die ehemalige Kaiserin gewundert haben, und auch sie zeigten dem österreichischen Offizier die kalte Schulter. Am wenigsten waren die loyalen Bonapartisten geneigt, ihn gut aufzunehmen. Immerhin hatte Neipperg geholfen, die Vereinbarungen auszuhandeln, die manchen überaus prominenten Feldherrn Napoleons dazu bewogen hatten, zur Koalition überzulaufen, darunter keinen Geringeren als Murat, den König von Neapel, und Bernadotte, den Kronprinzen Schwedens. Und jetzt versuchte er, Napoleon die Frau wegzunehmen.

Wie viele in Wien hatte Marie-Louises Sohn, Napoleon junior, keine Ahnung, wie wichtig Neipperg allmählich im Leben seiner Mutter wurde. Der Knabe verbrachte seine Zeit hauptsächlich mit seiner Gouvernante Madame de Montesquiou – »Mamam Q«, wie er sie nannte. Allerdings schnappte er ein paar Brocken aus dem überwiegend bonapartistischen Gefolge auf, das sich in Schönbrunn um ihn kümmerte. Man hörte, wie sich der kleine Prinz über Ludwig XVIII. beschwerte, weil er den Platz seines Vaters in Paris eingenommen habe – mitsamt seinen Spielsachen. Ludwig sollte besser beides sofort zurückgeben, hatte der kleine Junge verlangt. Tatsächlich sollte der französische König schon bald einige Spielsachen schicken, die bei der eiligen Flucht aus den Tuilerien im vergangenen Frühjahr zurückgeblieben waren.

Der kleine Prinz war einsam und langweilte sich. In diesen Tagen machte sich kaum jemand die Mühe, die Familie zu besuchen, die im Schloss eingesperrt war, als lebendes Symbol des französischen Eroberungsdrangs. Einer der wenigen und gern gesehenen Gäste war Fürst de Ligne, der stets seine mit den Orden eines jahrzehntelangen Militärdienstes geschmückte Feldmarschallsuniform anlegte. Einmal wurde der Fürst bei einem Besuch im Schloss vom ehemaligen König von Rom mit sichtlicher Freude begrüßt: Der Knabe sprang vom Stuhl, rannte begeistert auf den alten Mann zu und schlang ihm die Arme um den vom Alter gebeugten gepuderten Nacken. Die beiden Männer, zwischen denen drei Generationen lagen, spielten zusammen mit Spielzeugsoldaten auf dem Boden.

Nach den Worten eines Beobachters hätte dieser kleine Junge – »Napoleon II.« – mit dem »engelsgleichen Schnitt seines Gesichtes, der blendenden Weiße seiner Hautfarbe, dem Feuer seiner Augen, den schönen blonden Haaren, die in dichten Locken auf seine Schulter fielen« jeden Künstler in Versuchung führen können. Bei einem der Spitzel hörte sich das ein wenig anders an: Dieser junge Napoleon sei ein äußerst missratenes, dickköpfiges Kind. Diese Eigenschaft habe er bestimmt von seinem Vater geerbt, beeilten sich viele hinzuzufügen.

Die österreichische Polizei war wachsam und berichtete über sämtliche Aktivitäten Marie-Louises, Neippergs, des kleinen Napoleon Franz und des französischen Gefolges. Sie wusste wohl als Erste über die neue Beziehung zwischen der ehemaligen Kaiserin und Neipperg Bescheid, den die österreichische Regierung bald zu ihrem Oberstallmeister ernennen sollte. Die Spitzel des Barons hatten vieles aus dem Westflügel von Schönbrunn zu berichten.

Marie-Louise hatte offenbar wegen ihrer Rückkehr nach Wien ein schlechtes Gewissen, und inzwischen wollte sie eigentlich nur noch die Stadt so bald wie möglich wieder verlassen, am liebsten in das Herzogtum Parma. Alle, die nichts von Neipperg wussten, dachten natürlich, dass sie nach Elba wollte. Doch Kaiser Franz erlaubte ihr nicht, die

Stadt zu verlassen, solange der Kongress ihre Angelegenheit nicht geregelt hatte. Marie-Louise und ihr Sohn, der jetzt Franz genannt wurde, weil das österreichischer klang, wurden streng bewacht. Sie waren auf dem besten Weg, Gefangene im eigenen Haus zu werden.

Der Tag des Maskenballs in Metternichs Sommervilla, der 8. November, rückte näher, und Metternich gab sich alle Mühe, daraus ein denkwürdiges Ereignis zu machen, weil der Kongress jederzeit plötzlich abgebrochen werden konnte. Die Herren sollten Schwarz tragen, doch die Frauen wurden gebeten, in Tracht zu kommen. Gräfinnen erschienen in Bauernkleidern – vielmehr als Bäuerinnen in diamantenbesetzten Seidenkleidern. Andere kleideten sich als Venezianerinnen, Perserinnen, Indianerinnen oder Bäuerinnen aus anderen Gegenden des Kontinents. Die Herzogin von Sagan entschied sich für eine Kärntner Tracht. Bei dem Kleid von Lady Castlereaghs war man sich nicht sicher. Sollte es wirklich das Gewand einer Vestalin sein?

Der preußische Diplomat Humboldt hatte beschlossen, zu Hause zu bleiben und zu arbeiten. Er musste eine Reihe von Sitzungsvorlagen für die bevorstehenden Verhandlungen ausarbeiten, und das hieß recherchieren, Argumente zusammentragen und den preußischen Stellungnahmen den letzten Schliff zu verpassen. So großartig Metternichs Ball sein mochte, Humboldt konnte gut darauf verzichten. »Diese Gesellschaften sind mir in den Tod verhasst.«

Diesmal verpasste Humboldt jedoch wirklich etwas. Der Maskenball hatte die ganze Farbenpracht, den Nervenkitzel und den Zauber vieler Maskenfeste – aber er hatte zusätzlich eine besondere Attraktion zu bieten: Um Mitternacht tauschten die Gäste die Masken aus und genossen die herrliche Verwirrung, die durch die vielen Verwechslungen entstand. Und als sich an jenem Abend die Würdenträger im Gänsemarsch aufstellten, um wie üblich in einer Polonaise durchs Haus zu ziehen, endete die gravitätische Promenade in einer Massenkarambolage: Kopf und Schwanz des langen Zuges waren in einem Salon aufeinandergeprallt. Unter den angeheiterten Gästen musste auch der dänische König so heftig lachen, dass er kaum wieder aufstehen konnte.

Interessanterweise war der Zar, obwohl er das Gegenteil geschworen hatte, ebenfalls in Metternichs Villa gekommen. Alexander und der preußische König, die sich wie immer zusammen zeigten, amüsierten sich offenbar genauso wie die 1500 anderen Gäste an jenem Abend. Sogar Gentz kam und ging erst nach vier Uhr morgens wieder nach Hause.

Aber so erfolgreich der Ball verlaufen sein mochte, Metternich war mit seiner Weisheit am Ende und machte, wie Gentz sagte, eine echte Krise durch. Es war dem Außenminister und der Herzogin unmöglich, ihre Beziehung so reibungslos zu beenden, wie sie es sich in ihren Briefen vornahmen. In der eng vernetzten Welt des Kongresses ließen sich Begegnungen nicht vermeiden, und häufig endeten sie schrecklich. Die Herzogin schrieb an Metternich:

> Aber alles in uns hat sich so völlig verändert, dass es gewiss nicht überraschend ist, wenn unsere Gedanken und Gefühle sich nirgends mehr berühren, und dass wir uns in einer Situation finden, in der wir einander mehr als fremd sind. Ich glaube allmählich, dass wir uns nie wirklich kannten. Wir beide haben Phantomen nachgejagt.

Wie sie weiter ausführte, habe Metternich sie als Frau idealisiert, als den »Inbegriff der Vollkommenheit«. Sie habe ihrerseits hingegen Metternich als Repräsentanten all dessen gesehen, was »geistig Schönheit und Grandeur hat und weit über der Ehre steht«. Aber Metternichs überzogene Idealisierung schlage nun ins andere Extrem um.

Die Herzogin bestritt zwar, dass sie dem Drängen eines anderen nachgegeben habe, doch Metternich glaubte ihr nicht. Der Zar musste bei dem Bruch seine Finger im Spiel gehabt haben, und trotz allem, was vorgefallen war, hoffte Metternich immer noch, seine Geliebte zurückzuerobern. Er war so fasziniert von ihr wie eh und je. Gentz fand die ganze Situation nur ärgerlich. »Lange Konversation mit Metternich«, schrieb er am 11. November in sein Tagebuch, »immer mehr über diese verfluchte Frau als über die Angelegenheiten.«

Die Erschöpfung, die physische und mentale Belastung, forderte von Metternich ihren Tribut, und das zu einer Zeit, als der Wiener Kongress eigentlich die volle Aufmerksamkeit des Vorsitzenden nötig hatte. Er gestand:

> Meine Gesundheit; sie steht nicht mehr zur Frage! Ich bin durch und durch krank, mein Körper ist angegriffen, meine Seele beschützt ihn nicht mehr. Ich werde noch einige Wochen gebraucht; diese Wochen werden das schmerzlichste Jahr meines Lebens beschließen, und wenn sie auch mein Leben beenden, wird die Welt nur die traurigen Reste einer Existenz verlieren, die ich selbst zu verlieren verdiente.

Während die Delegierten um Polen und Sachsen rangen und sich immer am Rand eines Krieges bewegten, war ein weiterer großer Streitpunkt auf Eis gelegt worden: die Zukunft Italiens. Aber mittlerweile wurde es immer schwieriger, dieses heikle Thema zu vermeiden.

Napoleon war 1796 mit dem Versprechen in die Halbinsel einmarschiert, die »Ketten der Knechtschaft« der Bevölkerung zu brechen. Doch als sich die letzten französischen Truppen 18 Jahre später über die Alpen zurückzogen, herrschten in den italienischen Teilstaaten fast schon chaotische Verhältnisse. Man hatte dem Land alles, was von Wert war, geraubt, die Staatskassen waren geplündert worden, und unzählige künstlerische Meisterwerke hatte man nach Paris verschleppt.

Das Ausmaß der Plünderungen unter Napoleon war schockierend. Die Franzosen nahmen alles mit, vom *Apollo von Belvedere* bis zur *Venus de' Medici*, vom *Sterbenden Gallier* bis zur *Laokoon-Gruppe* – und das sind nur einige Beispiele für die vielen Kunstwerke in den 288 Karrenladungen, die allein Napoleons *erster* Raubzug in Italien umfasste. Es folgten rasch weitere Schätze, darunter Raffaels *Leo X.*, Tizians *Tod des heiligen Petrus Martyr*, Paolo Veroneses riesige *Hochzeit zu Kana* und die vier Bronzepferde vom Markusdom in Venedig. Jeder Feldzug vergrößerte die Sammlung. Wie ein Spötter einmal sagte, hätten die Franzosen sogar das Kolosseum und die Sixtinische Kapelle abgetragen, wenn sie nur gewusst hätten, wie.

Von allen Fragen, die Italien betrafen – von den ehemaligen Republiken wie Genua und Venedig, die im Krieg zerstört worden waren, bis hin zu den herrlichen Kunstsammlungen, die vor allem in Florenz und im Vatikan skrupellos geplündert worden waren –, lag die zu diesem Zeitpunkt größte Herausforderung im südlichen Teil der Halbinsel. Ein ehemaliger Marschall Bonapartes, Joachim Murat, regierte immer noch als König von Neapel, nachdem Napoleon ihn im Jahr 1808 selbst auf den Thron gesetzt hatte. Wenn man es König Joachim gestattete, an der Macht zu bleiben, käme das der »Belohnung eines Verbrechens« gleich. Kriegerische Eroberung dürfe, wie Talleyrand argumentierte, niemandem irgendwelche Rechte verleihen. Zum Wohle Europas müsse diese Vorstellung für immer aus der Welt geschafft werden.

Außerdem: Wenn man es Murat gestattete, die Krone zu behalten, so würde seine Anwesenheit sämtliche Staaten Italiens der Gefahr eines neuen Krieges aussetzen. Murat zählte zu den tapfersten und zweifellos begabtesten Kavallerieoffizieren seiner Zeit. Darüber hinaus war er ein unberechenbarer Hitzkopf und zeigte die Überempfindlichkeit dessen, der nicht den geringsten legitimen Anspruch auf seinen Thron hatte. Wie Napoleon würde Murat vermutlich immer weiterkämpfen müssen, um seine Autorität zu wahren.

Seine Absetzung würde jedoch eine größere militärische Intervention erforderlich machen. Murat würde sich mit Sicherheit nicht kampflos ergeben, und nach dem langen Krieg wollten die wenigsten wieder zu den Waffen greifen, selbst wenn das nötige Geld zur Verfügung gestanden hätte. Aber schon daran fehlte es.

Der wichtigste Fürsprecher Murats war Fürst Metternich – für Insider auf dem Kongress keineswegs eine Überraschung. Gerüchte führten diese Unterstützung auf die Tatsache zurück, dass Metternich einmal eine leidenschaftliche Affäre mit Murats Frau Caroline, der Schwester Napoleons, gehabt hatte. Viele glaubten, dass er immer noch seine ehemalige Mätresse unterstützte. Metternich hatte zwar sicherlich einmal diese Affäre gehabt, und er war über Jahre auch mit ihr in Kontakt geblieben, aber er hatte darüber hinaus viele andere Gründe, mit der Absetzung Murats zu zögern.

Allem voran hatte Metternich im Januar 1814, in einer kritischen Phase des Krieges, ein Abkommen zu Neapel unterzeichnet: Wenn Murat sich von Napoleon lossagte, würde Metternich seinen Anspruch auf den Thron garantieren. Murat war tatsächlich zur Koalition übergelaufen. Jetzt bemühte sich Metternich, seinen Teil der Abmachung einzuhalten, obwohl er persönlich Murat nicht leiden konnte und auch viel Kritik einstecken musste, insbesondere von Talleyrand.

Anfang November hatte der Ausschuss der Acht zum ersten Mal über das Schicksal Italiens beraten. Talleyrand hatte als Repräsentant Frankreichs und als vollberechtigtes Mitglied teilgenommen. Er plädierte erwartungsgemäß dafür, den Usurpator Murat, »den letzten Auswurf der Revolution«, abzusetzen und durch den legitimen König Ferdinand IV. zu ersetzen.

Metternich erinnerte ihn daran, dass dafür ein blutiger Feldzug nötig sei. Die Bauern der ganzen Region würden Murat zu Hilfe eilen, und wer könne schon sagen, was er unternehmen werde? Es könnte ihm durchaus einfallen, zur Einigung Italiens aufrufen, das Volk unter seinem Banner sammeln und am Ende einen allgemeinen Bürgerkrieg auslösen.

»Organisieren Sie Italien«, erwiderte Talleyrand, und schon hätte Murat keine Unterstützer mehr. Man stelle die *legitime* Krone wieder her, und Murat wäre »für Italien nur noch ein Räuber«.

Der österreichische Außenminister sprach weiterhin von »Verwickelungen«, was Talleyrand als eine Strategie deutete – »um die Unbestimmtheit zu wahren, die seine schwache Politik erfordert«.

Am Ende der Sitzung beschloss der Ausschuss, bei den Problempunkten Italiens methodisch vorzugehen, oder zumindest geografisch. Sie würden in ihren Gesprächen mit dem Norden beginnen und sich zunächst mit dem Schicksal der ehemaligen Republik Genua befassen, die im Zuge der Revolution aufgelöst worden war. Anschließend wollten sie sich über die ganze Halbinsel durcharbeiten, über Rom und den Kirchenstaat, bis sie zu den undurchdringlicheren südlichen Regionen gelangten und am Ende das Königreich Neapel erörtern.

Mit dieser Vereinbarung waren sowohl Metternich als auch Talleyrand zufrieden. Der französische Minister hatte die Absicht, in der Zwischenzeit für seine Grundsätze der Legitimität zu werben, und Österreichs Minister hoffte, das unangenehme Thema irgendwann ganz von der Agenda des Kongresses zu streichen, nach einigem »Lavieren, Ausweichen, Schmeicheln«.

Wenige Tage nach dieser Sitzung traf Talleyrand abends bei der Rückkehr ins Palais Kaunitz einen äußerst aufgebrachten sächsischen Gesandten an, der ihn bereits ungeduldig erwartete. Der Gast, Graf Schulenburg, hatte eine Depesche aus der Hand des sächsischen Königs bei sich. Es handelte sich nicht um die übliche Klage, dass er nicht zum Kongress eingeladen sei oder außerhalb von Berlin gefangen gehalten werde. Der König hatte beunruhigende Neuigkeiten: Er habe soeben mit großem Kummer erfahren, dass das Königreich Sachsen vorübergehend von den Truppen Seiner preußischen Hoheit besetzt werden solle.

Laut diesem Bericht, den Talleyrand in der Hand hielt, hatte der Generalgouverneur des russisch besetzten Sachsen Fürst Nikolai Grigorjewitsch Repnin-Wolkonski der Armee befohlen, abzuziehen und das gesamte Königreich dem König von Preußen zu übergeben. Die Preußen sollten ab sofort die Herrschaft über Sachsen übernehmen.

Die Warnungen vor der Neigung des Zaren, unilateral zu handeln, hatten also ins Schwarze getroffen. Aber diese Meldung war auch aus einem anderen Grund beunruhigend. Wenn die preußische Armee in das Land einmarschierte, setzte das voraus, dass sie mit der Zustimmung Österreichs und Englands handelte.

Metternich war empört; er habe nichts dergleichen getan. Wie er in seinem offiziellen Brief schrieb, hatte Österreich versprochen, die Besetzung Sachsens zu tolerieren, wenn es den Preußen gelinge, russische Gebietsgewinne in Polen zu verhindern – und nur dann. Ein Scheitern in diesem Punkt mache das Angebot nichtig. Metternichs Einwilligung unter Vorbehalt sei so behandelt worden, als habe sie unabhängig davon gegolten. Es handle sich um eine völlig falsche Darstellung, erklärte er.

Castlereagh protestierte ebenfalls gegen diese Verzerrung der Tatsachen und zeigte sich besorgt wegen der Konsequenzen für seine diplomatische Mission. Er hatte auf Preußen gesetzt und verloren. Der preußische König stand dem Zaren näher als je zuvor; überdies marschierte die russische Armee, nachdem sie aus Sachsen abgezogen war, direkt nach Polen ein und demonstrierte dort ihren Anspruch auf das umstrittene Gebiet. Russland handelte einfach wie der Alleinherrscher Europas und zwang seine Sichtweise den anderen Staaten auf. Castlereaghs Politik fiel in sich zusammen wie ein Kartenhaus.

*Kapitel 16*

# Das letzte Ritterturnier

*Der Kongress glich einem Schauspiele bei brennendem Hause.*

Gräfin Elise von Bernstorff

Während der Kongress arbeitete und tanzte, saß ein 47-jähriger Sonderling in einer kleinen Wohnung im vierten Stock eines schmalen Gebäudes an der Mölker Bastei gebückt an einem schwarzen Pianoforte der Firma Auster. Er war untersetzt, hatte dichtes, dunkles welliges Haar, starke Augenbrauen und einen durchdringenden Blick. Seine Nase war breit wie die eines »Löwen«. Er habe die wohl hübschesten Grübchen gehabt, gebildet von zwei Kieferknochen, die imstande gewesen seien, die härtesten Nüsse zu knacken. Die Rede ist von Ludwig van Beethoven, und er komponierte gerade Musik für den Wiener Kongress.

Im Herbst 1814 stand Beethoven auf dem Höhepunkt seiner Karriere. In die Hauptstadt des Habsburgerreichs war er vor 22 Jahren aus Bonn gezogen, wo er 1770 das Licht der Welt erblickt hatte. Beethoven hatte sich mit Wien oder seinen Bewohnern nie recht anfreunden können: »Vom Kaiser bis auf den Schuhputzer sind alle Wiener nichts werth«, lautete sein vernichtendes Urteil. Allerdings genoss er die Spaziergänge, insbesondere an den Hängen des Kahlenbergs am Rande des Wienerwalds.

Dort ging er täglich spazieren, manchmal vor sich hin murmelnd und jaulend, während ihm Gedanken durch den Kopf gingen. Er achtete darauf, dass er für spontane Einfälle immer Papier und Bleistift bei sich hatte – denn immerhin könnten ja die Wälder, Bäume und Felsen ebenjenes Echo erzeugen, das der Mensch so gerne hören wolle. Kaum war Beethoven in seine Wohnung zurückgekehrt, setzte er sich oft eilends auf seinen schwarzen Klavierhocker und vertiefte sich ganz in die Tasten. Eventuelle Begleiter beim Spaziergang waren rasch vergessen.

Seine Wohnung mit Blick über die alte Stadtmauer war vollgestellt und ebenso unordentlich wie seine Kleidung. Ein Musiker, der ihn unmittelbar nach dem Kongress besuchte, beschrieb sie als trostlos, fast schon heruntergekommen. Es habe die größtmögliche Unordnung geherrscht: Noten, Geld, Kleidungsstücke lagen auf dem Boden, Leintücher in einem Stapel auf dem schmutzigen Bett, der geöffnete Flügel war von einer dicken Staubschicht bedeckt, und zerbrochene Kaffeetassen lagen auf dem Tisch.

Beethoven zählte zu den Ersten einer neuen Künstlergeneration, die nicht mehr als bedienstete Handwerksleute angesehen wurden, sondern als Genies, die ihren eigenen Regeln folgten und nach ihren Vorstellungen leben durften. Der von der Romantik beeinflusste Geniebegriff veränderte sich gerade, von der Bezeichnung für ein besonderes Talent, das jemand besaß, hin zur Charakterisierung der ganzen Person, und Beethoven personifizierte diesen Wandel geradezu. Sein merkwürdiges, exzentrisches Benehmen wurde als Merkmal seines Genies toleriert.

Wenn Beethoven zum Essen ins Gasthaus oder Restaurant ging, dann setzte er sich am liebsten an einen Tisch in der hintersten Ecke und brütete dort oft vor sich hin. Der bisweilen niedergeschlagene und mürrische Musiker beklagte sich gerne über die endlos vielen Probleme, die ihm seine faulen oder hinterhältigen Diener oder Freunde bereiteten. Manchmal ging er auch aus heiterem Himmel auf jemanden in seiner Nähe los. Vor nicht allzu langer Zeit hatte er einem Kellner einen vollen Teller ins Gesicht geworfen.

In den letzten beiden Jahren hatte sich Beethovens Gehör unaufhaltsam verschlechtert, und seine Gäste mussten immer schreien. Einhergehend mit dem Hörverlust, der allem Anschein nach auf das Wachstum eines Knochens in seinem Innenohr zurückzuführen war, wurden auch die Eigenarten Beethovens immer ausgeprägter. Er hatte

Schmerzen, und die Tatsache, dass er den Kontakt zur Welt der Klänge verlor, verstärkte noch sein Gefühl der Isolation. Wegen seiner groben Manieren und Schroffheit hatte man ihn bereits mit einem wilden Bären verglichen. Auf gesellschaftliche Konventionen achtete er immer weniger.

Im Moment bereitete sich das grimmige Genie auf das kommende Konzert im Redoutensaal der Hofburg vor. Wie man ihm gesagt hatte, sollten seine Kompositionen den Sieg der Koalition über Napoleon feiern und den Wiener Kongress, der zur Neugestaltung Europas zusammengetreten war, verewigen.

Wenn die Monarchen sich nicht gerade wie ungezogene Kinder aufführten oder Soldat spielten, wie die Baronne du Montet einmal sagte, verbrachten sie viele Vormittage mit der Jagd, häufig auf Hirsch, Wildschwein, Hase oder Fasan. Der englische Arzt Richard Bright wurde Zeuge einer Jagd im Umfeld des Wiener Kongresses und befand, das Schauspiel weise die ganze »Barbarei eines Stierkampfes« auf. Allerdings fließe häufig weit mehr Blut.

Am 10. November machte der Hof wegen einer solchen Jagd einen Ausflug in den Lainzer Tiergarten bei Wien. Rund 20 Tribünen waren für den Anlass aufgebaut worden, wie ein Amphitheater. 600 Wildschweine und andere Tiere hatte man aus den umliegenden Wäldern zusammengetrieben. Jetzt wurden sie grüppchenweise in die kleine hölzerne Arena eingelassen. Die Monarchen standen mit dem Gewehr in der Hand bereit, Jagdhelfer übernahmen das Laden. Geschossen wurde nach der Rangfolge: zuerst Kaiser und Zar, dann die Könige, gefolgt von Prinzen, Fürsten, Herzögen, Feldmarschällen und so weiter. Der Schweizer Bankier Jean-Gabriel Eynard war entsetzt; das hatte nichts mit Geschick, Ausdauer oder dem Kitzel der Gefahr zu tun. Es war ein reines Gemetzel.

Der Ausschuss der Acht hatte inzwischen die Gespräche zu Italien aufgenommen und ging dabei wie vereinbart geografisch vor. Der erste Punkt auf der Agenda betraf das Schicksal Genuas, einer Hafenstadt an der Nordostküste, die seit dem Mittelalter eine Handelsmacht gewesen war. Napoleon hatte die vormalige Republik erobert, 1805 in sein Reich eingegliedert und sie, wie im berühmten ersten Satz von

Tolstois *Krieg und Frieden* beklagt wird, zum Familienbesitz der Bonaparte gemacht. Nun, da der Krieg vorbei war, konnte Genua es kaum erwarten, dass es seine Unabhängigkeit als freie Republik wiedererlangen würde. Immerhin hatte man das der Stadt versprochen.

Im Frühjahr 1814, gegen Ende des Krieges, hatte Großbritannien Genua versichert, dass die Republik genauso wiederhergestellt werden würde, wie sie vor der Revolution gewesen sei. Die Stadt brauche nichts weiter zu tun, als die Armee der Koalition offiziell zu unterstützen. Die Genueser hatten diese Bedingung akzeptiert und schickten jetzt eine Delegation nach Wien, um die versprochene Wiederherstellung voranzutreiben.

Allerdings erwartete den obersten Delegierten, den 28-jährigen Spross einer bekannten Bankiersfamilie Marquis de Brignole-Sale, eine böse Überraschung. Großbritannien erklärte, dass der Mann, der die Wiederherstellung der Republik zugesichert hatte, Lord William Bentinck, Befehlshaber der britischen Kriegsmacht im Mittelmeer und Gesandter in Sizilien, überhaupt nicht befugt gewesen sei, ein solches Versprechen abzugeben – was auch den Tatsachen entsprach. Und damit nicht genug: Es kursierten Gerüchte, Großbritannien habe Genua dem König von Sardinien versprochen. Auch diese Gerüchte stimmten. Castlereagh hatte seinen Namen unter ein solches Abkommen gesetzt, einen Geheimartikel zum Vertrag von Paris.

Castlereagh und die Verbündeten hatten argumentiert, dass eine kleine und relativ schwache Republik Genua eine zu große Versuchung für den französischen Eroberungsdrang wäre; überdies könnte der Verlust Genuas aufgrund seiner Lage in der Nähe strategisch wichtiger Gebirgspässe auch den ganzen Norden Italiens bedrohen. Der König von (Piemont-)Sardinien könne das Gebiet viel besser verteidigen. Somit war Genua nur ein weiterer Baustein in Castlereaghs Strategie, einen »eisernen Ring« um Frankreich zu bilden: die vergrößerten Niederlande im Norden, das gestärkte Preußen im Osten und jetzt das erweiterte Sardinien im Süden.

Ungeachtet der Proteste des Genueser Delegierten, ganz zu schweigen von den Millionen, die er angeblich ausgab, um für Unterstützung zu werben, blieb der Ausschuss der Acht hart. Die vorherigen Zusagen an die Stadt wurden jetzt bestritten, alle Argumente für eine Wiederherstellung der Republik, der legitimen Staatsform vor dem Krieg, vergeblich vorgebracht. Die Delegierten wiesen nur auf die Worte hin, die im Geheimartikel des Vertrags nachzulesen waren: »Der König von Sardinien wird im Staat Genua eine Erweiterung seines Gebietes bekommen.« Und daran hielten sie fest.

Während die Großmächte beschlossen, sich auf der italienischen Halbinsel Schritt für Schritt vorzuarbeiten, ernannten sie auch eine Reihe ständiger Ausschüsse, die sich kaum von Talleyrands Vorschlag unterschieden. Der erste Sonderausschuss, das sogenannte »Deutsche Komitee«, war Mitte Oktober gegründet worden, um einen Staatenbund ins Leben zu rufen und eine Verfassung zu erarbeiten. Um Sachsen wurde jedoch bei allen Gesprächen erbittert diskutiert. Am 16. November stellte das Deutsche Komitee sogar die Tätigkeit ein. Es sollte fünf Monate dauern, bis das Gremium wiederum zusammentrat.

Am Ende ernannten die Großmächte zehn solcher Sonderausschüsse. Beispielsweise gab es einen, der die freie Schiffbarkeit der Flüsse regeln sollte, einen anderen, um die kniffligen Fragen der diplomatischen Etikette zu lösen. Andere wurden bei Bedarf ins Leben gerufen.

Ein neuer Ausschuss, der am 12. November ernannt wurde, war das Schweizer Komitee, dem wie allen anderen eine schwere Aufgabe bevorstand. Die Schweiz war zur Zeit des Wiener Kongresses ein föderalistischer Verbund mit rund 22 Kantonen, die sich in ihrer Kultur und Geschichte stark voneinander unterschieden. Einige hatten Französisch als Amtssprache, andere Deutsch und einer Italienisch, ganz zu schweigen von Regionen wie dem Engadin und Graubünden mit einer relativ großen Minderheit, die einer vierten Sprachgruppe, dem Rätoromanischen, angehörte. Hinzu kam: Einige Kantone waren überwiegend katholisch, andere protestantisch. Manche waren Bollwerke der Aristokratie, andere bevölkert von leidenschaftlichen Demokraten.

Die Kantone konnten sich nicht auf eine einheitliche Vision für die Schweiz einigen. Manche wünschten sich eine engere Kooperation unter den Kantonen, andere das Gegenteil; manche wollten in die Föderation eintreten, andere lieber unabhängig werden. Zwei verschiedene Kantonsräte – oder Regierungsorgane – waren im vergangenen Jahr gegründet worden: einer um das aristokratische Bern, der zweite um das demokratischer orientierte Zürich. Viele fürchteten, dass ihr Land auf einen Bürgerkrieg zutreibe. Das Schweizer Komitee würde hoffentlich eine zufriedenstellende Lösung finden, dachten viele. Jedenfalls wäre es schwierig, den Frieden in Europa zu sichern, solange in seiner Mitte ein Krieg tobte.

Während die neuen Ausschüsse hinter verschlossenen Türen tagten, beherrschten Mitte November offenbar zwei Hauptthemen die Gespräche in den Wiener Salons. Das erste war das Schicksal des sächsischen Königs, dessen Königreich von den Preußen besetzt worden war. Das zweite, angenehmere, war das bevorstehende »Carrousel« in der Spanischen Hofreitschule, ein groß angelegter Versuch, ein mittelalterliches Turnier nachzustellen. Von all den großen Spektakeln auf dem Wiener Kongress hielten viele dieses für das beste.

Ganz Wien fieberte dem Historienspiel entgegen, das man auf Mittwochabend, den 23. November angesetzt hatte. Das Festkomitee hatte die Schilderungen großer Reitturniere der Geschichte studiert, in der Hoffnung, deren Konventionen richtig zu deuten und sie »an Pracht zu übertreffen«.

Die Spanische Hofreitschule, die von Josef Emanuel Fischer von Erlach entworfen und im Jahr 1735 fertiggestellt wurde, war die ideale Kulisse für das Carrousel. Unter den Kristallleuchtern, die im Kerzenlicht erstrahlten, war die Arena in einem langen Rechteck angelegt, das sich gut für Reitmanöver eignete. Am einen Ende befand sich die kaiserliche Ehrentribüne, mit Reihen aus vergoldeten Stühlen, die auf die Souveräne warteten. Die Tribüne am anderen Ende der Halle war den 24 Damen vorbehalten, die zu den »belles d'amour«, den Königinnen der Liebe, des Turniers auserwählt worden waren und um die ihre Streiter kämpfen sollten. Seitlich verliefen lange Galerien, die die beiden Haupttribünen miteinander verbanden. Die Säulen in der ganzen Halle waren mit Rüstungen, Waffen und den Losungen der Ritter geschmückt.

Am frühen Abend kamen die ersten Gäste, und als gegen sieben Uhr La Garde-Chambonas mit Fürst de Ligne eintraf, war die Arena bereits fast gefüllt. Wieder einmal hatten Fälscher Eintrittskarten nachgedruckt, und die Polizei des Barons ging der Sache nach. Sie wollte verhindern, dass sich zu viele nicht geladene Gäste zum »mittelalterlichen« Turnier Zutritt verschafften.

Zwischen 1000 und 1200 Menschen, so wurde geschätzt, drängten sich auf den guten Plätzen in den Hauptgalerien. Ein Abschnitt war dem österreichischen Hochadel vorbehalten, ein anderer den Botschaftern, Diplomaten und hohen Würdenträgern auf dem Kongress. Sogar Wilhelm von Humboldt hatte an diesem Abend seine Papierstapel verlassen, um an dem Carrousel teilzunehmen. Talleyrand lief ihm über den Weg und stichelte, ob Seine Exzellenz das Ritterspiel etwa der Statistik vorziehe.

Den Anblick muss man sich einmal vorstellen: eine fast ununterbrochene Linie aus glitzerndem Gold und Edelsteinen, Hofkleidern und Uniformen, die unter den Orden und Epauletten kaum zu sehen waren. Die Kleider waren mit größter Sorgfalt ausgewählt worden, und die Schmuckschatullen hatte man nach geeigneten Juwelen durchsucht, die in vielen Fällen seit den Unruhen der Französischen Revolution versteckt geblieben waren. Ein anwesender Goldschmied gestand, dass es ihm unmöglich sei, auch nur annähernd den Wert all der präsentierten Schmuckstücke zu schätzen. Allein das Kleid der Fürstin Esterházy war vermutlich sechs Millionen Francs wert. »Ich glaube wirklich«, sagte Dorothea im Überschwang der Begeisterung, »dass wir alle Perlen und Diamanten Ungarns, Böhmens und Österreichs tragen werden.«

Ein Blickfang unter den Zuschauern war auch der päpstliche Gesandte Kardinal Consalvi mit seinem purpurroten Hut und dem Ornat aus Seide, ebenso der Repräsentant des Sultans Mavrojény in seinem Turban und Kaftan. Castlereaghs Frau Emily fiel dadurch auf, dass sie wieder den Hosenbandorden ihres Mannes als »eine Art Diadem« im Haar trug.

Punkt 20 Uhr stießen die Herolde in ihre Trompeten, um die Ankunft der »belles d'amour« anzukündigen. Fürst Metternichs 17-jährige Tochter Marie war auserwählt worden sowie die Herzogin von Sagan, ihre Schwester Dorothea, Sophie Zichy und Fürstin Pauline Esterházy. Jede »Königin« trug ein erlesenes Samtkleid, wie La Garde-Chambonas beobachtete, gesäumt von kostbaren Spitzen und vor Edelsteinen glitzernd. Diamanten, Smaragde, Rubine und Saphire reflektierten das Licht der Leuchter in atemberaubender Pracht.

Lieber Gott, wunderte sich ein Preuße über so viel Prunk, damit hätte man ja drei Feldzüge finanzieren können.

Nachdem die Damen mit wehenden zarten Schleiern durch die Arena gezogen waren, setzten sie sich auf ihre Plätze. Dann stießen die Herolde erneut ins Horn, weil der österreichische Kaiser, die Kaiserin und die übrigen Souveräne kamen. Alle standen auf. Die »belles d'amour« nahmen ihre Schleier ab, und die ganze Hofreitschule brach in einen »Beifallssturm« aus.

Wenn man sich die Reihen der Zuschauer an jenem Abend genau ansah, merkte man, dass etliche Personen fehlten. Trotz hartnäckiger Gerüchte, dass sie kommen werde, zeigte sich Napoleons Frau Marie-Louise nicht. Auch Metternich glänzte durch Abwesenheit. Er ertrug es nicht, seine geliebte Herzogin von Sagan als Königin der Liebe in ihrem bezaubernden grünen Samtkleid mit einer farblich passenden, juwelenbesetzten Samthaube zu sehen. Noch schlimmer: Ihr Kavalier beim Turnier war Alfred Fürst zu Windischgrätz.

Der Gast, bei dem am meisten auffiel, dass er fehlte, war jedoch der russische Zar. Offiziell war Alexander krank, allerdings mutmaßten manche, dass dies für ihn nur eine Entschuldigung war, um die von Österreich gesponserte Veranstaltung zu meiden. Es entstanden Gerüchte, das Fehlen des Zaren lasse auf eine tiefe Kluft zwischen den Großmächten schließen und sei vermutlich ein erstes Anzeichen für das unmittelbar bevorstehende Scheitern des Kongresses.

So plausibel solche Befürchtungen in Anbetracht der tatsächlichen Spannungen sein mochten – der Zar war an diesem Abend allem Anschein nach wirklich krank. Einige Tage vor dem Turnier hatte Alexander in einem Saal des beliebten Ballhauses Mehlgrube am Neuen Markt getanzt und war plötzlich auf der Tanzfläche zusammengebrochen. Der Kollaps kam so plötzlich, dass viele schon spekulierten, der Zar sei vergiftet worden (ein Koch der Hofburg wurde tatsächlich wegen seiner angeblichen Beteiligung an einer Verschwörung entlassen). In Wirklichkeit war der Zar wahrscheinlich nur von den langen Arbeitstagen, dem Schlafmangel und dem allgemeinen Stress wegen des Kongresses erschöpft. Berichten zufolge hatte er 30 Nächte hintereinander getanzt. Am Abend des Carrousels lag der Zar jedenfalls in der Hofburg im Bett.

Als das Orchester auf der obersten Ebene der Hofreitschule einen Marsch anstimmte, ritten die 24 Ritter des Turniers auf kräftigen schwarzen ungarischen Streitrössern herein. Die Hufe stampften auf den Sandboden, der den Sturz der Ritter dämpfen sollte.

Die Wahl zum Turnierkämpfer kam »einem Diplom für Anmut und Eleganz« gleich, wie La Garde-Chambonas sagte. Die Männer kamen zum größten Teil aus dem alten Landadel. Da waren die Fürsten Vincent Esterházy und Anton Radziwill und der Liebhaber der Herzogin von Sagan Alfred Fürst zu Windischgrätz. Ferner war Prinz Leopold von Sachsen-Coburg-Saalfeld auserwählt worden, der künftige König Belgiens.

Das Carrousel auf dem Wiener Kongress war gewissermaßen eine »Imitiation der Imitation« des Rittertums, das lange nach seiner Blütezeit bereits eine Wiedergeburt erlebt hatte. Die Ritter sahen denn auch eher so aus, als kämen sie aus dem frühen 16. Jahrhundert als aus dem Hochmittelalter. So waren mehr Oberteile, Kniehosen und bequeme Samtwämser zu sehen als schwere, schweißtreibende Rüstungen. Anstelle der sperrigen Helme trug außerdem jeder Ritter einen großen, mit Diamanten besetzten, breitkrempigen Hut samt seitlich herabhängendem Federbusch.

Der ganze Zug der Turnierkämpfer, mit all ihren Knappen, die Schilde trugen, und Pagen, die lange Banner schwenkten, machte eine Runde durch die Arena und blieb unmittelbar vor den Souveränen stehen. Die Ritter huldigten den Herrschern. Sie standen in den Steigbügeln auf und verneigten sich vor den versammelten Monarchen, danach senkten sie die Lanzen ehrerbietig vor den Königinnen und Kaiserinnen auf der Galerie. Zuletzt huldigten sie ihren Liebesköniginnen am anderen Ende der Halle und bereiteten sich anschließend auf die Spiele vor.

Die erste Aufgabe war der sogenannte »pas de lance«, ein »Kampf um Ringe«, bei dem die Turnierkämpfer auf dem Pferd vorpreschten und die Lanze senkten, um an Bändern hängende Ringe aufzuspießen. Außerdem warfen die Ritter Speere auf Nachbildungen von Sarazenenköpfen oder jagten mit dem Krummsäbel in der Hand heran und versuchten, einen Apfel zu teilen, der an einem Band baumelte.

Dann war es Zeit für die Hauptattraktion: die Tjost beziehungsweise das Lanzenstechen, ein ritterliches Zweikampfspiel. Allerdings ging es hier nicht wie bei den Turnieren im Mittelalter zu, als Soldaten auf dem Kampfplatz sterben konnten und auch wirklich starben, wie bei dem unseligen Turnier von 1240, als rund 80 Ritter ihr Leben verloren. Das Carrousel zum Wiener Kongress war eher als eine extrem stilisierte Nachahmung gedacht. Die Ritter sollten im Galopp reiten und versuchen, ihren Gegner aus dem Sattel zu befördern, doch die Schiedsrichter hatten sie eindringlich ermahnt, größtmöglichen Anstand zu wahren. Der Wettkampf verlief auch gut. Der einzige Zwischenfall ereignete sich, als Fürst Liechtenstein vom Pferd gestoßen wurde und bewusstlos weggetragen werden musste.

Nach weiteren Demonstrationen ihrer Reitkunst führten die Ritter »eine Art Tanz zum Takte der Musik« vor, und schließlich zogen die Gäste, angeführt von den Souveränen, den »belles d'amour« und ihren Kavalieren, aus der Hofreitschule aus und wechselten zu einem Bankett in der Hofburg. Die Souveräne hatten ihren eigenen Tisch, auf dem alles vergoldet war, von den Gabeln bis hin zu den Obstkörben. In großen Sälen schlugen Artisten Saltos um die Festtafeln, Narren jonglierten, und Minnesänger trugen mit der Laute den Gästen Lieder vor. Der Höhepunkt des Abends war ein großer Ball für rund 3000 Gäste.

Das Festkomitee hatte sich bemüht, diesem einzigartigen Kongress ein unvergessliches Denkmal zu setzen, und es hatte unbestritten eine große Show inszeniert. Die Organisatoren versprachen, für den abwesenden Zaren eine weitere »exakte Replik« des Turniers vorzuführen. Einige Details mochten historisch nicht ganz korrekt gewesen sein, aber die Monarchen waren zufrieden. Das Komitee hatte sogar an einen besonderen Platz für den beleibten König von Württemberg gedacht. Er war nur fünf Fuß groß, hatte aber einen Leibesumfang von sechs Fuß, und wie fast alle Tagebücher überliefern, hatte man einen großen »Halbmond« aus dem Tisch ausgesägt, um seinen legendären Bauch unterzubringen. Und als die Könige, Königinnen, Turnierkämpfer und Festgäste so über das Parkett glitten und wirbelten, ließ das sich drehende Carrousel für ein paar Stunden die derzeitigen diplomatischen Schwierigkeiten vergessen.

*Kapitel 17*

# »Der glorreiche Augenblick«

*Wir kommen in unseren Angelegenheiten nur langsam voran, und dabei sind wir nicht untätig.*

Talleyrand

Kein noch so großer Glanz konnte über die Spannungen hinwegtäuschen, und die Informanten des Barons registrierten ein beachtliches Ausmaß an Unmutsäußerungen außerhalb der Paläste, Ballsäle und anderer Lokalitäten der exklusiven Gesellschaft der Kongressteilnehmer. Die Denker und Müßiggänger, die sich am Graben trafen, kritisierten lautstark den Kongress für seine hemmungslose Schwelgerei. Warum konnten die Delegierten nicht genauso viel Energie in das Aushandeln eines gerechten Friedens investieren wie in die Organisation von Turnieren? Doch welche Veranlassung hätten die Diplomaten denn auch, die Verhandlungen zu eröffnen, solange Kaiser Franz ihnen so großzügig Unterkunft gewährte und fast jeden Abend gut 50 üppige Festtafeln auffuhr?

Österreichische Patrioten machten sich wegen der enormen Kosten für die ausufernden Vergnügungen Sorgen und fragten sich, ob der Kaiser jemals imstande sein werde, das alles zu bezahlen. Ihnen missfiel auch die Diskrepanz zwischen den großzügigen Wiener Gastgebern und ihren Gästen, die auf viele, gelinde gesagt, undankbar wirkten. Manche Verbündete aus dem Krieg, wie der russische Zar, benahmen sich sogar eher wie Feinde. Ein Spitzel berichtete über die vorherrschende Meinung, dass Österreichs Großzügigkeit die eigene Wirtschaft zu lähmen drohe, wenn nicht gar zum Staatsbankrott führe: »Das ist eine neue Art, Krieg zu führen: den Feind auffressen.«

Die Ressentiments wurden durch die Exklusivität des hinter verschlossenen Türen tagenden Diplomatenklüngels noch gesteigert, und natürlich auch durch die offensichtliche Lächerlichkeit mancher Streitigkeiten. Die Regenten zankten sich darum, wer einen Raum als Erster betreten oder verlassen durfte, wer beim Bankett welchen Platz bekam, wer ein Dokument als Erster unterzeichnete. Laut einem Gerücht ließ Metternich in sein Büro zusätzliche Türen einbauen, damit die Verhandlungspartner alle gleichzeitig eintreten oder herausgehen konnten. Das war allerdings frei erfunden, aber die Probleme mit der Etikette waren nur zu real.

Das Protokoll spiegelte die feinen Unterschiede in Macht und Ansehen wider, zumal Diplomaten damals Monarchen repräsentierten, nicht den Staat; und alle reagierten unter Umständen äußerst empfindlich auf die leiseste Kränkung. Berühmt ist der Vorfall aus dem Jahr 1661: Als ein schwedischer Gesandter im September nach London kam, wollte sich der spanische Botschafter bei der Begrüßungsprozession nicht hinter Frankreich einreihen und fuhr voraus. Um ein Haar hätte er damals Ausschreitungen, einen Skandal und eine Kriegserklärung provoziert.

Auf dem Kongress hatten solche Kleinigkeiten die Arbeit praktisch zum Erliegen gebracht. Die Erklärung vom 8. Oktober, mit der die Eröffnung des Kongresses auf den 1. November verschoben worden war, wurde nie unterzeichnet, nicht zuletzt deshalb, weil sich die Bevollmächtigten nicht auf die Reihenfolge der Unterschriften einigen konnten. Das Deutsche Komitee verzettelte sich in unzähligen Rangstreitigkeiten – bis es die Tätigkeit ganz einstellte.

Eine Standardisierung der Regeln für diplomatische Transaktionen hätte die Spannungen, die oft die Verhandlungen komplizierten, vielleicht lindern können. Es herrschte jedoch auch kein Konsens darüber, wie das zu bewerkstelligen wäre. Wie stark sollte sich das Protokoll zum Beispiel an der Macht eines Staates orientieren? Welche Unterschiede sollten, wenn überhaupt, zwischen Repräsentanten eines Königreichs und Repräsentanten einer Republik gemacht werden? Wie stand es um das Verhältnis zwischen den ältesten und legitimsten Dynastien des

Kontinents und den jüngsten Emporkömmlingen, die durch das Schwert Napoleons aus dem Boden geschossen waren? Ein weiterer Ausschuss des Wiener Kongresses, die »Rangkommission«, die seit Mitte Dezember unter dem Vorsitz des spanischen Delegierten Labrador tagte, war eigens ins Leben gerufen worden, um solche Fragen zu klären.

Ganz andere Sorgen waren in den Wiener Salons zu hören. Manche Vertreter der älteren Generation glaubten, die Tuchfühlung mit Königen könne dem Ansehen der Monarchen nur schaden. Auch Talleyrand erklärte: »Drei und vier Monarchen und eine Menge sonstiger Souveräne auf allen Bällen und Soireen, und oft bei gewöhnlichen Privatleuten, halte ich für unpassend.« Es sei nur noch eine Farce. Der Genfer Bankier Jean-Gabriel Eynard gestand, dass er einmal den preußischen König allein an die Wand gelehnt gesehen und ihn im ersten Moment mit einem Kellner verwechselt habe. Um ein Haar hätte er ihn gebeten, ihm ein Glas Champagner zu bringen.

So war man aus den unterschiedlichsten Gründen unglücklich über die Konferenz, und die Unzufriedenen der Stadt taten sich zusammen, um ihrem Unmut Luft zu machen und Neuigkeiten auszutauschen. Das Gasthaus »Zur Kaiserin von Österreich« war ein beliebter Treffpunkt für eine kosmopolitische Gruppe von Denkern, die der strengen Hofetikette entrinnen und freier sprechen wollten. Ein anderer Ort, das Kaffeehaus »Drei Weiße Löwen«, war vor allem unter jungen Deutschen beliebt, die sich bei Wein und Austern zu hitzigen Streitgesprächen trafen.

Interessanterweise zählten ausgerechnet die Kirchen in der Stadt zu den beliebtesten Zentren für Informationsaustausch und Kritik. Viele Menschen in der Stadt strömten überall dorthin, wo der unermüdliche Prediger Zacharias Werner gerade seine provokativen und nie vorhersagbaren Reden hielt. Von der Kanzel aus beschimpfte dieser hochgewachsene, hagere Mann mit dem langen Haar, das manche mit einer Löwenmähne verglichen, unablässig den Wiener Kongress als ein jämmerliches Schauspiel der Eitelkeit und Oberflächlichkeit. Dieses Thema ließ sich beliebig variieren. Unlängst hatte er darüber gepredigt, dass das Völkchen der Kaiser, Könige und Fürsten in der Stadt ganz eindeutig in den Bann eines anderen Herrschers geraten sei, des wahren Herrschers über den Wiener Kongress: König Torheit.

Vor seinem Übertritt zum Katholizismus vor einigen Jahren hatte Werner einen großen Teil seiner Karriere in der Welt des Theaters verbracht, und das merkte man. Er war Bühnenautor gewesen und hatte etliche Stücke geschrieben, etwa den Einakter *Der vierundzwanzigste Februar,* den Goethe einmal inszeniert hatte. Im Alter von 42 Jahren war Werner ganz überwältigt von dem Erlebnis einer Messe gewesen und zum katholischen Glauben konvertiert. Der ehemalige Freigeist gab seinen ausschweifenden Lebenswandel zwischen Bühne und Bordell auf und stieg auf die Kanzel. Ein paar Jahre lang hauste er sogar in einer Klosterzelle in Süditalien.

Zur Zeit der Friedenskonferenz war Werner nach Wien gelangt. In dieser Stadt der Schauspiele – sowohl auf der Bühne als auch auf der Straße – hatte Werner eine ansehnliche Gefolgschaft um sich geschart. Er rühmte sich seines Enthusiasmus und Eifers, manche hatten allerdings Vorbehalte gegen die Sprache des wortgewaltigen Predigers und erklärten, sie sei so derb wie die eines Kutschers und eigne sich eher für den Stammtisch.

An einem Sonntag etwa, als die Bankreihen in der Franziskanerkirche wieder einmal voll besetzt waren, kam Vater Zacharias in seiner Predigt auf einen bestimmten Körperteil zu sprechen – ein »kleenes Stückchen Fleesch« –, der häufig die heillosesten Versuchungen und die übelsten Verfehlungen zur Folge habe. Seine Umtriebe würden sich jeden Tag auf dem Kongress zeigen. Die Zuhörer dürften sich gefragt haben, worauf dieser unberechenbare Prediger wohl hinauswollte. Dann schob Werner, beide Hände fest um die Brüstung der Kanzel geschlossen, sein schmales Gesicht vor in Richtung Gemeinde und fragte: »Soll ich es euch zeigen?«

Es herrschte »Totenstille«, und nach einer »entsetzlichen Pause« fuhr der Prediger fort: »Da seht her, hier ist es!« Jene, die es wagten aufzusehen, erblickten Vater Zacharias, wie er das fragliche Organ zeigte: Er hatte die Zunge herausgestreckt.

Unter »nervösem Gekicher« und der spürbaren Erleichterung der Gemeinde ermahnte der Prediger seine Zuhörer, dass die allzu eifrig gebrauchte Zunge den zwischenmenschlichen Beziehungen schweren Schaden zufügen könne.

Die vielen Gerüchte ließen sich jedoch nicht so ohne Weiteres zum

Verstummen bringen, vielmehr wucherten sie weiter und trieben die Friedensstifter auseinander, bis es den Anschein hatte, als könnte der Klatsch die Torheit als ungekrönter König des Kongresses ablösen.

Ende November rückte der Tag von Ludwig van Beethovens mit Spannung erwartetem Galakonzert näher. Der ursprüngliche Termin, der 20. November, musste um einige Tage verschoben werden, weil der österreichische Kaiser plötzlich erkrankte.

Tatsächlich grassierte in ganz Wien, wo gerade ein allgemeiner Erschöpfungszustand zu herrschen schien, ein aggressiver grippeähnlicher Virus. So wie der Zar und der Kaiser einige Tage im Bett verbringen mussten, erwischte es auch Fürst Metternich, den preußischen König, Fürst Hardenberg, Fürstin Bagration, Dorothea und unzählige andere. In einem Kongress, der von der Mode dominiert wurde, schien es auf einmal fast schon chic, krank zu werden. Zum Glück verschwand diese Grippe – der »ungebetene Gast« des Kongresses – so sang- und klanglos aus der Stadt, wie sie gekommen war.

Zwei weitere Verschiebungen des Konzerts folgten in derselben Woche, zuletzt weil die Engländer dagegen protestierten, an einem Sonntag ein Konzert zu veranstalten. Schon bald wirkte Beethovens Konzert ebenso dubios wie der Kongress selbst, da es unter Verzögerungen, Protesten und Verschiebungen zu leiden hatte.

Am Dienstag, dem 29. November, bekam Beethoven endlich die Gelegenheit, in der Redoute das Galakonzert zu geben. Das Programm versprach einen ganzen Nachmittag Musik, und die Eintrittskarten kosteten nur drei Gulden – oder fünf Gulden für die Logenplätze. Ein illustres Publikum füllte den Saal, darunter der russische Zar, der preußische König und viele Fürsten und Fürstinnen.

Das Konzert begann mit *Wellingtons Sieg* (auch als *Schlachtensinfonie* bekannt), eine triumphale Feier der Schlacht von Vitoria mit einer originellen Verarbeitung von Motiven aus »Rule Britannia« und »God Save the King«, voller Paukenwirbel, Trompetenfanfaren, Beckenschläge und echter Kanonenschüsse, welche die Schrecken der Schlacht und die freudige Feier des Sieges über das Ungeheuer Napoleon nachahmten. Es war ein bombastisches sinfonisches Schlachtengemälde, für die damalige klassische Musik sehr ungewöhnlich.

Beethoven hatte die Musik ursprünglich für ein mechanisches Instrument namens Panharmonikon geschrieben, ein kleiner, tragbarer Kasten, der die Bläser und Streicher eines ganzen Orchesters reproduzierte. Entwickelt hatte das Gerät ein Musikerfreund Beethovens, der »k. k. Hof-Kammermaschinist« Johann Nepomuk Mälzel. Zu dessen Erfindungen zählten auch das Metronom, ein Hörrohr und ein »mechanischer Trompeter«, der Marschmusik spielte. Er behauptete auch, einen mechanischen Schachspieler konstruiert zu haben, der angeblich Napoleon während der Besetzung Wiens in einer Schachpartie besiegt hatte (in Wirklichkeit war Wolfgang von Kempelen der Erfinder, und der »Trick« war natürlich ein im Apparat versteckter Mann). Eine weitere Erfindung, die bei der großen Zahl Spitzel auf dem Kongress recht nützlich gewesen sein könnte, war ein Schreibtisch mit Geheimfächern, die durch einen eingebauten Mechanismus überwacht wurden. Sobald er aktiviert wurde, wurde eine ohrenbetäubende Sirene ausgelöst, und kräftige Eisenfesseln schlossen sich um die Handgelenke des Übeltäters.

Dieser gewitzte Erfinder und Geschäftsmann hatte Beethoven den Vorschlag gemacht, *Wellingtons Sieg* doch für eine Orchesterfassung wiederzuverwerten und das Werk in einem Konzert mit Wiens besten Virtuosen aufzuführen. Im patriotisch gestimmten Wien der Nachkriegszeit wurde Beethovens Werk ein Riesenerfolg. Das Publikum in der Redoute feierte es mit »lautestem Beyfalle«, wie die *Wiener Zeitung* schrieb.

Das zweite Werk, die neue Kantate *Der glorreiche Augenblick*, wurde zu Ehren des Wiener Kongresses so benannt. Den Text hatte ein Chirurg namens Alois Weißenbach geschrieben, der zur Friedenskonferenz nach Wien gekommen war, und Beethoven hatte das patriotische Gedicht vertont. Das Werk wurde später kaum wieder aufgeführt und von Kritikern häufig als »zu bombastisch« bezeichnet. Aber bei der Uraufführung erhielt es großen Applaus. Allerdings hörten weder der Komponist noch der Autor etwas von dieser Reaktion. Weißenbach war genau wie Beethoven fast taub.

Das Konzert umfasste auch die *7. Sinfonie*, die als »neue große Sinfonie« präsentiert wurde, obwohl sie so ganz neu gar nicht war. Beethoven hatte die Sinfonie bereits im Frühjahr 1812 vollendet und sie im

Dezember 1813 sogar öffentlich aufgeführt. Nach allgemeiner Ansicht war es ein schwieriges Stück, und die Musiker protestierten anfangs dagegen. Beethoven dirigierte damals selbst und machte sich bei den leisen Passagen ganz klein und sprang bei den lauteren dann plötzlich hoch. Das Publikum war begeistert, und die *Wiener Zeitung* schwärmte von der Aufführung.

In Wirklichkeit dirigierte Beethoven das Konzert gar nicht selbst. Er stand natürlich auf der Bühne und bewegte seinen Stab, aber der eigentliche Dirigent war sein Assistent Ignaz Umlauf. Wie die Musikwissenschaftlerin Ingrid Fuchs ganz richtig nachweist, war Beethoven nicht mehr imstande, komplexe Werke zu dirigieren. Kaum einen Monat danach hörte der Musiker Ludwig Spohr eine Probe von Beethoven und bestätigte den rapiden Verfall: Beethovens Pianoforte sei arg verstimmt gewesen, und der arme fast taube Musiker habe bei Forte so sehr auf die Tasten eingehämmert, dass die Saiten nur so schepperten. Beethoven machte unzählige Fehler, und der Besucher war danach, wie er selbst sagte, sehr betrübt über ein so elendes Los.

Beethovens Mäzen, der ehemalige russische Botschafter Graf Rasumowsky, brachte ihm wohlwollende Bewunderung entgegen und erklärte, dass die »Welt für ihn zu klein sei«. Andere zeigten sich nicht ganz so beeindruckt und neigten eher zu der Meinung, Beethovens Kompositionen seien zu laut, zu lang und zu wuchtig – als würde Herkules mit seiner Keule nach Fliegen schlagen. Ähnlich wie der Kongress in eine russische und eine österreichische Fraktion gespalten war, bildeten sich auch »Anti- und Pro-Beethoven-Fraktionen«, wie in Polizeiberichten zu lesen ist. Da Beethoven von einem russischen Mäzen und dem Zaren gefördert worden war, blieben prompt die Österreicher dem Konzert fern, und auch von den Engländern ließ sich kaum jemand blicken. Selbst bei den musikalischen Vergnügungen fand die Diplomatie ihren Widerhall, wie es schien.

An jenem Abend war Beethoven, wie er selbst zugab, »noch erschöpft von Strapazen, Verdruss, Vergnügen und Freude, alles auf einmal durcheinander«. Er beschwerte sich auch über die armseligen Trinkgelder, die er bekommen hatte. Der preußische König, der nach der Hälfte des Konzerts ging, gab ihm nur lumpige zehn Dukaten, der Zar hingegen zahlte ihm großzügig das Zwanzigfache.

Als Beethoven *Der glorreiche Augenblick* dirigierte, war der Kongress, der mit dem Stück gefeiert wurde, einer Beilegung seiner Streitigkeiten keinen Schritt näher gekommen.

Der russische Zar wurde zunehmend für einen Bösewicht gehalten. Abgesehen von seinem groben Umgang mit manchem Außenminister hatte er eigenmächtig seinem Verbündeten ein Königreich überlassen und seiner Armee befohlen, ein zweites zu besetzen. Das alles schien die schlimmsten Befürchtungen zu bestätigen: dass er ein gefährlicher Größenwahnsinniger war. Gentz fasste die allgemeine Einschätzung treffend zusammen: »Die Sprache der Gerechtigkeit und Wahrheit ist keine, die Russland versteht.«

Bei einem Ball trat Alexander an die schöne Gräfin Széchenyi-Guilford heran und fragte sie kokett: »Madame, ich sehe, Ihr Gatte ist nicht anwesend; gewähren Sie mir das Vergnügen, vorübergehend seinen Platz einzunehmen?« Ihre Antwort brachte die Empörung vieler zum Ausdruck: »Halten Eure Majestät mich etwa für eine Provinz?«

In den Wiener Salons und zeitweiligen Botschaftsräumen tobten außerdem hitzige Diskussionen um die umstrittene Besetzung des Königreichs Sachsen durch Preußen. Außerhalb der preußischen Delegation und ihrer wenigen Verbündeten herrschte eine überwiegend ablehnende Haltung. Viele ereiferten sich über die »verabscheuungswürdigen Preußen« und bezeichneten die Besetzung als einen empörenden Bruch des Völkerrechts.

Viele deutsche Staaten hatten sogar eine Petition angestoßen, um sich gegen diesen aggressiven Akt zu wehren. Kleinere und mittlere Staaten, die sich von Preußen bedroht fühlten, unterschrieben, um ihren »unglücklichen Bruder«, den sächsischen König, zu unterstützen, und waren sich einig darin, dass sie einen derart himmelschreienden ungerechten »Gewaltakt« nicht hinnehmen konnten.

Die Petition gegen die preußische Annexion machte rasch die Runde, und nur wenig später hatte so gut wie jeder wichtige Fürst oder Delegierte in Deutschland seine Unterschrift daruntergesetzt. Mitte Dezember war der Protest allerdings erlahmt. Aus einem einfachen Grund: Die Preußen hatten in unmissverständlichen Worten wissen lassen, dass sie jeden Staat, der die Petition unterschrieb, als erklärten

Feind betrachten würden. Einer nach dem anderen hatten die Klein- und Kleinststaaten gebeten, ihre Unterschrift wieder zu streichen.

Nach der preußischen Besetzung und der Einschüchterungstaktik als Reaktion auf den Protest kochten die Gemüter hoch, und alle Seiten fühlten sich verraten. Talleyrand nahm die Feder zur Hand und verfasste ein aus heutiger Sicht bedeutendes Dokument über den Wiener Kongresses. Dieser Text, ein an Metternich adressierter Brief vom 19. Dezember, war eine elegante Kombination aus Philosophie und Politik und unterstrich die Bedeutung von Recht und Gerechtigkeit für alle Staaten angesichts einer Aggression innerhalb der internationalen Koexistenz.

Der französische Außenminister erinnerte Metternich zunächst daran, dass sein Land für sich überhaupt nichts fordere. Frankreich sei zufrieden mit seinen Grenzen und hege keinen Wunsch nach zusätzlichen Gebieten. Seine Gesandtschaft hoffe vielmehr, die anderen Friedensstifter dazu zu bewegen, dass sie sich auf einen Grundsatz einigten, nämlich »dass überall und für immer der Revoluzionsgeist schwände, dass jedes gesetzmäßige Recht geheiligt würde«.

Frankreich strebte, anders ausgedrückt, eine Situation an, in der »jede Ehrsucht oder jedes ehrsüchtige Unternehmen sowohl seine Verurteilung als ein immerwährendes Hindernis in einer ausdrücklichen Erklärung und einer förmlichen Gewährleistung jener nämlichen Prinzipien« fände. Das mochte nach einem großen, unerreichbaren Ideal klingen, wie Talleyrand schrieb, aber Europa habe in Wirklichkeit keine andere Wahl. Wenn solche Prinzipien nicht galten, nicht geachtet und streng überwacht wurden, musste die internationale Politik schon bald zu einem Schlachtfeld skrupellosen Eigennutzes und Machtstrebens verkommen – genau wie das Hauen und Stechen im vergangenen Vierteljahrhundert den Kontinent in ein lang währendes tödliches Grauen gestürzt habe.

Da Napoleon nunmehr besiegt sei, müsse Europa diese Chance nutzen, um die Gerechtigkeit zur »ersten Tugend« der internationalen Politik zu krönen. Alle Staatsoberhäupter müssten versprechen, dass sie niemals eine Tat begehen oder dulden würden, die man nicht als gerecht erachten könne, »aus welcher Rücksicht es auch sein möge«, weil nur die Gerechtigkeit, so Talleyrand, einen Zustand wahrer Harmonie und Stabilität herstellen könne. Alles andere würde eine irreführende und bedeutungslose, ja falsche Ordnung schaffen, von vornherein dazu verurteilt, zusammenzubrechen, sobald der erste mächtige Staat beschloss, seine überlegene Stärke auszunutzen.

Ohne das Prinzip der Gerechtigkeit sei »für den, der der Stärkere ist, alles rechtmäßig«. Aber Macht ergebe noch lange kein Recht! Ob Europa denn nicht schon genug unter dieser Doktrin gelitten und dafür mit »so vielen Thränen und Blut« bezahlt habe. Das Goldene Zeitalter des Friedens könne in Kürze anbrechen, wenn nur alle Friedensstifter diesem Weg folgten.

Talleyrand hatte lange über die Erklärung nachgedacht und jedes Wort mit Bedacht gewählt, außerdem sorgte er dafür, dass sie in Wien in Umlauf kam. Persönlich überreichte er eine Kopie des Briefes dem Berater des Zaren Adam Czartoryski und schickte eine zweite an Castlereagh. Talleyrand hoffte offensichtlich auf ein größeres Publikum – nicht nur Metternich, sondern auch Wien und im Idealfall schließlich der ganze Kontinent.

Während viele Talleyrands »Meisterwerk« in den höchsten Tönen lobten, waren die Preußen alles andere als glücklich darüber. Für sie war das nur ein weiterer raffinierter, aber leicht durchschaubarer Versuch der Franzosen, zu ihrem eigenen Vorteil unter den Verbündeten Zwietracht zu säen. Die preußischen Gesandten schickten sich auch sofort an, die Erklärung zu entkräften und zu diskreditieren. Man bedenke: Hier spricht Talleyrand! Wie konnte man diesen wiederholt eidbrüchig gewordenen Mann denn ernst nehmen? Manche Mitglieder der preußischen Botschaft streuten Gerüchte, die Franzosen hätten die Absicht, das linke Rheinufer und Belgien zurückzuerobern wie schon seinerzeit in den 1790er-Jahren.

Abgesehen davon wurde Talleyrands Stellung von einem weiteren Gerücht untergraben. Und dieses traf zweifellos zu.

In Wien sickerte die Nachricht durch, dass die Lage in Frankreich immer instabiler werde. König Ludwig XVIII. war nach nur sechs Monaten auf dem Thron äußerst unbeliebt, seine ganze Regierung inzwischen ebenso verhasst wie die französische Regierung am Vorabend der Revolution. Unter den Generälen gab es Unruhe. Die Soldaten vermissten Napoleon, und das galt auch für viele Veteranen, deren

Bezüge um die Hälfte gekürzt oder die am Ende des Krieges ohne Umschweife entlassen worden waren. Jetzt, in der Rezession nach dem Krieg, mussten sie betteln oder stehlen. Im Dezember erreichte Talleyrand ein Bericht aus dem französischen Kriegsministerium, in dem es hieß, dass ein Regiment der königlichen Infanterie »seine [napoleonischen] Adler verbrannt und die Asche eingesammelt habe, dann habe jeder Soldat ein wenig davon zu sich genommen und dazu einen Kelch Wein auf die Gesundheit Bonapartes getrunken«.

Das machte die Lage für Talleyrand natürlich noch schwieriger. Er schien einen König zu repräsentieren, der zunehmend die Kontrolle über sein Land verlor, ein Land, in dem »geheime Umtriebe und Verschwörungen« im Gang waren und eine allgemeine Unzufriedenheit schwelte. Talleyrand bewahrte die Ruhe. Aber wie zuversichtlich er auch auftreten mochte – den Preußen fiel es leicht, seine Glaubwürdigkeit in Zweifel zu ziehen. Nach ihrer Darstellung wusste der französische Minister entweder über den wahren Zustand der Krise im eigenen Land nicht Bescheid, oder er vertuschte sie. Talleyrand musste unbedingt eine Gegenkampagne einleiten und wandte sich deshalb an seinen Vorgesetzten.

*Kapitel 18*

# Der Koch, der Maler, die Ballerina und der Diplomat

*Ich schlief neben einem Vulkan, ohne an den Erguss der Lava zu denken!*

Metternich über die Französische Revolution

Von den Türmen auf beiden Seiten des Inselhafens wehte Elbas brandneue Fahne: ein weißes Banner mit einem diagonalen roten Streifen, verziert mit drei goldenen Bienen. Napoleon hatte es im Mai 1814, noch an Bord der HMS *Undaunted,* selbst entworfen. Ein Schneider auf dem Schiff borgte sich etwas Segeltuch und nähte die ersten beiden Fahnen für das neue Reich.

Wie gesagt: Die neue Residenz entsprach nicht ganz den Tuilerien. Napoleon hatte weder die vertrauten vergoldeten Stühle mit Greifvogelköpfen um sich noch seinen Lieblingstisch, ein sanduhrförmiges Möbelstück, das er selbst entworfen hatte, um ein enges Zusammenarbeiten zu erleichtern. Auch das große Ölgemälde von König Ludwig XIV. fehlte, mit der rot-weiß-blauen republikanischen Kokarde am Kopf des Sonnenkönigs. Das Ausmaß an Luxus mochte sich geändert haben, doch Napoleon war immer noch derselbe, nur ein wenig älter, oben schmaler, dafür runder in der Mitte.

Der 45-jährige Kaiser traktierte wie eh und je mit seinem raschen Auf und Ab die Fußböden und diktierte in zackigem Ton einem Sekretär, der »so regungslos wie ein weiteres Möbelstück« dasaß. Je schneller Napoleon redete, desto eiliger lief er, und sein Sekretär hatte alle Mühe, mitzuhalten.

Kaum hatte Napoleon einen geeigneten Wohnsitz gefunden, war er wieder ganz in seinem Element und erteilte Befehle. Maurer, Zimmerleute und Architekten wurden bestellt und angewiesen, die Pläne für die Renovierung auszuführen, die Napoleon ebenfalls persönlich ausgearbeitet hatte. Er fügte ein zweites Stockwerk hinzu, zu dem man über eine neue, rosafarbene Marmortreppe gelangte. Es bestand aus zwei Suiten mit je vier Zimmern, die über einen geräumigen Salon miteinander verbunden waren. Ein Flügel war für seine Frau gedacht, der andere für seinen Sohn, die aber beide noch nicht eingetroffen waren und auch keinerlei Anstalten machten zu kommen. Acht Fenster ließen das Tageslicht in den Prachtsaal des Hauses strömen. Deshalb mussten unbedingt Fensterläden angebracht werden. Denn Napoleons Palast neigte dazu, sich in der Sonne zu einem wahren Backofen aufzuheizen.

Wie immer konnte Napoleon es nicht erwarten und zog schon Ende Mai ein, inmitten hektischer Renovierungsarbeiten auf der weitgehend unvollendeten Baustelle. Das Baugerüst ragte an der Vorderseite noch auf, und im Inneren roch es nach frischer Farbe. Weiße und goldene Fauteuils wurden hoch in den Salon geschleppt, wobei die Arbeiter darauf achten mussten, nicht auf den Mörtel zu treten, der noch nicht trocken war. Die dunklen, mit grüner Seide bezogenen Holzstühle kamen ins Arbeitszimmer, dazu der Mahagonischreibtisch, verglaste Bücherregale und ein angegrautes Sofa, das mit goldenen Löwen verziert und mit gelber Seide bezogen war.

Die Decke des Schlafzimmers wurde so gestrichen, dass sie dem Dach eines Militärzelts ähnelte. Wegen der übrigen Möbel schickte Napoleon ein Schiff zum Festland und ließ den verlassenen Palazzo seiner Schwester Elisa in der Toskana plündern, der derzeit von österreichischen Soldaten in Beschlag genommen wurde. Napoleon hatte ihr immer noch nicht verziehen, dass sie zu seinen Gegnern übergelaufen war. Napoleons Villa sollte mit Möbelstücken ausgestattet werden, die er ihr dreist gestohlen hatte: etwa einen Schreibtisch, eine Uhr und sogar ihr berühmtes vergoldetes Bett aus dunkler Eiche. Das sei ein brillanter Feldzug gewesen, scherzte er. Er habe mit einem Schlag Österreich geplündert und seine Schwester bestraft.

Zum Unterhalt seiner Palazzina stellte Napoleon Personal für die neu geschaffenen Stellen ein. Ein Küchenchef und ein Bäckermeister beaufsichtigten ein Team aus 13 Mitarbeitern, die in der Küche die Speisen zubereiteten. Im Haus gab es 19 weitere Bedienstete, dazu Kammerdiener, Gärtner, Kutscher, Pferdeknechte, Zeugmacher, Stallmeister, Schlosser, Schneider und viele andere in ihren nagelneuen grünen Mänteln mit Goldborte. Auch wenn die Bezahlung nicht gerade üppig war, brachten die Anstellungen andere Vorteile mit sich. Manche Küchenjungen waren so stolz, sich in der Nähe des berühmten Mannes aufzuhalten, dass sie wie »kleine Napoleone« durch die Stadt stolzierten.

Der Kaiser hatte eine internationale Belegschaft eingestellt, darunter Franzosen, Italiener, Elbaner und Korsen. Ein Pianist aus Florenz wurde zum neuen Musikdirektor ernannt, eine Einheimische aus einem nahen Dorf zur Gewandmeisterin. Ein korsischer Landsmann avancierte zum Hofbarbier, und er war wie geschaffen für seine Aufgabe. Es war nötig: Napoleons Haare standen ihm in der feuchten Salzluft starr vom Kopf ab, sodass es mit Kerzenständern verglichen wurde.

Aber es gab noch eine wichtige Person auf der Insel: einen Soldaten aus Großbritannien, den man gebeten hatte, Napoleon im Auge zu behalten und eng mit London in Verbindung zu bleiben. Die Rede ist von Neil Campbell, einem 38-jährigen Offizier aus den schottischen Highlands, der auf den Westindischen Inseln, in Spanien und an anderen Orten gegen die Franzosen gekämpft hatte. Bei Kriegsende diente Campbell als Militärattaché beim russischen Zaren. Mit seiner Tapferkeit hatte er sich Respekt verschafft. Im Gefecht war er schwer verwundet worden – ein Säbelhieb hatte ihn am Kopf getroffen und eine Lanzenspitze im Rücken. Als er nach Elba aufbrach, war sein Kopf noch bandagiert, und sein rechter Arm lag in einer Schlinge.

Dass ein relativ unbekannter Mann dazu auserwählt wurde, den ehemaligen Herrscher des Kontinents zu begleiten, mag seltsam erscheinen, und viele haben sich über die Ernennung gewundert, die kein anderer als Castlereagh vornahm. Aber die Wahrheit ist, dass kaum jemand bereit war, diese Aufgabe zu übernehmen. Prominentere hatten den Posten bereits abgelehnt, weil sie der Aussicht, mit Napoleon auf einer kleinen, halb vergessenen Insel im Meer eingesperrt zu sein, wenig abgewinnen konnten.

Die Stellung brachte mit Sicherheit Probleme mit sich. Zum Beispiel hatte Castlereagh nie genau erklärt, was von Campbell erwartet wurde. Er hatte nicht etwa Geheimaufträge oder widersprüchliche Instruktionen erhalten, sondern so gut wie überhaupt keine Anweisung. Campbell war nicht einmal offiziell über die Konditionen der Abdankung Napoleons informiert worden – den Vertrag hatte er lange nicht zu sehen bekommen. Was er darüber wusste, hatte er aus der Zeitung erfahren – oder eigene Erkundigungen eingezogen.

Am ehesten konnte man vielleicht noch Castlereaghs allgemeine Hinweise, Napoleon sei vor Kränkungen und Angriffen zu bewahren und nicht mit »Euer Hoheit«, sondern nur als »General Bonaparte« anzusprechen, als klare Instruktionen bezeichnen. Ansonsten handelte es sich um eine nur sehr vage umrissene Aufgabe mit sehr großem Ermessensspielraum. Ein Historiker fasste Campbells Rolle treffend zusammen: teils Leibwächter, teils Spion und teils Botschafter. Campbell wurde ins kalte Wasser geworfen. Dabei sollte er sich vor allem so verhalten, dass kein schlechtes Licht auf die britische Regierung fiel. Denn was hatte Großbritannien, ein Land, das den Vertrag nicht einmal mit unterzeichnet hatte, eigentlich überhaupt auf der Insel zu suchen?

So hatten sie sich also gefunden: ein unbekannter junger Offizier und der ehemalige Herrscher Europas. Und doch kam dieses ungleiche Paar relativ gut miteinander aus. Napoleon schien seine Gesellschaft zu schätzen und nannte ihn mit seinem starken korsischen Akzent »Combell«. Sie sprachen über alles miteinander, von Schottland bis hin zur Kriegführung, und einmal gestand Napoleon ihm gegenüber den größten Fehler seiner Karriere ein: dass er im Jahr 1813 nicht Frieden geschlossen hatte, als er noch die Chance gehabt hätte, den Thron und sein Reich zu retten. Er hätte nur nach Prag gehen und eine Regelung auf Treu und Glauben aushandeln müssen. Aber er hatte sich geweigert. »Ich habe einen Fehler begangen«, sagte Napoleon, »aber man versetze sich doch einmal in meine Lage.« Nach so vielen Siegen habe er auf seine Armee vertraut und beschlossen, noch einmal alles auf eine Karte zu setzen.

»Ich habe verloren«, resümierte Napoleon, »aber jene, die mich anklagen, haben niemals vom berauschenden Kelch der Fortuna getrunken.«

In Wien hatten mehrere Berichte aus Elba den Kongress erreicht. Talleyrand hatte von vielen Schweizern, Italienern und anderen Reisenden gehört, die allesamt der Meinung waren, Napoleon werde langsam unruhig. Bonaparte werde nicht in der Verbannung auf Elba bleiben, prophezeite ein Informant.

Mit kühler Raffinesse arbeitete Talleyrand als Meister der Intrige daran, Napoleon noch weiter von Europa zu entfernen. Allerdings hörte diesmal kaum jemand auf ihn. Napoleon war doch geschlagen und mit einer Armee von nur 400 Mann ins Exil geschickt worden. Die britische Flotte patrouillierte in den Gewässern, dazu mehrere französische Kriegsschiffe. Napoleon mochte unruhig und unzufrieden sein, aber was konnte er denn schon tun? Der Wiener Kongress schien von solchen Gerüchten kaum beunruhigt.

Der französische König wusste jedoch etwas, das viele Kongressteilnehmer nicht wussten. Vor Napoleons Ankunft auf Elba hatte die französische Regierung die Lagerhäuser der Insel ausgeräumt und alles entfernt, von Gewehren und Munition bis hin zur Staatskasse. Kapitän Thomas Ussher, der Kommandant der HMS *Undaunted,* die den Kaiser ins Exil brachte, hatte bereits Napoleons »Missfallen« beobachtet, wie er mit dem charakteristischen Understatement berichtete. Dem ehemaligen Kaiser waren weitere Kränkungen nicht erspart geblieben. Von den zwei Millionen Francs, die man ihm in dem Abdankungsvertrag versprochen hatte, war nie auch nur ein Franc ausgezahlt worden; schlimmer noch: Weitere zehn Millionen Francs aus Napoleons Privatvermögen waren vom französischen König beschlagnahmt worden.

Für viele Royalisten stellte schon Napoleons Anwesenheit auf Elba eine ernste Gefahr für die wiederhergestellte Dynastie der Bourbonen dar, deren Beliebtheit immer tiefer sank, vor allem unter Soldaten und Handwerkern. Viele von ihnen trauerten ganz offen dem Kaiser nach. Napoleon auf Elba zu lassen, war unter diesen Umständen äußerst riskant.

Während Talleyrand in den Wiener Salons Überzeugungsarbeit leistete, hatte allem Anschein nach jemand in der französischen Botschaft die Absicht, die Sache in die Hand zu nehmen. Die Quellen sind lückenhaft, und es gibt etliche ungeklärte Fragen. Aber einige von Zimmermädchen in der Botschaft entdeckten Papiere lassen vermuten, dass wirklich jemand an einem Plan arbeitete, Napoleon zu entführen. Die Spur führte zu Talleyrands rechter Hand, dem Herzog von Dalberg, wenn nicht gar bis zu Talleyrand selbst.

Der Plan wurde mit der Unterstützung des französischen Konsulats in Livorno koordiniert, das Talleyrand als Außenminister drei Monate zuvor dort wieder eingerichtet hatte. Er hatte persönlich den Konsul ausgewählt, Chevalier Mariotti, einen Korsen, der einst für die Sicherheit von Napoleons Schwester Elisa gesorgt hatte und jetzt aus irgendeinem Grund einen Groll gegen die Familie Bonaparte hegte. Mariotti hatte den ganzen Herbst über ein Netz aus Agenten und Spitzeln aufgebaut und etliche Mitarbeiter in den benachbarten Häfen angeworben. Nach und nach machte er sich ein relativ zutreffendes Bild von Napoleons Leben auf Elba, einschließlich der Zeiten, in denen er am verwundbarsten war. Zum Beispiel segelte der Kaiser häufig zur Nachbarinsel Pianosa, reiste dabei nur mit einem Bruchteil der Garde, die er in seiner Residenz unterhielt, und schlief an Bord eines Schiffes. Es sei kein Problem, hatte Mariotti Ende September der französischen Botschaft mitgeteilt, ihn zu entführen und auf die Ile Sainte-Marguerite zu bringen.

Offenbar hatte Chevalier Mariotti bereits einen jungen italienischen Abenteurer angeworben, der sich als Olivenölhändler ausgeben, nach Elba fahren und die Entführung arrangieren sollte. Am letzten Novembertag traf der »Olivenölhändler« in der Inselhauptstadt ein. Laut seinem Pass handelte es sich um den 33-jährigen italienischen Patrioten namens Alessandro Forlì aus Lucca, allerdings ist keineswegs sicher, dass das sein richtiger Name war. Er meldete sich bei den Behörden im Forte Stella und verschwand anschließend in einer Menge anderer Neuankömmlinge, die Neil Campbell als »dubiose Abenteurer und desolate Gestalten« bezeichnete. Der Ölhändler hatte keine Schwierigkeiten, Kontakte in der Hauptstadt herzustellen. Schon bald verkaufte er an Napoleons Hof Öl und wartete ab.

Anfang Dezember sollten mit der Adventszeit eigentlich vier Wochen der Besinnung und Einkehr beginnen. In dieser Zeit missbilligten die Obrigkeiten ganz besonders Katholiken, die einen lockeren Lebenswandel führten, und manche Gastgeberinnen fürchteten, dass dies ihren Salon gegenüber den Rivalinnen anderer Konfessionen benachteiligen könnte. Die Herzogin von Sagan, eine Protestantin, und Fürstin Bagration, die russisch-orthodox war, konnten jedenfalls weiterhin nach Lust und Laune ihre Gäste unterhalten.

Auch mit Banketten und Maskenbällen ging es während der ganzen Adventszeit munter weiter, und es war sogar ein deutlicher Anstieg an Diners und Soupers im privaten Kreis zu beobachten. Zu den beliebtesten Orten zählte Friedrich von Gentz' Wohnung in der Seilergasse. Die Gäste stiegen die steile Treppe hoch, betraten die kleine Wohnung im dritten Stock und drängten sich um den Tisch in der Mitte des Speisezimmers, sodass jeder gerade noch Ellbogenfreiheit hatte. Bei so vielen Gästen am Tisch hatten die Diener oft Schwierigkeiten, sich mit den Tabletts im engen Raum zwischen Stuhl und Wand zu bewegen. Metternich, Talleyrand, Humboldt und die Fürstin Bagration waren Stammgäste bei diesen überaus begehrten Abendessen.

Einmal waren viele erlesene Gäste um den Tisch versammelt. Während des Essens ließ sich ein Gast, ein aus Deutschland stammender amerikanischer Staatsbürger namens Dr. Justus Bollmann, über die Vorzüge der Vereinigten Staaten aus. Insbesondere schwärmte er von den Vorteilen einer republikanischen Regierungsform – und das an einem Tisch mit Gesandten, die Kaiser, Könige und Fürsten repräsentierten. Gentz war über den Gang der Unterhaltung sichtlich unglücklich und wirkte »wie zerschmettert und beunruhigt wie bei einem Attentat, das in seiner Gegenwart versucht worden«.

Dr. Bollmann war im Herbst nach Wien gekommen, weil er hoffte, einen reichen Finanzier für seine vielen Projekte zu gewinnen. Unter anderem hatte Bollmann einen Plan für die Gründung einer österreichischen Nationalbank ausgearbeitet und einen zweiten, um eine neue Münze, in Platin geprägt, in Umlauf zu bringen. Außerdem wollte er eine Dampfschifffahrtsgesellschaft auf der Donau gründen und internationale Handelsbeziehungen zwischen Österreich und der Neuen Welt aufbauen, insbesondere für Quecksilber, Leinen, Uhren und Musikinstrumente. Abendgesellschaften wie diese zählten zu den besten Gelegenheiten, um Kontakte zu knüpfen und informell Geschäftsideen ins Gespräch zu bringen. Bislang hatte er jedoch kein Glück.

Auf einer anderen Soiree, die Graf Zichy gab, erzählten sich die Gäste gegenseitig Gespenstergeschichten, ganz im Trend der damals aufkommenden Romantik. Die Gesellschaft saß beim Licht einer einzigen Kerze auf dem Fußboden eines Salons in der großen Villa, und Fürst Radziwill erzählte von einem Spukschloss in Polen. Da ging mit einem Mal die Tür auf, langsam und knarrend, wie von Geisterhand, und schlug mit einem lauten Knall wieder zu. Nach der Beschreibung eines Teilnehmers begannen die Damen zu kreischen, die Herren sprangen auf, und dann gestand Graf Zichy lächelnd, dass er eine Schnur an der Tür befestigt hatte. Alle lachten, am meisten der dänische König.

Graf Zichy zeigte sich bei der Suche nach neuen, aufregenderen Arten des Zeitvertreibs erfinderisch. Unter anderem fanden Schachpartien statt, bei denen sich die Personen des Salons in Kostümen von Königen, Königinnen, Bischöfen, Rittern und Bauern auf Kommando über den Fußboden mit großem Schachbrettmuster bewegten.

Auch Dorothea genoss die unzähligen Gelegenheiten, sich zu vergnügen. Dabei war häufig ein neuer Mann an ihrer Seite zu sehen, ein junger böhmischer Aristokrat und Offizier, Karl Graf von Clam-Martinitz. Er war erst 22 Jahre alt und angeblich bereits ein Günstling des ehemaligen Befehlshabers der Koalitionsstreitkräfte Fürst Schwarzenberg. Derselbe Graf Clam hatte das ungewöhnliche Erlebnis gehabt, Napoleon das Leben zu retten (acht Monate zuvor im April 1814, als er den Kaiser nach Elba eskortiert und vor den aufgebrachten Menschenmengen in Südfrankreich gerettet hatte).

Dorothea war ihm im vergangenen Monat beim Carrousel ins Auge gefallen, und ihr gemeinsamer Freund Friedrich Gentz hatte sie miteinander bekannt gemacht. Graf Clam ging schon bald in der französischen Botschaft ein und aus; man sah die beiden im Prater reiten oder zusammen essen, etwa im Restaurant »Zur Kaiserin von Österreich«, das damals à la mode war. Zu Ehren von Dorotheas neuem Liebhaber hatte Talleyrands Küchenchef ein neues Dessert kreiert, die himmlische »Clam-Martinitz-Torte«.

Dieser Küchenchef hatte auch andere neue Kreationen erfunden – alle zu Ehren der Delegierten. Es gab beispielsweise eine »Bombe à la Metternich« und einen »Nesselrode-Pudding«. Dieses nach dem späteren russischen Außenminister benannte Dessert war eine köstliche Speise aus Walnüssen, Johannisbeeren, Sultaninen und Schlagsahne – und als wäre das nicht schon süß genug, wurde das Ganze über Nacht in Maraschino eingelegt und in einer ananasförmigen Schale serviert.

Es war also kein Wunder, dass sich die Abendessen der französischen Botschaft immer größerer Beliebtheit erfreuten und stets gut besucht waren. All die Speisen des Küchenchefs – die überragenden kulinarischen Kreationen, phantastischen Sahnesoßen und gehaltvollen, süßen Desserts – wirkten für die französische Diplomatie Wunder. »Ich habe weniger Bedarf an Sekretären als an Saucieren«, kalauerte Talleyrand angeblich, als man ihn fragte, was er in Wien benötige.

Das französische Image in der Stadt wurde auch von der Ballerina Emilia Bigottini aufgebessert, deren atemberaubende Bühnenauftritte der Beliebtheit der Franzosen jedenfalls nicht schadeten. Das Gleiche galt für den französischen Maler Jean-Baptiste Isabey, der in der Nähe des Kaffeehauses »Jüngling« in der Leopoldstadt sein Atelier eingerichtet hatte. Er malte Porträts der Würdenträger des Kongresses.

Jeden Montag, wenn der Maler sein Atelier öffnete, strömten die Gäste herein, um zu sehen und gesehen zu werden zwischen den halb fertigen und kaum begonnenen Ölbildnissen führender Persönlichkeiten, von denen der Raum gesteckt voll war. Kutschen wurden vor dem Eingang geparkt und reihten sich die Straße entlang, ein beredtes Zeugnis für die Beliebtheit seines Ateliers, des Wiener »Sammelpunkts der gekrönten Häupter«, wie Isabey großspurig erklärte. Der Maler mit seinem Witz und den unterhaltsamen Geschichten von den Skurrilitäten des napoleonischen Paris war auf jeden Fall eine Wiener Institution.

Natürlich war es Talleyrands Idee gewesen, den Koch, die Ballerina und den Maler nach Wien einzuladen – und jede(r) von ihnen sollte den Wiener Kongress auf seine oder ihre Weise daran erinnern, dass das eigentliche Frankreich ein zivilisiertes Land war und für die Sonnenseiten des Lebens stand – und nicht für den Usurpatorenclan der Bonaparte.

Neben privaten Abendessen und den offiziellen Feierlichkeiten waren im Advent weitere Formen der Unterhaltung angesagt, etwa die »tableaux vivants« oder »lebenden Bilder« – Schauspieler erstarrten dabei auf der Bühne in einer bestimmten Pose und stellten so ein bekanntes Gemälde oder eine Szene dar. La Garde-Chambonas und Fürst de Ligne sahen sich im Dezember im großen Ballsaal der Hofburg ein solches Tableau an.

Die beiden betraten früh den bereits gut gefüllten Saal und wurden zu ihren reservierten Plätzen neben Fürstin Marie Esterházy geführt. Als alle Platz genommen hatten, setzte ein Orchester aus Hörnern und Harfen ein, und die Souveräne schritten herein. Die Kerzen im weißen und goldenen Rokokoballsaal wurden gelöscht, damit sich die Aufmerksamkeit ganz auf die Bühne konzentrierte.

Anschließend führten Amateurschauspieler Szenen aus der Geschichte und der Mythologie vor. Da war »Ludwig XIV. zu Füßen von Madame de la Vallière« und dann der unglückselige »Hippolyt, der vor Theseus Phaedras Anklage zurückweist«. Das Orchester trug das Seine zur Schaffung einer passenden Atmosphäre bei, mit Werken von Mozart, Haydn und anderen, darunter auch Napoleons Stieftochter Hortense, der zeitweiligen Königin von Holland.

Der Höhepunkt dieser Schau war die Darstellung der antiken Götter auf dem Olymp. Als man die Rollen für Jupiter, Juno, Mars, Minerva, Merkur und andere Gottheiten verteilte, schien für den schönen Apollo am geeignetsten ein Graf Wrbna. Die Rolle war ihm wie auf den Leib geschrieben, bis auf eine Kleinigkeit: sein Schnurrbart. Die Organisatoren versuchten, ihn zu überreden, dass er sich für die Aufführung rasierte – kein Mensch habe jemals »den Gott des Lichts mit dem unverkennbaren Wahrzeichen eines Husaren« gesehen. Das wäre völlig absurd, argumentierte der Spielleiter; der Bart musste weg. Aber er hatte keinen Erfolg. Am Ende intervenierte die österreichische Kaiserin und überredete Graf Wrbna, seine unpassende Zierde zu entfernen. So machte die Diplomatie in Wien wenigstens in einem Fall Fortschritte, wenn auch nur auf dem illusionären Olymp in der Hofburg.

Nach den letzten lauten Bravorufen begaben sich die Souveräne und ihre Gäste zu einem Ball in den kaiserlichen Räumen der Hofburg, die Schauspieler noch in ihren Kostümen. Alles strömte zusammen: die Gäste, Zar, Kaiser und mehrere Könige und Königinnen sowie Kriegsgott, Liebesgöttin und Ludwig XIV. Wie üblich machte der Zar mit einer Polonaise durch die Tanzsäle den Anfang, und sein Zug aus Tänzern marschierte treppauf und treppab und durch die ineinander übergehenden Räume der Hofburg.

Sie kamen an Talleyrand vorbei, der in einem Lehnstuhl saß und über die Zukunft Neapels sprach. Der Spanier Labrador und Kardinal Consalvi sowie eine Reihe anderer Delegierter standen in ein Gespräch vertieft zusammen. Castlereagh lehnte sich gegen einen Kaminsims und unterhielt sich mit einem namentlich nirgendwo genannten König. Sein Bruder Lord Stewart habe wie ein »goldener Pfau« ziellos die Räume durchstreift. In einem etwas abgelegenen Salon marschierten der Zar und seine Kolonne an anderen Diplomaten vorüber, die schweigend am Whisttisch ihren nächsten Schritt überlegten.

Nach einem weiteren opulenten Mitternachtsmahl ging der Ball zu Ende, und die Gäste des Kaisers zogen ab, um im »dringend benötigten Schlaf« wieder Kraft für den nächsten Tag zu sammeln.

Die Abende boten weiterhin eine Fülle von Gelegenheiten, sich zu amüsieren, doch das Vergnügen endete natürlich nicht in den frühen Morgenstunden, wenn die Souveräne schlafen gingen – ganz im Gegenteil.

Eines Abends im Dezember etwa, als La Garde-Chambonas nach Hause ging, schlug er den üblichen Weg entlang der Stadtmauer ein. Bei den Basteien traf er zu seinem großen Erstaunen seinen guten Freund, den betagten Fürsten de Ligne.

»Aber mein Gott, was machen Sie hier zu dieser ungewohnten Stunde und bei dieser schneidenden Kälte?«, fragte La Garde-Chambonas voll Sorge.

Der Fürst schien gar nicht recht bei sich. Er murmelte etwas von Liebesaffären, ihren wonniglichen Anfängen und, später, ihren unzähligen schmerzlichen Augenblicken. Er wartete auf ein Rendezvous, das allem Anschein nach nicht stattfinden sollte. »Aber in Ihrem Alter«, sagte der Fürst, »ließ ich auf mich warten; während in dem meinigen man mich warten lässt; und, was noch schlimmer ist, gar nicht kommt.«

Tief in seinem Stolz getroffen, ließ der Fürst de Ligne eine neue, unerwartete »schwermütige Färbung« erkennen und merkte an, wie sich alle Dinge am Ende »verflüchtigen, wenn das Alter kommt«. Er war auf seine alten Tage im Begriff, seine Illusionen zu verlieren.

> Beim Morgenrote des Lebens schwebt der Traum der Liebe mit seinen süßen Täuschungen über unserem Lenze, man setzt den Kelch des Vergnügens an seine Lippen und glaubt an die ewige Dauer desselben; aber das Alter kommt, die Zeit entschwindet.

»Da wird dann alles entzaubert und nimmt eine trübe Färbung an«, fügte er hinzu. »Es ist das ein Gedanke, an den ich mich gewöhnen muss.«

Der Fürst jammerte weiter, dass er »zu nichts mehr nütze« sei. Es sei ein allzu schmerzlicher Gegensatz zu den Tagen, in denen er von Marie-Antoinette empfangen, von Katharina der Großen gepriesen und von Casanova verfolgt worden sei. »Meine Zeit ist vorüber, meine Welt ist abgestorben.«

Nachdem La Garde-Chambonas dem melancholischen Fürsten eine gute Nacht gewünscht und ihm versprochen hatte, dass sie sich bestimmt bald wiedersehen würden, ging er nach Hause. Unterwegs begegnete er einem weiteren alten Freund, einem gewissen »Graf Z«, der soeben in seine vorübergehende Unterkunft im Hotel »Römischer Kaiser« zurückkehrte.

Graf Z war ein junger Mann von etwa 21 Jahren und reich. Sein Vater, ein Günstling Katharinas der Großen, war unlängst verstorben und hatte ihm ein Vermögen hinterlassen. (Handelte es sich etwa um Graf Zavadovsky?) La Garde-Chambonas ging zusammen mit ihm in sein Zimmer, und die beiden diskutierten bei ein paar Gläschen über den Abend und beschlossen, sich am nächsten Tag um zwölf Uhr zu einem Ritt im Prater zu treffen. Als La Garde-Chambonas jedoch zur vereinbarten Stunde kam, gab es eine Überraschung.

Die Vorhänge waren zugezogen, der Raum war dunkel, und Graf Z schlief. »Auf, auf, Faulenzer! Der Wagen erwartet Sie, sind Sie krank?«

Der Graf setzte sich auf, brach beinahe in Tränen aus und sagte: »Diese Nacht habe ich zwei Millionen verloren!«

»Sind Sie toll, Z…? Sie liegen noch in dem Bette, in welchem ich Sie gestern verlassen habe, und ich habe die Lichter ausgelöscht, als ich ging. Sind Sie Nachtwandler oder schlafen Sie noch?«

Der Graf erklärte, dass ein paar Freunde von ihm unmittelbar danach gekommen seien, die Kerzen wieder angezündet und ihn zu einem Spiel herausgefordert hätten. Sie hätten die ganze Nacht durch gespielt.

Als La Garde-Chambonas die Vorhänge zurückzog, sah er, dass auf dem ganzen Fußboden »Karten umher lagen«. Er war entschlossen, die Sache in Ordnung zu bringen, und wollte mit den Spielern ein Wörtchen reden. Vergebens. Dann versuchte er es bei der russischen Delegation, ob dort nicht jemand die Falschspieler unter Druck setzen konnte, die seinen Freund um die Erbschaft gebracht hatten.

Er stieß auf größeren Widerstand, als er erwartet hatte. »Verlohnt es denn der Mühe, über den Verlust von einigen *Bumaschkis* so viel Geschrei zu machen?«, sagte der namentlich nicht genannte Diplomat. Bumaschkis waren kleinere Rubelscheine.

»Europa steht hier um den großen grünen Tisch, und man spielt um Staaten, ein einziger Wurf der diplomatischen Würfel bringt hunderttausend, eine Million von Köpfen ein. Warum soll ich nicht ein paar Fetzen Papier gewinnen, wenn das Glück mir hold ist?«

Graf Z war offenbar nur ein weiterer Pechvogel, der in jenem Herbst in Wien beim Spiel um hohe Einsätze alles verlieren sollte.

*Kapitel 19*

# Indiskretion

*Gerüchten zufolge endet der Kongress am 15. Dezember. Möge der Gedanke an den Abschluss Sie auf Schritt und Tritt begleiten, so wie mich.*

Fürst de Ligne zu der Frage, wie man die letzten Tage der feierlichen Friedenskonferenz am besten nutze

Während die Friedensstifter ihre liebe Mühe mit der preußischen Besetzung Sachsens hatten, war Castlereagh wegen des offensichtlichen Scheiterns seiner Strategie desillusioniert und irrte wie »ein Reisender, der seinen Weg verloren hat« durch die Gegend. Am 6. Dezember traf zu allem Unglück auch noch eine Depesche aus dem Büro des Premierministers in London in seinem Hauptquartier ein.

Die britische Regierung hatte aus mehreren Quellen, österreichischen ebenso wie französischen, von dem eigenwilligen, ja ungehorsamen Verhalten des Ministers erfahren. Der Premierminister Lord Liverpool wies ihn an, sich künftig strikt an die britische Linie zu halten. Er musste eine Kehrtwende vollziehen und das Königreich Sachsen unterstützen.

Zu seiner großen Enttäuschung wurde Castlereagh in der englischen Depesche außerdem mit drastischen Worten strikt befohlen, sofort damit aufzuhören, Großbritanniens Bündnispartner zu entfremden, womit natürlich vor allem Russland gemeint war. Großbritannien führe jenseits des Atlantiks immer noch einen Krieg gegen die Vereinigten Staaten, wurde Castlereagh erinnert, und die Regierung wolle auf keinen Fall einen weiteren Krieg in Europa riskieren, schon gar nicht wegen Konflikten, die ihre Interessen kaum tangierten. Der Brief stellte klar, dass dies für sämtliche Themen gelte, die bislang in Wien erörtert worden seien.

Mit den neuen Anweisungen stand Castlereagh die unangenehme Aufgabe bevor, den preußischen Kanzler zur Rede zu stellen. Beschämt, aber mit Entschiedenheit erklärte Castlereagh, dass die bisherige Akzeptanz der preußischen Besetzung durch Großbritannien widerrufen werden müsse. Großbritannien sehe sich nicht mehr in der Lage, diesen Akt zu billigen.

Verblüfft über den abrupten Kurswechsel protestierte Hardenberg gegen diesen Dolchstoß. Aber wenigstens hatte er ja noch Metternichs Zustimmung, tröstete sich der preußische Kanzler. Verdrängte Hardenberg etwa aus Bequemlichkeit, wie eingeschränkt und zögerlich diese Zusage gewesen war, oder stützte er sich womöglich auf eine mündliche, inoffizielle Übereinkunft?

Erst vor ein paar Tagen hatte der preußische Kanzler Metternich eine Botschaft zukommen lassen, in der er die Bedeutung der preußisch-österreichischen Beziehungen unterstrich. Das von Hardenberg verwendete Kommunikationsmittel war für die Diplomatie ungewöhnlich, auf dem tanzenden Kongress allerdings vielleicht gar nicht so fehl am Platze. Es handelte sich um ein Gedicht, das die Vorzüge ihrer Zusammenarbeit pries:

*Fleuch Zwietracht, fleuch von unsern Gauen! Weiche*
*Du Ungeheuer mit dem Schlangenhaar!*
*Es horste auf derselben Rieseneiche*
*Der Doppeladler und der schwarze Aar!*

*Es sey fortan im ganzen Teutschen Reiche*
*Ein Wort, ein Sinn geführt von jenem Paar!*
*Und wo der teutschen Sprache Laute tönen*
*Erblühe nur ein Reich des Kräftigen und Schönen!*

Am Samstagabend, dem 10. Dezember, erhielt Hardenberg Metternichs Antwort: Ungeachtet der lang währenden guten Beziehungen zwischen den beiden Staaten, die Metternich in überaus wohlwollenden Worten schilderte, setze er die preußische Regierung davon in Kenntnis, dass sich sein Land Großbritannien, so gut wie allen deutschen Ländern und den anderen zivilisierten Staaten anschließen werde, um gegen die Besetzung Sachsens einzuschreiten.

Metternich machte unter dem Vorwand, nur das Beste für seinen Freund im Sinn zu haben, ein Kompromissangebot. Statt Preußen ganz Sachsen zuzuschlagen, regte er als Alternative die Zubilligung eines kleinen Teils mit einer Bevölkerung von rund 330 000 Menschen sowie westlicher Territorien im Rheinland an. Zusammengenommen würden diese Gebiete Preußen zur versprochenen Größe von 1805 mit einer Bevölkerung von zehn Millionen Einwohnern verhelfen. Eine Statistik war dem Vorschlag beigefügt.

Hardenberg war empört. Ein Fünftel Sachsens! Preußen müsse die ganze Region bekommen! Das habe Metternich versprochen, wie der Kanzler steif und fest behauptete. Hardenberg habe sich immerhin bemüht, extremistische Generäle in die Schranken zu weisen, die ihren König unablässig drängten, noch weit höhere Forderungen zu stellen. Nunmehr werde dies Hardenberg mit einer derartigen Demütigung vergolten. Viele andere Preußen in der Stadt waren genauso wütend – und ihr ganzer Hass ergoss sich auf Metternich. Mit Gentz' Worten riefen die Preußen und ihre Unterstützer »Zeter und Mordio«.

Vor Wut schäumend ließ sich Hardenberg unterdessen zu einem Akt verleiten, den Talleyrand später als eine »absolut unverzeihliche Indiskretion« bezeichnete. Wenn Metternich beschlossen hatte, alle früheren Vereinbarungen aufzukündigen, dann wusste Hardenberg, wie er darauf reagieren musste: Er nahm seine ganze vertrauliche Korrespondenz mit Metternich, ging schnurstracks zur Hofburg und zeigte alles dem Zaren.

Metternichs Hang zum »Laviren, Ausweichen, Schmeicheln« wurde schonungslos entlarvt. Doch am schlimmsten war der Brief, den Metternich Anfang November geschrieben hatte und in dem er sich gegen die absurden Vorwürfe des Zaren wehrte – was de facto den Zaren als einen Lügner darstellte. Beim Lesen dieser Worte bekam Alexander einen Wutanfall: Er sei persönlich beleidigt worden und verlange Satisfaktion. Angeblich knallte er seinen Degen auf den Tisch und schrie, dass er Metternich zum Duell fordern werde.

In seiner kleinen Wohnung an der Mölker Bastei hütete Fürst de Ligne das Bett. Da er sich Anfang Dezember erkältet hatte, lag er auf der zerschlissenen Matratze, umgeben von seinen Lieblingsgegenständen: Bücher, Radierungen und Gemälde, von denen die meisten keinen Rahmen mehr hatten und nur mit Nadeln an die Wand geheftet waren. Seine Familie blieb bei ihm am Bett, die Medikamente griffbereit, und unablässig kamen und gingen Gäste. Neugierige sahen zu seinem Fenster im zweiten Stock hoch, in der Hoffnung, durch die hellblauen Seidenvorhänge wenigstens den Schein einer flackernden Kerze zu sehen.

»Ich weiß es, die Natur will es so«, sagte der Fürst zu den um ihn versammelten Menschen. »Wir müssen den Platz verlassen, den wir in der Welt einnehmen, damit ein anderer an unsere Stelle tritt.« Nach einer Pause fuhr er fort: »Nur dass man alle die verlassen muss, die man liebt, ach, das ist die große Pein des Sterbens.« Er gab mit matter Stimme einige letzte aufgeschnappte Klatschgeschichten wieder und sprach von seinen Plänen, hierhin und dorthin zu reisen. Er erkundigte sich nach dem Fortgang des Kongresses und dämmerte weg, als er sich vorstellte, wie er noch einmal Soldaten in die Schlacht führte. Laut einem Augenzeugen seufzte der Fürst im Bett: »Oh, ich fühle es, die Seele hat ihr Obergewand abgetragen.« Andere sagten, dass er versprach, dem Wiener Kongress das Schauspiel des Begräbnisses eines Feldmarschalls zu verschaffen. Am selben Abend gestand sein Arzt, dass er nichts mehr für ihn tun könne. Der Fürst starb am nächsten Morgen, dem 13. Dezember 1814.

Zwei Tage später, just an dem Tag, für den er das Ende des Kongresses vorausgesagt hatte, fand in der Schottenkirche auf der Freyung die Trauerfeier für den Fürsten statt. Eine große Menge versammelte sich, um ihm die letzte Ehre zu erweisen, in der Kirche ebenso wie auf dem Platz und in den Straßen; andere sahen von ihren Balkonen oder Fenstern in den oberen Stockwerken aus zu. Marschälle, Generäle und Offiziere führten einen langen Zug durch die Stadt an, vorbei an der Hofburg und aus der Stadt zum Kahlenberg zur Bestattung am Rande des Wienerwalds.

Acht Grenadiere zogen den Sarg, auf dem das Schwert des Fürsten, sein Stab, der Hut mit Federschmuck und eine ganze Reihe militärischer Orden lagen. Ein Ross folgte, ohne Reiter und gehüllt in ein mit silbernen Sternen gesprenkeltes schwarzes Tuch. Am Ende des Zuges ging ein Ritter in schwarzer Rüstung, das Visier geschlossen, als Symbol für die Welt des Rittertums. Der Zug schritt langsam und schweigend voran, abgesehen von dem dumpfen Ton einer Trommel.

Im Dezember bereitete sich Wien auf die Weihnachtszeit vor. Die Tage wurden kürzer, dunkler und kälter, gelegentlich fiel Schnee und puderte die Bäume weiß. Die Bewohner Wiens, sowohl die Einheimischen als auch die zugereisten Kongressteilnehmer, bummelten auf den Märkten, strömten in die Läden der Innenstadt und schmiedeten Pläne für das erste Weihnachten ohne Krieg seit Jahren.

Als Agent ** den Salon von Fanny von Arnstein betrat, der Frau eines prominenten Bankiers im Bankhaus Arnstein & Eskeles, war er völlig überrascht von dem, was er im Raum vorfand: eine hohe Tanne, geschmückt mit Kerzen und Geschenken. Offenbar war das der erste Weihnachtsbaum, den er jemals gesehen hatte, und da war er nicht der Einzige. Viele Historiker haben darauf hingewiesen, dass im Dezember 1814 die ersten Weihnachtsbäume nach Wien kamen – das war die sogenannte »berliner Sitte«.

Auch in der französischen Botschaft überredete Dorothea Talleyrand, Weihnachten nach Berliner Art zu feiern. Das bedeutete Unmengen an Marzipan, Butterplätzchen und im Vorzimmer eine riesige Tanne, geschmückt mit bunten Girlanden und brennenden Kerzen. Ein weiterer, noch größerer Baum wurde neben der berühmten Treppe aufgestellt. Die französische Botschaft gab an Heiligabend eine Soiree und feierte anschließend auf Dorotheas Wunsch nach deutschem Brauch, indem sie noch am selben Abend Geschenke austauschten, nicht erst an Silvester wie im katholischen Frankreich oder Österreich.

Talleyrand schenkte Dorothea einen Kaschmirschal und Meißner Porzellan, und sie überreichte ihm eine neue Breguet-Uhr, die man extra aus Paris geschickt hatte. Im Gehäuse fand sich eine Miniatur von ihr, die der Maler Isabey angefertigt hatte. Die Uhr, sagte sie, solle ihm helfen, die oft nicht enden wollenden, ermüdenden Konferenzen zu überstehen.

Trotz des Scheiterns ihrer Beziehung dachte Metternich immer noch sehr oft an Dorotheas ältere Schwester Wilhelmine. Zu diesem Weihnachtsfest schickte er ihr ein Gläschen eines besonderen englischen Zitronensalzes, das ihr, wie er hoffte, gegen ihre Migräne helfen sollte. »Kleine Geschenke erhalten die Freundschaft«, schrieb er in einem Brief zu dem Päckchen. »Bon soir, widme mir einen guten Gedanken und sage mir, dass Du mein bist!«, fügte er hinzu. »Ich werde Dich morgen Abend sehen.«

In der Mölker Bastei komponierte Ludwig van Beethoven einige neue Stücke, darunter die *Polonaise in C-Dur* (op. 89), die er der russischen Zarin widmete und für die er 50 Dukaten bekam. Außerdem vertonte er eine patriotische Tragödie, die der Privatsekretär des preußischen Königs Johann Friedrich Leopold Duncker geschrieben hatte, und überarbeitete seine 1802 komponierten *Drei Violinsonaten* (op. 30), die dem russischen Zaren gewidmet werden sollten. Interessanterweise arbeitete Beethoven noch an einem weiteren Stück, mit dem er den Wiener Kongress feiern wollte, einem *Chor auf die verbündeten Fürsten*. Allerdings sollte der Kongress enden, bevor er das Werk fertiggestellt hatte; letztlich wurde das Stück von Beethoven nie vollendet und wohl auch nie aufgeführt – zumindest nicht bis in die 1990er-Jahre.

Am ersten Weihnachtsfeiertag dirigierte der Wiener Hofkomponist Antonio Salieri während der Messe in der Hofburgkapelle. Viele protestantische Delegationen suchten lutherische und calvinistische Kirchen auf, und die Gotteshäuser in der ganzen Stadt waren überfüllt. Später wurde Beethovens Konzert mit der *7. Sinfonie*, dem *Glorreichen Augenblick* und *Wellingtons Sieg*, dem beliebtesten Stück von allen, im Redoutensaal wiederholt, wobei der Erlös einem örtlichen Krankenhaus zugutekam. Diesmal dirigierte Beethoven jedoch nicht und trat auch nicht auf. Zwei Tage zuvor hatte er zum Geburtstag des Zaren ein Konzert gegeben, und wie sich zeigen sollte, war es das letzte Mal, dass Beethoven in der Öffentlichkeit Klavier gespielt hatte.

Während Fürstin Bagration ein Weihnachtsessen für den Zaren plante und das Festkomitee einen Ball am selben Abend in der Hofburg vorbereitete, bewirtete Castlereagh Gäste in der britischen Botschaft am Minoritenplatz, darunter Kardinal Consalvi, Fürst Eugène de Beauharnais und den Kronprinzen von Bayern. Letzterer verbrachte offenbar den Abend damit, dass er versuchte, Altgriechisch zu sprechen. Das sei seine vierte Sprache, prahlte er, und er müsse sie frisch halten. Es ist nicht bekannt, wie viele Flaschen Wein an diesem Abend getrunken wurden. Als der Weinvorrat im Januar überprüft wurde, stellte sich heraus, dass die britische Botschaft im Lauf des Kongresses 10 000 Flaschen geleert hatte.

Baron Franz von Hager ging seiner Arbeit nach, las die abgefangenen Briefe und verfasste seine täglichen Berichte. Es war das Übliche. Gut 70 Dokumente waren an sein Schwarzes Kabinett weitergeleitet worden.

Talleyrands Botschaft war nicht länger eine uneinnehmbare Festung. Ein Türsteher war dafür bezahlt worden, dass er einige Papiere aushändigte, und Zimmermädchen, die man geschickt eingeschleust hatte, durchstöberten die Büroräume der Botschaft. Zum Glück für die Spitzel ließ Dalberg viele Papiere herumliegen, und dabei handelte es sich nicht nur um Liebesbriefe oder Listen seiner Ausgaben für Vergnügungen, einschließlich der rund 180 Gulden, die er unlängst für die Ballerina Bigottini ausgegeben hatte. Die Agenten stellten auch fest, dass es sich lohnte, die von den Franzosen benutzten Kutschen zu durchsuchen. Vor allem Comte Alexis de Noailles war dafür bekannt, dass er gerne den einen oder anderen Brief liegen ließ.

Baron Hager war es ferner gelungen, einen Kammerdiener und einen Türsteher bei Humboldt einzuschleusen sowie andere Agenten im Umfeld der russischen Berater, zumindest jener, die außerhalb der Hofburg logierten. Was Alexander selbst betraf, so bekam ein anonymer Agent vom Leibarzt des Zaren wertvolle Informationen: dem Schotten James Wylie, auf Russisch Jakow Wassiljewitsch Willie. Sogar bei dem äußerst umsichtigen Castlereagh hatten die Spione Erfolge verbuchen können. Der Trick bestand darin, die Kuriere zu identifizieren, die er mit der Übermittlung seiner Depeschen nach London betraute. Von da an war auch die britische Insel für die österreichische Polizei keine Unbekannte mehr.

Am Tag nach Weihnachten verließ einer der prominentesten Gäste die Stadt: der König von Württemberg. Er hatte die Flucht ergriffen – vor lauter Enttäuschung über den ausbleibenden Fortschritt war dem König die Lust vergangen, das ganze Theater weiter mitzumachen. Er war mit vielen anderen Monarchen und auch den Wienern nicht gut zurechtgekommen. Er lehnte es ab, auf der Straße die Passanten huldvoll zu grüßen, und zog sich in den Salons in einen Winkel zurück, nachdem er nur der Form halber überhaupt gekommen war. Hinter vorgehaltener Hand nannte man den gewaltigen, grobschlächtigen und melancholischen König »Monstre Wurttembergois« und erzählte sich Geschichten über seine Eskapaden, darunter eine angebliche Affäre mit einem hübschen jungen Gardisten. Als die Kutsche des Königs von Württemberg am frühen Morgen aus der Hofburg gerollt war, hatten die Diener jedoch schon bald einen anderen Gesprächsstoff. Das sogenannte »Monstre« hatte freigebig Schnupftabaksdosen, Ringe und Trinkgelder verteilt. Sein Türsteher bekam 300 Gulden, die Jagdhelfer 500, und weitere 1000 gingen an das Personal seines Lieblingstheaters, des Theaters an der Wien. Er vergaß auch nicht den Kartenverkäufer hinter seinem Fensterchen.

In der Weihnachtszeit schien die Nächstenliebe eine Zeit lang über die üblichen Streitigkeiten und Intrigen zu siegen. Auch wenn sich daraus noch keine offizielle Vereinbarung ergab, taten sich doch viele der führenden Souveräne für eine gemeinsame Sache zusammen – eine bahnbrechende Wohltätigkeitsveranstaltung, die im Augarten stattfand, zum Kampf gegen das Problem der Sklaverei.

Die Veranstaltung wurde von dem englischen Admiral William Sidney Smith organisiert, der als Repräsentant des schwedischen Königs Gustav IV. Adolf zum Kongress gekommen war. Der König war im Krieg abgesetzt worden, lebte im Exil, blieb jedoch weiterhin, so argumentierte Smith, der rechtmäßige König Schwedens. Der englische Admiral hoffte aber auch in einer anderen Herzenssache etwas zu erreichen: der schrecklichen Lage der Europäer, die in Nordafrika entführt und als Sklaven verkauft wurden. Er wollte, dass der Kongress ein für alle Mal den Sklavenhandel abschaffte, der eine Schande für die zivilisierte Welt sei. Während seiner Zeit in der Royal Navy hatte er die entsetzlichen Grausamkeiten mit eigenen Augen gesehen, und er wollte den Kreuzzug gegen diese Gräuel als Leiter eines neuen Militärordens führen, dessen Gründung er anregte: der Knights Liberators of the White Slaves in Africa.

Im Jahr 1798 hatte dieser englische Admiral den Widerstand gegen Napoleons Belagerung der Kreuzfahrerfestung von Akkon angeführt. »Dieser Teufel Sidney Smith hat mir mein Glück abspenstig gemacht!«, hatte Napoleon danach gesagt. Smith wusste einige Geschichten über Napoleon zu erzählen, oder aber über seine Flucht aus einem französischen Gefängnis oder auch über die Zeit anno 1807, als Smith die portugiesische Königsfamilie wohlbehalten nach Brasilien brachte. Vielen gefielen seine anschaulichen Berichte, auch wenn manche Zuhörer die Geduld verloren, wenn der Admiral, der nicht gerade für seine knappe Erzählweise bekannt war, allzu sehr ins Detail ging.

Die Wiener hingen Smith jedenfalls an den Lippen, und seine Eigenarten steigerten in den Augen vieler lediglich seine Attraktivität. Die Leute strömten jeden Mittwoch zu den Soireen in seine Wohnung und standen bis auf den Flur oder gar die Treppe. Wenn Smith sich dort oder auf einem Ball zeigte, begnügte er sich nicht mit einer einzigen Auszeichnung, sondern präsentierte stolz seine ganze Sammlung. Entweder waren sie alle nebeneinander an seiner weißen Seidenschärpe befestigt, oder Smith wählte zunächst nur einen Orden aus, trug ihn eine Weile und tauschte ihn später am Abend aus. Auf diese Weise ging er seine ganze Sammlung an Sternen, Kreuzen und Insignien durch – vielleicht um keinen seiner Gäste zu kränken oder zu vernachlässigen, oder gar eine Auszeichnung, die er bekommen hatte.

Um ein Bewusstsein für das Problem zu wecken und neue Unterstützer für die Befreiung der weißen Sklaven in Nordafrika zusammenzutrommeln, organisierte Smith etliche Veranstaltungen. Eine der ersten war ein denkwürdiges Bankett, das für den 29. Dezember geplant war. Es war ein gigantisches Picknick – ein Wohltätigkeitsfest, das im Augartenpalais stattfand. Die Gäste zahlten drei Dukaten für das Bankett und weitere zehn Gulden für den anschließenden Ball im Palais, wobei der gesamte Erlös als Lösegeld für Sklaven genutzt werden sollte.

150 Könige, Fürsten, Generäle, Diplomaten und andere Berühmtheiten hatten die Einladung angenommen, darunter der russische Zar, der preußische König und viele andere führende Persönlichkeiten auf dem Kongress. Sie sympathisierten wohl wirklich mit der Sache. Zum

Teil soll ihre Neugier aber auch auf die Erfahrung zurückzuführen gewesen sein, einmal selbst für ein Essen zu bezahlen, »und diese Neuheit hatte für die gekrönten oder noch zu krönenden Häupter so viel Reiz, dass nicht eines von ihnen fehlte«.

An einer langen Tafel in der Form eines Hufeisens genossen die Gäste die erlesensten Delikatessen der österreichischen Küche. Die Speisen hatte der Wiener Restaurantbesitzer Jann geliefert, und die besten Weine aus dem Rheinland, Italien und Ungarn machten die Runde. Die Wände des Palais waren von den Fahnen der versammelten Staaten verhüllt, und zwei Orchester unterhielten die Gäste mit Nationalhymnen. Der Eintritt eines Monarchen wurde mit einer Trompetenfanfare gewürdigt, die Herolde zu Pferd bliesen in ihre Hörner und bewiesen des Admirals Gespür für dramatische Auftritte. Wie La Garde-Chambonas voller Bewunderung schrieb, wirkte alles wie ein Schauspiel von Shakespeare.

Der einzige peinliche Augenblick ereignete sich, als sich der Zahlkellner von Herrn Jann mit einem Silbertablett, auf dem eine Rechnung lag, dem bayerischen König Maximilian I. Joseph näherte. Der für seine Großzügigkeit bekannte König griff in seine Westentasche, um den Betrag zu bezahlen. Nachdem er die leere Hand herausgezogen hatte, verlagerte er sein Gewicht und stöberte in den anderen Taschen, merkte aber schon bald, dass er tatsächlich kein Geld bei sich hatte.

Den Kellner, der ungeduldig mit den Münzen auf dem Tablett klimperte, immer noch hinter sich, warf der König einem seiner Höflinge, dem Grafen Charles de Rechberg, am anderen Ende des Tisches einen Blick zu, weil er hoffte, dass dieser ihm aus der Klemme helfen werde. Rechberg war jedoch in eine Diskussion mit Wilhelm von Humboldt über ein neues Buch vertieft: sein eigenes, das zweibändige Werk *Les peuples de la Russie*. Ein weiterer flehentlicher Blick, aber Rechberg merkte immer noch nichts. »Die Marter des Königs wird so arg, dass er«, wie Comte La Garde-Chambonas schrieb, »mit Richard III. von England ausrufen möchte: ›Drei Dukaten! Drei Dukaten! Ein Königreich für drei Dukaten!‹«

Die Szene endete damit, dass der Zar einsprang und die Rechnung des Königs beglich. Der Kellner sei »ein besserer Kollekteur als gewandter Hofmann«, warf jemand ein, und der ganze Tisch brach in Gelächter aus – der gerettete bayerische König am lautesten. Admiral Smith hatte ebenfalls allen Grund zur Freude. Sein philanthropisches Fest hatte mehrere Tausend für den Kampf gegen die Sklaverei eingebracht.

*Kapitel 20*

# König der Vorstädte

*Zu ängstlich, um gegeneinander zu kämpfen, zu dumm, um ein Übereinkommen zu erzielen.*

Talleyrand über die Großmächte auf dem Wiener Kongress

In den letzten Tagen des Jahres machte der Kongress weiterhin einen Schritt vor und zwei zurück, wie Kardinal Consalvi anmerkte. Die Delegierten waren in der Diskussion um Sachsen an einem toten Punkt angelangt. Während Talleyrand energisch für Recht und Gesetz plädierte, bemühte sich Metternich, den Streit durch einen Handel zu beenden.

Seit der letzten Krisensitution, als Hardenberg mit einem Packen vertraulicher Briefe zum Zaren gerannt war, hatte der österreichische Außenminister unbeirrt einen Weg gesucht, Preußen die versprochene Bevölkerung von zehn Millionen Einwohnern zu verschaffen, ohne dass in einem verbrecherischen Akt Sachsen annektiert werden musste. Es gab dafür viele Möglichkeiten, und Metternich hoffte, Preußen wäre an einer solchen Lösung gelegen, sodass es die eine oder andere zumindest in Erwägung ziehen würde.

Die von Metternich bevorzugte Option sah vor, Preußen rheinische Gebiete anzubieten, damit das Königreich die versprochene Bevölkerung von zehn Millionen »Seelen« bekam – das war die damalige Bezeichnung für die Einwohner, und die Zahl die Messlatte, die sich der Kongress für die Grenzziehung gesetzt hatte. Metternich erhöhte sein Angebot um weitere 500 000 Seelen, um Preußen den Handel schmackhaft zu machen. Das sei ein interessanter Vorschlag, räumte Preußen ein, aber einige Bevölkerungszahlen für die zur Disposition stehenden Territorien schienen ein wenig aufgebläht, und nach Metternichs bisherigem Vorgehen war Preußen nicht geneigt, seinem Wort Glauben zu schenken.

Wochenlang brüteten die Diplomaten über den Zahlen, um am Ende jeweils die Angaben der gegnerischen Seite zurückzuweisen. Exakte Daten waren selbst beim besten Willen nicht so leicht zu beschaffen, wenn man an die vielen Todesopfer und gigantischen Migrationsbewegungen im Krieg denkt. Aus diesem Grund machte Metternich einen neuen Vorschlag, um den Konflikt zu lösen: Warum nicht einen Prüfungsausschuss gründen, der sich genauer mit den Zahlenangaben zu allen Gebieten befasste und zu den bestmöglichen Schätzungen gelangte?

Castlereagh gefiel die Idee eines statistischen Ausschusses, und er kam Ende Dezember ins Palais Kaunitz, um mit Talleyrand darüber zu sprechen. Die Unterstützung des französischen Ministers wäre entscheidend. Auch wenn er noch aus dem engeren Kreis ausgeschlossen war, erfreute sich Talleyrand immer größerer Beliebtheit, weil er Sachsen verteidigte. Er hatte eine ganze Legion bewundernder Kleinstaaten hinter sich, die alle bereit waren, ihm Gefolgschaft zu leisten. Zum Glück lehnte Talleyrand, wie Castlereagh feststellte, die Idee nicht ab. Ganz im Gegenteil, sie gefiel ihm, natürlich vorausgesetzt, dass der Ausschuss in dem Zahlenlabyrinth nicht die Grundsätze aus den Augen verlor.

Talleyrand erklärte, dass der neue Ausschuss zuallererst die Rechte des sächsischen Königs anerkennen müsse. Und bei der Bewertung eines Gebietes müsse er neben der schlichten Bevölkerungszahl noch weitere Faktoren berücksichtigen. Bauern ohne Kapital, Land oder Industrie, so Talleyrand, sollten nicht gleich gewichtet werden wie die wohlhabenden Rheinländer oder die Bewohner eines anderen vergleichsweise reichen deutschen Gebiets. Dann ging Talleyrand einen Schritt weiter und regte an, er, Castlereagh und Metternich sollten eine »Konvention« vereinbaren, Sachsen zu unterstützen.

»Eine Konvention?«, fragte Castlereagh, ein wenig überrumpelt. »Sie schlagen also eine Allianz vor?«

»Diese Konvention kann sehr wohl ohne Allianz geschlossen werden; doch mag es eine Allianz werden, wenn Sie wollen«, antwortete Talleyrand. »Ich meinerseits habe nichts dagegen.«

»Aber eine Allianz setzt den Krieg voraus oder kann doch dazu führen, und wir müssen alles tun, um den Krieg zu vermeiden«, wandte Castlereagh eingedenk der jüngsten Befehle aus London ein.

»Ich denke ganz wie Sie«, erwiderte Talleyrand. »Man muss alles tun, nur nicht die Ehre, die Gerechtigkeit und Zukunft Europas opfern.«

»In meiner Heimat würde man den Krieg nur ungern sehen«, gab Castlereagh zurück.

»Der Krieg würde populär bei Ihnen sein, wenn Sie ihm ein großes, wahrhaft europäisches Ziel geben.«

Erfreulicherweise hatte Castlereagh, als Talleyrand eine mögliche britisch-französisch-österreichische Allianz ins Spiel gebracht hatte, nicht rundweg abgelehnt. Der Gedanke schien ihn nicht zu schrecken. Frustriert von der verfahrenen Situation hatte Castlereagh selbst schon über die Möglichkeiten einer engeren Zusammenarbeit mit Frankreich nachgedacht.

Am nächsten Tag wurde Talleyrand über den aktuellen Stand zum vorgeschlagenen Prüfungsausschuss informiert. Es gab eine gute und eine schlechte Nachricht. Die gute war, dass die Idee, einen solchen Ausschuss zu gründen, aufgegriffen worden war; die schlechte, dass die Ausschussmitglieder bereits ernannt worden waren und dass man Frankreich nicht eingeladen hatte, teilzunehmen.

Da Castlereagh es hatte kommen sehen, dass diese Information eine unschöne Szene provozieren könnte, wollte er die Nachricht nicht selbst überbringen. Stattdessen schickte er seinen Bruder Lord Stewart, der sich, obgleich er nicht gerade für seinen Takt oder Feingefühl bekannt war, alle Mühe gab, Talleyrand die Neuigkeit schonend beizubringen.

Als Talleyrand hörte, dass die Franzosen ausgeschlossen worden waren, wollte er wissen, wer gegen ihre Beteiligung gestimmt habe.

»Mein Bruder nicht«, antwortete Stewart.

»Wer denn?«

Zögernd setzte Stewart an: »Nun es sind …« Er machte eine Pause, ehe er hervorbrachte: »… die Verbündeten.«

Jetzt verlor Talleyrand die Geduld. Da die Großen Vier immer noch so agierten, als befänden sie sich im Krieg gegen Frankreich, sollten sie doch selbst zusehen, wie sie mit dem Kongress zurechtkämen. Er habe endlich genug.

»Europa soll erfahren, was passiert ist«, drohte Talleyrand. Er werde dafür sorgen, dass alle wüssten, wie Castlereagh Sachsen und Polen im Stich gelassen habe und »die Hilfe zurückwies, mit der er sie vielleicht hätte retten können«. Die ganze Sache war äußerst heikel, zumal in Anbetracht der jüngsten Kritik, die Castlereagh im eigenen Land hatte hinnehmen müssen.

Das Gespräch endete abrupt, und Stewart eilte zurück in die britische Botschaft, um seinen Bruder zu informieren.

Talleyrands Ausbruch – mit der Drohung, auf der Stelle die Pferde anspannen zu lassen und aus Wien abzureisen, wie ein britischer Botschaftsangehöriger schilderte – hatte Eindruck gemacht. Als der Prüfungsausschuss Ende Dezember 1814 zum zweiten Mal tagte, saß ein Mitarbeiter von Talleyrand als Vertreter Frankreichs am Tisch, der Herzog von Dalberg.

Während die Außenminister um Bevölkerungszahlen stritten, beschlossen die Großmächte, eine letzte Reihe von Sitzungen anzuberaumen, um die Sachsenkrise friedlich zu lösen. Dieses Problem stelle alle anderen in den Schatten, betonte Gentz. Man müsse rasch handeln, bevor entweder Preußen seine Kontrolle über das besetzte Gebiet festigte oder der Kongress mit einem Patt endete.

Auf der Sitzung vom 30. Dezember hielten die Russen jedoch an ihrem Vorschlag fest, ganz Sachsen in das Königreich Preußen einzugliedern. Der Zar machte das Kompromissangebot, den sächsischen König freizulassen und in ein neu geschaffenes Gebiet am linken Rheinufer zu versetzen. Der König könnte dort auch Luxemburg und einige Städte des ehemaligen Erzbistums Trier, darunter Köln, erhalten, und Bonn sollte neue Hauptstadt werden.

Österreich war mit diesen Bedingungen überhaupt nicht einverstanden. Dieser Plan sah immer noch vor, Sachsen aufzulösen und das ganze Gebiet Preußen zu übertragen. Das Habsburgerreich geriete dadurch in eine exponierte Lage. Was den Vorschlag zum Rheingebiet anging: Wäre es wirklich eine gute Idee, einen legitimen König zu entführen und ihn anderswo als Regenten über ein neu geschaffenes Reich einzusetzen? Warum wartete man nicht einfach ab, was bei dem eben erst ernannten Prüfungsausschuss herauskam?

Ein Vierteljahr nach Beginn des Kongresses waren die Friedensstifter so uneinig wie eh und je und standen sich immer noch in der ursprünglichen Konstellation gegenüber: Russland und Preußen auf der einen Seite und Österreich und Großbritannien auf der anderen.

Nachdem sie sich den russischen Vorschlag angehört hatten, konterten Großbritannien und Österreich mit einem eigenen. Da Sachsen eine Angelegenheit von europaweiter Bedeutung sei: Warum nicht andere Mächte nach ihrer Meinung fragen? Ja warum sollte nicht der sächsische König selbst zurate gezogen werden?

An diesem Punkt rief Hardenberg aus, dass er eher den Kongress beenden werde, als zuzulassen, dass es so weit komme. Und falls die vorübergehende Besetzung in eine dauerhafte umgewandelt werde, so würden die Preußen jeden weiteren Widerstand als gleichbedeutend mit einer Kriegserklärung betrachten!

Castlereagh riss der Geduldsfaden. Eine solche Drohung mochte eine Macht einschüchtern, die um ihr Dasein zittern müsse, gab er zurück, aber sie habe den gegenteiligen Effekt auf ein Land wie Großbritannien, das auf seine Würde bedacht sei. Wenn Preußen einen solchen Umgang pflegen wolle, könne man ebenso gut auf der Stelle den Kongress abbrechen. Es herrschte eine Spannung im Saal, so Gentz, als würden »mächtige und erdrückende Wolken über unseren Köpfen hängen«. Die letzte Sitzung des Jahres 1814 endete im Chaos.

Noch am selben Abend veranstaltete der russische Diplomat Graf Andrej Rasumowsky seine von vielen freudig erwartete Jahresausklangsfeier. Der Graf war ehemaliger russischer Botschafter in Wien, bekannt für seinen Witz, sein gutes Aussehen, kosmopolitische Umgangsformen und vor allem ein riesiges Vermögen. Unter Musikkennern wird er noch heute für seine Verdienste um die Kunst geschätzt – er förderte Meister der Wiener Klassik wie Haydn und Mozart. Zur Zeit des Kongresses war er ein großzügiger Mäzen Beethovens (daher die *Rasu-*

*mowsky-Quartette*), und er zählte zu den letzten Adligen, die sich ein eigenes Kammerorchester leisteten.

Der Graf hatte zwei große Vermögen geerbt, eines von einem Onkel, der einst der Liebhaber Katharinas der Großen gewesen war, und ein zweites von einem anderen Onkel, dem Liebhaber (und womöglich heimlichen Gatten) von Kaiserin Elisabeth. Graf Rasumowsky hatte sich am Stadtrand von Wien ein großes Palais bauen lassen. Da an seinen Feiern während des Kongresses etliche Vertreter der Königshäuser teilnahmen, verdiente sich der russische Gastgeber einen Ehrentitel als »König der Vorstädte«.

Gut 700 Gäste machten sich am 30. Dezember auf den Weg zu seinem Palais an der Landstraße, wo er »eine wüste Stelle« in ein »Eden einer fürstlichen Residenz« verwandelt hatte. Kutschen fuhren durch den perfekt gepflegten Park über die Auffahrtsstraße und eine Brücke zu Wiens »neuem Winterpalast«. Im Innern bewunderten die Gäste eine freitragende Treppe, die Marmorsäle, das Arbeitszimmer mit seinen Spiegeln, den Mosaikfußboden und die Bibliothek voller seltener Bücher und Manuskripte. Es gab Galerien mit Kunstwerken von Raffael, Rubens und van Dyck, und ein ganzer Raum war den Werken des italienischen Bildhauers Antonio Canova gewidmet. Das »Palais Rasumofsky« kam den Gästen vor wie ein »Kunsttempel«.

Schon die letzte Feier bei den Rasumowskys drei Wochen zuvor war denkwürdig gewesen. Der Zar hatte persönlich die Rolle des Gastgebers übernommen, und er hatte keine Kosten gescheut. Stör wurde von der Wolga importiert, Austern von Ostende, Trüffel aus Frankreich, Orangen aus Sizilien und Erdbeeren aus England. Auf jedem Tisch stand eine Schale Kirschen, die man in derselben Woche aus den Gewächshäusern des Zaren in Russland quer durch Europa transportiert hatte. Die Gäste bewunderten auch die Ananasse, die in der Form einer Pyramide arrangiert waren – in einer Fülle, wie man sie nie zuvor auf einer Tafel gesehen habe. Die Gäste tanzten bis zum Morgengrauen und freuten sich schon damals auf die nächste Feier des Grafen. Sie konnten nicht ahnen, wie tragisch sie enden sollte.

In den frühen Morgenstunden des 31. Dezember fing das Palais Feuer und explodierte »wie ein Vesuv« beim Vulkanausbruch. Während die Kirchenglocken die Stadt alarmierten, galoppierte die Wiener

Feuerwehr so schnell wie möglich zur Landstraße. Rauch und Flammen hatten sich rasch über das ganze Gebäude ausgebreitet, das Kupferdach glühte in einem leuchtenden Rot.

Freiwillige schlugen sich durch die akkurat angelegten Hecken des Grafen, um beim Kampf gegen das Feuer zu helfen. Als Kaiser Franz von dem Unglück hörte, kam er sofort an Ort und Stelle, wo sich bald auch andere Kongressteilnehmer einfanden. Auch Talleyrand war herbeigeeilt, weil Dorothea mit ihrem Freund Karl Graf Clam-Martinitz zur Feier gegangen und noch nicht heimgekehrt war.

Zum Glück hatte die Mehrzahl der Festgäste das Palais zu der Zeit, als sich das Feuer ausgebreitet hatte und die ersten »brennenden Balken« herabstürzten, bereits verlassen. Aber ein paar Menschen waren noch im Gebäude, und andere wurden vermisst. Rasumowsky selbst konnte sich bei einem loyalen Kammerdiener und seinen stark riechenden Gewürzen bedanken, dass sie ihn aus dem tiefsten Schlaf geweckt hatten.

Diener und Freunde warfen eilig das Hab und Gut des Grafen aus den Fenstern und ließen »ein Dutzend Westen, Beinkleider und Röcke um das andere« auf den »in Sumpf verwandelten Boden« fallen. In dem verzweifelten Versuch, etwas zu retten, beförderten sie auch andere Gegenstände aus dem Fenster: »die köstlich gebundenen Bücher, Kronleuchter, Marmorplatten, Alabastervasen, Silberzeug, Antikaglien, Gemälde, ja sogar Uhren« sausten in die Tiefe; vieles ging zu Bruch, anderes wurde »vom Pöbel trümmerweise fortgeschleppt«.

Hunderte von Kunstschätzen gingen für immer verloren, darunter die Skulpturen aus dem prächtigen Canova-Saal, der ausschließlich Marmorarbeiten dieses Bildhauers enthalten hatte. Das sei die Galerie, in der die holländischen Genrebilder hingen, sagte Dorothea, als sie aus sicherer Entfernung einen Gebäudeflügel einstürzen sah. Dort hatte sie beim Abendessen gesessen. Tragischerweise kamen in jener Nacht zwei Männer um, zwei wagemutige Kaminfeger, die in der Hoffnung, zumindest einen Teil der Botschaftspapiere zu retten, in das brennende Inferno eingedrungen waren.

Die Nachforschungen zur Brandursache endeten mit wilden Spekulationen. Manche glaubten, der Brand sei in der Küche, der Bäckerei oder vielleicht im Stroh in den Ställen ausgebrochen. Andere sprachen von Sabotage. Die Ermittler gingen am Ende von einem Fehler im Heizungssystem aus – »in der *französischen* Heizung«, wie einer schnaubte –, das erst voriges Jahr eingebaut worden war. Graf Rasumowsky hatte eigens für die Feier einen Holzanbau anfertigen lassen, und vermutlich war hier das Feuer ausgebrochen.

Eine der in der Wand verborgenen Röhren habe sich durch das starke Feuer, das rund um die Uhr in Gang gehalten wurde, überhitzt, erklärte Friedrich von Schönholz, und diese überhitzte Röhre habe zu glühen begonnen und einen Holzbalken in Brand gesteckt. Dann müsse sich das Feuer in Windeseile über die Kombination aus Holz, Wachs und Stoff in den vielen Räumen ausgebreitet haben. Und schließlich seien die Gobelins und Gardinen zu wahren »Zündfäden« geworden, die das Feuer bis in die entlegensten Winkel des Palais weitergeleitet hätten.

Der Zar war am Morgen zum Schauplatz zurückgekehrt, erst nach den anderen Souveränen, wie manchen auffiel. Als er über das von den Furchen der Feuerlöschwägen durchzogene und mit zertretenen Federhüten übersäte Grundstück ging, fand er Rasumowsky im Zobelmantel und Samthut, wie er allein unter einem Baum saß und mit gesenktem Kopf vor sich hin schluchzte.

Von der zwei Jahrzehnte langen Sammel- und Bautätigkeit des Grafen waren nur noch verkohlte Ruinen und ein paar rauchgeschwärzte Schätze übrig, die man gerettet hatte. »Das ist ein großes Unglück; aber wir stehen alle in Gottes Hand«, versuchte der Zar den Grafen zu trösten. Doch dann, im nächsten Atemzug, fügte er hinzu: »Das kann mir mit meinem Rittersaal auch noch passieren« – der Saal wurde ebenfalls mit Röhren beheizt. Womöglich waren die Enttäuschungen auf diplomatischer Ebene schuld daran, dass ihm noch eine letzte taktlose Bemerkung entschlüpfte: »Das haben wir von unserem Nachahmen der Franzosen!«

Metternich hatte beschlossen, nicht zu Rasumowskys Ball zu gehen. Er konnte es nicht ertragen, an einer Veranstaltung teilzunehmen, die Russland und seinen Zaren feiern sollte. Seine Beziehung zu Alexander war immer noch angespannt.

Zum Glück hatte Alexander darauf verzichtet, ihn wirklich zum

Duell zu fordern, was dem Zaren anscheinend Kaiser Franz ausgeredet hatte. Das Letzte, was der Kongress brauche, soll der österreichische Kaiser gesagt haben, sei das Schauspiel eines Duells zwischen dem Kaiser aller Reußen und dem Außenminister Seiner Apostolischen Majestät. Doch das entscheidende Argument war, dass ein Duell Alexanders Ehre verletzen würde, weil es eine Ebenbürtigkeit zwischen den beiden Kontrahenten implizierte. Der Zar erwiderte, dass er ohnehin nicht das Geringste mehr mit einem »so unzuverlässigen« Minister wie Metternich zu tun haben wolle.

Nachdem Metternich dem Ball ferngeblieben war, bat er die Herzogin von Sagan um ein Treffen. Er sehne sich immer noch danach, ihre Stimme zu hören. Er brauche ihre Gesellschaft und ihr Verständnis, insbesondere bei den Spannungen, die er am Diplomatentisch verspüre. »Schreibe mir ein Wort«, sagte er, »ich bin recht traurig und brauche in diesem Moment weiß Gott alle meine Kräfte!«

In einer weiteren Note aus der Kanzlei flehte Metternich um eine letzte Gelegenheit, die Herzogin noch vor Neujahr zu sehen. Es sei dringend, betonte er mit der Verzweiflung eines Menschen, der sich abergläubisch an die Bedeutung symbolischer Daten und Tage klammert, doch vergeblich. Die Herzogin antwortete, sie fühle sich hundeelend und werde vermutlich erst in ein paar Tagen wieder auf die Beine kommen.

In Wirklichkeit hatte Gentz an jenem Abend im Palais Palm vorbeigeschaut und mit der Herzogin ein Gläschen getrunken, wie er in sein Tagebuch schrieb. Sie schien recht wohlauf, in ihrem Salon und in Gesellschaft ihrer Schwester Dorothea, des Grafen Clam-Martinitz und vieler anderer, darunter Alfred Fürst zu Windischgrätz.

Fürst Metternich dürfte einen einsamen Silvesterabend verbracht haben. Er versuchte ein drittes Mal, eine Begegnung zu arrangieren, und fügte hinzu: »Ich möchte den ersten Tag des neuen Jahres nicht verstreichen lassen, ohne Dich zu sehen.«

Noch bevor die Sektgläser in jener Nacht klirrten, sollte ein Päckchen für die Herzogin eintreffen; es kam von einem Wiener Juwelier. Als sie die kleine Seidenschachtel öffnete, fand sie darin ein hübsches Goldarmband, ein erlesenes Meisterwerk, an dem ein Diamant, ein Rubin, ein Smaragd und ein Amethyst glänzten. Jeder Stein barg in jener romantischen Zeit eine Botschaft: Der Diamant und der Rubin standen für Liebe und Treue; die anderen beiden waren ihre jeweiligen Geburtssteine, Amethyst für die Herzogin und Smaragd für ihn selbst. Das Päckchen war auf Metternichs ausdrückliche Anweisung »Punkt Mitternacht« angekommen.

Metternich hatte einen Begleitbrief geschrieben, in dem er eine weitere symbolische Bedeutung des Geschenks erklärte. In jeden der vier Steine war der Buchstabe G eingraviert. Warum? »Ich hoffte, dir das Angebinde selbst zu geben und dir recht herzlich und mit dir vereint sagen zu können: *Gott gebe Gnade, Glück, Gedeihen.*«

Es ist nicht bekannt, was Metternich in jener Nacht nach dem Absenden des Briefs noch unternahm. Einige behaupteten, sie hätten ihn auf dem Silvesterball bei Graf Zichy gesehen. Das ist durchaus möglich, wahrscheinlicher ist wohl, dass der Außenminister, als er gegen elf Uhr den Gänsekiel aus der Hand legte, das Jahr ganz allein in der Kanzlei ausklingen ließ.

*Kapitel 21*

# Requiem

*Ich stimme Eurer Majestät zu, dass man Talleyrand nicht trauen kann, und doch wüsste ich nicht, auf wen sie sich mehr verlassen könnte.*

Castlereagh

Nach den Neujahrsfeierlichkeiten zum Auftakt der Karnevalszeit fieberte Wien den bevorstehenden gesellschaftlichen Anlässen entgegen. Der Kalender war dicht gefüllt mit Veranstaltungen, Bällen, Jagdausflügen, Banketten, Theateraufführungen, Konzerten, »tableaux vivants« und einer Vielfalt anderer Vergnügungen, die alle die dunklen Wintermonate erhellen sollten.

Am frühen Morgen des Neujahrstages traf ein verfrorener und erschöpfter Kurier in Castlereaghs Botschaft am Minoritenplatz ein. Er hatte eine beschwerliche sechstägige Reise durch Mitteleuropa hinter sich, die letzte Etappe bei Regen, Schnee und Eis. Der Kurier überbrachte die Nachricht, dass der Krieg Großbritanniens mit den Vereinigten Staaten jetzt beendet sei. An Heiligabend hätten sich britische und amerikanische Diplomaten in Gent endlich auf einen Friedensvertrag geeinigt.

Das war eine sensationelle Neuigkeit für Castlereagh, der von seinen Verhandlungen in Wien derart in Anspruch genommen wurde, dass er sich jetzt einfach nur darüber freute, von der Bürde eines schwierigen Krieges am anderen Ende der Welt befreit zu sein. Castlereagh schickte sofort einen Boten zu Metternich und Talleyrand.

»Ich beeilte mich, ihm [Castlereagh] deswegen meine Glückwünsche darzubringen«, berichtete Talleyrand über seine eigene Reaktion auf die Nachricht vom Genter Frieden. »Und ich beglückwünschte mich selbst.« Er erkannte dessen Bedeutung auf Anhieb.

Nach dem Ende des Krieges musste Großbritannien nicht mehr seine Ressourcen über ein so riesiges Gebiet verteilen. Fregatten, Soldaten und Kriegsschiffe, die bislang in der Neuen Welt gebunden waren, würden in großer Zahl frei werden sowie, zumindest potenziell, eine große Kriegskasse mit mehreren Millionen Pfund Sterling. Sollte Preußen auf seinen Forderungen beharren, könnte Großbritannien ab sofort seiner Diplomatie mit der ganzen Stärke seines britischen Rüstungsapparats Nachdruck verleihen.

Als man dem britischen Außenminister am selben Abend auf einem Ball in der Hofburg zu dem Friedensvertrag gratulierte, gab Castlereagh die rätselhafte Antwort: »Das Goldene Zeitalter bricht an.« Dieser Satz machte rasch die Runde durch die Wiener Salons, samt den wildesten Spekulationen, was genau der Außenminister damit gemeint haben könnte. Wollte er vielleicht andeuten, dass die Kongressteilnehmer in Kürze eine Einigung erzielen und einen Krieg abwenden würden? Oder war es, wie ein Mitglied der englischen Delegation spottete, lediglich eine Anspielung darauf, dass höchstwahrscheinlich künftig mehr englisches Gold an die Verbündeten fließen würde, die versprochen hatten, nach seiner Pfeife zu tanzen? Auf einen Schlag hatten Castlereaghs Worte mehr Gewicht bekommen.

So hatten also gute Nachrichten das neue Jahr eingeläutet, doch Talleyrand berichtete stolz in einer Depesche an den französischen König, dass das Ende des Krieges zwischen Großbritannien und den Vereinigten Staaten in Wirklichkeit nur »der Vorläufer eines noch glücklicheren Ereignisses« sei. Mit gestärktem Selbstbewusstsein war Castlereagh an Talleyrand herangetreten: Großbritannien sei jetzt bereit, ein Bündnis mit keinem anderen als dem Erzfeind Frankreich anzubieten. Ein kühner Plan.

Castlereagh war über das preußische und russische Auftreten in den letzten Sitzungen ganz aufgebracht gewesen. Die preußische Arroganz erschien ihm unerträglich, und die Delegation wich nicht von ihrer sehr kriegerischen Haltung ab, mit der sie die Verhandlungen behinderte. Der britische Außenminister sah keine andere Möglichkeit, einen verheerenden Krieg zu vermeiden, als diesen Pakt. Das Problem war nur, dass das Angebot nicht autorisiert war und er genau genommen schon wieder gegen die Anweisungen seiner Regierung handelte.

Die ganzen Verhandlungen wurden unter strengster Geheimhaltung geführt, der daraus hervorgehende Vertrag eilends aufgesetzt und am 3. Januar 1815 unterzeichnet. Darin sagten Großbritannien, Österreich und Frankreich zu, sich gegenseitig im Falle eines Angriffs vonseiten einer anderen Macht zu unterstützen und 150 000 Soldaten abzustellen. Großbritannien behielt sich allerdings das Recht vor, seinen Truppenanteil durch zusätzliche finanzielle Unterstützung zu ersetzen. In dem Vertrag war kein Passus enthalten, der die Mächte verpflichtete, einem Verbündeten im Angriffsfall beizustehen. Es war ein reines Verteidigungsbündnis.

An jenem Abend spielte Talleyrand bei einer gut besuchten Soiree in der britischen Botschaft wie üblich Karten, während zwei Italiener die Gäste mit Gitarre und Violine unterhielten, Metternich scharte Frauen um sich, und Castlereagh tanzte einen schottischen Reel. Die drei Minister wurden nie zusammen gesehen, nicht eine Minute lang. Kaum jemand wäre auf die Idee gekommen, dass sie soeben ein Geheimabkommen unterzeichnet hatten, das eine Wende der Verhandlungen einleiten sollte.

Vor allem Talleyrand hatte allen Grund zur Freude. Nach nur dreieinhalb Monaten in der Stadt hatte er sich als Repräsentant einer gemiedenen, besiegten Macht zielstrebig bis an den Verhandlungstisch der Großmächte manövriert. Der Kongress steckte so sehr in einer Sackgasse, dass Großbritannien und Österreich es vorzogen, mit einem Feind zusammenzuarbeiten, den sie fast ein Vierteljahrhundert lang bekämpft hatten, statt mit ihren eigenen Verbündeten in der siegreichen Koalition.

Gerüchte über eine Art Geheimabkommen kursierten schon bald in ganz Wien, allerdings wurden sie nicht bestätigt, außerdem gingen sie im Gewirr anderer Gerüchte unter: dass jederzeit Krieg ausbrechen könne; dass der verwitwete preußische König in Kürze wieder heiraten werde (und seine nächste Frau werde, wie manche munter behaupteten, Marie-Louise!); dass sich der Zar eine Geschlechtskrankheit geholt habe; dass so gut wie jede führende Figur des Kongresses abgesetzt und ein neues Gremium ernannt werden würde, um die Verhandlungen zu Ende zu führen.

Dann machte Metternich aus heiterem Himmel auf einer Sitzung der Großen Vier Anfang Januar eher beiläufig den Vorschlag, Talleyrand doch zu den Beratungen zuzulassen. Castlereagh unterstützte den Antrag. Während die Preußen vor Wut schäumten, gab es an jenem Tag noch eine Überraschung: Die russische Delegation gab tatsächlich nach und willigte ein, Talleyrand in den Ausschuss aufzunehmen.

Aber weshalb war Russland auf einmal so schnell bereit, mit Großbritannien und Österreich zusammenzuarbeiten? Das ist eine schwierige und wichtige Frage, weil sich der Zar plötzlich in vieler Hinsicht als sehr viel zugänglicher erwies. »Seine Eingebungen waren spontan und lebhaft«, wie Metternich schrieb, »und – es klingt sonderbar – ihr Verlauf zeigte eine Art von Periodizität.« Jetzt war der Zar sogar bereit, über Polen zu diskutieren, was er bislang strikt abgelehnt hatte. Aber warum?

Sicherlich kamen dem Zaren mit der Erkenntnis, dass Großbritannien nicht länger von einem Überseekrieg eingeschränkt war, die ersten Zweifel, ob es wirklich klug war, Preußen vorbehaltlos zu unterstützen. Alexander hatte außerdem schon geargwöhnt, dass sich Großbritannien, Österreich und Frankreich in irgendeiner Form geeinigt hätten. Als er beispielsweise am 7. Januar Castlereagh begegnete, fragte er ihn direkt nach den Gerüchten über eine Allianz, aber Castlereagh wollte sie weder bestätigen noch leugnen. Er sagte lediglich, dass der Zar, wenn er nach friedlichen Grundsätzen handle, nichts zu befürchten habe.

Darüber hinaus hatte Alexander in den vergangenen Wochen ernster und nachdenklicher als früher gewirkt, als habe er die vielen Feste und das endlose Gezänk satt. Manche Historiker behaupten, der Zar habe sich wieder einem regelrechten Mystizismus zugewandt, der im Jahr 1812 seine Blüte erlebt hatte, als Napoleon in Russland einmarschiert war. Alexander bekam merkwürdige Briefe von einer Bewunderin und verschlang offenbar ihren Inhalt.

Die Schreiberin dieser Briefe war Baronin Juliane von Krüdener, eine 50-jährige Witwe aus Lettland, die einen extrem apokalyptischen, im kalten baltischen Winter geborenen Mystizismus vertrat. Brief für Brief hatte Krüdener den Zaren ermahnt, an seinen »göttlichen Auftrag« zu denken, wie er es einst in den finsteren Tag der Invasion Napoleons getan habe. Wie sehr der Zar auch auf dem Kongress leiden müsse, Krüdener versicherte ihm, dass sie die tiefe, schöne Seele des Kaisers kenne.

Die schmeichelnden Briefe nahmen den Winter über an Häufigkeit und Intensität zu und erreichten den Zaren in Wien über eine geschickt eingeschleuste Bewunderin Krüdeners, Roxandra Stourdza, eine Hof- oder Ehrendame der Zarin. Mittlerweile freute sich Alexander auf jeden neuen Brief und die anschließenden Diskussionen über sämtliche Deutungsmöglichkeiten mit ebenjener Hofdame. Sie trafen sich heimlich, ohne seine außenpolitischen Berater, in der Regel in ihrer winzigen Kammer im dritten Stock der Hofburg. Dort unterhielten sie sich nach Aussage des Zaren wie »Mann und Frau im Geiste«.

Manche Briefe enthielten Prophezeiungen oder düstere Schreckensvisionen davon, was angeblich dem tanzenden Kongress bevorstand: Er könne nicht wissen, wie schrecklich das Jahr 1815 sein werde, hatte Krüdener im Herbst vorhergesagt.

> Glauben Sie etwa, der Kongress wird seine Bemühungen zum Abschluss bringen? Täuschen Sie sich nicht. Der Kaiser Napoleon wird seine Insel verlassen. Er wird mächtiger denn je sein, aber jene, die ihn unterstützen, werden verfolgt und bestraft werden. Sie werden nicht wissen, wo sie ihr Haupt niederlegen sollen.

Für den Zaren war sie eine gottgesandte Prophetin, und er hoffte, ihr eines Tages persönlich zu begegnen.

Aber neben dem neu erwachten Interesse am Mystizismus dürfte dieser abrupte Stimmungswandel des Zaren auf einen weiteren Faktor zurückzuführen sein: Alexander war allem Anschein nach kooperativer, weil er allmählich genug hatte von dem Bündnis mit Preußen. Als Hardenberg ihm vor ein paar Wochen Metternichs private Briefe gezeigt hatte, hatte sich der österreichische Außenminister revanchiert, indem er dem Zaren einen Brief von Hardenberg zu lesen gab. In diesem Dokument hatte der preußische Staatskanzler in einer eklatanten Indiskretion geschrieben, er unterstütze die russische Politik in Polen nur deswegen, weil es die offizielle preußische Linie sei und weil sie Russland letztlich schwächen werde.

Wenn der Zar auf die letzten Monate zurückblickte, kam es ihm so vor, als hätte er den preußischen Wunsch nach Gebietsgewinn nach Kräften unterstützt und als wäre nun der Dank dafür dieser Verrat seines sogenannten Verbündeten – eines Verbündeten, dessen aggressive Haltung Russland lediglich in einen ungewollten Krieg um Sachsen hineinziehen würde, davon war der Zar immer mehr überzeugt. Alexander war enttäuscht von den Preußen. Er wollte sich lieber wieder als Friedensfürst sehen, und jetzt hatte er einen guten Grund, seinen Bündnispartner im Stich zu lassen, oder zumindest eine vernünftige Erklärung.

Somit hatte der Zar viele Gründe für seine überraschende Kooperation mit Großbritannien und Österreich auf dem Kongress. Preußen hatte das Nachsehen und musste die Folgen tragen. Es fand sich in der Rolle einer aggressiven, aber isolierten Macht wieder. Was Talleyrand betraf, so war er bereit, dem Leitungsausschuss beizutreten. Die ehemaligen Großen Vier sollten künftig die Großen Fünf sein, das wahre Macht- und Entscheidungszentrum auf dem Wiener Kongress.

Metternich versuchte wieder Boden unter den Füßen zu bekommen und endlich seine unselige Beziehung zur Herzogin von Sagan zu beenden. Trotz seines Geschenks zur Jahreswende gab die Herzogin weiterhin Fürst Windischgrätz den Vorzug, und Metternich fiel es schwer, sich damit abzufinden. Am selben Tag, an dem er den geheimen Vertrag mit Großbritannien und Frankreich unterzeichnete, schrieb er der Herzogin einen weiteren Brief, in dem er versuchte, dem Irrationalen einen Sinn zu geben:

> Ich war zwei Jahre lang Dein Liebhaber. Ich liebte Dich – es kam so weit, dass ich Dich anbetete. Du hörtest auf, mir auch nur Wohlwollen entgegenzubringen, von dem Tag an, als ich Dich zu

lieben begann – der natürliche Lauf menschlicher Dinge! Ich war nicht entmutigt. Ich bat Dich nicht um Liebe, sondern nur um einige Gewissheit – entweder Abweisung oder Hoffnung. Du hörtest nicht auf, mir Hoffnungen zu machen; Du nährtest jenes Gefühl in mir, das Du als so überaus stark erkanntest; Du gabst ihm Auftrieb, selbst als Du sahst, dass es jene Fähigkeiten erschöpfte, deren vollen Einsatz meine Ehre verlangte.

»Dazu auserkoren, zwanzig Millionen Menschen zu führen«, fügte er hinzu, »hätte ich wissen müssen, wie ich mich selbst zu verhalten habe.« Metternich bemühte sich ernsthaft, die Vergangenheit hinter sich zu lassen.

Außerdem arbeitete Metternich im Januar darauf hin, den Geheimvertrag zum Vorteil Österreichs zu nutzen und auch andere Staaten für die Koalition gegen Preußen zu gewinnen. Bayern schloss sich an, dazu viele deutsche Kleinstaaten, die eine Sicherheitsgarantie wünschten. Die Angst vor Preußen war groß. Einige waren so erpicht darauf beizutreten, dass sie schworen, mit keinem anderen Staat zu verhandeln, ohne sich zuvor mit Österreich zu beraten. Folglich half der Vertrag nicht nur, den toten Punkt des Wiener Kongresses zu überwinden, sondern schien darüber hinaus in Metternichs Händen den österreichischen Einfluss in Mitteleuropa erheblich zu steigern.

Die Wertschätzung für Talleyrand war im Zuge seiner Unterstützung Sachsens und der neu erlangten Stellung im Leitungsausschuss ebenfalls gestiegen. Der französische Außenminister wusste seinerseits diese Chance gut zu nutzen. Die Botschaft im Palais Kaunitz unterhielt ihre Gäste noch extravaganter als je zuvor.

Zu seinen größten Erfolgen in jenem Winter zählte allerdings eine eher ernste Veranstaltung: Talleyrand inszenierte für den entthronten König von Frankreich, Ludwig XVI., der im Jahr 1793 unter der Guillotine starb, ein Requiem. Der 21. Januar 1815 war der 22. Jahrestag jenes »Tages des Grauens und der ewigen Trauer«. Talleyrand schlug vor, ganz Wien solle den Jahrestag mit einem »feierlichen Sühnegottesdienst« würdigen.

Als der österreichische Kaiser von Talleyrands Vorhaben hörte, bot er seine Hilfe an – immerhin war Ludwig XVI. sein Onkel gewesen und Marie-Antoinette seine Tante. Mit der Rückendeckung des Kaisers wusste Talleyrand, dass es ihm nun vermutlich gelingen würde, seinen Wunschort für die Messe zu bekommen. Darüber hinaus dürfte das Gotteshaus gut gefüllt sein. Wie zu erwarten, wurde Talleyrand die größte und imposanteste Kirche der Stadt angeboten: der Stephansdom, ein Meisterwerk der Gotik.

Mit dem Segen des Kaisers bekam Talleyrand auch Zutritt zum Festkomitee. Eifrige Helfer begannen mit den Vorbereitungen und gaben sich viel Mühe, als sie den Stephansdom für den Tag der öffentlichen Trauer schmückten. Das Kirchenschiff wurde mit schwarzem Samt drapiert. In der Mitte wurde eine Pyramide aufgestellt, mit vier Statuen an der Basis, die »das weinende Frankreich, das mitfühlende Europa, die Hoffnung, die die Seele des tugendhaften Monarchen in die Wohnung zur Unsterblichkeit führt, und die Religion, Ludwigs Testament [...] in der Hand« verkörperten. An jeder Säule in der Kirche hing das Wappen der Bourbonen.

Der österreichische Kaiser kam, wie versprochen, in Trauerkleidung. Die Kaiserin konnte zwar wegen ihrer angeschlagenen Gesundheit nicht teilnehmen, doch die anderen Souveräne waren auf der Tribüne erschienen, die mit schwarzem Samt und silbernen Quasten geschmückt war. Ritter des Ordens vom Goldenen Vlies und Kongressteilnehmer wurden in den Chor gesetzt. Die vorderen Plätze im Kirchenschiff waren für weitere berühmte Persönlichkeiten reserviert, viele Damen trugen »lange Trauerschleier« und wurden vom schönen französischen Gesandten Marquis de la Tour du Pin zu ihren Bankreihen geleitet. Die für die Bevölkerung vorgesehenen Plätze waren rasch belegt, alle kamen in dicken Pelzmänteln.

Der Beichtvater des Kaisers, der Erzbischof von Wien, feierte die Messe. Hofkapellmeister Antonio Salieri dirigierte den 250-köpfigen Chor, und Talleyrands Pianist Sigismund Neukomm hatte die Musik komponiert. Ein weiterer Franzose in der Stadt, der Pfarrer der Gemeinde St. Anna Abbé de Zaignelins, hielt eine Ansprache, weder eine Trauerrede noch einen Vortrag oder eine Predigt. Es ging um das Thema: »Die Erde lerne den Namen des Herrn fürchten.«

Der französische Priester hielt eine bewegende Rede, die die ruhmreiche 1400-jährige Geschichte der französischen Monarchie pries –

und die Frevel, welche die Revolution an der legitimen Dynastie begangen hatte, anprangerte. Es war eine Rede, die Talleyrand so gut wie sicher persönlich geschrieben oder bearbeitet hatte. Die Form achtend, hatte Talleyrand dafür gesorgt, dass sowohl der russische Zar als auch der preußische König einen prominenten Platz vorn in der Kirche bekamen. Auf diese Weise konnten sie die Lektion nicht verpassen, und ebenso wichtig: So mussten alle Anwesenden deren Teilnahme bemerken.

22 Jahre nach der Hinrichtung bekam Ludwig XVI. endlich einen Gedenkgottesdienst. Wie viele Projekte Talleyrands entfaltete das Requiem seine Wirkung auf mehreren Ebenen: Es würdigte die Vergangenheit, plädierte für die Bedeutung der Legitimität und propagierte gleichzeitig subtil, aber dennoch eindringlich Anliegen, die Frankreich am Herzen lagen – von der Rettung des *legitimen* Königs von Sachsen bis hin zur Wiedereinsetzung des *legitimen* Königs von Neapel. Die Soiree und das Bankett nach dem Requiem boten weitere Gelegenheit, im Andenken an den geköpften König zusammenzukommen. Auch wenn der Tag viel Geld gekostet hatte, war es Talleyrand tatsächlich gelungen, ganz Wien Frankreich und seine königliche Dynastie feiern zu lassen. Das war ein glänzender Erfolg.

*Kapitel 22*

# Große Schlittage

*Man muss seine Verbündeten ebenso im Auge behalten wie seinen Gegner.*

Metternich

Am Morgen des 22. Januar hatte das kalte Wetter in Wien endlich jene magische Kombination aus »starkem Schneefall« und »scharfem Frost« gebracht, die für die lang ersehnte Schlittenfahrt unerlässlich war. Gut 30 Schlitten wurden auf den Josefsplatz in der Hofburg gezogen, jeder so goldglänzend und prachtvoll wie alle Karossen der Habsburger. Die Würdenträger des Kongresses sollten sich am frühen Nachmittag zu einer Fahrt durch die schneebedeckten Straßen Wiens einfinden. Anschließend würden sie zu einem riesigen Winterfest weiter nach Schönbrunn ausfahren.

Schon am frühen Morgen hatten sich viele Menschen auf dem Platz versammelt, um die prächtigen Schlitten zu bewundern. Smaragdgrüne Samtpolster und zierliche Silberglöckchen hoben sich dezent von der Vergoldung ab. Die Schlitten wurden von Pferden gezogen, »die mit Tigerfellen und reichem Pelzwerk bedeckt waren«, und jeder war »mit allem, was Geschmack und Reichtum an Pracht ersinnen konnte, geziert«. »Überall Seide, Samt und Gold«, fasste ein Beobachter den Anblick dieser veritablen Prunkkarossen zusammen.

Wie bei unzähligen anderen Veranstaltungen auf dem Kongress hatte das Festkomitee seine liebe Mühe, die komplizierte Etikette für eine Schlittenfahrt zu beachten, an der ein Kaiser, eine Kaiserin, ein

Zar, eine Zarin und viele Könige, Fürsten und andere Würdenträger teilnahmen. Wem gebührte beispielsweise die Ehre, an der Spitze zu fahren? Wer teilte sich mit wem den Schlitten, und wie sollte man Partner und Positionen in der Kolonne zuweisen, ohne die Empfindlichkeiten irgendeines Teilnehmers zu verletzen? Am Ende hatte sich das Festkomitee eine simple Lösung einfallen lassen: das Los. Mochte das Schicksal entscheiden.

Wenn man sich die Ergebnisse der Ziehung ansieht, hat es jedoch den Anschein, als ob das Komitee dem Schicksal ein wenig nachgeholfen hätte, um diplomatische Pannen zu vermeiden. Der Zar, der kein Hehl aus seinem Missfallen über diese luxuriöse Ausfahrt gemacht hatte, fand sich auf wundersame Weise bei seiner derzeitigen Liebschaft wieder, der Salonfürstin Gabrielle von Auersperg. Und der preußische König, der dem Ereignis ebenfalls skeptisch gegenüberstand, wurde mit seiner Lieblingspartnerin, der Gräfin Julie Zichy, zusammengespannt.

Eine eigens zusammengestellte Reiterschwadron ritt an der Spitze des Zuges, gefolgt von einem »ungeheuren, von sechs Pferden gezogenen Schlitten«, der eine kleine Kapelle mit Blechbläsern und Paukenschlägern beförderte. Als erste Würdenträger des Kongresses kamen dann der österreichische Kaiser und die russische Zarin, die einen »grünseidenen mit Hermelin verbrämten« Pelzmantel trug, dazu eine passende grüne Mütze mit Federbusch und Diamanten, die einst Katharina die Große getragen hatte. Purpurrote, rosafarbene und amaranthblaue Pelzmäntel waren bei der Schlittenpartie sehr gefragt; die Herren bevorzugten dicke, lange polnische Mäntel, die ebenfalls mit »teuren Pelzen« besetzt waren.

In Anbetracht des beißend kalten Windes hatten manche Würdenträger ihren Platz auf einem Schlitten gegen einen komfortableren Sitz in einer geschlossenen Kutsche eingetauscht. Kaiserin Maria Ludovika, die erst unlängst wieder krank geworden war, entschied sich für die Kutschenfahrt zum Schloss, genau wie das bayerische Königspaar. Dem Festkomitee war es nur recht. So konnten ein paar Schlitten leer als Reserve mitfahren, für den Fall, dass ein Gefährt unterwegs zu Bruch gehen sollte. Am Ende der Kolonne fuhr ein weiterer Riesenschlitten, in dem eine zweite Kapelle »kriegerische Tonstücke« spielte.

Gegen zwei Uhr kletterten die Kaiser, Könige, Königinnen, Musikanten und anderen Gäste in die Schlitten. Nach einer feierlichen Trompetenfanfare konnte die große »Schlittage« beginnen.

Bevor die Schlitten den Josefsplatz verließen, kam es jedoch zu einer unerwarteten Verzögerung. Eine Kutsche war auf den Platz geprescht und blockierte jetzt die geplante Route. Als der Fahrer höflich gebeten wurde, dem königlichen Zug die Bahn frei zu machen, weigerte er sich. Eine weitere Bitte an den Kutscher, seinen Wagen doch zu entfernen, wurde ebenfalls abgewiesen. Der Kammerherr aus der Hofburg schickte daraufhin einen Mann seines Vertrauens los, um der Sache nachzugehen. Es stellte sich heraus, dass der ominöse arrogante Fahrer kein Geringerer als der britische Botschafter Lord Stewart war – ganz offensichtlich war er betrunken.

Ein Machtwort des Kaisers machte dem Ganzen ein Ende, und die königlichen Schlitten fuhren los und glitten in einem gemächlichen Schritttempo über den festgetretenen Schnee, sodass die neugierige Menge die Parade aus Monarchen und Schlitten ausgiebig betrachten konnte. Kaum hatte die Expedition die Innenstadt verlassen, lockerten die Kutscher die Zügel, und die Pferde galoppierten in hohem Tempo nach Schönbrunn zu Bankett und Ball.

Etwa auf halbem Weg machte der Zug an einem Monument für den polnischen König Johann III. Sobieski halt, dessen heldenhafter Ritt mit einem Entsatzheer im September 1683 Wien aus der berühmten Belagerung durch die Türken befreit hatte. Das war eine gute Gelegenheit, um einige Schlitten zu reparieren, deren feingliedrige Rahmen mit goldenen Sphinxen an den Achsen auf den Straßen ein wenig gelitten hatten; außerdem war es zweifellos auch eine gute Gelegenheit für subtile Diplomatie. Das Sobieski-Denkmal rief die vielen Opfer und Dienste in Erinnerung, die Polen für Europa geleistet hatte – gerade zur rechten Zeit, wenn man bedenkt, dass die Wiener Würdenträger damals über das Schicksal Polens berieten.

Als sie in Schönbrunn ankamen und die Schlitten parkten, wirkte die Sommerresidenz wie ein winterliches Wunderland. Der zugefrorene See war spiegelglatt. Einige Schlittschuhläufer unterhielten die Zuschauer mit akrobatischen Sprüngen, andere führten auf dem Eis Tänze vor, und eine als venezianische Gondolieri gekleidete Gruppe lenkte Schlitten, die wie Gondeln ausstaffiert waren. Andere zogen phantasievolle Konstruktionen, wie den »Schlitten à la Panurge« in der Form eines Schwans mit silbernen Flügeln. Händler witterten ein gutes Geschäft und liefen auf den See hinaus, in der Hoffnung, »stärkende Getränke« zu verkaufen.

Während die Wachen vor dem Schloss die neugierige Menge davon abzuhalten versuchten, die Festlichkeiten zu stören, stahl ein Angestellter der britischen Botschaft den Staatsoberhäuptern die Schau: Er glitt schwungvoll über das Eis und vollführte »doppelte und dreifache Schritte, Kreiswendungen und Bogen mit einer erstaunlichen Gewandtheit«. Offenbar war er Mitglied eines Londoner Schlittschuhläuferklubs, und er zog viele bewundernde Blicke auf sich, als er die Initialen der Damen ins Eis schnitt. Großen Beifall fanden auch zwei Holländerinnen, die als »Milchmädchen von Saardam« verkleidet graziös über den gefrorenen See Walzer tanzten.

Die Veranstaltung ging im Theatersaal des Schlosses mit einer Aufführung des Singspiels *Aschenbrödel* von Niccolò Isouard weiter, samt den eigens für diesen Anlass geschriebenen Ballettvorführungen. Von Marie-Louise und ihrem Sohn hieß es, sie hätten schon am Vormittag das Schloss verlassen, da sie diese übertriebene Feier nicht miterleben wollten. Laut einem anderen Gerücht war Marie-Louise jedoch die ganze Zeit anwesend und schaute durch ein Guckloch zu. Jedenfalls schworen einige Teilnehmer der Schlittenpartie, dass sie ihren Sohn, den kleinen Prinzen, gesehen hätten, wie er auf seinem Schlitten den Hang beim Schloss hinabsauste. Die Feier endete in den Salons, die mit Orangenbäumen, Myrtensträuchern und anderen Pflanzen aus dem Gewächshaus des Kaisers dekoriert waren.

Es war ein außergewöhnliches Spektakel – mit Sicherheit die pompöseste Schlittenfahrt der Geschichte. Comte August de La Garde-Chambonas war wie immer höchst beeindruckt und kommentierte: »Es war in der Tat ein Gemälde, wie viele Jahrhunderte keine ähnlichen sahen, und welches, wie man meinte, dem unsrigen sich nicht zum zweiten Mal zeigen würde.« Sein Freund Comte de Witt stimmte zu, dass es ein »schönes, glänzendes, ausgezeichnetes Vergnügen« war. Er bemängelte lediglich, dass das Festkomitee auf dem Eis auch einen Eispalast hätte errichten können.

Nach dem »Freudenrausch« von Schönbrunn kehrten die Gäste in einer rasenden Schlittenfahrt bei Fackellicht und Glöckchengebimmel in die Stadtmitte zurück, um rechtzeitig zu einem weiteren Maskenball in der Hofburg einzutreffen. »Da fahren sie mit unsere 50 %, und wir müssen alles von Tag zu Tag teurer zahlen«, hörte man einen Wiener jammern. Er spielte damit auf eine Steuererhöhung zum Jahreswechsel um 50 Prozent an, mit der die Kosten des Kongresses gedeckt werden sollten. Viele sehnten inzwischen sein Ende herbei.

Mit einem Geheimabkommen, einem kooperativeren Zaren und neuen Mehrheitsverhältnissen im erweiterten Leitungsausschuss hatte es ganz den Anschein, als könnte der Kongress die dringendsten Angelegenheiten wirklich bald beenden. Allerdings war auf dem Wiener Kongress kaum etwas einfach oder unproblematisch.

Großbritannien, Österreich und Frankreich hatten sich einstimmig verpflichtet, gegen jede Aggression vorzugehen, doch das ließ einen beträchtlichen Spielraum bei der Interpretation, was im gegebenen Fall als Aggression galt und wie stark die Mächte intervenieren sollten. Talleyrand forderte natürlich eindringlich, dass sie sich unbeugsam zeigen und Preußen zwingen müssten, seine Forderungen zurückzunehmen, auch wenn das Krieg bedeutete. Sie hätten das Recht, die Gerechtigkeit und die öffentliche Meinung auf ihrer Seite, argumentierte Talleyrand, und bei einem Kräftemessen käme das übrige Europa bald hinzu.

Castlereagh war anderer Meinung. Er wollte Preußen nicht provozieren und hätte einen Kompromiss vorgezogen, der seiner Meinung nach einen stabileren Frieden für Großbritannien und Europa garantieren würde. In seinen Augen beanspruchte Preußen das Filetstück Sachsens mit der Stadt Leipzig und den wichtigen Festungen Erfurt und Torgau, und warum sollte man es ihm nicht geben? Warum einen Krieg wegen etwas riskieren, das in seinen Augen lediglich eine »Detailfrage« war? Die britische Regierung hatte ihm befohlen, das Königreich Sachsen zu erhalten, oder genauer »einen Kern Sachsens«. Daran wollte er sich halten, auch wenn dieser Kern, wenn es nach ihm ging, sehr klein wäre.

Metternich saß zwischen zwei Stühlen, tendierte mittlerweile allerdings zu Talleyrand. Die Streitigkeiten unter den heimlichen Verbündeten wurden immer erbitterter, und Castlereagh sah sich unter seinen Partnern erneut isoliert. Als am 24. Januar eine besonders hitzige Diskussion um das Ausmaß der preußischen Gebietsgewinne geführt wurde, ließ sich Castlereagh zu einer weiteren verzweifelten Geste hinreißen und sagte seinen Verbündeten, dass sie entweder seinen Vorschlag zu einem geschrumpften Sachsen akzeptieren müssten oder England auf der Stelle von der Friedenskonferenz abreisen werde.

Castlereagh bluffte keineswegs, wie weit hergeholt die Drohung auch klingen mochte. Er wurde von London stark unter Druck gesetzt und hatte soeben erfahren, dass er ohnehin in Kürze Wien verlassen müsse. Mit der britischen Politik auf dem Kongress hatte er sich überall unbeliebt gemacht, und die Opposition im eigenen Land – die Whigs – kritisierte ihn immer schärfer. Castlereagh musste nach London zurückkehren, um sich zu rechtfertigen. Nach seinen Informationen konnte eine entsprechende Anweisung der Regierung jeden Moment eintreffen.

In dem verzweifelten Bemühen, kurz vor der Abreise noch etwas zu erreichen, und da er kurz vor dem Durchbruch zu stehen glaubte, hatte Castlereagh sich selbst ins Abseits gestellt. Wenn er nur die Krise um Polen und Sachsen lösen konnte, würden sich viele andere komplizierte Verhandlungen höchstwahrscheinlich wie von selbst regeln. Er konnte sich nicht vorstellen, ohne ein konkretes Ergebnis nach London in ein feindselig gestimmtes Unterhaus zurückzukehren.

Während Castlereagh also panisch an einem diplomatischen Blitzsieg arbeitete und einmal mehr in der Allianz überstimmt wurde, war er zu einem weiteren Überraschungscoup bereit: Er überwand seinen Stolz und bat den russischen Zaren um Hilfe. Ob er nicht ein Wörtchen mit dem preußischen König reden und ihn überzeugen könne, einen Kompromiss zu akzeptieren. Ironie der Geschichte: Ausgerechnet der Koloss Russland, den Castlereagh am meisten fürchtete und dem er sich so vehement widersetzt hatte, war jetzt seine letzte Hoffnung.

In ihrem ein Jahr vor dem Kongress veröffentlichten Werk *De l'Allemagne* klagte Madame de Staël darüber, wie viel Zeit in den modischen Wiener Salons verschwendet werde:

> Es geht Zeit an dem Putztisch verloren; Zeit auf der Straße, ehe man aussteigen, Zeit auf dem Flure, ehe man einsteigen kann; bei Tische gehen drei gute Stunden verloren; und in so zahlreichen Zirkeln ist es geradezu unmöglich, etwas zu hören, was sich über gewöhnliche Unterhaltungsformeln erhöbe.

Der ganze Ablauf, der sich drei-, viermal oder noch öfter in der Woche wiederholen konnte, verschlang nicht nur Zeit, sondern brachte es auch mit sich, dass man in dieser ewigen Wiederkehr des Oberflächlichen fast verblödete. Der Salon sei, so mutmaßte Madame de Staël, »eine geschickte Erfindung der Mittelmäßigkeit, die Eigenschaften des Geistes niederzudrücken«.

Im Januar 1815 zählte auch Friedrich von Gentz zu den Leuten, die angeödet waren von dem Unsinn, den man gelegentlich in den Salons über sich ergehen lassen musste. Anfangs war er noch fasziniert gewesen: Es hatte ihm gefallen, sich inmitten lauter junger Menschen zu befinden, die »das Schicksal der Welt in Händen hielten«, wie es ihm vorkam. Später fragte er sich nur noch: »Großer Gott, wie bist du in diese Gesellschaft geraten?«

Nach vier Monaten Wiener Kongress hatte sein Enthusiasmus auch sonst ein wenig nachgelassen. Gentz war das ständige hohle Gerede über Frieden, Legitimität und Rechtsstaatlichkeit allmählich zuwider – für ihn ausnahmslos leere »Phrasen«. Der eigentliche Zweck der Friedenskonferenz sei es doch, die Beute aufzuteilen. Ernüchtert lachte Gentz über die Tragikomik dieser diplomatischen Farce: »Ich genieße das ganze Spektakel, als gäbe man es zu meinem Privatvergnügen.«

Nicht alle Salons waren lediglich glamouröse Zentren der Intrigen. Jeden Dienstagabend gab Fanny von Arnstein eine Soiree im ersten Stock ihres Hauses am Hohen Markt mit Blick auf die Stände der Fisch-, Krabben- und Geflügelverkäufer unter ihren Fenstern. Arnstein war eine 56-jährige Jüdin, die sich unter der Herrschaft Josephs II. in Wien niedergelassen hatte. Nach den Worten ihres Bekannten Karl August Varnhagen von Ense, eines Mitglieds der preußischen Delegation, hatte sie »eine hohe schlanke Gestalt, von Schönheit und Anmut strahlend«. Ihr Mann Nathan war Partner des bekannten Bankhauses

Arnstein & Eskeles, das während des Kongresses für mehrere Botschaften die Finanzgeschäfte regelte. Ihr Vater war der Bankier des früheren Königs von Preußen Friedrich Wilhelm II. gewesen.

Der Salon der Arnsteins galt unter den größeren als der intellektuell anspruchsvollste. An jedem Abend konnten die Gäste dem preußischen Botschafter Wilhelm von Humboldt, dem päpstlichen Legaten Kardinal Consalvi oder dem jungen Dichter Friedrich von Schlegel begegnen, der in romantischen Kreisen schon bald berühmt werden sollte und auch in der österreichischen Delegation eine kleine Rolle spielte. In diesen Salon kamen sogar berühmte Ärzte wie der dogmatische Verfechter des Magnetismus David Koreff und ein Vorkämpfer der Pockenimpfung namens Jean Carro, der damals wegen seines Sortiments an Parfümen und Puder als der »Schönheitsdoktor« bekannt war.

Carl Bertuch, der auf dem Kongress deutsche Verlage und Buchhändler repräsentierte, genoss vor allem die Konzerte im Salon Arnstein, zu denen immer eine reiche Auswahl an »Thee, dann Limonade, Mandelmilch, Eis und leichtes Backwerk« angeboten wurde. Eine weitere Attraktion war Fanny von Arnsteins Wachsfigurenkabinett. Eines Abends im Januar zeigte sie ihre Sammlung: Götter der Antike und der nordischen und ägyptischen Mythologie sowie Odysseus, Dädalus, die Königin der Nacht und die Vier Jahreszeiten. Die Beleuchtung war ausgezeichnet, und die Wachsfiguren wirkten verblüffend lebensecht. Doch gegen Ende des Abends bemerkten die Gäste irritiert, dass sich die Wachsfiguren auf einmal bewegten. Jetzt staunten alle über die Fähigkeiten der Schauspieler, die während des ganzen Abends als Wachsfiguren posiert hatten.

Zu den gelegentlichen Gästen im Salon zählte ein junger Legationssekretär der Abordnung aus Hessen-Kassel, der Volkskundler und Philologe Jacob Grimm. Der scharfe Kritiker der Diplomatie und der Salons, die er von seiner Wohnung bei der Karlskirche südlich des Stadtzentrums aus nächster Nähe erlebte, beschrieb den Wiener Kongress seinem Bruder als ein »Gewirr von Grobheiten und Welthöflichkeiten, Intrige, Verschlossenheit und Leichtsinn«, das bislang kaum etwas Brauchbares vorzuweisen habe.

In seiner Autobiografie schreibt Grimm, dass er in Wien wenig

»eigentlich Gutes und Rechts« getan und im Gegenteil viel Zeit verloren habe. Seine Arbeit in der Botschaft empfand er als frustrierend und todlangweilig, insbesondere das Abschreiben banaler Dokumente. Aber Grimm fand immerhin Gelegenheit, in Wien nach verlorenen Manuskripten zu suchen und seine Studien fortzusetzen. Er lernte Serbisch, fing mit Tschechisch an und machte sich mit dem reichen Erbe des ungarischen und böhmischen Volkstums vertraut. Er genoss die Mittwochabende mit einer Gruppe gleichgesinnter Schriftsteller, Intellektueller und Buchhändler in der Schenke »Zum Strobelkopf«, wo sie bei passablem Rostbraten und schlechtem Bier und Wein über alles sprachen.

Neben der Herausgabe der *Altspanischen Romanzen* und der Übersetzung der nordischen *Lieder der alten Edda* entdeckte Grimm ein frühes Manuskript des mittelalterlichen Epos *Nibelungenlied* (den »Hohenemser Kodex«), das von bisher bekannten Fassungen abwich. Außerdem weitete er seine Kontakte unter den Gelehrten aus und arbeitete an der Gründung einer internationalen Gesellschaft für Volkstumsforschung, die unter anderem Volkslieder, Legenden, Sprichwörter, Witze, Spiele, abergläubische Überzeugungen, Redewendungen, Bräuche, Kinderreime, Spukgeschichten und, wie er sagte, »Ammen- und Kindermärchen von Riesen, Zwergen, Ungeheuern, verwünschten und erlösten Königskindern, Teufeln, Schätzen und Wünscheldingern« sammeln sollte. Trotz der vielen Arbeitsstunden im Büro legte Grimm den Grundstein für außerordentlich produktive Jahre der Forschung, die auf seinen Aufenthalt in Wien folgen sollten.

Seit Monaten hatte Napoleon auf Elba nichts von seiner Frau und seinem Sohn gehört und fürchtete allmählich, dass sie gegen ihren Willen festgehalten würden. Er hatte auch den Verdacht, dass nur wenige Briefe von ihm sie wirklich in Wien erreichten. Obwohl er mehrere Kopien mit verschiedenen Kurieren verschickte und die Umschläge mit falschen Namen versah, scheiterten alle seine Bemühungen, die Polizeispitzel auszutricksen.

Anfangs führte Napoleon den grausamen Abbruch jeglicher Kommunikation auf die anonyme österreichische Bürokratie zurück. Mit der Zeit gab er jedoch seinem Schwiegervater Kaiser Franz und dem österreichischen Außenminister Metternich die Schuld. Tatsächlich bestätigte Marie-Louises Sekretär Méneval schon bald, dass es ihr nicht länger freistehe, Napoleons Briefe zu empfangen oder ihm zu schreiben.

In der Zwischenzeit waren andere Familienangehörige auf Elba eingetroffen. Seine Mutter Maria Letizia war im Frühherbst an Bord der *Grasshopper* gekommen und hatte auf die Inselbewohner sofort großen Eindruck gemacht. »Ich habe erlebt, wie gestandene Personen von ihr mehr eingeschüchtert waren als vom Kaiser«, sagte jemand über die 64-jährige korsische Matrone. Napoleon und seine Mutter spielten häufig Karten und Domino, wobei Napoleon wie immer schummelte.

Napoleons Lieblingsschwester, die 34-jährige Pauline, kam ebenfalls wie versprochen nach Elba. Ihr eilte der Ruf als »die wilde« Bonaparte voraus, die schon zweimal nackt oder halb nackt für den Bildhauer Canova Modell gestanden hatte. Eine Skulptur, die sich inzwischen in der Galleria Borghese befindet, stellt sie als die Göttin Venus dar, wie sie auf einer Chaiselongue liegt. Durch einen Mechanismus im Sockel drehte sich die Skulptur von selbst, um ihre ganze Schönheit aus allen Blickwinkeln zu enthüllen. Canova trug außerdem eine dünne Wachsschicht auf, die den Marmor, bei Kerzenlicht betrachtet, wie lebendig schimmern ließ. Pauline würde die Festlichkeiten bei Hofe mit Sicherheit beleben, vom Gesellschaftsleben der Insel ganz zu schweigen.

Immer häufiger kamen Besucher in Napoleons kleines Reich. Eines Tages im September kursierten Gerüchte, dass Marie-Louise und der kleine Prinz auf Elba eingetroffen wären. Nachts seien sie angeblich in einem abgelegenen Olivenhain bei San Giovanni an Land gegangen. Augenzeugen wollten sie gesehen haben, wie sie mit dem Kaiser zu einer Einsiedelei in den Bergen, Madonna del Monte, auf dem westlichen Teil der Insel gefahren seien. Ein kleiner Junge habe Napoleon angeblich »Papa Kaiser« genannt.

Was die neugierigen Elbaner gesehen hatten, war jedoch nicht die Ankunft Marie-Louises und des ehemaligen Königs von Rom, sondern in Wirklichkeit die von Napoleons polnischer Mätresse Maria Walewska und seines unehelichen Sohnes Alexandre. Kein Wunder, dass die Gerüchteküche brodelte: Die beiden Frauen waren in etwa gleich alt (Maria Walewska nur zwei Jahre älter) und sahen sich aus der Ferne auch ähnlich; Alexandre war ungefähr ein Jahr älter als der ehemalige König von Rom.

Napoleon und Maria Walewska hatten sich vor sieben Jahren kennengelernt, als der Kaiser durch Warschau kam und ein Auge auf die junge Polin warf. Sie war damals achtzehn und frisch verheiratet. Ihr Ehemann, ein alter Patriot, ermunterte sie, Napoleons Interesse zum Vorteil eines unabhängigen Polens zu nutzen, und widerwillig hatte sie sich dazu bereit erklärt. Seither hatten sie mit Unterbrechungen die Affäre fortgeführt, und nach Napoleons Abdankung hatte Walewska angeboten, zu ihm auf Elba zu kommen. Er hatte abgelehnt, weil er zu diesem Zeitpunkt noch davon ausging, dass Marie-Louise kommen würde. Die Historiker haben lange vermutet, dass ihre Reise nicht allein einen romantischen oder familiären Hintergrund hatte, sondern dass sie heimlich Botschaften zwischen Napoleon und Murat in Neapel überbrachte, allerdings ist bislang kein stichhaltiger Beweis für diese These aufgetaucht. Auf jeden Fall war es nur ein kurzer Wochenendbesuch.

Napoleon hatte alle Hände voll zu tun: Straßen bauen, einen Plan für eine Feuerwehr ausarbeiten und sogar einen Brennofen für Ziegel anfertigen – für künftige Bauten auf der Insel. Er plante eine neue Müllentsorgung, um den Abfall zu entfernen, der auf den Straßen verrottete, und um einige tückische Krankheiten wie Typhus zu bekämpfen, die auf der Insel grassierten. Darüber hinaus plante Napoleon eine Reihe von Aquädukten, die frisches Wasser in die Hauptstadt bringen sollten, und das Anpflanzen von Maulbeerbäumen entlang der Straße zum Nachbardorf San Martino. Langfristig hoffte er, dass sie genügend Raupen hervorbrachten, um eine neue Seidenindustrie aufzubauen. Eichen, Nadelbäume und Olivenbäume wurden gepflanzt sowie Kastanien, um die Erosion an den Berghängen zu stoppen. Napoleon betätigte sich sogar als Landschaftsplaner entlang der Hauptstraße Portoferraios und bemühte sich, auf Elba ein Äquivalent für die prachtvollen Champs-Élysées zu schaffen.

Tatsächlich herrschte Napoleon über seine 27 Kilometer lange Insel mit der gleichen Tatkraft und Autorität, mit der er einst auch Europa regiert hatte. Seit seiner Ankunft verfügte er über kampfbereite Truppen und führte täglich Manöver durch. Einmal, gleich im Mai, zog er gut 40 Soldaten zusammen und landete mit ihnen auf der Nachbarinsel. Die 15 Seemeilen südwestlich liegende Insel Pianosa war damit erobert und wurde in Napoleons Inselreich Elba eingegliedert.

Bei dieser »Eroberung« handelte es sich zugegeben nur um eine kleine verlassene Insel, bis auf ein paar wilde Ziegen, die zwischen römischen Ruinen herumsprangen. Die Insel war für eine Besiedelung zu gefährlich: Sie verfügte im Gegensatz zu Elba über keinen natürlichen Schutz und konnte leicht überfallen werden. Der Name war gut gewählt: Pianosa heißt so viel wie »flaches Land«.

Allerdings hatte sie fruchtbaren Boden. Napoleon hatte die Absicht, eine Kolonie zu gründen, um Elba mit Getreide zu versorgen. Außerdem plante Napoleon auf Pianosa ein Jagdrevier, ein Gestüt für die Pferdezucht und ein Erholungsheim für Veteranen, die dem Staat treu gedient hatten. Loyale Elbaner waren bereits mit dem von ihm geplanten Ausbau der Insel beauftragt worden.

Pianosa hatte noch einen weiteren Vorteil, der häufig übersehen wird. Im Gegensatz zu Elbas Hafen Portoferraio, der in einer Bucht lag und leicht zur Falle werden konnte, lag Pianosas Landungsstelle zum offenen Meer hin. Sollte sich Napoleon jemals bedroht fühlen oder Elba heimlich verlassen wollen, konnte er auf diese Insel flüchten und von dort aus Segel setzen, ohne dass jemand genau sagen konnte, wohin die Reise ging.

*Kapitel 23*

# »Abstoßender und verbrecherischer Raubhandel mit Menschenfleisch«

*Es ist nicht die Aufgabe Englands, Trophäen zu sammeln, sondern in Europa wieder friedliche Sitten einzuführen.*

Castlereagh

Anfang Februar war die Karnevalssaison in Wien in vollem Gange. Jeden Abend fand irgendwo in der Stadt ein Bankett, Ball, Konzert, eine Theatervorstellung oder eine andere Form der Vergnügung statt, die sich das Festkomitee oder eine Botschaft ausgedacht hatte. Die Würdenträger des Kongresses zogen im Dienst der Diplomatie von Feier zu Feier und von Salon zu Salon. Größere Anlässe wurden immer später in den Abend verlegt, damit jeder so viele Veranstaltungen wie möglich wahrnehmen konnte, und nur selten endete eine Feier vor Sonnenaufgang. Es kam einem vor wie »sechs Wochen in einem brodelnden Kessel«.

Das Wetter besserte sich – und mit ihm die Stimmung. »Prächtiges Wetter, Frühjahrstemperaturen«, kritzelte Gentz an jenem Februar in sein Tagebuch, »schönste Sonne der Welt; ein Winter, wie ich ihn nie sah.« Als sich die Delegierten von ihren Pelzen und langen polnischen Mänteln verabschiedeten, zeigten sich die Flaneure wieder am Graben, auf dem Prater und den Basteien – man könne sich »schwerlich eine Idee von dem Gedränge der Neugierigen machen, welche die öffentlichen Plätze, Wälle und Promenaden bedeckten«.

Im Salon der Fürstin Bagration waren der Zar und Gräfin Flora Wrbna-Kageneck in eine Diskussion vertieft, die sich mehr oder weniger um die Frage drehte, wer sich schneller anziehen könne: Männer oder Frauen. Der Zar behauptete, Männer seien schneller, die Gräfin war anderer Meinung. Es gab nur eine Möglichkeit, das herauszufinden. Also fand einige Tage später im schicken Salon der Gräfin Zichy ein Ankleideduell statt. Der Zar und die Gräfin kamen in schlichter Aufmachung, um zu beweisen, dass sie nicht tricksten oder schummelten. Nach dem vereinbarten Signal begaben sich die beiden für das Wettanziehen in ein separates Ankleidezimmer oder traten hinter eine spanische Wand – die Augenzeugen sind sich hier nicht einig.

Wenige Minuten später erschien der Zar in seiner vollen Galauniform, auf der zahlreiche Orden und Auszeichnungen prangten. Man hörte es kichern, der Zar sah sich im Zimmer um und erblickte die Gräfin, die bereits dastand und wie eine Erscheinung aus dem Ancien Régime aussah. Sie hatte weder Puder, Rouge, Parfüm, Bouquets, Schönheitsflecken noch sonst etwas vergessen. Die Gräfin hatte eindeutig den Wettkampf gewonnen.

»Wie das alles geistreich und amüsant ist!«, kommentierte Humboldt sarkastisch, empört darüber, wie tief der Kongress gefallen sei. Es war nicht das erste Mal, dass er sich über »diese Gesellschaften« beklagte; er hatte sie gründlich satt.

Mitten im buntesten Karnevalstreiben erreichte Wien die Neuigkeit, dass einer der damals populärsten Staatsmänner zu Castlereaghs Nachfolger auf dem Kongress ausersehen wurde: der Duke of Wellington, der berühmte General, der seinem Land beim Spanienfeldzug zu einer ganzen Reihe von Siegen verholfen hatte – und das ohne eine einzige Niederlage im ganzen Krieg. Die Wiener Gesellschaft war begeistert.

Wellington war wie Castlereagh ein konservativer Tory, der maßgeblichen Anteil am Sieg über Napoleon gehabt hatte. Nach dem Krieg war er zum britischen Botschafter in Frankreich ernannt worden – auf den ersten Blick nicht gerade eine taktvolle Entscheidung. Auf jeden Fall wusste Wellington über alles Bescheid. Die britischen Depeschen zwischen London und Wien waren über sein Büro in Paris weitergeleitet worden, das ehemalige Haus von Napoleons Schwester

Pauline. Wellington hatte es gekauft und zur britischen Botschaft gemacht, und das ist es bis heute geblieben.

Der erst neun Monate zuvor zum Duke ernannte Wellington hieß ursprünglich Arthur Wesley und war der dritte Sohn und das vierte überlebende Kind einer großen Grundbesitzerfamilie, die der sogenannten »(Anglo-Saxon) Protestant Ascendency« Irlands angehörte; so wurde die landbesitzende anglikanisch-protestantische Oberschicht Irlands seit dem 18. Jahrhundert bezeichnet. Sein Vater Garret Wesley, 1. Earl of Mornington, war Musikprofessor am Trinity College in Dublin. Wie der als Napoleone Bonaparte geborene Napoleon ließ auch Arthur seinen Namen ändern und wählte die ältere Form »Wellesley«, die jahrhundertelang der Familienname gewesen war. Der Herzog spielte seine Herkunft stets herunter. In Irland geboren zu sein, sagte er einmal, mache einen ebenso wenig zum Iren, wie die Geburt in einem Stall bedeute, dass man ein Pferd sei.

Er war groß, schlank und breitschultrig und hatte kastanienbraunes Haar und blaue Augen. Wenn Wellington in seiner scharlachroten Feldmarschallsuniform mit dem goldbestickten Samtkragen und der ganzen Palette von Auszeichnungen erschien, sah er aus wie der »Eiserne Herzog«, als der er später galt (der Spitzname tauchte erst in den 1820er-Jahren auf, als er ein neues schmiedeeisernes Geländer vor seinem Haus in London anbrachte). Was zu diesem Bild allerdings nicht passte, war sein Lachen. Wellington gab beim Lachen ein leicht hysterisches Gewieher von sich, wie ein »Pferd mit Keuchhusten«.

Als Kind war Wellington still und introvertiert gewesen und hatte ausgezeichnet Geige gespielt. Er war nach mittelmäßigem Abschneiden beim Studium zum Militär gekommen, und nachdem er Soldat geworden war, zerschlug er seine Geige im Jahr 1793 und spielte nie wieder. Beim Militär machte er rasch Karriere. Er diente acht Jahre in Indien, bevor der Spanienfeldzug ihm sein hohes Ansehen verschaffte. Wellington hatte bei Salamanca und Vitoria große Siege errungen und im Jahr 1814 Napoleons Armee aus Spanien vertrieben.

Der hochdekorierte General war sehr selbstbewusst – oder eher: selbst*gefällig* – und konnte auch richtig unverschämt, frostig und hochnäsig sein. Kaum jemand kam auf die Idee, dass er ein heimlicher Philosoph war. Als ihn jemand nach seiner Meinung fragte, ob die

Menschheit die Umwelt schaffe oder umgekehrt, erwiderte Wellington: »Es würde ein Buch füllen, um Ihre Frage zu beantworten, und ich muss jetzt gehen und meine verdreckten Stiefel ausziehen.« Anderen fiel auf, dass Wellington auch nicht gerade ein großer Freund des Small Talks war. Er war ein »gestrenger Meister der Einsilbigkeit«.

Die Wiener Salons wetteiferten sofort um die Ehre, den berühmten Mann in der Stadt als Gast zu begrüßen. Dass sie sich so auf ihn stürzten, war nicht zuletzt darauf zurückzuführen, dass seine Ankunft endlich »etwas Neues« brachte. Mit der berühmten und allseits beliebten Opernsängerin Giuseppina Grassini an seiner Seite ging der Duke als der »Welteroberer« in die Wiener Gesellschaft ein.

Talleyrand wurde die Ehre zuteil, am Samstagabend, dem 4. Februar, ein Einführungsessen im Palais Kaunitz zu geben. 60 Gäste genossen die köstlichen Speisen des Chefkochs, untermalt von der Musik Neukomms. Die meisten führenden Persönlichkeiten des Kongresses waren gekommen; in einem Salon der Botschaft, der mit weißen Nelken und Azaleen dekoriert war, machten die illustren Gäste dem Duke of Wellington ihre Aufwartung und würdigten damit letztlich auch den Gastgeber Talleyrand und sein Land Frankreich.

Es folgte eine ganze Reihe von Veranstaltungen zu Ehren des neuen Oberhaupts der britischen Delegation. Metternich gab am nächsten Tag für ihn ein Diner und anschließend einen Ball mit mehreren Hundert Gästen. Castlereagh lud ihn natürlich zu einem Empfang ein, noch am selben Abend fand danach eine weitere Soiree in einem Salon der reichen Bankiersfamilie Herz statt. »Da bei jenen Geldmännern«, stellte ein Adliger pikiert fest, »sich jetzt alle Großen der Erde zusammenfinden, so war es kein Wunder, bei dieser Gelegenheit die ganze hohe Diplomatie vereinigt zu sehen.«

Nachdem sich sein Nachfolger bereits in der Stadt aufhielt, waren Castlereaghs Tage dort gezählt. Noch vor wenigen Monaten hatte er es kaum erwarten können, Wien zu verlassen. Jetzt, wo sich an mehreren diplomatischen Fronten erste Fortschritte abzeichneten, hätte er die Verhandlungen gerne selbst zu Ende geführt. Doch dann bekam er die Anweisung aus London, nach England zurückzukehren. Castlereagh machte sich bereit, die Akten seinem berühmten Nachfolger zu übergeben, aber er zögerte den Moment so lange wie möglich hinaus.

Eine Sache wollte Castlereagh unbedingt noch vor seiner Rückkehr nach London ansprechen: die schreckliche Praxis der Sklaverei in Afrika. Zum Entsetzen einer wachsenden Zahl an Reformern wurde ein ganzer Industriezweig mit dem Menschenhandel aufgebaut.

Die Bedingungen waren in jeder Phase des Geschäfts grausam: Menschen wurden gefangen genommen, in Ketten gelegt, zusammen in ein Joch gespannt und mussten so einen lebensgefährlichen Gewaltmarsch zur Küste bewältigen. Wenn die Gefangenen diese Tortur – unter anderem die extreme Hitze am Tag und die Kälte bei Nacht – überlebt hatten, wurden sie zu einer Schreckensfahrt übers Meer auf Sklavenschiffe verladen und unter Deck in finstere Löcher gepfercht, ohne ausreichend Wasser, Luft oder Raum. Die scharfen Eisen schnitten in die Haut ein, und die Ausdünstungen nahmen allen den Atem – der Gestank war so stark, dass er sich im porösen Holz des Schiffes festsetzte. Geschrei und Gestöhn machten das Ganze zu einem schier unvorstellbaren Horrorszenario.

Sobald die Überlebenden – häufig nur etwa zwei Drittel der ursprünglichen Zahl – in der Neuen Welt ankamen, ob es nun die Vereinigten Staaten waren oder Brasilien, die Karibik oder anderswo, arbeiteten die meisten für den Rest ihres Lebens als Sklaven auf großen Tabak-, Reis-, Kaffee-, Baumwoll- und den besonders problematischen Zuckerrohrplantagen. Sie waren für alle Zeit ihrem Herrn auf Gedeih und Verderb ausgeliefert.

Viele Reformer hatten gehofft, der Wiener Kongress würde diese Praxis ganz abschaffen, und Castlereagh zählte zu den Delegierten, die eindringlich Taten forderten. Das Problem war, dass er es mit vielen Interessengruppen zu tun hatte, die von der Sklaverei profitierten und sich gegen jegliche Einschränkung für ihr einträgliches Geschäft wehrten. Ganze Vermögen und Industrien wurden auf dem Menschenhandel – auf Englisch damals »the Trade« – aufgebaut, und ein Verbot war nicht ohne Weiteres durchzusetzen.

Schiffskapitäne, Plantagenbesitzer und andere Nutznießer der Sklaverei hatten bereits unzählige Argumente vorgebracht, weshalb man es ihnen gestatten sollte, weiterzumachen wie bisher. Die Einkommen würden sinken, die Steuereinnahmen zurückgehen, ja sogar die ganze britische Wirtschaft zusammenbrechen, prophezeiten manche.

Ein Händler erklärte in Panik, dass ein Verbot des Sklavenhandels die Londoner City zu einem Schauplatz des Bankrotts und Ruins machen würde.

Andere wiesen darauf hin, dass sich die Sklaven, wenn man sie befreite, wahrscheinlich erheben, ihre ehemaligen Herren ermorden und am Ende die ganzen British West Indies in Brand stecken würden. Die aktuellen Unruhen auf Jamaika und Haiti dienten als mahnendes Beispiel, und sogenannte Pragmatiker drängten die eifrigen Reformer, in dieser Angelegenheit behutsam vorzugehen.

Schon im Dezember hatte Talleyrand vorgeschlagen, dass die Großmächte einen Ausschuss gründen sollten, der sich näher mit der Frage des Sklavenhandels befassen sollte, doch der Antrag war nach Protesten Spaniens und Portugals fallen gelassen worden. Mitte Januar forderte Castlereagh erneut die Bildung einer Kommission, und dieses Mal berief der Ausschuss der Acht ein Gremium. Gegner wie Befürworter des Sklavenhandels waren bei den regelmäßigen Sitzungen vertreten, auch wenn es Castlereagh manchmal so vorkam, als wäre er der einzige echte Fürsprecher der Abschaffung.

Allen voran stellte sich dieser Kommission zum Sklavenhandel das Problem der Durchsetzung. Wenn der Wiener Kongress die Sklaverei abschaffte, wie sollten die Mächte dafür sorgen, dass das Verbot auch eingehalten wurde? Was sollte abtrünnige Kapitäne daran hindern, Sklaven zu schmuggeln, oder andere Nationen von dem Versuch abhalten, die große Nachfrage weiterhin zu decken? Die britische Antwort – die Royal Navy – überzeugte die Gesprächspartner nicht gerade.

Nach Castlereaghs Plan sollten Marineoffiziere die Aufgabe übernehmen, verdächtige Schiffe nach Übeltätern zu durchsuchen, eine außerordentlich heikle Angelegenheit, wenn man bedachte, welchen Unmut diese Praxis schon lange Zeit verursacht hatte. Großbritannien war die unumstrittene Herrscherin über die Meere, und die Gegner des Plans versuchten, Castlereaghs Landsleute als arrogante Insulaner hinzustellen, die nur ihre Dominanz weiter ausbauen wollten. Ob es den Briten nicht in Wahrheit um das Recht gehe, an Bord *jedes beliebigen* Handelsschiffes zu gehen und es zu durchsuchen, fragten manche, und ob es nicht schändlich sei, wie sie diese Ambitionen unter dem idealistisch verbrämten Vorwand der Abschaffung der Sklaverei versteckten.

Ferner brachten die Gegner einer Beschränkung des Sklavenhandels das Argument vor, dass Großbritannien ja in seinen Kolonien bereits gut mit Sklaven versorgt sei und das Verbot nur durchsetzen wolle, um die Kontrolle über den lukrativen Kolonialhandel nicht zu verlieren. Der Abschaffung der Sklaverei zuzustimmen hieße somit, sich für immer mit einer Benachteiligung gegenüber den Briten abzufinden.

Während die britische Delegation versuchte, den Widerstand zu überwinden, wurde sie permanent von der Regierung im eigenen Land unter Druck gesetzt, die Angelegenheit voranzutreiben. In ganz Großbritannien wurden Reden gehalten, Petitionen unterzeichnet und unzählige Briefe geschrieben – sie forderten allesamt, diese Gräuel zu beenden, und drängten die britische Regierung, sich in Wien durchzusetzen. In Castlereaghs Augen schränkten alle diese Bemühungen, so gut gemeint sie waren, seine Aussicht auf Erfolg eher ein.

Es sprach sich herum, dass England in dieser Frage unbedingt etwas erreichen wollte, und Castlereagh sah sich gezwungen, um jedes noch so kleine Zugeständnis zu feilschen. Manche Staaten ließen durchblicken, dass sie bereit wären, ihn zu unterstützen – allerdings nicht ohne Gegenleistung. Auch Talleyrand war gegen diese Versuchung keineswegs immun. Castlereagh bot Frankreich die schöne Insel Trinidad im Gegenzug für seine Unterstützung an, aber Talleyrand ließ sich Zeit mit der Antwort, und als er dann etwa einen Monat später endlich reagierte, lehnte er ab. Der französische Minister machte aber deutlich, was er wirklich wollte: die Unterstützung bei der Wiedereinsetzung der Bourbonen in Neapel. Castlereagh willigte am Ende ein.

Für Castlereagh war es frustrierend und ermüdend, den anderen Mächten Zugeständnisse abzuringen, und nach seinen bisherigen Erfahrungen zog Castlereagh ernsthaft in Betracht, andere Taktiken anzuwenden. Falls die Wiener Friedensstifter nicht bereit wären, bei einem Verbot des Sklavenhandels mitzumachen, könnte er eventuell Wirtschaftssanktionen verhängen – das wären dann vermutlich die ersten aller Friedenszeiten. Er drohte tatsächlich als letztes Druckmittel mit einem Embargo gegen die überaus lukrativen Kolonialwaren aus jedem Land, das an dieser »unmoralischen und verderblichen« Praxis festhielt.

Aber solange er noch hoffte, einen derart drastischen Schritt vermeiden zu können, der im Übrigen sehr wahrscheinlich eine Kette eskalierender Vergeltungsmaßnahmen auslösen würde, blieb Castlereagh bei der Diplomatie und machte ein Zugeständnis nach dem anderen. Die Länder in Südeuropa waren am schwersten zu überzeugen. Portugal willigte am Ende ein, in acht Jahren den Handel einzustellen, aber nur gegen die Zahlung von 300 000 Pfund. Auch Spanien signalisierte Verhandlungsbereitschaft, allerdings zu einem merkwürdigen Preis. Als Gegenleistung für das Verbot des Sklavenhandels forderten spanische Diplomaten Louisiana.

Nach Ansicht der Spanier war der Kauf Louisianas durch die Vereinigten Staaten im Jahr 1803 illegal. Präsident Thomas Jefferson hatte das riesige Gebiet, das heute 64 »Parishes« (entspricht den Countys in den anderen US-Bundesstaaten) umfasst, von Napoleon erworben und damit auf einen Schlag die Größe der Vereinigten Staaten mehr als verdoppelt. Doch Napoleon sei damals eigentlich gar nicht berechtigt gewesen, das Territorium zu verkaufen, argumentierte Spanien. Er habe drei Jahre zuvor Spanien gezwungen, Louisiana an ihn abzutreten. Und dabei habe Napoleon versprochen, sich niemals von dem Gebiet zu trennen, ohne vorher Spanien die Chance zu geben, es zurückzukaufen. Daran habe er sich nicht gehalten. Folglich sollte der Wiener Kongress dieses Unrecht korrigieren, verlangten die spanischen Juristen.

Mit anderen Worten: Spanien vertrat die Auffassung, dass mehr als die Hälfte des Gebiets der Vereinigten Staaten auf inkorrekte, wenn nicht illegale Weise in deren Besitz gelangt sei. Wenn Großbritannien Spanien helfe, das ihm rechtmäßig zustehende Territorium zurückzuerhalten, werde es im Gegenzug den Sklavenhandel verbieten.

Solche Herausforderungen musste Castlereagh in seinem Kampf gegen den »abstoßenden und verbrecherischen Raubhandel mit Menschenfleisch« bewältigen. Wie stichhaltig Spaniens Argumente auch sein mochten – und die spanischen Rechtsberater behaupteten natürlich, dass sie das Recht auf ihrer Seite hätten –, so war dieser Vorschlag zum damaligen Zeitpunkt nicht sehr realistisch. Großbritannien hatte erst vor wenigen Wochen einen Krieg gegen die Vereinigten Staaten beendet und hatte jetzt nicht vor, einen neuen anzufangen, schon gar nicht um Louisiana. Castlereagh lehnte den spanischen Vorschlag höflich ab und bot stattdessen die ansehnliche Summe von 400 000 Pfund an. Spanien akzeptierte.

Am 8. Februar 1815, wenige Tage vor seiner erwarteten Abreise, konnte Castlereagh endlich einen gewissen Erfolg verbuchen. Frankreich, Portugal, Spanien und andere hatten sich angeschlossen, und die Großmächte gaben eine gemeinsame Erklärung ab, in der sie die Praxis des Sklavenhandels als Verstoß gegen die Grundsätze der Menschlichkeit und allgemeinen Sittlichkeit (»morale universelle«) bezeichneten. Darüber hinaus waren sie sich einig, wie wichtig es sei, einer Geißel ein Ende zu setzen, die schon so lange »Afrika verwüstet, Europa entwürdigt und die Menschheit bedrückt« habe. Der Sklavenhandel sollte so schnell wie möglich abgeschafft werden; Frankreich versprach, dies in fünf Jahren zu tun, Spanien und Portugal einigten sich auf acht Jahre. Das war zwar ein recht zögerlicher Entschluss und streng genommen noch keine Abschaffung der Sklaverei oder des Menschenhandels. Aber es war ein Anfang, und zum ersten Mal in der Geschichte waren die Menschenrechte zum Thema einer Friedenskonferenz gemacht worden.

*Kapitel 24*

# Bevor der Kuchen verteilt ist

*Alles ist vorbei oder fast vorbei. Alle Wolken haben sich verzogen. Europa verdankt den glücklichen Ausgang der Verhandlungen der Abreise von Lord Castlereagh.*

Aus einem Anfang 1815 auf einem Ball belauschten Gespräch

Die Ankunft des Duke of Wellington hatte sich nicht nur auf die diplomatischen und gesellschaftlichen Aktivitäten in Wien positiv wie negativ ausgewirkt, sondern wurde auch für den Maler Jean-Baptiste Isabey, der den Kongress auf der Leinwand festhalten wollte, zu einer Herausforderung. Er arbeitete schon einige Zeit an einem Sammelporträt und hatte endlich einen Weg gefunden, alle wichtigen Persönlichkeiten, darunter viele Mäzene, auf einem einzigen Bild zu vereinen, ohne nationale oder individuelle Empfindlichkeiten zu verletzen.

Das Gemälde, das die Delegierten in einem Konferenzraum zeigt, war ein Kompromiss ganz im Geiste der Wiener Diplomatie. Metternich, der Präsident des Kongresses, als Einziger der im Vordergrund Abgebildeten stehend, zieht zunächst den Blick auf sich. Castlereagh jedoch beherrscht in Sitzposition mit elegant übereinandergeschlagenen Beinen und lässig an die Tischkante gestütztem Ellenbogen die Bildmitte. Das Licht aus dem Fenster wiederum fällt ganz rechts auf Talleyrand, der mit dem Galadegen auf der anderen Seite des Tisches sitzt. Dass sich zu seiner Rechten und seiner Linken jeweils ein leerer Stuhl befindet, hebt ihn zusätzlich heraus, ebenso der Umstand, dass die Männer in seiner Nähe den Blick auf ihn gerichtet haben – wie die vielen kleineren Mächte, die in den Monaten zuvor seine Unterstützung gesucht hatten.

Als Isabey seiner Komposition gerade den letzten Schliff gab, musste er sich etwas einfallen lassen, wie er damit umgehen sollte, dass Wellington nun ebenfalls in der Stadt weilte. Noch einmal von vorn zu beginnen kam nicht infrage. Aber einen Mann von der Bedeutung Wellingtons wegzulassen war auch nicht möglich. Doch es war gar nicht einfach, ihn in ein Bild zu integrieren, auf dem die besten Plätze schon vergeben waren. Die Lösung des Malers war einfach und elegant: Warum sollte das Gemälde nicht der Ankunft des Herzogs in Wien gedenken?

Auf diese Weise konnte Wellington ganz links im Vordergrund eingefügt werden, ohne dass er durch eine Missachtung seiner Stellung beleidigt worden wäre. Die Abneigung des Herzogs, im Profil dargestellt zu werden (er genierte sich wegen seiner Nase), konnte Isabey durch ein gezieltes Kompliment überwinden: Ob er nicht auch finde, dass er dem gut aussehenden und galanten Heinrich IV. ähnelte. Erfreut über diesen Vergleich war Wellington mit Isabeys Vorschlag einverstanden und scherzte, Isabey wäre diplomatisch genug, um selbst am Kongress teilzunehmen.

Bei Humboldt musste der Maler allerdings sein ganzes diplomatisches Geschick einsetzen, damit dieser überhaupt sein Atelier betrat. Der preußische Botschafter hasste es, sich porträtieren zu lassen, und lehnte prompt zunächst ab, weil sein Gesicht zu hässlich sei, um auch nur einen Pfennig für ein Porträt auszugeben. Isabey witterte seine Chance und erklärte: »Aber ich denke ja gar nicht daran, mich für sehr angenehme Mühe, die ich mir nehmen werde, irgendwie bezahlen zu lassen; gewähren Sie mir nur gütigst einige Sitzungen.« »Nichts weiter als das?«, fragte Humboldt. Er war schnell überredet, als er erkannte, dass ihn das Porträt nichts kosten würde, und versprach: »Ich werde Ihnen sitzen, so oft und so lange sie wünschen.«

Später gratulierten viele Isabey zu seinem Bild und insbesondere zu dem Porträt Humboldts, der sehr gut getroffen war. Humboldts Kommentar dazu: »Ich [...] habe für mein Porträt nichts bezahlt. Isabey hat sich dafür zu rächen gewusst. Er hat mich ähnlich gemacht.«

Aber eigentlich konnte sich keiner über die Behandlung beklagen, die er durch Isabeys schmeichlerischen Pinsel erfuhr. Das berühmte Gemälde des Wiener Kongresses gefiel allen, obwohl die Szene rein imaginär war. Bezeichnenderweise – denn die Gruppe der 23 Delegierten hatte sich nie in dieser Zusammensetzung getroffen. Isabey hatte zunächst jeden Einzelnen porträtiert und später die ganze Gruppe zusammengesetzt. Die simulierte Szene wurde zum Symbol für einen Kongress, den es so nie gab.

In den folgenden Wochen arbeiteten die Gesandten der Großmächte hart, um die Verhandlungen zu einem guten Abschluss zu bringen, und mit ihren Anstrengungen bewiesen sie, wie irreführend die Behauptung war, der Kongress würde nur tanzen. Natürlich tanzte er, aber er leistete auch ein enormes Arbeitspensum. In dem Versuch, bis Anfang Februar eine Übereinkunft zu erreichen, arbeitete Castlereagh »Tag und Nacht«. Der preußische Vertreter Hardenberg arbeitete bis zur Erschöpfung. Er sank oft auf seinem Stuhl zusammen oder schlief am Schreibtisch ein, und manchmal brach er in Tränen aus. Auch Metternich hatte das Gefühl, wie ein Sträfling an den Schreibtisch gekettet zu sein. Dasselbe galt natürlich auch für die Mitarbeiter aller Delegationen.

Im Februar hatten sich die Großmächte endlich über Polen geeinigt: Es sollte ein Königreich gegründet werden. Sein Territorium würde hauptsächlich aus dem früheren Herzogtum Warschau bestehen, während Österreich Galizien, Preußen Posen sowie Danzig und Russland den größten Teil des ostpolnischen Territoriums behielt. Krakau sollte als »freie, unabhängige und streng neutrale Stadt« nicht zum neuen Königreich gehören. Das neue Polen war viel kleiner, als der Zar versprochen hatte (es hatte statt zehn oder elf nur 3,2 Millionen Einwohner). Außerdem blieb es durch seine Verfassung »unwiderruflich« an Russland gebunden, und sein König würde Zar Alexander sein. Über diesen Kompromiss waren viele unglücklich, aber durchaus nicht alle, und viele polnische Patrioten waren inzwischen nur noch desillusioniert.

Am 11. Februar, drei Tage nach der Verurteilung des Sklavenhandels, wurden auch in Bezug auf Sachsen endlich konkrete Ergebnisse erzielt. Trotz all der Ansprüche, die Preußen in den Monaten zuvor erhoben hatte, konnte das Königreich gerettet werden. Friedrich August blieb König und Dresden die Hauptstadt. Sogar die aufstrebende Stadt Leipzig und etwa drei Fünftel seines Staatsgebiets durfte Sachsen behalten, darunter auch die Gebiete im Osten und Süden, die am reichsten und am dichtesten besiedelt waren.

Preußen musste sich mit den restlichen zwei Fünfteln des sächsischen Territoriums und einem Drittel seiner Bevölkerung begnügen, also mit weit weniger als dem gesamten Königreich, das ihm noch wenige Monate zuvor fast sicher schien. Preußen bekam weder die größten Städte noch die strategisch wichtigen Pässe nach Böhmen, erhielt aber eine Reihe von Festungen, die die Wasserwege in Ostdeutschland beherrschten (unter anderen Erfurt, Torgau an der Oberelbe und die alte Festungsstadt Wittenberg, als »Lutherstadt« die Wiege der Reformation).

Um Preußen wenigstens ein bisschen zu entschädigen, trat ihnen der Zar einen kleinen Teil der Russland zugesprochenen polnischen Gebiete ab, unter anderem die Festungsstadt Thorn an der Weichsel. Die Großmächte hatten Preußen auch das Königreich Westphalen überlassen, das bis vor Kurzem noch von Napoleons Bruder Jérôme regiert worden war, und fügten dem noch Schwedisch-Pommern im Norden hinzu. Auch das frühere Territorium des Bischofs von Trier ging an Preußen, desgleichen Gebiete, die das benachbarte Königreich Hannover und die Niederlande auf Initiative Castlereaghs in letzter Minute abtraten. Am wichtigsten war jedoch, dass die Verbündeten Preußen ein beträchtliches Stück des Rheinlands zuschlugen, das zuvor zum Heiligen Römischen Reich gehört hatte – auch die Stadt Köln mit ihrem imposanten gotischen Dom und ihrer günstigen Lage an einer der wichtigsten europäischen Handelsstraßen. Preußen hatte damit die versprochene Bevölkerungszahl von zehn Millionen erhalten, und Großbritannien war es gelungen, ein starkes Preußen zu schaffen.

Eines der wichtigsten Ergebnisse des Kongresses bestand darin, dass sich das Zentrum Preußens entgegen seinen Wünschen nach Westen verschoben hatte. Wichtig daran war unter anderem, dass es dadurch in viel engeren Kontakt mit Frankreich kam. Auf diese Weise begrub der Kongress zwar die jahrhundertealte Rivalität zwischen den Bourbonen und den Habsburgern, schuf aber, indem er Preußen bis ins Rheinland erweiterte, eine neue, die sich schon bald verhängnisvoll auf die europäische Geschichte auswirken sollte.

Nur wenige Preußen sahen damals einen Grund zum Feiern, und viele waren ausgesprochen empört. Wie sich Deutschland ohne Sachsen künftig sichern solle, fragte Humboldts Frau ihren Mann scharf. Man habe der Armee diese Region versprochen, und sie habe sie besetzt, nur um nun ohne nennenswerten Widerstand wieder vertrieben zu werden. Kein echter Soldat mit einem Funken Ehre im Leib könne danach je wieder die preußische Uniform tragen, hatte Feldmarschall Gebhard von Blücher gesagt. Als die Nachricht vom Rückzug aus Sachsen bekannt gegeben wurde, warf daheim in Berlin ein wütender Mob Hardenberg die Fenster ein.

Wenngleich viele der preußischen Delegation vorwarfen, sie habe sich über den Tisch ziehen oder korrumpieren lassen beziehungsweise dem »Sirenengesang« Metternichs und seiner Verbündeten einfach zu wenig Widerstand entgegengesetzt, hatte Humboldt erkannt, dass die Geschichte noch eine andere Seite hatte. Wie er seiner Frau schrieb, profitierte Preußen durch den Gewinn des Rheinlands in Wirklichkeit mehr, als wenn es Sachsen bekommen hätte. Das Rheinland war bevölkerungsreicher und produktiver und insgesamt viel wertvoller als Sachsen. Preußen sei jetzt die größte deutsche Macht, tönte er. Diese Einschätzung war richtig, obwohl damals noch niemand ahnen konnte, welcher Reichtum an Eisen und Kohle im neuen Territorium entdeckt werden würde. 50 Jahre später sollte die Region, die Preußen so widerstrebend angenommen hatte, der zugkräftige Motor der Industriemacht Preußen sein.

Zunächst jedoch würde es Humboldts Ansicht nach zwei Preußen geben, ein östliches und ein westliches, scharf abgegrenzt durch große kulturelle und historische Unterschiede. Auch geografisch war das neue Staatsgebiet nicht zusammenhängend: Es erstreckte sich über oder um andere unabhängige Staaten wie Hannover. Und es war ein seltsam geformtes Land. Humboldt jedoch machte sich darüber keine Sorgen. Der unnatürliche Zustand würde nicht lange Bestand haben. Mit dem ersten Krieg, der komme, lautete seine unheilvolle Prognose, werde Preußen die Lücken schließen.

Diplomaten, die in einem Ballsaal oder in der Ecke eines Salons über ein Thema diskutierten, verstummten oft abrupt oder wechselten schnell das Thema, wenn sich jemand näherte. Spitzel waren noch immer allgegenwärtig. Sie beobachteten, berichteten und verfolgten sich sogar gegenseitig.

In diesem Umfeld des Intrigenspiels, wo sich Arbeit und Vergnügen mischten, machten viele Agenten Überstunden. Die Polizeiakten geben Einblick in das tägliche Leben eines Spitzels Anfang Februar. Nach einem Theaterabend stattete Agent ** dem Arzt des Zaren einen Besuch ab, der immer eine gute Quelle für die gegenwärtige Stimmungslage in der russischen Gesandtschaft war. Danach sah er sich auf einem Ball in der Hofburg um. Weiterhin auf der Suche nach Unterhaltung und Informationen, begab er sich die ganze Nacht hindurch von einem Salon zum anderen, bis er schließlich um fünf Uhr morgens nach Hause kam.

Während Agent ** sich in der High Society bewegte oder versuchte, eine Kutsche zu erwischen, in der eine hochgestellte Persönlichkeit saß, sammelten andere Agenten in den Schenken und Restaurants wertvolle Informationen. Das Feinschmeckerlokal »Jean de Paris« in der Herrengasse war ein beliebter Ort, um Gerüchte auszutauschen, während die Gäste ihren »Gaumen kitzelten« und sich den »Magen ruinierten«. Manche Spione gaben sich auch als Diener aus oder bezahlten das Dienstpersonal für Informationen. Zimmermädchen, Lakaien, Portiers und Kutscher waren die Augen und Ohren der österreichischen Polizei.

Er sei das Opfer übelster Spionage, beschwerte sich Baron Méneval, der Sekretär von Marie-Louise – ständig umgeben von einem Schwarm gemeiner Spitzel, die jede Bewegung, jeden Schritt und jede Gesichtsregung beobachteten. Der preußische Berater Generalleutnant Jomini warnte auch zu diesem Zeitpunkt noch davor, dass Briefe geöffnet würden, und riet seinen Briefpartnern, nur das zu schreiben, was sie in den Zeitungen zu lesen wünschten. Der Ratschlag ist denn auch einem abgefangenen Brief von Jomini zu entnehmen.

Anfang Februar hatte in Wien die Fastenzeit begonnen, 40 Tage der Reflexion und Kontemplation vor dem nächsten Höhepunkt im christlichen Festkalender, den Osterfeiertagen. Viele Delegierte standen Schlange, um die eindringlichen Reden von Zacharias Werner zu hören, bei denen der Prediger auf die Knie sank, in die Luft sprang oder auch plötzlich in Schweigen verfiel.

Lotterien waren eine weitere Form der Unterhaltung, die auf dem Kongress florierte, und zwar am meisten in der Fastenzeit, als keine Maskenbälle stattfanden. Bei einer dieser Lotterien brachte jeder Teilnehmer ein Geschenk mit und zog dann ein Los für eine der anderen Gaben im Salon. »So steuern alle bei und alle gewinnen«, beschrieb Talleyrand das Ereignis. Die Gäste gingen dann mit einer Schmuckschatulle, einem Mosaikkästchen, einem feinen Perserteppich oder einem Satz Porzellanvasen nach Hause. Es war alles Mögliche dabei.

Castlereagh war vermutlich nicht unglücklich darüber, diesen Jahrmarkt der Eitelkeiten endlich hinter sich zu lassen. Er hatte so lange wie möglich ausgeharrt, zwei zermürbende Wochen lang, in denen er dann doch noch die Lösung des Polen-Sachsen-Problems und die Verurteilung des Sklavenhandels erlebt hatte. Bevor er seine Koffer packte und offiziell die Verantwortung an den Duke of Wellington übergab, stieß er aber noch eine letzte Initiative an. Er arbeitete an einem Plan zur Lösung des russisch-türkischen Konflikts, der um das Schwarze Meer, die Donau, den Balkan und praktisch alle Regionen, wo sich die beiden Länder berührten, schwelte oder tobte.

Castlereagh wollte den Kongress dazu bringen, auf der Basis des Status quo einen Frieden für die turbulente Region zu garantieren, die schon bald als das »Pulverfass Europas« gelten sollte. Dies würde wiederum die Türkei am Leben erhalten und den Drang des expansionistischen Zaren zügeln, sich Teile des bröckelnden Reiches anzueignen. Zu Castlereaghs Enttäuschung lehnte der türkische Sultan seinen Plan ab. Der britische Außenminister widmete eine seiner letzten Konferenzen in Wien, die buchstäblich am Tag vor seiner Abreise stattfand, dem erfolglosen Versuch, doch noch ein Abkommen zu erreichen. Die Frage blieb ungelöst und sollte in den folgenden 100 Jahren erhebliche Spannungen und eine Menge Blutvergießen verursachen.

Am 15. Februar überreichte Castlereagh seinen Kollegen Abschiedsgeschenke, unter anderem eine juwelenbesetzte Schnupftabaksdose mit einem hübschen Miniaturporträt von ihm im Deckel, dann ratterte seine Kutsche über den Minoritenplatz und verließ die Stadt. Er war enttäuscht über das Gesamtresultat der Konferenz und fürchtete, dass der Frieden, an dem sie so hart gearbeitet hatten, nicht mehr als zwei Jahre halten würde. Und er war auf dem Weg nach London, wo er vor einem feindselig eingestellten Parlament Rechenschaft ablegen musste.

Mit der Lösung der Polen- und Sachsenfrage sah es ganz danach aus, als wäre der Kongress nun in der Lage, »den Kuchen zu verteilen«, wie jemand die Anstrengungen bezeichnet hatte. Und tatsächlich wurden auch weitere offene Fragen bald darauf entschieden. Zunächst die Niederlande: Das Ergebnis der Verhandlungen war, dass Holland als Königreich wiederhergestellt wurde und zusätzlich Belgien, Luxemburg und andere benachbarte Territorien erhielt. Damit war es größer geworden, als manche erwartet oder gewollt hatten.

Viele Belgier waren empört, dass sie gegen ihren Willen als Manövriermasse herumgeschoben wurden. Sie hätten lieber einen eigenständigen Staat gegründet – oder zumindest hätten sie sich eher noch wie im 18. Jahrhundert mit Österreich als Herrschaftsmacht oder wie in den glücklicheren Momenten der Revolution mit Frankreich abgefunden. Letztlich wäre vielen alles lieber gewesen, als von den Holländern regiert zu werden, die eine andere Religion, Sprache und Kultur und andere historische Traditionen besaßen. Aber Großbritannien hatte sich für ein vergrößertes Königreich der Niederlande eingesetzt, damit dessen Territorium vor einem erneuten französischen Angriff sicher war – und um für sich selbst einen Puffer zu schaffen. Und Großbritannien hatte sich durchgesetzt.

Um dieselbe Zeit arbeitete Metternich an der Lösung eines Grenzkonflikts zwischen Österreich und Bayern, in dem es um die Stadt Salzburg ging, die Geburtsstadt von Wolfgang Amadeus Mozart, die vor allem über lukrative Salzbergwerke verfügte. Auch um Berchtesgaden stritten die beiden Länder. Der Luftkurort in den Alpen – später als Urlaubsort der NS-Führung berüchtigt – war österreichisch gewesen, bevor Napoleon ihn dem damals mit ihm verbündeten Bayern zugeschlagen hatte. Nun arbeiteten beide Länder an einer Übereinkunft über die strittigen Gebiete. Doch die Verhandlungen gingen nur zäh voran und konnten erst nach dem Kongress beendet werden. Österreich erhielt Salzburg und Bayern Berchtesgaden.

Ermutigt durch Fortschritte an vielen Fronten konzentrierte Talleyrand sich nun auf das dringliche Problem Neapel. Dort war immer noch König Joachim I. (Murat) an der Macht, und obwohl das niemandem sonderlich gefiel, war kaum jemand bereit, etwas dagegen zu unternehmen. Talleyrand setzte sein ganzes Verhandlungsgeschick ein, um Unterstützung zu bekommen, wobei er insbesondere damit argumentierte, wie wichtig die Legitimität der Nachkriegsordnung sei und dass man den unberechenbaren Krieger Joachim Murat unter keinen Umständen auf dem neapolitanischen Thron lassen könne. Der Frieden werde erst dann sicher sein, wenn der letzte Usurpator in Europa abgesetzt sei.

Talleyrand hielt es für wichtig, in der Angelegenheit sofort zu einem guten Ergebnis zu kommen, weil der Kongress offenbar bald zu Ende ging. Zahlreiche Gerüchte besagten, dass wichtige Kongressteilnehmer in Kürze abreisen würden. Zar Alexander hatte bereits verkündet, dass er Mitte des Monats nach Hause zurückkehren wollte, wenngleich das Datum der Reise schon mehrmals verschoben worden war. Er schwor, auf jeden Fall zum Osterfest wieder in Sankt Petersburg zu sein, das nach dem russisch-orthodoxen Kalender in jenem Jahr auf den letzten Tag des Monats April fiel.

Andere Herrscher folgten dem Beispiel des Zaren und verkündeten, dass sie ebenfalls bald nach Hause zurückkehren wollten. Selbst der Gastgeber Franz I. wurde unruhig. Offiziell ließ er verlauten, er wolle eine Rundreise durch die Bankenstadt Mailand, das dem Verfall preisgegebene Wunder von Venedig und andere Prunkstücke Norditaliens machen, die Österreich zurückbekommen hatte. Nachdem er eine endlose Reihe von Banketten, Maskenbällen und anderen Amüsements organisiert hatte, war er seiner Dauergäste tatsächlich überdrüssig geworden.

Dass alle den Wunsch hegten abzureisen, werde den Abschluss der Angelegenheiten beschleunigen, sagte Talleyrand voraus. Wenn er eine Chance haben wollte, den Bourbonenkönig wieder auf den neapolitanischen Thron zu bringen, musste er schnell handeln.

Eines Morgens Mitte Februar traf er sich mit dem Zaren in der

Hoffnung, seine Hilfe für Murats Absetzung zu gewinnen. Der Zar jedoch war mehr daran interessiert zu erfahren, warum Ludwig XVIII. Napoleon nicht die zwei Millionen Francs gezahlt hatte, die er ihm versprochen hatte.

»Da ich seit fünf Monaten nicht mehr in Paris bin, weiß ich nicht, was in dieser Angelegenheit geschehen ist«, antwortete Talleyrand.

»Der Vertrag ist nicht eingehalten worden«, beharrte der Zar. »Wir sollten auf seiner Einhaltung bestehen. Unsere Ehre steht auf dem Spiel; wir können unmöglich einen Rückzieher machen.« Und er fügte hinzu, dass der Kaiser von Österreich mit ihm darin absolut übereinstimme.

»Ich werde alles berichten, Sire, das mir zu sagen Sie mir die Ehre gegeben haben«, antwortete Talleyrand höflich und versuchte dann, das Gespräch wieder auf das Thema Neapel zu lenken. Er redete mit Engelszungen. Doch der Zar hatte einen wunden Punkt angesprochen, wie schon bald schmerzhaft deutlich werden sollte.

Ludwig XVIII. hatte tatsächlich nichts von den zwei Millionen Francs gezahlt, die man Napoleon als Pension zugesichert hatte, und die eigenen Reserven des verbannten Kaisers schwanden dahin. Er musste etwa 1000 Gardisten bezahlen und seinen Palast unterhalten, so klein er war. Abgesehen von den Kosten der Hofhaltung, die er sich als Herrscher von Elba leisten wollte, hatte er noch viele weitere Ausgaben.

Napoleon hatte Gerüchte über die streitenden Staatsoberhäupter in Wien gehört, vor allem jedoch hatten ihm seine Informanten berichtet, dass einige Delegierte sich dafür einsetzten, ihn noch weiter von Europa wegzuverlegen. Außerdem hatten ihn zahlreiche Geschichten über das Chaos erreicht, das angeblich in Frankreich herrschte: Die Armee erhalte nur den halben Sold, wenn sie überhaupt Geld bekomme. Viele Soldaten seien aus dem Dienst entlassen oder kaltgestellt worden, um Platz für Favoriten des Königs zu machen, die höchstens für den Paradeplatz taugten. Die Regierung schien ein heilloses Durcheinander anzurichten, und viele drückten offen ihr Bedauern über den Verlust ihres früheren Kaisers aus.

Napoleon war inzwischen selbst auch frustriert und gelangweilt.

Oberflächlich gesehen hatte er sich in seinem bescheidenen häuslichen Tagesablauf eingerichtet. Er beendete die Abende früh, indem er ans Klavier ging und mit einem Finger die ersten 14 Töne von Haydns *94. Sinfonie mit dem Paukenschlag* spielte. Dann verbeugte er sich und verließ den Raum. Wer ihm nahestand, wusste jedoch, wie empört er über seine Behandlung durch die Koalition war und wie sehr er weiteren Verrat fürchtete. Vor allem bereute er, dass er kampflos abgedankt hatte. Warum nur war er seinen Beratern und nicht seinen eigenen Neigungen gefolgt? Schon der Gedanke machte ihn krank.

Als die Stimmung den Tiefpunkt erreicht hatte, traf im Februar ein geheimnisvoller Besucher auf Elba ein: Fleury de Chaboulon, ein 30-jähriger arbeitsloser Beamter und früherer Unterpräfekt in Château-Salins im damaligen Département Meurthe. Er reiste inkognito und berichtete, wie populär Napoleon immer noch sei, vor allem aber erzählte er von einer Verschwörung, um König Ludwig XVIII. zu stürzen und ihn durch seinen Cousin, den Herzog von Orléans, zu ersetzen, der größere Popularität genoss. Die Botschaft war klar: Napoleon konnte nicht auf seiner kleinen Insel sitzen bleiben und zuschauen, wie ein anderer den französischen Thron eroberte.

Aller Wahrscheinlichkeit nach plante Napoleon damals schon seit einiger Zeit, Elba zu verlassen. Doch der Besuch dürfte ihn überzeugt haben, dass der richtige Zeitpunkt gekommen war. Außerdem verkündete Neil Campbell Mitte Februar, dass er auf das Festland fahren wolle, um seine Wunden behandeln zu lassen (und seine Geliebte zu besuchen). Er würde zwei Wochen abwesend sein, und Napoleon erkannte die Gelegenheit zur Flucht.

Schließlich hatte er bisher mit den kühnsten Taten seine größten Erfolge erzielt. Ein waghalsiger Putsch hatte ihn im Jahr 1799 an die Macht gebracht, während viele andere mit ihren Verschwörungen gescheitert waren. Er hatte sich 1804 zum Kaiser gekrönt und trotz heftiger Proteste auch damit Erfolg gehabt. Ein gewagtes Täuschungsmanöver hatte ihm bei Austerlitz zum großen Sieg verholfen. Immer wieder hatte er den Feind durch verwegene Aktionen überrascht, die er mit atemberaubender Geschwindigkeit durchführt hatte. (Natürlich hatte es auch spektakuläre Fehlschläge gegeben, wie zum Beispiel beim Russlandfeldzug.)

Empört über die vielen Versprechungen, die nicht eingehalten worden waren, und fest entschlossen zuzuschlagen, bevor ihm noch Schlimmeres widerfuhr oder sich ein anderer das Chaos in seiner französischen Heimat zunutze machte, traf Napoleon seine Entscheidung: Es war an der Zeit, nach Frankreich zurückzukehren.

Die gleiche Energie, mit der er Europa erobert und beherrscht hatte, steckte er nun in das neue Unternehmen. Wie immer verbarg er sorgfältig seine wahren Absichten. Das Schiff *Inconstant,* das einige Wochen zuvor auf einer Routinefahrt vor der Küste Elbas seltsamerweise gegen eine Reede gerammt war, wurde nun ohne großes Aufheben repariert. Napoleon ließ die Masten verstärken und den Rumpf verbessern, und er ließ die Brigg so streichen, dass sie eine auffallende Ähnlichkeit mit einem englischen Kriegsschiff bekam.

Am 26. Februar 1815, dem Tag seiner Flucht, sorgte Napoleon dafür, dass alles ganz normal wirkte. Die Soldaten pflanzten Bäume, machten Gartenarbeit und erfüllten andere tägliche Pflichten, wie sie es seit Monaten taten. Napoleon besuchte den Morgengottesdienst, speiste mit seiner Mutter und seiner Schwester zu Abend und ritt dann an vielen neugierigen und jubelnden Bewohnern Elbas vorbei zum Hafen hinunter. Sein Gepäck war schon auf die 16-Kanonen-Brigg *Inconstant* verladen, und nach neun Monaten und 22 Tagen der Verbannung setzten Napoleon und seine Mannschaft wieder die Segel.

Obwohl Napoleon bekannt war für seine waghalsigen Unternehmungen, war diese doch die bisher riskanteste von allen. Er landete in einem der mächtigsten Länder der Welt, und das mit etwa 1100 Mann, sieben kleinen Schiffen und vier Kanonen. Und er genoss die Herausforderung. »Ich werde Paris erreichen, ohne einen Schuss abzufeuern«, verkündete er.

*Kapitel 25*

# Und wieder ist es an der Zeit, die Welt zu retten

*Die Ereignisse sind so außerordentlich, so unerwartet, so magisch, dass es den Anschein hat, als werde* Tausendundeine Nacht *wahr und als geschehe alles durch den Zauberstab eines unsichtbaren Magiers.*

Jean-Gabriel Eynard in seinem Tagebuch, März 1815

Am Donnerstag, dem 7. März, kurz nach drei Uhr morgens stieg Metternich die Marmortreppe zu seinen Privatgemächern im zweiten Stock der Staatskanzlei hinauf und legte sich für einen wohlverdienten Schlaf ins Bett. Wieder einmal war eine langwierige Sitzung im Fünferausschuss zu Ende gegangen, und er war erschöpft. »Ich hatte meinem Kammerdiener verboten, meine Nachtruhe zu stören«, sollte er später sagen.

Nur wenige Stunden nachdem er ins Bett gegangen war, kam der Kammerdiener dennoch mit einer Depesche in sein Schlafzimmer, die mit dem Vermerk »Dringend« versehen war. Metternich nahm den Umschlag, erspähte den weit entfernten Absender und legte ihn ungeöffnet auf den Nachttisch. Dann versuchte er wieder einzuschlafen, doch leider musste er irgendwann einsehen: »Einmal gestörter Schlaf kehrt nicht zurück.« Gegen halb acht gab er auf und öffnete die Depesche. Er sollte den Brief nie vergessen.

Neil Campbell, der britische Kommissar auf Elba, berichtete, dass

Napoleon nirgends zu finden sei, und erkundigte sich, ob ihn jemand gesehen habe. Der österreichische Außenminister sprang aus dem Bett, zog sich hastig an und rannte hinüber in die Hofburg, um Kaiser Franz zu informieren. Um acht Uhr morgens waren die beiden ins Gespräch vertieft.

Napoleon wolle offensichtlich den Abenteurer spielen; das sei seine Berufung, sagte der Kaiser zu Metternich. Und er fuhr fort:

> Unsere Aufgabe besteht darin, für die Welt den Frieden zu erhalten, den er all die Jahre gestört hat. Gehen Sie sofort zum Kaiser von Russland und zum König von Preußen; sagen Sie ihnen, dass ich bereit bin, meine Armee erneut nach Frankreich in Marsch zu setzen. Ich habe keinen Zweifel, dass sich die beiden Herrscher mir anschließen werden.

Laut Metternichs Bericht über den historischen Morgen hatte er um 8.15 Uhr im Amalientrakt der Hofburg ein Gespräch mit dem Zaren und eilte dann über den Innenhof, um sich mit dem preußischen König zu treffen. Um neun Uhr war er wieder in der Staatskanzlei, wo er sich mit dem österreichischen Feldmarschall Fürst zu Schwarzenberg traf. »In weniger als einer Stunde«, prahlte er leicht übertrieben, »wurde der Krieg erklärt.«

Ein paar Straßenzüge entfernt im Palais Kaunitz lag Talleyrand noch im Bett. Dorothea saß neben ihrem Onkel, trank eine Schokolade und freute sich auf die Generalprobe für ein Theaterstück, bei dem sie mitspielte und das am Abend Premiere haben sollte. In diesem Augenblick brachte ein Kammerdiener mit weißer Perücke und grauer Livree einen Brief von Fürst Metternich.

»Er wird mir vermutlich mitteilen, um welche Zeit der Kongress heute zusammentritt«, sagte Talleyrand unbesorgt und gab den Brief Dorothea. Sie öffnete ihn und las ihn vor: »Napoleon ist aus Elba geflohen. Ach Onkel, was wird aus meiner Theaterprobe?«

»Ihre Theaterprobe, Madame, wird trotzdem stattfinden«, antwortete Talleyrand gelassen. Dann stand er ganz ruhig auf, rief seine Kammerdiener, absolvierte sein morgendliches Ankleideritual etwas schneller als sonst und ging dann hinüber in die österreichische Staatskanzlei.

Um zehn Uhr hatten sich die Verbündeten in Metternichs Arbeitszimmer zu einer Krisensitzung versammelt.

Talleyrand kam als Erster an, und Metternich nutzte die Gelegenheit, um ihm die Depesche vorzulesen.

»Wissen Sie, wo Napoleon hingeht?«, fragte Talleyrand.

»In der Meldung steht nichts darüber.«

»Er wird irgendwo an der italienischen Küste landen und dann schnell in die Schweiz marschieren«, sagte Talleyrand voraus.

»Nein«, sagte Metternich, »er geht direkt nach Paris.«

Diese Vermutung war damals keineswegs naheliegend. Der Weg nach Paris führte durch viele Teile Südfrankreichs, die als royalistische Hochburgen erbitterten Widerstand gegen Napoleon geleistet hatten. Da er dort so unpopulär war, schien es zumindest unwahrscheinlich, dass er in Frankreich gelandet war. Wenn er französischen Boden betrete, sollte Pozzo di Borgo, der korsische Berater der Russen, schon bald voraussagen, »wird er gleich bei der Landung gefangen genommen und am nächsten Baum aufgehängt«.

Inzwischen waren auch Hardenberg und Nesselrode dazugekommen. Und der Duke of Wellington traf ein. Er hatte eigentlich vorgehabt, im Park zu jagen, und schnell umdisponiert, als er von Napoleons Verschwinden erfuhr.

Bei der Diskussion über die Depesche wurde schnell klar, dass die Gesandten keine Ahnung von Napoleons Absichten hatten. Allerdings waren sie sich darin einig, die Sache geheim zu halten, weil sie keine Unruhe in der Stadt riskieren wollten. Weder die *Wiener Zeitung* noch der *Österreichische Beobachter* berichteten am folgenden Morgen über Napoleons Flucht. Erst am übernächsten Tag erschien eine kleine Notiz im *Beobachter*. Sie war in den Auslandsnachrichten unter der Überschrift Italien versteckt.

Nicht einmal Metternichs Berater Friedrich von Gentz, der als Generalsekretär des Kongresses so viele Aufgaben übernommen hatte, wurde informiert. Er kam an jenem Morgen wie üblich in Metternichs Büro, und die beiden sprachen über Angelegenheiten des Kongresses, ohne dass Metternich Napoleons Flucht auch nur angedeutet hätte. Gentz erfuhr erst Stunden später davon, als ihn sein alter Freund Humboldt informierte.

Neuigkeiten dieser Art konnten freilich in einer Gerüchteküche wie Wien nicht lange unter Verschluss gehalten werden. Sobald die Nachricht irgendwo durchsickerte, verbreitete sie sich wie ein Lauffeuer. Es passierte – nicht ganz untypisch für den Kongress – am Abend im Theater.

Im Redoutensaal wurde eine Amateurvorstellung von Kotzebues *Die alten Liebschaften* gegeben. Der Zar, der preußische König und alle anderen führenden Akteure des Kongresses saßen im Publikum und versuchten so zu tun, als sei nichts geschehen. Sie wollten weder Panik auslösen noch die Vorstellung verderben. Schließlich sollten Metternichs Tochter Marie, Talleyrands angeheiratete »Nichte« Dorothea und die »himmlische Schönheit« des Zaren Gabrielle von Auersperg an diesem Abend auf der Bühne stehen.

Unmittelbar bevor der Vorhang aufging, sah man die Delegierten in ihren goldbesetzten roten Samtsesseln flüstern, und kurz darauf hatte das Flüstern den gesamten Zuschauerraum und die Schauspieler hinter der Bühne erfasst. An diesem Theaterabend hörte Gräfin von Bernstorff erstmals von der Neuigkeit, ebenso Gräfin Lulu von Thürheim, die Tagebuch schrieb. Sie schildert, wie die Würdenträger tapfer versuchten, ihre Operngläser weiter auf die Bühne zu richten. Doch ihre Gelassenheit war schlecht gespielt. Die Angst »stand ihnen ins Gesicht geschrieben«, wie auch Gräfin von Bernstorff bemerkte.

Jeder wusste, dass Napoleon eine ernste Gefahr war. Selbst wenn er im Moment noch keine Armee hatte, könnte sich das bald ändern. Er war immer noch sehr populär bei den Soldaten, die sich stolz daran erinnerten, wie er als Kriegsherr über alle Widrigkeiten triumphiert, Könige gedemütigt und sie von Sieg zu Sieg geführt hatte. Napoleon hatte Frankreich Ruhm und Ehre gebracht, um am Ende von seinen eigenen Marschällen schändlich verraten zu werden. Was für eine klägliche Figur König Ludwig und seine Vasallen im Vergleich zu ihm machten!

Es gab tatsächlich viele aufgebrachte Menschen in Frankreich. Die Frage war nur, wie viele Bürger und Soldaten so zornig waren, dass sie ihren König im Stich lassen und sich Napoleon anschließen würden. Nachdem auf dem Wiener Kongress in den Monaten zuvor viele Parteien verprellt worden waren, stand zu befürchten, dass Napoleon mehr internationale Unterstützung erhalten würde als ursprünglich gedacht. Außerdem herrschte Joachim Murat, der frühere Marschall Bonapartes, trotz Talleyrands heftiger Bemühungen, ihn zu stürzen, immer noch als König über Neapel und konnte Napoleon zu Hilfe kommen.

Es gab auch viele Polen, die von den russischen Plänen für ihr Land enttäuscht waren. Wie ein Spitzel berichtete, überschlugen sich die Polen vor Begeisterung wegen der Nachricht von Napoleons Flucht, weil viele plötzlich die Chance sahen, dass ihre Träume von einer Wiederherstellung des Königreichs doch noch wahr wurden. Napoleon hatte ihnen schon lange ein Königreich versprochen, und viele glaubten, dass er im Gegensatz zum Zaren sein Versprechen diesmal halten würde.

Was, wenn der Zar wieder eine seiner periodischen verlaufenden »Eingebungen« hatte und beschloss, seine Verbündeten auf dem Wiener Kongress im Stich zu lassen? Das machte den Verbündeten wirklich Sorge; er hatte schon alles bekommen, was sie ihm geben konnten, aber Napoleon hatte womöglich ein noch attraktiveres Angebot für ihn.

Der Ernst der Lage wurde vielen erst so richtig bewusst, als der erste Schock über Napoleons Verschwinden abgeklungen war, und die Verbündeten begannen einander Vorwürfe zu machen. Viele beschuldigten die Engländer, ihre Aufgabe schlecht erfüllt zu haben und nicht wachsam genug gewesen zu sein. Wo waren die berühmten Kreuzer der Royal Navy gewesen, als Napoleon Elba verließ? Warum hatte der britische Kommissar Neil Campbell just am Vorabend von Napoleons Flucht die Insel verlassen? Laut Talleyrand hatten »die Engländer, die es übernommen hatten, Napoleon zu überwachen [...], dies mit einer Nachlässigkeit getan, die sie schwer werden entschuldigen können«.

»Sind wir Napoleons Gefängniswärter?«, wies Lord Stewart die Kritik an Großbritannien zurück. »Welches Recht haben wir, ihn unter Bewachung zu stellen?«

Stewart hatte nicht ganz unrecht. Napoleon war der souveräne Herrscher einer unabhängigen Macht, und in dem Vertrag über seine Abdankung stand tatsächlich nichts, das ihm verboten hätte, Elba zu verlassen. Außerdem hatte Großbritannien den Vertrag nie unterzeichnet, der ihn so gefährlich nah an das europäische Festland herangebracht hatte. England hatte mit anderen Worten nie das Anrecht Napoleons auf die Insel Elba anerkannt, und schon gar nicht die Tatsache, dass er sich weiterhin als *Kaiser* bezeichnen durfte. Warum sollte nun ausgerechnet Großbritannien daran schuld sein, dass er die Insel verlassen hatte?

Die Franzosen hätten nur zu gern anderen die Schuld gegeben, aber sie wären in einer ganz anderen Position gewesen, wenn die französische Regierung ihre Verpflichtungen erfüllt hätte. König Ludwig XVIII. hatte die zugesagten zwei Millionen Francs nie bezahlt. Viele hatten Frankreich daran erinnert – aber vergebens. Zu Talleyrands großem Ärger hatte sich die Regierung des Königs zahlreiche schwerwiegende Fehler geleistet. Wie der dänische Außenminister in sein Tagebuch schrieb, verhielten sich die Franzosen, als hätten sie einen Gemeingefährlichen ins Gefängnis geworfen, ihm das Brot verweigert und dann die Tür offen gelassen – und jetzt beschwerten sie sich, dass er geflohen war.

Der preußische Vertreter Humboldt wollte wissen, wo Napoleon die Mittel für seine Flucht herhatte. Offensichtlich waren sie nicht vom französischen König gekommen und Napoleons eigene Mittel angeblich zur Neige gegangen. Es ging das Gerücht, der österreichische General Franz Freiherr von Koller sei heimlich nach Elba gereist. Das Gerücht stimmte. Aber was genau hatte er auf Elba getan? Die Österreicher behaupteten, er habe über die Scheidung von Napoleon und Marie-Louise verhandeln sollen, aber nicht alle glaubten daran. Lag es nicht im österreichischen Interesse, eine österreichische Erzherzogin als französische Kaiserin und ihren Sohn als französischen Thronfolger zu haben? Hatte bei Napoleons merkwürdigem Verschwinden vielleicht Österreich die Hand im Spiel?

Und dann war da noch der Zar, dessen »sentimentale« Politik dafür verantwortlich war, dass man Napoleon überhaupt trotz des Protests vieler Verbündeter nach Elba geschickt hatte. Genau wie die Briten hatte auch Metternich vor der großen Nähe zum Festland gewarnt, und Talleyrand hatte während des Kongresses mehrere Versuche gemacht, Napoleon von Elba wegbringen zu lassen. Viele andere Inseln, von den Azoren bis zu Sankt Helena im Südatlantik, waren als bessere Verbannungsorte vorgeschlagen worden, aber es war nichts geschehen.

Natürlich hatte auf dem Wiener Kongress Napoleons Verschwinden alles mit einem Schlag geändert, und die für das Frühjahr geplanten Abreisen wurden zunächst einmal verschoben. Wieder einmal standen drängende Probleme auf der Agenda des Kongresses.

Als der britische Diplomat Lord Clancarty einmal den Blick über seine gestressten Kollegen schweifen ließ, merkte er, dass alle sich heldenhaft bemühten, unter der Maske von Unbekümmertheit ihre Besorgnis zu verbergen. Dennoch, fügte er hinzu, sei unschwer zu erkennen gewesen, dass all die anwesenden kaiserlichen und königlichen Autoritäten von Angst beherrscht waren. Napoleon musste unbedingt aufgehalten werden, ehe er von Neuem die Welt in Brand steckte.

*Kapitel 26*

# Seine Majestät, der Gesetzlose

*Vielleicht ist alles nur eine Illusion, aber was ist in unserer Zeit schon real?*

Die Herzogin von Sagan, Frühjahr 1815

Die französische Regierung in Paris versuchte den Anschein zu erwecken, als ob sie wegen der neuen Bedrohung nicht sonderlich besorgt sei. Ludwig XVIII. sagte, er schlafe besser als je zuvor, und klagte mehr über seine Gicht als über den Mann von Elba. Die regierungsamtliche Zeitung *Le Moniteur* bezeichnete Napoleons Unternehmen als einen »Akt des Wahnsinns«, der von »ein paar Dorfpolizisten« zunichtegemacht werden würde.

Tatsache war jedoch, dass die Soldaten des Königs in Scharen desertierten. Dasselbe galt auch für Regierungsbeamte. Angesichts der Herausforderung, die Napoleon darstellte, mussten die Friedensstifter in Wien schnell handeln. Aber was tun? Alexis de Noailles, ein Mitglied der französischen Gesandtschaft, wollte kurzen Prozess mit Napoleon machen: »Nun da er entkommen ist, müssen wir ihn aufhängen!«

»Wir können ihn erst aufhängen, wenn wir ihn kriegen«, wandte der preußische König ein. »Und das wird nicht so ganz einfach sein.«

Tatsächlich waren die Handlungsmöglichkeiten so lange beschränkt, bis man sicher wusste, was Napoleon vorhatte. In der Zwischenzeit mussten sie die noch offenen Fragen des Kongresses klären. Als Erstes Sachsen: Der sächsische König musste von der im Monat zuvor gefundenen Lösung überzeugt werden, dass er zwei Fünftel seines Territoriums und ein Drittel seiner Bevölkerung abgeben musste.

Der König war freigelassen worden und weilte in der alten Festung bei Pressburg (heute Bratislava in der Slowakei). Er hatte nicht das Bedürfnis, Wien zu betreten, solange sich die Plünderer seines Landes dort aufhielten – und das beruhte auf Gegenseitigkeit. Also schickte der Kongress eine hochrangig besetzte Delegation zu ihm: Talleyrand, Metternich und Wellington.

Die Diplomaten wurden am Hof des Königs kühl empfangen, als sie am 8. März dort eintrafen. Nach einem Eröffnungsessen und einem Treffen aller Beteiligten empfing der König jeden Delegierten einzeln. Er war kurz angebunden. »Aber der König und seine Minister ließen nichts als Einwendungen hören«, schrieb Talleyrand. »Sie scheinen die Hoffnung nähren zu wollen, als könne über das, was einmal verhandelt ist, noch unterhandelt werden.«

Der König ließ sich nicht umstimmen, sondern blieb ebenso hart wie früher, als er Napoleon als einer der letzten Herrscher die Treue gehalten hatte. Er glaubte ganz offensichtlich, er habe vom Kaiser mehr zu erwarten als von den vornehmen Herrschaften, mit denen er es hier zu tun hatte, und setzte darauf, künftig bessere Bedingungen zu bekommen. Die Delegation des Kongresses kehrte unverrichteter Dinge nach Wien zurück.

In der ganzen Stadt wurde natürlich darüber geredet und wild spekuliert, was Napoleon tun würde. In einem anonymen Bericht für Hager schrieb ein Agent, viele glaubten inzwischen, dass die Engländer bei der Flucht Napoleons eine Rolle gespielt hätten. Sie hätten sie zugelassen, wenn nicht sogar befürwortet und unterstützt. Napoleon sei zu dem Unternehmen verleitet worden, so die Annahme, damit der Kongress einen Vorwand habe, ihn strenger zu behandeln.

Napoleons Flucht von Elba war in allen Gesprächen ein Thema, »wenn nicht das einzige«, wie sich der russische General Alexander Iwanowitsch Michailowski-Danilewski erinnerte. Man unterhielt sich überall darüber: »auf Spaziergängen, Versammlungen und bei Begegnungen in Privathäusern und Cafés«. Auch die Baronne du Montet erinnerte sich, dass die Schreckensnachricht vielen Sorgen machte. Der König von Bayern zum Beispiel lief tagelang herum, als ob er »nicht ganz bei Sinnen« wäre. Andere reagierten gelassener. Wie Spitzel berichteten, schlossen mehrere Leute Wetten darüber ab, was Napoleon als Nächstes tun und wie weit er gehen würde.

Am 10. März kam ein Bote mit der ersten zuverlässigen Nachricht über Napoleons Ziel. Er war nicht, wie viele vermutet hatten, an das italienische Festland gefahren, um entweder Genua einzunehmen oder weiter südlich zu landen. Vielmehr hatte er den schwierigeren Weg über Frankreich gewählt. Dort war er wider Erwarten in Golfe-Juan, etwa eineinhalb Kilometer westlich von Cannes, gelandet.

Laut La Garde-Chambonas traf die schockierende Nachricht auf einem Ball bei Metternich ein und verbreitete sich wie ein Lauffeuer unter den tanzenden Paaren. Metternichs Orchester versuchte vergeblich, die Tanzenden weiter im Walzertakt mitzureißen – sie blieben einfach stehen und starrten einander ungläubig an. Sollten sie wirklich glauben, dass Napoleon wieder in Frankreich war? »Tausende von Wachslichtern schienen plötzlich gelöscht«, fügt La Garde-Chambonas hinzu.

Der Schriftsteller zeichnet ein lebhaftes Bild. Der russische Zar wandte sich an Talleyrand und bellte: »Ich habe Ihnen wohl gesagt, dass dies von keiner Dauer sein würde.« Der französische Minister antwortete nichts, sondern verbeugte sich nur höflich. Der preußische König und der Duke of Wellington verließen fluchtartig den Ballsaal, gefolgt vom österreichischen Kaiser und dem Zaren. Napoleon wolle nicht in einer Tragödie enden, also werde er in einer Farce enden, sagte Talleyrand zu Metternich. Dieser gab keine Antwort, sondern »entschuldigte sich« und folgte den anderen Kongressteilnehmern, die gerade den Saal verlassen hatten. Der französische Minister brach an diesem Abend Arm in Arm mit Dorothea auf. Der zuvor überfüllte Ballsaal war schnell leer.

So hat es sich mit Sicherheit nicht abgespielt. In Wien war noch Fastenzeit, das heißt, es gab in diesen Tagen gar keine Bälle. Dennoch wird die erfundene Szene den Persönlichkeiten und Spannungen der Zeit gerecht. Talleyrand zum Beispiel stand vor vielen neuen Problemen, weil Frankreich von Napoleon, einem Bürgerkrieg und einer Invasion der auf dem Kongress vertretenen Mächte bedroht war. Als französischer Außenminister würde er bei den Beratungen nicht mehr willkommen sein. Nachdem er sich mühsam in den inneren Kreis vorgearbeitet hatte, drohte er nun wieder ausgestoßen zu werden.

Die großen Bälle, auf denen laut Gräfin Lulu von Thürheim »Geigenjubel [...] mit ernsten Verhandlungen« wechselte, waren überhaupt seltener geworden. Inzwischen war die Karnevalszeit seit Wochen beendet, viele Herrscher wollten abreisen, und der österreichische Kaiser suchte allmählich nach Wegen, die teuren Vergnügungen zu beschränken. In einem Brief vom 21. März befahl Kaiser Franz seinem Oberhofmeister ausdrücklich, die Ausgaben zu senken und die Zahl der Bediensteten zu verringern. Auch der Hof sollte sich an die allgemeinen Richtlinien halten, dass keine außerordentlichen Feste mehr gegeben oder arrangiert werden sollten. Anders als La Garde-Chambonas' Schilderung nahelegt, blieben die Wiener Ballsäle bald schon leer.

Nach seiner Flucht von Elba hatte Napoleon das Glück, unbehelligt an mehreren Schiffen vorbeizukommen, die in den Gewässern auf seiner Route patrouillierten. Die *Inconstant* passierte ohne Zwischenfall die französischen Fregatten *Melpomène* und *Fleur-de-Lys* und kam bei der Umrundung Korsikas auch problemlos an der *Zéphir*, einem weiteren feindlichen Kriegsschiff, vorbei. Auch die *Partridge,* das britische Schiff, das Campbell zurück nach Elba brachte, wurde am Horizont gesichtet. Niemand hielt Napoleon auf, und es kursierten noch jahrelang Verschwörungstheorien. Andere meinten, dass Napoleon leicht hätte gekapert oder versenkt werden können, wenn nur die Winde anders geweht hätten.

Als sich Napoleons Brigg am 1. März Golfe-Juan näherte, dachten die Leute zunächst, dass es sich um eine Bande von Piraten auf Raubzug handelte. Als sie jedoch die wahre Identität der Besatzung feststellten, waren sie auch nicht gerade erfreut. Einige spotteten über den bunten Haufen, den das Meer ausgespien habe.

Napoleon jedoch war sicher gelandet und konnte sich unbehelligt durch die Straßen bewegen. Zur Begeisterung seiner Anhänger, die anfangs hauptsächlich aus Soldaten und Bauern bestanden, besserte sich die Stimmung nach dem kühlen Empfang. Mehr und mehr hörte man Jubelschreie und den Ruf »Vive l'Empereur!«

In dem schönen mittelalterlichen Städtchen musste Napoleon eine weitere wichtige Entscheidung treffen. Über eine Karte gebeugt, die er in einem Garten mit Olivenbäumen auf einem Tisch ausgebreitet hatte, wägte er zwei Möglichkeiten gegeneinander ab. Er konnte entweder weiter durch Südfrankreich marschieren, wo die Royalisten stark vertreten waren, oder das Wagnis eingehen, auf einem schmalen Bergpfad durch die französischen Alpen nach Grenoble zu marschieren. Der Weg war steil und schmal, kaum geeignet für seinen schwerfälligen Tross und die Kanonen, die er mit sich führte. In den oberen Regionen war er vereist. Dennoch hielt Napoleon diese Route für weniger riskant.

Südfrankreich hatte unter seiner Herrschaft stark gelitten. Hafenstädte wie Marseille hatten durch seinen erfolglosen Versuch, englische Waren zu boykottieren, schweren Schaden erlitten und zahlreiche Reeder verloren. Die Steuerlast war enorm gewesen und auf alle möglichen Güter, zum Beispiel Alkohol und Tabak, ausgedehnt worden. Wie überall hatten auch die Bauern in Südfrankreich die Armee »bis auf das letzte Getreidekorn und die letzte Gabel Futter« mit Nachschub versorgen müssen. Und natürlich beklagten auch sie die Zwangsrekrutierung für die Armee und die vielen Toten im Krieg – alles zusammen ein hoher Preis für den sogenannten Ruhm Napoleons.

Während Napoleon die Alpenüberquerung vorbereitete, bei der er die Kanonen zurückließ, weil er sie seiner Ansicht nach sowieso nicht brauchte, arbeitete er zwei Proklamationen aus, eine an das französische Volk und eine an seine Soldaten. Beide klangen wie die aufrüttelnden Reden, die er in der Anfangszeit seiner Feldzüge gehalten hatte: »Franzosen, in der Verbannung habe ich eure Klagen und Wünsche gehört; [...] Ich habe inmitten von Gefahren aller Art das Meer überquert. Ich komme zu euch, um mir meine Rechte, welche die euren sind, zurückzuholen.«

Die Soldaten erinnerte er daran, dass sie nicht besiegt, sondern von ein paar Marschällen verraten worden seien, die das Land, die Armee und ihren Ruhm verkauft hätten. Er sei durch den Willen des Volkes nach Frankreich zurückgerufen worden, und sein Symbol, der Adler, werde bald »von Kirchturm zu Kirchturm fliegen bis hin zu Notre-Dame«.

Das Tempo des Kaisers war erstaunlich. Seine Soldaten marschierten unter extrem schwierigen Bedingungen täglich 25 bis 30 Kilometer und oft sogar noch mehr. Es war wichtig, möglichst weit zu kommen, bevor die Bourbonen merkten, was geschah.

König Ludwig XVIII. und seine Regierung trafen natürlich Vorbereitungen, um gegen Bonaparte zu kämpfen. Der Kriegsminister und ehemalige bonapartistische Marschall Nicolas Jean Soult verfügte im Süden über etwa 60 000 einsatzbereite Soldaten und hatte bei Melun im Süden von Paris angeblich weitere 120 000 Mann in Reserve, die die wichtigsten Straßen zur Hauptstadt bewachen konnten. André Masséna, ein weiterer Marschall im Dienst des Königs, setzte Truppen gegen die Invasoren in Marsch. Außerdem erging der Befehl, Napoleon durch die Sprengung strategisch wichtiger Brücken wie Pont-Haut den Weg nach Grenoble zu versperren.

Am 7. März kam es bei Laffrey, etwa 30 Kilometer südlich von Grenoble, zu einer berühmten Konfrontation zwischen Napoleon und dem 5. Infanterieregiment. Der Kommandeur hatte den Befehl, »Bonapartes Briganten« zu stoppen, und war fest entschlossen, ihn zu erfüllen. Napoleons Armee marschierte unter Führung der polnischen Ulanen und der Alten Garde unter den Klängen der »Marseillaise« heran. Napoleon ritt an der Spitze, stieg ab und marschierte geradewegs vor die Gewehre der königlichen Soldaten. »Da ist er. Feuer!«, befahl der royalistische Kommandeur. Und Napoleon schrie: »Soldaten des Fünften, ich bin euer Kaiser.«

Dann riss er seinen Soldatenmantel auf und rief: »Wenn einer von euch seinen Kaiser töten will, hier bin ich.« Das gespannte Schweigen wurde von dem Ruf »Vive l'Empereur!« gebrochen. Und die Soldaten liefen geschlossen zu Napoleon über.

Noch am selben Tag, wenige Stunden nachdem seine Flucht in Wien bekannt geworden war, erreichte Napoleon Grenoble, mehr als 300 Kilometer nördlich der Landungsstelle. »Die Einwohner von Grenoble waren stolz, den Kaiser in ihren Mauern zu haben.« Fünf Regimenter waren zu ihm übergelaufen, und er hatte ein großes Arsenal an Artilleriegeschützen, Gewehren, Pulver und anderen militärischen Nachschub bekommen. Keine einzige wichtige Brücke war zerstört worden, um seinen Vormarsch aufzuhalten.

Überhaupt wurden nur wenige Befehle befolgt. Viele Bonapartisten in der königlichen Armee verweigerten sie oder sabotierten ihre Ausführung, wenn sie nicht gleich zu Napoleon überliefen. Andere Franzosen wussten nicht recht, für welche Seite sie sich entscheiden sollten, und warteten lieber das Ergebnis ab.

Ludwig XVIII. hatte seit seiner Wiedereinsetzung so viele Fehler gemacht, dass er die Erinnerung an die schlimmsten Exzesse der napoleonischen Herrschaft praktisch ausgelöscht hatte. Wenn Napoleon in einer Stadt einmarschierte, wurde er von vielen als Befreier begrüßt. Seine Sympathisanten schwärmten auf der Suche nach seinen Anhängern in die beliebtesten Cafés aus und kehrten ermutigt zurück. Stadtbewohner unterbrachen ihre Arbeit und führten Privatgespräche, und Straßenhändler hörten eine Weile auf, ihre Ware anzupreisen, und beobachteten die erstaunlichen Ereignisse.

In Wien gaben die Nachrichten aus Frankreich keinen Anlass zur Freude. Und sie wurden täglich schlechter. Napoleons Vormarsch entfaltete eine enorme Dynamik, und die Soldaten des Königs liefen in Scharen zu ihm über. Man sah immer weniger Symbole des Königs wie Lilien und weiße Taschentücher. Und wenn sie doch auftauchten, wurden die Blumen oft zertreten, die Fahnen zerrissen und die Wappen der Bourbonen zerschlagen. Nur zehn Tage nach Napoleons Landung war mit Lyon schon die zweite französische Großstadt gefallen. Ludwig XVIII. hatte mit Verrat, Desertion und mit Inkompetenz in großem Stil zu kämpfen.

In Wien kam es wegen der Nachrichten aus Frankreich zu einem Börsensturz, und die spektakulären Ereignisse auf Napoleons Marsch nach Norden ließen einen neuen Krieg immer wahrscheinlicher erscheinen. Der Schweizer Bankier Eynard schätzte die Erfolgschancen von Napoleon zunächst auf 1 zu 1000 und wenige Tage später schon auf 1 zu 10. Nach zwei weiteren Tagen: Gleichstand. Wie um alles in der Welt hatte das passieren können? Hatte Napoleon, fragten sich manche, einen Pakt mit dem Teufel geschlossen?

Viele Diplomaten engagierten sich mit Leib und Seele gegen Napoleon, aber andere waren sichtbar erfreut über seinen Erfolg, insbesondere die vielen enttäuschten und entrechteten Delegationen, die über die Vorgehensweise des Kongresses zutiefst empört waren.

Auch die Preußen hatten schon lange nicht mehr so zufrieden gewirkt. Die Extremisten in ihrer Delegation wollten nicht nur Krieg, sondern hofften, eines Tages Frankreich von der Landkarte zu tilgen, indem sie es in Kleinstaaten wie die Bourgogne, Champagne, Auvergne, Bretagne oder Aquitaine zerstückelten und östliche Territorien, wie zum Beispiel Elsass und Lothringen, nach Deutschland heimholten. Der französische Besitz sollte direkt an die Verbündeten gehen oder wenigstens zur Begleichung der Kosten des neuen Krieges eingesetzt werden. Die preußischen Generäle wollten mit dem Schwert holen, was die Diplomaten mit der Feder nicht hatten erreichen können.

Und Talleyrand? Ihm verursachte Napoleons Erfolg eine Menge Probleme. Das Letzte, was er gewollt hatte, war eine erneute Invasion der Verbündeten in Frankreich, bei der Hunderttausende von Soldaten quer durch das Land marschieren und manche zweifellos wie »wilde Tiere« über das französische Volk herfallen würden. Dieses Szenario würde großes Leid verursachen, wie Talleyrand wusste, und die Chancen standen schlecht, dass Frankreich ein zweites Mal mit einem so milden Frieden davonkommen würde.

Angesichts dieser schwierigen Lage hatte Talleyrand einen Plan ausgebrütet, mit dem er erreichen wollte, dass die Delegierten in Wien ganz klar zwischen Frankreich und Napoleon unterschieden. Er wollte eine Deklaration verfassen, die ausdrücklich Napoleon, nicht jedoch Frankreich zum Feind erklärte. Vielleicht würde sich dann die ganze unvermeidliche Wut, die ein Krieg entfesselte, auf diesen Mann und seine Anhänger, aber eben nicht auf das ganze Land konzentrieren.

Talleyrand schrieb einen Entwurf, den er bei einem Treffen am 13. März vorlegen wollte. Der Einsatz war hoch. Als er das Palais verließ, sagte er seinen Beratern, die ihn zur Kutsche begleiteten:

> [...] stellt euch an die Fenster und späht nach mir aus. Habe ich den Sieg davongetragen, werde ich den Vertrag, von dem das Schicksal Frankreichs und Europas abhängt, aus dem Wagenschlag heraushalten.

In Talleyrands Entwurf wurde Napoleon als »wildes Tier« angeprangert und ganz Europa aufgerufen, die Welt von diesem »Banditen« zu befreien. Wie Talleyrand es formulierte, sollte »jede Maßnahme, die gegen Briganten zulässig ist, auch gegen ihn erlaubt sein«.

Historiker haben die Ächtung Napoleons immer wieder als unvermeidlich dargestellt, aber damals war sie keineswegs selbstverständlich. Als Metternich den Entwurf las, war er skeptisch. Sollte man für den Schwiegersohn von Kaiser Franz tatsächlich Bezeichnungen wie »wildes Tier« und »Bandit« verwenden? Auch Wellington fand die Terminologie unangemessen. Er hatte keine Sympathie für Napoleon, aber er wollte nicht den Eindruck erwecken, als würde er einen Mordaufruf unterstützen.

Die Debatte über die Deklaration, die Talleyrand dem Kongress aufdrängen wollte, tobte die ganze Nacht und erreichte gegen Mitternacht ihren lauten Höhepunkt, als 20 Diplomaten zugleich durcheinanderschrien, wie Humboldt berichtet. Am Ende legte Metternich eine gemäßigtere Fassung vor. Sie wurde angenommen.

Auch in dieser vom unermüdlichen Gentz verfassten Version wurde Napoleon Bonaparte praktisch zum Gesetzlosen erklärt und wegen seines skrupellosen Vertragsbruchs angeprangert. Außerdem hieß es in dem Dokument, Napoleon habe »sich selbst alles gesetzlichen Schutzes beraubt, und im Angesicht der Welt ausgesprochen, dass mit ihm weder Friede noch Waffenstillstand bestehen kann«.

Sosehr das Dokument entschärft worden war, verursachte es dennoch einen Skandal. In Wien durften nur die Mächte die Deklaration unterzeichnen, die auch im Ausschuss der Acht Mitglied waren. Alle anderen wurden ausgeschlossen. Neben vielen anderen waren auch der König von Dänemark und der König von Bayern nicht zu den Sitzungen eingeladen worden. Ja sie waren in der Angelegenheit nicht einmal konsultiert worden.

Außerhalb Wiens wurden zwei Formulierungen in der Deklaration besonders stark kritisiert: Die eine lautete, Napoleon habe »den einzigen Rechtstitel vernichtet, an den seine Existenz geknüpft war«, und die andere:

> Die Mächte erklären daher, dass Napoleon Bonaparte sich von den bürgerlichen und gesellschaftlichen Verhältnissen ausgeschlossen, und als Feind und Störer der Ruhe der Welt, den öffentlichen Strafgerichten [»vindicte publique«] preisgegeben hat.

Einige Zeitungen übersetzten die Wendung »vindicte publique« als »öffentliche Rache« und nicht nur, wie Metternich mit seinem besseren Verständnis des Französischen insistiert hatte, als »öffentliche Gerechtigkeit« oder »öffentliche Strafgerichte«. Die Wendung, Napoleon habe »den einzigen Rechtstitel vernichtet, an den seine Existenz geknüpft war«, bezog sich natürlich nur auf seine juristische Existenz, aber das war eine zu subtile Unterscheidung für die Zeitungsredakteure. Der Schaden war angerichtet. Falsche Übersetzungen waren abgedruckt, und die Kritiker hatten einen weiteren Vorwurf, den sie dem Kongress machen konnten: Die Friedensstifter versuchten »Bonaparte dem Dolch des Attentäters auszuliefern«.

Natürlich wurden Wellington und die britische Delegation am schärfsten für die Deklaration kritisiert. Sie kamen schließlich aus einem Land mit einem Parlament, einer aktiven oppositionellen Partei und einer relativ freien Presse. Samuel Whitbread, ein führendes Mitglied der Opposition, sprach für viele, als er die rachsüchtige und »abscheuliche« Deklaration kritisierte, die Napoleon zum Gesetzlosen abstemple und zu seiner Ermordung ermutige, obwohl die Bourbonen ihre Verpflichtungen ihm gegenüber nicht erfüllt hätten. Wellington wurde fast täglich kritisiert. Talleyrand dagegen konnte relativ unbesorgt bleiben. Seine Kritiker hatten ihm schon Schlimmeres vorgeworfen.

Er war hochzufrieden, als er seine elegante Unterschrift unter das Dokument setzen konnte. Er hatte sein wichtigstes Ziel erreicht. Weil Napoleon zum Gesetzlosen erklärt wurde, konzentrierte sich die Feindseligkeit auf ihn und nicht auf das französische Volk, vor allem aber diente es dazu, »den Verrätern die Zuversicht zu nehmen und die Loyalen zu ermutigen«. In einem Brief an König Ludwig pries Talleyrand das Dokument an: »Es ist sehr stark; nie hat es ein so machtvolles und wichtiges Dokument gegeben, das von allen Herrschern Europas unterzeichnet war.«

Tatsächlich war es das erste Mal in der Geschichte, dass Staaten einer einzigen Person den Krieg erklärt hatten. Als Talleyrand spät in der Nacht zu seiner Delegation in das Palais Kaunitz zurückkehrte, schwenkte er ein unterzeichnetes, mit schwarzen und roten Siegeln versehenes Dokument in der Hand. Die Mitglieder seines diplomatischen Stabs waren begeistert. »Ich glaube nicht«, meinte Talleyrand in seinem Brief nach Paris, »dass wir es hätten besser machen können.«

Persönlich betroffen von Napoleons Flucht war seine ihm entfremdete Ehefrau Marie-Louise. Obwohl sie ihm versprochen hatte, nach Elba zu kommen, hatte sie es nicht getan. Sie hatte aufgehört, ihm zu schreiben und seine Briefe zu beantworten und setzte stattdessen ihre Liebesaffäre mit Adam Albert von Neipperg fort.

Sie war nicht sofort über Napoleons Flucht informiert worden, sondern erfuhr erst am Mittwoch, dem 8. März, davon, als ihr Madame de Montesquiou, die Gouvernante ihres Sohnes, die Sache brieflich mitteilte, bevor es jemand anders tat. Marie-Louise nahm die Nachricht nicht gut auf. Wie die Agenten im Schloss meldeten, »brach sie in Tränen aus«, rannte auf ihr Zimmer und weinte hemmungslos, ihr »Schluchzen war bis ins Vorzimmer« zu hören.

Erst wenige Tage zuvor war ihr nach monatelanger Ungewissheit endlich doch das Herzogtum von Parma zugesprochen worden. Sie hatte sich darauf gefreut, dort mit ihrem Liebhaber Graf Neipperg zu leben und die schlechten Erinnerungen an den Wiener Kongress hinter sich zu lassen. Nun jedoch drohte Napoleons Flucht erneut ihr Leben durcheinanderzubringen. Könnte seine Verzweiflungstat nicht als Bruch des Vertrags interpretiert werden, der ihr das Herzogtum zusprach? Ihre Feinde hätten jetzt eine weitere Ausrede, das Territorium den spanischen Bourbonen zu übergeben. »Meine arme Louise, du tust mir schrecklich leid!«, sagte ihr Onkel Erzherzog Johann von Österreich. »Zu deinen und zu unseren Gunsten hoffe ich, dass er sich das Genick bricht!«

Nachdem Bonaparte, der Gesetzlose, sich selbst befreit hatte und der französischen Hauptstadt immer näher kam, war es wichtiger als je zuvor, den kleinen Napoleon strengstens zu bewachen. Der vierjährige

Knabe, der auf den Parkettböden in Schönbrunn spielte, war wieder zum potenziellen französischen Thronerben geworden, das Glied in der Kette, mit dem Napoleon eine Dynastie gründen konnte.

Aus der französischen Gesandtschaft verlautete, man habe das Gerücht gehört, dass der kleine Prinz entführt werden solle. Auch der Wiener Polizeichef Freiherr von Hager nahm die Bedrohung ernst. Angeblich befanden sich schon bonapartistische Agenten in der Stadt, und in der Nachbarschaft von Schönbrunn waren viele verdächtige Personen gesehen worden.

Mitte März vergrößerte Hager die Zahl der Bewacher, die auf dem Grundstück patrouillierten, und verlegte weitere Polizeibeamte als Bedienstete getarnt in das Schloss. Für den Notfall schickte Hager eine genaue Beschreibung des Jungen an die Polizeireviere und Zollstellen des Gebiets. Die Beamten sollten nach einem vierjährigen Knaben Ausschau halten, groß für sein Alter, mit blauen Augen, lockigem blonden Haar und einer markanten Stupsnase mit großen Nasenlöchern. Der Junge spreche Französisch und Deutsch und gestikuliere heftig.

Am 19. März, eine Nacht vor dem vierten Geburtstag von Napoleons Sohn, wurde angeblich der Versuch gemacht, ihn aus seinem Kinderzimmer zu entführen. Trotz offizieller Dementi kursierten Gerüchte über den Entführungsversuch. Bald war seine Gouvernante Madame de Montesquiou, eine leidenschaftliche Bonapartistin, als Schuldige identifiziert. Auch ihr Sohn Anatole, der kurz zuvor aus Paris angekommen war, geriet in Verdacht und wurde sofort verhaftet.

Es ist keineswegs bewiesen, dass das Kindermädchen oder ihr Sohn etwas mit der Sache zu tun hatten; beide beteuerten stets ihre Unschuld. Madame de Montesquiou wurde am folgenden Tag entlassen und viele andere in ihrem Umfeld ebenfalls. Die Polizei verschärfte die Sicherheitsmaßnahmen, um einen weiteren bonapartistischen Entführungsversuch zu verhindern oder gar Bemühungen der Royalisten, den Knaben für ihre Zwecke in ihre Gewalt zu bringen. Der kleine Napoleon musste von Schloss Schönbrunn in die Hofburg umziehen, wo er streng bewacht wurde.

*Kapitel 27*

# Mit den Veilchen des Frühlings

*Die Sache liegt nämlich so: Frankreich ist eine Diebes- und Räuberhöhle, und deshalb können die Franzosen als Verbrecher auch nur von Verbrechern regiert werden.*

Castlereagh

Mit wachsender Zuversicht näherte sich Napoleon der französischen Hauptstadt. In Erwartung seiner Rückkehr an die Macht hatte er mit der Ernennung seiner neuen Regierung begonnen: General Armand de Caulaincourt, sein früherer Außenminister, sollte wiedereingesetzt werden. General Lazare Carnot, »der Organisator des Sieges« in der Revolution, sollte das Innenministerium leiten, und Napoleons bester Kommandeur Marschall Louis-Nicolas Davout sollte Kriegsminister werden. Fleury de Chaboulon, der Napoleon auf Elba besucht hatte, bekam ebenfalls einen Posten und wurde sein Sekretär.

Im Gegensatz zu Bonapartes Veteranen, die bester Stimmung waren und zum Teil wieder die blauen Mäntel, roten Epauletten und hohen Bärenfellmützen der Alten Garde trugen, wirkten die Männer König Ludwigs demoralisiert. Marschall Michel Ney, »der Tapferste der Tapferen«, hatte geschworen, Napoleon in einem eisernen Käfig zurückzubringen. Aber selbst er wechselte die Seiten. Die Börse in Paris setzte ihre Talfahrt fort. Es wurden keine Zeitungen mehr gedruckt, und die Minister des Königs traten den ungeordneten Rückzug aus der Hauptstadt an.

Ludwig XVIII. versuchte seine Anhänger zu mobilisieren, indem er erneut versprach, sich dem Gesetzlosen Bonaparte entgegenzustellen. »Könnte ich im Alter von 60 Jahren meine Karriere besser beenden«, fragte er in einer Rede vor der französischen Abgeordnetenkammer, »als bei der Verteidigung meines Landes zu sterben?« Der Jubel über diese markigen Worte war groß, aber drei Tage später, vom 19. auf den 20. März, stieg er bei Nacht und Nebel in eine Kutsche und verließ die Hauptstadt.

Aus Sicherheitsgründen verließen sechs identische Kutschen gleichzeitig den Palast, trennten sich auf der Place de la Concorde und fuhren in verschiedene Richtungen davon. Die Kutsche mit dem König startete nach Norden. Die Kronjuwelen, ein Staatsschatz im Umfang von mehreren Millionen Francs und weitere Finanzreserven folgten der königlichen Kutsche. Ludwig konnte nicht vorsichtig genug sein. Er wollte nicht das gleiche Schicksal wie sein älterer Bruder Ludwig XVI. erleiden. Dessen Flucht aus Paris im Jahr 1791 hatte katastrophal mit seiner Gefangennahme und letztlich mit seiner Hinrichtung geendet.

Nach der Flucht des Königs wurde die weiße Flagge des bourbonischen Frankreich auf dem Palast eingezogen. Er wirkte nun ausgesprochen »düster und verlassen mit den paar vereinzelten Wachtposten, die zurückgeblieben waren«. Ganz Paris erschien mit Napoleon im Anmarsch wie »eine große Stadt in banger Ahnung, dass sie am Vorabend einer Katastrophe steht«.

Die Friedensstifter in Wien mussten sich der Tatsache stellen, dass ein neuer Krieg bevorstand. Was aber war der beste Weg, Napoleon zu schlagen? Wo sollten die Armeen platziert werden, und wer sollte sie befehligen?

Der Zar schien sich über die neue Herausforderung zu freuen und erbot sich, den Befehl über die Streitkräfte der Verbündeten persönlich zu übernehmen. Wellington, der ihm als Stratege und Politiker überlegen war, zögerte wohlweislich, das Angebot anzunehmen. Auch Metternich stellte sich quer, nachdem er den Zaren mit all seinen Schwächen sechs Monate lang aus nächster Nähe hatte beobachten können. Höflich, aber bestimmt wurde Alexander dazu überredet, erneut einen obersten Kriegsrat zu akzeptieren, der wie das letzte Mal aus ihm selbst, dem König von Preußen und dem österreichischen Feldmarschall Schwarzenberg bestehen sollte. Wellington schloss sich dem Rat nicht an, sondern wollte lieber »eine Muskete tragen«, und die Verbündeten hatten seine Anwesenheit auf dem Schlachtfeld auch bitter nötig.

Wie es aussah, würden die britischen und preußischen Streitkräfte sich auf den Norden konzentrieren – wahrscheinlich irgendwo im Gebiet der Niederlande –, und die österreichische Armee sollte entlang des Rheins das Zentrum und den Süden übernehmen. Die russische Armee stand noch in Polen, war also vom wahrscheinlichen Kriegsschauplatz irgendwo in der Nähe von Frankreich weit entfernt und würde so schnell wie möglich nach Westen marschieren müssen. Dies warf natürlich eine zusätzliche Frage auf: War es angesichts der akuten Spannungen mit Russland wegen seiner Ansprüche auf das besetzte Polen wirklich wünschenswert, dass eine russische Armee durch Deutschland und Westeuropa marschierte?

Eine der wichtigsten Entscheidungen bei den folgenden strategischen Beratungen erfolgte am 25. März: Die Großmächte erneuerten ein Abkommen, das sie am Ende des Krieges in Chaumont getroffen hatten, und gründeten dadurch offiziell die siebte Koalition. Alle Mächte verpflichteten sich, keinen Separatfrieden mit Napoleon zu schließen und je 150 000 Soldaten für den Feldzug bereitzustellen, wobei Großbritannien sich das Recht vorbehielt, statt der vereinbarten Soldaten zusätzliche Finanzmittel zur Verfügung zu stellen. Der Vertrag sollte 20 Jahre gelten – oder bis völlig ausgeschlossen wäre, dass Bonaparte weiteres Unheil anrichten könne.

Im März hatte die Herzogin von Sagan in ihrem Salon im Palais Palm seit vielen Monaten ein Fest nach dem anderen gegeben. Alles dort sei verdorben, ausschweifend, leichtsinnig, extravagant und voller Schulden und Missgriffe, urteilte jemand. Ihre Schulden waren gewaltig, und sie musste dringend Geld für die Gläubiger auftreiben.

Da Metternich einmal Interesse an einem bestimmten Saphircollier gezeigt hatte, wickelte die Herzogin es in ein Stück Samt und schickte es in sein Büro. Sie hoffte für die Juwelen einen vernünftigen Preis zu erzielen und bat ihn um Hilfe beim Verkauf. Metternich half gern. »Du willst den Thron nicht mit mir teilen«, hatte er ihr zuvor geschrieben, »aber du herrschst deshalb nicht weniger in meinem Reich.«

Zwei Tage später hatte er es tatsächlich geschafft, eine Käuferin aufzutreiben. Die Saphire der Herzogin gingen an Madame de Montesquiou, die ehemalige Gouvernante von Napoleons Sohn, die gerade wegen des angeblichen Entführungsplans entlassen worden war. Der Preis belief sich auf stattliche 3000 Dukaten, und die Rechnung wurde vom österreichischen Kaiser beglichen. Metternich hatte Franz I. dazu gebracht, Montesquiou die Saphire als Abschiedsgeschenk für die Jahre als Betreuerin des lebhaften Jungen zu kaufen. Der Besitzerwechsel des Colliers ist ein kleines Beispiel für Metternichs Begabung, mit verschiedenen Anliegen zu jonglieren, wobei es ihm immer wieder gelang, für alle Beteiligten gleichzeitig eine passende Lösung zu finden.

Talleyrand musste am Osterwochenende ebenfalls einen Jonglierakt meistern. Am Karfreitag um Mitternacht bekam die französische Gesandtschaft unerwarteten Besuch: die Herzogin von Kurland, Dorotheas Mutter und zugleich Talleyrands Geliebte.

Wie viele Aristokraten war die 54-jährige Herzogin hastig aus Paris geflohen, und sie hatte beschlossen, nach Wien zu kommen, das im Lauf des vergangenen Vierteljahrhunderts viele französische Adlige willkommen geheißen hatte. In der französischen Gesandtschaft jedoch dürfte die Ankunft der Herzogin einiges Unbehagen ausgelöst haben. Der weltklugen Frau dürfte es kaum entgangen sein, dass Talleyrand ihrer Tochter inzwischen nicht nur als erfolgreicher Gastgeberin der Gesandtschaft etwas abgewinnen konnte.

Selbst für Talleyrand, der ungewöhnliche Situationen gewohnt war, muss es ein bizarres Wochenende gewesen sein. Jedenfalls war die Vorstellung, dass Mutter und Tochter, deren Verhältnis ohnehin gespannt war, um die Aufmerksamkeit des smarten Franzosen konkurrierten, ein gefundenes Fressen für die Wiener Gerüchteküche. Selbst Dorotheas ältere Schwester, die Herzogin von Sagan, konnte der Versuchung nicht widerstehen, das sichtliche Interesse Talleyrands für ihre Schwester zu kommentieren: »Der große Mann bleibt zumindest in der Familie.«

Napoleon soll bei seiner Abdankung angekündigt haben, dass er mit den Veilchen des Frühlings nach Frankreich zurückkehren werde. Am Dienstag, dem 28. März, erfuhr man in Wien, dass er wieder an der Macht war. Er hatte dafür 23 Tage gebraucht. Dabei hatte er wie versprochen keinen einzigen Schuss abgegeben. Die Flucht von Elba war in vieler Hinsicht das kühnste und riskanteste Unternehmen seiner langen, durch monumentale Erfolge und kolossale Rückschläge gekennzeichneten Karriere. Die Bonapartisten wählten jetzt das Veilchen als Symbol für ihren Helden.

Dass Napoleon am 20. März, dem vierten Geburtstag eines Sohnes, nach Paris zurückgekehrt war, schien ebenfalls symbolträchtig. Seine Anhänger waren außer sich vor Begeisterung. Im Hof des Palastes umschwärmten jubelnde Bonapartisten seine Kutsche, und einer von ihnen berichtete später: »Weil der Kaiser sah, dass er nicht mehr weiterfahren konnte, stieg er mitten in der riesigen Menge aus, die ihn sofort verschlang.« Die Augenzeugenberichte stimmen nicht in allen Details überein, vermitteln aber einen lebhaften Eindruck von der euphorischen Stimmung in Paris. Laut einigen Berichten wurde der Kaiser die halbe Palasttreppe hinaufgetragen, anderen zufolge stieg er gemessenen Schrittes selbst hinauf, während einer seiner Anhänger rückwärts vor ihm herging und ungläubig wiederholte: »Sie sind es! Sie sind es! Sie sind es endlich!«

Nach der Flucht Ludwigs XVIII. hatten Napoleons Unterstützer den Palast für die Rückkehr ihres Kaisers vorbereitet. Die Wappen des Königs wurden von den Teppichen und Vorhängen entfernt – in vielen Fällen waren im Zuge der Restauration die napoleonischen goldenen Bienen einfach nur mit der bourbonischen Lilie übernäht worden. »Die Explosion der Gefühle war unwiderstehlich«, beschrieb ein Soldat die Begeisterung, von der auch Napoleon erfasst wurde. Er bezeichnete jene Periode später als die glücklichste Zeit seines Lebens.

Straßenverkäufer hatten damals Miniaturporträts von Napoleon, Marie-Louise und dem kleinen Prinzen im Angebot. Ein Artikel in der *Königsberger Zeitung* berichtete, dass sich die Schneider auf die Produktion zahlreicher neuer kaiserlicher Uniformen vorbereiteten. Die bonapartistischen Cafés und Restaurant machten ein gutes Geschäft.

Sie waren voll mit begeisterten Anhängern Napoleons. Sie »zechten, feierten und sangen ohne Unterlass«.

Als klar wurde, dass Napoleon einen überwältigenden Triumph errungen hatte, nahm Metternich einige alte Gewohnheiten wieder auf, zu denen auch regelmäßige Besuche in Wilhelmines Salon im Palais Palm gehörten. Die Herzogin war darüber entzückt und beglückwünschte ihn dazu, dass »Sie schließlich die Ketten durchbrochen [haben], die Sie von meinem Hause fernhielten«. Und sie sprach den Wunsch aus, dass es ihnen in diesen unsicheren Zeiten der Kriegsgefahr gelingen möge, sich »friedvoll [...] einer Freundschaft und angenehmen Beziehung zu erfreuen«.

Aber Metternich wollte natürlich mehr als nur eine Freundschaft. Hinter der Fassade seines heiteren Lächelns hatte er nicht aufgehört, sie zu lieben – auf immer und ewig, wie ihm damals scheinen mochte. Er habe viel geweint und leider erfolglos Hilfe bei Freunden gesucht. Ohne die Herzogin sei er ein heimatloser Wanderer in einer grausamen Welt, ein Mann, »der das Wrack des Schiffes, dem er sein gesamtes Vermögen anvertraute, stranden sieht«.

Der Abend des 28. März, an dem die Nachricht von Napoleons Einmarsch in Paris eintraf, war der letzte, den der Duke of Wellington in Wien verbrachte. »Ich gehe in die Niederlande, um dort den Oberbefehl über die Armee zu übernehmen«, verkündete er. Die Herzogin von Sagan gab an diesem Abend ein Abschiedsfest für ihn. »Er gab allen Damen einen Abschiedskuss und sprach die Hoffnung aus, sie alle in Paris wiederzusehen.«

Die britische Delegation hatte wieder eine neue Leitung. Dieses Mal würden sich Lord Clancarty und Lord Cathcart, die ursprünglich als Berater Castlereaghs nach Wien gekommen waren, die Aufgabe teilen. Die Friedenskonferenz war noch nicht zu Ende, und dennoch stand schon wieder ein Krieg bevor.

Nach einer aufreibenden Sitzung, die wieder einmal bis spät in die Nacht gedauert hatte, fand Friedrich von Gentz, der Generalsekretär des Kongresses, morgens beim Aufwachen eine Tasse Kaffee neben seinem Bett und die *Wiener Zeitung*. Auf der ersten Seite stand eine schockierende Bekanntmachung: 10 000 Dukaten Belohnung sollte jeder bekommen, der den bekannten Publizisten Friedrich von Gentz tot oder lebendig auslieferte oder einen Beweis für seine Ermordung vorlegte. Die Bekanntmachung war mit Napoleon unterzeichnet.

Was für ein Schock muss es gewesen sein, sein eigenes Todesurteil zu lesen. Der nervöse und neurotische Gentz litt ohnehin schon unter Schlaflosigkeit, weil er Angst hatte, dass Napoleon sich an ihm als dem Verfasser des Dokuments rächen könnte, das ihn geächtet hatte. Nun, nachdem ein Preis auf seinen Kopf ausgesetzt war, konnte ihn jeder mordlüsterne oder geldgierige Kopfgeldjäger in seiner Wohnung in der Seilergasse zur Strecke bringen. Es war allgemein bekannt, wo er wohnte. Wie konnte er jetzt noch abends auf den engen dunklen Straßen nach Hause gehen, wenn er einen Salon oder eine abendliche Diplomatenkonferenz besucht hatte? Würde er je wieder seines Lebens sicher sein?

Am selben Morgen besuchten Dorothea und Graf Clam-Martinitz Gentz in seiner Wohnung. Er war in einem schrecklichen Zustand: ein Nervenbündel zwischen halb gepackten Koffern, die auf eine überhastete Abreise hindeuteten. »Schauen Sie sich die erste Seite an«, sagte Gentz zur Erklärung und schob ihnen die Zeitung über den Tisch. »Ich muss die Stadt verlassen.« Er schüttete Pulver in eine Tasse, rührte mit fahrigen Bewegungen um und schaffte es nur zu trinken, »indem er sie mit beiden Händen zitternd zum Mund führte«.

Dorothea konnte ihn nicht länger leiden sehen und riet ihm, sich das Datum der Zeitung anzuschauen. Es war der 1. April. Metternich hatte es für amüsant gehalten, einen Aprilscherz zu organisieren und hatte zu diesem Zweck eigens das falsche Zeitungsexemplar drucken lassen. Am Abend brüstete sich Gentz bei einem Essen des bayerischen Diplomaten Carl Philipp von Wrede, er habe sich durch die falsche Zeitung keinen Moment lang irreführen lassen. Die Leute in seiner Umgebung wussten es besser. Der üble Scherz des Fürsten hatte »beinahe lähmend auf den Unglücklichen« gewirkt.

Solche Scherze halfen Metternich vielleicht, mit dem enormen Stress fertigzuwerden. Talleyrand hingegen hatte nichts zu lachen: Napoleon hatte sofort nach seiner Machtübernahme den Transfer von Finanzmitteln nach Wien gestoppt. Auch das Konto der französischen Gesandtschaft bei der Banc de France und damit ihr laufender Kredit waren gekündigt. Außerdem war der persönliche Besitz Talleyrands, der sich auf mehrere Millionen Francs belief, beschlagnahmt, und dasselbe galt auch für die Vermögenswerte vieler anderer Mitglieder der französischen Gesandtschaft.

Etwa zu diesem Zeitpunkt erkundigte sich Talleyrand nach den vielen vertraulichen Briefen, die er seit seiner Ankunft in Wien an den König und das Außenministerium geschickt hatte. »Ich hoffe, dass Sie all die Berichte, die ich die Ehre gehabt habe, Ihnen zu schreiben, mit sich genommen [...] haben«, schrieb Talleyrand an Seine Majestät. Auch die Berichte ans Außenministerium ...! Der Grund für seine Besorgnis war einfach: Seine Korrespondenz enthielt viele Aussagen, die bei seinen neuen Verbündeten Anstoß erregen konnten, und er wollte nicht, dass sie in die falschen Hände geriet.

Die Antwort auf Talleyrands Anfrage kam vom Interimsaußenminister im zeitweiligen Hauptquartier des Königs in Brüssel und war höchst beunruhigend. Ein paar Depeschen seien verbrannt worden, darunter die Geheimberichte von Elba und vermutlich auch die Dokumente über angebliche Entführungs- und Mordversuche. Unglücklicherweise jedoch habe die Regierung beim Verlassen der Hauptstadt unter großem Zeitdruck gestanden: »Was die Papiere betrifft, so hat kein Ministerium solche fortgebracht«, gestand der königstreue Verfasser des Briefes zerknirscht.

So kam es, dass der bei Weitem größte Teil der auf dem Wiener Kongress verfassten vertraulichen Korrespondenz Talleyrands, und auch der Geheimvertrag, den Frankreich mit Großbritannien und Österreich geschlossen hatte, nun offen in den Räumen des Außenministeriums herumlag und auf Napoleon wartete.

*Kapitel 28*

# »Vive le roi!« schreiende Nichtstuer

*Umarmen wir uns, und alles sei vergessen.*

Zar Alexander zu Metternich

Nach Napoleons Rückkehr musste sich der Kongress der unangenehmen Tatsache stellen, dass Joachim Murat, der frühere Marschall des Kaisers, immer noch König von Neapel war. Murat war auch immer noch derselbe ruhelose und stolze Befehlshaber der Kavallerie, der zu riskanten Schritten neigte. Er brannte außerdem darauf, in dem sich zuspitzenden Drama eine Rolle zu spielen. Am 30. März, als die Aufmerksamkeit des Wiener Kongresses ganz auf die Ereignisse in Frankreich konzentriert war, unternahm er einen Überraschungsangriff auf den Kirchenstaat, wobei er sich auf das hehre Ziel der Einigung Italiens berief.

Es war eine überstürzte Tat, von der ihm viele seiner Berater abgeraten hatten. Auch seine Frau Caroline war strikt gegen jede Aktion, die als Bruch seiner Verträge mit Österreich ausgelegt werden konnte. Murat jedoch hatte erwidert: »Was brauche ich Bündnisse, wenn mich die Italiener als ihren Herrscher begrüßen?«

Selbst Napoleon war gegen eine solche Invasion gewesen. Tatsächlich hatte er Murat sogar ausdrücklich befohlen, *nicht* anzugreifen, wenigstens jetzt noch nicht. Das richtige Timing war alles, und zu diesem Zeitpunkt brauchte Napoleon einen Murat, der im Süden stand, damit sich Österreich um seine italienischen Besitzungen sorgte. Murat jedoch war von Napoleons Erfolgen fasziniert und wollte selbst auch welche erleben. Und er war überzeugt, dass er Erfolg haben würde, genau wie mit seinen kühnen Attacken bei Marengo, Austerlitz, Jena, Eylau und in vielen anderen Schlachten, als er eine Schlüsselrolle bei Napoleons Siegen gespielt hatte.

Talleyrand, der die anderen Diplomaten seit Monaten vor der Gefahr zu warnen versuchte, die von Murat ausging, hatte es nun viel leichter. Endlich habe Murats Angriff Österreich die Augen geöffnet und seinem Zögern und Zaudern ein Ende gesetzt.

Der Punkt war nicht, dass Österreich erst jetzt erkannt hätte, was für ein gefährlicher Mann Murat war, sondern dass dieser endlich den fatalen Fehler begangen hatte, mit dem Metternich schon lang rechnete. Nun erklärte Österreich den Krieg und setzte 100 000 Soldaten in Marsch, um in Italien die Ordnung wiederherzustellen. Die Neapelaffäre, sagte Talleyrand voller Zuversicht, werde sehr bald bereinigt sein.

Und wenn dieses Problem erst gelöst wäre, würden sich wahrscheinlich auch die restlichen wie von selbst erledigen. Dann müssten sie nur noch die Artikel sammeln, die sie schon verabschiedet hätten, und daraus die Akte zusammenstellen, die den Kongress beenden werde, wie Talleyrand hoffte.

Je früher der Kongress zu Ende wäre, umso besser – wenn es nach Frankreich gegangen wäre. Seine Gesandtschaft war praktisch bankrott. Zum Glück war es Talleyrand gelungen, eine Art finanzielle Katastrophenhilfe von den Engländern zu bekommen, aber sie deckte kaum die grundlegenden Ausgaben ab, ganz zu schweigen vom Stapel unbezahlter Rechnungen. Talleyrand musste einen Großteil seines Stabs nach Hause schicken, darunter den Leiter und mehrere Mitarbeiter. Während er noch mit seiner prekären Finanzlage kämpfte, ging Napoleon einen Schritt weiter und entzog ihm die Vollmacht als französischer Diplomat.

Es waren bereits Boten aus Paris nach Wien unterwegs mit den Papieren zur offiziellen Beendigung der Mission von Talleyrand, Dalberg und der ganzen »diplomatischen Phalanx« im Palais Kaunitz. Die französische Gesandtschaft stellte plötzlich fest, dass sie niemanden mehr vertrat – abgesehen von einem entflohenen und entthronten König.

Gegenüber der Dynastie der Bourbonen, die Frankreich praktisch kampflos dem Feind überlassen hatte, war die Stimmung in Wien umgeschlagen. Die Unterstützer des Königs hielten ihm nur noch halbherzig die Treue. Castlereagh bezeichnete sie als »›Vive le roi‹ schreiende Nichtstuer«. Jetzt hatte der König ein Problem, denn wie Talleyrand zu Recht mahnte, musste er nun beweisen, dass er noch die Unterstützung seines Volkes hatte. Außerdem sollte er so bald wie möglich nach Frankreich zurückkehren, und auf keinen Fall durfte er irgendwo in Küstennähe bleiben. Damit würde er nur den Eindruck erwecken, als ob er bald erneut nach Großbritannien fliehen wollte.

Frustrierenderweise kamen tagelang keine neuen Nachrichten, weder von Ludwig XVIII. noch von irgendjemandem aus dem ins Exil gegangenen Außenministerium, das seinen Aufenthalt bereits von Brüssel nach Gent verlegt hatte. Talleyrand war es durchaus gewohnt, viel nach eigenem Ermessen zu entscheiden, aber in diesem späten Stadium des Wiener Kongresses war der Informationsmangel auch für ihn irritierend, und er sah sich gezwungen, »mit äußerster Ungeduld« auf jeden Informationsschnipsel zu warten.

Der Frühling ließ in diesem Jahr in Wien nicht lange auf sich warten, und die Festsäle und Salons belebten sich wieder, wenn auch nicht mehr ganz mit der gleichen Starbesetzung wie zuvor. Viele gingen hinaus in die Natur und genossen den blühenden Prater, aber viele saßen auch in den langwierigen Konferenzen fest, die zur Regel geworden waren. Eine neue kriegerische Stimmung hatte den Kongress ergriffen. In zahleichen Beratungen hatten militärische Angelegenheiten nun oberste Priorität, und die Friedensstifter kamen meist zusammen, um Befehlshaber zu ernennen, Truppen zuzuweisen, andere Mächte zur Teilnahme an ihrem Bündnis zu bewegen und vor allem, um ganz allgemein eine Strategie für den Kampf gegen Napoleon zu entwickeln.

»Wenn wir diese Aufgabe übernehmen«, schrieb Castlereagh aus London an die britische Delegation, »darf nichts dem Zufall überlassen bleiben. Wir müssen im größtmöglichen Maßstab vorgehen.« Die Verbündeten müssten eine riesige Streitmacht zusammenziehen, hart zuschlagen und »Frankreich aus allen Richtungen überfluten«.

Das würde jedoch teuer werden, und nach dem letzten Krieg hatten nur wenige Staaten noch die Mittel für ein solches Unternehmen. Viele Delegierte fassten daher die Beratungen im Kriegsrat als Einladung auf, bei Großbritannien um finanzielle Unterstützung zu werben. Die Londoner Regierung wurde als eine unerschöpfliche Geldquelle betrachtet, die ihre Gaben großzügig verteilte. Ihre Subsidien sollten zum einen für eine gut ausgerüstete Armee sorgen, und zum anderen hofften viele, sie könnten auch die schlimmsten Exzesse bei den Plünderungen vermeiden, zu denen es immer kam, wenn große Armeen ins Feld geführt wurden. Insbesondere die Preußen waren als rachsüchtige »Prätorianergarde« der Neuzeit verschrien.

Einige der kleineren deutschen Staaten verlangten auch eine Gegenleistung für ihre Teilnahme an der Koalition. Sie versprachen, im Krieg die Verbündeten zu unterstützen, wenn der Kongress die Gründung eines Deutschen Bunds garantierte. Das auf diese Weise in einem losen Staatenbund vereinigte Deutschland sollte außerdem eine »liberale Verfassung« erhalten, mit vielen Rechten für das Volk, von der Presse- bis zur Religionsfreiheit.

Während all diese Forderungen mit unerwartetem Nachdruck vertreten wurden, hatten die Großmächte auch noch mit erschreckenden Anzeichen von Illoyalität bei ihren eigenen Soldaten zu kämpfen. Viele Sachsen zum Beispiel zeigten offen ihre Empörung über die Eingliederung ins Königreich Preußen. Der König von Sachsen hatte sich nie damit einverstanden erklärt, auf einen Teil seines Landes zu verzichten, und er hatte seine Soldaten auch nicht von dem Eid entbunden, den sie auf seine Person geleistet hatten. Viele Sachsen hätten zweifellos lieber gegen ihre neuen preußischen Herrscher als gegen Napoleon gekämpft.

Auch Bayern versuchte, von der instabilen Lage nach Napoleons Rückkehr zu profitieren. Es wollte doppelt so viele Soldaten schicken, als Wien angefordert hatte, aber diese enthusiastische Unterstützung kam Metternich verdächtig vor. Österreich und Bayern hatten sich immer noch nicht darüber geeinigt, wem das Salzburger Land gehören sollte, und Metternich fürchtete nun, Bayern könnte die Bedrohung durch Napoleon schamlos ausnutzen, um eine riesige Streitmacht zu mobilisieren und sie unter dem Vorwand der Verteidigung in eine strategische Offensive zu führen. So könnte Bayern entweder auf diplomatischem Wege oder auf dem Schlachtfeld Österreich aushebeln und sich neue Gebiete sichern.

Als Napoleon nach Paris zurückgekehrt war, gab er sich als neuer Mensch, der aus seinen Fehlern gelernt habe. Er versprach, künftig maßvoller zu handeln, und garantierte eine liberale Verfassung mit Pressefreiheit. Er werde ein »Reich der Freiheit« gründen und sich an alle bestehenden Verträge halten, auch an solche, in denen seine früheren Eroberungen anderen Staaten zugeteilt worden waren. Als Gegenleistung forderte er nur seine Anerkennung als legitimer Herrscher Frankreichs.

Die führenden Politiker in Wien wussten aus Erfahrung, dass Napoleons Friedensangebote mit Vorsicht zu genießen waren. Viele waren sich sicher, dass diese neuerdings von ihm beschworene Vertragstreue genauso viel galt wie bei allen früheren Verträgen, die er gebrochen hatte.

Im Bewusstsein der Gefahr, die durch die für Napoleon typische Politik des »divide et impera« (»teile und herrsche«) drohte, erarbeiteten die Delegierten in Wien eine weitere Deklaration, in der sie die Ziele ihrer Koalition und die Grundlage ihres Krieges gegen den »entsprungenen Tiger« noch einmal bestätigten: Europa bewaffne sich nicht gegen Frankreich, sondern genauso sehr zum Wohle Frankreichs wie zu seiner eigenen Sicherheit. Es kenne keinen anderen Feind als Napoleon Bonaparte und alle, die für seine Sache kämpfen.

Der Wiener Kongress erkannte die Legitimität von Napoleons Herrschaft nicht an, und die vielen Gesandten, die er nach Wien schickte, wurden nur als »Boten« behandelt und schlichtweg ignoriert.

Trotz weitgehender Übereinstimmung aller Teilnehmer wurde es jedoch immer schwieriger, Napoleons Abgesandte zu ignorieren. Und war die Tatsache, dass die Delegierten zur Bekräftigung eine zweite Deklaration verabschiedeten, nicht auch ein Zeichen dafür, dass sie doch nicht so einig waren, wie sie nach außen hin erscheinen wollten?

Napoleon rechnete sich immerhin eine gewisse Chance aus, dass Österreich mit ihm als französischem Herrscher Frieden schließen würde. Schließlich hatte er eine habsburgische Frau, die ihm einen Sohn geboren hatte, und von Metternich wusste man, dass er von allen

Verbündeten Napoleon am wenigsten feindlich gegenüberstand. Viele Delegierte auf dem Kongress fürchteten deshalb schon, dass Metternich insgeheim vorhatte, Napoleon als französischen Herrscher zu akzeptieren.

Auch der russische Zar konnte vielleicht aus der Koalition weggelockt werden. Er hatte in Wien einen freundlichen Umgang mit vielen Mitgliedern der Familie Bonaparte gepflegt, Marie-Louise häufig in Schönbrunn besucht und viel Zeit mit Napoleons Stiefsohn Eugène de Beauharnais verbracht. Zudem besaß Napoleon inzwischen die Kopie eines Geheimvertrags, aus dem hervorging, was die sogenannten Verbündeten des Zaren wirklich von ihm dachten.

Was Großbritannien betraf, so wusste Napoleon, dass er praktisch keine Chance hatte, Castlereagh und die Tory-Partei, die die Parlamentsmehrheit hatte, auf seine Seite zu ziehen. Er könnte jedoch ihre Regierung schwächen. Unmittelbar nach seiner Machtübernahme schaffte er in Frankreich den Sklavenhandel ab und erledigte so mit einem Federstrich, was der Kongress erst nach endlosen Debatten und zahllosen Zugeständnissen erreicht hatte. Die Oppositionsführer der Whig-Partei waren davon sehr beeindruckt und griffen daraufhin die Regierung heftig an, weil sie gegen diesen aufgeklärten Herrscher Krieg führen wollte.

Napoleon wusste sehr genau, woran er appellieren musste – und mit welchen Mitteln; so hatte er auch einen Plan, um Talleyrand zu gewinnen. Er versprach ihm zu verzeihen und räumte ein, ebenfalls Fehler gemacht zu haben. Trotz aller Differenzen in der Vergangenheit wollte er Talleyrand wiederhaben: Er sei immer noch der Mann, der über das Jahrhundert, die Kabinette und die Völker am besten Bescheid wüsste Der Bote, den Napoleon als Überbringer seiner Versöhnungsbotschaft auswählte, war kein anderer als Talleyrands Sohn Graf Auguste-Charles-Joseph de Flahaut de La Billarderie, hervorgegangen aus einer Affäre, die Talleyrand 30 Jahre zuvor in Paris gehabt hatte.

Als Flahaut Probleme hatte, Wien zu erreichen, weil er in Stuttgart von Beamten des Königs von Württemberg festgenommen wurde, schickte Napoleon als weiteren Kurier Graf François-Casimir Mouret de Montrond, einen charmanten Abenteurer, der in den Pariser Salons wahlweise als der »schöne Montrond« oder als der »teuflischste Mann Frankreichs« bezeichnet wurde. Er war lange eng mit Talleyrand befreundet gewesen. Dank der alten Freundschaft würde er sicher die Gelegenheit bekommen, Napoleons Appell zu überbringen, und dann würde sein Charme, wie Napoleon hoffte, den Rest besorgen.

Montrond schaffte es nach Wien, indem er den falschen Namen Abbé Altieri benutzte. An seinem ersten Abend im Palais Kaunitz fragte er Talleyrand ganz direkt, ob er als französischer Außenminister wirklich einen Krieg gegen Frankreich unterstützen könne.

»Lesen Sie die Declaration«, sagte Talleyrand und zeigte ihm die *Wiener Zeitung*, in der Bonaparte zum Gesetzlosen erklärt wurde. »Es ist nicht ein Wort darin, mit dem ich nicht übereinstimmte.« Außerdem, fuhr er fort, sei »nicht von einem Kriege gegen Frankreich, sondern gegen den Mann von Elba die Rede«.

Das war eine klare Antwort ohne die Doppeldeutigkeit, die die Äußerungen von Talleyrands eloquentem Kollegen Metternich so häufig verschleierte. Oder war sie, wie einige von Talleyrands Feinden fürchteten, nur ein Mittel, um den Preis für eine Zusammenarbeit in die Höhe zu treiben? Es kann als fast sicher gelten, dass Talleyrand nicht die Absicht hatte, sich Napoleon anzuschließen, obwohl sein früherer Chef den Einsatz immer weiter erhöhte.

Ende des Monats überbrachte ein anderer Abgesandter ein zusätzliches Angebot, das an den berüchtigten Geschäftssinn Talleyrands appellieren sollte: Er werde seinen gesamten beschlagnahmten Besitz in Frankreich zurückbekommen und zusätzlich ein Jahresgehalt von etwa 200 000 Livres erhalten, wenn er sich wie ein Franzose benehme und ihm ein paar Dienste erweise. Eine abschlägige Antwort werde Napoleon selbstverständlich als Beleidigung und Zeichen von Feindseligkeit interpretieren.

Mit seiner Flucht aus Paris im März 1815 war Ludwig XVIII. das Risiko eingegangen, sich als feiger Herrscher, der nur um die eigene Sicherheit besorgt war, unbeliebt zu machen. Dennoch klammerte er sich an die Überzeugung, dass er immer noch von der großen Mehrheit der Franzosen unterstützt würde. Es wäre nur eine Frage der Zeit, bis sich seine treuen Untertanen gegen den Gesetzlosen erheben würden. Jetzt fehlte nur noch der Funke, der das Feuer der Unterstützung entfachen würde. Vielleicht konnte ja der Wiener Kongress den zündenden Funken erzeugen?

Talleyrand hingegen war sich schmerzlich bewusst, wie schwierig es sein würde, die führenden Kräfte erneut für eine Wiedereinsetzung des Bourbonen zu mobilisieren. Der König hatte unter anderem den Senat gesäubert und eine strenge Zensur eingeführt, und sein Regime sprach allen Freiheiten hohn, die man den Franzosen für den Fall einer Rückkehr der Bourbonen versprochen hatte. Sie machten einen Fehler nach dem anderen. »Sie haben nichts gelernt und nichts vergessen«, wie man allgemein vom Haus der Bourbonen sagte.

Der russische Zar bedauerte bereits, dass er sie wieder an die Macht gebracht hatte, und wollte diesen Fehler nicht wiederholen. Auch Metternich suchte heimlich nach Alternativen. Wie er in diesem Frühjahr der Herzogin von Sagan anvertraute, wirkten die Bourbonen auf ihn moralisch angekränkelt, den Regierungsgeschäften nicht mehr gewachsen. In ihrer Abneigung gegen die Bourbonen waren sich Metternich und Alexander ausnahmsweise einig.

Die wichtigsten Fürsprecher der Bourbonen waren die britischen Delegierten. Großbritannien hatte König Ludwig nicht nur während seines langjährigen britischen Exils im Hartwell House, Buckinghamshire, unterstützt, sondern auch seine Wiedereinsetzung auf den französischen Thron betrieben. So gesehen hatten die Briten schon viel in den König investiert und würden ihn jetzt vermutlich nicht gleich fallen lassen wollen. Und Castlereagh setzte auf Ludwig als Garanten eines freundlich gesinnten Frankreich und eines stabileren Friedens.

Eine erneute Inthronisierung eines Bourbonen gegen den Willen von Metternich und Alexander und offenbar auch vieler Franzosen würde aber nicht einfach werden. Auch in Castlereaghs eigenem Land waren viele gegen einen Krieg zu diesem Zweck. Der englische Staat hatte im Krieg gegen die Vereinigten Staaten wie auch im langwierigen Kampf gegen Napoleon ohnehin schon eine erhebliche Schuldenlast angehäuft. Im Februar hatte sie die Summe von 700 Millionen Pfund Sterling überschritten, und allein die Ausgaben dafür verschlangen jedes Jahr ein Drittel des britischen Staatshaushalts.

Im letzten Krieg hatte Großbritannien Russland, Preußen, Österreich, Spanien, Portugal, Sizilien, Schweden, auch Bayern und viele andere deutsche Staaten finanziell unterstützt, damit sie gegen Napoleon kämpften. Sollte Großbritannien denn an »die ganze Welt« Subsidien zahlen? War die erneute Wiedereinsetzung der Bourbonen es wirklich wert, so viele Menschenleben zu riskieren, die Bedrohung der britischen Wirtschaft durch den Krieg in Kauf zu nehmen und weiterhin die verhasste Einkommenssteuer zu erheben, die Großbritannien als erstes Land der Welt eingeführt hatte?

Die Mitglieder der oppositionellen Whigs waren jedenfalls nicht dieser Ansicht. Sir Francis Burdett zum Beispiel wollte das Land keinesfalls für die Wiedereinsetzung der Bourbonen »in ein Meer von Blut tauchen«. Die Dynastie der Bourbonen hatte für viele Engländer eine negative Leistungsbilanz. Der scharfzüngige Zeitgenosse Richard Sheridan brachte diese Unzufriedenheit gut zum Ausdruck, indem er die britische Außenpolitik in den vergangenen 150 Jahren wie folgt zusammenfasste: In der ersten Hälfte habe man versucht, die Bourbonen abzusetzen, und in der zweiten, sie wieder einzusetzen.

Außerdem spreche es eine deutliche Sprache, wie leicht Napoleon die Rückkehr gefallen sei, argumentierten die Whigs. Es bestehe kein Zweifel, dass dieser Napoleon französischer Kaiser sei, weil das französische Volk es so wolle. Burdett sprach aus, was viele dachten: Sollten die Franzosen doch ihre eigenen Angelegenheiten selbst regeln. Es sei nicht die Aufgabe Großbritanniens oder Europas, sich in ihre inneren Konflikte einzumischen.

Während all dies im Parlament, in den Zeitungen und in den Klubs des Landes debattiert wurde, traf der Duke of Wellington eine folgenschwere Entscheidung: Er sagte die volle britische Unterstützung für die Kriegsanstrengungen zu. Dies war selbst angesichts seines großen Handlungsspielraums als Hauptbevollmächtigter auf dem Kongress ein riskanter Schachzug. Trotzdem ging er so weit, die britische Kriegsteilnahme zu garantieren. Bis sich die Truppen der Verbündeten in Marsch setzten, hatte niemand in der britischen Opposition und auch sonst niemand in Großbritannien die Zeit zu erkennen, was da gerade passierte: Großbritannien zog in den Krieg.

Angesichts der düsteren Aussichten für die Bourbonen, die ihren Hof ins belgische Exil nach Gent verlegt hatten, galt ihnen Talleyrand als größte Zukunftshoffnung. Arnail-François de Jaucourt, Talleyrands Interimskollege im Außenministerium, ersuchte ihn daher brieflich, seine Tätigkeit in Wien zu beenden und so schnell wie möglich zum König zurückzukehren, wo ein hohes Amt auf ihn warte.

Auch viele andere Minister, die mit dem König ins Exil gegangen waren, traten für Talleyrands Abberufung ein – aber keinesfalls, damit er eine noch einflussreichere Position bekam. Er sollte aus Wien weggelockt und dann kaltgestellt werden. Extreme Royalisten in der Umgebung des Königs hatten ihm seine Vergangenheit nie verziehen: Er hatte sich als Adliger der Revolution angeschlossen und geholfen, Bonaparte an die Macht zu bringen. Kein Beweis hätte ausgereicht, um sie zu überzeugen, dass Talleyrand nicht weiter intrigierte. Es würde sicher nicht lange dauern, bis sich die Schlange wieder häutete.

Ende April rief Ludwig XVIII. Talleyrand tatsächlich zurück nach Gent. Doch der Außenminister verzögerte seine Abreise, und das mit gutem Grund. Wie er zu Recht vermutete, waren die Motive vieler enger Berater des Königs sehr mit Vorsicht zu genießen. Vor allem jedoch wusste er, dass die Verhandlungen in Wien bald zum Abschluss kamen, und er wollte nicht ausgerechnet in dem Moment abreisen, wo der Kongress seinen Höhepunkt erreichte.

»Mein Bedürfnis, an der Seite Eurer Majestät zu weilen«, lautete seine Antwort, »würde mich morgen aufbrechen lassen, wenn die Dinge schon so weit gediehen wären, dass nur noch meine Unterschrift erforderlich wäre oder wenn das Ende des Kongresses noch fern wäre.« Und in einem anderen entschuldigenden Brief argumentierte er, dass andere Kongressteilnehmer bereits ihre Abreise vorbereiteten und auch er bald aufbrechen könne, ohne den Interessen des Königs zu schaden, weil er den Kongress dann nicht mehr als einer der Ersten verlassen würde.

Zwei Wochen später schickte er immer noch Entschuldigungen für die Verzögerung. Es war klar, dass alle, die seine Abberufung wollten – ob Freund oder Feind –, einen wichtigeren Grund für seine Rückkehr finden mussten als einen direkten Befehl des Königs.

*Kapitel 29*

# Abschiede

*Der Dämon ist nicht fern, und das Höllentor steht immer offen.*

Kardinal Consalvi

Napoleon wollte unbedingt eine Verständigung erreichen. Er schickte Abgesandte nach Wien, einen nach dem anderen, und sie wurden alle abgefangen. Selbst sein neuester Kurier, Monsieur de Stassart, ein früherer Kammerherr des österreichischen Kaisers Franz, kam nicht durch. Er wurde in Bayern verhaftet, seine Briefe beschlagnahmt und an den Kongress weitergeschickt. Metternich versprach, die konfiszierten Briefe in Anwesenheit seiner Kollegen zu öffnen.

Am 3. Mai wurden Napoleons dem Anschein nach ungeöffnete geheime Briefe in den Konferenzraum gebracht und auf den inzwischen allen vertrauten grünen Tisch gelegt. Ob Metternich ihren Inhalt bereits dank des österreichischen Cabinet Noir kannte? Kaum vorstellbar, dass nicht.

Doch bevor er die Briefe öffnete, ließ Metternich alle Diplomaten, deren Anwesenheit nicht unbedingt erforderlich war, aus dem Raum komplimentieren. An diesem Tag betraf das nur eine Person, den preußischen Kriegsminister General Hermann von Boyen, der erst im Monat zuvor in der Stadt angekommen war. Wilhelm von Humboldt wurde gebeten, seinen Kollegen hinauszugeleiten. Er tat wie geheißen und eilte schnell zurück zum Schauplatz der Enthüllung. Der Kriegsminister blieb empört und beleidigt draußen.

Mit großer Geste brach Metternich die Siegel, faltete die Briefe auseinander und begann das monströse Gekritzel Napoleons zu entziffern. Der betonte natürlich seine friedlichen Absichten und brachte die Hoffnung zum Ausdruck, dass Österreich mit ihm Frieden schließen werde. Metternich bekräftigte sofort sein Engagement für die Verbündeten und verkündete, dass er Napoleons Anfrage nicht einmal einer Antwort würdigen werde. Das Ganze war als eine einzige theatralische Solidaritätsbekundung inszeniert. Es fehlte nicht viel, dass er sich nach dieser Vorstellung verbeugte und Handküsse ins Publikum warf.

Später am Abend, bei einem Diner in den Räumen von Staatskanzler Hardenberg, hatte Humboldt das Pech, wieder auf Boyen zu treffen. Der Kriegsminister war immer noch ziemlich verärgert über Humboldt, oder besser gesagt: Er war außer sich vor Wut. Am Ende ihrer Auseinandersetzung auf einem Balkon forderte der preußische Kriegsminister den Botschafter Humboldt zum Duell.

Humboldt war nicht gerade eine Kämpfernatur. Der schwedische Delegierte Carl Axel Graf von Löwenhielm hatte diese Eigenschaft zuvor schon treffend mit der ironischen Bemerkung kommentiert, dass er hoffe, den preußischen Botschafter als Gegner zu bekommen, falls die Streitpunkte des Kongresses im physischen Zweikampf entschieden werden sollten.

Humboldt versuchte sich zu entschuldigen, doch der stolze Minister wollte davon nichts hören. Die Herausforderung sei ausgesprochen, und das Duell werde wie geplant stattfinden. Man werde sich am kommenden Freitag, dem 5. Mai, um drei Uhr nachmittags treffen und sich zu einem abgelegenen Ort am Stadtrand begeben.

Zur vereinbarten Zeit ging Humboldt zum Duell, nachdem er den Morgen in einer Konferenz verbracht und sich gestärkt hatte, »was ja auch die homerischen Helden immer vor dem Kampf taten«. Es wurde an einen noch abgeschiedeneren Ort verlegt, eine »hübsche Wiese dicht am Walde« in der Weinbauregion bei Spitz. Der Kriegsminister hatte den ersten Schuss, zielte mit seiner Pistole auf Humboldt und schoss dann in letzter Sekunde absichtlich vorbei. Bei Humboldt »versagte die Pistole«. Danach sprachen und lachten die beiden Kontrahenten miteinander und »schieden in voller Freundschaft«. Humboldt schrieb in einem späteren Brief an seine Frau, er halte Duelle für

»eitel Torheit«, aber eine, die mitzumachen ihm immer leichter – sprich: feiger – erschienen sei, als sie zu verweigern.

Weil sich die Polizei in Wien auf die Informationsbeschaffung und die Aufrechterhaltung von Sicherheit und Ordnung konzentrierte, war die ländliche Umgebung der Stadt exponierter als sonst und wurde, wie sich ein Zeitgenosse beschwerte, von zahlreichen Plünderern, Deserteuren und Veteranen heimgesucht, die keiner »ehrlichen Arbeit« nachgehen wollten. Eine dieser Gestalten war der junge Exsoldat Johann Georg Grasel. Er war (zumindest in den Augen seiner romantischen Zeitgenossen) so empört über die »Ungleichheit der Güter«, dass er deren gerechtere Verteilung selbst in die Hand nahm. Der junge Mann war ein Gesetzloser: Er sollte der Robin Hood des Wiener Kongresses werden.

Um den jungen Räuberhauptmann und seine Bande, die sich irgendwo in einem Schlupfwinkel in den Wiener Wäldern versteckten, rankten sich schnell Legenden. Die Schar seiner Anhänger wuchs zusehends, und bald war die Rede von 50, 60 oder gar Hunderten von Mitgliedern. Während des ganzen Frühjahrs häuften sich die Verbrechen, die ihm zur Last gelegt wurden und im Volksmund schon fast mythische Dimensionen annahmen. So besaß die Bande angeblich eigene Pferde für schnelle Überfälle, plünderte aber, wie es hieß, »nur Schlösser und Ämter«. Unter dem Einfluss der Romantik wurde Grasel schon bald als ein Mann des Volkes gefeiert, der das Ziel habe, »dem Staat und den Reichen [zu] nehmen, um denen zu geben, die er bedrückt glaubt«.

Grasel und seine Waldräuber machten sich an keine der wichtigen Delegationen heran und behelligten auch sonst niemanden von Rang und Namen auf dem Kongress, stießen aber dennoch in Wien auf großes Interesse. Kritiker Napoleons sahen in Grasel eine Art Miniaturausgabe des geächteten Franzosen, während andere die Banditen mit den Preußen verglichen, die den Sachsen und anderen Deutschen mutwillig ihr Land raubten. Kritiker, die den Kongress insgesamt beschuldigten, die Mittellosen zugunsten der Besitzenden auszunehmen, fanden den populären Räuber beeindruckend, weil er gegen die Reichen und Mächtigen vorging. Seine Laufbahn war allerdings nur kurz: Er wurde noch im Jahr 1815 verhaftet und später hingerichtet.

In der Hoffnung, dem russischen Zaren für die wahre Haltung seiner Verbündeten Großbritannien und Österreich die Augen zu öffnen, schickte Napoleon ihm eine Kopie des Geheimvertrags, den beide Mächte im Januar mit dem bourbonischen Frankreich geschlossen hatten. Alexander tobte. Er stampfte wutentbrannt durch seine Zimmerfluchten und regte sich laut seinem Berater Ioannis Antonios Kapodistrias so auf, dass er ein knallrotes Gesicht und violette Ohren bekam. Er ließ sofort Metternich kommen. »Kennen Sie dieses Dokument?«, fragte er.

Metternich suchte stammelnd nach Ausreden, aber Alexander (der genauso großzügig wie engherzig sein konnte) unterbrach ihn schroff. »Wir wollen nie wieder über diesen Vorfall sprechen und uns wichtigeren Angelegenheiten zuwenden«, sagte er. Dann warf er angeblich den Vertrag ins Feuer. Der Zar freute sich, dass er seine Großmut demonstrieren konnte. Außerdem hatte er aller Wahrscheinlichkeit nach ohnehin schon längst geahnt, dass es ein solches Abkommen gab.

Die preußischen Generäle hatten den Geheimvertrag, den Napoleon in verschiedenen Zeitungen publizieren ließ, ebenfalls gelesen. Auch sie waren angewidert, aber letztlich hatte dies kaum Auswirkung auf ihr ohnehin negatives Bild von Metternich. Außerdem waren sie schon zuvor auf ein Exemplar des Vertrags gestoßen, als sie bei Lüttich einen gefangen genommenen französischen Amtsträger durchsucht hatten. Am meisten störte sie, dass auch Großbritannien an der Sache beteiligt war. Der Geheimvertrag bestätigte ihre Ängste in Bezug auf »la perfide Albion« (»das niederträchtige England«) – ein Begriff, den Napoleon geprägt hatte.

Daheim in London hatte Castlereagh Schwierigkeiten, sein Verhalten in Wien zu rechtfertigen. Er wurde kritisiert, weil er Polen im Stich gelassen, Sachsen zerstückelt, Genua zerstört und alles in allem die Diplomatie zum Gespött gemacht habe. Sein Kollege, der Duke of Wellington, kam ebenfalls unter Beschuss, weil er die Deklaration unterzeichnet hatte, die Napoleon als Gesetzlosen brandmarkte, und weil er ein Anhänger der sogenannten Tyrannenmorddoktrin war. Schlimmer noch – das Parlament erfuhr von Wellingtons Zusage, dass Großbritannien sich am Krieg gegen Napoleon beteiligen würde, und die Opposition war empört.

Großbritannien sei dazu verleitet worden, einen Krieg zu unterstützen, der im Wesentlichen schon beschlossene Sache gewesen sei, schäumten die Führer der Opposition. Castlereagh, Wellington und die Kriegstreiber bei den Torys versuchten den Kontinent sinnlos in Blut zu ertränken, nur um einen einzigen Mann niederzuwerfen, und obendrein hätten sie zur Finanzierung dieses Wahnsinns auch noch britische Finanzmittel in Aussicht gestellt. »Sie haben uns schamlos betrogen«, schimpfte ein Abgeordneter, der in diesem Frühjahr vielen aus der Seele sprach.

Castlereagh antwortete mit einer langen Liste von Gründen für den Krieg. Er begann damit, dass man Napoleons Wort nicht trauen könne, was nicht einer gewissen Ironie entbehrte angesichts der Vorwürfe, die gegen ihn selbst erhoben wurden. Weiter warnte er vor den Gefahren einer erneuten Herrschaft Napoleons und der Unsicherheit, die sie schlicht für die Zukunft bedeutete. Seine Rede enthielt zwar zahlreiche Gründe für den Krieg, aber auffallenderweise kein ausdrückliches Dementi der gegen ihn erhobenen Vorwürfe.

Letztendlich stand Großbritannien dann zu seiner Verpflichtung, im Krieg zu kämpfen und die Verbündeten mit Subsidien zu unterstützen. Und so wurde die erste Einkommenssteuer der Welt, die Großbritannien in der Krise der 1790er-Kriege als »vorübergehende Maßnahme« eingeführt hatte, nun doch nicht abgeschafft.

Trotz dieser Steuer war der Duke of Wellington mit der militärischen Ausgangslage keineswegs zufrieden. Die britische Armee, die sich in Belgien sammelte, war in keinem guten Zustand. Von den kampferprobten Veteranen des Spanienfeldzugs standen kaum mehr welche zur Verfügung. Viele waren nach Kriegsende aus dem Militärdienst entlassen worden, und andere kamen gerade erst nach und nach aus dem Krieg in Amerika zurück. So bestand die Armee, die Wellington vorfand, nur aus etwa 12 000 Mann – eine Zahl, die vielleicht ausgereicht hätte, um die Übergabe von Belgien an Holland zu erzwingen, nicht jedoch, um sich Napoleon entgegenzustellen.

Seit Wellington am 4. April in Brüssel angekommen und in das Hotel in der Rue Montagne du Parc gezogen war, hatte er daran gearbeitet, die Soldaten in Form zu bringen. Die Armee war nicht nur klein, sondern die Soldaten waren jung, schlecht ausgebildet und miserabel ausgerüstet, von dem »sehr unerfahrenen Stab« ganz zu schweigen. Oberbefehlshaber der Koalitionsarmeen in Belgien war damals der Prinz von Oranien, ein 23-Jähriger, der das Kommando als ein Zeichen britischen Beistands für das holländische Königshaus bekommen hatte. Seine Soldaten nannten ihn den »Slender Billy« (»Schlanker Billy«) und waren nicht sehr überzeugt von seinen Führungsqualitäten.

Es gab viele Dinge, die Wellington seit seiner Ankunft zu schaffen machten. Der größte Teil seiner Armee sprach – im Gegensatz zu ihm – Deutsch, außerdem hatte er Grund, an der Zuverlässigkeit bestimmter Truppenteile zu zweifeln. Viele Sachsen unter ihnen waren empört über die Behandlung ihres Königreichs und weigerten sich, unter preußischem Kommando zu kämpfen. Ähnlich die Belgier: Ihnen missfiel die Aussicht auf eine holländische Regierung, und es widerstrebte ihnen, gegen ihr Idol Napoleon zu kämpfen. Wellington hatte die vielen Probleme nach London gemeldet, aber er war zunehmend frustriert über die langsame Reaktion der britischen Regierung. »Meiner Ansicht nach tun sie in England nichts«, schrieb er an Lord Stewart in Wien.

Während die österreichischen Truppen vor allem an den Rhein verlegt worden waren oder in Italien gegen Murat kämpften und die Russen als Reservearmee weiter im Osten standen, wurde Wellington vor allem von den Preußen unterstützt. Ihr offizieller Befehlshaber war Feldmarschall Blücher, ein 72-Jähriger mit weißem Haar, roter Gesichtsfarbe und einem buschigen weißen Schnurrbart. Er war wohlbeleibt – Lady Shelley, die ihm im Sommer zuvor begegnet war, bezeichnete ihn als den »stattlichsten Mann, der je gelebt hat«. Blücher war vielleicht nicht der beste General im preußischen Stab, doch er war zumindest tapfer. Sein kompromisslos aggressiver Ansatz grenzte an Leichtsinn, und der für ihn typische Befehl hatte ihm den Spitznamen »Marschall Vorwärts!« eingetragen.

Blüchers Generalstabschef August von Gneisenau war sehr angesehen und hielt den draufgängerischen Blücher etwas im Zaum. Der König von Preußen hatte ihn ermächtigt, den Befehl zu übernehmen, falls Blücher wieder krank werden sollte. Der Feldmarschall neigte zu Wahnvorstellungen, wie zum Beispiel, dass er schwanger sei und einen Elefanten gebären werde.

Wellington war bereit, derartige Visionen als die harmlosen Eigenarten eines aus der Masse herausragenden Soldaten zu ignorieren. Der preußische Feldmarschall, betonte er, brenne darauf zu kämpfen, man könne ihm höchstens vorwerfen, dass er manchmal zu sehr brenne. Auf jeden Fall zog Wellington ihn dessen Generalstabschef Gneisenau vor, zumal der den Briten mit einem Misstrauen gegenüberstand, das mit der Zeit immer ausgeprägter wurde.

Während sich die Deutschen große Mühe gaben, Einigkeit zu demonstrieren, erfuhr man in Wien von Schwierigkeiten in der preußischen Armee. Anfang Mai hatten die sächsischen Streitkräfte rebelliert und sogar um ein Haar ihren preußischen Befehlshaber gefangen genommen. Blücher und Gneisenau hatten »sich durch Hintertüren müssen aus dem Hause und so aus der Stadt retten«. Und die harte Niederschlagung des Aufstands hatte die schlimmsten Befürchtungen in Bezug auf die Brutalität der Preußen bestätigt.

In der Zwischenzeit warteten die Truppen der Verbündeten. Sie warteten auf Befehle von ihren Offizieren, warteten darauf, was Napoleon tun würde, warteten, was in dem denkwürdigen Jahr 1815 als Nächstes passieren würde. Sie vertrieben sich die Zeit, so gut sie konnten. Das 1. Garderegiment zu Fuß beispielsweise vertrieb sich die Zeit mit einem freundschaftlichen Kricketspiel: Die Soldaten, deren Nachnamen mit den Buchstaben *A* bis *G* begannen, spielten gegen den Rest und schlugen ihre Gegner haushoch.

Den ganzen Mai über, während die Würdenträger und andere Gäste ihre Abreise vorbereiteten und großzügig juwelenbesetzte Schnupftabaksdosen und Porträts verschenkten, sah Wien schöner aus denn je. Die Grünanlagen des Praters waren ideal für eine gemächliche Kutschfahrt auf der Allee unter den Kastanien, die in leuchtendem Rosarot explodierten. Es war »herrliches Wetter« und, wie Gentz in sein Tagebuch schrieb, »der schönste Frühling, den ich je erlebt habe«.

Mit gemischten Gefühlen – Aufregung, Furcht, Traurigkeit und Überdruss – machten die Kongressteilnehmer Pläne für ihre Abreise. Der russische Zar und der preußische König waren gemeinsam angekommen und wollten auch gemeinsam abreisen. Am 26. Mai 1815, genau acht Monate und einen Tag nach ihrer Ankunft in der Stadt, brachen die beiden Herrscher auf in das neue Hauptquartier der Koalition in Heilbronn. Unterwegs wollte der König von Preußen einen kurzen Zwischenstopp in seiner Hauptstadt Berlin machen.

Der Zar hatte auf dem Kongress einige schwierige Momente erlebt, und bei seiner Abreise war Polen kleiner, als er es sich gewünscht hatte, aber immerhin groß genug, dass er das Gefühl hatte, etwas erreicht zu haben. Außerdem kam es natürlich zu seinen früheren Territorialgewinnen aus dem Krieg hinzu, die der Kongress ebenfalls bestätigt hatte, darunter Finnland und Bessarabien. Einige seiner letzten Auftritte, mit denen der Zar von sich reden machte, hatten in Gasthäusern stattgefunden. Ein Zeitgenosse behauptete, er habe gesehen, wie Seine Majestät, der Kaiser aller Reußen, bei einem Wettstreit, »wer das schrecklichste Gesicht schneiden könne«, mitgemacht habe. Und laut einem anonymen Informanten hatte Alexander am Ende gesagt, wäre er nicht der Zar, so wäre ihm »nichts lieber, als General in Österreich zu sein«.

Metternich verließ ebenfalls die Stadt und zog sich in seine Sommervilla am Rennweg zurück. Dort verbrachte er ein paar Wochen mit seiner Frau, seinen Kindern und dem neuesten Zuwachs der Familie, dem Papagei Polly. Er hatte den Vogel von einem alten englischen Kapitän bekommen, aber der Papagei habe inzwischen seinen englischen Akzent verloren, scherzte er. Am 15. Mai feierte Metternich mit anderen Diplomaten in seiner Sommerresidenz seinen 42. Geburtstag. In der zweiten Monatshälfte kehrte er regelmäßig in die Staatskanzlei zurück, um den Kongress vollends abzuwickeln.

Sein Berater Gentz wurde für seine vielfältigen Dienste mit diversen Geschenken belohnt: Ehrungen, Zahlungen, Schnupftabaksdosen und sogar einer neue Kutsche, die von einem anonymen Wohltäter vor seine Wohnung gestellt wurde. Viele waren dankbar und zufrieden mit dem Mann, der die offizielle Schlussakte des Kongresses schreiben sollte. Eine Historikerin bezeichnete Gentz als den meistbestochenen Mann der Geschichte. Dies ist sicherlich eine Übertreibung, doch der Generalsekretär des Kongresses bekam tatsächlich ein Vermögen, und sobald er mit dem Entwurf für die Kongressakte fertig war, macht er sich auf die Suche nach einem Haus. Er fand in dem Wiener Vorort Weinhaus einen großen Landsitz aus dem 18. Jahrhundert und war

»glücklich wie ein Kind« bei dem Gedanken daran, dort einzuziehen, sobald der »vertrackte« Kongress vorbei wäre.

Fürstin Bagration dagegen steckte in den letzten Tagen des Kongresses in großen finanziellen Schwierigkeiten. Schon zu Beginn des Frühjahrs hatte ihr Küchenchef Monsieur Bretton sich genötigt gesehen, ihr das Geld für das teure Essen, das er für sie kochte, nicht weiter vorzuschießen. Er wollte zuerst sein noch ausstehendes Gehalt und alle anderen Auslagen bezahlt haben. Von all ihren Freunden in Wien waren in den letzten paar Monaten nur wenige bereit oder in der Lage, ihr zu helfen. Also schrieb sie an ihren Stiefvater in Sankt Petersburg, dass er ihr mehr Geld schicken solle.

Ironie der Geschichte: Viele hatten schon die Polizei gedrängt, die Fürstin Bagration aus Wien zu verbannen, Ende Mai versuchten jedoch nicht wenige, sie am Verlassen der Stadt zu hindern – wenigstens so lange, bis sie ihre enormen Schulden zurückgezahlt hatte. Laut ihrer engen Freundin Aurora de Marassé betrugen diese 21 801 Dukaten plus 18 121 Gulden und 7860 in Wechseln. Weitere hatte sie bei verschiedenen Bankiers in der Stadt. Es bestand die Befürchtung, sie könnte aus ihrem goldenen Salon schnurstracks ins Gefängnis wandern.

Ein weiteres Problem, das die Fürstin plagte, war der Abschied ihres neuen Liebhabers, des Kronprinzen von Württemberg. Sie begleitete den schönen Prinzen bei seiner Abreise bis zur ersten Poststation in Purkersdorf, wo die beiden sich so innig Adieu sagten, dass »dieser zärtliche Abschied [...] wohl das dritte außereheliche Kind der tugendhaften Prinzessin produzieren« würde.

Die Herzogin von Sagan reiste als eine der Letzten ab. Das Palais Palm räumte sie allerdings als Erste und überließ damit die Alleinherrschaft der Fürstin Bagration, die im Palais freilich mehr von Gläubigern als von Verehrern belagert wurde. Alfred Fürst von Windischgrätz, der Liebhaber der Herzogin, hatte Wien im April verlassen und war zu seinem Regiment gefahren, als es sich zum Kampf gegen Napoleon zu rüsten begann. Sie zog in sein nahe gelegenes Palais. Die Feste in Wien wurden immer seltener, und die Herzogin klagte, sie sterbe vor Langeweile.

In Wirklichkeit verlor die Herzogin in dieser Zeit schon wieder das Interesse an Fürst Alfred. Ihre Beziehung sollte bald zu Ende sein, wenngleich Alfred, wie Metternich vor ihm, um sie kämpfte. In seiner Abwesenheit traf sich die Herzogin immer öfter mit dem britischen Gesandten Lord Stewart.

Die beiden speisten zusammen und ritten durch die vielen Wiener Parks – Wilhelmine von Sagan auf ihrem Lieblingspferd, das sie kurz zuvor von Stewart gekauft hatte. Sie machten auch immer wieder Ausflüge aufs Land, wie Wilhelmine es schon mit Alfred getan hatte. Stewart war ihm in vieler Hinsicht ähnlich, wenn auch stürmischer und unberechenbarer. »Lord Pumpernickel« nutzte die Abwesenheit Castlereaghs, Wellingtons und Clancartys aus, um die britische Botschaft nach Ansicht eines kritischen Beobachters in eine Spielhölle und ein Bordell zu verwandeln.

Wilhelmine von Sagan und Lord Stewart mussten sich damit abfinden, dass die Stadt nicht mehr Schauplatz eines spektakulären königlichen Karnevals war. Bis Ende Mai hatten die meisten Gäste Wien verlassen, entweder um gegen Napoleon zu kämpfen oder um nach Hause zurückzukehren – oder um andernorts neue Abenteuer zu suchen. »Wien wird zu einer Wüstenei«, schrieb die Herzogin von Sagan traurig.

*Kapitel 30*

# Friedenskongress

*Ich habe den ganzen Tag damit zugebracht, Europa wie einen Käse in Stücke zu schneiden.*

Fürst Metternich

Am 1. Juni feierte Napoleon seine triumphale Rückkehr mit einer großen öffentlichen Zeremonie, es war die vermutlich prunkvollste Feier seit seiner Krönung zum Kaiser in Notre-Dame elf Jahre vorher. Sie fand auf dem Marsfeld statt, einem großen Exerzierplatz im Zentrum von Paris, auf dem später der Eiffelturm errichtet wurde. Zu dieser Veranstaltung waren vor der École Militaire, der Militärakademie, eine pyramidenähnliche Plattform und ein Amphitheater aufgebaut worden.

Napoleon saß auf einem purpurfarbenen Thron, trug einen schwarzen Hut mit einer Straußenfeder und hatte einen purpurnen Krönungsmantel über die Schultern gelegt. Er war von seinen Brüdern umgeben, seinen Marschällen, von seinen Adlern auf Säulen und zahlreichen Kriegstrophäen. Nur seine Ehefrau und sein Sohn waren nicht anwesend.

Aus der versammelten Menge, die auf 200 000 Menschen geschätzt wurde, ertönten die Rufe: »Vive l'Empereur!« Nachdem man Böllerschüsse abgegeben und eine Messe gefeiert hatte, trat ein Sprecher der neuen Nationalversammlung vor die Menge, und zumindest, wer ganz vorn stand, konnte ihn sagen hören:

> Wonach streben diese Monarchen, Sire, die gegen uns zum Kriege rüsten? Was haben wir getan, um ihre Angriffslust zu schüren? Haben wir irgendeinen der Friedensverträge verletzt?

Der Redner beantwortete seine Fragen sogleich selbst. Die Feinde Frankreichs »mögen den Herrscher nicht, den wir uns erwählt haben, wir aber mögen den nicht, den sie uns aufzwingen wollen«.

Nach der Rede und dem Applaus stellte der Erzkanzler des Kaisers die neue Verfassung vor, die »Acte additionnel«, die das französische Volk vor Kurzem durch eine Abstimmung gebilligt hatte. Die Zustimmung war überwältigend ausgefallen. Ungefähr 1,3 Millionen hatten sich für die Verfassung ausgesprochen, nur 4206 Stimmen dagegen votiert – dazu muss man wissen, dass Abstimmungen unter Napoleon stets mehr darüber aussagten, wie geschickt er sie zu manipulieren verstand, als dass sie ein Beleg für echte freie Meinungsäußerung gewesen wären. Dann wurde die Verfassung vor dem Thron niedergelegt, damit Napoleon sie unterzeichnete.

Napoleon beherrschte es sehr gut, grandiose Schauspiele zu inszenieren, um seine Macht zu demonstrieren und zu überhöhen. »Eine neugeborene Regierung muss blenden und in Staunen setzen«, wusste er schon lange, und das galt ganz besonders für diese neue Regierung. Napoleon musste die Phantasie und die Begeisterung der Menschen entfachen, wie er es auch in anderen entscheidenden Augenblicken geschafft hatte, beispielsweise als er das erste Mal die Macht ergriffen hatte oder immer wenn er ein riskantes Unternehmen gestartet oder einen größeren Rückschlag erlitten hatte.

Das Ereignis hätte ursprünglich als eine große »demokratische« Schauveranstaltung durchgeführt werden sollen, bei der die neue Herrschaft der Freiheit proklamiert worden wäre. Doch in Wirklichkeit hatte sich nur ein kleiner Teil der Wahlberechtigten an der Abstimmung beteiligt, in Paris nach Schätzungen nur ein Zehntel, was darauf hinwies, dass weder Napoleon selbst noch seine neue Verfassung so populär waren, wie er es sich wünschte. Daher hatte Napoleon seine Pläne geändert und stattdessen eine Feier vorbereiten lassen, die er in allen Einzelheiten kontrollieren konnte, um das Bild eines Landes zu präsentieren, dessen Volk sich um seinen aufgeklärten Kaiser schart.

Inzwischen war Zar Alexander in der südwestdeutschen Stadt Heilbronn angekommen, in der vorübergehend das Hauptquartier der Verbündeten untergebracht war. Alexander war zufrieden mit dem Ergebnis in Polen, doch die übrigen Angelegenheiten bereiteten ihm Sorgen. Warum hatten die Franzosen Napoleon so überschwänglich empfangen? Und warum war die Macht des Bourbonenkönigs so schnell zusammengebrochen? Lohnte es sich wirklich, noch mehr Blut zu vergießen, um diese Dynastie wieder auf den Thron zu setzen?

Da er es aber im Augenblick noch für ein erstrebenswertes Kriegsziel hielt, war der Zar beunruhigt darüber, dass seine russische Armee, die zum größten Teil auf der anderen Seite der Weichsel im neuen Königreich Polen stationiert war, so weit entfernt war vom wahrscheinlichen Zentrum des Geschehens und daher vermutlich nur als militärische Reserve würde dienen können. Zudem waren seine Bemühungen, als Oberbefehlshaber zu fungieren, erfolglos gewesen. All das nagte an ihm, als er eines Abends Anfang Juni allein in seinem Arbeitszimmer im Rauch'schen Palais saß. Für ihn war vollkommen klar, dass er allein bestraft werden sollte für die Zerrüttung, die den Wiener Kongress so sehr behindert hatte.

Gegen zwei Uhr nachts klopfte es plötzlich an der Tür, und sein Adjutant, Fürst Wolkonski, trat ein. Er wirkte besorgt und entschuldigte sich, dass er den Zaren zu dieser späten Stunde noch stören müsse. Er habe ihm eine etwas eigenartige Nachricht zu überbringen. Es sei eine Frau erschienen, die darauf beharrte, den Zaren zu sprechen. Es war Julie von Krüdener.

»Sie können sich vorstellen, wie überrascht ich war«, sagte Alexander später. Er hatte gerade an die Baronin Krüdener gedacht, als er einen Absatz in der Offenbarung des Johannes gelesen hatte: »Und es erschien ein großes Zeichen am Himmel: eine Frau, mit der Sonne bekleidet.« Und jetzt stand die Frau, von der er sich die größte Hilfe erhoffte, vor der Tür.

> Ich glaubte zu träumen. Ich empfing sie unverzüglich, und als habe sie in meine Seele geschaut, fand sie starke tröstende Worte, die meinen inneren Aufruhr besänftigten, der mich schon so lange quälte.

Es war ein außergewöhnlicher dreistündiger Besuch mitten in der Nacht. Die Prophetin konnte bestimmte Passagen in der Heiligen Schrift näher erläutern, die den Zaren verwirrten, und erklärte dann, was sie im Zusammenhang mit seinen Problemen bedeuteten. Vor allem versicherte sie ihm, dass der »weiße Engel« (der Zar) »den Drachen« (Napoleon) besiegen würde. Sie glaubte an eine bevorstehende Apokalypse, die mithilfe des Zaren die Welt durch »einen großen Ausbruch von Liebe« erschüttern würde.

Ferner erläuterte sie, warum der Kaiser aller Reußen in der letzten Zeit keinen inneren Frieden gefunden hatte: »Sie haben Ihre Sünden nicht bereut und sich nicht vor Jesus Christus gebeugt«, sagte sie. Er müsse sich Gott nähern, fuhr sie fort, »wie ein Verbrecher, der um Gnade bittet«.

Nur wenige Menschen hatten es bislang gewagt, den Zaren auf seine Sünden und Fehler so offen anzusprechen (seine Lieblingsschwester Großherzogin Katharina gehörte dazu). Doch Baronin Krüdener wusste genau, was sie tat – und Alexander war hingerissen. Die Baronin zog in ein nahe gelegenes Häuschen, und während des Sommers, kurz vor Ausbruch der Kampfhandlungen, besuchte sie den Zaren jeden Abend zur Fortsetzung des Bibelstudiums. Sie kam gewöhnlich gegen sechs Uhr und blieb bis zwei Uhr nachts. Die wichtigsten Berater des Zaren wurden allerdings zu diesen spirituellen Zusammenkünften nicht hinzugezogen.

Im Juni ging man allgemein davon aus, dass der Krieg jeden Augenblick ausbrechen konnte. Die Gesandten, die noch in Wien verblieben waren, beeilten sich, die Verhandlungen so schnell wie möglich zu Ende zu bringen. Der sächsische König hatte endlich die vom Kongress vorgeschlagene Regelung für sein Land akzeptiert und dadurch eines der letzten Hindernisse aus dem Weg geräumt, die das Deutsche Komitee bei seinen Beratungen aufgehalten hatten. Seine Mitglieder konnten nun ihre Beschlüsse unter Dach und Fach bringen. Ihre Sitzungen, die hinter verschlossenen Türen stattfanden, insgesamt sieben zwischen Ende Mai und Anfang Juni, gehörten zu den stürmischsten des gesamten Kongresses.

Bei den Diskussionen über die Zukunft der deutschen Staaten

wurde im Ausschuss praktisch über alles gestritten, von der Formulierung der Verfassung bis zur Aufstellung einer Armee. Die Delegierten rangen mit schwierigen Fragen über die konkrete Ausgestaltung der Freiheiten, die in der neuen Verfassung gewährt werden sollten. Pressefreiheit, Glaubensfreiheit und Freizügigkeit, auch das Recht zum Besuch einer Universität standen für viele Mitglieder des Komitees ganz oben auf der Liste. Ein österreichischer Vertreter notierte einmal, dass nicht weniger als 46 Verfassungsentwürfe auf seinem Schreibtisch lägen.

Zu den hitzig diskutierten Streitpunkten in diesen Sitzungen gehörte die Behandlung der jüdischen Minderheit im neu zu schaffenden Deutschen Bund. Die Verhältnisse in den deutschen Staaten waren sehr unterschiedlich, doch in jenen Gebieten, die von den Franzosen erobert oder besetzt worden waren oder in denen Frankreich starken Einfluss ausübte, war die Lage der jüdischen Gemeinden im Allgemeinen etwas besser. Vielerorts waren die alten Gesetze, die Juden diskriminiert hatten, aufgehoben und durch neue ersetzt worden, die eine Gleichberechtigung der jüdischen Bevölkerung garantierten. Nun aber, da die Franzosen besiegt waren, wollten viele Städte und Länder die neuen Gesetze und auch das ungeliebte Französisch wieder abschaffen. In den besonders fortschrittlichen Regionen, wie Westfalen, Frankfurt und den Hansestädten, drohte ein umso größerer Rückschlag.

Die jüdischen Delegationen hatten in den vergangenen acht Monaten hinter den Kulissen agiert – etwa bei Fanny von Arnstein und in anderen Salons –, um Unterstützung für ihre Anliegen zu gewinnen. Humboldt war ein entschiedener Fürsprecher der Judenemanzipation, ebenso der preußische Staatskanzler Hardenberg. Die beiden hatten auch früher schon in dieser Frage eng zusammengearbeitet. Humboldt verfasste 1809 eine bemerkenswerte Abhandlung, in der er sich für die vollständige Gleichberechtigung der Juden aussprach, und Hardenberg erließ 1812 ein Gesetz zur Emanzipation der preußischen Juden. Der preußische König, der an sich persönlich in dieser Frage weniger engagiert war, hatte den Reformen zugestimmt.

Am 4. Januar 1815 hatte Kanzler Hardenberg die sächsische Krise genutzt, um die volle rechtliche Gleichstellung der Juden zu fordern.

Dafür gebe es gute Gründe, sowohl aus humanitärer Sicht als auch im staatlichen Eigeninteresse; die Juden hätten im Krieg Opfer jeglicher Art gebracht, sie zeigten wahren Mut und eine bewundernswerte Verachtung der Kriegsgefahren. Sie hätten darüber hinaus in mehreren deutschen Staaten einen wichtigen Beitrag in Bankwesen und Handel geleistet. Eine Rückkehr zur Unterdrückung würde sie nur zum Wegzug bewegen, und dabei würden sie ihr ganzes Potenzial und Vermögen mit sich nehmen.

Unterstützung kam auch von Fürst Metternich und den Österreichern. Vor allem Friedrich von Gentz war den jüdischen Delegierten eine wertvolle Hilfe; aus seinen Tagebüchern geht hervor, dass er sich in diesem Frühjahr regelmäßig mit ihnen traf. Im Unterschied zu Metternich und Humboldt, die sich weigerten, Geschenke für ihre Unterstützung anzunehmen, auch keine Schmuckringe oder Silbergeschirr, hatte Gentz diesbezüglich keine Skrupel. Bei seinen Treffen mit Simon Edler von Lämel aus Prag nahm Gentz beispielsweise einmal ein nicht näher bezeichnetes schönes Geschenk entgegen, später einmal 1000 Dukaten, ein anderes Mal weitere 2000 Dukaten, was ihn zur Feststellung veranlasste, dass sich seine Finanzangelegenheiten höchst erfreulich entwickelten. Auch die Familie Rothschild setzte sich für die Rechte der Juden ein, sowohl auf dem Wiener Kongress als auch in London, wo sie einen wesentlichen Beitrag zur Finanzierung der britischen Kriegsanstrengungen geleistet und die Subsidien ermöglicht hatte, die die britische Regierung unter den Feinden Napoleons verteilte.

Widerstand kam jedoch aus allen Richtungen, auch von den Gesandten Bayerns, Württembergs, Frankfurts und den früheren Hansestädten Hamburg, Bremen und Lübeck. Der Vorgesetzte von Jacob Grimm, Dorotheus Ludwig Graf von Keller aus Hessen-Kassel, gehörte ebenfalls zu den Gegnern der Judenemanzipation. Als die Frage der Judenrechte Ende Mai zum ersten Mal offiziell dem Deutschen Komitee vorgelegt wurde, fing der bayerische Delegierte Aloys Graf von Rechberg zu lachen an, und wie ein Augenzeuge berichtete, wirkte dieses Lachen so ansteckend, dass es auch die anderen Männer im Raum erfasste, die dem Vorschlag ablehnend gegenüberstanden.

Doch nach vielen langen Diskussionen setzten sich schließlich

Humboldt, Hardenberg, Metternich und ihre Verbündeten durch, und in die neue deutsche Verfassung wurde ein Artikel aufgenommen, der die Rechte der Juden verankerte. Dieser Artikel XVI verpflichtete den künftigen Staatenbund, Vorschriften zu erlassen, um die jüdischen Minderheiten zu schützen. Bis dahin sollten sämtliche Privilegien, die den Juden bereits eingeräumt worden waren, aufrechterhalten werden. Damit setzte der Wiener Kongress ein weiteres Mal eine wegweisende Diskussion über Menschenrechte auf einer Friedenskonferenz in Gang. Leider hatte die Sache einen Haken, der weitgehend unerkannt blieb und diesen Erfolg bald zunichtemachen sollte.

Dem Vertreter von Bremen, Senator Johann Smidt, war es gelungen, im Wortlaut des betreffenden Artikels eine kleine Änderung durchzusetzen. In letzter Minute hatte er die Formulierung »jedoch werden den Bekennern dieses Glaubens bis dahin die denselben *in* den einzelnen Bundesstaaten bereits eingeräumten Rechte erhalten« umgeändert in die Formulierung »... *von* den einzelnen Bundesstaaten ...«. Diese kleine Präposition hatte weitreichende Konsequenzen. Denn die deutschen Staaten konnten sich nun darauf berufen, dass diese Verfassungsgarantie ausdrücklich Gesetze ausschloss, die von ausländischen Regierungen erlassen worden waren, wie beispielsweise den Franzosen. Schon ein Jahr nach dem Kongress ignorierten einige Staaten diese vermeintlich garantierten Rechte, und manche Städte wie Bremen und Lübeck vertrieben sogar ihre jüdischen Bewohner.

Auch die Delegierten der Verlagshäuser und des Buchhandels sollten bald enttäuscht werden. Nach ihrem anfänglichen Erfolg im Oktober hatte sich lange Zeit nichts mehr getan. Carl Bertuchs Denkschrift vom 14. April hatte keine Bewegung in die Sache gebracht. Als nun das Deutsche Komitee über die Verfassung beriet, wurde vorgeschlagen, eine Entscheidung über die Presse und das Urheberrecht zu vertagen, bis das neue Parlament des Deutschen Bunds in Frankfurt zusammentreten würde. Dieser Vorschlag wurde dann doch gerade noch abgelehnt, aber so gingen die Diskussionen über mehrere Sitzungen weiter.

Am 3. Juni wurde schließlich, wiederum im letzten Augenblick, eine kleine Änderung in Artikel XVIII eingebracht, der die Pressefreiheit und das literarische Urheberrecht sicherstellen sollte. Autoren und Verleger sollten weiterhin vor missbräuchlicher Verwendung ihrer Werke geschützt werden, doch die Klausel über die Pressefreiheit wurde stillschweigend fallen gelassen und ersetzt durch die Verpflichtung der Regierungen, überall für gleiche Bedingungen und einheitliche Regelungen zu sorgen. Aus den Sitzungsprotokollen geht nicht hervor, wer diese Änderung eingebracht hatte.

Während das Deutsche Komitee noch mit seinen Problemen rang, hatten die Entscheidungsträger des Kongresses vereinbart, einen allgemeinen Vertrag auszuarbeiten, in dem sämtliche Beschlüsse des Wiener Kongresses enthalten sein sollten. Man hielt das für nötig, um dem Abkommen mehr Verbindlichkeit zu verleihen. Künftige Aggressoren würden wohl eher davor zurückschrecken, gegen einen einzigen großen Vertrag zu verstoßen, der von allen Mächten unterzeichnet worden war, als gegen ein Dutzend verschiedener Abkommen, die jeweils nur von wenigen beteiligten Mächten geschlossen worden waren.

Drei Personen wurden beauftragt, dieses Dokument zu erstellen: Friedrich von Gentz, der Herzog von Dalberg und Lord Clancarty. Die beiden Letzteren waren erst am Schluss benannt worden, nachdem zwei andere Delegierte einen Rückzieher gemacht hatten: Der russische Graf Anstett wurde zu stark von seiner Gicht geplagt, um sich auf die Abfassung eines derart wichtigen Vertrages konzentrieren zu können, und Talleyrands Assistent, der Comte de la Besnadière, war zu sehr damit beschäftigt, dass Napoleon seinen Privatbesitz beschlagnahmt hatte.

Es war eine enorme Aufgabe, vor der dieses Dreierteam stand. Es sollte die langwierigen Ausschusssitzungen, Verhandlungen und Beschlüsse der vergangenen acht Monate in einem kohärenten Dokument zusammenfassen. Und in Anbetracht von Napoleons überraschenden Erfolgen war dies ein Wettlauf mit der Zeit.

Schon bevor es losging, mussten Gentz und seine Kollegen ein unerwartetes Hindernis überwinden. In großer Zahl hatten sich Kritiker und Gegner zu Wort gemeldet, die ein allumfassendes Abkommen ablehnten. Würde der Versuch, ein solches Abschlussdokument zu erstellen – so lautete die Befürchtung –, nicht endlosen Streitereien zwischen den Mächten Vorschub leisten, die im Krieg eigentlich vereint sein sollten? Selbst wenn es gelänge, Einigkeit herzustellen, könnte dann nicht im Falles eines Krieges – in dem stets unerwartete Situationen auftreten konnten – eine völlig neue Lage entstehen, durch die das Abkommen im besten Fall bedeutungslos werden würde? Der Friedensvertrag könnte somit schon zum Zeitpunkt seiner Unterzeichnung überholt sein.

Schließlich verständigten sich die maßgeblichen Diplomaten darauf, das Risiko einzugehen, denn sie waren zur Auffassung gelangt, dass ein solches allgemeines Abkommen der künftigen Sicherheit Europas am dienlichsten wäre. Rund um die Uhr arbeiteten 26 Sekretäre mit kratzenden Federkielen daran, den 121 Artikel umfassenden Vertrag auszufertigen.

Der Name für dieses Abschlussdokument blieb zunächst ungeklärt. Manche nannten es einfach »Europäischen Vertrag« oder »Großen Europäischen Vertrag«, doch diese Bezeichnungen waren nicht ganz zutreffend für ein Abkommen, an dem keineswegs alle europäischen Staaten beteiligt waren – viele Länder hatten nur eine vage Vorstellung von seinem Inhalt. Andere schlugen den Namen »Neue Charta für Europa« vor. Am Ende einigte man sich auf die Bezeichnung »Schlussakte [›Acte final‹] des Wiener Kongresses«, womit die abschließende Handlung der siegreichen Koalition gegen Napoleon zum Ausdruck gebracht werden sollte, wie Gentz erläuterte.

Am 9. Juni 1815 versammelten sich die Delegierten des Wiener Kongresses im Empfangssaal der Hofburg zur Unterzeichnung der Schlussakte – es war die erste Zusammenkunft des Kongresses, die man annähernd als Vollversammlung bezeichnen konnte. Doch streng genommen handelte es sich nicht einmal um einen Kongress: Wieder waren nicht alle Teilnehmer zur Sitzung eingeladen. Nur die Mächte des Ausschusses der Acht sollten das Dokument unterschreiben, die übrigen Teilnehmer wurden aufgefordert, separat ihr Einverständnis zu erklären. Diese Entscheidung hatte erneut viele Vertreter der ausgeschlossenen Staaten vor den Kopf gestoßen.

Ironischerweise waren dann viele Schlüsselfiguren des Kongresses bei dieser Zeremonie gar nicht anwesend. Der Gastgeber, Kaiser Franz, war bereits zu einem Feldzug aufgebrochen. Auch Zar Alexander und der preußische König Friedrich Wilhelm waren nicht zugegen, denn beide waren schon vor zwei Wochen abgereist. Was die Briten betraf, so weilte Lord Castlereagh schon lange nicht mehr in der Stadt, und der Duke of Wellington hielt sich inzwischen in der Nähe von Brüssel auf. Mit Ausnahme von Metternich und Talleyrand, die beide bis zum Schluss durchgehalten hatten, setzte keiner der wichtigen Staatenlenker seine Unterschrift unter das Abkommen, das den Wiener Kongress beendete. Und Talleyrand hatte nur deshalb so lange in Wien bleiben können, weil er sich wiederholt den Befehlen seines Königs widersetzt hatte.

Kardinal Consalvi hatte den Kongress schon früher als einen Turmbau zu Babel kritisiert. Die Diplomaten hätten ihre Beratungen mit großen Erwartungen begonnen, doch am Ende im wahrsten Sinne des Wortes zu keiner gemeinsamen Sprache gefunden. Consalvi legte formellen Protest gegen den Umgang mit dem Papst ein: Zwar sei der Kirchenstaat wiederhergestellt worden, doch der Papst habe nicht alles zurückerhalten, was ihm rechtmäßig zustehe, weder Avignon noch Ferrara, argumentierte Consalvi.

Empört war auch der spanische Gesandte Pedro de Labrador, der sich weigerte, den Vertrag zu unterschreiben. Seine Regierung könne weder der Übertragung des spanischen Kronlandes Parma an die Ehefrau des unterworfenen Usurpators Bonaparte zustimmen noch der Abtretung der Stadt Olivenza an Portugal, wie der Kongress verlangt hatte. Doch zu diesem Zeitpunkt waren die Delegierten zu keinen weiteren Änderungen mehr bereit, weder zur Streichung bestimmter Artikel noch zu neuen Ergänzungen. Aber auch Labrador wollte nicht nachgeben. Die Vertreter der übrigen sieben Mächte jedoch nahmen nacheinander die Feder in die Hand, tauchten die Spitze des Kiels in das silberne Tintenfass und signierten eines der bedeutendsten Dokumente des Jahrhunderts. Spanien akzeptierte die Vereinbarung erst zwei Jahre später, im Mai 1817.

Der tanzende Kongress endete ohne großes Brimborium. Nach der Vertragsunterzeichnung verschwanden die Teilnehmer einfach. Metternich verabschiedete sich am Montag mit einem letzten Abendessen von Gentz, am nächsten Tag, dem 13. Juni, verließ er um ein Uhr nachts Wien und begab sich in das Hauptquartier der Verbündeten.

Auch Talleyrand blieb nach der Unterzeichnung der Schlussakte nicht mehr lange in Wien. Nachdem er sich von den anderen Teilnehmern verabschiedet und einige Schnupftabaksdosen ausgetauscht hatte, suchte Talleyrand ein letztes Mal das Palais Kaunitz auf, wo sich in den vergangenen neun Monaten so viele Bankette, Abendessen und Intrigen abgespielt hatten. Die gewaltigen Mengen an Papier, die von seiner Botschaft produziert worden waren, wollte er nicht den Zimmermädchen hinterlassen, von denen viele zweifellos im Dienst der österreichischen Polizei standen. Er habe daher den größten Teil dieser Papiere verbrannt und den Rest in Wien in sichere Hände zur Verwahrung gegeben. Nun war er bereit, zu seinem König zurückzukehren.

*Kapitel 31*

# Siegen oder sterben

*Meine Liebe, mit welcher Raffinesse sich der Mensch anschickt, all das Gute zu vernichten, mit dem die Vorsehung ihn überhäuft hat.*

Fürst Metternich

Murat hatte kurz hintereinander mehrere überraschende Erfolge errungen. Er hatte innerhalb von zwei Wochen Rom, Florenz und Bologna eingenommen, doch er konnte seine Eroberungen nicht halten. Am 3. Mai stellte sich ihm bei Tolentino in den Apenninen die österreichische Armee in den Weg und brachte ihm eine schwere Niederlage bei. Murats Streitmacht zerfiel. Die Österreicher eroberten das Gebiet zurück und nahmen am 23. Mai sogar seine Hauptstadt Neapel ein. Murat floh als Seemann verkleidet nach Frankreich – in der Hoffnung, sich dort mit Napoleon zusammenschließen zu können. Nach nur einem Monat hatte Murats schnelle Siegesserie ein jähes Ende gefunden.

Napoleon war wütend wegen Murats mangelnder Umsicht und fürchtete, dass diese Niederlage auch für seinen eigenen Feldzug unerfreuliche Konsequenzen haben würde. Der französische Kaiser hatte einen möglichen Verbündeten verloren, der für unbestimmte Zeit gut 100 000 österreichische Soldaten auf der italienischen Halbinsel hätte binden können. Nun aber hatten die Österreicher diese Region wieder fest unter Kontrolle und konnten sich ganz auf ihn konzentrieren. Schlimmer noch, Napoleon fürchtete allmählich, dass ihn das Glück verlassen haben könnte, was er aufgrund seiner abergläubischen Verehrung einer Schicksalsmacht, die seiner Überzeugung nach sein Leben bestimmte, nur schwer verkraften konnte.

Und tatsächlich stieß Napoleon nun überall auf neue Schwierigkeiten. Der Kaiser hatte mit ernsten finanziellen Problemen zu kämpfen, die durch die Revolutionsjahre, die Kriegswirren und zuletzt auch durch Misswirtschaft entstanden waren. König Ludwig XVIII. und sein Hofstaat hatten bei ihrer Flucht aus Paris so viel vom Staatsschatz mitgenommen, wie sie in der Kürze der Zeit fortschaffen konnten. Die Staatseinnahmen betrugen zum Zeitpunkt der Rückkehr Napoleons kaum ein Drittel dessen, worüber er noch 1812 verfügt hatte. Er sah sich gezwungen, durch Notmaßnahmen Geld aufzutreiben, von der Erhebung neuer Steuern bis zum Verkauf aller Staatsforsten.

Darüber hinaus war die Armee, die Napoleon vorfand, nicht mehr die gleiche, die er bei seiner Abdankung ein Jahr zuvor hinterlassen hatte. Von den vermutlich 200 000 Soldaten des Königs waren nur noch 120 000 verblieben, die zudem schlecht ausgerüstet waren. Die meisten der fähigeren Offiziere Napoleons waren entfernt und durch Parteigänger des Königs ersetzt worden, die vielfach keine oder nur geringe Erfahrung auf dem Schlachtfeld besaßen. Auch altgediente Kämpfer waren in den Ruhestand geschickt oder auf halben Sold gesetzt worden. Die Munition war knapp. Musketen, Geschützlafetten, Bajonette und andere Waffen waren als »Militärüberschuss« verkauft worden, und das dafür eingenommene Geld war verschwunden.

Doch in den letzten drei Monaten hatte sich Napoleon bemüht, im Eiltempo diesen schwer zu disziplinierenden Männerhaufen in eine effiziente Armee umzuformen. Alle offiziell beurlaubten Soldaten, ungefähr 32 800, waren aufgefordert worden, sich unverzüglich bei ihren Truppenteilen zum Dienst zu melden, und auch die rund 82 000 bekannten Deserteure wurden zurückbeordert. Trupps von Zwangsrekrutierern durchstreiften die Hauptstadt und die ländlichen Gebiete und hoben neue »Rekruten« aus. Die Nationalgarde wurde einberufen, wodurch weitere 234 000 Männer im Alter zwischen 20 und 60 Jahren mobilisiert werden konnten. Studenten der École Polytechnique und der Militärakademie Saint-Cyr-l'École wurden aus den Hörsälen geholt, um Stellungen zu besetzen oder zu verstärken, und

Seeleute wurden aus der Marine abgezogen. Napoleon ging davon aus, dass er im bevorstehenden Kampf keine Marine brauchen würde.

Für die Ausrüstung der Truppen, die zum Schutz der allein im Osten knapp 1000 Kilometer langen Grenze abgestellt werden sollten, unternahm Napoleon enorme Anstrengungen. Er gab 235 000 Musketen und 15 000 Pistolen für seine Kavallerie in Auftrag. Er bestellte neue Kartätschen, Uniformen, Stiefel und alles, was sonst noch für den Feldzug benötigt wurde, wobei völlig unklar war, wo das Geld dafür herkommen sollte.

Überfordert durch diese Anweisungen, die in Windeseile ergingen und mit äußerst knapp gesetzten Terminen verbunden waren, weigerten sich viele Provinzverwaltungen, Napoleons Dekreten nachzukommen. Die neuen Opfer und Entbehrungen erinnerten viele Franzosen an die unerfreulichen Aspekte seiner letzten Herrschaft, und die Unzufriedenheit wuchs. Selbst viele, die Napoleon noch vor wenigen Wochen willkommen geheißen hatten, waren nun ernüchtert.

Währenddessen sammelten sich im Westen, vor allem in den alten bourbonischen Hochburgen in der Bretagne und der Vendée, Anhänger des Exilkönigs Ludwig XVIII., und schon bald hatte sich eine ungefähr 30 000 Mann starke royalistische Streitmacht unter dem Marquis de la Rochejacquelin gebildet. Auch am anderen Ende des politischen Spektrums, bei den Jakobinern und früheren Revolutionären, gab es Bestrebungen, Napoleon zu stürzen. Zweifellos hatten die meisten Radikalen Napoleon nur als einen vorübergehenden Verbündeten akzeptiert, der ihnen helfen sollte, die verachteten Bourbonen zu vertreiben. Nun, da dieses Ziel erreicht war, hielten viele die Zeit für gekommen, auch Napoleon wieder auszuschalten und in Frankreich echte Freiheit herzustellen.

Als die Koalitionsmächte ihre Truppen auf den Krieg vorbereiteten, wurde Napoleon von einigen seiner Berater empfohlen, eine defensive Strategie zu verfolgen und sich vorerst auf die Sicherung des Erreichten zu konzentrieren. Auch sein Innenminister Carnot gehörte zu den Verfechtern dieser Linie. Großbritannien und Preußen seien wahrscheinlich noch nicht in der Lage, einen Angriff zu führen, und warteten sicherlich die Ankunft der übrigen Verbündeten ab. Das würde bedeuten, dass die erste Schlacht frühestens im Juli stattfinden würde.

Napoleon könne die nächsten Wochen dafür nutzen, seine Position im eigenen Land abzusichern, sowohl politisch wie auch militärisch. Wenn dann die Koalition in Frankreich einfiele, würde die Unzufriedenheit mit Napoleon in den Hintergrund treten, und die Franzosen würden ihm gerne zur Seite stehen.

Das war zweifellos ein interessanter Vorschlag, doch wer Napoleons Verhalten in früheren kritischen Situationen beobachten konnte, hätte wissen müssen, dass er eher zum baldigen Angriff tendierte. Schließlich wurden die Verbündeten immer stärker, je mehr Zeit verstrich. Bald würden sie mit 700 000 bis 800 000 Soldaten in Frankreich einfallen. Und gegen die Unzufriedenheit im Land glaubte Napoleon mit dem besten Mittel angehen zu können, das er kannte: Er würde kämpfen, und er würde siegen. Die Risiken waren ihm bewusst. Schon eine einzige größere Niederlage konnte zum Ende seiner Herrschaft und seiner Dynastie führen. Ein triumphaler Sieg dagegen konnte zur Folge haben, dass die brüchige junge Allianz, die in Wien gerade geschmiedet worden war, aufgrund ihrer inneren Schwäche auseinanderfiel.

Am frühen Morgen des 12. Juni verließ Napoleon still und leise Paris, um seinen Einmarsch in Belgien in die Wege zu leiten. Zwei Tage später, am Jahrestag seiner Siege bei Marengo und Friedland, gab Napoleon in Beaumont im Nordosten Frankreichs eine aufrüttelnde Proklamation heraus: »Soldaten«, so verkündete er, »die Zeit ist gekommen, um entweder zu siegen oder zu sterben.«

Napoleon verfolgte das Ziel, entweder dem Duke of Wellington oder Feldmarschall Blücher einen schnellen vernichtenden Schlag zu versetzen, bevor beide ihre Streitkräfte vereinen konnten. Danach wollte er die zweite Armee niederwerfen. Napoleon hatte diese Strategie immer wieder angewendet und damit auch weitaus größere feindliche Armeen bezwungen. Auch dieses Mal hatte Napoleon gegenüber Wellington beziehungsweise Blücher einen kleinen Vorteil im Hinblick auf die Truppenstärke und die Feuerkraft, aber wenn die beiden ihre Armeen zusammenführten, wäre er deutlich unterlegen.

Während sich die Heere für den bevorstehenden Kampf in Stellung brachten, fand in Brüssel in der Rue de Blanchisserie eins der berühmtesten Feste der Geschichte statt, der Ball der Herzogin von Richmond. Lord Byron feierte dieses Ereignis in *Childe Harold's Pilgrimage (Childe Harolds Pilgerfahrt),* und William Makepeace Thackeray verwendete es für eine Szene in seinem Roman *Vanity Fair (Jahrmarkt der Eitelkeit).* Der historische Ball unterschied sich jedoch vom literarischen mit seinen hohen Marmorsälen: Er fand in einer Remise statt, einem Wagenschuppen.

Etwa 224 Leute standen auf der Gästeliste: der Duke of Wellington, der Prinz von Oranien, der Herzog von Braunschweig und viele andere Offiziere aus England und der Koalition. Wellington wurde später vorgeworfen, dass er in einer Krisenzeit an einem solch unernsten Ereignis teilgenommen habe, doch diese Kritik wird den Absichten, die er an diesem Abend verfolgte, nicht gerecht. Er sei zu dem Ball gegangen, um Befürchtungen zu zerstreuen und, wie er erklärte, »unsere Freunde zu beruhigen«. Er ließ sich nicht aus der Fassung bringen und zeigte, dass trotz Napoleons Einmarsch in Belgien die Lage völlig unter Kontrolle war.

Doch während des Balls erschien ein Bote mit der Nachricht, dass Napoleon schon wieder ausgerückt sei und offenkundig Richtung Brüssel marschiere. Allerdings nahm er dabei eine unerwartete Route (durch Charleroi und nicht, wie Wellington vermutet hatte, durch Mons). Wellington blieb noch 20 Minuten und tat, als ob nichts geschehen wäre, dann ging er und erklärte, er wolle sich nun zur Ruhe begeben. Als er dem Duke of Richmond für den schönen Abend dankte, fragte er seinen Gastgeber, ob er zufällig eine »gute Landkarte im Hause« habe. Die beiden Herren zogen sich in einen Nebenraum zurück. Während er die auf dem Tisch ausgebreitete Karte betrachtete, räumte Wellington ein, dass er die Situation falsch eingeschätzt habe. »Napoleon hat mich hereingelegt, verdammt«, sagte Wellington. »Er hat 24 Stunden Vorsprung vor mir.«

Die Verbündeten mussten schnell handeln, um die Hauptstadt zu schützen, den Königshof im Exil und natürlich die Küstenstädte, die ihre Nachschublinie nach Großbritannien bildeten. Wellington wollte den Franzosen bei Quatre-Bras entgegentreten, einer strategisch wichtigen Kreuzung an der wichtigsten Verbindungsstraße nach Norden, obwohl er genau wusste, dass den Koalitionstruppen nicht mehr die Zeit bleiben würde, um in ausreichender Stärke aufzumarschieren und einen entscheidenden Sieg zu erzielen. In diesem Moment fuhr Wellington angeblich mit dem Finger über die Karte und sagte: »Hier muss ich ihn angreifen.« Er zeigte mit dem Finger auf ein kleines Dorf namens Waterloo.

Schon ein paar Stunden später, es war der 16. Juni, befanden sich die Soldaten auf dem Vormarsch; einige Offiziere trugen noch die seidenen Beinkleider vom Ball. An diesem Tag sollten fast gleichzeitig zwei Schlachten stattfinden. In der Schlacht bei Quatre-Bras warf der Duke of Wellington mit seinen Truppen die französische Streitmacht unter Marschall Ney zurück. Das zweite Gefecht, das ungefähr elf Kilometer weiter östlich stattfand, bei Ligny, verlief dagegen anders. Napoleon, der seine Truppen selbst führte, errang einen eindrucksvollen Sieg. Die Preußen verloren 16 000 Mann, weitere 8000 Soldaten desertierten. Die Franzosen hatten 11 500 Gefallene zu beklagen. Auch Feldmarschall Blücher wäre beinahe getötet worden. Sein Pferd wurde erschossen, und bei seinem Sturz wurde der 72-Jährige auf den Boden geschleudert und von zwei französischen Kavalleristen niedergetrampelt.

Als die Preußen ungeordnet flohen, verzichtete der französische Kaiser – überzeugt von seinem Erfolg – darauf, den Besiegten energisch nachzusetzen. Er plante bereits die nächste Phase seines Feldzugs. Zwölf Stunden später, am nächsten Tag gegen elf Uhr vormittags, setzte Napoleon zwei Armeekorps und eine Streitmacht von rund 33 000 Soldaten unter seinem jüngsten Marschall Emmanuel de Grouchy in Marsch. Sie sollte die preußische Armee verfolgen und ihr den Rest geben. Doch zu diesem Zeitpunkt hatten sich die Preußen bereits aus der größten Gefahr retten können.

Der preußische Generalstab, noch immer verblüfft über die schwere Niederlage, war aufgebracht, und einige machten Wellington Vorwürfe. Vor allem der Generalstabschef August von Gneisenau fühlte sich hintergangen. Er hatte fest damit gerechnet, dass Wellington mehrere Regimenter nach Ligny schicken würde, um ihnen dort zu Hilfe zu kommen. Wellington hatte tatsächlich bei einem Treffen am Morgen des 16. Juni versprochen, den Preußen zu helfen, allerdings mit der entscheidenden Einschränkung, dass er nur dann Truppen schicken könne, wenn er nicht selbst angegriffen werde. Aufgrund der Heftigkeit des französischen Angriffs bei Quatre-Bras hatte er sich zu einer Hilfeleistung außerstande gesehen.

Inzwischen hatte Wellington erfahren, welches Desaster seine preußischen Verbündeten erlitten hatten. Er erkannte sofort, dass auch er sich nun in einer sehr gefährdeten Position befand. Er konnte nicht in Quatre-Bras bleiben – denn so wäre er eine leichte Beute für die Armeen von Napoleon und Ney gewesen –, sondern musste schnell weitermarschieren. Wellington schickte einen Boten zu den preußischen Verbündeten und teilte ihnen mit, dass er sich nach Norden zum Ort Mont-Saint-Jean südlich von Waterloo zurückziehen und dort sein Hauptquartier aufschlagen werde. Er hoffe, hier den Franzosen entgegentreten zu können, und bat die Preußen, ihm ein Armeekorps zu schicken, falls sie eines entbehren könnten.

Napoleons Feldzug hatte verheißungsvoll begonnen. Nachdem er die Preußen vernichtend geschlagen hatte, wollte er nun den Großteil seiner Truppen vereinen, den Duke of Wellington besiegen und dann zuschauen, wie die Allianz seiner Feinde zerfiel.

Nun also sollten die Franzosen zum ersten Mal seit dem Ägyptenfeldzug vor 16 Jahren wieder gegen eine feindliche Armee mit starker britischer Beteiligung kämpfen, und es war auch das erste und einzige Mal, dass sich Napoleon und Wellington auf dem Schlachtfeld gegenüberstehen würden. Beide waren 46 Jahre alt und genossen einen herausragenden Ruf: Napoleon, der kühne Stratege, der zu überraschenden Aktionen neigte, und Wellington, der brillante Taktiker, der ein vorsichtigeres, überlegteres Vorgehen bevorzugte. Napoleon war ebenso gefürchtet wie Alexander der Große und Dschingis Khan; Wellington hatte noch keine Schlacht verloren.

Napoleon befand sich deutlich im Vorteil, so viel stand fest. Dank seiner zielstrebigen Neuaufstellung der Armee verfügte er über mehr Soldaten, nämlich über 72 000 gegenüber Wellingtons 68 000 Mann, und über mehr Geschütze: Seine Artillerie umfasste 246 Kanonen, Wellingtons nur 156. Auch der Anteil der erfahrenen Soldaten in seiner Truppe war höher, während Wellington viele frische Rekruten hatte und Truppenteile, deren Loyalität eher zweifelhaft war (zwei Drittel seiner Streitmacht waren keine Briten, sondern überwiegend Holländer, Belgier oder Deutsche; und viele dieser Soldaten hatten früher in der französischen Armee gedient und/oder standen im Verdacht, mit Frankreich zu sympathisieren). Napoleon verfügte darüber hinaus über mehrere Marschälle, die schon in Spanien gegen Wellington gekämpft hatten und seine Taktiken gut kannten.

Erstaunlicherweise nutzten weder Napoleon noch Ney die Gelegenheit zum Angriff, als Wellington am 17. Juni nach Norden aufbrach. Die Befehle waren nicht eindeutig oder kamen nicht rechtzeitig, und Ney hatte länger gezögert als sonst. Manche Historiker stellten die Frage, ob Ney möglicherweise »kriegsmüde« gewesen sei oder vielleicht fürchtete, dass Wellingtons Vormarsch nur eine weitere Falle sein könnte. Wellington konnte jedenfalls seine Truppen ungehindert nach Norden führen, und als die Franzosen erkannten, dass sie gerade eine gute Angriffsmöglichkeit verpassten, setzten sie sich sofort in Marsch. Doch bald wurden sie durch einen heftigen Sturm und schwere Regenfälle aufgehalten, und die schlammigen Straßen verlangsamten ihr Vorwärtskommen. Am Abend entschloss sich Napoleon, seiner Armee eine Ruhepause zu gönnen. »Lasst die Soldaten ihre Stellungen beziehen, dann schauen wir, was morgen geschieht«, sagte er und begab sich zu seinem eineinhalb Kilometer entfernten Hauptquartier, das in dem weißen Steingebäude des Gehöfts Le Caillou an der Straße nach Brüssel untergebracht war.

Wellington war bereits in Stellung gegangen, und so war er es, der das Schlachtfeld bestimmte. Es war eine typische Wahl für Wellington – eine trügerisch flache Ebene mit »verschiedenen geneigten, wellenförmigen Erhebungen«, wo er seine Truppen auf einem Höhenzug aufstellen konnte, sodass ihre Anzahl besser zu verbergen war und sie vor feindlichem Beschuss geschützt waren. Hinter ihm lag der Wald von Soignies. Wellington war zuversichtlich, dass dieser ihn von hinten abschirmen und nötigenfalls seinen Rückzug erleichtern würde, weil er die französische Kavallerie an der Verfolgung hindern würde. Napoleon dagegen glaubte, dass Wellington einen Fehler gemacht habe und am Ende mit seinen Truppen im Wald in der Falle sitzen würde. Der französische Kaiser wollte sich diese ausgezeichnete Gelegenheit nicht entgehen lassen, die britisch geführte feindliche Armee zu vernichten.

In den Morgenstunden des 18. Juni, des Tages der schicksalsträchtigen Schlacht bei Waterloo, konnte der Duke of Wellington nicht mehr schlafen, was ungewöhnlich war. Er stand gegen drei Uhr auf und schrieb ein paar Briefe, überwiegend letzte Anweisungen, es war aber auch eine private Mitteilung dabei, an eine Freundin, Lady Frances Wedderburn Webster. Wellington riet ihr, Brüssel zu verlassen, falls die Schlacht an diesem Tag schlecht ausgehen sollte.

Irgendwann im Laufe dieses Morgens (der genaue Zeitpunkt ist umstritten) erschien ein Kurier in Wellingtons Hauptquartier mit einer Botschaft von Feldmarschall Blücher. Wellington riss die Depesche auf und las sie. Es war eine gute Nachricht: Das 1. und das 2. preußische Armeekorps waren unterwegs, um die Verbündeten in der Schlacht zu unterstützen. Das waren doppelt so viele Soldaten, wie Wellington erhofft hatte, problematisch war jedoch, dass die Preußen erst in ein paar Stunden abmarschbereit wären. Die Erschöpfung der Truppen, erklärte Blücher, habe es ihm nicht erlaubt, die Verlegung früher in die Wege zu leiten.

Würden die Preußen tatsächlich marschfähig sein, wie Blücher versprach? Blücher war gern ein bisschen zu optimistisch mit seinen Vorhersagen, und dass schon der Kurier mit der Botschaft nur langsam vorangekommen war, verstärkte nicht gerade Wellingtons Zuversicht. »Blücher hat den dicksten Mann in seiner Armee ausgewählt, um mir eine Expressbotschaft zu überbringen«, beklagte sich Wellington, »und dieser Mann hat 30 Stunden gebraucht, um 30 Meilen zurückzulegen.« Wenn die preußische Armee noch an diesem Tag eintreffen sollte, dann musste sie sich auf jeden Fall wesentlich schneller bewegen.

Gegen sechs Uhr an diesem kühlen und regnerischen Morgen zog der Duke of Wellington seinen blauen Mantel an, warf sich den blauen Umhang um und zog seine hohen Stiefel an. Mit seinem Hut in der Hand, den er typischerweise verkehrt herum trug – anders als Napoleon, der ihn quer aufsetzte –, ging Wellington zu seinem kleinen Streitross, dem Fuchs Copenhagen, setzte den Fuß in den eisernen Steigbügel und schwang sich in den starren Husarensattel, der vorn einen hohen Sattelknopf hatte. Dann ritt er davon, um überall gleichzeitig zu sein.

Die Soldaten der Verbündeten erreichten erschöpft das Plateau um

Mont-Saint-Jean. An den beiden vorhergehenden Tagen waren viele Regimenter 60 bis 80 Kilometer marschiert, wobei jeder Soldat 25 bis 30 Kilogramm Gepäck zu tragen hatte. Sie schliefen auf Feldern, waren durchnässt vom andauernden Regen, und nicht alle verfügten über ein Zelt. In der Nacht hatte es »wie aus Kübeln gegossen«, und das Wasser war »in Strömen aus den Ärmeln herausgelaufen«. Viele Männer erwachten mit nassen Kleidern am Körper und »starr vor Kälte«. Wer Glück hatte, ergatterte ein Frühstück, auch wenn es nur »ein Mundvoll Brühe und ein Zwieback« waren, die an die Soldaten der 52. Leichten Infanterie ausgegeben wurden.

In einem kleinen, weiß gekalkten Bauernhaus, ungefähr drei Kilometer weiter südlich an der Straße von Charleroi nach Brüssel, nahm gegen acht Uhr morgens Napoleon zusammen mit mehreren Kommandanten sein Frühstück ein. Nach dem Mahl wurde das kaiserliche Tafelsilber entfernt und Kartenmaterial auf dem Tisch ausgebreitet.

»Unsere Chancen ... stehen 90 zu zehn«, bezifferte Napoleon die Erfolgsaussichten der Franzosen an diesem Tag.

Doch Marschall Ney war besorgt, denn er fürchtete, dass sich Wellington in die Büsche schlagen und den Rückzug antreten könnte und die Franzosen dadurch die Gelegenheit verpassen würden, einen entscheidenden Sieg zu erringen. Napoleon verwarf diese Möglichkeit in Bausch und Bogen. Großbritannien könnte sich jetzt nicht mehr entziehen. »Wellington hat die Würfel rollen lassen, und sie sind zu unseren Gunsten gefallen.«

Marschall Soult, der erst vor Kurzem ernannte Generalstabschef, war ebenfalls beunruhigt, wenn auch aus einem anderen Grund. Soult hatte schon in Spanien mehrere Male erfolglos gegen Wellington gekämpft – die britische Infanterie sei der Teufel höchstpersönlich, hatte er einmal gesagt. Vielleicht sollte Napoleon Marschall Grouchy und die 33 000 Männer zurückrufen, die er am Vortag losgeschickt hatte, um den Preußen nachzusetzen. Napoleon lehnte den Vorschlag brüsk ab. »Nur weil Sie von Wellington geschlagen worden sind, halten Sie ihn für einen großen General.«

»Wellington ist ein schlechter General«, fuhr Napoleon fort, »und die Engländer sind schlechte Soldaten, das wird unser zweites Frühstück werden.«

» Ich möchte es hoffen «, erwiderte Soult.

In Wirklichkeit glaubte Napoleon wohl selbst nicht daran, was er über Wellingtons mangelnde Fähigkeiten als Befehlshaber gesagt hatte. Der Kaiser gab sich vor einer Schlacht häufig so siegessicher, vor allem um die Kampfmoral seiner Truppen aufzubauen. Die Kampfmoral, so Napoleon, sei im Krieg das A und O. Aber sonderlich beeindruckt hatte Wellington den Kaiser in diesem Krieg bislang sicher nicht. In den vergangenen drei Tagen war der britische General durch Napoleons Einfallsroute überrascht worden, er war gezwungen worden, sich nach Quatre-Bras zurückzuziehen, und nun saß er in der Falle.

Während des gesamten Vormittags herrschte im französischen Hauptquartier ein Kommen und Gehen: Generäle, Stabsoffiziere und Kuriere. General Honoré Reille, der das 2. Armeekorps auf der äußeren rechten oder westlichen Flanke befehligen sollte, war gerade eingetroffen, und aufgrund seiner Erfahrungen in Spanien erkundigte sich Napoleon sofort bei ihm nach der britischen Infanterie. Reilles Antwort klang nicht sehr ermutigend. Die britische Infanterie sei sehr schlagkräftig, erklärte er, und wenn sie frontal angegriffen werde, » dann ist die britische Infanterie meines Erachtens unbezwingbar «. Aber, so Reille, man könne den Briten beikommen, wenn man sie an ihren Flanken angreife. Ihre Infanterie sei » weniger beweglich, weniger wendig und weniger manövrierfähig als unsere «.

Auch andere Generäle im französischen Hauptquartier wiesen darauf hin, dass man den Angriff gegen die beiden Armeeflügel richten müsse, nicht gegen die Hauptmacht der Verbündeten in der Mitte. General Maximilien Sébastien Foy, ebenfalls ein Veteran des Spanienfeldzugs, nannte einen weiteren Grund, warum die Briten so schwer zu schlagen seien: Der schlaue Duke of Wellington zeige niemals seine Truppen. So hatte Wellington in Spanien nicht weniger als acht Marschälle Napoleons und viele andere Generäle besiegt, darunter auch mehrere Armeeführer, die im weiteren Verlauf dieses Tages noch eintreffen sollten.

Prinz Jérôme, Napoleons jüngster Bruder, der oft als missratener Spross der Familie Bonaparte verspottet worden war, informierte den Kaiser über ein Gerücht, das er am Vorabend im Gasthaus » Roi d'Espagne« in Genappe aufgeschnappt hatte. Einem Kellner zufolge hatte ein Adjutant Wellingtons ausgeplaudert, dass die Preußen im Lauf des Tages auf das Schlachtfeld zurückkehren und sich mit den von den Briten geführten Truppen vereinen würden.

»Unsinn«, erwiderte Napoleon und erinnerte seinen Bruder daran, wie vernichtend er die Preußen zwei Tage vorher geschlagen hatte. Sie würden mindestens zwei mühsame Tagesmärsche brauchen, fuhr er fort, wobei er davon ausging, dass sie sich nach Norden zu ihren Nachschublinien bei Wavre zurückgezogen hätten. Und außerdem sei Grouchy den Preußen »auf den Fersen«.

Bei dieser vormittäglichen Strategiebesprechung empfahl Napoleons früherer Gouverneur von Elba, Marschall Drouot, den Angriff um ein paar Stunden zu verschieben, damit das Erdreich trocken werden könne. Dann ließe sich die Artillerie besser positionieren beziehungsweise ein Stellungswechsel leichter vornehmen. Der Kaiser erklärte sich einverstanden. Er wusste, dass seine Armee, die über ein großes Gebiet verteilt ihre Lager aufgeschlagen hatte, ohnehin noch mehr Zeit benötigte, um sich für den Angriff aufzustellen.

Im Lauf des Vormittags hatte Napoleon über die Strategie entschieden. Die Franzosen würden sich nicht auf eine der schwächeren Flanken des Gegners konzentrieren, wie mehrere Generäle ganz offensichtlich hofften, sondern stattdessen einen Frontalangriff auf die Hauptmacht der Verbündeten im Zentrum führen. Der Kaiser setzte auf Stärke, nicht auf Finesse – ein schneller Schlag gegen die Verteidigungsstellungen des Feindes ohne ausgeklügelte Täuschungs- und andere Manöver, die er wahrscheinlich aufgrund des feuchten Bodens als sinnlos erachtete. Zudem eignete sich das Schlachtfeld aufgrund seiner geringen Ausdehnung – es war nur knapp fünf Kilometer breit – nicht für irgendwelche groß angelegten Manöver (das Schlachtfeld von Austerlitz war elf Kilometer breit gewesen, jenes bei Wagram 19 Kilometer, das bei Leipzig knapp 34 Kilometer). Wie sich der kaiserliche Kammerdiener Louis Marchand erinnerte, stand Napoleon plötzlich vom Tisch auf. »Meine Herren«, bekräftigte er zuversichtlich, »wenn meine Befehle gut ausgeführt werden, dann legen wir uns heute Abend in Brüssel schlafen.«

*Kapitel 32*

# La Belle-Alliance

*Der Ball liegt vor meinen Füßen, hoffentlich habe ich die Kraft, einen guten Pass zu schlagen.*

Arthur Wellesley, der spätere Duke of Wellington, vor der Schlacht von Talavera

Es ist nicht genau bekannt, wann die Schlacht von Waterloo begann, wahrscheinlich aber kurz nach 11.30 Uhr, als Napoleons jüngster Bruder, Prinz Jérôme, mit einer Infanteriedivision des 2. Armeekorps von Comte Reille gegen das Gehöft Hougoumont vorrückte, das an der äußersten westlichen Flanke des Schlachtfelds lag. Hougoumont kontrollierte eine schmale Straße, die durch die Roggenfelder führte, und schützte Wellingtons rechte Flanke gegen groß angelegte Umfassungsbewegungen. Napoleon ging es gar nicht um diesen Außenposten, sondern er wollte Wellington täuschen und den Eindruck erwecken, als ob dies die Hauptstoßrichtung seines Angriffs wäre. Wenn Wellington dann Truppen vom Zentrum abzog, wollte Napoleon mit aller Kraft gegen sein eigentliches Ziel losschlagen.

Wellington hatte fünf Kompanien der Scots und Coldstream Guards unter dem Befehl des Schotten Lieutenant Colonel James Macdonnell dazu auserkoren, die Stellung bei Hougoumont zu halten. Um den Hof mit seinen dicken Umfassungsmauern lagen ein Garten, ein Obstgarten und ein Wäldchen, dahinter Hecken und Felder. Getreidespeicher, Lagerhäuser, Scheunen, Schuppen, Ställe, Viehpferche, zwei kleinere Häuschen und weitere Bauten schützten die Verteidiger.

Die Bewohner des Anwesens waren schon längst geflohen, bis auf einen einsamen Gärtner, Willem van Kylsom, der sich im Keller versteckt hielt.

Als Jérômes Division mit ungefähr 6500 Infanteristen das Gehöft zu erstürmen versuchte, wurde sie mit drei viertel Zoll großen Eisenkugeln beschossen, die aus dem Roggenfeld, dem Wäldchen und kurz darauf auch aus den Fenstern und Schießscharten und von behelfsmäßigen Gerüsten abgefeuert wurden. Die britische Muskete, die »Brown Bess«, die seit ihrer Einführung 1745 kaum verändert worden war, brachte den Angreifern schwere Verluste bei. Auch die deutsche leichte Infanterie im Wald – die »Jäger« – erwies sich als sehr treffsicher. Doch Prinz Jérôme wollte nicht aufgeben. Er hatte seine Befehle, und er wollte das Gehöft einnehmen. Nicht nur sein eigener Ruf stand auf dem Spiel, sondern auch der Name seiner Familie.

Nach kurzer Zeit entwickelte sich um das Gehöft ein erbitterter Kampf, Mann gegen Mann, und aus »allen Löchern, allen Steinplatten« wurden Schüsse abgefeuert, wie Victor Hugo schrieb. Die französischen Soldaten versuchten durch ein Tor im hinteren Teil des Hofes einzudringen, das zur Versorgung der Truppen genutzt worden war. Schließlich gelang es einem großen, kräftigen Franzosen, der den Spitznamen L'Enforceur trug, eine Bresche zu schlagen, und rund 100 Franzosen stürmten in den Vorhof. Macdonnell und andere Schotten konnten das Tor hinter ihnen schließen. Die französischen Eindringlinge, die nun in der Falle saßen, wurden alle niedergemetzelt. Nur ein Trommlerjunge kam mit dem Leben davon.

Unbeeindruckt durch den ausbleibenden Erfolg befahl Jérôme einen zweiten Angriff auf das Anwesen und schickte gegen den Protest von General Foy weitere vier Bataillone in die Schlacht. Jérôme wollte das Gehöft »um jeden Preis« einnehmen, Napoleon habe es ihm so befohlen, wie er später wenig glaubhaft beteuerte. Die Franzosen kamen nur langsam und auch nur für kurze Zeit voran. Sie konnten lediglich das Wäldchen und den Obstgarten eine Zeit lang halten. Auch das Feuer, das am frühen Nachmittag auf dem Dach des Haupthauses ausbrach und bald auf andere Gebäude übergriff, führte nicht zum Zusammenbruch der Verteidigung. Eine kleine, erschöpfte Truppe von 2600 Koalitionssoldaten behauptete sich gegen eine Streitmacht, die mehr als doppelt so groß war.

Anstatt Truppen aus Wellingtons Zentrum abzuziehen, schwächte die französische Attacke nur die eigenen Streitkräfte, die Napoleon für seinen Hauptangriff vorgesehen hatte. Viele Jahre später führte Wellington seinen Sieg bei Waterloo auf dieses Vorgeplänkel an der Peripherie zurück, auf den »Torschluss in Hougoumont«, wie er sich ausdrückte.

Zu den zahlreichen Rätseln der Schlacht bei Waterloo gehört die Frage, warum Napoleon bei diesem Angriff nur Kanonen einsetzte und nicht auch Haubitzen, die als Steilfeuergeschütze die Mauern des Gehöfts wahrscheinlich mühelos durchschlagen hätten. Ein derartiger Beschuss war üblich bei solchen Angriffen und hätte Jérômes tapferen, aber letztlich unwirksamen Vorstößen den Weg geebnet. Hatte die Tatsache, dass keine Haubitzen eingesetzt wurden, damit zu tun, dass die Franzosen keine Einsicht in das Gelände hatten und nicht erkennen konnten, wie gut das Anwesen befestigt war? Vielleicht wussten sie nicht einmal, wo genau dieses Gehöft lag, wie der Historiker Alessandro Barbero mutmaßte. Die Befehle wirkten widersprüchlich, und es gab erhebliche Kommunikationsprobleme; einzelne Kommandeure trafen eigenmächtige Entscheidungen, die weitreichende Folgen hatten.

Nur 23 Kilometer weiter saß nahe dem Dorf Walhain Marschall Emmanuel de Grouchy, der Befehlshaber der 33 000 Soldaten des 3. und 4. Armeekorps, in einem beschlagnahmten Sommerhaus und aß Erdbeeren, als einer seiner Soldaten mit der Nachricht erschien, dass aus Westen Geschützdonner zu hören sei. General Gérard, Befehlshaber über eine Division im Korps Grouchys, drängte darauf, unverzüglich die Marschrichtung zu ändern und die Armeen in Richtung des Kanonenfeuers zu führen.

Bei dem Feuer könne es sich auch um ein »Nachhutgefecht« handeln, sagte Grouchy. Seine bisherigen Befehle lauteten, Richtung Wavre vorzurücken und die Preußen zurückzuschlagen. Zwar hatte er am frühen Morgen, gegen vier Uhr, von Napoleon schriftlich weitere Anweisungen erbeten, doch bislang war noch keine Antwort eingetroffen. Grouchy erklärte:

> Der Kaiser hat mir gestern mitgeteilt, dass es seine Absicht sei, die englische Armee anzugreifen, wenn Wellington zum Kampf bereit sei ... Wenn der Kaiser gewünscht hätte, dass ich daran teilnehme, hätte er nicht meine Armee abgezogen, während er gerade einen Angriff auf die Engländer vorbereitete.

Außerdem würden es die nassen, schlammigen Straßen erschweren, das Schlachtfeld »früh genug zu erreichen, um noch von Nutzen sein zu können«. Er beharrte darauf, den Befehl strikt zu befolgen.

Trotz der beherzten Proteste Gérards und anderer Offiziere befahl Grouchy seinen Truppen, vom Kanonenfeuer wegzumarschieren – und somit auch weg von Napoleon, der die 33 000 Soldaten des 3. und 4. Armeekorps sehr bald hätte brauchen können, die stattdessen den Tag damit verbrachten, planlos in der Gegend umherzuziehen auf der Suche nach den preußischen Truppen.

Gegen ein Uhr nachmittags stand Napoleon auf dem Hügel nahe dem Anwesen Rossomme und beobachtete die Ebene durch sein Teleskop. Im Nordosten entdeckte er etwas, das wie eine dunkle Wolke aussah. War es eine Armee, die sich näherte? Einige Offiziere neben ihm meinten, es sei nur eine Wolke, eine Baumgruppe – oder überhaupt nichts. Napoleon kannte diesen Anblick von früher und wusste es besser.

War es vielleicht das französische Armeekorps von Grouchy, das von seiner Mission der Verfolgung der Preußen zurückkehrte? Oder waren es die Preußen, die sich dem Kampfplatz näherten? Napoleon sandte Späher aus, um Klarheit zu bekommen. Ein Kurier wurde abgefangen und verhört, wodurch die letzten Zweifel ausgeräumt wurden. Es waren die Preußen, und zwar nicht nur eine kleine Abteilung. Es war die Hauptmacht der preußischen Armee.

Nach der Niederlage der Preußen bei Ligny vor zwei Tagen hatte Blüchers Generalstabschef Gneisenau die spontane Entscheidung getroffen, sich nach Norden zurückzuziehen – eine der schicksalhaften Entscheidungen des ganzen Feldzugs. Hätte er sich in die andere Richtung zurückgezogen, was angesichts der Nachschublinien, der Lage des preußischen Hauptquartiers und der Nähe der strategischen Festungen eher zu erwarten gewesen wäre, wären die Preußen niemals in der Lage gewesen, noch rechtzeitig auf dem Schauplatz zu erscheinen. Als die Preußen am Morgen darüber diskutiert hatten, ob sie sich mit den Truppen der Verbündeten vereinen sollten, hatte sich Gneisenau dagegen ausgesprochen. Doch Blücher stellte sich gegen ihn. Nachdem er sich von seiner Verwundung erholt hatte, war er fest entschlossen, die Preußen zügig auf das Schlachtfeld zu führen und gegen die Franzosen zu kämpfen.

Als Napoleon erfuhr, dass die preußische Armee anrückte und anscheinend nur noch zehn bis 13 Kilometer entfernt war, schien er nicht allzu besorgt. »Selbst jetzt noch liegen unsere Siegeschancen bei 60 Prozent«, sagte er. Napoleon entsandte Boten, um Grouchy (wo immer er sich befand) mitzuteilen, dass er unverzüglich zurückkommen solle. Er schickte zwei Kavalleriedivisionen nach Osten, rund 2000 Mann, um die Vorhut der Preußen abzulenken und wegzulocken. Währenddessen wollte er Wellington angreifen und einen schnellen Sieg erringen. »Ein Besonnenerer«, urteilte Clausewitz, hätte hier den Kampf abgebrochen und sich zurückgezogen.

Nur wenige Augenblicke später nahmen 84 französische Kanonen Mont-Saint-Jean unter Beschuss, wo Wellington seine Truppen aufgestellt hatte. Nachdem die Geschütze die Befestigungen sturmreif geschossen hatten, sollte nach dem Plan Napoleons General Jean-Baptiste Drouet, Comte d'Erlon, mit dem 1. Armeekorps das geschwächte Zentrum des Gegners angreifen. Dann wollte Napoleon seine überlegene Kavallerie einsetzen und zum Sieg führen, noch bevor die Preußen erschienen. Paradeuniformen lagen schon in Tornistern bereit für den triumphalen Einzug in Brüssel.

Gegen 13.30 Uhr begann Comte d'Erlon mit 16 000 Soldaten des 1. Armeekorps langsam über die schlammigen Roggenfelder vorzurücken, um die Koalitionstruppen anzugreifen. Die Kolonnen waren riesig und umfassten je rund 200 Männer (Rotten) nebeneinander in 24 bis 27 Reihen. Das war zwar eine eindrucksvolle Formation, die den Vorteil hatte, dass sie die Stärke der Angreifer demonstrierte und die Kampfmoral hob, aber sie war nicht besonders praktisch. Wenn man die Soldaten allzu eng zusammendrängte, wurden die Beweglichkeit, die Flexibilität und die Sichtweite beeinträchtigt, ganz zu schweigen davon, dass die Feuerkraft auf die ersten zwei bis drei Reihen beschränkt war. Der Rest der Soldaten – die große Mehrheit – besaß praktisch kein Offensivpotenzial. Ähnlich problematisch war, dass die gefährlich exponierten breiten Kolonnen den britischen Kanonen ein gutes Ziel boten. Napoleon hatte diese Angriffsformation zwar nicht angeordnet, sie aber auch nicht verhindert. Die französische Infanterie sollte für diese schlechte Wahl einen fürchterlichen Preis bezahlen.

Doch als die riesigen Kolonnen vorrückten – 27 Schritte in der Minute, um mit dem Takt der Trommeln mitzuhalten –, ergriffen einige Koalitionseinheiten unter dem Kommando des holländischen Generals Willem Frederik Graaf van Bylandt die Flucht. Die erfahreneren britischen Soldaten buhten sie aus, beschimpften sie als Feiglinge und hätten beinahe auf ihre Verbündeten gefeuert, als diese an ihnen vorbeirannten. Viele der holländischen und belgischen Soldaten in dieser Brigade wurden ohnehin als heimliche Sympathisanten von Napoleon verdächtigt und konnten sich wohl tatsächlich nur schwer mit dem Gedanken anfreunden, gegen ihren geliebten Kaiser zu kämpfen. Darüber hinaus waren es junge Soldaten, die ihren ersten Kampf mitmachten. Außerdem waren sie in vorderster Front aufgestellt gewesen und daher Napoleons Kanonen mehr ausgesetzt als die übrigen Truppen auf der Seite der Verbündeten.

Wie bei allen großen Schlachten schien das Chaos auszubrechen, als es ernst wurde. Der dichte schwarze Rauch der Kanonen verdeckte, wie wenig Ordnung auf dem Schauplatz herrschte, und die tief liegenden Wolken an diesem Tag trugen nicht dazu bei, die Sicht zu verbessern. Die Wolken hingen so tief herab, dass sie den Geschützlärm noch zu verstärken schienen.

An diesem Tag sollten sich 150 000 Männer mit 30 000 Pferden gegenseitig angreifen, aufeinander schießen und sich auf einer schlammigen Ebene vorankämpfen, die kaum fünf Kilometer lang und zweieinhalb Kilometer breit war. Musketenkugeln prasselten gegen Schwerter oder Brustplatten wie »ein heftiger Hagelsturm, der gegen Fensterscheiben schlägt«. Säbel, Lanzen und Kartätschen taten ihr Zerstörungswerk. Die Kanonen richteten noch größeren Schaden an. Nach der ersten halben Stunde waren vermutlich bereits mehr als 10 000 Männer tot oder verwundet. Dazu kamen die schrecklichen Bilder und Schreie verendender Pferde. Es ist kein Zufall, dass diese Schlacht später zum Anlass genommen wurde, erstmals auch Tiere vor Grausamkeit zu schützen.

Im Schlachtgetümmel, in dem – zum Teil aufgrund seiner zahlenmäßigen Überlegenheit – zunächst Frankreich die Oberhand zu gewinnen schien, ließ irgendwann aufseiten der Koalition der Kommandeur der Kavallerie und der berittenen Artillerie, Lord Henry William Paget Uxbridge, zum Angriff blasen. Obwohl sie vielleicht mit eins zu fünf unterlegen waren, unternahmen die Household Brigade und die Union Brigade einen Vorstoß. Er verlief sehr erfolgreich, zumindest am Anfang. Die Kavalleristen säbelten viele Franzosen nieder, die auf dem Absatz kehrtmachten und flüchteten. Die Reiter rückten rasch weiter vor, eroberten Artilleriegeschütze, nahmen rund 3000 Männer gefangen und erbeuteten zwei napoleonische Adler. Der französische Angriff war zurückgeschlagen.

Wie so oft fiel es den ungestümen Kavalleristen schwer, sich in ihrem Triumph zu zügeln. Die Brigaden gingen einen Schritt zu weit und stießen tief in die feindlichen Reihen vor. Napoleon erkannte ihre Verwundbarkeit und führte frische Lanzenreiter und Dragoner heran. Das Ergebnis war verheerend, und der »Angriff der schweren Brigade« fand ein jähes Ende. Nicht weniger als 1000 der 2500 Kavalleristen kamen um.

Als das Ablenkungsmanöver bei Hougoumont im Desaster geendet hatte und Comte d'Erlons Angriff zurückgeschlagen worden war, musste Napoleon seine große Offensive gegen eine Hauptmacht beginnen, die bisher kaum geschwächt worden war.

Marschall Ney befahl einen massiven Kavallerievorstoß, bei dem zwei Brigaden des 1. Armeekorps zum Einsatz kamen, insgesamt rund 5000 Soldaten. William Gronow, ein 19 Jahre alter Eton-Absolvent, der bei den First Foot Guards kämpfte, schilderte die Attacke von Neys berittenen Kämpfern:

> Wohl keiner, der den Tag überlebt hat, wird die furchtbare Größe dieses Angriffs je wieder vergessen haben. Heran kam die lange Linie der Reiter gleich einer sturmgepeitschten Meereswoge,

> deren Kamm im Sonnenlicht funkelt. Die Erde erbebte, man hätte glauben mögen, nichts könnte dem Anprall der furchtbaren Masse widerstehen.

Die britischen Kommandeure erteilten den berühmten Befehl, ein Karree zu bilden: »Achtung, Kavallerie!« Die Soldaten in der vordersten Reihe knieten nieder, und »wie ein blitzender Wall trotzten die Bajonette, von nervigen Fäusten zusammengehalten, den wütenden Kürassieren«. Hinter dieser Linie bissen zwei Infanteriereihen die gefalteten Enden der Papierpatronen ab, füllten Pulver in Pfanne und Lauf, betätigten den Ladestock und machten sich bereit, um mit ihren Musketen auf die Angreifer zu feuern.

Die Karrees der britischen Infanterie glichen länglichen Rechtecken, waren also vorn und hinten breiter als an den Seiten. Diese Gefechtsformation beruhte auf der Annahme, dass ein Pferd nicht in eine Mauer aus Bajonetten hineinlaufen würde. Trotz zeitgenössischer Gemälde, in denen blutige Kavallerieangriffe dargestellt wurden, blieben die Pferde gewöhnlich in ungefähr 20 Meter Entfernung stehen, völlig unbeeindruckt davon, wie laut die Reiter fluchten oder »Vive l'Empereur!« schrien.

Das wirksamste Mittel bestand darin, die Karrees der Infanterie zunächst durch die Artillerie unter Feuer zu nehmen. Kanonenbeschuss war natürlich der Albtraum jedes Infanteristen. Anders als die Säbel, Lanzen oder Musketenkugeln zerfetzten die großen, acht oder zwölf Pfund schweren Geschosse die Leiber, zerschmetterten Knochen und rissen Köpfe ab. Napoleon hatte geplant, mit den Kanonen zu beginnen, seinen »belles filles« (»schönen Mädchen«), wie er die Zwölfpfünder genannt haben soll. Doch viele Kanonenkugeln versanken im Schlamm, anstatt die Reihen des Gegners zu durchschlagen, und Wellington hatte seine Einheiten zudem auf der rückwärtigen Seite des Höhenzugs gut geschützt. Die französischen Kanonen richteten daher weit weniger Schaden an, als Napoleon gehofft oder erwartet hatte.

Während Wellington unter einer Ulme an einer Kreuzung nördlich des Gehöfts La Haye Sainte Befehle erteilte oder an den Reihen entlangritt und seinen Soldaten Mut zusprach, ließ Napoleon eine Angriffswelle nach der anderen gegen das Zentrum rollen. Die britische Infanterie blieb standhaft. Wellington staunte darüber, dass Napoleon stur an seiner Taktik festhielt: »Verdammt, der Kerl will mit dem Kopf durch die Wand.«

Ein Soldat verglich die fortgesetzten Angriffe der französischen Kavallerie auf die britische Infanterie mit einer »schweren Brandung, die gegen eine Küste mit einzelnen Felsblöcken schlägt«; die wuchtige Welle krache »mit lautem Tosen dagegen, bricht, teilt sich und verläuft sich, zischend und kochend«. Beide Seiten erlitten heftige Verluste. Ein britisches Regiment im Zentrum, das 27. Regiment der königlichen Füsiliere von Enniskillen (»Inniskillings«), verlor 450 seiner 750 Männer, und nur schätzungsweise einer von 18 Soldaten überstand diesen grauenhaften Tag ohne Verwundung.

Doch der erste Kavallerieangriff war zu schnell erfolgt, wie der Historiker J. Holland Rose feststellte. Sehr ungünstig war auch eine mangelhafte Koordination mit der Artillerie und der Infanterie – eine nicht unterstützte Kavallerieattacke gegen eine ungebrochene Infanterieformation war in hohem Maße ineffektiv. Zu Neys Gunsten wäre zu sagen, dass er wahrscheinlich die Bewegungen hinter der Schlachtlinie der Koalition falsch einschätzte und glaubte, dass die Verlegung der Karrees um rund 100 Meter weiter nach hinten (um dem Kanonenbeschuss auszuweichen) und die Evakuierung der Verwundeten und der Gefangenen bedeuteten, dass Wellington den Rückzug angetreten habe. Ney war davon ausgegangen, dass Wellington schon am Beginn der Schlacht zu fliehen versuchen würde, und achtete aufmerksam auf jedes Anzeichen, das darauf hindeutete. Er glaubte daher, er würde ihm den Rückzug abschneiden.

Doch Wellington zog sich nicht zurück. Die Infanterie, die in ungefähr 20 Karrees aufgeteilt war, hielt durch, und das Schlachten ging weiter.

Entschlossen zu siegen, bevor die Preußen eintrafen, befahl Napoleon Ney gegen 15.30 Uhr, das strategisch wichtige Gehöft La Haye Sainte an Wellingtons linker beziehungsweise östlicher Flanke einzunehmen, das für sein Zentrum von großer Bedeutung war. Wie bei Hougoumont kam es zu einem hitzigen Gefecht. Gegen jede Wahrscheinlichkeit hielten die King's German Legion (die Königlich Deutsche Legion in britischen Diensten, KGL), die im Gebäude Stellung genommen hatte, und die 95th Rifles (das 95. Schützenregiment), die entlang einer in der Nähe befindlichen Kies- oder Sandgrube postiert waren, dem Angriff stundenlang stand. Doch der KGL ging bald die Munition aus, und der zur Verfügung stehende Nachschub hatte ein anderes Kaliber als die Baker Rifles, mit denen die Scharfschützen ausgerüstet waren. So kam es zu einer weiteren Schlacht innerhalb der Schlacht, die erst gegen sechs Uhr abends zu Ende ging, als die Franzosen schließlich den Hof eroberten.

Das war ein schwerer Schlag für Wellington und seine Verbündeten. Die östliche Flanke war eine von Wellingtons Schwachstellen – er hatte sie ganz bewusst unterbesetzt, weil er damit rechnete, dass die Preußen noch an diesem Tag erscheinen und diese Flanke abdecken würden. Nun, da Napoleon La Haye Sainte eingenommen hatte, konnte er seine Artillerie und seine Scharfschützen näher heranführen und mehr Druck auf die Koalitionstruppen ausüben.

Bald befand sich Wellington in ernsten Schwierigkeiten, und sein Zentrum drohte zusammenzubrechen. Wellingtons Männer waren drauf und dran, eine Niederlage einzustecken, manche Koalitionsregimenter waren bereits geflohen. Ein junger Stabsoffizier namens Basil Jackson berichtete, dass es in den Wäldern in der Nähe des Schlachtfelds von Deserteuren wimmele, ganze Kompanien seien unterwegs, und »Feuer brannten unter ihren Kesseln, während die Männer herumlungerten und rauchten«. Bekannt wurden auch die Cumberland-Husaren in ihren prachtvollen Uniformen – ein Hannover'sches Freiwilligenregiment –, die vom Schlachtfeld weg nach Brüssel galoppierten und die besorgniserregende Nachricht verbreiteten, dass die Niederlage unmittelbar bevorstehe und die Franzosen bald im Triumphzug in die Hauptstadt einmarschieren würden.

Da auch er eine Niederlage der Koalition schon kommen sah, beschwor Marschall Ney den Kaiser, weitere Truppen einzusetzen, um den Entscheidungsschlag zu führen. Wie der Militärhistoriker David Chandler darstellte, war Wellingtons Lage kritisch, und mit frischer Verstärkung hätte Ney die Hauptmacht der Verbündeten im Zentrum durchaus in Bedrängnis bringen können. Doch Napoleon nutzte die

Gelegenheit nicht, sondern antwortete nur resigniert: »Wo zum Teufel soll ich die hernehmen? Soll ich sie aus dem Boden stampfen?«

Napoleon hätte sehr wohl sechs Bataillone der Mittleren und acht der Alten Garde in die Schlacht schicken können – seine Elitetruppen, die er in Reserve hielt. Hätte er auch nur die Hälfte dieser Truppen aufgeboten, so hätte er, wie Chandler darlegte, wahrscheinlich die Schlacht bei Waterloo gewonnen. Wellington hatte schwere Verluste erlitten. Zwei seiner Brigaden waren bereits aufgerieben, andere standen kurz vor dem Ende.

Napoleon konnte jedoch nicht wissen, wie nahe Wellingtons Hauptmacht dem Zusammenbruch war – im Rückblick lässt sich da leicht reden. Und Neys bisherige Verdienste auf diesem Feldzug konnten den Kaiser auch nicht gerade dazu bewegen, seiner Forderung nachzukommen. Immer wieder hatte Ney kühne, aber verfrühte und schlecht organisierte Vorstöße unternommen, die sich als sehr verlustreich erwiesen hatten. Da lag es nur nahe, dass Napoleon Neys Forderung in diesem Licht betrachtete. Zudem wollte Napoleon seine Reserven immer erst dann einsetzen, wenn der Gegner dies bereits getan hatte, und das war hier nicht der Fall.

Anstatt also zusätzliche Truppen für Neys Angriff auf Wellingtons Zentrum bereitzustellen, erteilte Napoleon den Befehl, dass elf Bataillone der Garde Plancenoit einnehmen sollten, das größte Dorf in der Region, und dort Stellung beziehen und ihre Kommunikationsverbindungen einrichten sollten, um sich auf die Ankunft der Preußen vorzubereiten. 20 Minuten später waren die Franzosen auch hier zum Erfolg gekommen. Wellington war machtlos. Die britische 5. Division, die das Dorf verteidigte, verlor 3500 ihrer 4000 Soldaten. »Beten wir zu Gott«, sagte Wellington angeblich, als er diese Nachricht erhielt, »dass bald die Nacht kommt – oder Blücher.«

Am späten Nachmittag rückte die preußische Armee immer näher, und Napoleon lief die Zeit davon. Eine kleine preußische Abteilung unter General Bülow war bereits auf der östlichen Flanke aktiv. Die Franzosen hielten sie in Schach, doch Blücher, der 30 000 Mann befehligte, näherte sich rasch von Osten her. Wellington führte unterdessen schnell weitere Truppen heran, um das Loch im Zentrum zu schließen.

Napoleon, eine Spielernatur, entschloss sich, auf volles Risiko zu gehen, und die Franzosen verstärkten ihre Angriffe. Marschall Ney, der einen Angriff nach dem anderen gegen die britische Infanterie führte, wurden vier Pferde unter dem Leib weggeschossen. Als sich die Vorhut der Preußen dem Schlachtfeld näherte, ließ Napoleon unter seinen Soldaten verbreiten, dass es sich bei der heranrückenden Armee um die Verstärkung von Grouchy handele.

Am Ende warf Napoleon dann doch seine Kaiserliche Garde, »Les Invincibles«, in die Schlacht. Die gefürchteten Elitesoldaten kamen nur dann zum Einsatz, wenn eine Schlacht schon fast zu Ende und der Sieg so gut wie sicher war, und sie hatten noch nie versagt. Unter den Klängen der Marseillaise und dem berühmten Ruf »Vive l'Empereur!« begannen sie vorzurücken. Doch dieses Mal war es ein Himmelfahrtskommando.

Napoleon übernahm persönlich die Führung von einem Dutzend Bataillonen und 6500 erprobten Kämpfern der Grande Armée (insgesamt waren 15 000 Soldaten an dem Angriff beteiligt) und rückte aus zu einem Gefecht, welches das letzte des berühmten Feldherrn werden sollte. Nach ungefähr 600 Metern schwenkte Napoleon zur Seite und übergab die Verantwortung für den Angriff Marschall Ney. Die Garden marschierten weiter, ohne Deckung durch Kavallerie, bis sich plötzlich Wellingtons Truppen aus getarnten Stellungen in einem Feld erhoben und sie mit einem tödlichen Kugelhagel überzogen. Nach Schätzungen von Hauptmann Siborne starben 300 der Elitekämpfer Napoleons innerhalb einer Minute.

Am späten Nachmittag, als die Sonne erstmals seit Tagen wieder richtig schien und die Rauchwolken über der Ebene durchdrang, befanden sich die Franzosen auf der ganzen Linie auf dem Rückzug. Wellington, der in den Steigbügeln stand und seinen Hut schwenkte, trieb seine Männer vorwärts, um den Sieg zu vollenden. Der Rückzug der Franzosen verwandelte sich in eine heillose Flucht. Sie waren ein »von Panik ergriffener ungeordneter Haufen«, wie es Napoleon ausdrückte.

Der preußische Feldmarschall Blücher, der angeblich einen persönlichen Groll gegen die Franzosen hegte, wollte den französischen Kaiser persönlich gefangen nehmen. Doch die Kaiserliche Garde, die zum ersten Mal zurückgeschlagen worden war, hatte sich neu aufgestellt und deckte nun den Rückzug der Franzosen. So konnte Napoleon entkommen, er flüchtete in seiner gepanzerten Kutsche und stieg später auf seinen Schimmelhengst Marengo um.

Die Preußen betrieben die Verfolgung erbarmungslos und bis weit in die Nacht. Am Ende hätten die Preußen beinahe doch Napoleon gefasst. Ihnen fiel aber nur seine leere Kutsche in die Hände, in der sich noch sein zeremonielles Schwert befand, eine Flasche Rum, eine Flasche alter Malaga, eine Zahnbürste sowie Diamanten im Wert von einer Million Francs, die ihm seine Schwester auf Elba ausgehändigt hatte. Napoleons Kutsche wurde dem Prinzregenten als Geschenk überreicht, der sie in London ausstellen ließ und sie später an Madame Tussaud verkaufte. In deren Museum blieb sie, bis sie 1925 bei einem Brand vernichtet wurde.

Napoleon machte für seine Niederlage – »dieses schreckliche Unglücksdrama« – alles Mögliche verantwortlich, vom Regen bis zu Fehlern seiner Untergebenen. Marschall Soult sei seiner neuen Position als Generalstabschef nicht gewachsen gewesen und habe zu wenige Kuriere geschickt; viele Befehle hätten nie ihre Adressaten erreicht oder seien zu spät gekommen. Auch Marschall Ney habe zahlreiche Fehler begangen, von fatalen Verzögerungen zu Beginn des Feldzugs bis hin zu leichtsinnigen und verfrühten Angriffen, die viele Soldaten das Leben kosteten. Bis er zu dem Schluss kam: »Es war der Wille des Schicksals, denn trotz allem hätte ich diese Schlacht gewinnen müssen.«

Lange diskutierten die Historiker über die Gründe für den Sieg der Koalition. Hatte Wellington im Grunde schon die Schlacht gewonnen, oder war die Ankunft der Preußen für den Sieg entscheidend? Eine müßige Frage, wie der Historiker Andrew Roberts zutreffend feststellte. Wellington hätte an diesem Tag niemals in der Ebene zur Schlacht gerüstet, wenn er nicht davon ausgegangen wäre, dass die Preußen dazustoßen und seine linke Flanke sichern würden. Und ohne die rechtzeitige Ankunft der preußischen Verbündeten hätte er wahrscheinlich auch nicht gewinnen können. Beide Armeen haben also einen Anteil am Sieg.

Von wesentlicher Bedeutung waren Wellingtons Taktik und seine strategische Wahl des Terrains. Er hatte seine Informationsquellen effektiv genutzt, kannte Napoleons Stärken und wusste durch seine Spione über seine Bewegungen Bescheid; dazu gehörten auch ausführliche Berichte von Napoleons verräterischem Polizeiminister Joseph Fouché. Von einem Überläufer hatte er zudem vom geplanten Angriff der Alten Garde erfahren. Die Engländer hatten auch ihrer Respekt einflößenden Infanterie einiges zu verdanken, die Napoleons zunehmend verzweifelteren Angriffen tapfer widerstand. Zwar besaßen die Engländer auch neue Waffen, wie die congreveschen Raketen, doch diese spielten eine wesentlich geringere Rolle als die menschlichen Faktoren.

Napoleon auf der anderen Seite hatte an diesem Tag eine Reihe von Fehlern begangen, darunter auch einige nicht nachvollziehbare. Neben der großen Abordnung, die er am Vorabend der Schlacht weggeschickt hatte, um gegen die Preußen zu kämpfen, und die sich zur rechten Zeit am rechten Ort als kampfentscheidend hätte erweisen können, hatte Napoleon auch das Potenzial vieler seiner Marschälle nicht ausgeschöpft. Davout, ein ausgezeichneter Kommandeur, hielt sich noch als Kriegsminister in Paris auf. Murat, damals der bedeutendste Kavallerieführer, war in Ungnade gefallen und durfte nicht am Kampf teilnehmen. Ein anderer wichtiger Marschall, Louis-Gabriel Suchet, war mit einem zweitrangigen Posten betraut worden und sollte die östlichen Grenzen Frankreichs schützen. David Chandler überlegte, ob Napoleon absichtlich eine »B-Mannschaft« ins Feld geführt hatte, um den Ruhm ganz allein einzuheimsen.

Darüber hinaus verstieß Napoleon gegen viele seiner eigenen militärischen Grundsätze. Manche Historiker führten an, dass der Kaiser unter verschiedenen körperlichen Gebrechen gelitten habe: an Akromegalie, Blasenentzündung und Harnwegsinfektion oder sogar Hämorrhoiden. Zweifellos hatte Napoleon nicht seinen besten Tag. »Alles ist mir misslungen, gerade nachdem mir alles gelungen war«, sagte er später.

Auf diesem kurzen Feldzug hatte es verwirrende, ungenaue und widersprüchliche Befehle gegeben, die oft auch zu spät kamen; persönliche Animositäten zwischen seinen Untergebenen hatten die Koordination zusätzlich beeinträchtigt, ebenso einige bekannte Fälle von Verrat, wie etwa die Desertion von General Louis-Auguste-Victor Bourmont zu den Preußen. Folgenschwer war auch gewesen, dass Napoleon seinen ersten Angriff am Morgen um vier Stunden verschoben hatte, um zu warten, bis das Erdreich trockener war. Dies hatte es Wellington ermöglicht, seine Waffen zu trocknen, und die Preußen hatten doch noch rechtzeitig auf dem Schauplatz erscheinen können. Und so weiter. Es gab unzählige »Wenn«, die sich auf den Ausgang des Kampfes auswirken hätten können.

Die Schlacht war vorüber, und nun musste sie einen Namen bekommen. Blücher schlug vor, sie »Schlacht bei Belle-Alliance« zu nennen. »La Belle-Alliance« war der Name eines Gasthauses im Wald von Soignies, wo sich die beiden Sieger am Abend nach der Schlacht trafen. Wellington zog jedoch »Schlacht von Waterloo« vor.

Irgendwann nach Mitternacht begann Wellington mit dem Entwurf seiner berühmten Waterloo-Depesche. Am nächsten Tag schrieb er den Text in Brüssel fertig. Er faltete das Papier zusammen, steckte es in den purpurfarbenen Beutel, den er auf dem Ball der Herzogin von Richmond erhalten hatte, und schickte es durch einen Kurier an seine Regierung in London. »Es ist ein glorreicher Sieg«, verkündete Wellington, wenngleich bedauerlicherweise »ein furchtbarer Verlust von Menschenleben« zu beklagen sei, und er habe viele Freunde verloren.

Ungefähr 40 000 Männer waren an diesem Tag getötet, viele weitere verwundet worden. Wellington hatte zwischen 13 000 und 15 000 Kriegsopfer zu beklagen, Napoleons Verluste beliefen sich auf schätzungsweise 25 000 bis 30 000. Blücher verlor ungefähr 7000 Männer. Die Gesamtzahl der Gefallenen während dieser viertägigen Schlacht belief sich wahrscheinlich auf 115 000 (davon 60 000 Franzosen und 55 000 Soldaten der Koalition).

Das nahe gelegene Brüssel verwandelte sich in ein riesiges Lazarett. Karren mit verstümmelten, blutenden und verbundenen Soldaten wurden durch die Straßen geschoben. Die Verwundeten wurden auf Strohbetten gekippt, die in der ganzen Stadt verteilt waren. Die Bürger versorgten so viele Verwundete wie möglich in ihren Häusern und brachten den Dürstenden Wasser. Ein Chirurg operierte 13 Stunden lang ununterbrochen Verwundete, bis seine Kleider, wie er später schrieb, »starr waren vor Blut und [seine] Arme kraftlos wurden von der Anstrengung durch den Gebrauch des Messers«. Für die armen Soldaten war es ein sehr qualvolles Erlebnis: Die gehetzten und überarbeiteten Chirurgen operierten ohne Betäubung und ohne moderne Instrumente.

Metternich beglückwünschte den Duke of Wellington schriftlich zu seinem Sieg bei Waterloo oder, wie er es ausdrückte, »für die brillante Eröffnung des Feldzugs«. Wellington sah die Bedeutung der Schlacht optimistischer. »Vielleicht irre ich mich«, sagte er wenig später, »aber ich glaube, wir haben Napoleon den Todesstoß versetzt.« Er sollte recht behalten. Neun Tage nach der Unterzeichnung der Schlussakte in Wien hatten der Duke of Wellington, Feldmarschall Blücher und ihre vereinten Armeen den französischen Kaiser niedergeworfen.

Doch Napoleon war nicht bereit, die Niederlage einzugestehen. Drei Tage nach der Schlacht traf er in Paris ein, entschlossen, eine neue Armee aufzustellen. Er wollte Grouchys Truppen durch Reservisten der Nationalgarde verstärken sowie eine weitere Aushebung durchführen. Mit 300 000 Soldaten wollte er dann wieder ins Feld ziehen und Rache nehmen für Waterloo.

Doch eine mächtige Gruppe in seiner eigenen Regierung war beunruhigt durch den Gedanken an einen weiteren verlustreichen Kampf unter einem verzweifelten Bonaparte und versuchte seinen Plan zu vereiteln. Zu den zahlreichen Verschwörern gehörte auch Napoleons Polizeiminister Fouché, »ein Trojanisches Pferd innerhalb der Stadtmauern« von Paris. Fouché arbeitete eng mit verschiedenen Mitgliedern der französischen Nationalversammlung zusammen, darunter einem früheren Bonapartisten, der auch Berater von George Washington und ein Held der Französischen Revolution gewesen war, dem Marquis de Lafayette. Nun, viele Jahre später, nutzte der 57-Jährige seinen Einfluss, um Napoleon im Parlament anzuprangern.

»Der Kaiser muss unverzüglich abdanken«, forderte Lafayette, als die Nationalversammlung darüber debattierte, wie man sich nach Waterloo verhalten solle. »Wenn wir seiner ledig sind, wird uns der lang erhoffte Frieden gewährt werden!« Carnot, einer der Berater Napoleons, trat ans Rednerpult, um den Kaiser zu verteidigen, ebenso Napoleons Bruder Lucien und der frühere Revolutionär Emmanuel

Sieyès. Gewiss, Napoleon habe eine Schlacht verloren, erklärte ein anderer Redner, doch die Franzosen müssten ihm Gefolgschaft leisten und endlich »die Barbaren aus dem Land vertreiben«. Napoleon könne sie am besten zum Sieg führen.

»Haben Sie vergessen, wo die Gebeine unserer Söhne und Brüder bleichen?«, fragte Lafayette. In den Wüsten von Ägypten, den verschneiten Landschaften Russlands und nun in den Ebenen Belgiens – und bald vielleicht auch in den Straßen von Paris? Frankreich habe bereits Millionen Opfer gebracht, allesamt Opfer »dieses einen Mannes, der gegen ganz Europa Krieg führen wollte. Genug!«, schloss er, müde des Blutvergießens.

Als das Parlament darüber debattierte, ob es Napoleons Abdankung fordern sollte, empfahlen Napoleons Ratgeber dem Kaiser, die Armee zu schicken und mit Waffengewalt eine Notstandsregierung durchzusetzen. Vor allem Napoleons Bruder Lucien drängte darauf. Napoleon dachte erst bei einem heißen Bad über diese Möglichkeit nach, später dann bei einem Spaziergang im Palastgarten, während eine kleine Menschenmenge, die sich vor den Toren versammelt hatte, noch immer rief: »Vive l'Empereur!«

Am 22. Juni forderte die französische Nationalversammlung Napoleon auf, freiwillig auf den Thron zu verzichten, anderenfalls drohe ihm die Absetzung. Ihm wurde eine Stunde Bedenkzeit eingeräumt. Napoleons Ratgeber waren uneins, wie man auf die Forderung reagieren solle, mehrere sprachen sich jedoch weiterhin dafür aus, mit der Armee zum Parlament zu marschieren. Dieses Mal weigerte sich Napoleon. »Ich bin nicht zurückgekehrt, um Paris in Blut zu ertränken«, sagte er. Gegen drei Uhr nachmittags dankte Napoleon zum zweiten Mal ab.

*Kapitel 33*

# Im rinnenden Sand

*Finita la commedia*

Gentz in seinem Tagebuch am letzten Abend der Friedenskonferenz

Die Nachricht vom Sieg bei Waterloo verbreitete sich durch Kuriere, Kutschen und Brieftauben in Europa. Unverzüglich fielen Souvenirjäger über den grausigen Ort des Geschehens her. Zu ihnen gehörte auch Lord Byron, der freimütig die Niederlage der Franzosen beklagte – »zu Tode betrübt darüber«. Ein weiterer neugieriger Besucher war Sir Walter Scott, der den Anblick beschrieb, der sich ihm bot:

> Der ganze Boden war noch von Kanonen- und Kartätschenkugeln aufgewühlt und mit Patronen, alten Hüten, Schuhen und anderen Überbleibseln der Schlacht bedeckt, welche die Landleute noch nicht hatten wegschaffen können.

Es gab alles Mögliche, von Blumen für die Gefallenen bis zu geschäftstüchtigen Bauern, die behaupteten, an der Seite Napoleons gewesen zu sein, und nun Führungen über das Schlachtfeld anboten. Schwerter, Ehrenzeichen und andere Erinnerungsstücke wurden auf einem nahe gelegenen Markt verhökert. Sir Walter Scott erstand zwei Kürasse (Brustpanzer).

Die beiden am Sieg von Waterloo maßgeblich beteiligten Mächte – Briten und Preußen – erschienen als Erste in Paris, was niemanden überraschte. Und sie spielten dort auch eine führende Rolle bei allen Änderungen, die in der Schlussakte des Wiener Kongresses vorgenommen wurden. Napoleons Flucht von Elba hatte eine Revision der Friedensbedingungen erforderlich gemacht, zumindest in den Punkten, die Frankreich betrafen, doch die Verbündeten waren sich wieder einmal uneinig, wie diese Änderungen aussehen sollten. Napoleons Rückkehr an die Macht hatte rund 100 Tage gedauert; die anschließenden Friedensverhandlungen zogen sich 133 Tage hin.

Paris erschien in diesen vier Monaten bisweilen wie eine abgeschwächte Wiederauflage des Wiener Kongresses. Die meisten der Beteiligten waren wieder anwesend. Cafés, Theater und die Oper erfreuten sich regen Besuchs; außerdem gab es ein neues populäres Ballett über Waterloo. In Restaurants wie »Beauvilliers«, »Robert« oder »Massinot« fanden festliche Abendessen statt, in den vergoldeten Sälen des »Frascati« und des »Salon d'Étrangers« frönte man dem Glücksspiel. Ein englischer Hauptmann machte die Spieler, die an den berühmten Roulettetischen ihr Glück versuchten, darauf aufmerksam, dass über dem Eingang zu diesen Spielhallen die Inschrift über dem Höllentor aus Dantes *Göttlicher Komödie* stand: »Lasst jede Hoffnung hinter euch, ihr, die ihr eintretet.«

Mit den rund 150 000 Soldaten erschien die elegante französische Hauptstadt nun eher wie ein großes Militärlager. Die weißen Zelte der britischen Armee säumten die Champs-Élysées und erstreckten sich bis zu Napoleons noch unfertigem Arc de Triomphe. Andere Truppenkontingente lagerten auf den Grünflächen im Schatten der Kathedrale Notre-Dame oder im Bois de Boulogne.

Diese Armee wurde für zahlreiche Aufgaben benötigt, nicht zuletzt für die Sicherung der Rückkehr von König Ludwig XVIII. Trotz breiten Widerstands hatte sich Großbritannien durchgesetzt, und der Bourbonenkönig wurde ein zweites Mal auf den Thron zurückgebracht. Man handelte sehr schnell, bevor konkurrierende Kandidaten Unterstützung organisieren und ihre Ansprüche geltend machen konnten. Ludwig XVIII. kehrte mit der Koalitionsarmee zurück, »hinter den purpurnen Uniformen her, die mit dem roten Blut der Franzosen gefärbt waren«, wie manche zürnten.

König Ludwig mochte nun wieder eine Krone haben, einen Thron und eine Garde, aber regieren konnte er deswegen noch lange nicht. Die Lage in der Hauptstadt war instabil. Französische Soldaten gerieten häufig mit Koalitionssoldaten aneinander; viele duellierten sich. Auch zwischen zurückkehrenden Royalisten und Bonapartisten, die ihrem Idol noch nicht abschwören wollten, kam es zu Konflikten.

Castlereagh war von London gekommen, um diplomatische Gespräche zu führen, und nahm seine enge Zusammenarbeit mit dem Duke of Wellington wieder auf, die sie schon in der kurzen Zeit in Wien und generell seit vielen Jahren gepflegt hatten. Beide Männer setzten sich für Mäßigung ein und wollten Frankreich keinen Diktatfrieden aufzwingen, der die Lage Ludwigs XVIII. nur noch mehr erschwert und die künftige Stabilität Europas gefährdet hätte.

Die Preußen waren allerdings anderer Ansicht. Frankreich sei ein verbrecherisches Land, hatte Blücher erklärt, und sollte entsprechend bestraft werden. Einige preußische Generäle, trunken von einem Sieg, der so unerwartet gekommen und so überwältigend ausgefallen war, verlangten eine Teilung Frankreichs und forderten die Abtretung von Elsass und Lothringen, des Saarlands, von Savoyen, Luxemburg, der Franche-Comté, von Flandern und Burgund sowie Reparationszahlungen in Höhe von 1,2 Milliarden Francs. Diese überzogenen Forderungen beunruhigten Hardenberg. »Ich befinde mich unter Prätorianergarden«, seufzte er.

Auf ihrem Weg in die Hauptstadt zog die preußische Armee eine Spur der Verwüstung durch das Land, denn sie war entschlossen, »die Grausamkeiten, die Erpressungen und die harte Behandlung ihrer Hauptstadt an Frankreich zu rächen«. Die Berichte über die Plünderungen der Preußen entsetzten die Verbündeten: »Auf unserem Marsch fanden wir in jedem Städtchen oder Dorf ohne Unterschied, wenn die Preußen durchgekommen waren, jedes Stück Möbel in den Häusern auf vandalische Art zerstört: Spiegel, Mahagonibettstellen, Bilder, Betten und Matratzen waren zerhackt, zersäbelt, halb verbrannt und in alle vier Ecken geschmissen.« Ein tollwütiger Hund wurde in Frankreich noch lange danach als »Blücher« bezeichnet.

Als die preußischen Truppen Paris erreichten, zeigten sie keinerlei Anzeichen von Mäßigung. Blücher wollte die Brücke Pont d'Iéna im Zentrum von Paris in die Luft sprengen, weil sie zum Gedenken an einen Sieg Napoleons über die Preußen im Jahr 1806 so benannt worden war. Der Feldmarschall hatte bereits ihre Fundamente verminen lassen und stand im Begriff, die Sprengung anzuordnen, als ihn Talleyrand wissen ließ, er werde persönlich erscheinen und sich aus Protest auf die Brücke setzen. Gut, sagte Blücher, der an den Widerstand des französischen Außenministers in Wien dachte. Er werde mit der Sprengung warten, bis Talleyrand angekommen sei.

Doch dann intervenierte der Duke of Wellington, besänftigte Blücher und postierte sicherheitshalber einen britischen Wachposten auf der Brücke. Talleyrand trug schließlich auch dazu bei, die Krise zu entschärfen, indem er vorschlug, die Brücke in Pont de L'École Militaire umzubenennen, wodurch sie gerettet wurde (später wurde sie zurückbenannt in Pont d'Iéna).

Doch Talleyrand war alles andere als beruhigt über das, was er bislang gesehen hatte. Hochmut, Gier, Machtmissbrauch – er hoffte, dass das Verhalten der Großmächte nicht ein Hinweis darauf war, wie wenig erfolgreich der Kongress letztlich bleiben sollte. Wenn es den Friedensstiftern nicht gelungen sei, einen gerechten Frieden herzustellen, so Talleyrand, dann müsse Europa »für den Rest unseres Lebens mit Revolutionen rechnen«.

Als die Verbündeten in Paris zu Verhandlungen zusammentrafen, erhob sich sogleich die Frage, was man mit Napoleon tun solle. Für die Preußen war die Antwort einfach: Sie wollten ihn vor ein Erschießungskommando stellen. Hätten die Preußen Napoleon nach der Schlacht von Waterloo gefangen genommen, hätte ihm zweifellos dieses Schicksal geblüht. Und sie hatten die Jagd auf ihn noch nicht beendet. Blüchers Befehl lautete, Napoleon zu fassen, »tot oder lebendig«.

Es bestand noch immer die Möglichkeit, dass der frühere französische Kaiser seine verbliebenen Anhänger in der Armee und im Volk um sich scharte. Die Überreste der Armee von Waterloo unter Marschall Grouchy befanden sich angeblich auf dem Rückweg von Belgien, und darüber hinaus rückte eine weitere Streitmacht auf die Hauptstadt vor, nachdem sie einen royalistischen Aufstand im Westen niedergeschlagen hatte. Ihre Gesamtstärke war nicht bekannt, manche fürchteten jedoch, es könnte sich um 150 000 bis 200 000 Soldaten handeln. Das war natürlich übertrieben, doch Napoleon hätte noch immer eine Streitmacht ins Feld führen können, die groß genug gewesen wäre für eine letzte blutige Auseinandersetzung.

Keiner der Feinde Napoleons wollte sich die Hände schmutzig machen. Ein paar Tage nach der Abdankung des Kaisers hatte das neue Oberhaupt der provisorischen Regierung, Joseph Fouché, Napoleon angewiesen, die Hauptstadt zu verlassen. Viele Historiker glauben, dass Fouché hoffte, die Preußen würden ihn gefangen nehmen und unschädlich machen. Der frühere Kaiser begab sich nach Malmaison, ein dreistöckiges Schloss am Ufer der Seine, wo er mit seiner ersten Ehefrau Joséphine gelebt und einige der glücklichsten Tage während seines Aufstiegs zur Macht verbracht hatte. Joséphine war kurz nach seiner Abreise nach Elba gestorben. »Die arme Joséphine«, sagte er im Rückblick auf seine frühen Jahre. »Ich habe das Gefühl, sie könnte mir an jeder Ecke begegnen.«

Die Preußen rückten näher und standen Ende Juni angeblich kurz von Malmaison. Die französische Regierung behauptete, dass sie seine Sicherheit nicht länger gewährleisten könne, und forderte Napoleon auf, Frankreich zu verlassen. Napoleon hatte jedoch eine letzte Bitte. Er wollte wieder in die Position eines Generals zurückkehren, die Armee neu aufstellen und alle Eindringlinge zurückwerfen, die weit über das ganze Land verstreut und daher verwundbar waren. Er versprach, sich nicht mehr in die Politik einzumischen. Sein Ansinnen wurde abgelehnt.

Daher machte sich Napoleon heimlich zum Hafen Rochefort an der Westküste auf und hoffte, ein Schiff zu finden, das ihn in die USA brachte, oder vielleicht nach Mexiko oder Südamerika. Zwei französische Fregatten warteten auf ihn, wurde ihm mitgeteilt, aber als er ankam, waren auch zwei britische Kriegsschiffe zur Stelle, die Napoleon nicht entkommen lassen wollten.

Im Kreise seiner verbliebenen Getreuen, viele davon aus Elba, überlegte Napoleon, was er tun solle. Sollte er versuchen, an den englischen Kriegsschiffen vorbeizukommen? Doch selbst wenn ihm die Abfahrt gelang, würde es schwierig werden, die Royal Navy abzuhängen und der Gefangennahme zu entgehen. Vielleicht konnte er unbemerkt an

Bord eines amerikanischen Handelsschiffes gelangen – sein Bruder Joseph hatte eins gechartert – oder auf ein Schiff, das unter neutraler Flagge fuhr. Vielleicht sollte er auch versuchen, das Land auf einem kleinen, unscheinbaren Walfänger- oder Fischerboot zu verlassen, um dann auf hoher See auf ein größeres Schiff mit freundlich gesinnter Besatzung umzusteigen? Viele weitere Möglichkeiten wurden diskutiert, auch der Vorschlag, Napoleon in einem Fass an Bord eines Schiffes zu schmuggeln.

Nichts von alledem, entschied Napoleon, entsprach der Würde eines Mannes, der einmal über das größte Reich geherrscht hatte, das Europa jemals gesehen hatte. Stattdessen appellierte Napoleon an die Ehre der Briten. Wie Themistokles, der General aus Athen, der nach den Perserkriegen König Artaxerxes angefleht habe, wolle er sein Schicksal in die Hände seines erbittertsten Feindes legen, schrieb Napoleon an den Prinzregenten. Am Morgen des 17. Juli stieg Napoleon an Bord der HMS *Bellerophon* und ergab sich.

Monatelang hatten die Politiker und das Volk darüber diskutiert, was mit Napoleon geschehen solle, und nun hatte ihn plötzlich Großbritannien in seiner Gewalt. Viele riefen nach Rache. Die Herausgeber der Londoner *Times* verlangten, Napoleon zu hängen; die Preußen wollten ihn weiterhin lieber vor ein Erschießungskommando stellen. Manche meinten, dass das »korsische Ungeheuer« im Tower von London oder im Fort St. George in Nordschottland eingekerkert oder zusammen mit anderen britischen Strafgefangenen nach Botany Bay in Australien deportiert werden sollte. Ein weiterer Vorschlag lautete, ihn der französischen Regierung auszuliefern, doch viele fürchteten berechtigterweise, dass die neue Regierung zu schwach wäre, um ihm den Prozess zu machen.

Ende Juli hatten die Briten ihre Entscheidung getroffen – und es war wirklich eine rein britische Entscheidung, denn die Verbündeten hatten sich mittlerweile darauf verständigt, Großbritannien in dieser Frage die alleinige Verantwortung zu überlassen. Napoleon sollte weder hingerichtet noch auf den Britischen Inseln inhaftiert werden. Er sollte auch kein Asyl erhalten, wie er offenkundig gehofft hatte; das erschien den Briten viel zu riskant. Premierminister Lord Liverpool war zu dem Schluss gekommen, dass Napoleon, der bereits zu einem

Objekt der Neugier geworden war, bald wieder populär und gefährlich werden könnte, eine Quelle der Unruhe und Sammelpunkt für Desillusionierte auf dem Kontinent. Niemand wollte ein zweites Waterloo.

Napoleon wurde wütend, als ihm der britische Unterstaatssekretär am 31. Juli sein Schicksal verkündete: Er solle auf die Insel Sankt Helena im Südatlantik verbannt werden. Man habe ihn hereingelegt, protestierte Napoleon. Er beschuldigte (wahrscheinlich zu Unrecht) Captain Frederick Maitland von der HMS *Bellerophon,* dass dieser ihm Asyl in Großbritannien zugesagt habe, und klagte über den Verrat, aber da stieß er auf taube Ohren. Der ehemalige Kaiser wurde zur HMS *Northumberland* gebracht, einem Linienschiff der Royal Navy mit 74 Kanonen, das ihn ins Exil bringen sollte. Die Reise zur kleinen Vulkaninsel, die 3000 Kilometer östlich von Brasilien und 1900 Kilometer westlich von Angola lag, sollte rund zehn Wochen dauern. Die nächstgelegene Nachbarinsel, 1100 Kilometer entfernt, war nicht einmal ein Punkt auf der Karte.

Während Bonaparte auf dem Weg ins Exil war und die Dynastie der Bourbonen wiedereingesetzt wurde, diskutierten die Koalitionsmächte über die Zukunft Frankreichs. Diese Auseinandersetzungen nahmen den restlichen Sommer und fast den ganzen Herbst in Anspruch. Zu den wichtigsten Streitpunkten gehörte die Frage nach dem Umgang mit den Kunstgütern, die in den Französischen Revolutionskriegen und den napoleonischen Kriegen geraubt worden waren.

Enttäuscht über den langsamen Fortgang der Verhandlungen, wollten die Preußen nicht länger warten, bis die Diplomaten zu einer Entscheidung kamen. Nur wenige Tage nach ihrem Einzug in Paris stürmten Soldaten den Louvre und holten sich die Kunstwerke, die Napoleon geraubt hatte oder die sie selbst als gestohlen bezeichneten. Stammten all die Rembrandt- und Tizian-Gemälde, die von den Wänden gerissen wurden, tatsächlich aus preußischen Kunstsammlungen? Was war mit den Porträts von Napoleon und der Familie Bonaparte, auf die Feldmarschall Blücher persönlich Anspruch erhob?

Die Bewohner von Paris waren aufgebracht über die Plünderung des Louvre durch diese modernen Vandalen. Der Museumsdirektor Baron Dominique-Vivant Denon versuchte Widerstand zu leisten und verwies auf den Artikel der Kapitulationserklärung von Paris, in dem das französische Eigentum garantiert wurde (Artikel XI), doch der zuständige preußische Offizier Ribbentrop (ein Vorfahr des deutschen Botschafters und Außenministers in der NS-Zeit) drohte, ihn zu verhaften und ins Gefängnis nach Berlin bringen zu lassen. Ein britischer Offizier verteidigte die Aktion der Preußen als »Plünderung der Plünderer«. Koalitionssoldaten mussten unterdessen die wütende Menge zurückhalten, die wegen der Entweihung ihres Museums gewalttätig zu werden drohte.

Papst Pius VII. bemühte sich darum, seine verlorenen Kunstschätze auf dem Rechtsweg zurückzuerlangen. Auf Empfehlung von Kardinal Consalvi entsandte der Papst den angesehenen Bildhauer Antonio Canova, der den Louvre sorgfältig nach Gemälden, Skulpturen und Schmuckgegenständen absuchen sollte, die dem Vatikan gehörten. Der Papst stellte die Legitimität seiner Ansprüche in den Vordergrund. Seine Kunstschätze seien geraubt worden, und der Vertrag, der diesen Diebstahl sanktionierte, sei ungültig, denn er sei den Betroffenen aufgezwungen worden. Die Franzosen hielten dagegen, dass es sich um einen rechtlich bindenden Vertrag handele und dass darüber hinaus die Kunstwerke im Louvre besser aufgehoben seien, wo sie Gelehrten und Studenten zur Verfügung stünden, das Licht besser sei und wo sie, nach Stilrichtungen kategorisiert, in verschiedenen Abteilungen präsentiert und außerdem fachkundig konserviert würden.

Am 20. September beschlossen die Verbündeten, dass die Kunstgüter ihren früheren rechtmäßigen Eigentümern zurückgegeben werden sollten. Die Rückführung begann unverzüglich. Soldaten trugen die *Venus de' Medici* ohne Arme und mit den Füßen voraus aus dem Louvre, unter Protesten und dem Ruf: »Schande! Schande!« Die vier Bronzepferde, die während der vergangenen 17 Jahre auf dem Arc de Triomphe du Carrousel gestanden waren, wurden heruntergeholt und zum Markusdom nach Venedig zurückgebracht, wo sie bis heute stehen. Metternich verstand die Rückgabe der vier Bronzepferde als eine Geste des guten Willens zur Feier der Rückkehr Venedigs unter österreichische Herrschaft.

Der Vatikan erhielt den Großteil seiner Kunstgüter zurück, auch den *Apollo von Belvedere* und die *Laokoon-Gruppe*. Auch Dokumente wurden an verschiedene Sammlungen zurückgegeben. Leonardo da Vincis geheime Notizbücher, der *Codex Atlanticus* und die Manuskripte der Biblioteca Ambrosiana, die Napoleon 1796 geraubt und dem Institut de France geschenkt hatte, wurden an Mailand zurückgegeben. Für viele dieser Transporte, etwa der großen Statuen und Gemälde, die in den Vatikan zurückgingen, übernahmen die Briten großzügig die anfallenden Kosten.

Bei den Franzosen büßte Großbritannien im Laufe dieses Prozesses viele Sympathien ein. Zahlreiche Engländer wurden auf den Straßen verhöhnt oder zum Duell gefordert. Sogar der Duke of Wellington musste eines Abends aufgrund erboster Buhrufe das Theater verlassen. Auch der Beamte, der mit der Überwachung der Kunstrückführung beauftragt wurde, konnte die Situation nicht entschärfen. Es war William Richard Hamilton, der Karrierediplomat, der früher daran mitgewirkt hatte, dem British Museum eine größere Zahl von Kunstschätzen zu verschaffen, darunter Werte wie die Elgin Marbles und den Rosettastein. Was würde er als Nächstes konfiszieren? In Wirklichkeit wollte er überhaupt nichts beschlagnahmen, aber viele Verantwortliche im Louvre fürchteten das Schlimmste.

Der Protest der Franzosen nahm kein Ende. Die besten Statuen seien verschwunden, klagte ein Beobachter, und die Hälfte aller anderen. Offiziell wurden 2065 Gemälde, 289 Bronzeplastiken und 317 Statuen, Büsten und Holzskulpturen entfernt sowie 2432 Kunstwerke unterschiedlicher Art, wie einer der Begründer des Louvre festhielt. Für ihn sah es so aus, als hätte man dem berühmten Museum am Ende nur noch »Staub, Stricke, Gestelle und Flaschenzüge« gelassen. Man könne es genauso gut einfach schließen, meinte ein anderer. Der Kurator des Museums und Hauptplünderer während der Kriege, Baron Dominique-Vivant Denon, trat aus Protest zurück, nachdem er miterlebt hatte, wie innerhalb weniger Wochen unzählige Kunstschätze aus seinem geliebten Museum abtransportiert worden waren.

Dies war die bislang umfassendste Rückführung von Kunstgütern. Dabei blieben allerdings auch Zwischenfälle und Missgeschicke nicht aus. Einige der im Krieg erbeuteten Kunstwerke, wie etwa Paolo Veroneses *Hochzeit zu Kana,* waren zu groß für einen sicheren Transport und verblieben daher im Louvre. (Als die Franzosen es aus Venedig fortschafften, hatten sie es in zwei Teile zerrissen.) Andere Gemälde verschwanden auf dem Transport, darunter Rubens' *Diogenes.* Jahrelang kursierten auch Gerüchte, dass die originalen Meisterwerke durch Imitationen ersetzt worden seien. Raffaels *Jungfrau von Loreto* war offenkundig eine Kopie. Ein anderes Bild, Correggios *Leda mit dem Schwan,* wurde seinen Eigentümern verändert zurückgegeben: Die Figur der Leda hatte einen anderen Kopf.

In der hastigen Rückführungsaktion wurden mehrere Kunstsammlungen übersehen, die bereits aus Paris ausgelagert worden waren. Probleme bereiteten auch die Archive. Zu den zahlreichen Personen, die bei den Franzosen nach gestohlenen Kunstgütern Ausschau hielten, gehörte auch Jacob Grimm. Besonders schwierig wiederaufzufinden waren Akten des Vatikans aus der Zeit vor dem Jahr 900, die Napoleon 1810 geraubt hatte. Viele waren vernichtet oder an Kartonhersteller verkauft worden, und die Behörden verweigerten die Zusammenarbeit. Die Dokumente zum Prozess gegen Galileo im Jahr 1633 stellten ebenfalls ein Problem dar. Von diesen Akten war nichts zurückgegeben worden, als die Koalitionsmächte aus Paris abzogen, und lange Jahre wurde darüber heftig gestritten. Bis 1817 konnte der Vatikan viele Akten zurückholen, doch nach Schätzungen waren bis zu zwei Drittel der Dokumente vernichtet worden. In den folgenden Jahren kamen immer wieder vereinzelte Akten nach Rom zurück, darunter auch ein Galileo-Codex, den der Herzog von Blacas in Verwahrung genommen hatte und der 1843 nach seinem Tod zurückgegeben wurde.

In einem dunklen Salon in der Nähe des Élysée-Palasts erfreute sich Zar Alexander an seinen abendlichen Gesprächen mit Baronin Krüdener, der mysteriösen »Geheimrätin«, die jemand einmal als »Gesandte des Himmels« bezeichnete. Die beiden beschäftigten sich mit einem Lieblingsprojekt des Zaren, das er anscheinend bereits im Dezember 1814 in Wien in Angriff genommen hatte und das er nun offiziell bekannt geben wollte. Es sollte ein »Pakt der Liebe« sein, wie er es ausdrückte. Historiker nennen es die Heilige Allianz.

Es war ein Versuch, eine neuartige Form der Diplomatie zu entwickeln, die zur Überwindung von Krieg und Revolution und der althergebrachten diplomatischen Gepflogenheiten führen sollte – er dachte an Dinge wie Geheimverträge und eine Politik des Mächtegleichgewichts und was sonst noch die Beziehungen zwischen den Staaten belastete. Der Zar rief nun die Staatenlenker dazu auf, ihre gegenseitigen Beziehungen auf »die erhabenen Wahrheiten zu begründen, die die unvergängliche Religion des göttlichen Erlösers lehrt« und sich in ihrem Verhalten allein an den »Geboten der Gerechtigkeit, der Liebe und des Friedens« auszurichten. Am 26. September 1815 unterzeichneten der russische Zar, der österreichische Kaiser und der preußische König die Gründungserklärung der Heiligen Allianz.

Die drei Monarchen – ein römisch-katholischer, ein protestantischer und ein russisch-orthodoxer – wollten als »drei Zweige ein und derselben Familie« zusammenarbeiten, verstanden sich selbst lediglich als »Beauftragte der Vorsehung« und verpflichteten sich, ihre Untertanen in diesem »Geiste von Brüderlichkeit« zu regieren. Die drei Herrscher sollten »Religion, Frieden und Gerechtigkeit [...] schirmen«, und auch andere Mächte wurden eingeladen, dieser Allianz beizutreten, wenn sie diese »geheiligten Grundsätze« akzeptierten. Henry Kissinger hat einmal darauf hingewiesen, dass mit der Heiligen Allianz europäische Staatenlenker zum ersten Mal ein internationales Abkommen schlossen, mit dem sie sich einer »gemeinsamen Mission« verpflichteten.

Nach dem Ersten Weltkrieg erblickten manche Historiker in dieser Abkehr von der Diplomatie traditioneller Prägung, im Ideal der Staatenfamilie und im Versuch, die Kriege zu beenden und sie durch ein dauerhaftes System internationaler Zusammenarbeit zu ersetzen, bereits einen Vorläufer von Woodrow Wilsons Idee eines Völkerbunds. Es gab tatsächlich einige Parallelen, doch die Heilige Allianz war noch deutlich vom Geist der Romantik Anfang des 19. Jahrhunderts geprägt, zumindest wie sie vom Zaren interpretiert wurde und von seiner Prophetin, die zu diesem Zeitpunkt großen Einfluss auf ihn ausübte.

Den preußischen König für das Projekt zu gewinnen war nicht schwierig, doch Kaiser Franz war zunächst skeptisch gewesen und hatte sich mit Metternich beraten, der den Zaren als einen Verrückten bezeichnete, den man bei Laune halten müsse, und dem Kaiser empfahl, seinem Vorschlag zu folgen. Doch Großbritannien weigerte sich, den Vertrag zu unterzeichnen. Die britische Regierung vertraute Russland und dem Zaren nicht. Castlereagh lehnte das Dokument ab als »ein Papier voll pathetischem Mystizismus und Unsinn«. Auch Papst Pius VII. betrachtete das Vorhaben mit Skepsis, und der türkische Sultan wurde erst gar nicht zum Beitritt eingeladen.

Der Zar hatte gehofft, dass seine Heilige Allianz der krönende Abschluss seiner Friedensbemühungen in diesem Jahr sein würde, doch sie wurde in den Schatten gestellt durch ein zweites Bündnis, das im November in Paris von denselben drei Mächten zusammen mit Großbritannien aus der Taufe gehoben wurde. Das war die Quadrupelallianz (Viererallianz) – sie bestand aus den Großen Vier, die am Ende der napoleonischen Kriege den militärischen Pakt unterzeichnet und die Ausschüsse auf dem Wiener Kongress eingerichtet hatten. Dieses Bündnis wurde von der Hoffnung getragen, die Wachsamkeit, den Zusammenhalt und die Stärke der Kriegsallianz zu bewahren, die Napoleon besiegt hatte, und dadurch in der Nachkriegsära den Frieden zu sichern.

In Artikel VI des Abkommens zur Erneuerung der Quadrupelallianz wurden regelmäßige Treffen der Großmächte zur Pflege der internationalen Beziehungen vereinbart. Im Zuge dieser »Konferenzdiplomatie« sollte das Verhalten der Staaten »höchst heilbringend zum Nutzen und zum Wohle der Völker und des Friedens in Europa« überprüft werden. Es sollte verhindert werden, dass sich potenzielle Spannungen in einer großen Krise entluden, auf Bedrohungen sollte einvernehmlich reagiert und Gewalt nur dann angewendet werden, wenn es unumgänglich war. Dieses »große Experiment« zielte darauf, einen institutionellen Rahmen zu schaffen, der Chaos und Unordnung im zwischenstaatlichen Bereich verhinderte. Es war sogar davon die Rede, ein »Amt für Europa« einzurichten und Friedrich von Gentz zum ersten »Generalsekretär Europas« zu ernennen, aber diese Idee wurde bald wieder fallen gelassen.

Doch durch die Quadrupelallianz wurde die Friedensregelung durch die Großmächte abgesichert. Angriffshandlungen sollten nicht mehr geduldet werden, sofern nicht alle Großmächte ihre Zustimmung erklärten. Das war eine der bedeutendsten Errungenschaften. Durch diesen Vertrag leiteten die vormaligen Repräsentanten des Wiener Kongresses etwas in die Wege, was der Historiker Charles Webster zutreffend als den ersten Versuch bezeichnete, »die zwischenstaatlichen Angelegenheiten in Friedenszeiten zu ordnen und zu regeln«.

Nach ihren Erlebnissen auf dem Wiener Kongress kehrte Dorothea Anfang Juli 1815 als eine andere Frau nach Paris zurück, »als eine Art Königin der diplomatischen Welt«. Sie war fest entschlossen, ihrem Leben eine neue Richtung zu geben. Das bedeutete zum einen das Ende ihrer Ehe. Als Katholikin konnte sie sich zwar nicht scheiden lassen, doch es gelang ihr, eine legale Trennung von Edmond zu erreichen, und anschließend setzte sie ihre Liebesaffäre mit Graf Clam-Martinitz fort.

Trotz der kühlen Reserviertheit, die er gegenüber der Welt zur Schau stellte, schien auch Talleyrand verliebt zu sein – sehr verliebt –, und das Objekt seiner Begierde war Dorothea, wie viele seiner Freunde überzeugt waren. Nur wenige hatten Talleyrand in den vergangenen Jahren so erlebt. »Es war eine rasende Leidenschaft«, schrieb sein junger Freund Charles de Rémusat. Ein anderer Freund, Justizminister Pasquier, bestätigte ebenfalls, dass dieses »alles verzehrende Begehren« ihm »all seine Geistesgegenwart geraubt« habe.

Doch Talleyrand musste nun – vielleicht zum ersten Mal – die Erfahrung machen, dass seine Zuneigung nicht erwidert wurde. Dorothea bevorzugte eindeutig Graf Clam-Martinitz. Im Spätherbst, als sich der Graf zur österreichischen Armee nach Italien begab, folgte ihm Dorothea und ließ den niedergeschlagenen Talleyrand in Paris zurück. Der französische Außenminister ähnelte immer mehr Metternich im vergangenen Herbst, als dieser durch die Zurückweisung durch Dorotheas ältere Schwester einen schweren Schlag erlitten hatte. Talleyrand verlor nun seine viel gerühmte Contenance, »wurde verzehrt von einem schleichenden Fieber, das durch die Abwesenheit der Angebeteten verursacht wurde, und er begann leibhaftig aus enttäuschter Liebe dahinzusiechen«.

Als wäre dies noch nicht genug, musste sich Talleyrand auch um Frankreichs Zukunft Sorgen machen. Die Preußen und andere Staaten verlangten Änderungen auf der politischen Landkarte, und viele maßgebliche Diplomaten waren für diese Forderungen aufgeschlossen. Sogar die Erklärung der Verbündeten vom März, in der eindeutig Napoleon, nicht Frankreich, als Gegner bezeichnet worden war, wurde nicht mehr beachtet. Die preußische Delegation wischte sie beiseite mit der Begründung, dass sich die Franzosen wieder hinter Napoleon gestellt und sich somit als seine Kollaborateure, nicht als seine Opfer erwiesen hätten. Es sei Zeit für eine Bestrafung, meinten viele, und für Forderungen im Interesse der Sicherheit, damit Frankreich den Frieden nicht erneut bedrohen könne. Die Frankreich auferlegten Bedingungen würden mit Sicherheit diesmal wesentlich härter ausfallen.

Als der Vertrag ausgehandelt wurde, musste Frankreich Gebiete aufgeben, die ihm im Frühjahr 1814 zugestanden worden waren (es sollten nicht mehr die Grenzen von 1792 gelten, sondern jene von 1790). Elsass und Lothringen blieben französisch, nicht aber das Saartal, und auch der Großteil des Rheins wurde den Nachbarn zugeschlagen. Frankreich war nun umgeben von deutlich vergrößerten Staaten: dem Königreich der Niederlande, Preußen, Piemont-Sardinien, Bayern und der neutralen Schweiz. Darüber hinaus wurde Frankreich gezwungen, wichtige Festungsstädte an den Grenzen seines Königreiches abzutreten, es musste 700 Millionen Francs Entschädigung zahlen und die Kosten der großen Besatzungsarmee für fünf Jahre übernehmen. Gemäß dem Vertrag sollten 150 000 Soldaten der Koalition in Festungen, die über das ganze Land verstreut waren, stationiert werden, wodurch Kosten von geschätzten 1,75 Millionen Francs pro Tag entstanden. Diese Regelung sollte bis 1820 gelten, endete aber schon 1818.

Napoleons Flucht von Elba und seine Herrschaft der 100 Tage kam Frankreich teuer zu stehen, und viele Franzosen waren empört über die harten Bedingungen, die ihrem Land auferlegt wurden. Gentz verfolgte die Entwicklung mit Ernüchterung und machte zunächst die Preußen und dann die Engländer dafür verantwortlich, weil sie den Preußen nicht energisch genug entgegengetreten seien. Der Friedensvertrag war, wie es der russische Diplomat Pozzo di Borgo ausdrückte, »ein Meisterwerk der Zerstörung«.

Die Friedensbedingungen seien unbegründet, protestierte auch Talleyrand. »Um Zugeständnisse verlangen zu können«, erklärte er, »muss man eine Eroberung gemacht haben. Um etwas erobern zu können, muss man sich im Kriegszustand befinden«, und die Großmächte hätten sich eben *nicht* im Kriegszustand mit Frankreich befunden. Wie der Wiener Kongress erklärt habe, sei der Krieg ausschließlich gegen Napoleon gerichtet gewesen, und der sei nun nicht mehr da. Der König war ein Verbündeter gewesen. Warum werde Frankreich jetzt so behandelt? Dadurch würden die Verbündeten die Situation für den König nur noch weiter erschweren.

»Ich verweigere die Unterschrift«, erklärte Talleyrand in Bezug auf den Friedensvertrag. Durch einen derart ungerechten Vertrag, fuhr er fort, »würde uns am Ende weder Frankreich noch ein König bleiben«. Talleyrand war über den Lauf der Ereignisse dermaßen empört, dass er am 24. September seinen Rücktritt anbot. Er hatte gehofft, dass diese Geste allen Beteiligten die Unsinnigkeit des Vertrags vor Augen führen würde. Doch zu seiner großen Überraschung nahm der König seinen Rücktritt an.

Talleyrand hatte maßgeblich dazu beigetragen, dass Ludwig XVIII. 1814 auf den Thron hatte zurückkehren können, indem er sich auf dem Wiener Kongress für die Interessen des Königs eingesetzt hatte, und in diesem Sommer hatte er ihm ein weiteres Mal hilfreich zur Seite gestanden. Die Entlassung war für ihn ein schmerzhafter Einschnitt. Es gab keine formelle Verabschiedungszeremonie, nicht einmal einige Worte des Dankes. Die Undankbarkeit des Königs, sagte Talleyrand später, sei nur unzureichend bemäntelt worden.

Auch Metternich, der bis zur Unterzeichnung des Vertrages blieb, überkam Wehmut bei dieser sogenannten triumphalen Rückkehr nach Paris, in eine Stadt, die er kennen- und lieben gelernt hatte, seit er hier als junger Diplomat tätig gewesen war. Inzwischen hatte sich viel verändert. Er trat aus seinem Zimmer hinaus auf den Balkon und blickte auf die Silhouette von Paris. »Diese Stadt und diese Sonne«, schrieb Metternich in einem Brief an seine Tochter, »werden einander noch grüßen, wenn von Napoleon, von Blücher und erst recht von mir nichts als Erinnerungen übrig sind.« So wichtig sei all dies einmal erschienen. Doch all ihr Tun schloss er, sei nur »ein Spielen im Schlamm oder im rinnenden Sand«.

# Epilog

Am 17. Oktober erreichte die Fregatte HMS *Northumberland* nach einer 71-tägigen Reise den kleinen Hafen Jamestown auf der Insel Sankt Helena. Anders als auf Elba 17 Monate vorher erwarteten ihn hier keine jubelnden Menschenmengen oder Willkommensfeiern. Er war kein Kaiser mehr und herrschte nicht einmal über diese Insel, die »wie eine schwarze Warze aus dem Meer herausragte«. Diesmal war Napoleon ein Gefangener, und es gab kein Entkommen.

So wie sie ihm nie nach Elba gefolgt war, fuhr Marie-Louise auch nicht nach Sankt Helena – sie hätte es auch gar nicht tun können, selbst wenn sie gewollt hätte, denn allen Familienangehörigen Napoleons war es verboten worden, ihn ins Exil zu begleiten. Stattdessen zog Marie-Louise in das Herzogtum Parma, das sie sich mithilfe des russischen Zaren hatte sichern können. Dort gesellte sich ihr Geliebter zu ihr, Graf Neipperg, und später heirateten die beiden heimlich. Nach Napoleons Tod im Mai 1821 offenbarte Marie-Louise ihrer Familie ihre Ehe, die daraufhin rasch legalisiert wurde. Das Paar bekam drei Kinder, und als Neipperg starb, heiratete Marie-Louise ein drittes Mal. Ihr Sohn, den sie von Napoleon hatte, verließ dagegen niemals Wien und blieb praktisch ein Gefangener im eigenen Haus, wo er 1832 an Tuberkulose starb, erst 27 Jahre alt.

Auch die Herzogin von Sagan und die Fürstin Bagration heirateten beide noch einmal. Nach ihrer Trennung von Fürst Alfred und nicht lange darauf von Lord Stewart, ehelichte die Herzogin von Sagan Karl Graf von der Schulenburg, einen Major der österreichischen Armee. Sie versuchte lange, ihre Tochter Adelaide-Gustava zurückzubekommen, hatte jedoch keinen Erfolg, weshalb sie früh ihren Lebensmut verlor. Bedrückt und verzagt sei sie gewesen und habe sich über alles Sorgen gemacht, berichtete eine ihrer Ziehtöchter über ihre letzten Lebensjahre. Sie hatte anscheinend Anfälle von tiefer Verzweiflung. Die Herzogin zog zurück nach Wien, wo sie 1839 starb. Sie hatte ihre Tochter nie wiedergesehen.

Ihre Rivalin, Fürstin Bagration, konnte mit viel Glück den Klauen ihrer Gläubiger entkommen. Ein Mitglied der sizilianischen Gesandtschaft, der Herzog von Serra Capriola, kam ihr zu Hilfe und garantierte, dass ihre sämtlichen Rechnungen bezahlt wurden. Später heiratete die Fürstin einen reichen Engländer namens John Hobard Caradoc und setzte ihren mittlerweile legendären extravaganten Lebenswandel fort. Sie bezog eine pompöse Residenz, das »Hôtel de Brunoy«, wo sie erneut einen eleganten Salon unterhielt. Metternichs Enkelin lernte sie kennen, als sie schon weit über 60 Jahre alt war. »Wer sie nicht gesehen hat, der hat nie etwas wirklich Außerwöhnliches gesehen«, erklärte sie.

> Sie hatte vergessen, alt zu werden, und dünkte sich wohl noch zu jener schönen Zeit, als Isabey sie mit Rosen bekränzt und in Wolken gehüllt, von Schleiern umgeben gemalt hatte! Die Schleier und die Rosen waren allein zurückgeblieben, die Wolken mit der Schönheit davongeflogen. Die blonde Lockenfülle reduzierte sich auf fünf oder sieben gelbe Haare ... Die Haut war wie eine Zitrone geworden, der Körper, ja, der Körper, denn man sah ihn, war nur mehr ein klapperndes Gerippe.

Sie starb 1857 auf einer Reise nach Venedig.

Sowohl die Herzogin von Sagan als auch die Fürstin Bagration hingen bis zum Ende ihres Lebens ihren Erinnerungen an ihre Salons auf dem Wiener Kongress nach, als, wie jede von ihnen behauptete, zwei große Reiche um sie kämpften. Beide Frauen wurden in der Literatur gewürdigt: Fürstin Bagration in Balzacs *La peau de chagrin (Das Chagrinleder)*, die Herzogin von Sagan im Roman *Babička (Die Großmutter)* von Božena Němcová, der von einer Fürstin handelt, die sich mit einem Bauern anfreundet. Das Palais Palm, jener Ort, an dem während des Kongresses die Intrigen gesponnen worden waren, wurde in den 1880er-Jahren abgerissen und machte Platz für das Burgtheater.

Metternich, der Präsident des Kongresses, blieb weitere 30 Jahre österreichischer Außenminister, erlebte zahlreiche diplomatische Erfolge und überstand viele Auseinandersetzungen in seiner ungewöhnlich langen politischen Laufbahn. Frühere Historiker bezeichneten diese Zeit als das »Zeitalter Metternichs«. Als Belohnung für seine Leistung auf dem Wiener Kongress erhielt er Schloss Johannisberg im Rheingau. Metternichs Macht fand erst in der Revolution von 1848 ihr Ende, als der 75-jährige Würdenträger sich vor einer aufgebrachten Menschenmenge in Sicherheit bringen musste. Nach einem Jahr im Exil kehrte Metternich nach Wien zurück, obwohl er selbst sich zunehmend als »Phantasma« oder als ein »unwirkliches Wesen« empfand. Das war in der Tat ein Unterschied zu jenen Tagen, als er »Europa beherrschte«, wie er sich brüstete. Zu seinem Glück musste er die zahlreichen Niederlagen und Gebietsverluste der Österreicher nicht mehr miterleben, die sich in den 1860er-Jahren und danach ereigneten.

Das Schicksal von Zar Alexander, der später in Tolstois Werk *Krieg und Frieden* unsterblich wurde, bleibt ungeklärt. Der offiziellen Darstellung zufolge starb er 1825 während eines Urlaubsaufenthalts auf der Krim. Seine Todesursache wurde niemals festgestellt, es gab jedoch unterschiedliche Mutmaßungen, die von Malaria und Typhus bis zu Syphilis und Vergiftung reichten. Lange kursierten Gerüchte, dass der Zar seinen Tod nur vorgetäuscht und sich als Mönch in die Berge zurückgezogen habe. Dieser Version zufolge, die noch immer von einigen Historikern vertreten wird, lebte Alexander bis 1864 als Eremit unter dem Namen Fjodor Kusmitsch in Sibirien. Laut einer anderen Theorie, die im späten 19. Jahrhundert aufkam, beschloss er sein Leben auf einer Pilgerfahrt ins Heilige Land. Wahrscheinlich starb Alexander an Typhus, doch dass sich all diese Gerüchte so lange halten konnten, verweist darauf, dass dieser rätselhafte Zar bei der Nachwelt einen bleibenden Eindruck hinterlassen hatte. Wie Puschkin schrieb, war Alexander »eine Sphinx, die ihr Geheimnis mit ins Grab nahm«.

Einer der letzten Überlebenden des Wiener Kongresses war Fürst Talleyrand. Nach seinem Rücktritt als Außenminister blieb er in Paris, in seinem Haus in der Rue Saint-Florentin, wo er seine Memoiren schrieb oder, besser gesagt, diktierte. Im Rückblick betrachten die Historiker Talleyrand als Vertreter eines friedlichen und nicht militaristischen Frankreich, und seine Strategie, sein Land als Schutzmacht einer Koalition kleinerer Staaten zu etablieren, wurde von späteren französischen Herrschern wiederaufgegriffen, von Napoleon III. bis zu Charles de Gaulle.

Während Ludwig XVIII. Talleyrand bis zum Ende seiner Regierungszeit ignorierte, würdigten andere seine Verdienste auf dem Kongress. Der sächsische König ließ ihn großzügig belohnen für seinen Beitrag zur Rettung seines Königreichs, und der König von Neapel wollte Talleyrand für die Wiederherstellung seines Reiches einen weiteren Titel verleihen, den des Herzogs von Dino. Talleyrand lehnte diese Ehre jedoch dankend ab und bat darum, den Titel und die damit verbundenen Liegenschaften seinem Neffen und dessen Frau Dorothea zu übertragen.

Dorothea – die neue Herzogin von Dino – kehrte im Februar 1816 nach Paris zurück, nachdem sie sich von Graf Clam-Martinitz getrennt hatte, und zog wieder zu Talleyrand. Im Dezember 1820 gebar sie eine Tochter, Pauline, und vielfach wurde vermutet, dass der 74-jährige Talleyrand der Vater sei. Talleyrand und seine angeheiratete junge Verwandte, die auf dem Kongress sehr wahrscheinlich ein Liebespaar wurden, blieben in all den Jahren eng verbunden. Sie lebten auch 1830 noch zusammen, als Talleyrand einem anderen König, Louis-Philippe, auf den Thron half. Die letzten Berufsjahre verbrachte Talleyrand als Botschafter in England, einem Land, um das er sich sehr bemüht hatte, um nach 150 Jahren Feindseligkeit eine Verbesserung der Beziehungen zu erreichen. Dorothea war auch in England an seiner Seite. Als Talleyrand 1838 im Alter von 84 Jahren starb, saß Dorothea an seinem Bett.

»Wien, Wien«, schrieb Dorothea. »Mein gesamtes Schicksal ist enthalten im Namen dieser Stadt.« Sie blickte in liebevoller Erinnerung zurück auf diesen Abschnitt ihres Lebens, hielt mit Einzelheiten jedoch weitgehend hinter dem Berg. Wenn sie jemals mehr getan habe, als Briefmarken abzulecken, sagte sie in Bezug auf ihre Zeit in der französischen Gesandtschaft, so habe sie niemals die schlechte Angewohnheit besessen, damit zu prahlen. Sie unterhielt noch viele Jahre einen angesehenen Salon, bis sie im September 1862 mit 69 Jahren starb.

Das tragischste Schicksal erwartete den Briten Castlereagh. Der am stärksten von Vernunft geleitete Teilnehmer des Kongresses verfiel am Ende seines Lebens in Paranoia und Wahnsinn. Sein Internationalismus geriet in Großbritannien bald in den Hintergrund, da das Land zunehmend von isolationistischen Bestrebungen erfasst wurde und vor langfristigen Verpflichtungen gegenüber dem Ausland zurückscheute. Castlereagh weigerte sich, seine Politik an der öffentlichen Meinung auszurichten, und machte sich damit nicht gerade beliebt. Überzeugt, dass sich die ganze Welt gegen ihn verschworen habe, verließ Castlereagh sein Haus nicht mehr ohne seine geladenen Pistolen. Er fühlte sich verfolgt und verfiel in ein schweres »geistiges Delirium«. Freunde fürchteten um seine Sicherheit und waren erschüttert über sein zunehmend eigenartiges und unberechenbares Verhalten. Sämtliche Pistolen, Messer und Rasierklingen wurden aus seinem Zimmer entfernt. Doch alle Versuche, Castlereagh vor sich selbst zu schützen, erwiesen sich als vergeblich. Am Morgen des 12. August 1822 schlitzte sich Castlereagh mit einem Brieföffner, den er in sein Arbeitszimmer geschmuggelt hatte, die Kehle auf.

In den ersten Monaten des Jahres 1919 versammelten sich Diplomaten in Paris, um nach dem Ende des Ersten Weltkriegs einen Friedensvertrag auszuhandeln. Eines ihrer Hauptziele bestand darin, die abstoßende Dekadenz des Wiener Kongress oder, wie US-Präsident Wilson es ausdrückte, »den Geruch von Wien« zu vermeiden.

Der Wiener Kongress zog tatsächlich vielfältige Kritik auf sich, nicht zuletzt wegen der vielen Streitereien und der zahlreichen Feierlichkeiten, welche die Friedensstifter ablenkten und die Verhandlungen schier endlos in die Länge zogen. Zugleich aber hatte er einen unbeabsichtigten Nebeneffekt: All das Säbelrasseln auf dem Kongress bedeutete, dass sich keine der Großmächte sicher genug fühlte, nach dem Ende des Krieges ihre Armee zu demobilisieren; daher konnten alle Großmächte rasch eine große Streitmacht ins Feld führen, als Napoleon sich entschlossen hatte, Elba zu verlassen. Der langsame Fortgang der Verhandlungen bedeutete darüber hinaus, dass alle maßgeblichen Mächte zu diesem Zeitpunkt noch an einem Ort versammelt waren und Napoleons endgültige Niederwerfung planen und koordinieren konnten. Wäre der Kongress früher zu Ende gewesen, hätten sich die Staatenlenker wieder über den gesamten europäischen Kontinent zerstreut, und die Aufgabe, den Feldzug oder gar einen Krieg zu führen, wäre wesentlich schwieriger zu bewältigen gewesen.

Das entkräftet natürlich nicht die berechtigte Kritik an den politischen Entscheidern. Ihre Geheimdiplomatie säte viel Misstrauen, und dass sie das meiste unter sich ausmachten, degradierte viele der kleineren Staaten zu bloßen Zuschauern. Die Grundsätze einer politischen Neuordnung Europas wurden nur selektiv und inkonsequent umgesetzt. Trotz der viel beschworenen Legitimität wurden beispielsweise alte Republiken wie Genua und Venedig nicht wiederhergestellt und verschwanden für immer. Auch das Heilige Römische Reich war und blieb Vergangenheit, und dem Ritterorden der Malteser wurden seine Besitztümer nicht zurückgegeben.

Die Kongressdelegierten verfolgten natürlich alle ihre eigenen Interessen. Immer wieder wurde darauf hingewiesen, dass die Belange der Völker häufig denen der herrschenden Dynastien geopfert wurden. »Die großen Fische fressen die kleinen«, protestierte der spanische Gesandte Labrador. Russland gehörte zu den großen Gewinnern und erhielt am Ende Finnland und Bessarabien zugesprochen, die es während der Napoleonischen Kriege besetzt hatte. Zusammen mit dem nominell unabhängigen Königreich Polen gelangte Russland in eine Position, die es ihm ermöglichte, nicht nur auf Zentralasien und den Nahen Osten Einfluss zu nahmen, sondern auch auf einen großen Teil Nord-, Südost- und Mitteleuropas. Russland wurde mehr denn je zu einer europäischen Macht.

Die Österreicher nutzten ihre Position als Gastgeber des Kongresses, um Tirol zurückzuerlangen sowie Dalmatien und Istrien. Dadurch rückten sie weiter auf den Balkan vor, wo sie bis zum Ersten Weltkrieg und zum Ende der Habsburgermonarchie Einfluss zu gewinnen suchten. Zudem dehnte Österreich seine Herrschaft über Norditalien aus, erhielt die Lombardei und Venetien, während die Toskana, Parma und Modena einzelnen Habsburgern übertragen wurden. Selbst die restaurierte Bourbonendynastie in Neapel war unmittelbar betroffen von der

Politik, die in Wien beschlossen wurde. Österreichs Dominanz sollte bis zur nationalen Einigung Italiens im späteren Verlauf des 19. Jahrhunderts bestehen bleiben.

Das Königreich Piemont-Sardinien erhielt auf der Friedenskonferenz Genua, Französisch-Savoyen, Nizza, die Suzeränität Monaco und weitere Gebiete zugesprochen, wodurch Macht, Reichtum und Stellung dieses Landes beträchtlich vergrößert wurden. Die territorialen Gewinne trugen nicht unwesentlich dazu bei, dass Piemont-Sardinien nur ein halbes Jahrhundert später in der Lage war, die Österreicher zu vertreiben und die nationale Einigung Italiens zu Ende zu führen.

Zweifellos ließ der Kongress auch viele unzufriedene Völker auf dem europäischen Kontinent zurück. So wie die führenden Kongressteilnehmer das spanische Amerika und den größten Teil der außereuropäischen Welt ignorierten, ließen sie auch nationale Leidenschaften und unterdrückte Volksgruppen weitgehend unbeachtet. Doch dieser Vorwurf ist zumindest zum Teil anachronistisch, denn er wurde erst von Historikern des späteren 19. Jahrhunderts erhoben, zu einer Zeit, als der Nationalismus schon wesentlich ausgeprägter war als 1815. Auf dem Kongress wurde er noch in erster Linie als eine potenziell gefährliche Kraft betrachtet, und die Friedensstifter von Wien ordneten ihn bei der Festlegung staatlicher Grenzen anderen Erwägungen unter – der Frage nach der Legitimität, dem Mächtegleichgewicht oder, wie Gentz es schlicht ausdrückte, der Verteilung der Beute.

Den Großmächten wird häufig vorgeworfen, dass sie sich willkürlich in die Belange kleinerer souveräner Staaten einmischten. Dieser Vorwurf ist durchaus berechtigt. Auf vier großen Treffen des »Europäischen Konzerts der Großmächte« (Aix-la-Chapelle 1818, Troppau 1820, Laibach 1821, Verona 1822) gelangten die Großmächte zu einer Neudefinition der Grundlage ihres Bündnisses: Sie verschob sich vom Widerstand gegen jeglichen Versuch, die Friedensordnung zu stören, zur Etablierung eines allgemeiner verstandenen Rechts, in die Staatsangelegenheiten anderer einzugreifen, wenn es der Aufrechterhaltung von Recht und Ordnung diente. In Laufe dieses Prozesses wurden die Großmächte zu einer »allgemeinen europäischen Polizei«, wie Castlereagh es genannt hatte.

Im Jahr 1820 beispielsweise, als sich die Staatenlenker in Troppau trafen, dem heutigen Opava, schien der Frieden in Europa auf vielfältige Weise bedroht. In diesem Jahr war in England eine Verschwörung aufgedeckt worden, bei der das Londoner Parlamentsgebäude (mit allen Ministern) in die Luft gesprengt hätte werden sollen, in Frankreich war der Thronerbe ermordet worden, und in Spanien, Portugal, Piemont und Neapel waren Revolutionen ausgebrochen. Die Großmächte erklärten daraufhin, dass sie keine revolutionären oder ungesetzlichen Veränderungen der Friedensregelung hinnehmen würden, und sprachen sich für den Einsatz von Gewalt aus – falls erforderlich. In der Praxis bedeutete dies, dass viele unpopuläre, autokratische Herrscher weiterhin gestützt wurden. Der Wiener Kongress hatte eine derartige Politik natürlich nicht beabsichtigt oder betrieben, aber er hatte einen Mechanismus in Gang gesetzt, den sich die Großmächte nun zunutze machten.

Selbstverständlich gab es noch viele offene Fragen, als die letzten Fürsten und Diplomaten im Juni 1815 Wien verlassen hatten. Einem winzigen Gebiet beispielsweise blieb ein Jahrhundert lang die Zugehörigkeit zu einem Staat versagt. Moresnet, das an einer ergiebigen Zinkmine sechs Kilometer südlich von Aix-la-Chapelle lag, wurde sowohl von Preußen als auch von den Niederlanden beansprucht, und bislang hatte es niemand geschafft, eine Lösung des Konflikts herbeizuführen. Im folgenden Jahr wurde ein Kompromiss erzielt, und das Territorium wurde zwischen den beiden Königreichen aufgeteilt, wobei ein verbliebener dritter Teil, der eine Fläche von etwa einem Quadratkilometer rund um die Mine umfasste, zu »Neutral-Moresnet« erklärt wurde. Dieses Gebiet bestand bis zum Ersten Weltkrieg, wurde dann von Deutschland besetzt und 1919 Belgien zugeschlagen. Andere ungelöste Fragen hatten gravierendere Folgen. Castlereagh bedauerte nicht als Einziger, dass der Kongress keine befriedigende Regelung für den Balkan, das Schwarze Meer und den östlichen Mittelmeerraum gefunden hatte – die Regionen, um die sich Russland und die Türkei stritten.

Schon kurze Zeit nach Beendigung des Kongresses waren viele seiner Entscheidungen überholt. Im Jahr 1830, nur fünf Jahre nach dem Ende der Herrschaft Zar Alexanders I., erhoben sich die Polen, doch dieser Aufstand wurde von den Russen brutal niedergeschlagen. Das

Königreich Polen oder »Kongresspolen« wurde vollständig in das Russische Reich eingegliedert und erlangte erst nach dem Ersten Weltkrieg wieder seine volle Unabhängigkeit. Im selben Jahr kam es auch in Frankreich zu einer Revolution, wobei zum dritten Mal ein Bourbonenkönig gestürzt wurde. Im Jahr 1831 spaltete sich Belgien vom neu geschaffenen Königreich der Niederlande ab, und Prinz Leopold von Sachsen-Coburg-Saalfeld, der als junger Mann am Kongress teilgenommen hatte, wurde erster König Belgiens. Auch Griechenland war zu einem Nationalstaat geworden, und ein Mitglied der Delegation des Zaren auf dem Wiener Kongress, Ioannis Antonios Kapodistrias, wurde erster Staatspräsident.

Andere Entscheidungen des Wiener Kongresses hatten länger Bestand. Mit Ausnahme der Republik Krakau, die 1846 von Russland besetzt wurde, blieben die Grenzen Osteuropas, wie sie in Wien gezogen worden waren, ein Jahrhundert lang weitgehend unangetastet. Auch die politische Landkarte Skandinaviens änderte sich, mit wenigen Ausnahmen, bis ins 20. Jahrhundert kaum. Schweden verlor die Ostseeinsel Rügen und seinen Teil von Pommern, den letzten Rest seines einstigen Großreiches. »Schwedisch-Pommern« fiel an Preußen, das dafür in einer Art Dreiecksgeschäft das Herzogtum Lauenburg an Dänemark abtrat, das seinerseits Norwegen Schweden überließ, bei dem es bis zu seiner Unabhängigkeit 1905 verblieb. Seine ehemaligen norwegischen Kolonien Island, Grönland und die Färöerinseln, musste Dänemark jedoch nicht abgeben – und auch Holstein nicht, das es vom Heiligen Römischen Reich erhalten hatte (das es jedoch später, in den 1860er-Jahren, zusammen mit Schleswig an Preußen verlor). Island erlangte 1944 seine Unabhängigkeit, Grönland erhielt 1979 die innere Autonomie und Selbstverwaltung, die autonomen Färöerinseln unterstehen noch heute der dänischen Krone.

In Mitteleuropa wurde Deutschland als loser Bund unabhängiger Staaten organisiert, der bis 1866 Bestand hatte. Ursprünglich hatte der Deutsche Bund 39 Mitglieder, womit er mehr Staaten umfasste als der Rest Europas zusammen. Die mächtigsten Mitglieder waren Preußen und Österreich, gefolgt von den einstigen napoleonischen Königreichen Bayern, Württemberg und Sachsen. Hannover, das in Wien zum Königreich erhoben worden war, trat ebenfalls dem Bund bei, ebenso zahlreiche Fürstentümer, Großherzogtümer, Herzogtümer, die vier »Freien Städte« Lübeck, Frankfurt, Bremen und Hamburg und das kleine Liechtenstein. Ausländische Staaten wurden auf der Grundlage ihrer Besitzungen in der Konföderation als nicht stimmberechtigte Mitglieder betrachtet: der König von England (Hannover), der König von Dänemark (Holstein) und der König der Niederlande (Luxemburg).

Der Deutsche Bund hatte viele Unzulänglichkeiten, es gab keine gemeinsame Armee, keine gemeinsame Währung, keine einheitliche Gerichtsbarkeit und keine Zollunion. Auf internationaler Ebene bewährte er sich schon eher. Wie Henry Kissinger bemerkte, kam dieser Bund einer Lösung der »Deutschen Frage« in der neueren europäischen Geschichte am nächsten, das heißt, er schuf ein Deutschland, das weder zu schwach noch zu stark war, ein Deutschland, das weder zu einer Versuchung für auswärtige Mächte noch zu einer Bedrohung für die Sicherheit seiner Nachbarn werden konnte. Nach 1815 erlebte Deutschland eine Zeit relativer Ruhe, die es nach den Verwüstungen der napoleonischen Kriege auch dringend benötigte.

Die weitreichendsten Auswirkungen, die der Kongress in Mitteleuropa hatte, betrafen Preußen. Einige Mitglieder der preußischen Delegation waren zwar unzufrieden, weil sie nur einen Bruchteil dessen erreicht hatten, was ihrer Meinung nach ihrem Land zustand, doch Preußen hatte wertvolle Gebietsgewinne erzielt, die die Grundlage bildeten für seinen beachtlichen wirtschaftlichen Aufstieg im 19. Jahrhundert und seine führende Rolle bei der nationalen Einigung Deutschlands. Als Ergebnis des Kongresses beherrschte Preußen nun den Rhein, dazu die Oder, die Elbe und die Weichsel; es bekam mehrere historisch bedeutsame Städte wie Köln und Trier sowie die Saar, wo bald die reichsten Kohle- und Eisenvorkommen Europas entdeckt werden sollten. »Deutschland hat einen wesentlich sichereren Stand erreicht als jemals zuvor in der Geschichte«, erklärte Castlereagh. Wie das späte 19. und das frühe 20. Jahrhundert zeigen sollten, hatten Castlereagh und die übrigen Friedensstifter in Wien in diesem Punkt mehr erreicht, als ihnen damals bewusst gewesen war.

Auch Großbritannien hatte seine Position stärken können. Viele strategisch wichtige Inseln, die es sich im Zuge der napoleonischen

Kriege angeeignet hatte, konnte es behalten, darunter Malta, das Kap der Guten Hoffnung, Ceylon, Mauritius und die Ionischen Inseln. Die britische Royal Navy verfügte nun über wichtige Stützpunkte im Mittelmeer, im Südatlantik und im Indischen Ozean, wodurch sie den Seeweg nach Indien absichern konnte, das bald zum unübertroffenen »Kronjuwel« des britischen Empire wurde. Castlereagh hatte darüber hinaus mit den gestärkten Niederlanden, Piemont-Sardinien und der neutralen Schweiz einen Ring um Frankreich gelegt und sein Teil dazu beigetragen, zugunsten des Mächtegleichgewichts auf dem »Kontinent« ein stärkeres Preußen zu schaffen. Castlereaghs Bemühen, ein »gerechtes Gleichgewicht« herbeizuführen, entsprach durchaus den britischen Interessen – das europäische Festland sollte durch die in Balance gehaltenen Kräfte gewissermaßen neutralisiert werden, während die Royal Navy überall sonst auf der Welt tätig war und das größte Imperium aufbaute, das die Welt bislang gesehen hatte.

Der Wiener Kongress hatte noch viele weitere indirekte und unerwartete Folgen. Anfang der 1820er-Jahre, als sich mehrere Länder in Südamerika gegen die spanische Herrschaft erhoben, weigerten sich die Großmächte, die neuen revolutionären Regierungen anzuerkennen, und drohten ihnen, Militärexpeditionen über den Atlantik zu entsenden, um die Autorität Spaniens wiederherzustellen. Das war allerdings sehr unwahrscheinlich, wenngleich Zar Alexander auf ein Eingreifen drängte, wie auch einige einflussreiche Gruppen im bourbonischen Frankreich. Am 2. Dezember 1823 verkündete US-Präsident James Monroe, dass er jeden Einmischungsversuch einer anderen Macht in Südamerika als Ausdruck einer unfreundlichen Haltung gegenüber den Vereinigten Staaten von Amerika betrachten würde. Diese Erklärung der noch jungen Republik war einigermaßen kühn – Metternich erschien sie als ebenso revolutionär wie die Unabhängigkeitserklärung.

Die USA hätten zu diesem Zeitpunkt die europäischen Großmächte natürlich nicht ohne die Unterstützung durch Großbritannien auf diese Weise herausfordern können (Großbritannien verfolgte seine eigenen wirtschaftlichen Interessen in der Region und wollte die Ambitionen der konkurrierenden europäischen Mächte durchkreuzen). Dennoch war diese »Monroedoktrin« ein bedeutender Schritt in einem langwierigen Prozess, in dessen Verlauf das isolationistische Amerika allmählich eine aktivere Rolle in der internationalen Politik übernahm. Im Laufe der Zeit wurde dieses Dokument bestimmend für die amerikanische Außenpolitik, vor allem als sich die Union nach Westen zum Pazifik erweiterte und ihren Einfluss in die gesamte westliche Hemisphäre ausdehnte.

Bis zur Flucht Napoleons konnte man den Wiener Kongress als ein Vorbild für einen großzügigen Umgang mit einem besiegten Staat betrachten. Frankreich wurde nicht aus der internationalen Gemeinschaft ausgestoßen und auch nicht streng bestraft für seine wiederholten Invasionen. Eine derartige Vergeltungssucht, hatte Castlereagh gewarnt, würde nur zu weiterem Blutvergießen und neuen kriegerischen Auseinandersetzungen führen, eine Einsicht, die in Paris im Herbst 1815 bedauerlicherweise in Vergessenheit geraten war. Die wesentlich härteren Bedingungen führten in erster Linie dazu, dass Frankreich in der Weltpolitik isoliert wurde, was letztlich allen Beteiligten schadete. Nachdem Frankreich 1818 den größten Teil seiner Reparationszahlungen geleistet hatte, wurden die Koalitionstruppen abgezogen, und Frankreich trat der Quadrupelallianz bei, die später in Quindrupelallianz (Fünferallianz) umbenannt wurde.

Doch trotz aller Skandale, Streitereien und Fehler dieses Jahrmarkts der Eitelkeiten erzielte der Wiener Kongress einige überraschende Erfolge. Die Gesandten legten neue Staatsgrenzen fest, von der Errichtung des Großherzogtums Luxemburg bis zur Reorganisation der Schweiz als föderalistischer Bund von Kantonen mit einer schriftlicher Verfassung und einer formellen Garantie ihrer »immerwährenden Neutralität«. Dem Kirchenstaat wurden seine früheren Gebiete zurückgegeben, die Legationen und die Marken, nur Avignon ging ihm für immer verloren. Bedeutsam war auch Artikel LXXIII der Schlussakte, der sich auf Belgien bezog; er enthielt die weltweit erste vollständige und uneingeschränkte Garantie der religiösen Toleranz.

Darüber hinaus war der Wiener Kongress die erste internationale Friedenskonferenz, auf der humanitäre Fragen diskutiert wurden. Die Staatenlenker bestätigten die bürgerlichen Rechte der Juden, verurteilten den Sklavenhandel, sagten dem Diebstahl geistigen Eigentums den Kampf an und entwickelten zahlreiche diplomatische Verfahren und Gepflogenheiten, die bis in die heutige Zeit erhalten geblieben sind. Die vier Klassen und Ränge von Gesandten im diplomatischen Verkehr – Botschafter und päpstliche Legaten, beglaubigte Diplomaten, Ministerresidenten und Geschäftsträger (»chargés d'affaires«) – haben ihren Ursprung im Protokoll des Wiener Kongresses, ebenso die Tradition, Vorrang durch den protokollarischen Rang und das Dienstalter zu definieren, nicht durch das Ansehen des Staates. Um die Gefahr wirtschaftlicher Konflikte zu vermindern, wurden Flüsse, die nationale Grenzen überqueren, unter internationale Kontrolle gestellt und ihre freie Schiffbarkeit verkündet. Außerdem wurde in großem Umfang geraubte Kunst zurückgeführt – eine der größten Aktionen dieser Art in der Geschichte.

Schließlich, und das war das wichtigste Ergebnis, stellte der Kongress den Frieden wieder her – einen echten Frieden, der länger Bestand hatte, als alle Gesandten erwartet hätten. Trotz der vielen Spannungen und Feindseligkeiten, die im Zeitalter des Nationalismus schwelten und zu zahlreichen Aufständen, Rebellionen und Bürgerkriegen führten – Fakt ist, dass für 100 Jahre kein Konflikt mehr so sehr außer Kontrolle geriet, dass er alle Großmächte in einen Krieg hineinzog. Der nächste größere Konflikt war der Krimkrieg, gefolgt von den nationalen Einigungen Italiens und Deutschlands, doch es kam zu keiner kriegerischen Auseinandersetzung in der Größenordnung der napoleonischen Kriege oder des Ersten Weltkriegs.

Auch wenn der Wiener Kongress nicht der einzige Faktor war, der zu diesem Erfolg geführt hat, so spielte er doch eine unverzichtbare Rolle. Die in Wien versammelten Friedensstifter hatten ein System kollektiver Sicherheit etabliert und dadurch eine Entwicklung in Gang gesetzt, die von Lord Castlereagh zu Recht als der »große Apparat der europäischen Sicherheit« gepriesen wurde. Sie hatten zudem ein Forum geschaffen, bei dem sich Staatsführer regelmäßig trafen, um ihre Differenzen auszuräumen – es war tatsächlich das erste Mal, dass die Staatsoberhäupter der Welt in einer Friedenszeit zu dem Zweck zusammenkamen, den Frieden auch weiterhin zu erhalten. Nachdem die regelmäßigen Zusammenkünfte 1822 eingestellt worden waren, gab es noch gelegentliche Treffen, und Beratungen auf einem Kongress blieben fast ein Jahrhundert lang das bevorzugte Mittel der Konfliktlösung. Der Wiener Kongress förderte einen Geist der Verständigung, der in gewisser Weise bis heute unübertroffen blieb. Keine andere Friedenskonferenz der Geschichte kann als ähnlich erfolgreich gelten.

# Dank

Es ist mir ein großes Vergnügen, mich bei den vielen Menschen zu bedanken, die mir in all den Jahren bei der Recherche und dem Schreiben dieses Buches geholfen haben. Als Erstes möchte ich meiner Agentin Suzanne Gluck bei der William Morris Agency danken: Eine bessere Agentin kann sich ein Autor nicht wünschen. Mein Lektor John A. Glusman, selbst ein vielfach ausgezeichneter Historiker, verdient ebenfalls das höchste Lob für die Redaktion. Er unterstützte und bestärkte mich immer wieder, und seine sachkundigen Kommentare haben den Text erheblich verbessert.

Von den vielen Wissenschaftlern, Historikern, Experten, Archivaren und Bibliothekaren, die zu dem Projekt beigetragen haben, möchte ich ganz besonders den freundlichen und kompetenten Mitarbeitern im Wiener Haus-, Hof- und Staatsarchiv danken; in der Hofburg; im Schloss Schönbrunn; in der Schloss Schönbrunn Kultur- und Betriebsges.m.b.H.; und vielen anderen Museen und Sehenswürdigkeiten in der ganzen Stadt, die mit dem Kongress zu tun hatten. Vielen Dank auch an den Botschafter H. E. Raffaele Berlenghi, Patrizia Fusco und Cristina Morrone für die ausgezeichnete Privatführung durch Metternichs Sommervilla, in der heute die italienische Botschaft untergebracht ist und die damals der Schauplatz vieler Festivitäten und Begegnungen war. Dr. Elisabeth Hassmann im Wiener Wagenburg-Museum informierte mich über noch erhaltene Schlittengeschirre, die man eigens für den Kongress angefertigt hatte. Ferner danke ich John Heath von der Universität Wien – ich habe John in den Jahren kennengelernt, als wir noch in Cambridge zusammen Baseball spielten, und wir wurden gute Freunde (ich werde nie vergessen, wie er mir beibrachte, Kricket zur Musik von Johnny Cash zu spielen). Johns ausgezeichnete Kenntnis Wiens und sein wacher Geist machten meinen Aufenthalt in der Stadt zu einem reinen Vergnügen. Außerdem möchte ich Ilir Ferra danken, einem Schriftstellerkollegen, der alles tat, damit ich mich wohlfühlte. So hatte ich das Glück, beim Schreiben eines Buches, das sich um die Wiener Gastfreundschaft dreht, ebendiese im Überfluss aus erster Hand zu erfahren.

Des Weiteren bedanke ich mich beim Gaines Center for the Humanities für das Stipendium, das mich vor gut 23 Jahren einen Sommer lang nach Wien führte. Damals lernte ich diese Stadt lieben, und dafür schulde ich vor allem Prof. Raymond F. Betts großen Dank. Prof. Betts zählte nicht nur zu den besten europäischen Historikern unserer Zeit, sondern war für mich auch ein Berater, Mentor und Freund, der mich bis zu seinem Tod im Jahr 2007 tausendfach unterstützte. Wenn ich mir vorstelle, was im besten Fall aus einem Historiker werden kann, fällt mir als Erster Prof. Betts ein, und genauso muss ich an ihn denken, wenn ich mir vor Augen führe, welch großen positiven Einfluss jemand auf das Leben anderer Menschen haben kann. Ich werde mein Leben lang dankbar sein, dass ich Gelegenheit hatte, einen so wunderbaren Menschen kennenzulernen.

Ein Dankeschön auch an Dr. Christian Gottlieb in der Königlichen Bibliothek zu Kopenhagen mit ihrer Referenzsammlung, weil er einige Souvenirs, die der König von Dänemark, Friedrich VI., vom Wiener Kongress mitgebracht hatte, für mich aufspürte, darunter das sehr seltene Plakat von Beethovens Konzert am 29. November 1814 und dem Weihnachtskonzert. Darüber hinaus bedanke ich mich bei Greger Bergvall in der Kart-och bildsamlingen der Königlichen Bibliothek zu Stockholm; Milos Riha und Ladislav Novotny im Schloss Kynzvart (Königswart); Peter Harrington in der Anne S.K. Brown Military Collection der Bibliothek der Brown University. Mein besonderer Dank gilt auch Kim Kanner Meisner für ihre Herzlichkeit und Hilfsbereitschaft. Ich hatte das Glück, meinen ersten Kurs in Diplomatiegeschichte vor vielen Jahren bei Prof. George Herring zu belegen, dem damaligen Leiter der Patterson School of Diplomacy and Commerce, dessen Fachwissen auf diesem Feld beeindruckend war. Ganz besonders möchte ich mich auch bei den Professor(inn)en David Olster,

Jane Gentry Vance und Ulla Järlfors bedanken, die mir viele Jahre lang großzügig ihre Zeit und ihr Wissen zur Verfügung gestellt haben, wovon ich sehr profitiert habe. Und ich danke Prof. Jeremy Popkin dafür, dass er meine komplizierten Fragen zur französischen Geschichte kundig beantwortete, wie auch Jake Morrissey, weil er mir sein Wissen über Bildhauerei und insbesondere über Canovas Techniken mitteilte, sowie für seine ganze Unterstützung in der Vergangenheit. Frau Prof. Ellen Furlough und Sarah Beth Childers verschafften mir lehrreiche Einblicke in die Kultur der Kur- und Heilbäder im frühen 19. Jahrhundert. Außerdem möchte ich einer Reihe alter Freunde und »Diplomatie«-Liebhaber in Cambridge danken, die dafür sorgten, dass wir bei unseren wöchentlichen Marathons durch die Kunst der Intrige fast immer einen anregenden Abend verbrachten. Danke auch an die Fotografin Danielle Pousette, ihren Mann Gustav, meinen Bruder Brent und Chef Donnie Justice, dass sie mir halfen, einige beliebte Wiener Backwaren zu beschreiben, die bei den Feierlichkeiten während des Kongresses serviert wurden; für sämtliche noch enthaltenen Fehler im Text trage ich selbstverständlich allein die Verantwortung. Ein besonders herzlicher Dank gebührt schließlich den Bibliothekaren an der Young Library, der Fine Arts Library und den Mitarbeitern in der Fernleihe an der University of Kentucky für ihre Hilfe bei der Beschaffung unzähliger seltener Bücher, von denen viele 150 bis 175 Jahre alt sind und die aus Dutzenden von Forschungsbibliotheken in den Vereinigten Staaten und der ganzen Welt kamen.

Wie immer machte meine Frau Sara mir das ganze Projekt so angenehm wie möglich. Deinen Ansporn, Sara, deine Unterstützung und deinen Humor schätze ich sehr, und dein erster Leseeindruck war unbezahlbar. Danke, ich liebe dich! Ein ganz großes »Ich liebe euch« gilt ferner Julia, inzwischen fast neun Jahre alt, und Max, jetzt sechs Jahre, weil sie so bezaubernd sind. Und nicht zuletzt möchte ich meinen Eltern Van und Cheryl King für ihre ganze Liebe und Unterstützung danken, nicht nur bei diesem Projekt, sondern in meinem ganzen Leben, und es ist mir ein Vergnügen, euch dieses Buch mit all meiner Liebe und Dankbarkeit zu widmen.

# Abkürzungen häufig zitierter Werke

**BD**
C.K. Webster (Hg.), British Diplomacy, 1813–1815: Select Documents Dealing with the Reconstruction of Europe, London 1921.

**CC**
Robert Stewart, Viscount Castlereagh, Correspondence, Despatches and Other Papers of Viscount Castlereagh, Second Marquess of Londonderry, 11 Bde., London 1853. Dt. Ausgabe, hg. v. seinem Bruder Charles William Vane, Marquis von Londonderry: Denkschriften, Depeschen, Schriftenwechsel und sonstige amtlich-diplomatische oder vertrauliche Mittheilungen, 5 Bde., Hamburg 1853–1854.

**DCV**
Commandant Maurice Henri Weil (Hg.), Les dessous du Congrès de Vienne d'après des documents originaux des archives du Ministère impérial et royal de l'intérieur à Vienne, 2 Bde., Paris 1917.

**GE**
Guide des étrangers à Vienne pendant le congrès contenant les noms des souverains présents dans cette capitale ainsi que ceux des ministres et chargés d'affaires des differentes cours auprès de celle de Vienne au mois d'octobre 1814, Wien 1814.

**GPWK**
August Fournier (Hg.), Die Geheimpolizei auf dem Wiener Kongress: Eine Auswahl aus ihren Papieren, Wien 1913.

**HHSA**
Haus-, Hof- und Staatsarchiv, Wien.

**MSB**
Maria Ullrichová (Hg.), Clemens Metternich – Wilhelmine von Sagan: Ein Briefwechsel 1813 – 1815, Graz/Köln 1966.

**NP**
Richard Fürst Metternich-Winneburg (Hg.), Aus Metternich's nachgelassenen Papieren, 2 Bde., Wien 1880 – 1884.

**SG**
Supplement du Guide des étrangers au quel on a joint La Liste Générale des cavaliers employés par sa Majesté l'Empereur et Roi en qualité du grand maîtres, aides de camp generaux, adjudants, chambellans et pages auprès des augustes étrangers à Vienne 1814, Wien 1814.

**TLC**
M. G. Pallain (Hg.), The Correspondence of Prince Talleyrand and King Louis XVIII during the Congress of Vienna, New York 1973.

**TLB**
Deutsche Ausgabe: Paul Bailleu (Hg.), Talleyrand's Briefwechsel mit König Ludwig XVIII. während des Wiener Congresses, Leipzig 1881.

**TLI**
Gaston Palewski (Hg.), Le Miroir de Talleyrand: Lettres inédites à la duchesse de Courlande pendant le Congrès de Vienne, Paris 1976.

**WD**
Colonel Gurwood (Hg.), The Dispatches of Field Marshal the Duke of Wellington, Bd. VIII – IX, London 1844 – 1847.

**WSD**
Supplementary Despatches and Memoranda of Field Marshal Arthur, Duke of Wellington, Bd. IX, X und XI, London 1858 – 1872.

**WZ**
Wiener Zeitung: http://anno.onb.ac.at/cgi-content/anno?apm=0&aid=wrz

# Anmerkungen und Quellen

Für Historiker und interessierte Laien gibt es wunderbare Primärquellen über den Wiener Kongress. Zunächst einmal wurden die Abschlussprotokolle, Memoranden und Denkschriften, Verträge, Sitzungsprotokolle und weitere Dokumente der Konferenz publiziert in: E. J. B. Chodzko Comte d'Angeberg, *Le Congrès de Vienne et les traités de 1815*, 4 Bde. (1864), und in älteren Editionen wie z. B. in: Johann Ludwig Klüber, *Acten des Wiener Congresses in den Jahren 1814 und 1815*, 9 Bde. (1815 – 1835). Die Notizen und Entwürfe für viele dieser Dokumente befinden sich im Wiener Haus-, Hof- und Staatsarchiv, Staatskanzlei (St. K.), Kongressakten, Karton (Kart.) 1 – 16.

Viele führende Diplomaten und Außenminister schrieben auch Memoiren, führten Tagebuch oder notierten Gedanken über ihre Erfahrungen in Wien. Siehe z. B.: *Aus Metternich's nachgelassenen Papieren*, hg. v. seinem Sohn Richard Fürst Metternich-Winneburg (1880 – 1884), insbesondere Bd. I und II, und: Talleyrand, *Mémoires complets et authentiques de Charles-Maurice de Talleyrand, 1754 – 1815*, Bd. II und III (dt. Ausgabe/n: *Memoiren des Fürsten Talleyrand* Bd. II und III [1891]). Beide Originalausgaben wurden im späten 19. Jahrhundert postum publiziert und für die Nachwelt stark redigiert. Diese wertvollen, aber einseitigen Berichte können durch viele andere Quellen ergänzt werden. Unverzichtbar sind Talleyrands Briefe an Ludwig XVIII. während des Wiener Kongresses, *Correspondance inédite du Prince de Talleyrand et du roi Louis XVIII pendant le Congrès de Vienne*, hg. v. M. G. Pallain (1881), dt. Ausgabe: *Talleyrand's Briefwechsel mit König Ludwig XVIII. während des Wiener Congresses*, autorisierte dt. Ausgabe von Paul Bailleu (1881). Dasselbe gilt auch für seinen Briefwechsel mit dem Interimsaußenminister in Paris Arnail-François de Jaucourt: *Correspondance du Comte du Jaucourt avec le Prince de Talleyrand pendant le Congrès de Vienne* (1905). Dieser enthält mehrere Briefe, die in der offiziellen Korrespondenz der französischen Gesandtschaft in Wien mit dem Pariser Außenministerium nicht enthalten sind, die Talleyrand in seinen Memoiren publiziert hat.

Sehr wichtig sind auch die Briefe Talleyrands an die Herzogin von Kurland, publiziert in: *Talleyrand intime, d'après sa correspondance inédite avec la duchesse de Courlande* (1891), und in: Gaston Palewski (Hg.), *Le Miroir de Talleyrand: Lettres inédites à la duchesse de Courlande pendant le Congrès de Vienne* (1976). Eine hilfreiche Quelle, die bis jetzt nicht voll ausgeschöpft wurde, ist eine frühe Geschichte des Kongresses, die von Abbé de Pradt, einem Freund Talleyrands, geschrieben und schon 1815 veröffentlicht wurde: *Congrès de Vienne,* 2 Bde. Eine weitere interessante frühe Chronik, die mehr Aufmerksamkeit verdient, stammt von Gaëtan de Raxis de Flassan, einem Historiker, der den Wiener Kongress besuchte, um dessen Geschichte schreiben: *Histoire du Congrès de Vienne* (1829), 3 Bde., dt. Ausgabe: *Der Wiener Congress. Geschichtlich dargestellt,* übs. und hg. v. A.L. Herrmann (1830), 2 Bde. Siehe auch die Darstellung eines holländisch-nassauischen Delegierten: Hans Christoph Gagern, *Mein Antheil an der Politik,* Bd. II: *Nach Napoleons Fall: Der Congress zu Wien* (1826).

Etwa 616 Briefe, die Metternich zwischen 1812 und 1818 an die Herzogin von Sagan schrieb, wurden 1949 von der tschechischen Wissenschaftlerin Maria Ullrichová entdeckt und daraus die Korrespondenz in der Zeit gegen Kriegsende und während des Wiener Kongresses publiziert in: *Clemens Metternich – Wilhelmine von Sagan: Ein Briefwechsel, 1813–1815* (1966). Auch in Metternichs späterer Korrespondenz werden gelegentlich Menschen oder Ereignisse aus der Zeit des Wiener Kongresses erwähnt, so z.B. in: *The Private Letters of Princess Lieven to Prince Metternich, 1820–1826* (1937), dt. Ausgabe: *Vertrauliche Briefe der Fürstin Lieven* (1939). Unter den vielen sonstigen Quellen gibt es eine weitere, die bei der Geschichtsschreibung über den Kongress fast nie benutzt wird: die nicht veröffentlichten Erinnerungen an den Kongress von Baron Binder, einem Mitarbeiter Metternichs. Sie befinden sich im Wiener Haus-, Hof- und Staatsarchiv, St.K., Kongressakten, Kart. 16.

Einer der wichtigsten Mitarbeiter Metternichs, Friedrich von Gentz, wurde zum Generalsekretär des Wiener Kongresses ernannt. Er hatte offenbar eine Geschichte der Friedenskonferenz geschrieben, aber später das Manuskript zerstört, als er merkte, wie brisant es geworden war – ein großer Verlust, denn Gentz konnte hervorragend schreiben. Er besaß einen scharfen, kritischen Verstand, den er als Student bei Immanuel Kant geschliffen hatte, und wusste über viele Aspekte des Kongresses sehr gut Bescheid. Einige seiner An- und Einsichten finden sich jedoch in seiner umfangreichen Korrespondenz. Ein guter Anfang sind seine Aufzeichnungen in: *Oesterreichs Theilnahme an den Befreiungskriegen: Ein Beitrag zur Geschichte der Jahre 1813 bis 1815,* hg. v. Alfons von Klinkowström (1887). Außerdem seine Briefe nach Bukarest in: Anton von Prokesch-Osten (Hg.), *Dépêches inédites du chevalier de Gentz aux hospodars de Valachie pour servir à l'histoire de la politique européenne,* Bd. I (1876); *Briefe von Friedrich von Gentz an Pilat,* 2 Bde., hg. v. Karl Mendelssohn-Bartholdy (1868); einige Briefe aus jener Zeit finden sich im Bd. III von: *Briefe von und an Friedrich von Gentz,* hg. v. Friedrich Carl Wittichen und Ernst Salzer (1913); und einige Briefe an seinen Freund Adam Müller, der im April 1815 ebenfalls nach Wien kam, in: *Adam Müllers Lebenszeugnisse,* hg. v. Jakob Baxa (1966), Bd. I. Auch ein Fragment seiner Erinnerungen an den Wiener Kongress ist erhalten: *Denkschrift von Friedrich von Gentz,* geschrieben im Februar 1815, *NP*, Bd. II, S. 473 ff., und *Tagebücher: aus dem Nachlaß Varnhagen's von Ense* (1873/74), 4 Bde.

Eine mit Recht gut bekannte Quelle für den Kongress ist die Korrespondenz des britischen Gesandten Robert Stewart, Viscount Castlereagh: *Correspondence, Despatches and other Papers of Viscount Castlereagh, Second Marquess of Londonderry* (1853), Bd. X und XI, dt. Ausgabe: Charles William Vane, Marquis von Londonderry (Hg.): *Denkschriften, Depeschen, Schriftenwechsel und sonstige amtlich-diplomatische oder ver-*

*trauliche Mittheilungen* (1853 – 1854). Außerdem: Arthur Wellesley, Duke of Wellington, *The Dispatches of Field Marshal the Duke of Wellington, during His Various Campaigns,* Bd. VII – VIII (1844 – 1847); und ders.: *Supplementary Dispatches* und *Memoranda of Field Marshal Arthur, Duke of Wellington* (1858 – 1872), unterschiedlich nummeriert, aber nach der herkömmlichen Zählung sind die Bände IX und X von Nutzen. Von den zahlreichen anderen Dokumenten der britischen Diplomatie in dieser Periode findet sich eine exzellente Auswahl in: C.K. Webster, *British Diplomacy, 1813 – 1815: Select Documents Dealing with the Reconstruction of Europe* (1921). Hin und wieder lohnt es sich auch, auf die vielen veröffentlichten Berichte von Personen zurückzugreifen, die Castlereagh und Wellington kannten. Sie entstanden im 19. Jahrhundert in großer Zahl, dazu gehören Werke von: Gräfin Granville, Gräfin Bronow, Lady Shelley, Captain R.H. Gronow, John Cam Hobhouse, Stanhope, Farrington, John Wilson Croker and Thomas Creevey, um nur einige zu nennen, sowie Werke allgemein interessierter Beobachter wie Gräfin Potocka, Gräfin Rosalie Rzewuska, Fürstin Radziwill und natürlich auch die Memoiren der Ehefrau eines französischen Gesandten, Marquise de la Tour du Pin: *Mémoires de la marquise de la Tour du Pin. Journal d'une femme de cinquante ans, 1778 – 1815* (1989/2002). Ebenfalls interessant sind: Henri Monod, *Mémoires du Landamman Monod pour servir à l'histoire de la Suisse en 1815* (1975); Maximilian Joseph von Montgelas, *Denkwürdigkeiten des Bayerischen Staatsministers Maximilian Grafen von Montgelas (1799 – 1817)* (1887); und die schwedische Sicht in: Cecilia af Klercker (Hg.), *Hedvig Elisabeth Charlottas dagbok IX 1807 – 1811* (1939).

Auch viele andere führende Delegierte haben Zeugnisse hinterlassen, so z. B.: Karl von Hardenberg, *Tagebücher und autobiographische Aufzeichnungen;* sie wurden 2000 in einer guten wissenschaftlichen Edition von Thomas Stamm-Kuhlmann herausgegeben. Außerdem: Wilhelm von Humboldt, *Wilhelm und Caroline von Humboldt in ihren Briefen,* Bd. IV – V, hg. v. Anna von Sydow (1910); viele Protokolle und Denkschriften sind publiziert in: Wilhelm von Humboldt, *Gesammelte Schriften,* Bd. XI – XII, und andernorts wie etwa in: Angeberg (1864) und in: C.K. Webster, *The Congress of Vienna 1814 – 1815* (1919), Appendices 4, 5 und 6. Die Briefe Zar Alexanders an seine Schwester Katharina, gewöhnlich Kurzberichte von der Friedenskonferenz, sind abgedruckt in: *Correspondance de l'empereur Alexandre Ier avec sa sœur la grande-duchesse Catherine* (1910), engl. Ausgabe: *Scenes of Russian Court Life: Being the Correspondence of Alexander I with his Sister Catherine* (undatiert)]. Außerdem: Adam Czartoryski, *Mémoires du prince Adam Czartoryski et correspondance avec l'empereur Alexandre Ier* (1887), engl. Ausgabe: *The Memoirs of Prince Adam Czartoryski and his Correspondence with Alexander I,* 2 Bde., hg. v. Adam Gielgud (1888, 1968); siehe auch ders., *Alexandre 1er et le Prince Czartoryski: correspondance particulière et conversations 1801 – 1823* (1865). Karl vom und zum Stein, *Die Autobiographie des Freiherrn vom Stein*, hg. v. Kurt von Raumer (1960); die Autobiografie geht leider kaum auf den Kongress ein. Erhellend ist jedoch das Tagebuch des Freiherrn in: Erich Botzenhart und Walter Hubatsch (Hg.), *Briefe und amtliche Schriften* (1957 – 1974), Bd. V. Die posthum von seinem Enkel publizierte Autobiografie des russischen Diplomaten Karl Nesselrode findet sich in: *Lettres et papiers du chancelier comte de Nesselrode, 1760 – 1850* (1904 – 1912), Bd. II, und einige während des Kongresses geschriebene Briefe in Bd. V. Siehe auch die Korrespondenz zwischen Graf Pozzo di Borgo und Graf Nesselrode, veröffentlicht von Pozzo di Borgos Enkel in: Charles André Pozzo di Borgo, *Correspondance diplomatique du Comte Pozzo di Borgo, ambassadeur de Russie en France et du Comte du Nesselrode depuis la restauration des Bourbons jusqu'au Congrès d'Aix-la-Chapelle, 1814 – 1818* (1890); und Jean-Charles Biaudet und Françoise Nicod, *Correspondance de Frédéric-César La Harpe et Alexander 1er* (1978 – 1979), Bd. II; teilweise erhellend sind auch manche Bemerkungen in Werken wie: Sergei Uwarow, *Esquisses politiques et littéraires* (1848).

Zusätzlich zu den Memoiren, Briefen und Schriften führender Kongressteilnehmer der Großen Vier habe ich auch die Werke vieler weniger bekannter Delegationsleiter und -mitglieder konsultiert, die sowohl auf dem Kongress als auch in den Berichten über ihn häufig von ihren berühmten Kollegen in den Schatten gestellt wurden. Neben dem oben schon genannten Vertreter von Nassau und Holland seien hier genannt: das Werk des spanischen Gesandten Pedro Gómez Labrador, *Mélanges sur la vie privée et publique du marquis de Labrador* (1849), die kernige, aber interessante Schrift des schwedischen Vertreters: Carl A. Löwenhielm, *Berättelse om händelserna* (1814 – 1815), das Tagebuch (*Diario*) des piemontesischen Delegierten Marchese di San Marzano, publiziert in: Ilario Rinieri (Hg.), *Corrispondenza inedita dei Cardinali Consalvi e Pacca nel tempo del Congresso di Vienna* (1903). Die Korrespondenz des Genfer Vertreters Charles Pictet de Rochemont mit Auszügen aus seinen Tagebüchern in: Edmond Pictet, *Biographie, travaux et correspondance diplomatique de C. Pictet de Rochemont, député de Genève auprès du Congrès de Vienne, 1814* (1892), und ausführlicher in: Lucien Cramer (Hg.), *Correspondance diplomatique de Charles Pictet de Rochemont et François d'Yvernois 1814 – 1816* (1914). Oben genannte Korrespondenz des päpstlichen Gesandten und Kardinalstaatssekretärs Ercole Consalvi mit Kardinal Bartolomeo Pacca im Vatikan und verschiedene relevante Dokumente sind abgedruckt in: Ercole Consalvi, *Mémoires*, 2 Bde. (1864), dt. Ausgabe: *Memoiren des Cardinals Hercules Consalvi, Staatssekretair Sr. Heiligkeit Pius VII.* (1870). Die Depeschen des Hannoveraners Ernst Friedrich Herbert Graf zu Münster wurden veröffentlicht von dessen Sohn in: Georg Herbert zu Münster von Derneburg, *Politische Skizzen über die Lage Europas vom Wiener Congreß bis zur Gegenwart (1815 – 1867) nebst den Depeschen des Grafen Ernst Friedrich Herbert zu Münster über den Wiener Congreß* (1867), und die Korrespondenz des damaligen Herzogs und späteren Großherzogs von Weimar findet sich in: *Politischer Briefwechsel des Herzogs und Großherzogs Carl August von Weimar: Von der Rheinbundzeit bis zum Ende der Regierung, 1808 – 1828*, hg. v. Willy Andreas und Hans Tümmler (1973), Bd. III; das Tagebuch des dänischen Außenministers ist veröffentlicht in: Niels Rosenkrantz, *Journal du Congrès de Vienne, 1814 – 1815* (1953), hg. v. Georg Nørregaard. Dieser hat auch eine wichtige Studie über die Arbeit Dänemarks auf dem Kongress veröffentlicht: Georg Nørregaard, *Danmark og Wienerkongressen, 1814 – 1815* (1954).

Wie diese Berichte der kleineren Delegationen werden auch zahlreiche faszinierende Augenzeugenberichte über das gesellschaftliche Leben auf dem Kongress überraschend wenig genutzt. Eine gute Basis sind: Hilde Spiel, *Der Wiener Kongress in Augenzeugenberichten* (1965); und Friedrich Freksa, *Der Wiener Kongress: Nach Auf-*

*zeichnungen von Teilnehmern und Mitarbeitern* (1914). Sie sind immer noch eine Fundgrube, auch wenn die darin auszugsweise wiedergegebenen Werke inzwischen vollständig publiziert sind. Der berühmteste Bericht über das gesellschaftliche Leben auf dem Kongress ist: Auguste de La Garde-Chambonas, *Fêtes et souvenirs du congrès de Vienne* (1843), dt. Ausgabe: *Gemälde des Wiener Kongresses 1814–1815. Erinnerungen, Feste, Sittenschilderungen, Anekdoten*, übs. v. Ludwig Eichler (1912), engl. Ausgabe 1902. La Garde-Chambonas macht in seinem Bericht zwar viele Fehler, doch das heißt nicht, dass damit alles wertlos wäre. Er ist eben nur mit Vorsicht zu genießen, und man sollte möglichst andere, verlässlichere Quellen hinzuziehen. Der deutsche Verleger Carl Bertuch hat ein wertvolles Tagebuch über den Kongress geschrieben: Carl Bertuch, *Tagebuch vom Wiener Kongress,* hg. v. Hermann Freiherr von Egloffstein (1916). Siehe außerdem: Friedrich Anton von Schönholz, *Traditionen zur Charakteristik Österreichs, seines Staats- und Volkslebens unter Franz I.* (1914) – mit scharfer Feder und fesselnd geschrieben. Dasselbe gilt auch für die beiden Grandes Dames: Lulu von Thürheim, *Mein Leben: Erinnerungen aus Österreichs großer Welt 1788–1819,* Bd. II (1913); und Elise von Bernstorff (Hg., die Enkelin der Zeitzeugin), *Gräfin Elise von Bernstorff geborene Gräfin von Dernath: ein Bild aus der Zeit von 1789–1835; aus ihren Aufzeichnungen,* Bd. I (1896). Viele Reflexionen und Anekdoten über die Stadt und ihre Persönlichkeiten enthält: Franz Gräffer, *Kleine Wiener Memoiren und Wiener Dosenstücke,* 2 Bde. (1845; 1918 neu hg. v. Gustav Gugitz). Der englische Arzt Richard Bright besuchte Wien während des Kongresses von November bis März und veröffentlichte seine Impressionen in: *Travels from Vienna through Lower Hungary with Some Remarks on the State of Vienna During the Congress in the Year 1814* (1818). Einige Briefe und Dokumente von Sir Sidney Smith aus seiner Zeit auf dem Kongress finden sich in den Memoiren von Edward Howard (von Smith autorisiert): *The Memoirs of Admiral Sir Sidney Smith* (1839), und in: John Barrow (Hg.), *The Life and Correspondence of Admiral Sir William Sidney Smith* (1848), Bd. II. Vgl. auch die Sicht des Soldaten Karl von Nostitz: *Aus Karls von Nostitz, weiland Adjutanten des Prinzen Louis Ferdinand von Preußen, und später russischen General-Lieutenants, Leben und Briefwechsel: auch ein Lebensbild aus den Befreiungskriegen* (1848); und das vor einigen Jahren gefundene, in Auszügen veröffentlichte Tagebuch des russischen »Armeegeschichtsschreibers« Alexander Iwanowitsch Michailowski-Danilewski, hg. v. Alexander Sapojnikov, in: Ole Villumsen Krog (Hg.), *Danmark og den dansende Wienerkongres: spillet om Danmark* (2002). Weitere Dokumente von Soldaten sind: Johann Friedrich Novák (Hg.), *Briefe des Feldmarschalls Fürsten Schwarzenberg an seine Frau, 1799–1816* (1913), und die Aufzeichnungen von Napoleons Adjutant Ambroise A. Montesquiou-Fézensac in: *Souvenirs sur la révolution, l'empire, la restauration et le règne de Louis-Philippe* (1961). Von den vielen Quellen über die festliche Seite des Kongresses seien hier genannt: *Aus dem Tagebuche Erzherzog Johanns von Oesterreich 1810–1815* (1891); Caroline Pichler, *Denkwürdigkeiten aus meinem Leben* (1914); Anna Potocka, *Mémoires de la comtesse Potocka (1794–1820),* dt. Ausgabe: *Die Memoiren der Gräfin Potocka: 1794–1820*, übs. v. O. Marschall von Bieberstein (1899), und die faszinierenden Memoiren von Roxandra Stourdza, der Hofdame von Zarin Elisabeth und späteren Gräfin Edling: Roxandra Edling, *Mémoires* (1888).

Unverzichtbar sind auch: Henrich Graf zu Stolberg-Wernigerode, *Tagebuch über meinen Aufenthalt in Wien zur Zeit des Congresses* (2004); und Matthias Franz Perth, *Wiener Kongresstagebuch, 1814–1815* (1981). Karl August Varnhagen von Ense, der eigentlich geplant hatte, eine Geschichte des Kongresses zu schreiben, publizierte viele wertvolle Kommentare zu dem Ereignis in: *Denkwürdigkeiten des eignen Lebens,* Bd. II (1987). Siehe auch Rahel Varnhagen, *Briefwechsel,* 4 Bde., hg. v. Friedhelm Kemp (1979); und vor wenigen Jahren erschienen: Karl August Varnhagen von Ense und Cotta, *Briefwechsel, 1810–1818,* hg. v. Konrad Feilchenfeldt, Bernhard Fischer und Dietmar Pravida, 2 Bde. (2006). Jean-Gabriel Eynard, ein Schweizer Bankier, der Genf vertrat, schrieb das zweibändige Tagebuch: *Au Congrès de Vienne: journal de Jean-Gabriel Eynard* (1914–1924), dt. Ausgabe von Bd. I: *Der tanzende Kongress: Tagebuch* (1923). Aus dem Tagebuch von Eynards Frau werden viele Passagen zit. in: Alville, *Anna Eynard-Lullin et l'époque des congrès et des révolutions* (1955). Die Baronne du Montet, eine französische Emigrantin, die in Wien lebte und viele Feste des Kongresses besuchte, beschrieb diese in: Alexandrine du Montet, *Souvenirs: 1785–1866* (1904), dt. Ausgabe: *Die Erinnerungen der Baronin du Montet* (um 1925). Auch Baron Claude-François de Méneval, den Napoleon 1812 zum Sekretär von Marie-Louise ernannte und der mit der früheren Kaiserin in Schönbrunn weilte, hinterließ wertvolle Memoiren über die Periode. Eine weitere lesenswerte Quelle sind die Aufzeichnungen des Philologen Jacob Grimm, der als kurhessischer Legationssekretär in Wien weilte. Er hielt wie immer engen Kontakt mit seinem Bruder Wilhelm. Der *Briefwechsel zwischen Jacob und Wilhelm Grimm aus der Jugendzeit* (1963) ist informativer als seine *Selbstbiographie* (1984).

Auch die *Wiener Zeitung,* das halbamtliche Blatt des Hofes, ist aufschlussreich für das Verständnis des Settings des Wiener Kongresses, und dasselbe gilt auch für den *Guide des étrangers à Vienne pendant le Congrès contenant les noms des souverains présents dans cette capitale ainsi que ceux des ministres et chargés d'affaires des differentes cours auprès de celle de Vienne au mois d'octobre 1814* (1814) und seine Ergänzung *Supplement du Guide des étrangers au quel on a joint La Liste Générale des cavaliers employés par sa Majesté l'Empereur et Roi en qualité du grand maîtres, aides de camp generaux, adjudants, chambellans et pages auprès des augustes étrangers à Vienne 1814* (1814).

Eine meiner erfreulichsten Entdeckungen war der reiche Aktenschatz der von Franz Baron von Hager geführten Polizei- und Zensurhofstelle in Wien. Die Existenz dieser Sammlung ist den Historikern wohlbekannt, wurde aber aus verschiedenen Gründen nicht ausreichend als Quelle genutzt. Alle Dokumente des Polizeiministeriums wurden Anfang des 20. Jahrhundert vernichtet, aber glücklicherweise hatten zwei Historiker vor über 100 Jahren das Archiv durchforstet und ihre Forschungsergebnisse vor der Vernichtung der Dokumente publiziert: August Fournier (Hg.), *Die Geheimpolizei auf dem Wiener Kongress: Eine Auswahl aus ihren Papieren* (1913), und Maurice Henri Weil (Hg.), *Les dessous du Congrès de Vienne d'après des documents originaux des archives du ministère impérial et royal de l'intérieur à Vienne,* 2 Bde. (1917).

Natürlich enthalten die etwa 2000 Seiten Polizeibericht viel Klatsch und Tratsch, oft reine Spekulationen sowie manchmal extreme Fehlinterpretationen. Dennoch sind sie eine Goldgrube, wenn man das tägliche Leben auf dem Wiener Kongress verstehen will. Schließlich werden auch die Handlungen von Staatsmännern und Entscheidungsträgern nicht nur durch gesicherte Tatsachen beeinflusst. Wer den Gerüchten und Intrigen keine Beachtung schenkt, weil sie vielleicht zu dem in Widerspruch stehen, was wir heute wissen oder zu wissen glauben, unterschätzt in vieler Hinsicht die Unwägbarkeiten der damaligen Zeit und läuft Gefahr, die Vergangenheit zu simplifizieren. Außerdem sind die Polizeiberichte besser als ihr Ruf (eine Prüfung ihres tatsächlichen Inhalts zeigt, dass sie zu Unrecht bisher als Quellen ignoriert wurden). Natürlich ist ihre Qualität so unterschiedlich wie das Können der Polizeibeamten. Aber viele von ihnen waren genaue Beobachter, die sich in den Strudel des Kongresses stürzten, von einem großen Netz sozialer Kontakte profitierten und oft viele interessante Einblicke in die Friedenskonferenz gewährten. Besonders wertvoll sind auch die darin enthaltenen Hunderte vertraulicher Briefe der britischen, französischen, preußischen und russischen, ja fast aller wichtigen (und einiger weniger wichtigen) Delegationen in der Stadt, die die Polizeiagenten abfingen.

Ein Vergnügen war es auch, die Historiker und Diplomaten zu lesen, die schon über den Kongress geforscht haben. Enno E. Kraehe, *Metternich's German Policy*, 2 Bde. (1963–1983), ist herausragend, und auch C.K. Webster, *The Foreign Policy of Castlereagh, 1812–1815: Britain and the Reconstruction of Europe* (1931), ist eine vorbildliche wissenschaftliche Arbeit. Henry Kissinger, *A World Restored* (1957), dt Ausgabe: *Das Gleichgewicht der Großmächte: Metternich, Castlereagh und die Neuordnung Europas 1812–1822* (1991), das aus seiner Doktorarbeit entstand, ist die hellsichtige Analyse eines Jahrzehnts, in dessen Mitte der Wiener Kongress stattfand. Eine weitere wertvolle Doktorarbeit ist Hannah Alice Straus, *The Attitude of the Congress of Vienna Toward Nationalism in Germany, Italy and Poland* (1949). Für den Kongress haben sich viele Staatsmänner interessiert: So gab Gaston Palewski die Briefe Talleyrands an die Herzogin von Kurland heraus, Dominique de Villepin schrieb *Les Cent Jours* (2001) und der Diplomat Jacques-Alain de Sédouy *Le Congrès de Vienne: L'Europe contre la France, 1812–1815* (2003).

Karl Griewank, *Der Wiener Kongress und die Neuordnung Europas, 1814/15* (1942), galt lange als das bestrecherchierte Werk über den Kongress, insbesondere die völlig neu bearbeitete Ausgabe, die 1954 mit dem neuen Titel *Der Wiener Kongress und die europäische Restauration* herauskam und in der der ideologische Einfluss der frühen 40er-Jahre zum Glück nicht mehr durchscheint. Gregor Dallas, *The Final Act: The Roads to Waterloo* (1997), ist ein gut geschriebenes wissenschaftliches Werk mit vielen wichtigen Erkenntnissen, das wesentlich zum Verständnis der Periode beiträgt. Susan Mary Alsop, *The Congress Dances* (1984), ist ebenfalls eine empfehlenswerte Lektüre und bietet einen besonders guten Einblick in das gesellschaftliche Leben während des Kongresses. Mit knapp über 200 Seiten, von denen 100 von Wien handeln, ist es relativ kurz. C.K. Webster, *The Congress of Vienna 1814–1815* (1919), ist genauso hilfreich und kurz, aber vor allem in der Absicht geschrieben, der britischen Delegation in Versailles Orientierung zu bieten.

Adam Zamoyski, *The Rites of Peace: The Fall of Napoleon and the Congress of Vienna* (2007), ist eine gute neuere Studie, die die europäische Diplomatie in dem Jahrzehnt zwischen Dezember 1812 und dem Veroneser Kongress im Herbst 1822 behandelt.

Edward Vose Gulick, *Europe's Classical Balance of Power: A Case History of the Theory and Practice of One of the Great Concepts of European Statecraft* (1955), analysiert ebenfalls die Diplomatie der Koalition und vertritt die Ansicht, dass das Gleichgewicht der Kräfte das wichtigste Leitmotiv der beteiligten Staatsmänner gewesen sei – eine gut begründete These, wenn auch keineswegs die einzig mögliche Interpretation der Vorgänge. Freiherr von Bourgoing, *Vom Wiener Kongress: Zeit- und Sittenbilder* (1943), geht stärker auf die gesellschaftlichen Veranstaltungen ein als die meisten anderen historischen Werke und ist bis heute ein wertvoller Beitrag. Das wohl bekannteste Werk über den Kongress ist: Harold Nicolson, *The Congress of Vienna: A Study in Allied Unity, 1812–1822* (1946), dt. Ausgabe: *Der Wiener Kongress oder Über die Einigkeit unter Verbündeten: 1812–1822* (1946). Es war bewusst so geplant, dass es zum Kriegsende erscheinen sollte. Trotz zahlreicher faktischer Irrtümer und obwohl es sich nur auf einen geringen Teil der Primärquellen stützt, enthält es viele gute Erkenntnisse eines hochgebildeten ehemaligen Diplomaten.

Wie aus den unten stehenden Anmerkungen deutlich wird, stützt sich *Wien 1814* auch auf das Werk vieler Historiker, die Biografien der Staatsmänner auf dem Wiener Kongress schrieben und ihre diplomatischen Aktivitäten, die internationalen Beziehungen oder einen anderen Aspekt der Verhältnisse im Europa des frühen 19. Jahrhunderts erforschten. Paul W. Schroeder, *The Transformation of European Politics* (1994), eine 800 Seiten umfassende Studie über die 85-jährige Periode zwischen 1763 und 1848, ist richtungweisend. Was das Leben der Frauen auf der Friedenskonferenz betrifft, das in den Werken über den Kongress viel zu oft ignoriert wird, hat Dorothy Guis McGuigan eine exzellente Studie über die Herzogin Wilhelmine von Sagan geschrieben und Philip Ziegler, Françoise de Bernardy und Micheline Dupuy Biografien über ihre jüngere Schwester Dorothea. Rosalynd Pflaum ist die Verfasserin eines Buches über diese interessante Familie: *By Influence and Desire: The True Story of Three Extraordinary Women – The Grand Duchess of Courland and Her Daughters* (1984). Von allen Büchern habe ich sehr profitiert. Dasselbe gilt auch für mehrere Museen in Wien, die mir eine Vorstellung vom Umfeld des Ereignisses vermittelt haben. Kataloge zu bisherigen Ausstellungen über den Kongress waren in dieser Beziehung sehr aufschlussreich, insbesondere zur Ausstellung, die im Jahr 2002 auf Schloss Christiansborg in Kopenhagen stattfand. Der Katalog wurde von Ole Villumsen Krog herausgegeben (oben zit.) und ist dank vieler hervorragender wissenschaftlicher Artikel besonders informativ. Dies gilt auch für den Katalog der Ausstellung, die zum 150. Jahrestag in der Hofburg stattfand: *Der Wiener Kongress* (1966; Ausstellung vom 1. Juni bis 15. Oktober 1965), und den Katalog einer Ausstellung von 1896, ebenfalls in der Hofburg: *Der Wiener Congress: Culturgeschichte, die Bildenden Künste und das Kunstgewerbe, Theater – Musik in der Zeit von 1800 bis 1825*, hg. v. Eduard Leisching (1898). Der verdienstvolle britische Historiker Alan Palmer hat Biografien von Fürst Metternich, Zar Alexander I., Kaiserin Marie-Louise, Bernadotte und Monografien über die Habsburger und über Russland während der napoleonischen Invasion geschrieben.

Historiker verwenden den Begriff *Wiener Kongress* manchmal umfassender für Verhandlungen, die zwischen 1812 und 1822 stattgefunden haben. Der Wiener Kongress jedoch war ein ganz spezifisches Ereignis. Es gab ihn erst, als am 30. Mai 1814 in Artikel XXXII des Vertrags von Paris vereinbart wurde, in Wien einen »allgemeinen Congress« abzuhalten. Die Eröffnung war dort für Juli 1814 vorgesehen, wurde aber immer wieder verschoben. Eigentlich fand der Kongress nie statt – wenigstens nicht so, wie es die meisten erwartet hatten. Dennoch: Am 9. Juni 1815 wurde die Wiener Kongressakte oder auch Schlussakte unterzeichnet, und neun Tage später wurde Napoleon bei Waterloo geschlagen. Zu diesem Zeitpunkt war der Wiener Kongress schon auf dem besten Weg, eine Legende zu werden.

Sein vielleicht unumstrittenstes Merkmal ist das extravagante gesellschaftliche Leben, das ihn begleitete, und genau das ist paradoxerweise sein am wenigsten verstandener Aspekt. Dies ist sehr bedauerlich, denn wie soll man die Friedenskonferenz verstehen, wenn man sie nicht im Kontext der Ballsäle und Schlafzimmer, der Adelspalais und Schlösser sieht, in denen ein Großteil der Diplomatie abgewickelt wurde – und die vielen Intrigen? Der Wiener Kongress war ein spektakuläres neunmonatiges Drama, das sich abspielte, als die große Welt in die Stadt kam.

**Vorwort**

Die Beschreibung der Ankunft der HMS *Undaunted* im Hafen und der jubelnden Menge stammt aus den Erinnerungen ihres damaligen Kapitäns Thomas Ussher: ders. und John R. Glover, »Napoleon's Deportation to Elba«, in: *Napoleon's Last Voyages, Being the Diaries of Admiral Sir Thomas Ussher, R. N., K. C. B. (on board the »Undaunted«), and John R. Glover, Secretary to Rear Admiral Kockburn (on board the »Northumberland«)* (1895), S. 50 f., und aus: Neil Campbell, *Napoleon at Fontainebleau and Elba; Being a Journal of Occurrences in 1814 – 1815* (1869), S. 216; die Anzahl der Ruderer ist angegeben in: Gregor Dallas, *The Final Act: The Roads to Waterloo* (1997), S. 263. Die Begeisterung wird auch geschildert in: Norman Mackenzie, *The Escape from Elba: The Fall and Flight of Napoleon, 1814 – 1815* (1982), S. 74, und in: Robert Christophe, *Napoleon on Elba [Napoléon, empereur de l'île d'Elbe],* übs. v. Len Ortzen (1964), S. 36. Die Beschreibung Napoleons in seiner wohlbekannten Uniform auf dem Deck des Schiffes stammt aus Campbell (1869), S. 215. Hektischer Schritt und Schnupftabak: ebd., S. 157, sowie in den Erinnerungen dreier Sekretäre Napoleons, Bourrienne, Méneval und Fain. Napoleons Selbstmordversuch war früher umstritten, gilt heute jedoch in der Geschichtswissenschaft als recht sicher und wird in vielen Quellen erwähnt, so z. B. in: Général Armand Augustin Louis Caulaincourt, *Mémoires* (1933), Bd. III, S. 357 – 377; Baron Claude-François de Méneval, *Memoirs Illustrating the History of Napoleon I from 1802 to 1815 [Mémoires pour servir à l'histoire de Napoléon Ier: depuis 1802 jusqu'à 1815/Geschichtliche Erinnerungen des Barons Meneval]*, hg. v. Napoléon-Joseph Méneval (1894), Bd. III, S. 255 ff.; und in: Agathon Jean François Fain, *Souvenirs de la campagne de France (Manuscrit de 1814)* (1914), S. 240 ff.

Eine, wenn auch unvollständige, Liste der Delegierten auf dem Kongress findet sich in: Angeberg, *Le Congrès de Vienne et les traités de 1815* (1864), Bd. I, S. 255 f., und Bd. II, S. 257 – 264. Das Gefühl des Beginns einer neuen Ära, verbunden mit hohen Erwartungen und der Hoffnung, den Abschluss eines schlechten Friedens vermeiden zu können, wird geschildert in: Abbé de Pradt, *Du Congrès de Vienne* (1815), Bd. I, S. iv ff., 6 ff. und 11. Metternichs Voraussage, dass der Kongress drei Wochen dauern werde, stammt aus seinem Brief an die Herzogin von Sagan vom 23. April 1814, *MSB,* S. 252, und die ungefähre Schätzung von sechs Wochen stammt aus seinem Brief vom 19. September 1814, S. 264. Castlereagh dachte ebenfalls, dass der Kongress noch im Herbst zu Ende wäre und seine Gesandtschaft an Weihnachten wieder zu Hause sein würde: Castlereagh an Liverpool, 3. September 1814, *BD,* S. 191. Auch der Zar ging von höchstens sechs Wochen aus: Rapport an Hager, 18. September 1814, Nr. 106, und Agent Schmidt, 1. Oktober 1814, *DCV,* Bd. I, Nr. 222. Viele andere rechneten ebenfalls mit einer kurzen Dauer der Friedenskonferenz, z. B.: Steinlein an den König von Bayern, 6. August 1814, *DCV,* Bd. I, Nr. 58, und Baron Braun, 14. September 1814, *DCV,* Bd. I, Nr. 98. Die Wendung »schillerndes Chaos« stammt aus Henri Troyat, *Alexander of Russia: Napoleon's Conqueror [Alexandre premier],* übs. v. Joan Pinkham (1982), S. 215. Dass ein Friedensschluss schwieriger sein werde als der Sieg über Napoleon, sagte die Fürstin Bagration zu Metternich: Agent Nota [Carpani] an Hager, 5. Februar 1815, *DCV,* Bd. II, Nr. 1513.

Metternichs Berichte darüber, wie die Nachricht von Napoleons Flucht Wien erreichte und wie er darauf reagierte, stammen aus *NP,* Bd. I, S. 209 f. und 328. Metternich schrieb seinen Bericht viele Jahre nach dem Ereignis und verlegte den Ursprung der Depesche fälschlich nach Genua, was in den Biografien über ihn und in der Geschichtsschreibung über den Wiener Kongress lange wiederholt wurde. Tatsächlich kam die Nachricht, wie aus verschiedenen zeitgenössischen Quellen von der halbamtlichen *Wiener Zeitung* bis zur Korrespondenz des damaligen Kongressgeneralsekretärs Friedrich von Gentz hervorgeht, in einer Depesche, die am 7. März 1815 aus Livorno an Karadja geschickt wurde: Anton von Prokesch-Osten (Hg.), *Dépêches inédites du chevalier de Gentz aux hospodars de Valachie pour servir à l'histoire de la politique européenne (1813 – 1828)*, Bd. I., S. 144. Dies wird auch von dem in der Depesche genannten Sir Neil Campbell bestätigt. Er vermerkte in seinem Tagebuch, er sei zuerst in der Toskana gelandet, weil er geglaubt habe, dass Napoleon auf dem Weg nach Neapel sei.

Angezogen »in wenigen Minuten«: *NP,* Bd. I, S. 210, und im »Wonnetaumel«: Comte Auguste de La Garde-Chambonas, *Anecdotal Recollections of the Congress of Vienna [Souvenirs du Congrès de Vienne/Gemälde des Wiener Kongresses 1814 – 1815]* (1902), S. 35. Jagd auf den »meistgefürchteten Kriegsherrn seit Dschingis Khan«: Alistair Horne, *The Age of Napoleon* (2004), S. xxx. Die Äußerung über Talleyrands Charme stammt aus: *Memoirs of Madame de la Tour du Pin [Mémoires de la marquise de la Tour du Pin]* (1971), übs. v. Felice Harcourt, S. 246. »Ein Scheißhaufen in Seidenstrümpfen« (»Merde dans un bas de soie!«): aus einer Tirade Napoleons gegen Talleyrand Ende Januar 1809, zit. in: Georges Lacour-Gayet, *Talleyrand, 1754 – 1838* (1928 – 1934), Bd. II, S. 272. Zu stark, um noch als Mittelmacht oder -staat zu gelten, aber noch nicht stark genug für den Großmachtstatus, so heißt es sinngemäß über Preußen in: Graf Molé, *The Life and Memoirs of Count Molé (1781 – 1855) [Le comte Molé, 1781 – 1855. Sa vie, ses mémoires], hg. v. Marquis de Noailles* (1924), Bd. I, S. 322 f. Zur Erscheinung des preußischen Königs auf dem Kongress schreibt Nostitz, er sehe immer aus wie »Groll und Zorn«: Karl von Nostitz, *Leben und Briefwechsel: Auch ein Lebensbild aus den Befreiungskriegen* (1848), Tagebucheintrag vom

23. Januar 1815, S. 155. Die preußische Delegation war nach der russischen die zweitgrößte: *GE,* S. 16 – 21.

Napoleon über Alexander: Brief an Josephine im Jahr 1808. Er wird in vielen Quellen zit., so z. B. in: J. Christopher Herold (Hg.), *The Mind of Napoleon* (1955), S. 173; in: Alan Schom, *Napoleon Bonaparte* (1997), S. 477, und in: Steven Englund, *Napoleon: A Political Life* (2004), S. 293. »Auf einem Balle wurden Königreiche vergrößert …«: La Garde-Chambonas, *Gemälde des Wiener Kongresses 1814 – 1815. Erinnerungen, Feste, Sittenschilderungen, Anekdoten,* Bd. I, übs. v. Ludwig Eichler (1912), S. 14. Kissinger über den Wiener Kongress in: *Diplomacy [Die Vernunft der Nationen]* (1994), S. 79, und ausführlicher in: ders., *A World Restored: Metternich, Castlereagh and the Problems of Peace, 1812 – 1822 [Das Gleichgewicht der Großmächte: Metternich, Castlereagh und die Neuordnung Europas 1812 – 1822]* (1957). Albert Sorel bezeichnete das Ergebnis ebenfalls als die fruchtbarste Friedensperiode, die der Kontinent je gekannt habe, in: *L'Europe et la Révolution française,* Bd. VIII, S. 502.

**Kapitel 1: Brot und Spiele**

Das De-Ligne-Zitat stammt aus: Auguste de La Garde-Chambonas, *Gemälde des Wiener Kongresses 1814 – 1815* (1912), Bd. 1, S. 32 f. Castlereagh beschreibt die schlechten Straßen in einem undatierten Brief an seine Frau wahrscheinlich im Januar 1814, zit. in: C. K. Webster, *The Foreign Policy of Castlereagh, 1812 – 1815: Britain and the Reconstruction of Europe* (1931), S. 503 f. Auch Talleyrand hatte auf der Reise Schwierigkeiten und beinahe einen Unfall: Talleyrand an die Herzogin von Kurland, 18. September 1814, *TLI,* S. 31. Paul Johnson fasst die Schwierigkeiten, die das Reisen damals bereitete, kurz und bündig zusammen in: *The Birth of the Modern: World Society, 1815 – 1830* (1991), S. 169 ff. »Räuberhöhlen« werden erwähnt in: Gregor Dallas, *The Final Act: The Roads to Waterloo* (1997), S. 136. Dies lag natürlich u. a. daran, dass viele Veteranen nach dem Krieg ohne Pension dastanden und kaum Geld verdienen konnten, weil die Konjunktur in der unmittelbaren Nachkriegszeit einbrach. Die niedergebrannten Städte und Verwüstungen werden u. a. geschildert in: Henrich Graf zu Stolberg-Wernigerode, *Tagebuch über meinen Aufenthalt in Wien zur Zeit des Congresses* (2004), 11. – 15. September 1814, S. 6 ff. »Furchtlose, Narren und Selbstmörder«: Lesley Adkins und Roy Adkins, *The Keys of Egypt: The Obsession to Decipher Egyptian Hieroglyphics* (2000), S. 7. Dass 100 000 Besucher nach Wien kamen, ist eine vielfach wiederholte Schätzung. Sie ist bis heute nicht verifiziert, aber recht plausibel. Ankündigung per Zeitungsanzeige: Webster (1931), S. 327, und Enno E. Kraehe, *Metternich's German Policy* (1963 – 1983), Bd. II, S. 125. Auftrag für die *Wiener Hofzeitung* und frühe Planung in: HHSA, St.K., Kongressakten, Kart. 16.

Die Revolutionskriege und die napoleonischen Kriege als erster »totaler Krieg«: T. C. W. Blanning, *The French Revolutionary Wars, 1787 – 1802* (1996), S. 101, dort auch das Gesetz vom August 1793 (»levée en masse«), S. 100 f., sowie in: Simon Schama, *Citizens: A Chronicle of the French Revolution* (1989), S. 762. Zahl der Toten: Paul W. Schroeder, *The Transformation of European Politics 1763 – 1848* (1994), S. 580. Eine faszinierende Diskussion dieser Art von Kriegführung findet sich natürlich in: Carl von Clausewitz, *Vom Kriege* (2008), und in: Michael Howard und Peter Paret,

*Clausewitz: On War* (1976), übs. und mit Anmerkungen von Bernard Brodie. Zur Erschöpfung nach den Kriegen: Charles André Pozzo di Borgo, *Correspondance diplomatique du comte Pozzo di Borgo, ambassadeur de Russie en France et du comte du Nesselrode depuis la restauration des Bourbons jusqu'au Congrès d'Aix-la-Chapelle, 1814 – 1818* (1890), z. B.: Pozzo di Borgo an Nesselrode, 14. – 26. September 1814, S. 73.

Die Information, dass außer den französischen Grenzen fast nichts geregelt war, stammt aus: C. K. Webster, *The Foreign Policy of Castlereagh, 1812 – 1815: Britain and the Reconstruction of Europe* (1931), S. 327 f., ersichtlich auch aus dem Vertrag selbst, wie abgedruckt in: Angeberg, *Le Congrès de Vienne et les traités de 1815* (1864), Bd. I, S. 161 – 170, mit den geheimen Artikeln, S. 171 ff. Zu Polen als dem größten Problem zu Beginn des Kongresses siehe den abgefangenen Brief Bernstorffs, 13. Juli 1814, *DCV*, Bd. I, Nr. 28, und den Rapport an Hager, 27. September 1814, Bd. I, Nr. 171; Bernstorff an Rosenkrantz, 7. Juli 1814, in: August Fournier (Hg.), *GPWK, S.* 94 f.; Gentz an Karadja, *Dépêches inédites,* 21. Juni 1814, S. 79 – 82, Bernstorffs Brief an Rosenkrantz, 20. Juli 1814, *GPWK,* S. 100 f., und Agentenbericht vom 28. September 1814, ebd., S. 133 f.

Napoleon über Polen: Las Cases, *Mémorial de Saint-Hélène* (1823; Nachdruck 1961), Bd. II, S. 458 ff. Napoleons Worte an die Polen stammen aus einer Rede, die er 1805 nach der Eroberung Wiens hielt. Mehr über die Periode und ihre Teilungen findet sich in: Norman Davies, *God's Playground: A History of Poland* (1982), Bd. I, S. 510 – 527, und in: Schroeder (1994), S. 11 – 19, 122 ff. und 144 – 150. Die Zerstückelung Polens als Ursache vieler Probleme, die Europa später plagten: Talleyrand an Metternich, 19. Dezember 1814, in: Angeberg, *Le Congrès de Vienne et les traités de 1815* (1864), Bd. II, S. 540 – 544. Für viele hätte die Wiederherstellung Polens auch »die Sicherheit Europas« bedeutet, wie François-René de Chateaubriand es formulierte in: *Mémoires d'outre-tombe* (1951), Bd. I, S. 997.

Napoleon über Paris: Alistair Horne, *The Age of Napoleon* (2004), das Zitat stammt aus dem Jahr 1798. Gerüchte, dass die Kunstwerke trotz des Misserfolgs in Paris zurückgegeben werden sollten: abgefangener Brief von Gentz, 7. Juni, 1814, *DCV,* Bd. I, Nr. 4. Für die Rückgabe setzte sich damals schon der Delegierte von Pius VII. Kardinal Consalvi ein, ihm schlossen sich bald andere an, darunter auch einige Benediktinermönche, die sich an die britische Gesandtschaft wandten: Duke of Wellington an Comte de Jaucourt, 21. November 1814, *WD,* Bd. VIII, S. 604. Erfolg hatten die Anstrengungen u. a. bei Kunstwerken, die noch in Kisten verpackt im Louvre lagen.

Die Aktivitäten Dr. Justus Bollmanns auf dem Kongress werden behandelt in: Paul Sweet, »Erich Bollmann at Vienna in 1815«, in: *American Historical Review* (1941), S. 580 – 587. Eine gute Studie über die jüdische Delegation auf dem Kongress ist: Max J. Kohler, *Jewish Rights at the Congresses of Vienna (1814 – 1815), and Aix-la-Chapelle (1818)* (1918). Zum Einsatz des Verlegervertreters Johann Friedrich Cotta für Urheberrecht und Pressefreiheit siehe Agent H an Hager, 11. Oktober 1814, *DCV,* Bd. I, Nr. 342. Eine neuere Studie über Cotta ist: Daniel Moran, *Toward the Century of Words: Johann Cotta and the Politics of the Public Realm in Germany, 1795 – 1832* (1990).

Die Auflösung des Heiligen Römischen Reichs war natürlich ein komplizierter Prozess, wie in einer Reihe von guten historischen Werken nachgelesen werden kann: Friedrich Heer, *Das Heilige Römische Reich* (1967), oder Carlile A. Macartney, *The Habsburg Empire, 1790 – 1918* (1969). Ein wichtiger Faktor bei der Auflösung war der Reichsdeputationshauptschluss von 1803, ein Gesetz, das nicht nur die kirchlichen Fürstentümer wie Salzburg auflöste, sondern auch dazu führte, dass die Habsburger im Reichskurfürstenrat ihre Mehrheit an die protestantischen Fürsten verloren. Kaiser Franz war damit (als Franz II.) der letzte Kaiser des Heiligen Römischen Reichs und wurde durch seine Proklamation im Jahr 1804 der erste österreichische Kaiser (als Franz I.).

Reisende, die Wien mit einem »Königspalast« vergleichen, kommen z. B. vor in: Marcel Brion, *Daily Life in the Vienna of Mozart and Schubert [La vie quotidienne à Vienne au temps de Mozart et de Schubert]*, übs. v. Jean Stewart (1962), S. 23, und Beschreibungen der Adelspalais in den engen Gassen finden sich in: Jean-Gabriel Eynard, *Tagebuch* (1923), 5. Oktober 1814, S. 26. Josephs Verordnung, Bäume zu pflanzen: Raymond F. Betts, *Vienna: A City Apart,* nicht paginierter Privatdruck. Unter den vielen französischen Emigranten in Wien hat die Baronne du Montet lesenswerte Memoiren geschrieben: Alexandrine du Montet, *Souvenirs de la Baronne du Montet: 1785 – 1866* (1904), dt. Ausgabe: *Die Erinnerungen der Baronin du Montet* (um 1925). Viele dieser Emigranten weilten häufig im Salon von Fürst de Ligne. Siehe dazu: Anna Potocka, *Memoirs of the Countess Potocka [Mémoires de la comtesse Potocka (1794 – 1820)/Die Memoiren der Gräfin Anna Potocka, 1794 – 1820]*, hg. v. Casimir Stryienski, übs. v. Lionel Strachey (1900), S. 112. Wien als Zentrum der Konterrevolution: Eugen Guglia, »Der Wiener Congress, seine Fürsten und Staatsmänner«, in: Eduard Leisching (Hg.), *Der Wiener Congress: Culturgeschichte, die Bildenden Künste und das Kunstgewerbe, Theater – Musik in der Zeit von 1800 bis 1825* (1898), S. 21 f. Die Bemerkung »frühstückten die Menschen bis zum Diner und dinierten bis zum Souper« stammt aus: Philip Mansel, *Der Prinz Europas: Prince Charles-Joseph de Ligne, 1735 – 1814* (2006), S. 218. Die Geschichte der Stadtmauer und ihrer angeblichen Finanzierung durch das Lösegeld für Richard Löwenherz ist in mehreren Werken erschienen, z. B. in: Richard Bright, *Travels from Vienna through Lower Hungary with Some Remarks on the State of Vienna During the Congress in the Year 1814* (1818), S. 33, und in: John P. Spielman, *The City and the Crown: Vienna and the Imperial Court, 1600 – 1740* (1993), S. 29. Die Basteien fielen vielen Reisenden auf, z. B. erwähnt sie Jacob Grimm in einem Brief an seinen Bruder in: *Briefwechsel zwischen Jacob und Wilhelm Grimm aus der Jugendzeit* (1963), 2. Oktober 1814, S. 350. Die damaligen Bevölkerungszahlen sind oft schwer zu berechnen und die Schätzungen unterschiedlich. Die Zahl 250 000 wird u. a. genannt in: Enno Kraehe (1963 – 1983), Bd. II, S. 118. Zur Größe der Stadt siehe auch: Waltraud Heindl, »People, Class, Structure and Society«, in: Raymond Erickson (Hg.), *Schubert's Vienna* (1997), S. 38. Dass während des Kongresses die Bevölkerung Wiens um ein Drittel anwuchs, erwähnt Stella Musulin, *Vienna in the Age of Metternich: From Napoleon to Revolution, 1805 – 1848* (1975), S. 140 f. »Wien ist die Weltstadt …«: Alexandrine du Montet (1904), S. 24. Wien als Heimat des Glücks: La Garde-Chambonas (1902), S. 35. Dass die Wiener nicht besonders höflich waren, wird z. B. festgestellt in: Friedrich Anton von Schönholz, *Traditio-*

*nen zur Charakteristik Österreichs, seines Staats- und Volkslebens unter Franz I.* (1914), Bd. II, S. 104.

Die Popularität von Kaiser Franz ist in vielen Quellen bezeugt, so z. B. in: Frederick Lamb an Castlereagh, 18. Juni 1814, S. 57; Bright (1818), S. 89; Rzewuska (1939), Bd. I, S. 64 f.; und in: Eynard, *Tagebuch* (1923), Anhang, S. 223 f. Joseph Haydn schrieb bekanntlich die Musik für »Gott erhalte Franz den Kaiser«, der Text stammt von Lorenz Leopold Haschka. Dass der Kaiser »umfallen würde, wenn man ihn einmal hart anbliese«, stammt aus: Alville, *Anna Eynard-Lullin et l'époque des congrès et des révolutions* (1955), S. 157. Kaiser Franz, als Venus bezeichnet: Prinzessin Therese an Prinzessin Amalie von Sachsen, 14. Januar 1815, *GPWK*, S. 363; im Brief an Prinz Maximilian von Sachsen vom folgenden Tag, S. 364; und in anderen Briefen, so z. B. als »die Göttin der Liebe«, 6. Mai 1815, S. 476. A. J. P. Taylor bezeichnet die Habsburger schlicht und einfach als »die größte Dynastie der modernen Geschichte«, in: *The Habsburg Monarchy, 1809 – 1918: A History of the Austrian Empire and Austria-Hungary* (1966), S. 10. Das Streichquartett der Familie: Walter Consuelo Langsam, *Francis the Good: The Education of an Emperor, 1768 – 1792* (1949), S. 162. Die Unterbringung der Gäste wird in vielen zeitgenössischen Quellen behandelt. Selten erwähnt wird dabei die Residenz des dänischen Königs, dazu: Georg Nørregaard, *Danmark og Wienerkongresse,n 1814 – 1815* (1948), S. 16, Anm. 29.

Kaffeekessel: Bernstorff, *Ein Bild aus der Zeit von 1789 bis 1835: Aus ihren Aufzeichnungen* (1896), Bd. I, S. 148. Beschreibung der Küchen in schönstem Wienerisch: Hilde Spiel, *Der Wiener Kongress in Augenzeugenberichten* (1965), S. 130 f. In der Silberkammer der Hofburg befindet sich eine Sammlung der bei den Banketten benutzten Gegenstände, und meine Darstellung der üblichen Kombination von Weinen und Vorspeisen stützt sich auf den exzellenten Kommentar von Dr. Ingrid Haslinger. Für weitere Informationen zur kulinarischen Kunst jener Zeit siehe Haslingers Artikel in: Ole Villumsen Krog (Hg.), *Danmark og den dansende Wienerkongres: spillet om Danmark* (2002), S. 223. Die Kurzcharakterisierung der hohen Gäste durch die Wiener Witzbolde wurde Ende Oktober 1814 an Hager gemeldet: *DCV,* Bd. I, Nr. 502, sowie (in abgewandelter Form) in Nr. 503 und in: Perth, *Wiener Kongresstagebuch 1814 – 1815, S.* 62. Die Popularität, die die Herrscher anfänglich in Wien genossen, lässt sich z. B. ablesen in: Agent Nota an Hager, 28. Oktober 1814, *DCV,* Bd. I, Nr. 253.

**Kapitel 2: Zwei Fürsten**

Graf François-Casimir Mouret de Montrond über Talleyrand, zit. in: J. F. Bernard, *Talleyrand: Diplomat, Günstling Opportunist* (1979), S. 227. Das Alter des Tokajers: Constantin de Grunwald, *Metternich* (1953), S. 122 f. Die Zahl der Mietkutschen ist in vielen Quellen angegeben, so z. B. in: Richard Bright, *Travels from Vienna Through Lower Hungary with Some Remarks on the State of Vienna During the Congress in the Year 1814* (1818), S. 13. Die Beschreibung der Kutschen: Pictet de Richemont, *Biographie, travaux et correspondance diplomatique* (1892), S. 153; sowie Jean-Gabriel Eynard, *Tagebuch* (1923), 5. Oktober 1814, S. 25. Der Vergleich mit einer Kemenate durch Castelli: Dallas, *The Final Act: The Roads to Waterloo* (1997), S. 135.

Metternichs Persönlichkeit: Nesselrode, *Lettres et papiers du chancelier comte de*

*Nesselrode, 1760–1850,* Bd. III, S. 132. Die Darstellung seines Hintergrunds stützt sich auf: *Aus Metternich's nachgelassenen Papieren,* hg. v. Richard Metternich Winneburg (1880–1884), Bd. I und II; auf Heinrich Ritter von Srbik, *Metternich – Der Staatsmann und der Mensch* (1925), Bd. I, S. 53 ff., und auf: Constantin de Grunwald, *Metternich* (1953), S. 7–14. Metternich höflich und taktvoll: Helen du Coudray, *Metternich* (1936), S. 17 f. Eleonore von Kaunitz über ihren späteren Ehemann und seine Aussage, dass er »Kinderfrau« geworden wäre: Dorothy Guis McGuigan, *Metternich, Napoleon und die Herzogin von Sagan* (1979), S. 27. Mehr über Metternichs Affären in: Egon Cäsar Corti, *Metternich und die Frauen* (1948), Bd. I–II, und in: Raoul Auernheimer, *Metternich: Staatsmann und Kavalier* (1947). Beide Bücher erschienen freilich, bevor Metternichs Briefwechsel mit der Herzogin von Sagan gefunden wurde: *MSB.* »Heimliche Stelldicheins …«: Paul Johnson, *The Birth of the Modern: World Society, 1815–1830* (1991), S. 91.

Verlust des Familienbesitzes am Rhein und erster Besuch in Wien: *NP,* Bd. I, S. 21. Die Schwächen Metternichs waren auf dem Kongress wohlbekannt, und die Kritik an ihm vervielfachte sich mit der Zeit, wie aus den Polizeiberichten gut zu ersehen ist. Dort verfolgte Agent ** sorgfältig die Entwicklung, so z. B. in seinen Berichten an Hager: 10. Oktober 1814, *DCV,* Bd. I, Nr. 324, und 15. Oktober 1814, Nr. 384. »Ministre papillon«: Karl von Nostitz, Tagebucheintrag vom 16. Januar 1815, *Leben und Briefwechsel* (1848), S. 151. Ein weiterer Spitzname lautete z. B. »Le Comte de la Balance«: Agent Freddi an Hager, undatierter Rapport vom September 1814, *DCV,* Bd. I, Nr. 83. Metternichs Abscheu vor dem Krieg: McGuigan, *Metternich and the Duchess [Metternich, Napoleon und die Herzogin von Sagan]* (1975), S. 119; »hässliche Erfindung«: zit. nach Wolfram Siemann, *Metternich – Staatsmann zwischen Restauration und Moderne* (2010), S. 115. Verwechslung von »Überheblichkeit und Würde«: Alan Palmer, *Metternich [Metternich. Der Staatsmann Europas – eine Biographie]* (1972), S. 32; und »Laviren, Ausweichen, Schmeicheln«: *NP,* Bd. II, S. 311. Die Historikerin, die den Erfolg von Metternichs Diplomatie pries, war Helen du Coudray (1936), S. 83; seine Schachzüge werden analysiert in: Henry Kissinger, *A World Restored: Metternich, Castlereagh, and the Problems of Peace 1812–1822 [Das Gleichgewicht der Großmächte: Metternich, Castlereagh und die Neuordnung Europas 1812–1822]* (1957), S. 62–84.

Metternich über die Völkerschlacht bei Leipzig: *MSB,* 18. Oktober 1813, S. 81. Angeblich war es der Historiker August Fournier, der den Ursprung des Wiener Kongresses auf Zar Alexander und die Völkerschlacht bei Leipzig zurückführte. Er stützte sich dabei offenbar auf einen Artikel, der nach der Schlacht am 26. Oktober 1813 in der *Berliner Zeitung* und am 5. November auch in der *Wiener Zeitung* erschien: Spiel, *Der Wiener Kongress in Augenzeugenberichten* (1965), S. 31. Artikel XXXII des Vertrags von Paris, unterzeichnet am 30. Mai 1814: Angeberg, *Le Congrès de Vienne et les traités de 1815* (1864), Bd. I, S. 170 (eine deutsche Übersetzung des Vertrags steht im Internet unter: http://www.staatsvertraege.de/Frieden1814-15/1pfv1814-i.htm). Castlereaghs Einflussnahme auf die Vereinbarung: Gregor Dallas, *The Final Act: The Roads to Waterloo* (1997), S. 135. Die Verschiebung der Friedenskonferenz zunächst bis 15. August und dann, weil der Zar darauf bestand, bis 1. Oktober wird behandelt in:

Edward Vose Gulick, *Europe's Classical Balance of Power* (1955), S. 181. Die Armee Franz' I., ihre Verluste und die Verballhornung von Cäsars Spruch »Veni, vidi, vici«: G. R. Marek, *Beethoven: Biography of a Genius* (1970), S. 106. Österreich hatte 108 Monate gegen Napoleon gekämpft – länger als jede andere Macht außer Großbritannien (240 Monate), bei Preußen waren es 58 und bei Russland 55 Monate. Außerdem stellte es in den Schlachten von 1813/14 das größte Kontingent Soldaten: Gunther E. Rothenberg, *Napoleon's Great Adversaries: The Archduke Charles and the Austrian Army, 1792–1814* (1982), S. 14.

Der Bericht über Talleyrands Ankunft in Wien und im Palais Kaunitz stützt sich auf: *Memoiren des Fürsten Talleyrand* (1891), Bd. II, S. 210 und 212, und auf die Briefe: Talleyrand an Ludwig XVIII., 25. September 1814, *TLB*, S. 1; Talleyrand an die Herzogin von Kurland, 25. September 1814, *TLI*, S. 35; und Gentz an Karadja, 27. September 1814, *Dépêches inédites*, S. 99. Seine Adresse in der Johannesgasse stammt aus einem Rapport an Hager vom 27. September 1814, *DCV*, Bd. I, Nr. 161, und aus der *Wiener Zeitung* vom 25. September 1814. Die Adresse hat sich allerdings inzwischen geändert. Das Hauptquartier der französischen Gesandtschaft und ihre prominenten Bewohner: *GE*, S. 11. Die Dauer der Reise von Paris nach Wien: Rosalynd Pflaum, *By Influence and Desire: The True Story of Three Extraordinary Women – the Grand Duchess of Courland and Her Daughters* (1984), S. 213. Manchen Berichten zufolge soll Talleyrand acht Tage unterwegs gewesen sein, doch er brach am 16. September in Paris auf und kam am 23. September gegen Mitternacht in Wien an. Die frühere Ankunft des Personals ist in vielen Tagebüchern verzeichnet, so z. B. in: Matthias Franz Perth, *Wiener Kongresstagebuch, 1814–1815* (1981), 30. August 1814, S. 32. Mottenbefall: Überwachungsbericht an Hager vom 20. September, *DCV*, Bd. I, Nr. 111.

»Ich werde vermutlich eine undankbare Rolle spielen«, sagte Talleyrand, zwei oder drei Tage bevor er Paris verließ, zu Pasquier: Étienne-Denis de Pasquier, *Histoire de mon temps: mémoires du chancelier Pasquier* (1893–1894), Bd. III, S. 69. Die Probleme, mit denen Frankreich konfrontiert war: *Memoiren des Fürsten Talleyrand* (1891), Bd. II, S. 157, dort auch der Ausdruck »überaus schwieriges Unternehmen«. Siehe auch das Fazit des Botschaftsattachés La Besnardière über den Kongress, in dem er die »völlige Vereinsamung« der französischen Gesandtschaft anspricht, *TLB*, S. 380 ff. Viele Diplomaten in Wien stimmten mit seiner Analyse überein, so z. B.: Baron Méneval, *Memoirs [Mémoires]*, Bd. III, S. 384. Die Beschreibung von Talleyrands Hintergrund stützt sich auf die Biografien von Emmanuel de Waresquiel, Georges Lacour-Gayet, Emile Dard, J. F. Bernard, Jean Orieux, Duff Cooper, Crane Brinton und Louis Madelin. Talleyrand und der Kauf von Louisiana: Dallas (1997), S. 113. Die Äußerung über sein Konversationstalent machte Germaine de Staël, zit. in: Bernard, *Talleyrand: Diplomat, Günstling Opportunist* (1979), S. 107, und Jean Orieux, *Talleyrand: The Art of Survival [Talleyrand ou le Sphinx incompris/Talleyrand. Die unverstandene Sphinx]* (1974), S. 159. Über Talleyrands Verhalten heißt es bei Anna Potocka, er habe »völlig übersättigt und von allem gelangweilt« ausgesehen: Potocka (1900), S. 79. Zu den Gefahren des napoleonischen Systems im Widerspruch zu den geltenden völkerrechtlichen Vereinbarungen: *TLB*, S. 391 ff. Talleyrands Bruch mit Napoleon wird oft auf das Jahr 1805 datiert, was freilich umstritten ist. Eine mit unsichtbarer Tinte geschriebene, verschlüsselte Botschaft mit dem Rat, sofort zu handeln: Autobiografie von Nesselrode in: Nesselrode, *Lettres et papiers du chancelier comte de Nesselrode, 1760 – 1850,* Bd. II, S. 113, sowie Baron de Vitrolles, *Mémoires et relations politiques* (1884), Bd. I, S. 66 ff., und Chateaubriand, *Mémoires d'outre-tombe* (1951), Bd. I, S. 854 f. Dalberg, der in Wien zu Talleyrand stieß, hatte bei der Aktion eine wichtige Rolle gespielt. Sie wird von seinem Nachkommen Lord Acton (oder Dalberg-Acton) diskutiert in: »Essay on the Mémoires of Talleyrand«, in: John Emerich Edward Dalberg-Acton, *Historical Essays and Studies* (1926), S. 412. Metternich über Talleyrand als »scharfschneidiges Werkzeug«: J. F. Bernard (1979), S. 206.

**Kapitel 3: Erlauchte Gäste**

Das Motiv der »Könige in Ferien« taucht in mehreren Varianten auf, z. B. in: Auguste de La Garde-Chambonas, *Gemälde des Wiener Kongresses 1814 – 1815* (1912), S. 182, oder in: Alexandrine du Montet, *Souvenirs 1785 – 1866 [Die Erinnerungen der Baronin du Montet]* (1904), S. 112 und 115. Dass der Brand Moskaus auch die Seele Zar Alexanders entfacht habe: Carolly Erickson, *Our Tempestuous Day: A History of Regency England* (1986), S. 118. Die Kanonenschüsse am frühen Morgen: Henrich Graf zu Stolberg-Wernigerode, *Tagebuch über meinen Aufenthalt in Wien zur Zeit des Congresses* (2004), S. 28; und Metternichs Kommentar dazu: Dorothy Guis McGuigan, *Metternich, Napoleon und die Herzogin von Sagan* (1979), S. 323. Sein Brief an die Herzogin, *MSB,* 25. September 1814, S. 265.

Die Darstellung der Ankunft des Zaren in Wien stützt sich auf Hagers Bericht an den Kaiser, 25. – 26. September 1814, *DCV,* Bd. I, Nr. 124; und auf den Rapport von Agent Siber, 27. September 1814, Bd. I, Nr. 155. Beschreibung der Zuschauermenge: du Montet (1904), S. 112; der Zug mit Alexander: La Garde-Chambonas (1912), Bd. I, S. 18. Beides wird auch in der *Wiener Zeitung* vom 26. September 1814 beschrieben. Erscheinungsbild des Zaren und des preußischen Königs u. a. in: Lulu Thürheim, *Mein Leben: Erinnerungen aus Österreichs großer Welt 1788 – 1819* (1913), Bd. II, S. 92 – 97; Jean-Gabriel Eynard, *Tagebuch* (1923), Anhang, S. 220 – 223; und Gräfin Bernstorff, *Ein Bild aus der Zeit von 1789 – 1835* (1896), Bd. I, S. 154. Das Arrangement der Reiter: *Aus dem Tagebuche Erzherzog Johanns von Oesterreich 1810 – 1815,* hg. v. Franz Xaver von Krones (1891), 25. September 1814, S. 172; Niels Rosenkrantz' Tagebucheintrag am selben Tag in: *Journal du Congrès de Vienne 1814 – 1815* (1953), S. 27; und Perth (1981), S. 38 f. »In perfekter Ordnung …«: Agent Siber, 27. September 1814, *DCV,* Bd. I, Nr. 155. Das gemeinsame Frühstück der Majestäten: Hardenberg, *Tagebücher und autobiographische Aufzeichnungen,* hg. v. Thomas Stamm-Kuhlmann (2000), S. 797 f. Ein lebhafter erster Abend: Gentz, *Tagebücher,* 25. September 1814 (1873), Bd. I, S. 310.

Thomas Jefferson über Alexander: Alan Palmer, *Alexander I.: Gegenspieler Napoleons* (1982), S. 10. Seine Erziehung schloss sogar das unantastbare Widerstandsrecht gegen Tyrannen (Tyrannenmorddiskussion) mit ein: *Correspondance de Frédéric-César La Harpe et Alexander 1er,* hg. v. Jean-Charles Biaudet und Françoise Nicod (1978/79), Bd. II, S. 14. Was für eine Art von Beziehung der Zar zu seiner Schwester hatte, ist umstritten, Sir Charles Webster jedenfalls vertritt die Ansicht, dass die Briefe Alexanders »mehr als nur die Zärtlichkeit eines Bruders atmen«, C. K. Webster, *The Foreign*

*Policy of Castlereagh 1812–1815: Britain and the Reconstruction of Europe* (1931), S. 288. Der Briefwechsel zwischen dem Zaren und seiner Schwester (mit Bemerkungen zum Wiener Kongress) ist teilweise abgedruckt in dem faszinierenden Werk des Großfürsten Nikolai Michailowitsch Romanow, *Correspondance de l'empereur Alexandre Ier avec sa sœur la grande-duchesse Catherine, princesse d'Oldenbourg, puis reine de Wurtemberg* (1910) (*Scenes of Russian Court Life: Being the Correspondence of Alexander I with his Sister Catherine,* undatiert, aber vor 1917). Die Beziehungen zwischen Alexander und Elisabeth werden u.a. behandelt in den Memoiren ihrer Kammerzofe: Roxandra Edling, *Mémoires* (1888), S. 33ff. Alexander nahm an der Affäre zwischen Elisabeth und Czartoryski keinen Anstoß: Henri Troyat, *Alexander of Russia: Napoleon's Conqueror [Alexandre premier],* übs. v. Joan Pinkham (1982), S. 43f. Auch seine Einstellung zu Czartoryski wurde dadurch nicht negativ beeinflusst: Webster (1931), S. 334, und Marian Kukiel, *Czartoryski and European Unity 1770–1861* (1955), S. 22. Mehr über Czartoryski in: W.H. Zawadzki, *A Man of Honour: Adam Czartoryski as a Statesman of Russia and Poland, 1795–1831* (1993), und Patricia Kennedy Grimsted, *The Foreign Ministers of Alexander I: Political Attitudes and the Conduct of Russian Diplomacy, 1801–1825* (1969), S. 110–113, 147–150 und 221–224.

Erste Eindrücke über die Position des Zaren zur Polenfrage in: Georg Herbert zu Münster, *Political Sketches of the State of Europe, 1814–1867: Containing Count Ernst Münster's Despatches to the Prince Regent from the Congress of Vienna [Politische Skizzen über die Lage Europas vom Wiener Congreß bis zur Gegenwart (1815–1867) nebst den Depeschen des Grafen Ernst Friedrich Herbert zu Münster über den Wiener Congreß]* (1868), S. 187; und zur Zusammenarbeit mit Preußen: *Aus dem Tagebuche Erzherzog Johanns von Oesterreich, 1810–1815*, hg. v. Franz Xaver von Krones (1891), Eintrag vom 23. September 1814, S. 170. Castlereagh bekam durch den britischen Botschafter in Sankt Petersburg eine gewisse Vorstellung von den Absichten des Zaren in Bezug auf Polen vermittelt: Lord Walpole an Castlereagh, 9. August 1814, *CC,* Bd. X, S. 83, und der Zar war vorbereitet auf den Widerstand und die zu erwartende Kooperation zwischen Metternich und Castlereagh: *La Harpe et Alexander 1er* (1978–1979), Bd. II, La Harpe an Alexander, 10. August 1814, Nr. 257, S. 566f. La Harpe riet dem Zaren, so zu tun, als wisse er nichts von der Intrige. Mehr über Polen: *Annexe I* zu La Harpe an Alexander, 26. September 1814, Bd. II, Nr. 259, S. 576f. Über das polnische Risiko berichtete Gentz an Karadja in: *Dépêches inédites du chevalier de Gentz aux hospodars de Valachie pour servir à l'histoire de la politique européenne (1813–1828)*, hg. v. Le Comte Prokesch-Osten (1876), Bd. I, S. 93f. Hintergrundinformationen über die Ansichten des Zaren zur Polenfrage gibt Czartoryski in: *Memoirs of Prince Adam Czartoryski and His Correspondence with Alexander [Mémoires],* hg. v. Adam Gielgud (1968), Bd. II, z.B. S. 11, 53, 165ff., 191ff. und 201ff. Zusammenfassung der Polenfrage von *La Besnardière* im Mai 1815: *TLB,* S. 380f.

Metternich, »Man möchte nicht glauben …«: Desmond Seward, *Metternich: The First European* (1991), S. 194. Beschreibung der Menschen in Metternichs Wartezimmer: Metternich an die Herzogin von Sagan, 19. September 1814, *MSB,* S. 263f. Gentz fielen die vielen Wartenden an jenem Morgen ebenfalls auf: *Tagebücher,* 19. September 1814 (1873), S. 307. Die Innenarchitektur von Metternichs Büroräumen: Pflaum,

*By Influence and Desire: The True Story of Three Extraordinary Women – the Grand Duchess of Courland and Her Daughters* (1984), S. 204, und die in jenem Sommer gekauften Möbel: McGuigan, *Metternich, Napoleon und die Herzogin von Sagan* (1979), S. 288. Manchmal wird behauptet, Metternich sei nie zum Präsidenten des Wiener Kongresses ernannt worden, dies ist jedoch anders verzeichnet im Protokoll der Konferenz der Acht am 30. Oktober: HHSA, St. K., Kongressakten, Kart. 2.

Hardenberg kam am 17. September in Wien an und nicht, wie manchmal behauptet, am 15. (als er noch in Prag weilte), *Tagebücher* (2000), 17. September 1814, S. 796. Dass Hardenberg Metternich als den »Unsichtbaren« bezeichnete, stammt aus Helen du Coudray, *Metternich* (1936), S. 119. Über die Vertreter des Malteserordens: Angeberg, *Le Congrès de Vienne et les traités de 1815* (1864), Bd. II, S. 264, und ihre Eingabe an jenem Tag: Klüber (1815–1835), Bd. I, S. 85; weitere Informationen über ihre damaligen Anstrengungen finden sich in einem abgefangenen Brief vom 14. September 1814, *DCV,* Bd. I, Nr. 98. Ihre missliche Lage wird ferner deutlich in der Geschichte des Ordens: Henry J. A. Sire, *The Knights of Malta* (1994), ebenso ihre Hoffnungen in den Kongress in: Marquis de Labrador, *Mélanges sur la vie privée et publique* (1849), S. 37 ff. Der Wunsch nach einer Restauration des Heiligen Römischen Reichs: Gentz an Karadja, 27. September 1814 (1876), S. 102 f.; weitere gute Quellen zu dieser Frage sind das *Tagebuch* des Freiherrn vom Stein in: *Briefe und amtliche Schriften* (1957–1974), Bd. V, und zahlreiche Polizeiberichte, z. B. der Überwachungsbericht Sibers an Hager vom 20. September 1814, *DCV,* Bd. I, Nr. 109. Im Lauf der Zeit wuchsen die Hoffnungen, insbesondere nach der Erhebung des Kurfürstentums Hannover zum Königreich und dann erneut im März nach Napoleons Flucht von Elba. Vier bis sechs höllische Wochen: Kraehe, *Metternich's German Policy* (1963–1983), Bd. II, S. 124.

Der Bericht über die Herzogin von Sagan stützt sich auf mehrere Quellen: Am wichtigsten sind die hervorragende Studie: Dorothy Guis McGuigan, *Metternich, Napoleon und die Herzogin von Sagan* (1979), und der Briefwechsel selbst in: *MSB.* Wie sich Metternich in jener Zeit der Krise der Herzogin zuwandte, ist gut geschildert in McGuigan (1979), S. 54. Dort auch Sagans Hintergrund einschließlich ihrer Finanzierung des Privatlazaretts (S. 154 f.), und ihres Einsatzes als Hebamme (S. 177). Metternichs erster Liebesbrief: Metternich an die Herzogin von Sagan, 12. Juli 1813, *MSB, S.* 23, dort allerdings falsch datiert auf den 12. Juni, wie McGuigan in Anm. 36, S. 473, nachweist. Der hier zit. Briefwechsel zwischen Metternich und Sagan stützt sich auf McGuigans Übersetzung, S. 111. »Ich weiß nicht, wie ich Sie liebe ...«: Herzogin von Sagan an Metternich, 8. September 1813, *MSB*, S. 58, und McGuigan (1979), S. 143. »Plötzlich ... versetzt« und »... trunken gemacht«: ebenfalls in diesem Brief. Beschreibung von Sagans Salon: Pflaum (1984), S. 165. Ihre Äußerung, sie ruiniere sich durch Ehemänner, die sie gegenüber Comtesse Fuchs machte: Agent ** an Hager, 19. November 1814, *DCV,* Bd. I, Nr. 818. Beschreibung der Fürstin Bagration: La Garde-Chambonas (1912), S. 159 ff.; mehr zu ihrem Hintergrund in: Louis Hastier, »Les Bagration«, in: *Vieilles histoires, étranges énigmes,* sixième série (1962). Die Fürstin Bagration als schön, konkurrenzorientiert und als halbe Wienerin: Karl August Varnhagen von Ense, *Denkwürdigkeiten des eignen Lebens* (1987), Bd. II, S. 573. Der

Vergleich mit den Bienenköniginnen stammt aus: Raoul Auernheimer, *Prince Metternich: Statesman and Lover [Metternich: Staatsmann und Kavalier]* (1940), S. 141. Hagers Spione füllten ein ganzes Dossier mit der Rivalität zwischen Bagration und Sagan, siehe z. B.: 2. Oktober 1814, *DCV,* Bd. I, Nr. 232, einschließlich Anhang II, S. 809 ff. (Bagration), und Anhang XIII, S. 811 f. (Sagan). »Kleopatra von Kurland«: Agent Nota, 2. Oktober 1814, *DCV,* Bd. I, Nr. 232. Ein weiterer Spitzname von Bagration war »russische Andromeda«.

**Kapitel 4: Dorothea: ein Glücksgriff**

Castlereaghs Ankunft in Wien: Castlereagh an Liverpool, 24. September 1814, *BD,* Nr. CIX, S. 193, bestätigt durch: Gentz, *Tagebücher,* 14. September 1814, S. 305. Graf Münsters Depesche vom 17. September in: *Political Sketches of the State of Europe, 1814 – 1867: Containing Count Ernst Münster's Despatches to the Prince Regent from the Congress of Vienna [Politische Skizzen über die Lage Europas vom Wiener Congreß bis zur Gegenwart (1815 – 1867) nebst den Depeschen des Grafen Ernst Friedrich Herbert zu Münster über den Wiener Congreß]* (1868), S. 185, und in der Ausgabe der *Wiener Zeitung* vom 15. September. Die Informationen über seine Kleidung und sein Auftreten stammen aus: *The Private Letters of Princess Lieven to Prince Metternich, 1820 – 1826 [Vertrauliche Briefe der Fürstin Lieven],* hg. v. Peter Quennell und Dilys Powell (1938), S. 12. Viele andere Quellen in Wien sahen es bald genauso, z. B.: Jean-Gabriel Eynard, *Tagebuch* (1923), 8. Oktober 1814, S. 29 f., Pictet de Rochemont, *Biographie, travaux et correspondance diplomatique* (Genf 1892), S. 168 f., und Roxandra Edling, *Mémoires* (1888), S. 179.

In einigen Berichten über den Kongress heißt es, Castlereagh habe in der Straße Zum Auge Gottes gewohnt, in Wirklichkeit jedoch hieß so das Gebäude in der heutigen Milchgasse, in dem sich heute eine Bank befindet. Mozarts frühere Bleibe und was er dort komponierte: Volkmar Braunbehrens, *Mozart in Wien* (1986), S. 58 und 69 f. Es ist nicht klar, ob Mozart die genannten Werke dort vollendete; es wird auch die Ansicht vertreten, er sei in eine Wohnung gezogen, die Fanny von Arnstein gehörte, und habe dort bis zu seiner Eheschließung gelebt: Hilde Spiel, *Fanny von Arnstein oder die Emanzipation. Ein Frauenleben an der Zeitenwende 1758 – 1818* (1962), S. 119. Die Glasharmonika wird erwähnt in: Harold Nicholson, *The Congress of Vienna: A Study in Allied Unity, 1812 – 1822* (1946), S. 127. Castlereaghs Umzug und das Haus am Minoritenplatz: 27. September 1814, *DCV,* Bd. I, Nr. 158. Die Adresse wird genannt in: *GE,* S. 5. Die englische Delegation war auf zahlreiche Adressen verteilt, u. a. auf den Gondelhof, die Mölker Bastei, den Judenplatz und Am Hof, und zusätzlich auf die Hotels »Römischer Kaiser«, »Zur Kaiserin von Österreich« und »Ungarische Krone«. Castlereagh, Cooke, Planta und einige andere logierten am Minoritenplatz, wo sich heute das Haus-, Hof- und Staatsarchiv befindet, in dem viele Dokumente über den Wiener Kongress eingesehen werden können.

Castlereaghs damalige Ziele werden analysiert in: C. K. Webster, *The Foreign Policy of Castlereagh, 1812 – 1815: Britain and the Reconstruction of Europe* (1931), S. 328, und Edward Vose Gulick, *Europe's Classical Balance of Power: A Case History of the Theory and Practice of One of the Great Concepts of European Statecraft* (1955), S. 205 – 211.

Castlereagh bezeichnete ein »gerechtes Gleichgewicht« als sein »wichtigstes Ziel« in: Castlereagh an Liverpool, 11. November 1814, *BD,* Nr. CXXVIII, S. 232. Die Instruktionen, die er für seinen ersten Besuch auf dem europäischen Festland Anfang 1814 bekam, finden sich in: *BD,* Nr. LXX, S. 123 – 126, und ebd. in: »Memorandum on the Maritime Peace«, S. 126 ff.

Die hohe Priorität, die die Niederlande für die Briten hatten, lässt sich aus vielen Berichten der damaligen Zeit ablesen, so etwa Wellingtons Einschätzung der Region in einem Brief an Bathurst vom 22. September 1814, S. 563, und in seinem »Memorandum on the defense of the frontier of the Netherlands« vom selben Tag, S. 564 – 567. Siehe auch: G.J. Renier, *Great Britain and the Establishment of the Kingdom of the Netherlands: A Study in British Foreign Policy* (1930), S. 273 – 276. Dass laut Castlereagh Antwerpen nicht in französische Hände fallen durfte: Castlereagh an Aberdeen, 13. November 1813, *BD,* Nr. LXIII, S. 112, und *CC,* Bd. IX, S. 73. Siehe auch einen entschlüsselten, aber undatierten Geheimdienstbericht, *DCV,* Bd. I, Nr. 524. Das Bild der »geladenen Pistole« stammt aus: Lockhart, *The Peacemakers, 1814 – 1815* (1934), S. 254. Das Friedensabkommen wurde in Paris ausgearbeitet und in London bestätigt am 13. August 1814: Angeberg (1864), Bd. I, S. 209 – 213. Die belgische Abneigung gegen eine niederländische Herrschaft war damals schon bekannt: Fouché an Talleyrand, 25. September 1814, Anhang, S. 587.

Castlereagh »stur wie ein Maultier«: Prinzessin Therese an Amalie von Sachsen, 26. Januar 1815, *GPWK,* S. 371. Castlereaghs Rolle beim Aufbau des britischen diplomatischen Diensts: Webster (1931), S. 44 – 48. Zum Personal der britischen Delegation in Wien: ebd., S. 329 f., und Harold Nicholson, *The Congress of Vienna: A Study in Allied Unity, 1812 – 1822* (1946), S. 129 f. Charles Stewart kam später nach Wien, wie in der *Wiener Zeitung* vom 8. Oktober 1814 vermerkt wurde. Über seinen Einfluss auf Castlereagh berichten viele Quellen, z. B.: John Wilson Croker, *The Croker Papers: The Correspondence and Diaries of the Late Right Honourable John Wilson Croker* (1884), Bd. I, S. 347. Über Stewart: Hilde Spiel, *Der Wiener Kongress in Augenzeugenberichten* (1965), S. 284 – 288. »Ein insolenter Engländer, der alles mit Füßen zu treten scheint«: Karl von Nostitz, 15. Januar 1815, *Leben und Briefwechsel* (1848), S. 148. Der Spitzname »Lord Pumpernickel« wird z. B. erwähnt in einem Rapport von Agent ** vom 8. Dezember 1814, in: *GPWK, S.* 305. Er ist abgeleitet von der beliebten Komödie *Rochus Pumpernickel,* die in jenem Herbst und sporadisch bis Anfang Juni 1815 im Theater an der Wien gegeben wurde.

Talleyrands Höflichkeitsbesuche: *Memoiren des Fürsten Talleyrand* (1891), Bd. II (1891), S. 235, und: Talleyrand an Ludwig XVIII., 29. September 1814, *TLB,* S. 4 ff.; die Wendung »bessere Beine …«: 25. September 1814, *TLI,* S. 35. Vom französischen König verliehener neuer Titel: Georges Lacour-Gayet, *Talleyrand, 1754 – 1838,* Bd. II (1930), S. 429. Mehr über die Probleme der französischen Gesandtschaft: siehe Anmerkungen zu Kapitel 2. Talleyrands Instruktionen: Angeberg, *Le Congrès de Vienne et les traités de 1815* (1864), Bd. I, S. 215 – 238, und in: *Memoiren des Fürsten Talleyrand* (1891), Bd. II, S. 164 – 199. Positiv bewertet werden die Instruktionen in: Lacour-Gayet (1930), Bd. II, S. 425, und vom Diplomatiehistoriker Duff Cooper in: *Talleyrand: A Biography* (1932), S. 240 f. Talleyrands Auswahl seines Stabs einschließlich der

Berater Challeye, Perrey und M. de Formond: *Memoiren des Fürsten Talleyrand* (1891), Bd. II, S. 158 f., und Lacour-Gayet (1930), Bd. II, S. 427 f.; weitere Mitglieder wie La Martinière, Rouen und Jean-Baptiste Bresson sind erwähnt in: Emmanuel de Waresquiel, *Talleyrand: le prince immobile* (2003), S. 476 ff. und 708. Die Entscheidung für la Tour du Pin: Pozzo di Borgo an Graf Nesselrode, 24. Juni bis 6. Juli 1814, *Correspondance diplomatique du comte Pozzo di Borgo, ambassadeur de Russie en France et du comte du Nesselrode depuis la restauration des Bourbons jusqu'au Congrès d'Aix-la-Chapelle, 1814–1818*, Comte Charles Pozzo di Borgo (1890), S. 22, und natürlich in: *Mémoires de la marquise de la Tour du Pin. Journal d'une femme de cinquante ans* (1989/2002). Zu Dalbergs Charakter siehe auch Méneval, *Baron Claude-François de Méneval's Memoirs Illustrating the History of Napoleon I from 1802 to 1815 [Mémoires pour servir à l'histoire de Napoléon Ier: depuis 1802 jusqu'à 1815/Geschichtliche Erinnerungen des Barons Meneval]*, hg. v. Baron Napoléon-Joseph de Méneval (1894), Bd. III, S. 182, und Nesselrode an Pozzo di Borgo (1890), 24. September 1814, S. 77. Dass Dalberg ein begabter Mann mit breiter Bildung, aber frivol sei: Rapport an Hager, 27. September 1814, *DCV*, Bd. I, Nr. 187; als oberster Spitzel: Rapport an Hager, 27. September 1814, *DCV*, Bd. I, Nr. 188. Dass er hervorragende Arbeit leistete, wurde von vielen festgestellt, u. a. von: Varnhagen von Ense, *Denkwürdigkeiten des eignen Lebens* (1987), Bd. II, S. 626. Seine Rolle beim Schreiben von Talleyrands Briefen wurde bereits vermutet in: Méneval (1894), Bd. III, S. 378. Alexis de Noailles' Ansichten waren wohlbekannt, und er wird natürlich gelobt in: Baronne du Montet, *Souvenirs 1785–1866 [Die Erinnerungen der Baronin du Montet]* (1904), S. 138. Noailles sei »für einen Gesandten noch zu jung«, schrieb Eynard in seinem *Tagebuch:* 7. November 1814, S. 81. Keiner der drei Bevollmächtigten werde Talleyrand »im Weg stehen«, glaubte Pasquier (1893–1894), Bd. III, S. 76.

Die Darstellung von Dorotheas Hintergrund einschließlich ihrer Jugend, der Beziehung zu ihren Schwestern und ihrer Bildung stützt sich auf ihr eigenes Buch, Dorothée de Talleyrand-Périgord, *Souvenirs de la duchesse de Dino* (1900), S. 127–140, und auf die Studie von Philip Ziegler, *Die Herzogin von Dino: Talleyrands letzte Vertraute* (1965), S. 19 f. und 30 f. Dass Batowski ihr Vater gewesen sei, schreibt Gaston Palewski in seiner Einleitung zu *TLI*, S. 12 f., Ziegler hält das ebenfalls für wahrscheinlich: Ziegler (1965), S. 10. Die Czartoryski-Episode einschließlich der bewussten Irreführung Dorotheas stützt sich auf: Pflaum (1984), S. 79–101, und Ziegler (1965), S. 42–65, dass die Episode in Czartoryskis Memoiren nicht erwähnt wird, ist keine Überraschung. Dorothea erzählt die Geschichte auch selbst in *Souvenirs* (1900), S. 159–165, 201 ff. und 224–253. »Klein, mager, von gelblicher Gesichtsfarbe ...«: Ziegler (1965), S. 20. Edmond als Ehemann: Ziegler (1965), S. 48 f.; Bernard (1979), 309 f.; und Orieux, *Talleyrand. Die unverstandene Sphinx* (1972), S. 427–438. Der Tod von Dorotheas Tochter und ihr Engagement als Gastgeberin in Wien: Ziegler (1965), S. 104–111, und Bernardy (1966), S. 104–107; dass Talleyrand um ihre Gesundheit besorgt war, taucht in mehreren Briefen auf, so z. B. in einem Brief an die Herzogin von Kurland vom 10. Mai 1814, *Talleyrand intime, d'après sa correspondance inédite avec la duchesse de Courlande* (1891), S. 247 f. Talleyrands Ansichten über Dorothea sind in seinen Erinnerungen enthalten: *Mémoires* (1891), Bd. II, S. 208.

**Kapitel 5: Die Großen Vier**

Eindrücke vom Wiener Stadtleben (Schausteller) z. B. in: Carl Bertuch, *Tagebuch vom Wiener Kongress* (1916). Das »optisch-mechanische Theater«: Matthias Franz Perth, 5. September 1814, *Wiener Kongresstagebuch, 1814 – 1815* (1981), S. 33, weitere Attraktionen: Stolberg-Wernigerode, 9. Oktober 1814, *Tagebuch über meinen Aufenthalt in Wien zur Zeit des Congresses* (2004), S. 54. »Schatten, die dafür sorgen ...«: Cadet de Gassicourt, in: Gaston Palewski (Hg.), *TLI*, S. 164. Geschäfte: Richard Bright, *Travels from Vienna through Lower Hungary with Some Remarks on the State of Vienna During the Congress in the Year 1814* (1818), S. 5, und die Reaktion von Castlereaghs Frau: McGuigan, *Metternich, Napoleon und die Herzogin von Sagan* (1979), S. 320.

Alle beschwerten sich über die Mietpreise, so z. B.: San Marzano aus Piemont, 10. Oktober 1814, *Diario*, S. lviii; Eynard fand die Preise schlimmer als in Paris: Eynard, *Tagebuch*, 5. Oktober 1814, S. 25. »Kein Loch für vieles Geld«: Brief Wilhelm von Humboldts an seine Frau, 10. August 1814, in: Sydow (Hg.), *Wilhelm und Caroline von Humboldt in ihren Briefen*, Bd. IV, S. 373. Die Wohnungsknappheit in Wien war berüchtigt; sie war schon beim ersten Zensus ein Problem: John P. Spielman, *The City and the Crown: Vienna and the Imperial Court, 1600 – 1740* (1993), S. 31 f. Dass die Preise für Güter des täglichen Bedarfs stiegen, wurde von vielen registriert, so z. B. von Perth, 1. September 1814, *Wiener Kongresstagebuch, 1814 – 1815* (1981), S. 32. »Ohne Fuhrlohn ...«, »... viel Hosen z'waschen« und die Kongresssemmel: Hilde Spiel, *Der Wiener Kongress in Augenzeugenberichten* (1965), S. 128. Mitglieder des Hauses Reuß kommen in verschiedenen Memoiren vor, so z. B. denen des Neffen von Heinrich LII.: Henrich Graf zu Stolberg-Wernigerode, *Tagebuch über meinen Aufenthalt in Wien zur Zeit des Congresses* (2004). Die Familientradition, alle Söhne »Heinrich« zu nennen: Jerome Blum, *In the Beginning: The Advent of the Modern Age: Europe in the 1840s* (1994), S. 273 f. Die Zitate »Allenthalben, wo ein Gerüst gezimmert ...« und »für die Livree ...« stammen aus: Friedrich Anton von Schönholz, *Traditionen zur Charakteristik Österreichs, seines Staats- und Volkslebens unter Franz I.* (1914), Bd. II, S. 68, zit. in: Hilde Spiel (1965), S. 121 f. In einem Brief an Wilhelm Grimm berichtete Jacob, dass er so oft wie möglich die Bibliothek besuchte und verschiedene literarische Projekte verfolgte: *Briefwechsel zwischen Jacob und Wilhelm Grimm aus der Jugendzeit* (1963), 21. Oktober 1814, S. 360. Lignes Aussage, nicht für 100 000 Gulden wäre er dem Kongress ferngeblieben: Philip Mansel, *Der Prinz Europas: Prince Charles-Joseph de Ligne, 1735 – 1814* (2006), S. 357.

Zur Entstehungsgeschichte der Polizei und ihrer Rolle bei den Reformen Josephs II.: Fournier, *Die Geheimpolizei auf dem Wiener Kongress* (1913), S. xviii; Weil, *Les dessous du Congrès de Vienne* (1917), S. xvii ff. Meine Darstellung stützt sich außerdem auf August Fourniers Überblick in: *GPWK* (S. 1 – 90), sowie auf die Monografie von Donald Eugene Emerson, *Metternich and the Political Police: Security and Subversion in the Hapsburg Monarchy* (1815 – 1830), und auf Paul P. Bernards Studie über Hagers Vorgänger: *From the Enlightenment to the Police State: The Public Life of Johann Anton Pergen* (1991). Die Rolle Franz' I. bei der Verstärkung des Geheimdienstes, dessen Spione »Tag und Nacht« arbeiteten: *DCV*, Bd. I, S. xxii; der Ausbau der Dienste, ebd., Nr. 13, und die Aufstockung des Budgets: Dallas, *The Final Act: The Roads to*

*Waterloo* (1997), S. 147. Welche Personen tendenziell eingestellt wurden: Hager an von Leurs, 1. Juli, *DCV,* Bd. I, Nr. 15. Zusätzliche Informationen über die Struktur und die Aufgaben der Polizei finden sich in den Anhängen der oben zit. Polizeiberichte.

Verschwörung zur Ermordung des Kaisers: Dorothy Guis McGuigan, *Metternich, Napoleon und die Herzogin von Sagan* (1979), S. 316. Angst vor italienischen Geheimgesellschaften, die das Ziel hatten, die Österreicher aus Italien zu vertreiben, ähnlich wie deutsche Geheimgesellschaften, die Franzosen aus Deutschland vertreiben wollten: Agent Nota an Hager, 17. Oktober 1814, *GPWK,* S. 188 f., eine Information, die im selben Rapport in *DCV,* Bd. I, Nr. 413, nicht erscheint. Instruktionen des Polizeichefs: Hager an Siber, 29. August 1814, *DCV,* Bd. I, Nr. 77, Hager an Agent **, 24. September 1814, Nr. 125. Siehe auch: Hager an Siber, 1. Juli 1814, Nr. 13. Eine Geheimtreppe, deren Existenz bereits vermutet worden war, wird z. B. erwähnt in: N N an Hager, 29. September 1814, Nr. 186, und Schmidt, 1. Oktober 1814, Nr. 222.

Protokoll zum Treffen am 22. September 1814, in: Angeberg, *Le Congrès de Vienne et les traités de 1815* (1864), Bd. I, S. 249 ff. Aufschlussreiche Darstellungen dieser ersten langwierigen Sitzungen in: Enno E. Kraehe, *Metternich's German Policy,* Bd. II (1963 – 1983), S. 123 ff.; C. K. Webster, *The Foreign Policy of Castlereagh, 1812 – 1815: Britain and the Reconstruction of Europe* (1931), S. 337 f.; Guglielmo Ferrero, *The Reconstruction of Europe: Talleyrand and the Congress of Vienna, 1814* – 1815 [*Reconstruction. Talleyrand à Vienne. 1814 – 1815*], übs. v. Theodore R. Jaeckel (1941), S. 144 ff., und Gregor Dallas (1997), S. 171 f. Hier wird der Unterschied zwischen Castlereaghs »offener Kongressdiplomatie« und Metternichs »geschlossener Kabinettsdiplomatie« deutlich. Nicolson, *The Congress of Vienna: A Study in Allied Unity, 1812 – 1822 [Der Wiener Kongress oder Über die Einigkeit unter Verbündeten: 1812 – 1822]* (1946), bietet interessante Beobachtungen (S. 133 – 140), enthält allerdings auch einige Fehler. »Binnen zwey Monathen sollen alle, von einer und der andern Seite in dem gegenwärtigen Kriege begriffene Mächte, Bevollmächtigte nach Wien schicken, um auf einem allgemeinen Congreß die Maßregeln, welche die Dispositionen des gegenwärtigen Tractates vervollständigen sollen, festzusetzen«: Erster Pariser Frieden, Vertrag vom 30. Mai 1814, http://www.staatsvertraege.de/Frieden1814-15/1pfv1814-i.htm, und: *Memoiren des Fürsten Talleyrand* (1891), Bd. II (1891), S. 132 – 147; Einzelverträge zwischen den beteiligten Nationen: S. 148 – 153. Einwände gegen die Eröffnung des Kongresses: Gentz an Karadja, *Dépêches inédites,* 6. Oktober 1814, S. 109. Metternich vermied es von da an, den Begriff Kongress zu benutzen: Kraehe, Bd. II (1963 – 1983), S. 125. »Beratende Versammlung Europas«: Paul Sweet, *Wilhelm von Humboldt: A Biography,* Bd. II (1980), S. 179, und »Der Ausschuss ist der Kern des Kongresses …«, ebd., S. 180. Talleyrand über die geheimen Sitzungen: *Memoiren des Fürsten Talleyrand* (1891), Bd. II (1891), S. 212 f.; siehe auch: *TLB,* S. 380. Castlereagh an Liverpool, 24. September 1814, *BD,* Nr. CIX, S. 193 ff. Die erste Konferenz dauerte fünf Stunden: Metternich an die Herzogin von Sagan, 19. September 1814, *MSB,* S. 264, und Binder im Anhang 5 von Griewank, *Der Wiener Kongress und die Neuordnung Europas, 1814/15* (1942), S. 311. Binder nahm zu diesem Zeitpunkt noch häufiger an den Sitzungen teil als Gentz; seine nicht publizierten Memoiren befinden sich im: HHSA, St.K., Kongressakten, Kart. 16.

Nesselrodes Karriere in der Flotte dank einer Ernennung durch Katharina kurz vor ihrem Tod im Jahr 1796: Nesselrode, *Autobiographie du Comte Charles-Robert de Nesselrode,* in: *Lettres et papiers du chancelier comte de Nesselrode, 1760–1850* (1904–1912), Bd. II, S. 21. Erfolge der französischen Intrige: Agent ** an Hager, 2. Oktober 1814, *DCV,* Bd. I, Nr. 229. Dass Talleyrand nicht, wie von vielen erwartet, mit »offenerem Widerstand« reagierte: Nesselrode an Pozzo di Borgo, 27. September 1814, *Correspondance diplomatique du comte Pozzo di Borgo, ambassadeur de Russie en France et du comte du Nesselrode depuis la restauration des Bourbons jusqu'au Congrès d'Aix-la-Chapelle, 1814–1818* (1890), S. 81 f., zusammen mit weiteren Aussagen über Talleyrands vermutliche Bereitschaft, in jenem Sommer zu kooperieren, in Pozzo di Borgos Briefen an Nesselrode, III und XXIV. »Dass dieser Kongress kein Kongress sei …«: Metternich laut Talleyrand in: »Die Gesandten des Königs auf dem Kongress an den Minister der auswärtigen Angelegenheiten in Paris«, 6. November 1814, in: *Memoiren des Fürsten Talleyrand* (1891), Bd. II, S. 331. Gentz über die mit Bangen erwartete Teilnahme Talleyrands am Treffen der Großen Vier: 29. September 1814, *DCV,* Bd. I, Nr. 215; Rapport an Hager, 1. Oktober, *DCV,* Bd. I, Nr. 217. Mehr zum Hintergrund der Einladung Talleyrands zum Treffen der Großen Vier, Gentz an Karadja, 27. September 1814, *Dépêches inédites* (1876), Bd. I, S. 97 ff.; Labradors Version: Marquis de Labrador, *Mélanges sur la vie privée et publique* (1849), S. 34 ff. Die Erkenntnis Metternichs und anderer, dass sie sich gegen Talleyrands Einflussnahme zusammenschließen mussten: undatierter Eintrag in Steins Tagebuch vor dem 2. Oktober 1814, *Briefe und amtliche Schriften,* Bd. V (1964), S. 319.

**Kapitel 6: Verhandlungstage und Schicksalsstunden**

Das Motto stammt aus einem Brief Talleyrands an die Herzogin von Kurland, 5. Mai 1814, *Talleyrand intime* (1891), S. 246. Dass er spät aufstand, ist eine bekannte Tatsache, bestätigt nicht zuletzt durch die vielen Besucher in diesen Tagen, die berichteten, er sei bei ihrer Ankunft noch im Bett oder bei seinem Ankleideritual gewesen. Meine Darstellung stützt sich auf Berichte von Augenzeugen, wie z. B. Graf Molé (1924), S. 208, der ihn praktisch jeden Morgen besuchte, und Comte Auguste de La Garde-Chambonas, der während des Kongresses dem Ritual beiwohnte: *Gemälde des Wiener Kongresses 1814–1815* (1912), Bd. II, S. 282 ff. Der Vergleich mit dem Elefantenrüssel findet sich auch bei Charles Comte de Rémusat, *Mémoires de ma vie … présentés et annotés par Charles-H. Pouthas* (1958–1967), Bd. II, S. 271, er wurde 1815 Zeuge des Vorgangs. »Sein […] Körper war bedeckt …«, »ihn zu kämmen …« und »durch die Nase einsog …«: Orieux, *Talleyrand. Die unverstandene Sphinx* (1972), S. 568.

Dass Talleyrand unmittelbar vor dem Kongress eng mit Spanien zusammenarbeitete, vermerkte Pozzo di Borgo in: *Correspondance diplomatique du comte Pozzo di Borgo* (1890), Pozzo di Borgo an Graf Nesselrode, 1./13. Juni 1814, S. 8; die diplomatische Beziehung, fügte er hinzu, sei »unvermeidlich«. Tatsächlich jedoch war sie von Anfang an ziemlich gespannt: Labrador, *Mélanges sur la vie privée et publique* (1849), S. 33. Die beiden hatten sich in Paris kennengelernt, als Talleyrand Außenminister war und Labrador als spanischer Botschafter kurz davor stand, wegen des Konklaves in Venedig, das Papst Pius VII. wählen sollte, nach Italien zu reisen: *Mélanges* (1849),

S. 6 f. Eine klare Einschätzung der französisch-spanischen Beziehung zum damaligen Zeitpunkt findet sich in: Abbé de Pradt, *Congrès de Vienne* (1815), Bd. I, 70 f. Labradors Äußerung, nicht die »Marionetten« spielen zu wollen, stammt aus einem Gespräch, das er bei seiner Ankunft in Wien mit einem Agenten führte: Freddi, 18. September 1814, *DCV,* Bd. I, Nr. 122.

Das Treffen am 30. September fand nicht, wie oft berichtet, in der Staatskanzlei statt, so etwa in: Nicolson, *The Congress of Vienna: A Study in Allied Unity, 1812 – 1822 [Der Wiener Kongress oder Über die Einigkeit unter Verbündeten: 1812 – 1822]* (1946), S. 141, sondern in Metternichs Sommervilla. Siehe dazu HHSA, St.K., Kongressakten, Kart. 2; Talleyrand an Ludwig XVIII., 4. Oktober 1814, in: *Memoiren des Fürsten Talleyrand,* Bd. II (1891), S. 245 – 256, und *TLB,* S. 8 – 21, sowie »Die Gesandten des Königs auf dem Kongress an den Minister der auswärtigen Angelegenheiten in Paris«, 4. Oktober 1814, S. 242 – 245. Gentz' Bewertung der Konferenz: *Dépêches inédites,* 6. Oktober 1814 (1876), Bd. I, S. 108, und: *Tagebücher*, Bd. I, S. 312. Siehe auch: Duff Cooper, *Talleyrand: A Biography* (1932/1986), S. 249 f.; Agent Nota, Rapport an Hager, 2. Oktober 1814, *DCV,* Bd. I, Nr. 231; und einen abgefangenen Brief von Fürst Bellio an den Fürsten der Walachei, 3. Oktober 1814, Nr. 269. Weitere Aspekte des Treffens: Meldung an Hager, 3. Oktober 1814, Nr. 249. Dass Hardenberg bei der Sitzung schwieg und die Anwesenheit Labradors und Talleyrands lediglich mit einer Bemerkung über Talleyrands Hinken quittierte, spricht für sich: *Tagebücher* (2000), 30. September 1814, S. 799.

Der Protestbrief des portugiesischen Vertreters, den Castlereagh verlas: HHSA, St.K., Kongressakten, Kart. 2. Der ausführlich zit. Dialog auf der Sitzung stammt aus dem oben angegebenen Brief Talleyrands an den König, und die Worte »zu unumschränkten Herren über die gesamten Kongressverhandlungen«: *Memoiren des Fürsten Talleyrand,* Bd. II (1891), S. 249. Dass es notwendig gewesen sei, alles zu annullieren, was ohne Frankreich unternommen worden war: *Memoiren des Fürsten Talleyrand,* Bd. II (1891), S. 212. Metternich und Gentz beim Spaziergang im Garten nach der Sitzung: Gentz, *Tagebücher,* Bd. I, 30. September 1814, S. 312; »radikal durcheinandergebracht«, ebd. Das preußische Hauptquartier befand sich am Graben, aber wie andere Delegationen waren auch die Preußen auf mehrere Quartiere verteilt: Johannesgasse, Kärntner Straße, Herrengasse, Freyung, Wollzeile, Hoher Markt, Naglerstraße, Judenplatz und andere Orte. Humboldt logierte in der Münzerstraße 620: *GE,* S. 16 ff., und *SG,* S. 11 f. Humboldts Ankunft in Wien und Analyse des abgefangenen Briefes: Bernstorff an Rosenkrantz, 10. August 1814, *DCV,* Bd. I, Nr. 61, und Gentz, *Tagebücher,* Bd. I, 8. August 1814, S. 291. Humboldt an seine Frau, 8. August 1814, in: Sydow (Hg.), *Wilhelm und Caroline von Humboldt in ihren Briefen* (1910), Bd. IV, S. 372. Salon der Fürstin Bagration als »Treffpunkt der Beau Monde«, Hardenberg, *Tagebuch*, 21. September 1814 (2000), S. 797.

Beschreibung Humboldts: Paul Sweet, *Wilhelm von Humboldt: A Biography,* Bd. II (1980). Seine Arbeit an der Übersetzung von Aischylos und die Besichtigung des Schlachtfelds: ebd., S. 151. »Kriege und Friedensverträge vergehen aber ein guter Vers bleibt«: Brief Humboldts an seine Frau Caroline, 14. Dezember 1813, in: *Briefe,* Bd. IV (1910), S. 197. Ende Dezember hatte Humboldt den »Chor vor dem Erscheinen des Agamemnon« erreicht: Brief an seine Frau, 20. Dezember 1814, in: *Briefe,* Bd. IV (1910), S. 442. Humboldts »Subtilitäten und Paradoxa« und die Welt als Spiel: Sweet (1980), Bd. II, S. 160f., siehe auch: Gentz an Karadja, 8. März 1815, *Dépêches inédites,* S. 62f. Eisernes Kreuz, Sweet S. 165. Talleyrands hartes Urteil über die Delegation, die Preußen einschließlich Humboldt als übles Volk: Talleyrand an die Herzogin, 13. Oktober 1814, *TLI,* S. 55. Dass Preußen im Verhältnis zu seiner Größe den größten Verlust erlitten hatte: F. M. Kircheisen, *Napoleon [Napoleon I. Ein Herrscherleben],* übs. v. Henry St. Lawrence (1932), S. 686; das Königreich war natürlich im Westen und Osten viel verwundbarer als im Süden, wie Brendan Simms sehr gut zeigt, in: *The Struggle for the Mastery of Germany, 1779–1850* (1998).

Mehr zum Hintergrund findet sich u.a. in: James J. Sheehan, *German History, 1770–1866* (1994), dt. Ausgabe: *Der Ausklang des alten Reiches: Deutschland seit dem Ende des Siebenjährigen Krieges bis zur gescheiterten Revolution 1763 bis 1850* (1994); und Hajo Holborn, *A History of Modern Germany, 1648–1840* (1968). Die gedachten Linien zwischen Kopenhagen und Rom bzw. Warschau und Paris stammen von Joachim Menzhausen, dem früheren Direktor des Grünen Gewölbes (Dresden), und zwar aus dem Artikel: »Five Centuries of Art Collecting in Dresden«, in: Joachim Menzhausen, *The Splendor of Dresden: Five Centuries of Art Collecting* (1978), S. 15. Die Weigerung des Königs von Sachsen, Gebiete abzutreten: König von Sachsen an Ludwig XVIII., 19. September 1814, und sein Protest: Angeberg, *Le Congrès de Vienne et les traités de 1815* (1864), Bd. II, S. 401ff. Castlereaghs schlechte geografische Kenntnisse, militärische Topografie eingeschlossen: Talleyrand an Ludwig XVIII., 19. Januar 1815, *TLC,* S. 206f. Gefangennahme und Internierung des Königs von Sachsen: Nesselrode, *Autobiographie,* in: Nesselrode, *Lettres et papiers du chancelier comte de Nesselrode, 1760–1850,* Bd. II, S. 106.

**Kapitel 7: »Unglückliches Europa!«**

Die Überschrift dieses Kapitels stammt aus: Talleyrand an Ludwig XVIII., 4. Oktober 1814, *TLC,* S. 23; *Memoiren des Fürsten Talleyrand,* Bd. II (1891), S. 254. Meine Darstellung des Verhältnisses zwischen Metternich und der Herzogin von Sagan beruht auf der von Ullrichová herausgegebenen Korrespondenz in: *MSB;* außerdem: Pflaum, *By Influence and Desire: The True Story of Three Extraordinary Women – the Grand Duchess of Courland and Her Daughters* (1984), und Dorothy Guis McGuigan, *Metternich, Napoleon und die Herzogin von Sagan* (1979). Die Bemerkung von Kaiser Franz über die Herzogin von Sagan, sie gehöre zu den wichtigsten Leuten auf dem Kongresses: Metternich an die Herzogin von Sagan, 14. August 1814, *MSB,* S. 260.

Die Entdeckung umfasste 327 Briefe von Fürst Metternich und 278 Briefe der Herzogin von Sagan und andere Dokumente, vom Februar 1812 bis Dezember 1818: *MSB,* S. 11. Schuldgefühle der Herzogin, Migräneanfälle und Depressionen: McGuigan (1979), S. 37; Sagan an Metternich, 21. Januar 1814, *MSB,* S. 187; und weitere Briefe an Vava: Pflaum (1984), S. 166f. Armfelts Humor wurde von vielen geschätzt, siehe z.B.: Fürstin Radziwill, *Forty-five Years of My Life (1770–1815) [45 Jahre aus meinem Leben (1770–1815)],* übs. v. R. Allinson (1912), S. 187. Beschreibung von Sagans Salon: Pflaum (1984), S. 165. Versammlung der Russen im Salon der Bagration: Rapport an

Hager, 14. Oktober 1814, *DCV,* Bd. I, Nr. 368, und Akte, Annex XII, S. 809 ff. La Garde-Chambonas nannte ihn den »Salon der Russen« und fühlte sich in einen Petersburger Salon um 1810 zurückversetzt: La Garde-Chambonas, *Gemälde des Wiener Kongresses 1814 – 1815* (1912), S. 159 ff. Dass Bagrations Salon gern von Russen aufgesucht wurde, war allgemein bekannt: Nesselrode, *Lettres et papiers du chancelier comte de Nesselrode, 1760 – 1850,* Bd. III (1904), S. 174. Die Affäre zwischen Metternich und Bagration wird behandelt in: Egon Cäsar Corti, *Metternich und die Frauen* (1948), Bd. I, S. 70 ff. Metternich fragte einige Minister, ob sie die Gespräche in Baden führen wollten: Gentz, *Tagebücher,* 15. September 1814 (1873), S. 306. Humboldt war nicht abgeneigt: Humboldt an Hardenberg, 3. September 1814, *GPWK,* S. 116; offenkundig suchten Agenten nach Wohnungen, die für Castlereagh und Hardenberg angemietet werden konnten: Gentz an Pilat, 3. September 1814, *Briefe von Friedrich von Gentz an Pilat,* hg. v. Karl Mendelssohn-Bartholdy (1868), Bd. I, S. 152. Metternich besuchte Bagration nicht so häufig, wie Agent ** berichtete: 4. November 1814, *DCV,* Bd. I, Nr. 674, und 21. November 1814, Nr. 849. Unterhaltung zwischen dem Zaren und Bagration, »Metternich hat Sie nie geliebt«, in: Agent Nota an Hager, 3. Oktober 1814, *DCV,* Bd. I, Nr. 252.

Talleyrands Unterredung mit dem Zaren: Talleyrand an Ludwig XVIII., 4. Oktober 1814, *TLC,* S. 21 – 24, *Memoiren,* Bd. II (1891), S. 253 f. Laut Talleyrand soll der Zar anschließend etwas entgegenkommender gewesen sein: *TLC,* S. 24. Es kursierten auch mehrere andere Berichte: Gentz an Karadja, 6. Oktober 1814, *Dépêches inédites* (1876), S. 113. Castlereagh an Liverpool, 24. Oktober 1814, *BD,* Nr. CXIX, S. 213, Rosenkrantz, *Journal,* 23. Oktober 1814, S. 50, und Nota an Hager, 6. Oktober 1814, *DCV,* Bd. I, Nr. 293. Pasquier kritisierte Talleyrand wegen seiner Kapriolen, in: *Histoire de mon temps: mémoires du chancellier Pasquier* (1893 – 1894), Bd. III, S. 77. Zur »froideur« (Gleichgültigkeit) des Zaren am Vorabend der Unterredung, in: Pozzo di Borgo an Nesselrode, 14. – 26. September 1814, *Correspondance diplomatique du comte Pozzo di Borgo, ambassadeur de Russie en France et du comte du Nesselrode depuis la restauration des Bourbons jusqu'au Congrès d'Aix-la-Chapelle, 1814 – 1818* (1890), S. 80. Der Zar mit 200 000 Mann und seine Kriegsbereitschaft: Nota, 3. Oktober 1814, *DCV,* Bd. I, Nr. 252. Eine 230 000 Mann starke Armee war offenbar wirklich bereit zum Marsch auf Wien, laut einem Rapport an Hager: 29. September 1814, *DCV,* Bd. I, Nr. 195.

**Kapitel 8: Überall Spitzel!**

Hagers Versuch, Zugang zum Dienstpersonal in der Hofburg zu erlangen: Hager an Kaiser Franz, 28. September 1918, *DCV,* Bd. I, Nr. 151, und Hager an Trautmannsdorff, 27. September 1814, Nr. 152. Das Anliegen, Spitzel zu finden, die gesellschaftlich aktiv waren, wird z. B. beschrieben in: *Rapport du ministre de la police Sumeraw sur l'organisation du service de la police secrète, Annexe,* Bd. II, S. 785. Die Anweisungen an die Informanten und Weiteres über das Schwarze bzw. Geheime Ziffernkabinett finden sich in: *Annexe,* Bd. III, S. 787 f. Die Verwendung von Dampf und rauchlosen Kerzen wird behandelt in: Freiherr von Bourgoing, *Vom Wiener Kongress: Zeit- und Sittenbilder* (1943), S. 13 f. Einige Agenten konnten identifiziert werden: Agent Nota war Carpani, Agent H hieß Hebenstreit, und Agent ∞ war vermutlich der ungarischstämmige Beamte Heustädter. Mehr über den Hintergrund der Spitzeltätigkeit: siehe Kapitel 5.

Meine Darstellung der ersten Erfolge beruht auf verschiedenen Berichten in den Polizeiakten. Die Einschleusung von Stein als Hausdiener: Siber an Hager, 3. Oktober 1814, *DCV*, Bd. I, Nr. 244, und Agent Göhausen, Nr. 246. »Wir haben jetzt genug Verweise …«: Wilhelm Humboldts Brief an seine Ehefrau Caroline, 1. August 1814, in: Anna von Sydow (Hg.), *Wilhelm und Caroline von Humboldt in ihren Briefen* (1910), Bd. IV, S. 368; Humboldts späterer Hinweis darauf, wie einige Briefe, die von der Post stümperhaft behandelt wurden, Verdacht erweckten: 4. November 1814, Bd. IV, S. 406. Manchmal konnten Briefe trotz aller Bemühungen nicht entschlüsselt werden, siehe dazu: Marescalchi an Dalberg, 16. September 1814, *DCV*, Bd. I, Nr. 149. Der Umhang und das Erscheinungsbild des dänischen Königs werden behandelt in: Schönholz, *Traditionen zur Charakteristik Österreichs, seines Staats- und Volkslebens unter Franz I.* (1914), Bd. II, S. 76; die Affäre mit der Frau, die sich »Königin von Dänemark« nannte: Baronne du Montet, *Souvenirs, 1785 – 1866 [Die Erinnerungen der Baronin du Montet]* (1904), S. 116. Die Mätresse des Königs galt nach seiner Abreise als die dänische Witwe: *GPWK*, S. 63, 148, 473; Weiteres zu dieser Affäre in: Rosenkrantz, *Journal du Congrès de Vienne 1814 – 1815* (1953), 28. März 1814, S. 202, und Nørregaard, *Danmark og Wienerkongressen, 1814 – 1815* (1948), S. 17.

Die Angaben zum Hintergrund von Fürst de Ligne stammen aus seinen *Memoirs, Letters, and Miscellaneous Papers* (1899), 2 Bde., dt. Ausgabe: *Literat und Feldmarschall. Briefe und Erinnerungen des Fürsten Charles Joseph de Ligne*, hg. v. Günther Elbin (1979), und aus verschiedenen Biografien, insbesondere: Philip Mansel, *Prince of Europe: The Life of Charles-Joseph de Ligne, 1735 – 1814* (2003), dt. Ausgabe: *Der Prinz Europas: Prince Charles-Joseph de Ligne, 1735 – 1814* (2006). Der Hinweis auf den »Märchenprinzen« findet sich in: Henri Troyat, *Catherine the Great [Catherine la Grande]*, übs. v. Joan Pinkham (1981), S. 283; sein Humor wird erwähnt in: Gräfin Anna Potocka, *Memoirs of the Countess Potocka [Mémoires de la comtesse Potocka (1794 – 1820)/Die Memoiren der Gräfin Anna Potocka: 1794 – 1820]*, hg. v. Casimir Stryienski, übs. v. Lionel Strachey (1900), S. 111. Fürst de Ligne und Casanova in: Gilbert, *The Prince de Ligne: A Gay Marshal of the Old Regime [La vie du feld-marechal prince de Ligne]*, übs. v. Joseph McCabe (1923), S. 153 – 159. Fürst de Lignes alte zweispännige Kutsche: Gilbert (1923), S. 206; Bemerkungen über seine Vorlieben: Franz Gräffer, *Kleine Wiener Memoiren und Wiener Dosenstücke* (1918), Bd. I, S. 187; diese werden ebenfalls erwähnt in: Rosalie Rzewuska, *Mémoires de la comtesse Rosalie Rzewuska (1788 – 1865)* (1939), Bd. I, S. 238; die Farbe des Hauses von Fürst de Ligne: Mansel (2003), S. 198. »Rosenrot wie …«: Hilde Spiel, *Der Wiener Kongress in Augenzeugenberichten* (1965), S. 261. Eine weitere Bezeichnung für Fürst de Lignes Haus lautete »Hôtel de Ligne«: S. S. Ouvaroff, *Esquisses politiques et littéraires* (1848), S. 121. Fürst de Lignes Wort vom »tanzenden Kongress«: Comte Auguste de La Garde-Chambonas (1912), S. 32; auch anonym an Fürstin Bagration (abgefangen): 17./18. Dezember 1814, *DCV*, Bd. I, Nr. 1155, und ebenfalls anonym an Gagern (abgefangen): 26. Dezember 1814, Nr. 1161. Siehe dazu auch Jacob Grimm an seinen Bruder, 23. November 1814, *Briefwechsel zwischen Jacob und Wilhelm Grimm aus der Jugend-*

*zeit* (1963), S. 379. Zar Alexander war besonders verärgert, als er von Fürst de Lignes Bemerkung erfuhr, weil er sie persönlich nahm: Agent L an Hager, 27. November 1814, *DCV,* Bd. I, Nr. 914. »Auf ihrem Kopfe …«: Spiel (1965), S. 361 f.; Gräfin Protassoff wird auch erwähnt in: Ludwig Hevesi, »Die Wiener Gesellschaft zur Zeit des Congresses«, in: Eduard Leisching (Hg.), *Der Wiener Congress: Culturgeschichte, die Bildenden Künste und das Kunstgewerbe, Theater – Musik in der Zeit von 1800 bis 1825* (1898), S. 68.

Frankreich war zunächst völlig isoliert, wie Talleyrand in seinem Abschlussbericht über den Wiener Kongresses festhielt: Mai 1815, *TLC,* S. 509; gezielte Isolierung: Talleyrand an Ludwig XVIII., 19. Oktober 1814, *TLC,* S. 69; abgefangener Brief von Dalberg, 20. Oktober 1814, *DCV,* Bd. I, Nr. 472, u. a. Anfeindungen: Pasquier (1893–1894), Bd. III, S. 76. Dass niemand es wagte, französische Botschaftsmitglieder aufzusuchen, und Labrador angegriffen und wie ein Überläufer behandelt wurde, weil er es häufig tat: Talleyrand an Ludwig XVIII., 19. Oktober 1814, *TLC,* S. 68 f.; die offenkundigen Schwierigkeiten des bayerischen Königs: »Die Gesandten des Königs auf dem Kongress an den Minister der auswärtigen Angelegenheiten in Paris«, 20. Oktober 1814, in: *Memoiren des Fürsten Talleyrand* (1891), Bd. II, S. 304.

Über die Verdienste von Dorothea: Talleyrand an die Herzogin, 13. Oktober 1814, *TLI,* S. 52, und am 15. Oktober 1814, *TLI,* S. 56; wie gut sie in Wien ankam: 19. Oktober 1814, S. 58. Dalberg an seinen Onkel (abgefangen), 24. November 1814, *DCV,* Bd. I, Nr. 872. Sagans Einsatz für ihre Schwester und Metternichs Einladung: Metternich an die Herzogin von Sagan, undatiert, *MSB,* S. 266. Man müsse schon sehr viel Pech haben: Baronne du Montet (1904), S. 114. Talleyrand, der Dorothea seine Depeschen diktiert: McGuigan, *Metternich, Napoleon und die Herzogin von Sagan* (1979), S. 421; ihr gemeinsames Ringen um die Worte: Pflaum, *By Influence and Desire: The True Story of Three Extraordinary Women – the Grand Duchess of Courland und Her Daughters* (1984), S. 239. Die Begegnung zwischen Metternich und Sagan fand nicht am 8. Oktober statt, wie manchmal behauptet (Dallas, *The Final Act* [1927], S. 201), sondern am 1. Oktober. Bis zum 8. Oktober hatte sich ihr Verhältnis stark verändert. Dass er in jener Nacht das größte Glück seines Lebens erfahren habe, ist einem Brief Metternichs an Sagan zu entnehmen, zit. in: McGuigan (1979), S. 351; »Und wenn einmal der Tag nahen wird …«: *MSB,* S. 8. Einige Historiker vertreten die Auffassung, dass Metternich nicht offiziell zum Präsidenten bestimmt wurde, doch dies widerspricht dem Protokoll zum Treffen am 30. Oktober: HHSA, St. K., Kongressakten, Kart. 2. Alexanders Besuch bei Fürstin Bagration in der Nacht vom 30. September auf den 1. Oktober 1814: Agent Nota an Hager, 1. Oktober 1814, *DCV,* Bd. I, Nr. 233. Dass ganz Wien über Alexanders Treffen mit Bagration sprach: Nota an Hager, 2. Oktober 1814, Nr. 232.

**Kapitel 9: Der Kongress tanzt, die Welt dreht sich weiter**

»Ein wahrhaft prachtvolles Ereignis«: Gräfin Bernstorff, *Ein Bild aus der Zeit von 1789 bis 1833: Aus ihren Aufzeichnungen* (1896), Bd. I, S. 153. Die Schätzungen zur Anzahl der Kerzen im Ballsaal bewegten sich zwischen 4000 (Montebello) und 16 000 (Bertuch), genannt wurden auch 5000 bis 6000 (Stolberg-Wernigerode),

8000 (Schönholz) und 12 000 (San Marzano). Die Beschreibung der Dekoration der Hofburg und der Menschenmengen stammt aus: Friedrich von Schönholz, *Traditionen zur Charakteristik Österreichs, seines Staats- und Volkslebens unter Franz I.* (1914), Bd. II, S. 106; weitere Angaben zur farblichen Gestaltung und zum Orangenhain finden sich in: Carl Bertuch, *Tagebuch vom Wiener Kongress* (1916), S. 20 f., sowie in Graf zu Stolberg-Wernigerode, *Tagebuch über meinen Aufenthalt in Wien zur Zeit des Congresses* (2004), S. 40. Fälschungen und die Wiederverwendung von Einladungen werden erwähnt in: Matthias Franz Perth, *Wiener Kongresstagebuch, 1814 – 1815* (1981), S. 45 f. Auch Schönholz beschreibt eine der Methoden in seinen Erinnerungen (1914), Bd. II, S. 106. »Wahres Durcheinander«: Spiel, *Der Wiener Kongress in Augenzeugenberichten* (1965), S. 160. Die Zusammenstellung der Speisen und Getränke ist entnommen aus: Ole Villumsen Krog (Hg.), *Danmark og den dansende Wienerkongress: spillet om Danmark* (2002), S. 464.

Humboldts Absicht, dem Ball fernzubleiben, und sein Widerwillen, sich erneut in einen überfüllten Raum zu zwängen, sind einem Brief an seine Ehefrau zu entnehmen: *Wilhelm und Caroline von Humboldt in ihren Briefen* (1910), Bd. IV, S. 391 f. Münsters Kutschenunfall und sein Rippenbruch werden auch angesprochen in: Hardenberg, *Tagebücher und autobiographische Aufzeichnungen* (2000), S. 799. Comte Auguste de La Garde-Chambonas' Darstellung dieses Abends, seine Ausführungen über das Tanzen und die »Tändeleien« im Ballsaal: La Garde-Chambonas, *Gemälde des Wiener Kongresses 1814 – 1815. Erinnerungen, Feste, Sittenschilderungen, Anekdoten* (1912), S. 37 – 45. Dass an diesem Abend bevorzugt weiße Kleider getragen wurden: Henrich Graf zu Stolberg-Wernigerodes *Tagebuch,* 2. Oktober 1814 (2004), S. 43. Zur damaligen Kleidermode siehe Regina Karners ausgezeichneten Aufsatz »Fashion During the Congress of Vienna«, in: Ole Villumsen Krog (Hg.) (2002), S. 264, sowie Carl Masner, »Das Costüm der Empirezeit«, in: Eduard Leisching (Hg.), *Der Wiener Congress: Culturgeschichte, die Bildenden Künste und das Kunstgewerbe, Theater – Musik in der Zeit von 1800 bis 1825* (1898), S. 233 – 245.

Der Walzer als Dreher bzw. »walzender« Tanz und Hintergründe zu seiner Entwicklung, in: Hans Fantel, *The Waltz Kings: Johann Strauss, Father and Son, and their Romantic Age* (1972), S. 31; Elizabeth Aldrich, »Social Dancing in Schubert's World«, in: Raymond Erickson (Hg.), *Schubert's Vienna* (1997), S. 131 – 138; Otto Biba, »The Congress of Vienna and Music«, in: Krog (Hg.) (2002), S. 201. Byrons Ode an den Walzer: George Gordon Byron, *Sämtliche Werke* (1852), 12 Bde., Bd. 7, S. 139 f. Zur Bedeutung von Maskenbällen auf dem Kongress: Baronne du Montet, *Souvenirs, 1785 – 1866 [Die Erinnerungen der Baronin du Montet]* (1904), S. 113; zu den Vergnügungen und Intrigen auf diesen Veranstaltungen: Stolberg-Wernigerode, *Tagebuch* (2004), S. 100. »Man kann sich nichts Glänzenderes denken« und die »fortwährende Musik«: La Garde-Chambonas (1912), S. 37, 42. Die schimmernden Seidengewänder: Dorothy Guis McGuigan, *Metternich, Napoleon und die Herzogin von Sagan* (1979), S. 333 f. Welche Begeisterung der Walzer auf dem Kongress hervorrief, bestätigen auch zahlreiche andere Quellen, wie etwa Karl von Nostitz in seinem Tagebuch: Nostitz, *Leben und Briefwechsel* (1848), S. 149. Das Abhandenkommen der Silberlöffel erwähnt Friedrich von Schönholz in seinen Erinnerungen (1914), Bd. II, S. 106.

Wundervolle Feierlichkeiten: Baronne du Montet (1904), S. 114. Das Gerücht, dass Antonio Salieri Mozart vergiftet habe, dessen Ursprung nur schwer zu ermitteln ist, kursierte in Wien schon lange vor dem Kongress, worauf hingewiesen wird in: Volkmar Braunbehrens, *Salieri – Ein Musiker im Schatten Mozarts* (1989), S. 7. Interessanterweise verfasste einer der Spitzel von Baron Franz von Hager auf dem Kongress, Giuseppe Antonio Carpani (oder »Nota«, wie er seine Berichte unterzeichnete), im September 1824 eine Verteidigungsschrift zugunsten von Salieri: *Lettera del sig. G. Carpani in difesa del Mo Salieri calunniato dell'avvelenamento del M'Mozard.*

Zu den Dienstagssoireen in der britischen Botschaft: Agent ** an Hager, 15. Oktober 1814, *DCV*, Bd. I, Nr. 384; *GPWK*, S. 181 f., sowie Jean-Gabriel Eynard, der sie regelmäßig besuchte: *Au Congrès de Vienne: Journal de Jean-Gabriel Eynard [Der tanzende Kongress: Tagebuch]* (1914–1924), Bd. I, S. 38 ff., 67 f. Eindrücke vom Stolz und der Isolation der Engländer: Eynard (1914–1924), Bd. I, S. 136, 18. November 1814; Verschrobenheiten und modische Eigenarten der Engländer wurden von vielen Beobachtern registriert, wie z. B.: Baronne du Montet (1904), S. 137; Rosalie Rzewuska, *Mémoires de la Comtesse Rzewuska (1788–1865)* (1939), Bd. I, S. 253; Dr. Richard Bright, *Travels from Vienna Through Lower Hungary with Some Remarks on the State of Vienna During the Congress in the Year 1814* (1818), S. 10; Karl von Nostitz, 15. Januar 1815, in: *Leben und Briefwechsel* (1848), S. 146 f.; Pictet de Rochemont an seine Familie, 19. November 1814, in: *Biographie, travaux et correspondance diplomatique* (1892), S. 176. Zu Stewart und dem Kutscher: Hager an den Kaiser, 1. November 1814, *DCV*, Bd. I, Nr. 620; Tagebuch von San Marzano, 26. Oktober 1814 in: Ilario Rinieri (Hg.), *Corrispondenza inedita dei Cardinali Consalvi e Pacca nel tempo del Congresso di Vienna* (1903), lx; Karl August Varnhagen von Ense, *Denkwürdigkeiten des eignen Lebens* (1897), Bd. II, S. 602. Der Vorfall war Gesprächsthema in der ganzen Stadt: Stolberg-Wernigerode, 29. Oktober 1814 (2004), S. 82; auch Karl von Nostitz wusste zu berichten, dass der Kutscher gewalttätiger war als der Botschafter, Aufzeichnung vom 15. Januar 1815 in seinem Tagebuch, in: Nostitz, *Leben und Briefwechsel* (1848), S. 148. Der Hinweis auf »einige« Flaschen Bordeaux stammt aus: Jean-Gabriel Eynard, 6. November 1814 (1914–1924), Bd. I, S. 89. Der Arzt Carro bestätigte die Prellungen, und Stewart verzichtete auf eine Anzeige: Eynard, 8. November 1814, S. 97.

Spekulationen über die Ankunft von Marie-Louise in Wien werden z. B. angestellt in: Agent Göhausen an Hager, 6. Oktober 1814, *DCV*, Bd. I, Nr. 291; Marie-Louises Dilemma wird gut erläutert in: Alan Palmer, *Napoleon and Marie Louise: The Emperor's Second Wife* (2001), S. 175 f. Ihre Briefe, die sie nach ihrer Ankunft in Rambouillet nummerierte (Nr. 186–205), wurden vom Privatsekretär des schwedischen Königs Gustav VI. Adolf veröffentlicht: C. F. Palmstierna (Hg.), *My Dearest Louise: Marie-Louise and Napoleon 1813–1814* (1958), übs. v. E. M. Wilkinson, S. 194–224, dt. Ausgabe: *Marie Louise und Napoleon 1813–1815. Die unveröffentlichten Briefe der Kaiserin mit den Briefen Napoleons (1960), übs. v. Gertrud Grote.*

Talleyrands Note vom 1. Oktober an die Großmächte: HHSA, St.K., Kongressakten, Kart. 2; »Die Gesandten des Königs auf dem Kongress«, 4. Oktober 1814, Nr. 3A, in: *Memoiren des Fürsten Talleyrand* (1891), Bd. II, S. 249, Brief an Ludwig

XVIII., 4. Oktober 1814, *TLC,* S. 20 f., und Brief an Ludwig XVIII., 9. Oktober 1814, S. 28 f., mit wiederholtem Hinweis darauf, dass die Verbündeten sich »zu unumschränkten Herren« aufschwingen wollten. In dieser Note bekräftigt er seine Haltung: Gentz an Karadja, 6. Oktober 1814, *Dépêches inédites de chevalier de Gentz aux hospodars de Valachie pour servir à l'histoire de la politique européenne,* hg. v. Le Comte Prokesch-Osten fils (1876), Bd. I, S. 109; ihre Wirkung auf viele kleine deutsche Fürsten und Mächte: Castlereagh an Liverpool, 9. Oktober 1814, *BD,* Nr. CXIV, S. 203. Ein Hinweis auf die Strategie der Franzosen findet sich auch in einem abgefangenen Brief: Dalberg an Jaucourt, 8. Oktober 1814, *GPWK,* S. 222 f. Unterstützung durch Spanien, einschließlich Labradors Behauptung, dass er die Intrige durchkreuzt habe: Freddi an Hager, 2. Oktober 1814, *GPWK,* S. 150. »Schiedsrichter«, »eine unter uns geschleuderte Brandfackel« und preußische Gerüchte über die Franzosen: Talleyrand an Ludwig XVIII., 9. Oktober 1814, *TLC,* S. 28 f., *Memoiren des Fürsten Talleyrand* (1891), Bd. II, S. 261. Castlereaghs Hinweis auf die streng vertrauliche Besprechung: *TLC,* S. 29, und die Verlegenheit, in die Talleyrand sie gebracht habe, in: Castlereagh an Liverpool, 9. Oktober 1814, *BD,* Nr. CXIII, S. 202. Weitere Kritik an Talleyrand, der »Misstrauen und Besorgnis« auslöse, in: Castlereagh an Liverpool, *BD,* Nr. CXV, S. 204 f., sowie auch in *WSD,* Bd. IX, S. 323.

Talleyrands Note vom 3. Oktober ist enthalten in: Angeberg, *Le Congrès de Vienne et les traités de 1815* (1864), Bd. II, S. 264. Der biografische Hintergrund von Gentz wird ausgeleuchtet in: Paul Sweet, *Friedrich von Gentz: Defender of the Old Order* (1941), und Golo Mann, *Friedrich von Gentz. Gegenspieler Napoleons, Vordenker Europas* (1947). Gentz »war zufrieden, sich selbst zu genießen«: Hannah Arendt, *Rahel Varnhagen: The Life of a Juwess [Rahel Varnhagen. Lebensgeschichte einer deutschen Jüdin aus der Romantik],* hg. v. Liliane Weissberg und übs. v. Richard und Clara Winston (1997), S. 146. Kant nahm den jungen Gentz in den intimen Kreis seiner Schüler auf: Mann (1947), S. 23. Nicht Castlereagh überreichte die Note am 4. Oktober, wie manchmal behauptet, sondern Metternich, siehe dazu: »Die Gesandten des Königs auf dem Kongress«, Nr. 4A, 8. Oktober 1814, in: *Memoiren des Fürsten Talleyrand* (1891), Bd. II, S. 262; Brief an Ludwig XVIII., 9. Oktober 1814, *TLC,* S. 30; Sitzung am 5. Oktober, sehr »stürmisch« und »denkwürdig«: Gentz, *Tagebücher,* 5. Oktober 1814 (1873), S. 314; Metternichs Drohung, den Kongress unverzüglich abzusagen: *Dépêches inédites,* 6. Oktober 1814 (1876), Bd. I, S. 110. Das Ende der Versammlung am 5. Oktober, die nicht ordnungsgemäß geschlossen wurde, sondern sich gleichsam in Luft auflöste: Talleyrands Brief vom 9. Oktober 1814, *TLC,* S. 33 f.; *Memoiren des Fürsten Talleyrand* (1891), Bd. II, S. 264.

**Kapitel 10: Das Volksfest**

Castlereaghs Ziele, auch seine Pläne für ein starkes Preußen, werden analysiert in: C.K. Webster, *The Foreign Policy of Castlereagh, 1812–1815: Britain and the Reconstruction of Europe* (1931). Dass Lord Stewart »durchaus preußisch gesinnt« gewesen sei: Talleyrand an Ludwig XVIII., 19. Oktober 1814, *TLC,* S. 71, *Memoiren,* Bd. II, S. 297. Castlereaghs Hoffnungen auf eine engere preußisch-österreichische Zusammenarbeit: Castlereagh an Liverpool, 9. Oktober 1814, *BD,* Nr. CXIII, S. 201. Hardenberg und Humboldt teilten Castlereaghs Besorgnis über Russland, wie an vielen Stellen zu erkennen ist, etwa in Humboldts Bemerkungen in einem Brief an seine Frau, 2. November 1814, S. 399; im Rapport an Hager, 20. Oktober 1814, *DCV,* Bd. I, Nr. 462, oder bei Gentz an Karadja, *Dépêches inédites,* 21. Juni 1814, S. 81 f. Humboldt drängte auf eine »enge Verbindung« mit Österreich: abgefangener Brief an den preußischen König, 14. September 1814, *GPWK,* S. 118, und *DCV,* Bd. I, Nr. 100. Dass Hardenberg uneins mit dem König war, schon seit dem ersten Treffen in der Hofburg: Hardenberg, *Tagebücher und autobiographische Aufzeichnungen* (2000), 26. September 1814, S. 798. Wie unbeliebt die Russen bei vielen Preußen waren, wird auch in zahlreichen Polizeiberichten erwähnt: Nota an Hager, 1. Oktober 1814, *DCV,* Bd. I, Nr. 210. Die Schwierigkeiten, die einem Bündnis zwischen Österreich und Preußen gegen Russland entgegenstanden, waren beträchtlich, schon aufgrund der Risiken, mit denen die herkömmlichen Bündnissysteme behaftet waren, wie anschaulich erläutert wird in: Schroeder, *The Transformation of European Politics, 1763–1848* (1994), S. 14 f. Spannungen gab es auch hinsichtlich der Verteilung der Beute, wie aus einem abgefangenen Brief aus der dänischen Botschaft hervorgeht: Rosenkrantz an Bernstorff, 16. August 1814, *GPWK,* S. 111.

Auch Castlereagh und Talleyrand hatten Differenzen, vor allem im Hinblick auf die Prioritäten: Talleyrand an Ludwig XVIII., 31. Oktober 1814, *TLC,* S. 103 f.; *Memoiren des Fürsten Talleyrand* (1891), Bd. II, S. 327 ff. Argumente zugunsten von Sachsen und Mutmaßungen über Castlereaghs Befürchtungen finden sich ebenfalls im genannten Brief, *TLC,* S. 104–107. Das Volksfest im Augarten, »une fête superbe«: Eynard, *Au Congrès de Vienne; journal de Jean-Gabriel [Der tanzende Kongress: Tagebuch]* (1914–1924), Bd. I, S. 5, 6. Oktober; außerdem: Gräfin Bernstorff, *Ein Bild aus der Zeit von 1798 bis 1835: Aus ihren Aufzeichnungen* (1896), Bd. I, S. 156; Comte Auguste de La Garde-Chambonas, *Gemälde des Wiener Kongresses 1814–1815. Erinnerungen, Feste, Sittenschilderungen, Anekdoten* (1912), S. 132–136; der Ballonfahrer: Spiel (1965), S. 162. Weitere Aktivitäten, wie Reiten, akrobatische Vorführungen und Feuerwerke, werden beschrieben in: Matthias Franz Perth, 6. Oktober 1814, *Wiener Kongresstagebuch,* 1814–1815 (1981), S. 48; ferner Stolberg-Wernigerode, dem alles wie ein großer Rummel erschien: 6. Oktober 1814, *Tagebuch über meinen Aufenthalt in Wien zur Zeit des Congresses* (2004), S. 51 f.

Das Gespräch am 8. Oktober zwischen Talleyrand und Metternich im Vorfeld der Konferenz und die Debatte über das Völkerrecht: »Die Gesandten des Königs auf dem Kongress«, Nr. 4A, 8. Oktober 1814, S. 240, in: *Memoiren des Fürsten Talleyrand* (1891), Bd. II, S. 267 f. Das Treffen selbst: Talleyrand an Ludwig XVIII., 9. Oktober 1814, *TLC,* S. 31–34 und 36–42, sowie McGuigan (1979), S. 337 f. Nesselrode über die Absicht des Zaren abzureisen, in: Nesselrode an Pozzo di Borgo, 27. September 1814 (= 15. September im russischen Kalender), *Correspondance diplomatique du comte Pozzo di Borgo* (1890), S. 82. Die Großmächte hatten sich bereits vorher an diesem Nachmittag getroffen, ohne Talleyrand, und kamen noch einmal am Abend zusammen: Gentz, *Tagebücher* (1873) , Bd. I, S. 316, 8. Oktober 1814. Die Einfügung des Hinweises auf das Völkerrecht: »Die Gesandten des Königs auf dem Kongress«, Nr. 5A, 12. Oktober 1814; *Memoiren des Fürsten Talleyrand* (1891), Bd. II, S. 270 f.

Hardenberg notierte dies kommentarlos: Hardenberg, *Tagebücher und autobiographische Aufzeichnungen* (2000), 8. Oktober 1814, S. 801. Das Treffen des neuen Achter-Ausschusses und die Verschiebung des Kongresses werden behandelt in: Angeberg, *Le Congrès de Vienne et les traités de 1815* (1864), Bd. II, S. 272 f.; ferner in: *Wiener Zeitung,* 13. Oktober 1814. Mutmaßungen darüber, dass dieser Ausschuss schon die Zusammensetzung des Kongresses darstellte: Gaëtan de Raxis de Flassan, *Histoire du Congrès de Vienne [Der Wiener Congress]* (1829), Bd. I, S. 26. Die Verschiebung kam der französischen Delegation sehr gelegen, worauf vielfach hingewiesen wurde, wie z. B. in: Karl August Varnhagen von Ense, *Denkwürdigkeiten des eignen Lebens* (1987), Bd. II, S. 597.

Abendessen mit der Herzogin von Sagan am Mittwoch, 5. Oktober 1814: Gentz, *Tagebücher* (1873), Bd. I, S. 314 f.; er erwähnt jedoch nicht den Vorfall mit Windischgrätz. Sagans Beziehung zu Windischgrätz, die Geschichte mit dem Ring: Pflaum (Hg.), *By Influence and Desire: The True Story of Three Extraordinary Women – the Grand Duchess of Courland and Her Daughters* (1984), S. 118 f.; weitere Hintergründe und Informationen: McGuigan, *Metternich, Napoleon und die Herzogin von Sagan* (1979), S. 70 ff. Rzewuska über die Hilfe eines Apothekers und den Einsatz von Parfümen nach der »abenteuerlichen Reise« des Rings: *Mémoires de la comtesse Rosalie Rzewuska (1788–1865)* (1939), Bd. I, S. 262. Windischgrätz' Beitrag zur Verbreitung des Zigarrenrauchens: Pflaum, S. 118. Metternich war nicht anwesend, denn er empfing an diesem Tag selbst Gäste: San Marzano, *Diario,* 5. Oktober 1814, S. lviii. Die Beziehung zwischen Metternich und der Herzogin zu dieser Zeit und die Rivalität: Rzewuska (1939), Bd. I, S. 259; Metternichs während einer Sitzung geschriebener Brief an Sagan mit dem Hinweis auf seine »Freudentränen«: 9. Oktober 1814, *MSB,* S. 267. Die Kostüme der vier Elemente werden in zahlreichen Quellen erwähnt: Eynard (1914–1924), Bd. I, S. 15, 10. Oktober 1814; Gräfin Edling, *Mémoires* (1888), S. 183; Schönholz, *Traditionen zur Charakteristik Österreichs, seines Staats- und Volkslebens unter Franz I.* (1914), Bd. II, S. 108; Gräfin Bernstorff (1896), Bd. I, S. 155 f.; Perth (1981), S. 52; San Marzano, *Diario,* 9. Oktober 1814, S. lviii.

**Kapitel 11: Ein zügelloses Gerangel?**

Das Warten in Metternichs Vorzimmer sowie die Beschreibung des übermüdeten Außenministers: Eynard, 11. Oktober 1814, *Journal [Tagebuch]* (1914–1924), Bd. I, S. 17–21. Pictet de Rochemont, der zusammen mit Eynard an diesem Treffen teilnahm, war ebenfalls der Ansicht, dass Metternich »die Freundlichkeit selbst war«, er hatte aber das Gefühl, dass Metternich die Themen nicht zu interessieren schienen: *Biographie, travaux et correspondance diplomatique* (1892), S. 168 f. Dass Consalvi sehr raffiniert und kultiviert war, fiel auch Erzherzog Johann auf: 23. September 1814, *Aus dem Tagebuche Erzherzog Johanns von Oesterreich 1810–1815,* hg. v. Franz Xaver von Krones (1891), S. 171. Zu Consalvis Hintergrund: Consalvi, *Mémoires [Memoiren]* (1864) sowie John Martin Robinson, *Cardinal Consalvi, 1757–1814* (1987); E. E. Y. Hales, *Revolution und Papacy, 1796–1846* (1960), S. 229 f. Consalvi über Napoleon in: Consalvi, *Mémoires [Memoiren]* (1864), Bd. II, S. 397; Kardinal Consalvis Beschäftigung mit Baudenkmälern und Straßen: Robinson (1987), S. 60 f.;

Consalvi als einmaliger päpstlicher Vikar: Robinson (1987), S. 76 f. Consalvis Ziele werden erwähnt in einem Polizeirapport an Hager: 18. September 1814, *DCV,* Bd. I, Nr. 106; seine Entschlossenheit u. a. in: Nota an Hager, 3. Oktober 1814, *DCV,* Bd. I, Nr. 254.

Die Plünderungen Napoleons im Vatikan: Dorothy Mackay Quynn, »The Art Confiscations of the Napoleonic Wars«, in: *American Historical Review* 50, Nr. 3 (April 1945), S. 437 – 460; Owen Chadwick, *The Popes and European Revolution* (1981), S. 462. Österreich interessierte sich für die Legationen vielleicht auch deshalb, um sie als Tauschobjekt für Marie-Louise zu verwenden und diese von Parma fernzuhalten, das nicht weit von Elba entfernt liegt, oder als Entschädigung für den König von Sachsen für den Verlust seines Territoriums: Humboldt an den preußischen König, abgefangen, 14. September 1814, *DCV,* Bd. I, Nr. 100.

Die Beziehung zwischen Metternich und Bagration, einschließlich ihrer gemeinsamen Tochter Clementine: Hastier, »Les Bagration«, in: *Vieilles histoires, étranges énigmes* (1962); McGuigan, *Metternich, Napoleon und die Herzogin von Sagan* (1979), S. 24 ff., und Corti, *Metternich und die Frauen* (1948), Bd. I, S. 70 ff. Zar Alexanders regelmäßige Besuche im Salon der Fürstin Bagration: Siber an Hager, 3. Oktober 1814, *DCV,* Bd. I, Nr. 247, und Agent Göhausen an Hager, 6. Oktober 1814, *DCV,* Bd. I, Nr. 291. Das Interesse des Zaren vor allem an ihrer Beziehung zu Metternich: Nota an Hager, 3. Oktober 1814, *DCV,* Bd. I, Nr. 252, und die Vermutung, dass sie nachgab: Rapport an Hager, 14. Oktober 1814, *DCV,* Bd. I, Nr. 415.

Im 20. Jahrhundert wurden zahlreiche Briefe von Marie-Louise entdeckt. Außer der Sammlung von 243 Briefen an die Duchesse de Montebello, die in Edouard Gachot, *Marie-Louise intime* (1912), veröffentlicht wurden, gibt es eine weitere Sammlung von 318 Briefen zwischen Marie-Louise und Napoleon, die von ihren Kindern, die sie mit Adam Neipperg hatte, in einem Schreibtisch gefunden wurde. Diese Sammlung blieb zunächst privat, wurde zwischen verschiedenen Besitzern weitergereicht, bis sie schließlich 1934 einer von Marie-Louises Urenkeln auf einer Auktion in London versteigern ließ und die französische Regierung sie erwarb. Elf Jahre später wurden 127 weitere Briefe von Marie-Louise, viele davon Antworten auf Schreiben Napoleons, in Schweden von dem Archivar Nils Holm entdeckt (Napoleon hatte die Briefe seinem älteren Bruder Joseph zur Aufbewahrung anvertraut, doch als Joseph nach der Schlacht von Waterloo nach Amerika flüchtete, hielt er es für sicherer, sie bei seiner Schwägerin Désirée zu lassen, der Ehefrau des ehemaligen Marschalls und damaligen schwedischen Kronprinzen Fürst Bernadotte). Sie bewahrte das Päckchen in Schweden auf, wo sie 1860 starb. Der Privatsekretär des schwedischen Königs Gustav VI. Adolf, C. F. Palmstierna, veröffentlichte mehrere dieser Briefe zusammen mit anderen Akten von Bernadotte: *My Dearest Louise: Marie-Louise and Napoleon 1813 – 1814* (1958), übs. v. E. M. Wilkinson, S. 194 – 224, dt. Ausgabe: *Marie Louise und Napoleon 1813 – 1815. Die unveröffentlichten Briefe der Kaiserin mit den Briefen Napoleons* (1960), übs. v. Gertrud Grote. Des Weiteren Marie-Louises Sekretär, Baron Claude-François de Méneval, *Memoirs Illustrating the History of Napoleon I from 1802 to 1815 [Mémoires pour servir à l'histoire de Napoléon Ier: depuis 1802 jusqu'à 1815/Geschichtliche Erinnerungen des Barons Méneval],* hg. v. Baron Napoléon-Joseph de Méneval (1894); die

Episode in diesem Kapitel wird dargestellt in Bd. III, S. 162–311. Eine wertvolle neuere Studie ist: Alan Palmer, *Napoleon and Marie-Louise* (2001), S. 150–190. Palmer (S. 188) datiert ebenso wie Palmstierna (S. 223) und andere die Ankunft der Kaiserin in Wien auf den 4. Oktober, ich bevorzuge jedoch den 7. Oktober aufgrund einer Reihe von Quellen aus Wien, u. a. von Tagebuchautoren wie Matthias Franz Perth, *Wiener Kongresstagebuch, 1814–1815* (1981), oder der *Wiener Zeitung*, die am 8. Oktober 1814 von Marie-Louises Ankunft in Schönbrunn am Vortag berichtete. »Wie Milch und Blut« und »als wann's vom Drachsler kummet«: Spiel, *Der Wiener Kongress in Augenzeugenberichten* (1965), S. 317. Napoleons Anweisung, dass seine Ehefrau und sein Sohn unter keinen Umständen dem Feind in die Hände fallen dürften: Napoleon an seinen Bruder Joseph, 16. März 1814, Méneval (1894), Bd. III, S. 195; Marie-Louises Unzufriedenheit über die Rückkehr nach Wien taucht in mehreren Briefen auf, z. B. in: Marie-Louise an Méneval, 15. August 1814, Méneval (1894), Bd. III, S. 298.

Das Auftreten der deutschen Verleger in Wien: Enno E. Kraehe, *Metternich's German Policy* (1963–1983), Bd. II, S. 188 f. Wie alle übrigen Historiker, die sich mit der Verlegerdelegation in Wien beschäftigten, identifiziert auch Kraehe ihren Vertreter als Friedrich Bertuch. Das ist unzutreffend. Nicht Friedrich kam nach Wien, sondern sein Sohn Carl. Friedrich hatte in letzter Minute wegen Krankheit abgesagt. Der Zensurerlass von 1810 wird behandelt in: Donald E. Emerson, *Metternich and the Political Police: Security and Subversion in the Habsburg Monarchy (1815–1839)* (1968), S. 29. Die Verleger werden von mehreren Spitzeln beschattet: Agent Schmidt, 7. Oktober 1814, *GPWK*, S. 160, auch in *DCV*, Bd. I, Nr. 301. Cottas Kontakte beunruhigten Agent H: 29. September 1814, *GPWK*, S. 136, und *DCV*, Bd. I, Nr. 201. Die Berichte von Agent H über die Beschattung Cottas z. B. in *GPWK*, S. 171, und in *DCV*, Bd. I, Nr. 342, sowie die Audienz am 14. Oktober bei Metternich, *GPWK*, S. 180 f. Cotta und Bertuch fürchteten selbst, mit dem Tugendbund in Verbindung gebracht zu werden: R an Hager, 11. Oktober 1814, *DCV*, Bd. I, Nr. 582. Cottas und Bertuchs Treffen mit Metternich und ihr positiver Eindruck vom österreichischen Außenminister: Carl Bertuch, 8. Oktober 1814, *Tagebuch vom Wiener Kongress* (1916), S. 27 f.

Weitere Informationen über die jüdischen Delegationen siehe: Kraehe (1963–1983), Bd. II, S. 190; hier werden auch Metternichs Hilfe und seine frühere Beziehung zu Jakob Baruch erwähnt. Zum Hintergrund der jüdischen Vertreter: Max J. Kohler, *Jewish Rights at the Congress of Vienna (1814–1815), and Aix-la-Chapelle (1818)* (1918), S. 4 f., und Salo Baron, *Die Judenfrage auf dem Wiener Kongress, auf Grund von zum Teil ungedruckten Quellen dargestellt* (1920). Anweisungen der Regierung finden sich in: Hager an La Roze, 1. Juli 1814, *DCV*, Bd. I, Nr. 14; zur Überwachung z. B.: Bericht von Göhausen, 27. Oktober 1814, *GPWK*, S. 207 und Mitteilung an Hager, 21. Oktober 1814, *DCV*, Bd. I, Nr. 467. Die Ankunft des Großherzogs von Baden, von Fürst Thurn und Taxis und von Fürst von Nassau-Weilburg: Meldung in der *Wiener Zeitung*, 3. Oktober 1814. Alexander Iwanowitsch Michailowski-Danilewskis Bemerkungen über den Fürsten von Nassau-Weilburg: Alexander Sapojnikov, »The Congress of Vienna in the Memoirs of a Russian Officier«, in: Ole Villumsen Krog (Hg.), *Danmark og den dansende Wienerkongres: spillet om Danmark* (2002), S. 148. O'Bearn als

Whistspieler: Ludwig Hevesi, »Die Wiener Gesellschaft zur Zeit des Congresses«, in: *Der Wiener Congress: Culturgeschichte, die Bildenden Künste und das Kunstgewerbe, Theater – Musik in der Zeit von 1800 bis 1825,* hg. v. Eduard Leisching (1898), S. 68. Die junge Salondame, die über die Spieltische im Salon von Madame Frazer die Nase rümpfte, war Anna Eynard-Lullin: Alville, *Anna Eynard-Lullin et l'époque des congrès et des révolutions* (1955), S. 177 f.

Die Besichtigung des Schlachtfelds: Meldung in der *Wiener Zeitung,* 11. Oktober; Hinweis auch in zahlreichen Tagebüchern, wie z.B.: Matthias Franz Perth, *Wiener Kongresstagebuch, 1814 – 1815* (1981), 11. Oktober 1814, S. 52. Das Gespräch zwischen Castlereagh und dem Zaren: Brief von Castlereagh an Liverpool, 14. Oktober 1814, *BD,* Nr. CXVI, S. 206 ff. Das beigefügte Memorandum ist enthalten in: Angeberg, *Le Congrès de Vienne et les traités de 1815* (1864), Bd. II, S. 291 ff. Castlereagh sprach von moralischer Verpflichtung und dem Glück der Polen: Brief von Castlereagh an Liverpool vom selben Tag, S. 207. Dass seine Information weitgehend zutreffend war und der Zar das Herzogtum Warschau forderte, erfuhr Castlereagh erstmals in seiner Unterredung mit dem Zaren: Castlereagh an Liverpool, 2 Oktober 1814, *BD,* Nr. CXI, S. 197. Dass der Rangunterschied Castlereagh Sorgen bereitete und er noch am selben Tag einen zweiten Brief schrieb: *BD,* Nr. CXI, S. 199 f. Das Memorandum: Viscount Castlereagh an den Kaiser aller Russen, S. 208 ff., auch in: *WSD,* Bd. IX, S. 329; weitere Informationen zu Castlereaghs Haltung zu Polen siehe auch: Castlereagh an Liverpool, 2. Oktober 1814, *BD,* Nr. CXI, S. 197 ff.; Castlereagh, »First Memorandum on the Polish Question«, *BD,* S. 209 ff., und *WSD,* Bd. IX, S. 332. Das Vier-Augen-Gespräch machte die Runde: Gentz, *Tagebücher,* S. 318; Talleyrands Zusammenfassung: Talleyrand an Ludwig XVIII., 17. Oktober 1814, *TLC,* S. 56 – 60. Der Zar bei Fürstin Bagration am 13. Oktober: Siber an Hager, 14. Oktober 1814, *DCV,* Bd. I, Nr. 361, und Rapport an Hager am selben Tag, *DCV,* Bd. I, Nr. 368.

Viele Quellen, auch Steins *Tagebuch,* berichten, dass die Polenfrage die Konferenz lähmte: undatierter Eintrag von Anfang November 1814, *Briefe und amtliche Schriften,* Bd. V (1964), S. 333 f. Polen als »schmerzender Zahn«: Maurice Paléologue, *The Enigmatic Tsar [Alexandre 1er. Un tsar énigmatique]* (1938), S. 222. Weitere Hintergründe zu dieser Thematik siehe Anmerkungen zu Kapitel 1. Talleyrands Haltung zu Sachsen lässt sich in vielen seiner Briefe vom Kongress nachlesen. Er betrachtete die Causa Sachsen als bedeutsam sowohl hinsichtlich der Legitimität als auch für das Gleichgewicht der Kräfte: Talleyrand an Ludwig XVIII., 6. Januar 1815, *TLC,* S. 250 f.; die Gefahr eines starken Preußen: *TLC,* 17. Oktober 1814, S. 63. Talleyrands Verbündete in Deutschland, darunter Graf Münster, der für Sachsen eintrat, da es das politische Gleichgewicht, vielleicht sogar die Existenz Deutschlands aufrechterhalte: Münster (1868), S. 61; auch Graf Münsters Depeschen belegen, dass er dieser Sicht generell zustimmte. Die Angst vor einem erstarkenden Preußen wurde auch von vielen anderen geteilt, vom bayerischen König bis zu Erzherzog Johann, der in seinem Tagebuch häufig auf diese Frage einging. Dass Russland und Preußen vor dem Kongress wohl weniger forsch auftreten würden, z. B. in: Talleyrand an Ludwig XVIII., 29. September 1814, *TLC,* S. 9. Die Stellungnahme von Sachsen-Coburg wird behandelt in: Kraehe, *Metternich's German Policy* (1963 – 1983), Bd. II, S. 266; auch in Talleyrands Briefen an Ludwig XVIII., 7. und 15. Dezember 1814, sowie in seinen *Memoiren* (1891), Bd. II, S. 389 f. und 396 – 402.

Castlereaghs Kooperation mit Metternich und Hardenberg, um gemeinsam Russland entgegenzutreten: Castlereagh an Liverpool, 9. Oktober 1814, *BD,* Nr. CXIII, S. 201. Hardenbergs Brief vom 10. Oktober: HHSA, St. K., Kongressakten, Kart. 7, Castlereaghs Antwort am folgenden Tag: Angeberg (1864), Bd. II, S. 274 ff.; Hardenbergs Kommentare finden sich auch in seinen Tagebucheintragungen vom 11. Oktober: Hardenberg, *Tagebücher und autobiographische Aufzeichnungen* (2000), S. 801. Gentz übersetzte Castlereaghs Brief ins Französische, seine Kritik an dessen »Armseligkeiten« findet sich in: Gentz, *Tagebücher,* 12. Oktober 1814 (1873), S. 317 f., ebenso in seinem Bericht an Fürst Metternich am folgenden Tag, *Briefe von und an Friedrich von Gentz,* hg. v. Friedrich Carl Wittichen und Ernst Salzer (1913), Bd. III, S. 303. Der dänische Außenminister Rosenkrantz, der den Brief auch las, war nicht beeindruckt: 16. November 1814, *Journal du Congrès de Vienne 1814 – 1815* (1953), S. 80 f. »Metternich ist verliebt«: Talleyrand an die Herzogin von Kurland, 2. Oktober 1814, *TLI,* S. 40. Gentz' Enttäuschung, als er versuchte, die Krise um Sachsen-Coburg zur Sprache zu bringen, und Bemerkungen über Metternichs Liaison: Gentz, *Tagebücher* (1873), 14. Oktober 1814, S. 319.

### Kapitel 12: Sechs Höllenwochen

Der Titel des Kapitels stammt aus Metternichs Brief an seine Frau vom 19. September 1814, zit. nach: Bernd Schremmer, *Metternich. Kavalier und Kanzler* (1990), S. 245, dazu auch: Enno E. Kraehe, *Metternich's German Policy* (1963 – 1983), Bd. II, S. 124, und Karl von Nostitz' Worte sind einem nicht datierten Tagebucheintrag vom Dezember 1814 entnommen, in: Karl von Nostitz, *Leben und Briefwechsel* (1848), S. 131. Das Wetter am Tag des Friedensfestes: Jean-Gabriel Eynard, 18. Oktober 1814, *Au Congrès de Vienne: journal de Jean-Gabriel Eynard [Der tanzende Kongress: Tagebuch]* (1914 – 1924), Bd. I, S. 41; Carl Bertuch, *Tagebuch vom Wiener Kongress* (1916), S. 35; sowie Caroline Pichler, *Denkwürdigkeiten aus meinem Leben* (1914), Bd. III, S. 33. Wenn es heißt, der Sommer habe lange angehalten, so ist die Zeit von Ende September bis 21. Oktober gemeint; der August zählt nicht dazu, weil in ihm oft grau verhangener Himmel, etliche Regentage und Gewitterstürme vorkamen. Diese Information findet sich bei mehreren Tagebuchschreibern, die regelmäßig Kommentare zum Wetter notierten.

Die Bemerkung zu den Hutgeschäften stammt aus: Hilde Spiel, *The Congress of Vienna: An Eyewitness Account [Der Wiener Kongress in Augenzeugenberichten],* übs. v. Richard H. Weber (1968), S. 96. Metternichs Absichten und die Anordnungen des Kaisers sind abgedruckt in: McGuigan, *Metternich, Napoleon und die Herzogin* (1979), S. 344 ff. Schwarzenbergs Klagen über die Vorbereitungen in letzter Minute finden sich im Brief an seine Frau vom 15. Oktober 1814, in: Johann Friedrich Novák (Hg.), *Briefe des Feldmarschalls Fürsten Schwarzenberg an seine Frau, 1799 – 1816* (1913), S. 408. Die Feierlichkeiten wurden als ein »großes Militair Fest« bezeichnet in: Hardenberg, 18. Oktober 1814, *Tagebücher und autobiographische Aufzeichnungen* (2000), S. 802; und Stein, der vom Balkon des Pavillons aus das Geschehen beobachtete, bemerkte, dass der Zar deswegen irritiert und verärgert war, 18. Oktober 1814, *Briefe und amtliche Schriften*, Bd. V (1964), S. 324.

Das Brückengeländer wird erwähnt in: Henrich Graf zu Stolberg-Wernigerode, *Tagebuch über meinen Aufenthalt in Wien zur Zeit des Congresses*, 18. Oktober 1814 (2004), S. 64. Eine Pyramide wird beschrieben in: Carl Bertuch, *Tagebuch vom Wiener Kongress* (1916), S. 35, und »Waffenobelisken« und Trophäen in: Schönholz, *Traditionen zur Charakteristik Österreichs, seines Staats- und Volkslebens unter Franz I.* (1914), Bd. II, S. 105 f. Die Teppiche, die Blumen und die Messfeier beschreibt Comte Auguste de La Garde-Chambonas, *Gemälde des Wiener Kongresses 1814 – 1815. Erinnerungen, Feste, Sittenschilderungen, Anekdoten* (1912), S. 52 – 55, auszugsweise zit. in: Hilde Spiel, *Der Wiener Kongress in Augenzeugenberichten* (1965) S. 141 ff. Die Kulisse für das Friedensfest wird in vielen anderen Quellen beschrieben, z. B.: Gräfin Bernstorff, *Ein Bild aus der Zeit von 1789 bis 1835: Aus ihren Aufzeichnungen* (1896), Bd. I, S. 158 f.; Gräfin Lulu Thürheim, *Mein Leben. Erinnerungen aus Österreichs großer Welt 1788 – 1819* (1913), Bd. II, S. 107 ff. Stolberg-Wernigerode war von den Trophäen nicht sonderlich beeindruckt, lobte allerdings das Essen (2004), S. 63 f. Die Speisenfolge ist z. B. enthalten in: Matthias Franz Perth, *Wiener Kongresstagebuch 1814 – 1815* (1981), S. 58 ff., und mit kleineren Abweichungen in der *Wiener Zeitung* vom nächsten Tag. Eine ausführlichere Schilderung des Ereignisses folgte in der Ausgabe vom 21. Oktober. Den Trinkspruch des Zaren und dass die Unteroffiziere die Speisen auftischten, erwähnt Gregor Dallas in: *The Final Act. The Roads to Waterloo* (1997), S. 206. Ein Lob Gräfin Edlings für den Trinkspruch des Zaren ist enthalten in ihren *Mémoires* (1888), S. 182. Die Größe der Wiener Garnison bei den Feierlichkeiten nennt Enno E. Kraehe in: *Metternich's German Policy* (1963 – 1983), Bd. II, S. 196.

Kulisse und Attraktionen bei Metternichs Fest, einschließlich des Ballonstarts und der drei Tempel für Apollo, Athene und Mars: *Programme de la fête de la paix pour être exécuté dans les jardins de son excellence le prince Metternich auprès de Vienne*, abgedruckt in: *NP*, Bd. I, S. 266 ff. Weitere Beschreibungen der Beleuchtung und der Zelte auf der Feier in: Eynard, *Journal [Tagebuch]* (1914 – 1924), 19. Oktober 1814, Bd. I, S. 42, sowie in Bernstorff (1896), Bd. I, S. 158 f. Der Vergleich mit *Tausendundeiner Nacht* stammt von Anna Eynard, siehe: Alville, *Anna Eynard-Lullin et l'époque des congrès et des révolutions* (1955), S. 181; Karl August Varnhagen von Ense rühmte ebenfalls die Pracht in: *Denkwürdigkeiten des eignen Lebens* (1987), Bd. II, S. 599. Talleyrand nahm selbstverständlich nicht an der Gedenkfeier zur Völkerschlacht bei Leipzig teil, weil hier ja ein Sieg über Frankreich gefeiert wurde, wenn auch über das napoleonische Frankreich, aber Metternichs Friedensball ließ er sich nicht entgehen. Gentz auch nicht, er notierte die große Pracht und sein spätes Nachhausegehen am 18. Oktober 1814, in: Gentz, *Tagebücher* (1873), Bd. I, S. 320 f. Die Aussage, dass Metternichs Feier alles übertroffen habe, was man je als Festgast in Frankreich zu sehen bekommen habe, auch unter Napoleon, stammt aus: Jean-Gabriel Eynard, *Journal [Tagebuch]* (1914 – 1924), 19. Oktober 1814, Bd. I, S. 43. Eine andere Einschätzung der Festlichkeiten vermittelt Gräfin Edling in: *Mémoires* (1888), S. 181 f. Metternichs Park war zur Zeit des Kongresses viel größer als heutzutage und reichte bis an das Gebäude der russischen Botschaft. Seine Villa ist heute der Sitz der italienischen Botschaft in Wien, und ich möchte mich ganz herzlich bei dem Botschafter H. E. Raffaele Berlenghi, Patrizia Fusco und Cristina Morrone für die wundervolle Führung bedanken.

Frühstück mit Metternich am Morgen nach dem Fest: Gentz, *Tagebücher,* 19. Oktober 1814 (1873), Bd. I, S. 321. Alexander auf Metternichs Friedensball und seine Bemerkungen über die zu vielen anwesenden Diplomaten, siehe Rapport an Hager, 20. Oktober 1814, *DCV,* Bd. I, Nr. 457. Er wiederholte seine Worte sogar, als er bemerkte, dass Erzherzog Johann in der Nähe war, wie dem Erzherzog auffiel: 18. Oktober 1814, *Aus dem Tagebuche Erzherzog Johanns von Oesterreich, 1810 – 1815,* hg. v. Franz Xaver von Krones (1891), S. 178 f. Die Wendung »notre enfant« von Metternich findet sich etwa in: *MSB,* 21. Januar 1814, S. 185, sowie sechs Tage später, S. 196. Er bezeichnet Armfelt als »le plus grand scélérat de la terre«, als »größten Schuft auf Erden«, 25. März 1814, S. 237 f.; Armfelts Tod wird von der *Wiener Zeitung* am 25. September 1814 gemeldet.

Die Unruhen in jenem Herbst werden erwähnt in McGuigan, *Metternich and the Duchess [Metternich, Napoleon und die Herzogin von Sagan]* (1975), S. 359 ff. Gentz arbeitete noch intensiv an der Sache, wie aus seinem Verweis auf Wratislaw hervorgeht, der für den Fall als Staatsanwalt tätig war, siehe: 20. Oktober 1814, *MSB,* S. 321. Die Unterhaltung zwischen Talleyrand und Metternich mit der Frage: »Wie könnten Sie Russland gestatten, sich wie ein eiserner Gürtel um Ihre bedeutensden und wichtigsten Länder, Ungarn und Böhmen, herum zu legen?«, fand nicht am 23. September 1814 statt (Nicolson, *The Congress of Vienna: A Study in Allied Unity, 1812 – 1822 [Der Wiener Kongress oder Über die Einigkeit unter Verbündeten: 1812 – 1822]* (1946), S. 156), dem Tag der Ankunft Talleyrands in Wien, sondern im Oktober, und seine Worte, mit denen er Österreich riet, sich gegen die preußische Annexion Sachsens zu wehren, »Gerechtigkeit, Anstand, selbst [seine] Sicherheit«, ist aus: Talleyrand an Ludwig XVIII., 19. Oktober 1814, *TLC,* S. 72; *TLB,* S. 55.

Dallas ist einer der wenigen Historiker des Kongresses, der sich in seinem aufschlussreichen Buch mit der Herzogin von Sagan auseinandersetzt, aber seine Darstellung ist in einem Punkt verwirrend: Sagan erhielt Metternichs Brief nicht am 20. Oktober und lud den Zaren daraufhin zum Frühstück ein (*The Final Act: The Roads to Waterloo* [1997], S. 209). Das Frühstück war bereits zwei Tage vor Erhalt des Briefes vereinbart worden, als sie dem Zaren auf dem Ball des russischen Botschafters Stackelberg begegnete. Die Bitte der Herzogin um eine Audienz beim Zaren veranlasste Metternich überhaupt erst, den Brief zu schreiben. Die Herzogin bekam den Brief auch nicht am 20. des Monats (S. 209); Metternich schrieb ihn in den frühen Morgenstunden nach dem Ball oder am 21., und sie bekam ihn am 22. Oktober auf dem Ball des Grafen Zichy. Zum Frühstück von Zar und Herzogin an jenem Morgen existiert ein anonymer Rapport an Hager, 1. November 1814, Nr. 635 und Nr. 476. Metternichs Brief, datiert auf vier Uhr morgens, 21. Oktober 1814, wurde veröffentlicht in: *MSB,* S. 267 ff.; siehe dazu: McGuigan, *Metternich, Napoleon und die Herzogin von Sagan* (1979), S. 348 – 352. Metternichs zweiter diffiziler Brief zum Thema Sachsen findet sich in Angeberg (1864), Bd. II, S. 316 – 320.

Metternich sprach an jenem Tag, dem 22. Oktober, mit Gentz von seiner »rupture définitive«, dem endgültigen Bruch mit der Herzogin, *Tagebücher* (1873), Bd. I,

S. 322. Gentz erwähnt den Brief zu Sachsen nicht, und das liegt, entgegen den Behauptungen mancher Historiker, vermutlich daran, dass er davon nichts wusste. Gentz war gegen diese Linie. Zur Sichtweise von Gentz zu diesem Brief siehe seine *Denkschrift,* die er im Februar 1815 schrieb, in: *NP,* Bd. II, S. 489. Näheres zum Hintergrund Österreichs und Russlands siehe: Gentz, *Denkschrift,* in: *NP,* Bd. II, S. 474 ff., und zum Streit um die Schweiz in: Nesselrode, *Autobiographie,* in: *Lettres et papiers du chancelier comte de Nesselrode, 1760 – 1850*, Bd. II, S. 108 f.; Helen du Coudray, *Metternich* (1936), S. 139 ff. Die Zusage des Zaren, die Schweizer Neutralität zu achten, und Versicherungen seitens Österreich, siehe: Zar Alexander I. an La Harpe, 3. Januar 1814 – 22. Dezember 1813, La Harpe an Zar Alexander, *Correspondance de Frédéric-César La Harpe et Alexander 1er* (1978 – 1979), Bd. II, S. 505. Dem Vernehmen nach reagierte Zar Alexander auf alles, was Metternich sagte, sehr empfindlich oder mit Missfallen, Erzherzog Johann, 21. Oktober 1814, *Aus dem Tagebuche Erzherzog Johanns von Oesterreich, 1810 – 1815*, hg. v. Franz Xaver von Krones (1891), S. 180. Dass Talleyrand und Gentz miteinander redeten und speisten, geht aus Gentz' Tagebuch und etlichen Spitzelberichten hervor, etwa anonymer Agent an Hager, 31. Dezember 1814, *DCV,* Bd. I, Nr. 1215. Später vermerkt Gentz viele Geschenke, die er von Delegierten bekommen hatte, darunter rund 24 000 Gulden im Namen des französischen Königs, *Tagebücher* (1873), Bd. I, S. 343. Gentz und Talleyrand waren sich in vielen Punkten einig, auch zu Sachsen.

Meine Version des Planes, den Zaren mit der Eröffnung des Kongresses unter Druck zu setzen, stützt sich auf eine Reihe von Briefen Castlereaghs, insbesondere das »First Memorandum on the Polish Question«, *BD,* S. 209 f.; Castlereagh an Liverpool, 20. Oktober 1814, *BD,* Nr. CXXVIII, S. 211, sowie den Folgebrief am 24. Oktober, CXXIX, S. 212 f., und »The Memorandum on the Best Method of Handling the Polish Question«, S. 213 ff.; ferner auf Czartoryski, *The Memoirs of Prince Adam Czartoryski and His Correspondence with Alexander I [Mémoires],* hg. v. Adam Gielgud, 2 Bde. (1968), Bd. II, S. 284, sowie die Diskussionen in: C.K. Webster, *The Foreign Policy of Castlereagh, 1812 – 1815: Britain and the Reconstruction of Europe* (1931), S. 347 ff., und Kraehe, *Metternich's German Policy* (1982), Bd. II, S. 207 ff. Talleyrands Kritik an seinen Kollegen sowie der Schildkrötenvergleich stammen aus einem Brief an die Herzogin von Kurland, 31. Oktober 1814, *TLI,* S. 60. Der Dialog zwischen dem Zaren und Talleyrand am Abend des 23. Oktober, in: Talleyrand an Ludwig XVIII., 25. Oktober 1814, *TLC,* S. 84 – 89; *TLB,* S. 64 – 67; vgl. *Memoiren des Fürsten Talleyrand,* Bd. II, S. 312 ff., und »Die Gesandten des Königs auf dem Kongress an den Minister der auswärtigen Angelegenheiten in Paris«, Nr. 8A, 24. Oktober 1814, S. 274. Agent ** an Hager, 26. Oktober 1814, *DCV,* Bd. I, Nr. 559. Die Drohung des Zaren bezüglich des Königs von Sachsen wurde auch von einem Mitglied der russischen Delegation überliefert: Stein in einem nicht datierten Eintrag vor dem 2. Oktober 1814, *Tagebuch,* in: *Briefe und amtliche Schriften,* Bd. V (1964), S. 319. Talleyrands Gedanken zu Polen und Sachsen vor der Begegnung mit dem Zaren tauchen auf in: Talleyrand an Ludwig XVIII., 19. Oktober 1814, *TLC,* S. 75 f.; *TLB,* S. 58 ff.

Metternichs Äußerungen zum Kontext seiner Unterhaltung mit dem Zaren in: *NP,*

Bd. I, S. 326 ff., und Gentz' Sichtweise dazu in: *NP,* Bd. II, S. 482 f., siehe auch Castlereagh an Liverpool, 11. November 1814, *BD, Nr.* CXXVIII, S. 229, und Talleyrand an Ludwig XVIII., 31. Oktober 1814, *TLC,* S. 99 f.; *TLB,* S. 75 f.; Talleyrand berichtet hier über die schockierende Wortwahl Alexanders, wie etwa bei Metternichs »aufrührerischem Ton«, und über Metternichs Zustand danach; dazu auch Alan Palmer, *Metternich. Der Staatsmann Europas – eine Biographie* (1977), S. 188. Metternichs Vergleich des Zaren mit Napoleon findet sich in Erzherzog Johanns Tagebuch, 25. Oktober 1814, *Aus dem Tagebuche Erzherzog Johanns von Oesterreich 1810 – 1815,* hg. v. Franz Xaver von Krones (1891), S. 181, und Metternichs Vorsatz, sich mit ihm nie wieder unter vier Augen zu treffen, in Gentz' Erinnerungen an den Kongress: *Denkschrift, NP,* Bd. II, S. 483. Polizeispitzel meldeten den Wunsch des Zaren Alexander, dass Metternich abgesetzt werde, Agent ** an Hager, 28. Oktober 1814, *DCV,* Bd. I, Nr. 598. Dass Metternich gelegentlich anmaßend gegenüber den Monarchen auftrat, wurde auch von dem dänischen König beklagt: Nota an Hager, 3. Januar 1815, *DCV,* Bd. I, Nr. 1230. Zur Drohung des Zaren, Metternich aus dem Fenster zu werfen, siehe Eynard, 28. Oktober 1814, *Journal [Tagebuch]* (1914), Bd. I, S. 73. Viele Biografen Metternichs verlegen ein angebliches Duell zwischen Metternich und Alexander, das Gerüchten zufolge stattfand, in diesen Zeitraum, aber das wäre auf jeden Fall falsch. Die Herausforderung zum Duell, falls es wirklich jemals erfolgte, kam später im Dezember, siehe Anmerkungen zu Kapitel 19. Die Reise nach Ungarn, die häufig falsch datiert wird, begann am Morgen des 24. Oktober. Dass der Zar für die Zeit seiner Abwesenheit keinen Bevollmächtigten ernannte: siehe Talleyrand an Ludwig XVIII., 25. Oktober 1814, *TLC,* S. 93.

**Kapitel 13: Robinson Crusoe**

Der Verweis auf *Clisson et Eugénie* ist entnommen aus: Andy Martin, *Napoleon the Novelist* (2000), S. 118 ff., und Steven Englunds Biografie *Napoleon: A Political Life* (2004). Englund hatte Zugang zu Teilen des Werkes, die frühere Napoleonexperten nicht einsehen konnten. Die Rolle des Zaren bei der Entscheidung für Elba und sein Angebot an Napoleon nach dessen Abdankung werden geschildert in: Norman Mackenzie, *The Escape from Elba: The Fall and Flight of Napoleon, 1814 – 1815* (1982), S. 14 f., 22, auch eine wertvolle Quelle zu Napoleons Aufenthalt auf Elba. Siehe auch J. M. Thompson, *Napoleon Bonaparte* (1952), S. 391; August Fournier, *Napoleon the First: A Biography,* übs. v. Margaret Bacon Corwin und Arthur Dart Bissell (1903), S. 675 ff., dt. Ausgabe: *Napoleon I.* (1904); und F. M. Kircheisen, *Napoleon* (1932), S. 674 ff. Viele betrachteten Elba natürlich als eine Demütigung, z. B. Luise von Preußen, Fürstin Anton Radziwill, *45 Jahre aus meinem Leben (1770 – 1815),* übs. v. E. von Kraatz (1912), S. 306. Metternich in Dijon, sein Widerstand gegen die Entscheidung für Elba und seine Vorhersage eines Krieges binnen zwei Jahren, siehe: *NP,* Bd. I, S. 198 – 201. Nähere Einzelheiten zu dieser Situation finden sich auch in zwei Briefen an Kaiser Franz, beide vom 11. April 1814, und in den Antworten des Kaisers, auch dessen Widerstand gegen die Pläne des Zaren, *NP,* Bd. II, S. 469 – 472. Zum Eintreffen der Koalition in Paris, wobei Kaiser Franz jedoch in Dijon blieb, merkt Palmer an, dass es dem Kaiser so lieber gewesen sei: Palmer, *Napoleon and Marie Louise: The Emperor's*

*Second Wife* (2001), S. 170. Die Wendung »theatrical generosity« (»zur Schau gestellte Großzügigkeit«) stammt von Lord Stewart, Castlereaghs späte Ankunft und Weigerung zu unterschreiben in: Mackenzie (1982), S. 25, sowie Norwood Young, *Napoleon in Exile: Elba* (1914), S. 49.

Der Status Elbas als Fürstentum Napoleons, über das er die »volle Souveränität und den Besitz« hatte samt einem Jahreseinkommen in Höhe von zwei Millionen Francs, wird in Artikel III definiert, und die Zuwendungen für seine Familie sind Gegenstand von Artikel VI. Ferner verzichtete Napoleon, ganz wichtig, in Artikel I auf das französische Reich siehe: Angeberg, *Le Congrès de Vienne et les traités de 1815* (1864), Bd. I, S. 148–151. Die Angaben zur Bevölkerung und ihren Mythen und die Beschreibung des Ortes als schäbiger Hafen stammen aus Mackenzie, *The Escape from Elba* (1982), S. 66 ff. Die Bevölkerungszahlen wurden auch zur Zeit des Kongresses akzeptiert, wie in den Protokollen der zweiten Sitzung des Prüfungsausschusses am 25. Dezember 1814 festgehalten wurde, in: Angeberg (1864), Bd. II, S. 566. Der Ausschuss kam auf die gleiche Zahl, allerdings über den Mittelwert unterschiedlicher Schätzungen zweier Fachleute (11385 und 13750). Das Café »Buon Gusto« und der Wein: Robert Christophe, *Napoleon on Elba [Napoléon, empereur de l'île d'Elbe],* übs. v. Len Ortzen (1964), S. 91. Die Bodenschätze Elbas werden aufgezählt in Sir Neil Campbells Tagebuch, veröffentlicht in: *Napoleon at Fontainebleau and Elba; Being a Journal of Occurrences in 1814–1815* (1869), S. 254. Zu den reichen Eisenerzvorkommen, vor allem bei Rio: Mackenzie (1982), S. 65, Christophe (1964), S. 30 und 44, und zum Salzdepot, S. 21. Dass Minen die einträglichsten Unternehmen der Insel waren: Kircheisen (1932), S. 681. Siehe auch: André Pons de l'Hérault, *Souvenirs et anecdotes de l'île d'Elba* (1897).

Unruhen auf Elba, Revolte und Regierungswechsel: Captain Ussher, »Napoleon's Deportation to Elba«, in: *Napoleon's Last Voyages, being the Diaries of Admiral Sir Thomas Ussher, R. N., K. C. B. (on board the »Undaunted«) and John R. Glover, Secretary to Rear Admiral Kockburn (on board the »Northumberland«)* (1895), S. 48 f.; Campbell (1869), S. 214. Zu den Schüssen auf die HMS *Undaunted* bei ihrer Ankunft siehe Mackenzie (1982), S. 63, Christophe (1964), S. 16 f., 26 f. Dass der französische General Dalesme zuständig war, die Flagge der Bourbonen 48 Stunden lang gehisst war und die Insel um ein Haar britischer Besitz geworden wäre, was mit Sicherheit eine interessante Entwicklung zur Folge gehabt hätte, siehe Thompson (1952), S. 396. Napoleons Palast und Thron: Mackenzie (1982), S. 73, und weitere ähnliche Einzelheiten z. B. in: Abbé de Pradt, *Congrès de Vienne* (1815), Bd. I, S. 216, oder Graf Molé, *The Life and Memoirs of Count Molé (1781–1855) [Le comte Molé, 1781–1855. Sa vie, ses mémoires],* hg. v. Marquis de Noailles (1924), Bd. I, S. 205, hier auch die Beschreibung eines Thrones ohne Nation als »einfach vier Stücke Holz, bedeckt mit einem Stück Samt«. De Lignes Vergleich Napoleons mit Robinson Crusoe wird von vielen Quellen überliefert, darunter Comte Auguste de La Garde-Chambonas, *Gemälde des Wiener Kongresses 1814–1815. Erinnerungen, Feste, Sittenschilderungen, Anekdoten* (1912), S. 33, und Pictet de Rochemont, *Biographie, travaux et correspondance diplomatique* (1892), S. 211. Pálffy und Bigottini werden erwähnt in einem Rapport an Hager, 14. Oktober, *DCV,* Bd. I, Nr. 415, und von Karl von Nostitz in einem nicht datierten

Eintrag vom Ende Dezember, *Leben und Briefwechsel* (1848), S. 140, zur Niederkunft der Ballerina gut neun Monate später in Paris siehe: *The Diary of Frances Lady Shelley (1787–1817)* (1912), S. 109. Die beleidigenden Ausbrüche des Zaren Alexander siehe: Agent O an Hager, 19. Oktober 1814, *DCV*, Bd. I, Nr. 450. Josephine Wolters in der Burg: Rapport an Hager, 12. Oktober 1814, *DCV*, Bd. I, Nr. 346. Sie kam fast jeden Abend zu Wolkonski, siehe: Göhausen an Hager, 16. Oktober 1814, *DCV*, Bd. I, Nr. 396, und wurde dabei beobachtet, wie sie in den Palast schlüpfte: Rapport, 22. Oktober 1814, Nr. 477. Kaiser Franz über Wolters: Hagers Bericht, 25. Oktober 1814, Nr. 498.

Die Geschichte vom Blinde-Kuh-Spiel und dem darauf folgenden Streit, der um ein Haar mit einem Duell geendet hätte, siehe: 11. Oktober 1814, *DCV*, Bd. I, Nr. 337; Rzewuska, *Mémoires de la comtesse Rosalie Rzewuska (1788–1865)* (1939), Bd. I, S. 254 f., und Erzherzog Johanns Tagebuch, 9. Oktober 1814, *Aus dem Tagebuche Erzherzog Johanns von Oesterreich, 1810–1815*, hg. v. Franz Xaver von Krones (1891), S. 176. Mehr zum Hintergrund zur persönlichen Rivalität der beiden Kronprinzen findet sich in: Gräfin Bernstorff, *Ein Bild aus der Zeit von 1789 bis 1835: Aus ihren Aufzeichnungen* (1896), Bd. I, S. 151. Zur Verhinderung des Duells siehe: Rechbert an seinen Vater, nicht datiert, Le Comte de Goerz, Nr. 343, und Feldmarschall Fürst Schwarzenberg an seine Frau, 8. Oktober 1814, Johann Friedrich Novák (Hg.), *Briefe des Feldmarschalls Fürsten Schwarzenberg an seine Frau, 1799–1816* (1913), S. 408. Die Bellioaffäre wird in vielen Agentenberichten um die Zeit der Festnahme erwähnt: *DCV*, Bd. I, Nr. 443–446. Siehe auch den abgefangenen Brief von Mavrojény, 22. Oktober 1814, Nr. 487. Gentz erfuhr auf dem Friedensball von der Ausweisung des Fürsten Bellio, weil dieser Briefe kopiert hatte: Gentz, *Tagebücher*, 18. Oktober 1814 (1873), S. 320 f. Zu den Gerüchten über eine geplante Entführung: Mackenzie (1982), S. 163. Hinweise auf die geplante Entführung wurden in der französischen Botschaft entdeckt, z. B. Marioti an Dalberg, 5. Oktober 1814, *GPWK*, S. 219 f., sowie in *DCV*, Bd. I, Nr. 563. Der Kaiser ordnete eine engere Observierung an. Siehe Anmerkungen zu Kapitel 18.

Carl Bertuch notierte, dass kühles »Novemberwetter« nun doch gekommen sei, *Tagebuch vom Wiener Kongress*, 25. Oktober 1814, S. 38, und Stolberg-Wernigerode schrieb über den strömenden Regen an dem Tag, *Tagebuch über meinen Aufenthalt in Wien zur Zeit des Congresses* (2004), S. 78; das wurde auch von anderen bestätigt, die regelmäßig das Wetter kommentierten, z. B. Gentz, *Tagebuch*, und San Marzano, *Diario*. »Ich bin nicht mehr der Mann, der ich vorgestern war«, in: McGuigan, *Metternich, Napoleon und die Herzogin* (1979), S. 371, siehe auch S. 352. Es kursierten Gerüchte darüber, dass der Zar die Herzogin unter Druck gesetzt habe, siehe etwa: Rosenkrantz, 27. Oktober 1814 (1953), S. 54. Metternich bat sie, mit dem Zaren nicht über ihn zu sprechen, *MSB*, 31. Oktober 1814, S. 269. »Moi je ne m'étonne plus de rien« (»Ich wundere mich über nichts mehr«): Brief vom 1. November 1814, *MSB*, S. 270.

Das Datum für die Abreise nach Ungarn wird häufig falsch angegeben, müsste aber der 24. Oktober gewesen sein, wie viele Tagebücher bestätigen. Unmittelbar vor der Abreise ordnete Kaiser Franz an, sämtliche Agentenberichte an Fürst Metternich zu schicken: Kaiser an Hager, 23. Oktober 1814, *DCV,* Bd. I, Nr. 475. Ein ungarischer Zeitungsbericht über den Aufenthalt wurde von der *Wiener Zeitung* am 1. November und noch einmal am 4. November 1814 auszugsweise zitiert. Dass die Reise nicht sehr harmonisch verlief, geht aus vielen Quellen hervor, etwa: »Die Gesandten des Königs auf dem Kongress an den Minister der auswärtigen Angelegenheiten in Paris«, Nr. 9A, 31. Oktober 1814, S. 285, Alexanders Worte über Metternich und die Entschlossenheit des Kaisers, die Arbeit den Ministern zu überlassen, siehe: Talleyrand an Ludwig XVIII., 31. Oktober 1814, *TLC,* S. 100 f.; *TLB,* S. 75 f. Stein hielt ebenfalls die Kritik des Zaren am österreichischen Außenminister in seinem Tagebuch fest, 29. Oktober – 7. November 1814, in: Stein, *Briefe und amtliche Schriften,* Bd. V (1964), S. 330. Auch die Spannungen unter den Souveränen wurden von Stein erwähnt, sowie im Rapport an Hager vom selben Tag, *DCV,* Bd. I, Nr. 626. Zur Äußerung des Zaren, in der er den Ministern die Schuld gibt und die Hoffnung äußert, die Angelegenheit unter den Monarchen selbst zu regeln, siehe: Castlereagh an Liverpool, 11. November 1814, *BD,* Nr. CXXVIII, S. 230. Bayerns Delegierter Wrede informierte auch Rosenkrantz, 30. Oktober 1814, *Journal,* S. 56.

Der Umgang des Zaren mit den hübschen Damen in Ungarn: Agent ** an Hager, 6. November 1814, *DCV,* Bd. I, Nr. 692. Buda und Pest werden in einem zeitgenössischen Reisebericht beschrieben, der 1818 von Bright veröffentlicht wurde: *Travels from Vienna through Lower Hungary with some remarks on the state of Vienna during the congress in the year 1814*, S. 207 ff.

Zum Austausch zwischen Zar Alexander und Kaiser Franz über Metternich und die Verschlechterung ihrer Beziehungen, die manche schon fürchten ließen, der Zar werde in Kürze endgültig aus Wien abreisen: Eynard (1914 – 1924), Bd. I, S. 86 f. Zum Wunsch des Zaren, der Kaiser möge Metternich entlassen, und zu seinen Plänen, die Angelegenheit mit Franz zu regeln, siehe Agent ** an Hager, 28. Oktober 1814, *DCV,* Bd. I, Nr. 598. Rosenkrantz hörte ebenfalls von den Versuchen des Zaren, Metternich aus dem Weg zu räumen, seine Informationen kamen von einem Mitarbeiter Metternichs: Hudelist, *Journal,* 6. November 1814 (1953), S. 67. Auch Castlereagh schimpfte über die Diplomatie des Zaren und seine »Angewohnheit, sein eigener Minister zu sein«, siehe Brief an Liverpool, 5. November 1814, *BD,* Nr. CXXV, S. 222. Viele stimmten dem zu, darunter Graf Münster in seiner Depesche, 27. November 1814, *Political Sketches of the State of Europe, 1814 – 1867: Containing Count Ernst Münster's Despatches to the Prince Regent from the Congress of Vienna [Politische Skizzen über die Lage Europas vom Wiener Congreß bis zur Gegenwart (1815 – 1867) nebst den Depeschen des Grafen Ernst Friedrich Herbert zu Münster über den Wiener Congreß]* (1868), S. 190. Die blinde Anhänglichkeit des preußischen Königs an den Zaren und dass die preußischen Vertreter auf einen anderen Ansatz hofften, selbst wenn das hieß, auf Sachsen zu verzichten, vermutete Talleyrand ganz richtig in einem Brief an Ludwig XVIII., 31. Oktober 1814, *TLC,* S. 103. Den Beinamen des preußischen Königs »Kammerdiener« des Zaren erwähnte Agent ** an Hager, 14. November 1814, *DCV,* Bd. I, Nr. 768.

**Kapitel 14: Diner beim Zaren**

Die öffentliche Meinung zum Kongress sank aus vielen Gründen auf einen Tiefpunkt – Enttäuschung und Verwirrung wegen des Anfangs und Endes: Rapport an Hager, 15. Oktober, *DCV,* Bd. I, Nr. 387, und wegen des langsamen Fortschritts: Piquot an X, abgefangen, 19. Oktober 1814, Nr. 452, nur einer von vielen Rapporten, die den Unmut darüber zum Ausdruck brachten. Agent B zur Kritik an den allzu vielen Feiern und seine Bevorzugung einer anderen Stadt: 25. Oktober 1814, Nr. 533; die Kritik des bayerischen Delegierten Karl Wrede in: Spiel, *Wiener Kongress in Augenzeugenberichten* (1965), S. 37. Das Missbehagen des preußischen Königs auf dem Kongress und die Feststellung, man sei anscheinend nur hier, um sich zu amüsieren: zit. v. San Marzano, *Diario,* 22. Oktober 1814, S. lix. Der französische Bevollmächtigte Dalberg z. B. gab Metternich und dem Zaren die Schuld: Agent **, 7. Oktober 1814, Nr. 304. Metternichs Sturz wurde von vielen vorhergesagt und herbeigesehnt, so meldete Agent ** an Hager, 15. Oktober 1814, Nr. 384. Agent ** war an dieser Frage besonders stark interessiert und verfasste viele Berichte über die Schwankungen der öffentlichen Meinung.

Dass die Auflösung des Kongresses drohte und zur Kriegsangst: Rapport an Hager, 20. Oktober 1814, *DCV,* Bd. I, Nr. 459. Gerüchte über die Abreise von Souveränen: abgefangener Brief von Bellio, 15. Oktober 1814, Nr. 446, sowie die Angst vor einer Absage des ganzen Kongresses: Eynard, 29. Oktober 1814, *Journal [Tagebuch],* S. 75. Die sich verschlechternden Bedingungen: Eynard, 3. November 1814 (1914 – 1924), S. 86; Rosenkrantz, 2. November 1814, *Journal [Tagebuch],* S. 61. »Keiner weiß, was er glauben soll oder wem er glauben soll«, Agent Nota an Hager, 23. Oktober 23, 1814, Nr. 496. Talleyrands Enttäuschung über Castlereagh geht aus vielen Briefen zu jener Zeit hervor, etwa: Talleyrand an Ludwig XVIII., 17. Oktober 1814, *TLC,* S. 60 f., zu Metternich, Castlereagh und Preußen in seinem Brief an die Herzogin von Kurland, 19. Oktober 1814, *TLI,* S. 58.

Castlereagh behauptete, er sei sich über die Risiken seiner Preußenpolitik im Klaren: Castlereagh an Wellington, 25. Oktober 1814, *BD,* Nr. CXXII, S. 218 f., setzte allerdings großes Vertrauen ins preußische Kabinett: Castlereagh an Wellington, 25. Oktober 1814, *BD,* Nr. CXXII, S. 218, dazu auch *WSD,* Bd. IX, S. 372. Er spielte auch die Risiken eines starken Preußen als »sekundäre Gefahr« in Relation zu der Gefahr einer neuerlichen französischen Aggression herunter: Castlereagh an Wellington, 1. Oktober 1814, *CC,* Bd. X, S. 144 f., und der ganze Brief S. 142 – 145. Dass Frankreich niemals einen Deutschen Bund zu fürchten brauche: Castlereaghs Brief an Wellington, 25. Oktober 1814, *CC,* Bd. X, S. 175.

Dass Talleyrand Castlereagh drängte, den Kongress zu eröffnen, und inwiefern dies den Zaren aufhalten würde, steht in: Talleyrand an Ludwig XVIII., 25. Oktober 1814, *TLC,* S. 91. Metternichs Gespräch mit Talleyrand und die Sitzung des Ausschusses der Acht am 30. Oktober: Talleyrand an Ludwig XVIII., 31. Oktober 1814, *TLC,* S. 108; *TLB,* S. 80 ff.; zur Dauer siehe: Gentz, *Tagebücher,* 30. Oktober 1814 (1873), Bd. I, S. 325. Siehe auch Angeberg, *Le Congrès de Vienne et les traités de 1815* (1864), Bd. II, S. 358 ff., mit Nesselrodes Protest auf S. 362; eine Erörterung dieser Begegnung in: Kraehe, *Metternich's German Policy* (1963 – 1983), Bd. II, S. 227 f. Zu den Intrigen, die auf dem Maskenball ausgeheckt wurden, und den keineswegs romantischen Affären: Baronne du Montet (1904), S. 113, Eintrag vom 6. November 1814. Der Bestechungsversuch wird analysiert von McGuigan, *Metternich, Napoleon und die Herzogin* (1979), S. 379 f. Der Vorfall ist natürlich, wie viele Intrigen, umstritten. Der englische Delegierte Cooke ist die beste Quelle dafür, *WSD,* Bd. IX, S. 473. Weitere schmerzliche Erkenntnisse, wenn auch keineswegs immer schlüssig, tauchen hier und da auf, darunter bei Stein, der damals für die russische Delegation arbeitete und den Versuch des Zaren, mithilfe der Herzogin von Sagan Einfluss auf Metternich zu nehmen, in seinem Eintrag im *Tagebuch* für den Zeitraum 29. Oktober – 7. November 1814 vermerkte: Stein, *Briefe und amtliche Schriften,* Bd. V (1964), S. 331.

Talleyrand äußerte den Verdacht, dass Castlereagh nicht die Ziele des britischen Prinzregenten verfolge: Talleyrand an Ludwig XVIII., 25. Oktober 1814, S. 91 f. Die Bestätigung des Duke of Wellington schickte Ludwig XVIII. in einer Depesche, die auf zwei Tage später datiert war, S. 96; ein längerer Bericht: 9. November 1814, S. 122 – 126. Das stimmte, wie aus der späteren Korrespondenz zwischen Liverpool und Castlereagh hervorgeht. Webster nannte Castlereaghs Vorgehensweise »direct defiance« (»direkten Ungehorsam«): C. K. Webster, *The Foreign Policy of Castlereagh, 1812 – 1815: Britain and the Reconstruction of Europe* (1931), S. 371, und Rory Muir, *Britain and the Defeat of Napoleon, 1807 – 1815* (1996), S. 337 f.

Das Diner Anfang November wurde von Talleyrand beschrieben, der seine Information von dem Berater des Zaren Czartoryski hatte, 12. November 1814, S. 127 f.; *TLB,* S. 96; Rosenkrantz, 11. November 1814 (1953), S. 73 f., vermerkt, dass der Zar Hardenberg in einer überaus rohen Weise behandelte, und weist hier ebenfalls auf die Ängste um die Gesundheit des Kanzlers hin. Seine Informationen stammten von Mitgliedern der russischen (Rasumowsky) und der österreichischen Delegation (Hudelist), 6. November 1814, S. 66 f. Stein berichtete ebenfalls, wie der Zar Hardenberg verletzt hatte: *Tagebuch,* in einem nicht datierten Eintrag zwischen 29. Oktober und 7. November 1814, *Briefe und amtliche Schriften,* Bd. V (1964), S. 332. »Es ist nicht genug …« wird überliefert in McGuigan (1975), S. 394. Hardenbergs Äußerung, dass Russland und damit auch der König sich irrten, 6. November 1814, in: Hardenberg, *Tagebücher und autobiographische Aufzeichnungen* (2000), S. 804, und seine für gewöhnlich »liebenswürdige Unterhaltung« beim Souper erwähnt Gräfin Bernstorff, die ihren Onkel bewunderte, *Ein Bild aus der Zeit von 1789 bis 1835: Aus ihren Aufzeichnungen* (1896), Bd. I, S. 163. Metternichs Zurückweisung der Beschuldigungen des Zaren und die Szene finden sich auch in McGuigan, *Metternich and the Duchess* (1975), S. 393 f. und 395. Gentz erfuhr von dem Ergebnis, einem preußischen Schachzug oder »Verrat«, wie er es nannte, bei Lord Stewarts Ball am Montag auf der Treppe, 7. November 1814: Gentz, *Tagebücher,* S. 327 f. Die Geschichte wurde zwei Tage später von Metternich bestätigt, 9. November, S. 328.

**Kapitel 15: Die Jagd nach dem Phantom**

Baron Franz von Gärtners abgefangener Brief an Graf Erbach findet sich in *DCV,* Bd. II, Nr. 2396. Napoleons erste Nacht im Rathaus, die Suche nach einem geeigneteren Wohnsitz und der Gestank: Robert Christophe, *Napoleon on Elba [Napo-*

*léon, empereur de l'île d'Elbe],* übs. v. Len Ortzen (1964), S. 38. Zum Anwesen »Villa (Palazzina) dei Mulini« und den Auswahlkriterien siehe: Norman Mackenzie, *The Escape from Elba: The Fall and Flight of Napoleon, 1814–1815* (1982), S. 77 f., und Christophe (1964), S. 42 f., 53 ff. Napoleons Ungeduld vor dem Einzug, während der Renovierungsarbeiten: Christophe, S. 55. Noch feuchte Farbe und andere (widrige) Umstände: André Pons de l'Hérault, *Souvenirs et anecdotes de l'île d'Elbe* (1897), S. 147; Paul Gruyer, *Napoleon. King of Elba [Napoléon, roi de l'île d'Elbe]* (1906), S. 63. Zur Backofenhitze siehe: J. M. Thompson, *Napoleon Bonaparte* (1952), S. 397. Napoleons Gefühl der mangelnden Sicherheit auf der Insel: August Fournier, *Napoleon the First: A Biography [Napoleon I.],* übs. v. Margaret Bacon Corwin und Arthur Dart Bissell (1903), S. 680, sowie Mackenzie (1982), S. 77.

Über Napoleons Angst vor Piraten berichtete Kapitän Thomas Ussher, »Napoleon's Deportation to Elba«, in: *Napoleon's Last Voyages, being the Diaries of Admiral Sir Thomas Ussher, R. N., K. C. B. (on board the »Undaunted«), and John R. Glover, Secretary to Rear Admiral Kockburn (on board the »Northumberland«)* (1895), S. 84, sowie Neil Campbell in seinem Tagebuch, veröffentlicht in: *Napoleon at Fontainebleau and Elba; Being a Journal of Occurrences in 1814–1815* (1869), S. 156. Die Koalition hatte in Artikel V des Vertrags von Fontainebleau selbstverständlich zugesagt, mithilfe »guter Dienste« dafür zu sorgen, dass die Piraten Napoleons Flagge und Territorium respektierten, aber Napoleon blieb skeptisch, ob die Piraten sich auch wirklich daran halten würden. Er befürchtete auch, dass sie möglicherweise von irgendwelchen Feinden dafür bezahlt würden, dass sie ihn entführten: Mackenzie (1982), S. 164. Ankunft der Garde Napoleons: Campbell (1869), S. 241; Ussher (1895), S. 76 ff.; Mackenzie (1982), S. 93 f., 97; sowie Christophe, der eine alte Frau interviewte, die die Geschichte ihrer Ankunft von ihrem Großvater gehört hatte (1964), S. 76 f.

Drouot, Cambronne und Bertrands Ansichten zu Elba: Mackenzie (1982), S. 137; Drouot als »der Weise der Grande Armée«: Christophe (1964), S. 15; nähere Einzelheiten zu seinem Charakter S. 70 f. sowie zu Bertrand und Cambronne S. 77 f. Cambronne als »hoffnungslos ungebildeter Rüpel«: Campbell (1869), S. 370. Die Flotte Elbas wird beschrieben in: Mackenzie (1982), S. 98 f. Napoleons Briefe an Marie-Louise in Wien sowie der Einsatz von General Bertrand und Méneval: ders., Bd. III, S. 285–289. Jeden Tag eine neue Version: Méneval (1894), Bd. III, S. 319; die Schreibgewohnheiten und Ansichten der Kaiserin in fünf ausgewählten Briefen an Méneval, ders., Bd. III, S. 294–300. Mehr zu Napoleon und Marie-Louise um diese Zeit S. 217 ff.; ihre Liebe zu ihm S. 220; der Alltag in Schönbrunn kann anhand der vielen Polizeiberichte aus jenem Herbst nachvollzogen werden – bis die Observierung Anfang Dezember vorläufig beendet wurde: Agent ** an Hager, 2. Dezember 1814, *DCV,* Bd. I, Nr. 958 (siehe auch Hager an den Kaiser, 30. November 1814, Bd. I, Nr. 927), allerdings wurde sie rasch wiederaufgenommen. Marie-Louises Zeitvertreib, Reiten, Italienischlernen und Zeichnen u. a.: Méneval (1894), Bd. III, S. 279–283 und 314 ff. Die Wahl Neippergs als »Begleiter«: Méneval (1894), Bd. III, S. 282; Polizeiagenten beschrieben Neipperg als gute Wahl: Agent ** an Hager, 24. Oktober 1814, *DCV,* Bd. I, Nr. 499. Die kaiserlichen Instruktionen an Neipperg: André Castelot, *Napoleon [Napoléon],* übs. v. Guy Daniels (1971), S. 513; und mit »jedes Mittel« war eindeutig auch der körperliche Einsatz gemeint, siehe Mackenzie (1982), S. 131. Neippergs und Marie-Louises Affäre Ende August: Mackenzie, S. 133 f., oder Ende September: Palmer (2001), S. 188. Beschreibung des Generals einschließlich der Augenklappe und der ungarischen Uniform S. 291 f. Fürst Metternichs Meister der Verführung: Méneval (1894), Bd. III, S. 398. Über Graf Neipperg gibt es einen Artikel, der anlässlich seines Todes in der *Revue britannique* erschien, Februar 1829, nachgedruckt im Anhang von: Méneval (1894), Bd. III, S. 509 ff. Fürst de Ligne als einer der häufigsten Besucher: Méneval (1894), Bd. III, S. 313. Beschreibungen des ehemaligen Königs von Rom stehen in vielen Quellen, etwa in: Spiel, *Wiener Kongress in Augenzeugenberichten* (1965), S. 239, und Carl Bertuch, *Tagebuch,* 19. November 1814 (1916), S. 57. Napoleon junior als dickköpfiges Kind: Dr. Frank, Agent ** an Hager, 24. Dezember 1814, Nr. 1141.

Metternichs Maskenball am 8. November: *MSB,* 8. November 1814, S. 328. Beschreibung der Dekoration und des Verkleidungstauschs: McGuigan (1975), S. 397; die venezianischen Umhänge: San Marzano, 8. November 1814, S. lxi; die Kleider, der Haarschmuck und Lady Castlereaghs Kostüm: Thürheim, *Mein Leben: Erinnerungen aus Österreichs großer Welt, 1788 – 1819* (1913), Bd. II, S. 109. Über andere Kostüme, darunter einen englischen Jockey, hörte Stolberg-Wernigerode von Freunden, die eingeladen waren: *Tagebuch über meinen Aufenthalt in Wien zur Zeit des Congresses* (2004), S. 91. Der Abend kam Carl Bertuch wie ein »zauberisches Fest« vor (1916), S. 50. Zum Fehlen Humboldts auf dem Ball siehe Brief an Caroline, 9. November 1814, in: Anna von Sydow (Hg.), *Wilhelm und Caroline von Humboldt in ihren Briefen* (1910), Bd. IV, S. 411. »Mais tout est si complètement changé …«: *MSB,* S. 258, allerdings nicht im Juli wie angegeben, sondern eher im Herbst, wie McGuigan ganz richtig darlegt (1979), Nr. 42, S. 486, und übersetzt, S. 371. »Ma santé; il n'en est plus question!«: Metternich an die Herzogin von Sagan, 1. November 1814, *MSB,* S. 270, und McGuigan (1979), S. 378.

Italien unter Napoleon: Michael Broers, *The Napoleonic Empire in Italy, 1796 – 1814* (2005), sowie John Rath, *The Fall of the Napoleonic Kingdom of Italy (1814)* (1941), und Jean Tulard, *Murat* (1999). Napoleons Plünderungen werden geschildert in: Dorothy Mackay Quynn, »The Art Confiscations of the Napoleonic Wars«, in: *American Historical Review* 50, Nr. 3 (April 1945), S. 450; Paul Schroeder, »Napoleon's Foreign Policy: A Criminal Enterprise«, in: *Journal of Military History* 54 (199), S. 147 – 161; und Charles Saunier, *Les conquêtes artistiques de la Révolution et de l'Empire: reprises et abandons des alliés en 1815* (1902). Talleyrands Ansichten zur Regelung der Italienfrage siehe: Talleyrand an Ludwig XVIII., 6. November 1814; *TLB,* S. 88 f. Meine Darstellung der preußischen Besetzung stützt sich auf mehrere Quellen. Dass der sächsische »Conferenz-Minister« in der französischen Botschaft mit Neuigkeiten wartete: Talleyrand an Ludwig XVIII., 17. November 1814, S. 149. Fürst Repnins Erklärung: 8. November 1814, in: Angeberg, *Le Congrès de Vienne et les traités de 1815,* Bd. II, S. 413 f. Die preußische Eroberung als skandalöse Transaktion: »Die Gesandten des Königs auf dem Kongress an den Minister der auswärtigen Angelegenheiten in Paris« Nr. 13A, 17. November 1814, *TLC,* S. 317 f. Talleyrands Äußerung über »den letzten Auswurf der Revolution«: Georg Nørregaard, *Danmark og Wienerkongressen 1814 – 1815* (1948), S. 118. Derartige Gerüchte tauchten in Wien auf, in vielen Agentenberichten und abgefangenen Briefen ab Ende Oktober, insbesondere von der schwedischen Delegation (468, 486, 546ff., 506). Der König von Sachsen hatte seinen Entschluss erklärt, kein Gebiet abzutreten, siehe: 4. November 1814, Angeberg, *Le Congrès de Vienne et les traités de 1815*, Bd. II, S. 401ff. Wrede zum Verlust Sachsens als Vorboten des unweigerlichen Ruin Bayerns: Rapport an Hager, 26. November 1814, *DCV*, Bd. I, Nr. 900. Die Wirkung des preußischen Einmarsches in Sachsen auf Metternich und Castlereagh sowie die Verabsolutierung der Vereinbarung, die aber in Wahrheit an Bedingungen geknüpft war: Talleyrand an Ludwig XVIII., 17. November 1814, *TLC*, S. 150.

**Kapitel 16: Das letzte Ritterturnier**

»Der Kongress glich ...« stammt aus Gräfin Bernstorff, *Ein Bild aus der Zeit von 1789 bis 1835: Aus ihren Aufzeichnungen* (1896), Bd. I, S. 178. Die Angaben zu Beethovens Persönlichkeit, Spaziergewohnheiten und seinem Drang zum Pianoforte sind entnommen: G.R. Marek, *Beethoven: Biography of a Genius* (1970), S. 160, mehr zu seiner Person in: Lewis Lockwood, *Beethoven: The Music and the Life* (2003), S. 333ff. Frida Knight, *Beethoven and the Age of Revolution* (1973), und Groves, Bd. II, S. 354–394, insb. S. 389–392. Wertvolle Studien zu Beethovens Musik auf dem Kongress sind: Ingrid Fuchs, »The Glorious Moment – Beethoven and the Congress of Vienna«, in: Villumsen Krog (Hg.), *Danmark og den dansende Wienerkongres: spillet om Danmark* (2002), sowie Otto Bibas Beitrag im selben Sammelband; Wilhelm Freiherr von Weckbecker, »Die Musik zur Zeit des Wiener Congresses«, in: Leisching (1898), S. 273–287. Beethovens Ausspruch »Vom Kaiser bis auf den Schuhputzer ...«: Ludwig Nohl, *Beethovens Leben* (1867), Bd. II, S. 341, dazu und zur Veränderung des Geniebegriffs siehe: Paul Johnson, *The Birth of the Modern: World Society, 1815–1830* (1991), S. 106 und 117f. Dass Besucher damals bereits schreien mussten, wurde z.B. deutlich, als Wenzel Tomascheck in jenem Herbst Beethoven besuchte. Seine Schilderung wurde abgedruckt in: Michael Hamburger (Hg.), *Beethoven: Letters, Journals and Conversations* (1960), S. 120. Seine berüchtigte Unordentlichkeit wird veranschaulicht durch die Tatsache, dass Beethoven nur wenige Monate zuvor schriftlich darum bat, man möge ihm doch eine Kopie der Oper *Fidelio* leihweise zur Verfügung stellen, weil er sie für eine Aufführung im Mai am Hoftheater überarbeiten wolle. Sein eigenes Exemplar konnte er nicht finden, Brief an Moritz Graf von Lichnowksy, Januar oder Februar 1814, in: Ludwig van Beethoven, *Briefwechsel. Gesamtausgabe,* Bd. 3: *1814–1816,* hg. v. Sieghard Brandenburg (1961), S. 7f. Andeutungen, dass der Kongress abgebrochen werden könnte, gibt es viele. Agent ** sagte voraus, dass der Wiener Kongress höchstwahrscheinlich mit einem Krieg enden werde, Rapport an Hager, 24. November 1814, *DCV*, Bd. I, Nr. 870.

Baronne du Montets Äußerung zu den Königen in Wien stammt aus: *Souvenirs 1785–1866 [Die Erinnerungen der Baronin du Montet]* (1904), S. 114; die Beliebtheit der Jagdausflüge in jenem Herbst geht aus dem Tagebuch von Matthias Franz Perth hervor, einem jungen Beamten im Forstausschuss, *Wiener Kongresstagebuch, 1814–1815* (1981). »Barbarei eines Stierkampfes«: Richard Bright, *Travels from Vienna through Lower Hungary with some remarks on the state of Vienna during the congress in the year 1814* (1818), S. 19. Die Jagd und die Dimensionen der Jagdarena: Freiherr von Bourgoing, *Vom Wiener Kongress: Zeit- und Sittenbilder* (1943), S. 177. Henrich Graf zu Stolberg-Wernigerode geht ausführlich auf die gejagten Tiere ein, allerdings weichen die Zahlen leicht ab, *Tagebuch über meinen Aufenthalt in Wien zur Zeit des Congresses* (2004), 10. November 1814, S. 92. Die *Wiener Zeitung* berichtete knapp über den Jagdausflug des Hofs am 11. November 1814, und Agent ** erstattete Hager darüber Bericht, 12. November 1814, *DCV,* Bd. I, Nr. 748. Die Schilderung und das Entsetzen Jean-Gabriel Eynards: *Au Congrès de Vienne: journal de Jean-Gabriel Eynard [Der tanzende Kongress: Tagebuch]* (1914–1924), Bd. I, S. 115 f.

Tolstoi zu Genua und Lucca in: *Krieg und Frieden,* übs. z. B. v. Barbara Conrad (2010), S. 7; Hannah Alice Straus, *The Attitude of the Congress of Vienna Toward Nationalism in Germany, Italy and Poland* (1949), S. 89 und 92; Guglielmo Ferrero, *The Reconstruction of Europe: Talleyrand and the Congress of Vienna, 1814–1815 [Reconstruction. Talleyrand à Vienne. 1814–1815]* (1941), S. 206 f. Bentincks eigenmächtige Zusage: John Rosselli, *Lord William Bentinck: The Making of a Liberal Imperialist, 1774–1839* (1974), S. 67, 176 ff. Das Protokoll der Sitzung zu Genua ist enthalten in: Angeberg (1864), Bd. II, S. 424–427, sowie in: Gentz, *Tagebücher,* 13. November 1814, S. 330; San Marzano, *Diario,* gleiches Datum, S. lxi: oder Labrador, *Mélanges sur la vie privée et publique* (1849), S. 46 f. Mehr Hintergrund dazu: La Harpe an Alexander, 15. November 1814, Bd. II, S. 602. Castlereaghs Ansichten gehen aus seinem Brief an Liverpool hervor, 21. November 1814, *BD,* Nr. CXXXI, S. 237 f. Zur Enttäuschung darüber, dass die Republik Genua »schließlich unter den mörderischen Stichen des Ehrgeizes und den schockierenden Ungerechtigkeiten der Monarchen unterging«, in: Rapport an Hager, 15. November 1814 *DCV,* Nr. 774. Der förmliche Protest des Marquis de Brignoles vom 10. Dezember findet sich in Angeberg (1864), Bd. II, S. 510 f.

Die erste Sitzung des Schweizer Komitees vom 14. November 1814: Angeberg (1864), Bd. II, S. 430, und die Auflösung des Deutschen Komitees zwei Tage danach: Bd. II, S. 438 f. Humboldts Äußerung zu den chaotischen Verhältnissen: Brief an seine Frau Caroline, 9. November 1814, *Wilhelm und Caroline von Humboldt in ihren Briefen,* hg. v. Anna von Sydow (1910), Bd. IV, S. 412 f. Die Bedeutung Sachsens im allgemeinen Bewusstsein zur Zeit des Carrousels geht hervor aus: Comte Auguste de La Garde-Chambonas, *Gemälde des Wiener Kongresses 1814–1815. Erinnerungen, Feste, Sittenschilderungen, Anekdoten* (1912), S. 80, sowie Graf Münster, der zu jener Zeit der Ansicht war, die sächsischen Angelegenheiten seien für den Frieden in Europa wichtiger als Polen, 27. November 1814, Georg Herbert zu Münster (Hg.), *Political Sketches of the State of Europe, 1814–1867: Containing Count Ernst Münster's Despatches to the Prince Regent from the Congress of Vienna [Politische Skizzen über die Lage Europas vom Wiener Congreß bis zur Gegenwart (1815–1867) nebst den Depeschen des Grafen Ernst Friedrich Herbert zu Münster über den Wiener Congreß]* (1868), S. 191.

Carl Bertuchs Kommentare zum Turnier stehen in seinem Tagebucheintrag vom 23. November 1814, *Tagebuch vom Wiener Kongress* (1916), S. 58 f., und über die freudige Erwartung wird z. B. berichtet von Agent ** an Hager, 14. November 1814, *DCV,* Bd. I, Nr. 768. Die Dekoration der Hofreitschule wird auch beschrieben in: Gräfin Edling,

*Mémoires* (1888), S. 183 f., und Alexander Iwanowitsch Michailowski-Danilewski nannte sie die schönste Reithalle des ganzen Kontinents, in: Alexander Sapojnikov, »The Congress of Vienna in the Memoirs of a Russian Officer«, in: Ole Villumsen Krog (2002), S. 142. Die Eintrittskarten zum Carrousel werden erwähnt in: Comte Auguste de La Garde-Chambonas, *Gemälde des Wiener Kongresses 1814 – 1815. Erinnerungen, Feste, Sittenschilderungen, Anekdoten* (1912), S. 271, und in: Matthias Franz Perth, Tagebucheintrag vom 22. November 1814, *Wiener Kongresstagebuch, 1814 – 1815* (1981), S. 69. Talleyrands Unterhaltung mit Humboldt auf dem Weg zum Carrousel in: Talleyrand an die Herzogin von Kurland, 24. November 1814, *TLI,* S. 74. Bright schätzte die Zuschauerzahl auf nicht mehr als 1000, siehe: *Travels from Vienna through Lower Hungary with Some Remarks on the State of Vienna During the Congress in the Year 1814* (1818), S. 14, allerdings darf man nicht vergessen, dass er nur eine Wiederholung der Aufführung Anfang Dezember beschreibt.

Beschreibungen des Geschehens, der Kleider, der Turnierkämpfer und des Publikums, einschließlich des päpstlichen und des türkischen Delegierten, sind enthalten in: La Garde-Chambonas, *Gemälde des Wiener Kongresses 1814 – 1815. Erinnerungen, Feste, Sittenschilderungen, Anekdoten* (1912), S. 272 – 284; auszugsweise zit. in: Spiel, *Wiener Kongress in Augenzeugenberichten* (1965), S. 146 – 153. Lady Castlereagh wurde häufig mit dem Hosenbandorden beschrieben, etwa in: Baronne du Montet, *Souvenirs 1785 – 1866 [Die Erinnerungen der Baronin du Montet]* (1904), S. 137; Rosalie Rzewuska, *Mémoires de la comtesse Rosalie Rzewuska (1788 – 1865)* (1939), Bd. I, S. 253; und Edling, *Mémoires* (1888), S. 179. Die Liste der Damen des Turniers steht in der *Wiener Zeitung,* 25. November 1814. Über Dorotheas Erfolg an jenem Abend berichtet Talleyrand in einem Brief an die Herzogin von Kurland, 24. November 1814, *TLI,* S. 74. Den Vergleich des Preußen mit den Kosten dreier Feldzüge gibt ein namentlich nicht genannter Agent wieder, an Hager, 24. November 1814, *DCV,* Bd. I, Nr. 869. Die Schätzung des florentinischen Bankiers ist ebenfalls dort enthalten, und Kommentare zur Diamantenfülle nach dem Carrousel siehe: Jean-Gabriel Eynard, *Au Congrès de Vienne: journal de Jean-Gabriel Eynard [Der tanzende Kongress: Tagebuch]* (1914 – 1924), 28. November 1814, Bd. I, S. 161. »Beifallssturm« : Thürheim, *Mein Leben: Erinnerungen aus Österreichs großer Welt 1788 – 1819* (1913), Bd. II, S. 113.

Dass der Zar nicht anwesend war, weil er sich in seine Suite zurückgezogen hatte: Agent L an Hager, 27. November 1814, *DCV,* Bd. I, Nr. 914. Alexanders Krankheit: Agent Nota an Hager, 20. November 1814, *DCV,* Bd. I, Nr. 826; sowie Carl Bertuch, *Tagebuch* (1916), S. 54; und Pictet de Rochemont, 19. November 1814, *Biographie, travaux et correspondance diplomatique* (1892), S. 176. Über das Gerücht, dass Gift im Spiel gewesen sein könnte, berichtete bereits Niels Rosenkrantz, *Journal du Congrès de Vienne 1814 – 1815* (1953), 10. November 1814, S. 72. Eynard hielt fest, was er über die Krankheit, das Tanzen und die Erschöpfung des Zaren auf einer Soiree bei Castlereagh gehört hatte, 16. November 1814 (1914 – 1924), Bd. I, S. 130, und laut Feldmarschall Fürst Schwarzenberg hatte Alexander an jenem Abend des Pálffy-Balls sehr blass ausgesehen, und einige hatten schon befürchtet, dass er jeden Moment in Ohnmacht fallen könne: Brief an seine Frau, 17. November 1814, Johann Friedrich Novák (Hg.), *Briefe des Feldmarschalls Fürsten Schwarzenberg an seine Frau, 1799 – 1816* (1913),

S. 411. Der Zar sei von einer Tanzmanie gepackt worden, meldete Agent ** an Hager, 14. November 1814, *DCV*, Bd. I, Nr. 768.

Die Liste der Ritter steht in der *Wiener Zeitung*, 25. November 1814. Der Vergleich mit einem Diplom: Hilde Spiel, *Wiener Kongress in Augenzeugenberichten* (1965), S. 149. Der Federbusch: La Garde-Chambonas, *Gemälde des Wiener Kongresses* (1912), S. 279 f. Die Ritterspiele: Rosalynd Pflaum, *By Influence and Desire: The True Story of Three Extraordinary Women – The Grand Duchess of Courland and Her Daughters* (1984), S. 232–235; Dorothy Guis McGuigan, *Metternich, Napoleon und die Herzogin von Sagan* (1979), S. 388 ff. Andere Einzelheiten wie das Senken der Lanzen schildert Thürheim, *Mein Leben: Erinnerungen aus Österreichs großer Welt 1788–1819* (1913), Bd. II, S. 113. Die Beschreibung des Königs von Württemberg als fünf Fuß groß etc.: Eynards Tagebucheintrag vom 19. Oktober 1814 (1914–1924), Bd. I, S. 46; sein Platz bei Tisch etwa in Thürheim (1913), Bd. II, S. 114. Die Zahl der Gäste auf dem Maskenball wurde auch auf 2500 geschätzt, siehe *Wiener Zeitung*, 25. November 1814. Das Festkomitee wiederholte für den Zaren die Aufführung des Carrousels am 1. Dezember, und noch einmal am 5.

**Kapitel 17: »Der glorreiche Augenblick«**

Unmutsäußerungen über den Kongress und »... den Feind auffressen«: Rapport eines namentlich nicht genannten Agenten an Hager, 27. Dezember 1814, *DCV*, Bd. I, Nr. 1172, übs. in: Spiel, *Wiener Kongress in Augenzeugenberichten* (1965), S. 156. Rangstreitigkeiten werden in unzähligen Quellen erwähnt, z. B.: Gaëtan de Raxis de Flassan, *Histoire du Congrès de Vienne [Der Wiener Congress]* (1829), Bd. I, S. 295 ff. Der Vorfall mit der spanischen und französischen Kutsche wird geschildert in: Harold Nicolson, *The Congress of Vienna: A Study in Allied Unity, 1812–1822 [Der Wiener Kongress oder Über die Einigkeit der Verbündeten 1812–1822]* (1946), S. 216 f., sowie derselbe, *Diplomacy [Diplomatie]* (1955), S. 179 f. Die in der Rangkommission behandelten Fragen: Angeberg (1864), Bd. III, S. 934 f. und 939 f., dazu auch die Diskussion vom Kommissionsvorsitzenden Labrador, *Mélanges sur la vie privée et publique* (1849), S. 50 f.

»Drei und vier Monarchen ... unpassend«: Talleyrand an Ludwig XVIII., 6. November 1814, *TLC*, S. 119; *Memoiren*, Bd. II, S. 341. Andere waren gleicher Meinung, z. B.: San Marzano, 28. Januar 1815, *Diario*, S. lxx, und Edling, *Mémoires* (1888), S. 166 f. Die Beinaheverwechslung des preußischen Königs: Eynard, *Journal [Tagebuch]*, 10. Januar 1815, Bd. I, S. 251. Die Treffen im Gasthaus »Zur Kaiserin von Österreich«: Comte Auguste de La Garde-Chambonas, *Gemälde des Wiener Kongresses 1814–1815. Erinnerungen, Feste, Sittenschilderungen, Anekdoten* (1912), S. 147, und Hager an den Kaiser, 10. Dezember 1814, *DCV*, Bd. I, Nr. 1013; nähere Angaben zu den Teilnehmern in einem Rapport von Agent B an Hager, 9. Dezember 1814, Nr. 1015.

Werners Popularität geht aus vielen Quellen hervor, z. B. Caroline Pichler, *Denkwürdigkeiten aus meinem Leben* (1914), Bd. III, S. 65; Carl Bertuch berichtete, er verfüge über »Macht als Kanzelredner« und errege überall »Aufsehen«: 8. Dezember 1814, *Tagebuch vom Wiener Kongress*, S. 65. Auch der Agent Schmidt spricht von dem

»bekannten [Prediger] Werner«, siehe: 21. Februar 1815, *GPWK,* S. 400; sowie Méneval, *Memoirs [Mémoires],* Bd. III, S. 331; sein dichtes, schulterlanges Haar und die dünne, hagere (»hâve«) Gestalt: Baronne du Montet, *Souvenirs [Die Erinnerungen der Baronin du Montet],* S. 117 f. Das Publikum neigte während seiner emotionalen, manchmal recht deftigen Predigten zum Weinen oder Lachen: Rzewuska (1939), Bd. I, S. 267; zu seiner vulgären Sprache: Karl von Nostitz, *Leben und Briefwechsel* (1848), S. 176. Bertuch attestierte ihm einen unterhaltsamen Stil, häufig mit »donnernder Beredsamkeit«: 9. Oktober 1814, *Tagebuch vom Wiener Kongress,* S. 29. Werner zu Gast bei Metternich: Gentz, *Tagebücher,* 16. November 1814, S. 331; Gentz erlebte Werner ein weiteres Mal bei Metternich, als er einen Akt aus einer seiner Tragödien rezitierte, 15. Dezember 1814, S. 340. Seine Predigt, die in der Frage gipfelt: »Soll ich es euch zeigen?«: Rosalynd Pflaum, *By Influence and Desire: The True Story of Three Extraordinary Women – The Grand Duchess of Courland and Her Daughters* (1984), S. 252. Die Predigt und die Publikumsreaktionen werden auch geschildert in: Friedrich Anton von Schönholz, *Traditionen zur Charakteristik Österreichs, seines Staats- und Volkslebens unter Franz I.* (1914), Bd. II, S. 127; Karl August Varnhagen von Ense, *Denkwürdigkeiten des eignen Lebens* (1987), Bd. II, S. 659; sowie Spiel, *Wiener Kongress in Augenzeugenberichten* (1965), S. 358 f.

Die Krankheit von Kaiser Franz: Agent L an Hager, 17. November 1814, *DCV,* Bd. I, Nr. 812; Pictet de Rochemont, 19. November 1814, *Biographie, travaux et correspondance diplomatique* (1892), S. 176. Dass Metternich das Bett hüten musste, meldete Talleyrand an Ludwig XVIII., 30. November 1814, *TLC,* S. 180, am selben Tag an den Minister der auswärtigen Angelegenheiten, Nr. 16A, S. 344; sowie Gentz zu seinem Besuch am 29., *Tagebücher* (1873), S. 335. Dass auch Hardenberg sich nicht wohlfühlte, berichtete Talleyrand: »Die Gesandten des Königs auf dem Kongress an den Minister der auswärtigen Angelegenheiten in Paris«, Nr. 16A, 30. November 1814, S. 344. Dorothea krank: Talleyrand an die Herzogin von Kurland, 30. November 1814, *TLI,* S. 76; Bagration im November krank: Rapport an Hager, 16. November 1814, *DCV,* Bd. I, Nr. 786. Viele andere erkrankten ebenfalls um diese Zeit, von Prinz Eugen bis hin zum kleinen Prinzen von Parma.

Dass es Verzögerungen gab, geht aus der Ankündigung des Konzerts zunächst für den 20. November sowie den folgenden Verschiebungen hervor: auf den 22. wegen unvorhergesehener Umstände, dann auf den 27. und schließlich auf allerhöchste Weisung auf den 29. Die Ankündigungen und Verschiebungen stehen in der *Wiener Zeitung,* 18. und 27. November 1814, sowie in *New Beethoven Letters,* hg. v. Donald W. MacArdle und Ludwig Misch (1957), S. 129 f. Dass der Sonntag ein Grund war: Agent ** an Hager, 30. November 1814, *DCV,* Bd. I, Nr. 938. Beethoven behauptete ferner, die Verschiebung sei auf eine fehlerhafte Kopie der Partitur zurückzuführen, wie Wenzel Tomascheck berichtet: Michael Hamburger (Hg.), *Beethoven: Letters, Journals and Conversations* (1960), S. 123. Beethoven hatte sich die Aula der Universität für seine Konzerte beim Kongress gewünscht, stattdessen aber den größeren Redoutensaal bekommen, Brief an Georg Friedrich Treitschke, nicht datiert, vermutlich Anfang September 1814, Beethoven, *Briefwechsel. Gesamtausgabe,* Bd. 3, hg. v. S. Brandenburg (1996), S. 51.

Die »neue Kantate« und die »neue große Symphonie« laut der Konzertankündigung vom 16. November 1814, nachgedruckt in: Beethoven, *Briefwechsel. Gesamtausgabe,* Bd. 3, hg. v. S. Brandenburg (1996), S. 78. Zur *Schlachtensinfonie* für das Panharmonikon siehe Beethoven an Dr. Karl Edler von Adlersburg, Juli 1814, in: Beethoven, *Briefwechsel. Gesamtausgabe,* Bd. 3 (1996), S. 44 ff. Mälzels Kooperation mit Beethoven: G. R. Marek, *Beethoven: Biography of a Genius* (1970), S. 457 f. Beethovens Librettist, der Arzt und Dichter Alois Weißenbach: Franz Gräffer, *Kleine Wiener Memoiren und Wiener Dosenstücke* (1918), Bd. I, S. 249 f. Weißenbach schrieb auch eine Darstellung seines Aufenthalts in Wien, das seltene Büchlein *Meine Reise zum Congress,* veröffentlicht von Wallishauser im Jahr 1816. Beschreibungen von Beethovens Vorführung in: Spiel (1965), S. 173, S. 307 f., sowie in McGuigan (1979), S. 391, allerdings war dies nicht, wie die Autoren schreiben, die Uraufführung, denn die fand ein Jahr zuvor statt.

Nähere Einzelheiten zur Sinfonie siehe: Lockwood (2003), S. 230–234, sowie eine Diskussion von Beethovens Rolle beim Kongress: Marek (1970), S. 475–487, und insbesondere Ingrid Fuchs, »The Glorious Moment – Beethoven and the Congress of Vienna«, in: Krog (2002). Spohr, die Probe und das verstimmte Klavier: Fuchs, S. 194. Eine Polarisierung wurde um diese Zeit auch bei anderen Festlichkeiten bemerkt: Russlands Ball bei Stackelberg ohne den österreichischen Kaiser und ohne englischen Vertreter, 25. November 1814, S. 157. Die Spaltung in Fraktionen, die für oder gegen Beethoven waren, sowie die Tatsache, dass eine »große Mehrheit« seine Stücke nicht mehr hören wollte: Agent ** an Hager, 30. November 1814, *DCV,* Bd. I, Nr. 938. Beethovens Musik als zu schwer und der Vergleich mit Herkules: Marek (1970), S. 443. Stolberg-Wernigerode zählte zu denen, die sie für zu schwer hielten: 29. November 1814, *Tagebuch über meinen Aufenthalt in Wien zur Zeit des Congresses* (2004), S. 103; Rosenbaum war nur gelangweilt. Dass sich Beethoven über die Trinkgelder beschwerte: Marek (1970), S. 480. Und dass Beethoven nach dem Konzert erschöpft war sowie seine Klage über die »Strapazen«: Brief an Erzherzog Rudolph, um 30. November 1814, Beethoven, *Briefwechsel. Gesamtausgabe,* Bd. 3 (1996), S. 83 f.

Befürchtungen, dass der Kongress scheitern werde, äußerten viele; darunter etwa die Vorhersage des Agenten **, dass man zu den Waffen greifen werde, 24. November 1814, *DCV,* Bd. I, Nr. 870. Gentz' Äußerung zur »Sprache der Gerechtigkeit« ist einem Brief an Karadja entnommen, 7. November 1814 (1876), S. 120. Gräfin Széchenyi-Guilfords an den Zaren gerichtete Antwort: Agent ** an Hager, 21. November 1814, Nr. 834. Alexander wurde zuvor häufig mit ihr auf der Tanzfläche gesehen, Rapport an Hager, 16. Oktober 1814, Nr. 416, allerdings wurde die gleiche Geschichte von Mitgliedern der russischen Delegation etwas anders erzählt: mit dem preußischen König statt dem Zaren, z. B. von Alexander Iwanowitsch Michailowski-Danilewski, 1. Dezember 1814 (russischer Kalender), in: Alexander Sapojnikov, in: Ole Villumsen Krog (2002), S. 140. Die deutsche Protestnote ist abgedruckt in: M. G. Pallain, *Correspondance inédite du prince de Talleyrand et du roi Louis XVIII pendant le Congrès de Vienne* (1881), Anm. 1, S. 176 f.; Talleyrand an Ludwig XVIII., 7. Dezember 1814, *TLC,* S. 193; Graf Münster, 17. Dezember 1814, Georg Herbert zu Münster (Hg.), *Political Sketches of the State of Europe, 1814–1867: Containing Count Ernst Münster's Des-*

*patches to the Prince Regent from the Congress of Vienna [Politische Skizzen über die Lage Europas vom Wiener Congreß bis zur Gegenwart (1815–1867) nebst den Depeschen des Grafen Ernst Friedrich Herbert zu Münster über den Wiener Congreß]* (1868), S. 205; Gentz an Karadja, 20. Dezember 1814 (1876), S. 126. Dass Bayern und alle deutschen Staaten Sachsen zunächst unterstützten: Gentz an Karadja, 20. Dezember 1814 (1876), S. 126, sowie Erzherzog Johann, 20. Dezember 1814, *Aus dem Tagebuche Erzherzog Johanns von Oesterreich, 1810–1815*, hg. v. Franz Xaver von Krones (1891), S. 192. Zum Schicksal des Dokuments siehe: Talleyrand an Ludwig XVIII., 15. Dezember 1814, *TLC,* S. 202–205. Talleyrands Brief an Metternich, 19. Dezember 1814, ist abgedruckt in: Angeberg (1864), Bd. II, S. 540–544, sowie in *NP,* Bd. II, S. 509–514, übs. in: Klaus Müller (Hg.), *Quellen zur Geschichte des Wiener Kongresses 1814/1815* (1986), S. 268–273. Castlereaghs Reaktion: Talleyrand an Ludwig XVIII., 28. Dezember 1814, *TLC,* S. 228. Die Wendungen »dass überall und für immer …« und »jede Ehrsucht …« und andere Passagen sind enthalten in: Ferrero (1941), S. 268–272, zit. nach Müller (1986), S. 268–273. Ludwig XVIII. war ebenfalls erfreut, Ludwig XVIII. an Talleyrand, 30. Dezember 1814, *TLC,* S. 238 (der gleiche Brief mit dem Alternativdatum 28. Dezember taucht in seinen Erinnerungen auf, *Memoirs [Memoiren],* Bd. II, S. 383 f.).

Es war schon seit Langem bekannt, dass es in der französischen Armee brodelte und äußerste Aufmerksamkeit gefordert war, siehe: Pozzo di Borgo an Nesselrode, 1./13. Juni 1814, *Correspondance diplomatique du comte Pozzo di Borgo, ambassadeur de Russie en France et du comte du Nesselrode depuis la restauration des Bourbons jusqu'au Congrès d'Aix-la-Chapelle, 1814–1818* (1890), S. 7. Zur Anhänglichkeit der Soldaten an Napoleon: Pozzo di Borgo an Nesselrode, 13./25. Juli 1814, S. 39. Die Beliebtheit Napoleons unter den Soldaten begegnet einem überall auf der Reise durch die Champagne, Picardie, Flandern und Normandie, die Pasquier unternahm, um Brücken und Straßen zu inspizieren: Pasquier, Bd. III, S. 43. Die Soldaten, die auf Napoleon tranken: d'Hauterive an Talleyrand, datiert auf den 14. November 1814, *TLC,* Anm. 3, S. 190. Der Kriegsminister wurde heftig kritisiert; sowie die Armee in einem Zustand, der schwer zu beschreiben sei, siehe: Pozzo di Borgo an Nesselrode, 14./26. September 1814, S. 71. »Geheime Umtriebe und Verschwörungen«, ein »Sturm, der jeden Moment losbrechen kann« und der vergebliche Versuch, den Gerüchten entgegenzuwirken, siehe Talleyrand an Ludwig XVIII., 24. November 1814, *TLC,* S. 160 f.; *Memoiren,* Bd. II, S. 374.

**Kapitel 18: Der Koch, der Maler, die Ballerina und der Diplomat**

Metternichs Ausspruch: *NP,* Bd. I, S. 12. Zum Entwurf und Nähen der Flagge für Elba siehe Sir Neil Campbells Tagebuch, veröffentlicht in: *Napoleon at Fontainebleau and Elba; Being a Journal of Occurrences in 1814–1815* (1869), S. 216, und Thomas Ussher, »Napoleon's Deportation to Elba«, veröffentlicht in: *Napoleon's Last Voyages, being the Diaries of Admiral Sir Thomas Ussher, R.N., K.C.B. (on board the »Undaunted«), and John R. Glover, Secretary to Rear Admiral Kockburn (on board the »Northumberland«)* (1895), S. 50 f. Zu Napoleons Ungeduld beim Einzug in die »Villa dei Mulini« und zum häuslichen Umfeld: Christophe, *Napoleon on Elba [Napoléon, empereur de l'île d'Elbe]*, übs. v. Len Ortzen (1964), S. 55, und Gruyer, *Napoleon. King of Elba [Napoléon, roi de l'île d'Elbe]* (1906), S. 63. Eine Beschreibung von Napoleons Sofa findet sich in: Peyrusse, Anhang 51. Die für Marie-Louise und den ehemaligen kleinen König von Rom vorbereiteten Suiten, Beschlagnahmung der Möbel von Elisa und das Dienstpersonal: Norman Mackenzie, *The Escape from Elba: The Fall and Flight of Napoleon, 1814–1815* (1982), S. 86 ff. Das Personal für Küche und Anwesen: Mackenzie (1982), S. 90, und Gruyer (1906), S. 72. Napoleons Barbier: Christophe (1964), S. 70; die Beschreibung der Haare Napoleons stammt von einem englischen Besucher in jenem Herbst: J. B. Scott, zit. in: Mackenzie (1982), S. 139. Zum Hintergrund Campbells, der Schwierigkeit, überhaupt jemanden zu finden, und zu Campbells Wissen aus den Zeitungen: Mackenzie (1982), S. 40 f., sowie Campbell (1869), S. 153, 161. Er bekam den Vertrag erst im letzten Moment zu sehen, unmittelbar bevor er Napoleon nach Elba eskortierte; nicht zuletzt deshalb, weil Großbritannien den Vertrag nicht unterzeichnet hatte. Zur Unbestimmtheit seiner Mission und den Erwartungen der britischen Regierung: S. 58. Zu seinen Funktionen: Gruyer (1906), S. 99; er sei vielleicht kein richtiggehender Gefangenenwärter, wie er selbst erklärte.

Castlereaghs Angebot in: Campbells Tagebuch (1869), S. 153; Verweise auf Instruktionen, abgedruckt auf S. 154 f. In einem weiteren, allerdings ebenso unklaren Brief bat Castlereagh Campbell, »die gleiche Linie des Verhaltens und der Kommunikation mit seinem Ministerium« fortzuführen und den Auftrag fortzuführen, »ohne dass er einen offizielleren Charakter annahm, als er bereits erhalten hatte«, 15. Juli 1814 (1869), S. 273. Zu Campbells Verwundungen im Gefecht bei Kriegsende, am Vorabend des Marsches auf Paris: Campbell (1869), S. 153, und Captain Ussher (1895), S. 25. Verband und Schlinge: Campbell, S. 158. Gespräche über Schottland, den Dichter Ossian und natürlich vor allem militärische Fragen: *Journal of Sir Neil Campbell* (1869), S. 158 f.; Ussher (1895), S. 85. Napoleons Aussprache seines Namens: S. 222.

Gruyer (1906) war überzeugt, dass die angeblichen Versuche des Kongresses, Napoleon auf eine andere Insel zu verlegen, lediglich »leere Gerüchte« und »höchst unwahrscheinlich« seien (S. 147), aber das stimmt nicht. In Wirklichkeit arbeiteten viele an diesem Plan mit. Talleyrands Option für die Azoren: Talleyrand an Ludwig XVIII., 13. Oktober 1814, *TLC*, S. 48. Dass sich Anhänger der Bourbonen für die Durchführung dieses Plans einsetzten, berichtete Wellington dem Earl of Liverpool, 28. August 1814, *WD*, S. 541. Von Wien aus eingefädelte Intrigen gegen Napoleon auf Elba: Méneval, Bd. III, S. 334; Nota an Hager, 22. November 1814, *DCV*, Bd. I, Nr. 853; zum Gerücht, Napoleon werde woanders hingeschafft, siehe Nota an Hager, 1. Dezember 1814, Nr. 945. Dass Napoleons Entführung Gerüchten zufolge bereits am 8. November beschlossene Sache gewesen sei: Eynard (1914–1924), Bd. I, S. 97. Meldungen von Vorgängen auf Elba: Mariotti an Talleyrand, 15. November 1814, und weitergeleitet an Ludwig XVIII. mit seinem Brief vom 7. Dezember, *TLC*, S. 198 f. San Marzano und Metternich hatten ganz ähnliche Neuigkeiten erfahren, *Diario*, S. 195 f. Verschwörungen werden ferner bestätigt von Alan Schom, *Napoleon Bonaparte* (1997), S. 707; Mackenzie (1982), S. 146, hier auch eine Beschreibung Mariottis und des »Ölhändlers«: Mackenzie (1982), S. 149–152, 163. Eine plausible Theorie, die diesen »Ölhändler« mit Alessandro Forlì in Verbindung bringt: Christophe

(1964), S. 153. Der Olivenölhändler kam am 30. November an. Mackenzie nennt weitere Verschwörer namentlich, darunter Comte d'Artois, Comte Chavigny de Blot und den Militärgouverneur auf Korsika, Louis Guerin de Bruslart.

Zum Advent während des Kongresses siehe Metternich an die Herzogin von Sagan, 27. November 1814, *MSB,* S. 273. Essen mit Bollmann in Gentz' Wohnung: *Tagebücher*, 12. Dezember 1814, S. 339, und die Beobachtung, dass Gentz »zerschmettert« ausgesehen habe und »beunruhigt wie bei einem Attentat, das in seiner Gegenwart versucht worden«: Varnhagen von Ense, *Denkwürdigkeiten des eignen Lebens* (1987), Bd. II, S. 644 f., sowie: Golo Mann, *Friedrich von Gentz* (1947), S. 282. Dass Bollmann erst vor Kurzem aus Amerika eingetroffen war, hielt Gentz fest: *Tagebücher,* 29. November 1814, S. 335. Bollmanns Pläne zu einer neuen Währung und Nationalbank: Brief an La Fayette, 3. Januar 1815, *DCV,* Bd. I, Nr. 1232; nähere Angaben zu seinem Hintergrund: Paul Sweet, »Erich Bollmann at Vienna in 1815«, in: *AHR* (1941), S. 580–587. Die überfüllte Wohnung von Gentz: Gräfin Bernstorff, *Ein Bild aus der Zeit von 1789 bis 1835: Aus ihren Aufzeichnungen* (1896), Bd. I, S. 164, und noch ausführlicher in: Franz Gräffer, *Kleine Wiener Memoiren und Wiener Dosenstücke* (1918), Bd. II, S. 1–4. Die Gespenstergeschichte: Dorothy Guis McGuigan, *Metternich, Napoleon und die Herzogin* (1979), S 393; andere wurden z. B. in Julie Zichys Salon erzählt: Alville, *Anna Eynard-Lullin et l'époque des congrès et des révolutions* (1955), S. 176. Baronne du Montets Beschreibung der skurrilen Schachpartie: *Souvenirs 1785–1866 [Die Erinnerungen der Baronin du Montet]* (1904), S. 115; weitere Einzelheiten zu Vergnügungen während der Adventszeit: Karl von Nostitz, *Leben und Briefwechsel: Auch ein Lebensbild aus den Befreiungskriegen* (1848), S. 131. Dass Graf Clam-Martinitz bereits sein Interesse an Dorothea, seiner neuen Leidenschaft, gestanden hatte: Gentz, *Tagebücher,* aus dem Nachlass Varnhagen von Ense, 6. November 1814 (1873), Bd. I, S. 327. Hagers Spitzeln entgingen auch ihre anderen Interessen nicht, z. B. Agent ** an Hager, 28. November 1814, *DCV,* Bd. I, Nr. 918. Die französischen Desserts und Dorotheas wachsende Zuneigung zu Clam-Martinitz: Pflaum (1984), S. 236 ff. Viele Historiker verlegen den Meisterkoch Marie-Antoine Carême in das Wien zur Zeit des Kongresses. Das ist zwar nicht völlig ausgeschlossen, aber doch fraglich. Der jüngste Biograf Carêmes Ian Kelley, bezweifelte, dass der Meisterkoch überhaupt je dort gewesen war: Kelley, *Cooking for Kings: The Life of Antonin Carême the first celebrity chef* (2004). Philippe Alexandre und Béatrix de l'Aulnoit, *Le roi Carême* (2003), erwähnen seine Teilnahme ebenfalls mit keinem Wort. Carêmes eigene Memoiren (veröffentlicht in *Classiques de table* [1843]) halte ich für keine zuverlässige Quelle dafür, dass er tatsächlich während des Kongresses in Wien war. Ob Carême nun in Wien war oder nicht, auf jeden Fall war ein überaus begabter Küchenchef an der französischen Botschaft zu Gange, der zumindest viele Rezepte des Meisters kannte. Metternich hatte jedenfalls seinen eigenen Küchenchef 1814 zu Carême geschickt, damit er bei ihm zur Vorbereitung auf den Kongress seine Kochkünste verfeinerte.

Ankunft des Malers Isabey in Wien: Rapport an Hager, 1. Oktober 1814, *DCV,* Bd. I, Nr. 224; nähere Angaben zu seinem Wohnsitz: Basily-Callimaki, *J. B. Isabey: sa vie – son temps, 1767–1855* (1909), S. 160 ff., sowie Marion W. Osmond, *Jean Baptiste Isabey: The Fortunate Painter 1767–1855* (1947), S. 134–139. Porträtieren der Souveräne: Méneval, *Memoirs [Mémoires],* Bd. III, S. 327. Isabeys Arbeit im Dezember im Umfeld des Kongresses: Freddi an Hager, 30. Dezember 1814, *DCV,* Bd. I, Nr. 1203. Porträts und Entwürfe in seinem Atelier und Schmeicheleien von Baronne du Montet, die ihn im Dezember 1814 dort besuchte: Montet (1904), S. 133. Isabeys Worte über sein Atelier: Basily-Callimaki (1909), S. 164; die montäglichen Gesellschaften werden von vielen dokumentiert, z. B.: Bertuch, *Tagebuch vom Wiener Kongress,* 19. Dezember 1814, S. 75. Zum Erfolg Bigottinis: Talleyrand an die Herzogin von Kurland, 17. November 1814, *TLI,* S. 71; Gräfin Charles de Nesselrode an Gräfin Hélène Gourief, 30. Oktober 1814, in: Nesselrode, *Lettres et papiers,* Bd. V, S. 196; und Karl August Varnhagen von Ense, *Denkwürdigkeiten des eignen Lebens* (1987), Bd. II, S. 599. Talleyrand stellte Anfang Dezember eine merkliche Veränderung in der Wiener Gesellschaft seit der Ankunft der drei Franzosen fest: Talleyrand an Ludwig XVIII., 7. Dezember 1814, *TLC,* S. 197. Die große Leistung Talleyrands, die Isolation seines Landes zu durchbrechen, wird bewundert vom Gesandtschaftsangehörigen la Tour du Pin, in einem abgefangenen Brief an den Marquis de Bonnay, 8. Dezember 1814, *DCV,* Bd. I, Nr. 1010. »Tableaux vivants« in der Hofburg: San Marzano, 9. Dezember 1814, *Diario,* S. lxiv; sowie Bright, *Travels from Vienna through Lower Hungary with Some Remarks on the State of Vienna During the Congress in the Year 1814* (1818), S. 28 f.; zur Olympszene: Méneval, *Memoirs [Mémoires],* Bd. III, S. 345 f., Comte Auguste de La Garde-Chambonas, *Gemälde des Wiener Kongresses 1814 – 1815. Erinnerungen, Feste, Sittenschilderungen, Anekdoten* (1912), S. 237 – 246; Ludwig Hevesi, »Wien: Stadtbild, Festlichkeiten, Volksleben«, in: Eduard Leisching (Hg.), *Der Wiener Congress: Culturgeschichte die Bildenden Künste und das Kunstgewerbe Theater – Musik in der Zeit von 1800 bis 1825* (1898), S. 87. Der *Olymp* wurde mehrmals während des Kongresses aufgeführt. Schilderung der späten Abende sowie der Begegnungen mit Fürst de Ligne und Graf Z: La Garde-Chambonas, *Gemälde des Wiener Kongresses* (1912), S. 363 – 374; die mögliche Identität des Grafen merkt auch Hg. Gugitz in einer Fußnote an (1912), Anm. 1, S. 363.

**Kapitel 19: Indiskretion**

Der Vergleich Castlereaghs mit einem »Reisenden, der seinen Weg verloren hat«: Talleyrand an Ludwig XVIII., 20. Dezember 1814, *TLC,* S. 220; *TLB,* S. 169. Die Aussage, S.K.H. könne unmöglich zulassen, dass sein Land zum jetzigen Zeitpunkt wegen eines dieser Ziele in Feindseligkeiten verwickelt werde: Bathurst an Castlereagh, 27. November 1814, *BD,* Nr. CXXXVIII, S. 248. Die neuen Anweisungen an Castlereagh werden auch von Talleyrand in einem Brief an Ludwig XVIII. erwähnt: 7. Dezember 1814, *TLC,* S. 191. Rosenkrantz änderte seine Meinung, als er die Nachricht vom dänischen König erhielt, der es wiederum von Kaiser Franz erfahren hatte: 9. Dezember 1814, *Journal* (1953), S. 106. Zu den Auswirkungen der neuen Anweisungen an Castlereagh: Rosenkrantz, 9. – 12. Dezember 1814, *Journal,* S. 106 ff. Viele hatten die Information über Castlereagh nach London gemeldet, darunter Hannover, Sachsen-Coburg, Wellington und Talleyrand. Anweisungen bezüglich Sachsens, einschließlich des Passus, es wäre mit Sicherheit sehr wünschenswert, zumindest einen »noyau« (Kern) davon zu erhalten: Liverpool an Castlereagh, 18. November 1814, *BD,* Nr. CXXX, S. 236.

Das von Hardenberg zitierte Gedicht »Fleuch Zwietracht«, das am 3. Dezember zugestellt wurde: Klaus Müller (Hg.), *Quellen zur Geschichte des Wiener Kongresses 1814/1815* (1986), S. 250; sowie Strauss, *The Attitude of the Congress of Vienna Toward Nationalism in Germany, Italy and Poland* (1949), S. 31, und Kraehe (1963–1983), Bd. II, S. 261. Metternichs Brief vom 10. Dezember mit den Bevölkerungszahlen, abgedruckt in: Angeberg (1864), Bd. II, S. 505–510; Hardenbergs Bezeichnung als »inattendue« im Tagebucheintrag desselben Tags: *Tagebücher und autobiographische Aufzeichnungen* (2000), S. 807. Dass Hardenberg dem Zaren vertrauliche Briefe zeigte, und die Bezeichnung der Indiskretion als Akt des Verrats: Münster, 17. Dezember 1814, Georg Herbert zu Münster, *Political Sketches of the State of Europe, 1814–1867: Containing Count Ernst Münster's Despatches to the Prince Regent from the Congress of Vienna [Politische Skizzen über die Lage Europas vom Wiener Congreß bis zur Gegenwart (1815–1867) nebst den Depeschen des Grafen Ernst Friedrich Herbert zu Münster über den Wiener Congreß]* (1868), S. 202. Hardenberg selbst erwähnt nichts davon in seinen *Tagebüchern,* dafür viele andere, wie z. B.: Stein, *Tagebuch,* in: *Briefe und amtliche Schriften,* Bd. V, S. 343–346; Erzherzog Johann, 21. Dezember 1814, *Aus dem Tagebuche Erzherzog Johanns von Oesterreich 1810–1815*, hg. v. Franz Xaver von Krones (1891), S. 194 f.; und Rosenkrantz, *Journal,* 13. Dezember 1814, S. 109. Metternich hatte seine eigenen Briefe, und einige rieten ihm, sich zu rächen.

Die Forderung zum Duell taucht in vielen Biografien Zar Alexanders auf, allerdings verlegen viele sie, sofern sie überhaupt ein Datum angeben, in den Oktober. Falls sie tatsächlich ausgesprochen wurde, so geschah dies mit Sicherheit im Dezember. Metternich behauptete stets, dass der Zar ihn zum Duell gefordert habe: *NP,* Bd. I, S. 326 f. Regen, Kälte und Schneeschmelze in dieser Woche: San Marzano, *Diario,* 6., 7., 10.–12. Dezember 1814, S. lxiv. Gentz besuchte Fürst de Ligne am 8. Dezember und merkte, dass er schwer krank war: 8. Dezember 1814, *Tagebücher,* S. 337, und ein paar Tage später wurde der Fürst bereits als todkrank beschrieben: Bertuch, *Tagebuch vom Wiener Kongress,* S. 67. Zur Neigung des Fürsten, sich eher für einen wirkungsvollen Auftritt als dem Wetter entsprechend anzuziehen: Franz Gräffer, *Kleine Wiener Memoiren und Wiener Dosenstücke* (1918), Bd. I, S. 186. Gespräche, die Eynard um diese Zeit mit dem Arzt des Fürsten führte: 12. Dezember 1814 (1914–1924), *Journal,* Bd. I, S. 204. Zum Tod von Fürst de Ligne siehe z. B.: Agent Freddi an Hager, 14. Dezember 1814, Nr. 1049, und Agent ** an Hager, 14. Dezember 1814, Nr. 1050; so gut wie alle Memoiren oder Tagebücher aus der Zeit nehmen auf das Ereignis Bezug, z. B. Talleyrand an die Herzogin von Kurland, 15. Dezember 1814, *TLI,* S. 82; La Garde-Chambonas, *Gemälde des Wiener Kongresses* (1912), Bd. 2, S. 14–26; Bright, S. 44; Eynard, *Journal [Tagebuch],* 13. Dezember 1814, S. 206 f.; und Lulu Thürheim, *Mein Leben: Erinnerungen aus Österreichs großer Welt, 1788–1819*, Bd. II, S. 105, die allerdings einen falschen Todeszeitpunkt angibt. »Ich weiß es, die Natur will es so …«: Spiel, *Wiener Kongress in Augenzeugenberichten* (1962), S. 188. In vielen Quellen sind Bonmots des Feldmarschalls überliefert (z. B. Rzewuska, Bd. I, S. 238, und Thürheim, Bd. II, S. 104), bis hin zu jenen, die bestritten, dass er dergleichen gesagt habe, wie La Garde-Chambonas. Absage des Tableaus und der Komödie am Hof für jenen Abend: San Marzano, *Diario,* 13. Dezember 1814, S. lxiv, obgleich andere Aktivitäten in der ganzen Stadt wie geplant stattfanden, etwa in Arnsteins Salon: Bertuch, *Tagebuch,* S. 68. Es wurde vermutet, die Festivitäten hätten Fürst de Ligne den Rest gegeben: Méneval, *Memoirs [Mémoires],* Bd. III, S. 323; dass sein Tod das Ende einer ganzen Epoche markierte: Varnhagen von Ense, *Denkwürdigkeiten des eignen Lebens* (1987), Bd. II, S. 604. Der Trauerzug wird beschrieben in: Bright (1818), S. 45; Alville, *Anna Eynard-Lullin et l'époque des congrès et des révolutions* (1955), S. 190; Stolberg-Wernigerode, *Tagebuch über meinen Aufenthalt in Wien zur Zeit des Congresses* (2004), S. 118 f.; und von Bertuch, der ihn von einer Ecke des Kohlmarktes aus verfolgte: ders., *Tagebuch vom Wiener Kongress,* S. 70 f.; sowie von Gräfin Bernstorff, die von ihrem Fenster aus zusah (1896), S. 168. Die Route des Trauerzugs: Perth, *Wiener Kongresstagebuch, 1814–1815* (1981), S. 77 f. Näheres zum Fürsten und zum Symbolgehalt des schwarzen Ritters: Mansel, *Prince of Europe: The Life of Charles-Joseph de Ligne, 1735–1814 [Der Prinz Europas: Prince Charles-Joseph de Ligne, 1735–1814]* (2003), S. 261 f. Zum Regen an jenem Tag, dem 15. Dezember, sowie den fast schon frühlingshaften Temperaturen: Gentz, *Tagebücher,* 15. Dezember 1814, S. 339 f.

Schnee am Heiligabend erwähnen San Marzano, *Diario,* 24. Dezember 1814, S. lxv, und Stolberg-Wernigerode, *Tagebuch über meinen Aufenthalt in Wien zur Zeit des Congresses* (2004), S. 131. Zum Weihnachtsbaum: Agent ** an Hager, 26. Dezember 1814, *DCV,* Bd. I, Nr. 1160, sowie Stolberg-Wernigerode, der ebenfalls anwesend war, 24. Dezember 1814, *Tagebuch,* S. 131. Auf den ersten Weihnachtsbaum in Wien wird hingewiesen in: Musulin, *Vienna in the Age of Metternich* (1975), S. 169 f., sowie bei: Hilde Spiel, *Fanny von Arnstein oder Die Emanzipation. Ein Frauenleben an der Zeitenwende, 1758–1818* (1962), S. 434 f. Weihnachten in der französischen Botschaft: Pflaum (1984), S. 240 f.; das Verhältnis zwischen Metternich und der Herzogin um diese Zeit: McGuigan, *Metternich, Napoleon und die Herzogin* (1979), S. 396–399, ebd. die Zweifel der Autorin, ob Metternich wirklich am Ball bei Zichy teilnahm, wie La Garde-Chambonas behauptete.

Beethovens Arbeit an der *Polonaise in C-Dur* (op. 89), seine Absicht, die Violinsonaten umzuwidmen, und sein letztes öffentliches Konzert als Pianist: Ingrid Fuchs, »The Glorious Moment – Beethoven and the Congress of Vienna«, in: Krog (2002), S. 184. Carl Bertuch besuchte Salieris Messe in der Hofburgkapelle, 25. Dezember 1814, *Tagebuch vom Wiener Kongress* (1916), S. 80. Castlereaghs Bankett in der britischen Botschaft wurde gemeldet von Agent ** an Hager, 26. Dezember 1814, *DCV,* Bd. I, Nr. 1160. Gespräche mit dem Leibarzt des Zaren als ergiebige Informationsquelle, z. B.: Agent P an Hager, 4. Dezember 1814, *DCV,* Bd. I, Nr. 978, und eine weitere anonyme Quelle, 7. Dezember 1814, Nr. 1002.

Die Abreise des württembergischen Königs am Morgen des 26. Dezember: Carl Bertuch, *Tagebuch* (1916), S. 81 f.; Matthias Franz Perth, *Wiener Kongresstagebuch, 1814–1815* (1981), am selben Tag, S. 79, und am folgenden in der *Wiener Zeitung.* Die Persönlichkeit des Königs wurde ausführlich beschrieben, z. B. bei: Nesselrode, *Autobiographie,* in: *Lettres et papiers du chancelier comte de Nesselrode, 1760–1850,* Bd. II, S. 27, und seine Grobschlächtigkeit bemerkte u. a. Erzherzog Johann, 22. September 1814, *Aus dem Tagebuche Erzherzog Johanns von Oesterreich 1810–1815,* hg. v. Franz Xaver von Krones (1891), S. 170. Zur Weigerung des Königs, auf der Straße den Hut zu lüften: Schönholz (1914), Bd. II, S. 25; Agent Schmidt an Hager, 5. Oktober 1814, *DCV,* Bd. I, Nr. 274. Als »Monstre Wurttembergois« wird der König bezeichnet in: Schmidt an Hager, 7. Oktober 1814, *DCV,* Bd. I, Nr. 301. Spitzel hatten ebenfalls Hinweise auf seine Liebesaffäre, z. B.: 27. September 1814, *DCV,* Bd. I, Nr. 172 – weitere sollten in Kürze folgen. Die Geschenke des Königs von Württemberg: Agent ** an Hager, 25. Dezember 1814, Nr. 1147; sowie Bertuch, *Tagebuch,* 26. Dezember 1814 (1916), S. 82; Graf Münster, 29. Dezember 1814, *Political Sketches of the State of Europe 1814 – 1867: Containing Count Ernst Münster's Despatches to the Prince Regent from the Congress of Vienna [Politische Skizzen über die Lage Europas vom Wiener Congreß bis zur Gegenwart (1815 – 1867) nebst den Depeschen des Grafen Ernst Friedrich Herbert zu Münster über den Wiener Congreß]* (1868), S. 219 f.; und *Wiener Zeitung,* 31. Dezember 1814. Mit seiner Großzügigkeit hatte er sein Ansehen ein wenig erhöht; eine Liste der Geschenke wurde zusammengestellt von Göhausen: ders. an Hager, Nr. 1172 und 1183.

Die herumliegenden Papiere Dalbergs sowie das angebliche Vorhaben von Sidney Smith, die Gewässer des Mittelmeers von Piraten zu säubern: Rapport an Hager, 25. Oktober 1814, *DCV,* Bd. I, Nr. 511. Sidney Smiths Mittwochssoireen werden z. B. erwähnt in: Agent ** an Hager, 22. Dezember 1814, Nr. 1119. Zu seinem Erzählstil z. B.: Jean-Gabriel Eynard (1914 – 1924), 17. Oktober 1814, S. 37 f.; zu seinem Witz und Frohsinn Radziwill, die ihn schon seit Langem kannte: dies., *Forty-five Years of My Life (1770 – 1815) [45 Jahre aus meinem Leben (1770 – 1815)],* übs. v. A. R. Allinson (1912), S. 92.

Nähere Einzelheiten zu Smith und seiner diplomatischen Tätigkeit im Namen Schwedens: Johan Feuk, *Sverige på Kongressen i Wien* (1915), und Tom Pocock, *Thirst for Glory: The Life of Admiral Sir Sidney Smith* (1966). Napoleons Äußerung über Smith: Spiel, *Wiener Kongress in Augenzeugenberichten* (1965), S. 360. Einige Briefe von Smith aus jener Zeit in: *The Memoirs of Admiral Sir Sidney Smith* (1839), Bd. II, hg. v. Edward Howard; John Barrows (Hg.), *The Life and Correspondence of Admiral Sir Sidney Smith* (1848). Smiths Marotte, Orden zu tragen, und eines seiner Picknicks: Gräfin Bernstorff, *Ein Bild aus der Zeit von 1789 bis 1835: Aus ihren Aufzeichnungen* (1896), Bd. I, S. 156 ff.; Baronne du Montet, *Souvenirs [Die Erinnerungen der Baronin du Montet]* (1904), S. 136 f.; sowie San Marzano, *Diario,* 29. Dezember 1814, S. lxvi. Die Zitate »Drei Dukaten …«, »… ein besserer Kollekteur« und das anschließende Gelächter: La Garde-Chambonas, *Gemälde des Wiener Kongresses 1814 – 1815. Erinnerungen, Feste, Sittenschilderungen, Anekdoten* (1912), Bd. 2, S. 94 – 98; zit. nach Spiel, *Wiener Kongress in Augenzeugenberichten* (1965), S. 157 ff. Der Vorfall wird auch beschrieben von Dr. Richard Bright, *Travels* (1818), S. 20 f.; Erzherzog Johann, *Aus dem Tagebuche Erzherzog Johanns von Oesterreich, 1810 – 1815,* hg. v. Franz Xaver von Krones (1891), S. 197 f.; Carl Bertuch, *Tagebuch vom Wiener Kongress* (1916), S. 85, u. a. Agent ** beschreibt ebenfalls das Picknick im Augarten, Agent ** an Hager, 29. Dezember 1814, *DCV,* Bd. I, Nr. 1186, und noch einmal am 31., siehe Nr. 1217; andere wie Rzewuska, Bd. I, S. 253 f., schildern das Ereignis jedoch aus zweiter Hand.

**Kapitel 20: König der Vorstädte**

Der »Ehrentitel« des Grafen Rasumowsky (siehe Kapitelüberschrift) wird etwa genannt in: Baronne du Montet, *Souvenirs, 1785 – 1866 [Die Erinnerungen der Baronin du Montet]* (1904), S. 180. Talleyrands dem Kapitel vorangestellte Worte stammen aus: Alan Palmer, *Metternich. Der Staatsmann Europas* (1977), S. 191. Dass die Sachsenfrage alle anderen Probleme in den Schatten stellte: Gentz an Karadja, 13. Dezember 1814, *Dépêches inédites,* S. 123; zu ihrer Bedeutung bei der Lösung anderer schwieriger Fragen: Brief vom 20. des Monats, S. 128. Der preußische Plan, den sächsischen König an den Rhein zu versetzen: Münster, 18. Dezember 1814, in: Georg Herbert zu Münster, *Political Sketches of the State of Europe, 1814 – 1867: Containing Count Ernst Münster's Despatches to the Prince Regent from the Congress of Vienna [Politische Skizzen über die Lage Europas vom Wiener Congreß bis zur Gegenwart (1815 – 1867) nebst den Depeschen des Grafen Ernst Friedrich Herbert zu Münster über den Wiener Congreß]* (1868), S. 207 f., und 24. Dezember 1814, S. 214 f. Metternich schickte Statistiken, um zu beweisen, dass Preußen die Bevölkerung von 1805 erreichen konnte, auch wenn es lediglich 330 000 Sachsen bekam: Talleyrand an Ludwig XVIII., 15. Dezember 1814, *TLC,* S. 205; zur Uneinigkeit wegen der Zahlen S. 209.

Die meisten Historiker folgen Websters Darstellung und sprechen Castlereagh das Verdienst der Gründung eines statistischen Prüfungsausschusses zu, und es existieren auch einige Dokumente, die diesen Schluss nahelegen. Ich vermute hingegen eher Metternich als Initiator hinter Castlereaghs Vorschlag, zum einen wegen seiner Beziehung zu den Preußen um diese Zeit, zum andern wegen der Bedeutung statistischer Daten für seinen Standpunkt und schließlich auch, weil er schon vor der Existenz des Ausschusses versucht hatte, statistisches Material zu beschaffen, wie von vielen bemerkt wurde; nicht zuletzt versuchte er die Unterstützung Erzherzog Johanns zu bekommen: 5.–7. Dezember 1814, *Aus dem Tagebuche Erzherzog Johanns von Oesterreich, 1810 – 1815,* hg. v. Franz Xaver von Krones (1891), S. 187 f. Die von Metternich erteilten Instruktionen für den neuen Ausschuss sind abgedruckt in: Angeberg (1864), Bd. II, S. 561 f. Auch Enno Kraehe war überzeugt, dass Metternich den Ausschuss vorgeschlagen hatte: *Metternich's German Policy* (1963 – 1983), Bd. II, S. 285. Zur Diskussion zwischen Talleyrand und Castlereagh über den Prüfungsausschuss siehe: Talleyrand an Ludwig XVIII., 28. Dezember 1814, *TLC,* S. 228 ff.; *TLB,* S. 175 f.; sowie »Die Botschafter des Königs auf dem Kongress an den Minister für auswärtige Angelegenheiten«, Nr. 21A, 27. Dezember 1814, S. 375. Stewarts Besuch bei Talleyrand und ihre Unterhaltung: Talleyrand an Ludwig XVIII., 28. Dezember 1814, *TLC,* S. 230 f.; *TLB,* S. 177; Talleyrands Drohung, Wien zu verlassen, taucht dort ebenfalls auf; dass er die Pferde anspannen lassen wollte: *BD,* Nr. XXX. Die erste Sitzung am 24. Dezember 1814 und die Protokolle, die Dalbergs Anwesenheit auf der Sitzung dokumentieren: Angeberg, *Le Congrès de Vienne et les traités de 1815* (1864), Bd. II, S. 562 – 565.

Die Sitzung vom 30. Dezember 1814, die letzte des Jahres, dokumentiert in: Angeberg (1864), Bd. IV, S. 1869 – 1874. Manche Historiker verweisen auf eine Sitzung am 31. und stützen sich dabei offenbar auf Castlereaghs Bericht in seinem Brief vom 1. Januar 1815, in: *BD,* Nr. CLV, S. 277 f. Das ist jedoch so gut wie sicher ein Irrtum, wie Kraehe ganz richtig nachweist: Anm. 76, S. 291 in Bd. II (1963 – 1983). Dass die Preußen auf einer »völligen Eingliederung« bestanden: Brief von Castlereagh an Liverpool, 1. Januar 1815, *BD,* Nr. CLIV, S. 276; Hardenbergs Aussage, das komme einer Kriegserklärung gleich, sowie Castlereaghs Antwort darauf, es sei besser, den Kongress abzubrechen: Castlereagh in einem Brief an Liverpool, 1. Januar 1815, *BD,* Nr. CLV, S. 278. Dass die Politik am Ende des Jahres »trostlos« gewesen sei und »mächtige und erdrückende Wolken über unseren Köpfen hängen«, schreibt Gentz in seinen Gedanken zum Ende des Jahres 1814 in: *Tagebücher,* Bd. I, S. 344.

Das Palais Rasumofsky wird beschrieben in: Eynard, *Journal [Tagebuch],* 25. Oktober 1814, S. 65 f., 20. November 1814, S. 145; Nota an Hager, 12. Oktober 1814, *DCV,* Bd. I, Nr. 354, und Agent ** an Hager, 13. Oktober 1814, Nr. 352. Frühmorgendliche »Feuertrommeln« werden erwähnt in: Carl Bertuch, 31. Dezember 1814, *Tagebuch vom Wiener Kongress,* S. 88, sowie in Perths Tagebucheintrag vom selben Tag, *Wiener Kongresstagebuch, 1814 – 1815* (1981), S. 79. Die Beschreibungen des unbebauten Grundstücks, der Umwandlung in ein »Eden einer fürstlichen Residenz«, der Brandherde, der Rettungsaktionen, des glühenden Kupferdachs und des Gesprächs des Zaren mit Rasumowsky finden sich alle in: Friedrich Anton von Schönholz, *Traditionen zur Charakteristik Österreichs, seines Staats- und Volkslebens unter Franz I.* (1914), Bd. II, S. 120 – 125. Der Vergleich mit einem Ausbruch des Vesuvs und eine Beschreibung der herbeiströmenden Menschenmenge: Comte Auguste de La Garde-Chambonas, *Gemälde des Wiener Kongresses 1814 – 1815. Erinnerungen, Feste, Sittenschilderungen, Anekdoten* (1912), Bd. 2, S. 68 ff. »Eine wüste Stelle«, »Eden« und »Kunsttempel« in: Spiel, *Wiener Kongress in Augenzeugenberichten* (1965), S. 182 – 186. Der Brand wird ferner erwähnt in: Gentz, *Tagebücher,* 31. Dezember 1814, S. 343, und San Marzano, *Diario,* 31. Dezember 1814, S. lxvi, u. a. Beschreibung der Möbel, Spiegel, Gemälde, Statuen und anderer Objekte im Garten: Stolberg-Wernigerode, 31. Dezember 1814, *Tagebuch über meinen Aufenthalt in Wien zur Zeit des Congresses* (2004), S. 141. Über die Brandursache schrieben viele; Spekulationen über einen Ausbruch in der Bäckerei oder in den Ställen: Perth (1981), S. 80. Sowohl Perth als auch Schönholz weisen ausdrücklich darauf hin, dass es sich um eine französische Heizung handelte: Perth, 1. Januar 1815, S. 80, und Schönholz (1914), Bd. II, S. 121. Dass der Zar Metternich als »unzuverlässig« bezeichnete: Stein, *Tagebuch,* in: *Briefe und amtliche Schriften,* Bd. V, S. 346. Die Weigerung Metternichs, am Ball Rasumowskys teilzunehmen, seine Versuche, die Herzogin von Sagan an Silvester zu treffen, und die wahrscheinlich in der Kanzlei verbrachte Nacht: McGuigan, *Metternich, Napoleon und die Herzogin* (1979), S. 398 – 401. Der Besuch von Gentz bei der Herzogin von Sagan an jenem Abend und die Begegnung mit Dorothea, Graf Clam-Martinitz, Windischgrätz u. a.: *Tagebücher,* 31. Dezember 1814, S. 344. »Ich hoffte, dir das Angebinde selbst zu geben ...«: Pflaum (1984), S. 243.

**Kapitel 21: Requiem**

Der erste Maskenball und die Eröffnung der Karnevalssaison: Perth, 2. Januar 1815, *Wiener Kongresstagebuch, 1814 – 1815* (1981), S. 80. Eintreffen der Nachricht vom Genter Frieden und seine Folgen: Castlereagh an Liverpool, 5. Januar 1815, *CC,* Nr. CLX, S. 283; *WSD,* Bd. IX, S. 527; sowie Erzherzog Johann in seinem Tagebuch, 1. Januar

1815: *Aus dem Tagebuche Erzherzog Johanns von Oesterreich, 1810–1815*, hg. v. Franz Xaver von Krones (1891), S. 199; ferner einige abgefangene Briefe: Hager an den Kaiser, 1. Januar 1815, *DCV,* Bd. I, Nr. 1210, Bd. II, Nr. 1281 und 1288. Schnee in Wien an jenem Tag: Bertuch, *Tagebuch vom Wiener Kongress* (1916), 1. Januar 1815, S. 88, und Stolberg-Wernigerode, *Tagebuch über meinen Aufenthalt in Wien zur Zeit des Congresses* (2004), S. 142. Die Nachricht vom Genter Frieden als »Vorläufer eines noch glücklicheren Ereignisses«: Talleyrand an Ludwig XVIII., 4. Januar 1815, *TLC,* S. 241, sowie Talleyrands Ansicht zum Geheimabkommen, S. 242 ff.; *TLB,* S. 184–187. Zur Freude der englischen Gesandten und Talleyrands, als er mit ihnen in der gleichen Kutsche fuhr: San Marzano, *Diario,* 1. Januar 1815, S. lxvi. Zur kriegerischen Ausdrucksweise der Preußen und ihrer Wirkung auf ihn: Castlereagh an Liverpool, 1. Januar 1815, *BD,* Nr. CLV, S. 277 f. Talleyrand war sich natürlich der Art dieser Hilfe bewusst: Dass sich Österreich und Großbritannien nur »in einem Fall extremer Dringlichkeit« an Frankreich wenden würden, hatte er schon längst erkannt: Talleyrand an Ludwig XVIII., 25. November 1814, *TLC,* S. 166; zur preußischen Arroganz bei den Konferenzen als wesentlicher Faktor, der Castlereagh veranlasste, das Geheimabkommen zu unterschreiben: Talleyrand an Ludwig XVIII., 4. Januar 1815, *TLC,* S. 243. Siehe auch Talleyrands Einschätzung in dem Bericht, den er dem König während seiner Reise von Gent nach Paris vorlegte, Juni 1815, S. 529. Dass Castlereagh sich von der britischen Regierung distanzierte: Webster (1931), S. 371. Bankett am 3. Januar bei Castlereagh: Eynard, *Journal [Tagebuch],* 4. Januar 1815, S. 241 ff.; zur Violinmusik: San Marzano, *Diario,* 3. Januar 1815, S. lxvii. Die Vereinbarungen des Geheimabkommens sind abgedruckt in: Angeberg, *Le Congrès de Vienne et les traités de 1815* (1864), Bd. II, S. 589–592.

Dass Gerüchte über ein Geheimabkommen kursierten: Agent Br an Hager, 29. Januar 1815, *DCV,* Bd. II, Nr. 1437. Dalberg sprach mit Agenten darüber: Rapport an Hager, 1. Februar 1815, *DCV,* Bd. II, Nr. 1461. Hardenberg hatte vor einer möglichen »geheimen Convention« zwischen Großbritannien, Österreich und Frankreich gewarnt, wie er in seinem Tagebuch festhielt: 16. Dezember 1814, in: *Tagebücher und autobiographische Aufzeichnungen* (2000), S. 808. Es kursierten auch unzählige Gerüchte über eine angebliche Entlassung Metternichs sowie darüber, dass Nesselrode in Ungnade gefallen sei. Talleyrands Aufnahme in den Ausschuss der Großen Vier wird schon im Voraus vermerkt bei: Wintzingerode und Linden an den König von Württemberg, abgefangen, 5. Januar 1815, Bd. II, Nr. 1249. Castlereaghs Anregung, die Franzosen zu den Gesprächen über Sachsen einzuladen: Castlereagh an Liverpool, 1. Januar 1815, *BD,* Nr. CLIV, S. 276 f.; zur Weigerung Castlereaghs und Metternichs, ohne Talleyrand über Sachsen zu verhandeln in Castlereaghs Zusammenfassung: Brief an Liverpool, 3. Januar 1815, *BD,* Nr. CLVIII, S. 280 f. Zum Vorschlag, Frankreich einzubeziehen, siehe: Gentz an Karadja, 4. Januar 1815, *Dépêches inédites,* S. 138 ff. An der Sitzung nahm Frankreich teil, wie im Protokoll dokumentiert wird: Angeberg, *Le Congrès de Vienne et les traités de 1815* (1864), Bd. II, S. 594.

»Seine Eingebungen waren spontan und lebhaft…«: *NP,* Bd. I, S. 317, sowie Palmer, *Metternich [Metternich. Der Staatsmann Europas – eine Biographie]* (1972), S. 141. Anzeichen für die Veränderung des Zaren und die geringere Neigung, Preußen zu unterstützen, wurden schon zuvor vom aufmerksamen Talleyrand bemerkt: Brief an Ludwig XVIII., 17. November 1814, *TLC,* S. 146 f.; Gentz, *Tagebücher,* 21. November 1814, S. 332; Erzherzog Johann, 24. November 1814, *Aus dem Tagebuche Erzherzog Johanns von Oesterreich, 1810 – 1815,* hg. v. Franz Xaver von Krones (1891), S. 184; und Rapport an Hager, 20. Dezember 1814, *DCV,* Bd. I, Nr. 1098. Der Wandel des Zaren betraf natürlich nicht Metternich: Nota an Hager, 5. Januar 1815, Bd. II, Nr. 1239. Alexander hätte es immer noch vorgezogen, sich per Pistole mit Metternich zu messen: Rosenkrantz, *Journal,* 10. Januar 1815, S. 123.

Krüdener in ihren Briefen und die Erinnerungen der Hofdame Stourdza, die gezielt in der Hofburg untergebracht wurde, siehe: Gräfin Edling, *Mémoires* (1888), S. 163. »Glauben Sie etwa, der Kongress …«: Paléologue, *The Enigmatic Czar [Un tsar énigmatique]* (1938), S. 228. Die Besuche des Zaren und die Briefe: Edling (1888), S. 163 f., 217 und 197 ff. Krüdeners Briefwechsel mit Stourdza ab Oktober ist veröffentlicht in: Clarence Ford, *Life and Letters of Madame de Krudener* (1893), S. 153 ff. Allerdings hatte die Korrespondenz schon vor Wien, im April desselben Jahres begonnen: Ernest John Knapton, *The Lady of the Holy Alliance* (1939), S. 139. Zum Antagonismus »weißer Engel« (der Zar) und »schwarzer Engel« (Napoleon) siehe: Paléologue (1938), S. 228 f.; »der Drachen« (Napoleon): Paléologue (1938), S. 246; weitere Einzelheiten zur Beziehung zwischen Zar und Krüdener: Palmer, *Alexander I: Tsar of War and Peace [Alexander I. Gegenspieler Napoleons]* (1974), S. 318 f. Spitzel weisen auf seine religiöse Wandlung hin sowie auf Gerüchte, er wolle die orthodoxe und die römisch-katholische Kirche vereinen: Rapport eines namentlich nicht genannten Agenten an Hager, 7. November 1814, *DCV,* Bd. I, Nr. 703. Palmer macht darauf aufmerksam, dass die Affären des Zaren nachließen und nach der zweiten Dezemberwoche oder schon am 5. Dezember abrupt abbrachen (S. 317 ff.), aber das stimmt nicht ganz. Z. B. suchte ihn Schwarz, die angebliche Mätresse Alexanders, weiterhin heimlich auf: Göhausen an Hager, 8. Januar 1815, Bd. II, Nr. 1319. Andere Quellen (neben den Spitzeln) berichten ebenfalls weiter über seine Affären, z. B.: Baronne du Montet, *Souvenirs [Die Erinnerungen der Baronin du Montet],* 1. Februar 1815; sie stellt fest, dass der Zar ständig mit Gabrielle Auersperg zusammen sei.

Der Zar hat ganz eindeutig von dem Geheimabkommen gewusst oder es zumindest stark vermutet. Er hatte sogar mit Castlereagh über das »Gerücht« gesprochen, wie der britische Minister in einem Brief an Liverpool anmerkt: 8. Januar 1815, *CC,* Nr. CLXI, S. 284. Auch andere im russischen Gefolge bemerkten die enge Zusammenarbeit zwischen den drei Mächten, z. B.: Karl von Nostitz in seinem Tagebuch, 7. Januar 1815, in: *Leben und Briefwechsel* (1848), S. 141. Andere Prioritäten und ein möglicher Angriff auf die Türkei sowie Verweis auf La Harpe und Pozzo di Borgo, 7. Juli 1814: Kraehe, *Metternich's German Policy* (1963 – 1983), Bd. II, S. 134 f. Dass viele russische Berater einen Krieg gegen die Türkei befürworteten, stellte Gentz fest: Gentz an Karadja, 15. Oktober 1815, *Dépêches inédites,* S. 184. Zur Verwirrung des Zaren, wem oder was er Glauben schenken sollte: Talleyrand an Ludwig XVIII., 15. Dezember 1814, *TLC,* S. 208 f. Zum Erfolg Talleyrands Anfang 1815, König von Dänemark an Kaiser Franz: Marquis de Bonnay an Talleyrand, 10. Januar 1815, Bd. II, Nr. 1415.

Metternich und die Herzogin zu dieser Zeit und die Zitate »Ich war zwei Jahre lang…« und »Dazu auserkoren, zwanzig Millionen…«: McGuigan, *Metternich, Napoleon und die Herzogin* (1979), S. 408, und *MSB,* S. 275. Talleyrands Darstellung des Requiems: Brief an Ludwig XVIII., 21. Januar 1815, *TLC,* S. 273 ff., und *Memoirs [Memoiren],* Bd. II, S. 205; »Die Gesandten des Königs auf dem Kongress an den Minister der auswärtigen Angelegenheiten in Paris«, Nr. 25, 19. Januar 1815, S. 14 (falsch datiert auf 19. März), sowie Nr. 26, 24. Januar 1815, S. 20 f.; Talleyrand an Jaucourt, 21. Januar 1815, *Correspondance du comte du Jaucourt avec le prince de Talleyrand pendant le Congrès de Vienne* (1905), S. 163. Der Symbolgehalt der vier Statuen wird beschrieben in: Comte Auguste de La Garde-Chambonas, *Gemälde des Wiener Kongresses 1814–1815. Erinnerungen, Feste, Sittenschilderungen, Anekdoten* (1912), Bd. 2, S. 149 ff.; Bright, *Travels from Vienna through Lower Hungary with some remarks on the state of Vienna during the congress in the year 1814* (1818), S. 37, u. a. Dieses Datum als Jahrestag eines »Tages des Grauens und der ewigen Trauer« und der Ausdruck »feierlicher Sühnegottesdienst« in: Talleyrand an Ludwig XVIII., 4. Januar 1815, *TLC,* S. 240; zit. nach: Spiel, *Wiener Kongress in Augenzeugenberichten* (1965), S. 191. Dass ihm der Stephansdom und der Erzbischof von Wien zugesagt wurden, sowie der Vorsatz, dass nichts versäumt werden solle, das die Zeremonie beeindruckend machen könne: Talleyrand an Ludwig XVIII., 6. Januar 1815, S. 252; Talleyrand an Ludwig XVIII., 10. Januar 1815, S. 259 f. Die Arbeit Neukomms an der Musik: Talleyrand an die Herzogin von Kurland, 11. Januar 1815, *TLI,* S. 99. Requiem für Ludwig XVI.: Nota an Hager, 21. Januar 1815, *DCV,* Bd. II, Nr. 1360; und abgefangener Brief Wintzingerodes an den König von Württemberg, 22. Januar 1815, Bd. II, Nr. 1369. Die Pelzbekleidung in der Kirche: San Marzano, *Diario,* 21. Januar 1815, S. lxix; Baronne du Montet, *Souvenirs [Die Erinnerungen der Baronin du Montet],* S. 133 f. Dass nicht alle von der Zeremonie beeindruckt waren, geht aus den kritischen Anmerkungen Karl von Nostitz' hervor: 24. Januar 1815, in: *Leben und Briefwechsel* (1848), S. 159; oder Carl Bertuch, *Tagebuch vom Wiener Kongress,* S. 102 f. Auch Varnhagen von Ense kritisierte die Messe aus vielen Gründen; zumindest sei sie völlig unnötig und gedenke einer Tat, die man besser »unbesprochen lasse«: *Denkwürdigkeiten des eignen Lebens* (1987), Bd. II, S. 649 f. Gentz war bei dem feierlichen Bankett in der französischen Botschaft und traf dort viele Kongressteilnehmer: 21. Januar 1815, *Tagebücher,* S. 351. Andere Vergnügungen wurden nicht unbedingt abgesagt, wie beobachtet wurde: San Marzano ging zum Spiel beim Grafen Zichy. Fürstin Bagration gab an jenem Abend eine Soiree mit einem Theaterstück und einem Ball, siehe: Agent ** an Hager, 24. Januar 1815, *DCV,* Bd. II, Nr. 1390. Viele Darstellungen berichten, dass der österreichische Kaiser die Kosten übernommen hätte, aber das stimmt nicht, wie Talleyrand in seinem Brief an Jaucourt ausführt: 9. Februar 1815, *Correspondance du comte du Jaucourt* (1905), S. 184.

**Kapitel 22: Große Schlittage**

Meine Schilderung des Wetters stützt sich auf mehrere zeitgenössische Beschreibungen, insbesondere: Bright, *Travels from Vienna through Lower Hungary with Some Remarks on the State of Vienna During the Congress in the Year 1814* (1818), S. 33 ff.; San Marzano, 8.–22. Januar 1815, *Diario,* S. lxviii ff. Beschreibungen der Schlitten: La

Garde-Chambonas, *Gemälde des Wiener Kongresses 1814 – 1815. Erinnerungen, Feste, Sittenschilderungen, Anekdoten* (1912), Bd. 2, S. 159 – 167; Eynard, *Au Congrès de Vienne: journal de Jean-Gabriel Eynard [Der tanzende Kongress: Tagebuch]* (1914 – 1924), der aus einem Fenster in der Hofburg einen Blick nach unten warf, 22. Januar 1815, Bd. I, S. 290 – 294; Rahel Varnhagen an Moritz und Ernestine Robert, 23. Januar 1815, *Briefwechsel,* hg. v. Friedhelm Kemp (1979), Bd. IV, S. 70. Talleyrand an die Herzogin von Kurland, 24. Januar 1815, *TLI,* S. 108, und Gentz, *Tagebücher* (1873), Bd. I, S. 22, 351. Zu den Pferdeglocken: Bright (1818), S. 34, und zur Paarbildung der Souveräne per Losverfahren: Perth, 22. Januar 1815, *Wiener Kongresstagebuch, 1814 – 1815,* S. 86; eine vollständigere Liste in der *Wiener Zeitung,* 24. Januar 1815. »Starker Schneefall« und »scharfer Frost«: Spiel, *Wiener Kongress in Augenzeugenberichten* (1965), S. 163. Die Verzögerung beim Start und Schneefall bei der Rückkehr erwähnt Eynard (1914 – 1924), 22. Januar 1815, S. 291 f. und 294 f. Über Stewarts Verhalten berichtet auch Alexander Iwanowitsch Michailowski-Danilewski in seinem Tagebuch: Alexander Sapojnikov in: Ole Villumsen Krog (2002), S. 146. Wie Marie-Louise durch ein in den Dachboden eingelassenes Fenster schaut, beschreibt: Baron Claude-François de Méneval, *Memoirs Illustrating the History of Napoleon I from 1802 to 1805 [Mémoires pour servir à l'histoire de Napoléon Ier: depuis 1802 jusqu'à 1815],* hg. v. Baron Napoléon-Joseph de Méneval (1894), Bd. III, S. 312. Auf die Preissteigerung weisen viele hin, z. B.: Thürheim, *Mein Leben: Erinnerungen aus Österreichs großer Welt, 1788 – 1819* (1913), Bd. II, S. 106. »Da fahren sie…«: Agent K an Hager, 24. Januar 1815, *GPWK,* S. 348. Zur politischen Lage und den Spannungen in den französisch-englisch-österreichischen Beziehungen: Mavrojény an seinen Bruder, 25. Januar 1815, *GPWK,* S. 370 f. Meinungsverschiedenheiten zwischen Großbritannien und Österreich nach dem Verteidigungsbündnis: Castlereagh an Liverpool, 22. Januar 1815, *BD,* Nr. CLXVIII, S. 292 ff., sowie sein Brief eine Woche später, als er sich an den Zar wendet: Castlereagh an Liverpool, 29. Januar 1815, *BD,* Nr. CLXIX, S. 297 f. Natürlich stellte sich Talleyrand auf die Seite Metternichs, wie aus diesem letzten Brief hervorgeht sowie aus Talleyrands Depeschen. Das Ultimatum Castlereaghs: 19. Januar 1815, Angeberg, *Le Congrès de Vienne et les traités de 1815* (1864), Bd. II, S. 795 ff. Der Ärger Castlereaghs über Metternich sprach sich herum, wie auch Eynard hörte: 24. Januar 1815 (1914 – 1924), S. 299.

Das Werk *De l'Allemagne* von Germaine de Staël (dt. Ausgabe: *Über Deutschland,* 1985, Zitat: S. 63) ging bereits 1810 in den Druck, wurde zensiert, dann alle existierenden Exemplare eingestampft; im Jahr 1813 wurde es dann aber vollständig veröffentlicht. Die Äußerung Gentz' zu den Leuten, die »das Schicksal der Welt in Händen hielten«, stammt aus dem Tagebuch: 12. Januar 1815, *Tagebücher* (1873), Bd. I, S. 348. »Ich genieße das ganze Spektakel…«, aus Gentz' Jahresresümee, und seine Klage über die »Phrasen«: Golo Mann, *Friedrich von Gentz. Geschichte eines europäischen Staatsmannes* (1947), S. 269 f. Die Gastfreundschaft Fanny von Arnsteins wird beschrieben in: Karl August Varnhagen von Ense, *Denkwürdigkeiten des eignen Lebens* (1987), Bd. II, S. 573 f. »Hohe schlanke Gestalt« und die Kulisse am Hohen Markt: Hilde Spiel, *Fanny von Arnstein oder die Emanzipation. Ein Frauenleben an der Zeitenwende 1758 – 1818* (1962), S. 105 ff. Beschreibung Jean Carros: Rosalie Rzewuska,

*Mémoires de la comtesse Rosalie Rzewuska (1788–1865)* (1939), Bd. I, S. 98. Auf Gebäck und servierte Getränke geht Carl Bertuch in seinem Tagebuch ein: 1. November 1814, *Tagebuch vom Wiener Kongress* (1916), S. 45. Die Wachsfiguren tauchen in vielen Quellen auf, z. B. in folgenden Tagebüchern: Bertuch, 10. Januar 1815 (1916), S. 96; Marchese di San Marzano, in: Ilario Rinieri (Hg.), *Corrispondenza inedita dei Cardinali Consalvi e Pacca nel tempo del Congresso di Vienna* (1903), S. lxviii; und Henrich Graf zu Stolberg-Wernigerodes am gleichen Tag: *Tagebuch über meinen Aufenthalt in Wien zur Zeit des Congresses* (2004), S. 150. An jenem Abend nahm Humboldt nicht teil, weil er eifrig an seinen Argumenten für eine Gleichstellung der Juden arbeitete, wie er in einem Brief an seine Frau schrieb: 17. Januar 1815, *Wilhelm und Caroline von Humboldt in ihren Briefen,* hg. v. Anna von Sydow (1910), Bd. IV, S. 458.

Kritische Anmerkungen Jacob Grimms zum Kongress finden sich in mehreren Briefen an seinen Bruder Wilhelm, z. B.: *Briefwechsel zwischen Jacob und Wilhelm Grimm aus der Jugendzeit* (1963), 8. Oktober 1814, S. 354, hier auch seine Bezeichnung als »Gewirr…«: S. 355. Grimm ging in die Bibliothek, sobald es ihm gelang, sich aus der Botschaft zu stehlen, und seine verschiedenen literarischen Projekte gehen etwa hervor aus: Brief an Wilhelm, 21. Oktober 1814 (1963), S. 360. Grimms Forschung zum serbischen und tschechischen Volkstum und manche Manuskripte sind auch enthalten in: Murray B. Peppard, *Paths Through the Forest: A Biography of the Brothers Grimm* (1971), S. 88. Grimms Abendessen in der Schenke, seine Äußerung zu »Ammen- und Kindermärchen…« und die Kontakte zu anderen Gelehrten auf dem Kongress: Ruth Michaelis-Jena, *The Brothers Grimm [Die Brüder Grimm]* (1970), S. 73 f.; das »Circular, die Sammlung der Volkspoesie betreffend« ist abgedruckt in: Jacob Grimm, *Kleinere Schriften,* Bd. 7: *Recensionen und vermischte Aufsätze* (1884), S. 593 f. Die Adresse Grimms auf dem Kongress lautete anfangs gemeinsam mit dem Leiter der Delegation Alleegasse Nr. 79, später dann Pannikelgasse Nr. 80. Grimm wurde nicht im *GE* genannt, war aber Koautor von *SG,* S. 9.

Das Eintreffen von Napoleons Mutter auf Elba: Sir Neil Campbell, »Journal«, veröffentlicht in: *Napoleon at Fontainebleau and Elba; Being a Journal of Occurrences in 1814–1815* (1869), S. 278 f.; Schummeln Napoleons beim Kartenspiel: Christophe, *Napoleon on Elba [Napoléon, empereur de l'île d'Elbe],* übs. v. Len Ortzen (1964), S. 138. Gerüchte über die Ankunft Marie-Louises und der Besuch Marie Walewskas: Norman Mackenzie, *The Escape from Elba: The Fall and Flight of Napoleon, 1814–1815* (1982), S. 128 ff.; Christophe (1964), S. 109–127. Jaucourt informiert Talleyrand am 27. September 1814 in: *Correspondance du comte du Jaucourt avec le prince de Talleyrand pendant le Congrès de Vienne* (1905), S. 10. Die Herkunft Marie Walewskas wird von Potocka beschrieben, die behauptet, sie habe auf dem Ball, wo die Affäre begann, zwischen den beiden gesessen: Gräfin Anna Potocka, *Memoirs of the Countess Potocka [Mémoires de la comtesse Potocka (1794–1820)/Die Memoiren der Gräfin Anna Potocka, 1794–1820],* hg. v. Casimir Stryienski, übs. v. Lionel Strachey (1900), S. 79 f. Napoleon hatte praktisch von Anfang an die Absicht, Pianosa zu besetzen, siehe: Captain Thomas Ussher, »Napoleon's Deportation to Elba«, in: *Napoleon's Last Voyages, Being the Diaries of Admiral Sir Thomas Ussher, R.N., K.C.B. (on Board the »Undaunted«), and John R. Glover, Secretary to Rear Admiral Kockburn (on Board the »Northumberland«)* (1895), S. 54; Campbell (1869), S. 217; Mackenzie (1982), S. 85. Napoleons Pläne für Pianosa: Campbell, »Journal« (1869), S. 244.

**Kapitel 23: »Abstoßender und verbrecherischer Raubhandel mit Menschenfleisch«**

Das Motto stammt aus einem Brief Castlereaghs an Liverpool, *CC,* Bd. X, S. 490. »Sechs Wochen in einem brodelnden Kessel«: Robert Keith, *Memoirs of Sir Robert Murray Keith* (1849), S. 456. »Prächtiges Wetter«: Gentz, 19. Februar 1815, *Tagebücher* (1873), Bd. I, S. 359; sowie: McGuigan, *Metternich, Napoleon und die Herzogin von Sagan* (1979), S. 410; dazu auch: San Marzanos Tagebucheintrag vom 26. Februar 1815, in: Ilario Rinieri (Hg.), *Corrispondenza inedita dei Cardinali Consalvi e Pacca nel tempo del Congresso di Vienna* (1903), S. lxxii. Das »Gedränge der Neugierigen« und einen »Schwarm von müßigen Köpfen und Neuigkeitskrämern« beobachtete: Comte Auguste de La Garde-Chambonas, *Gemälde des Wiener Kongresses 1814–1815. Erinnerungen, Feste, Sittenschilderungen, Anekdoten* (1912), S. 288. Zu den Diners Anfang Februar: Talleyrand an die Herzogin von Kurland, 8./9. Februar 1815, *TLI,* S. 114. Die Wette zwischen Zar Alexander und Gräfin Flora Wrbna-Kageneck im Salon der Fürstin Bagration sowie der anschließende Wettkampf machten überall die Runde, allerdings sind sich die Quellen in wesentlichen Punkten nicht einig, etwa bei der Dauer des Wettkampfs oder mit wie viel Vorsprung die Siegerin gewann oder welcher Preis verliehen wurde. Siehe die Schilderungen z. B. in: Gräfin Thürheim, *Mein Leben* (1913), Bd. II, S. 117 f.; Méneval, *Memoirs [Mémoires],* Bd. III, S. 345; San Marzano, *Diario,* 20. Februar 1815, S. lxxii; Rzewuska, *Mémoires de la comtesse Rosalie Rzewuska 1788–1865* (1939), Bd. I, S. 265; Bernstorff, *Ein Bild aus der Zeit von 1789 bis 1835: Aus ihren Aufzeichnungen* (1896), Bd. I, S. 175; Humboldt an Caroline, 23. Februar 1815, *Briefe,* Bd. IV, S. 485; Agent ** an Hager, 16. Februar 1815, *DCV,* Bd. II, Nr. 1636; Rosenkrantz, *Journal du Congrès de Vienne 1814–1815* (1953), 23. Februar 1815, S. 159. Castlereagh fragte sich, ob Wellington daran denken mochte, ihn in Wien abzulösen: Castlereagh an Wellington, 17. Dezember 1814, *CC,* Bd. X, S. 217–220. Dass Castlereagh in dieser Zeit seine Abreise hinauszögern wollte: Castlereagh an Liverpool am Tag nach dem Geheimabkommen, 4. Januar 1815, *CC,* Bd. X, S. 235 f., und Brief an Wellington, *CC,* Bd. X, S. 236.

Viele Historiker schreiben genau wie Castlereagh, Wellington sei am 3. Februar in Wien eingetroffen, vgl.: Castlereagh an Liverpool, Entwurf, 6. Februar 1815, *CC,* Bd. X, S. 248. Aber das stimmt nicht mit den Hinweisen in Tagebüchern anderer überein, die Wellington schon vor diesem Termin sahen oder mit ihm speisten. Talleyrand, der ein frühes Diner für Wellington gab, berichtete, dass dieser am 1. Februar eingetroffen sei: Talleyrand an Ludwig XVIII., 8. Februar 1815, *TLC,* S. 303. San Marzano vermerkte seine Ankunft ebenfalls an diesem Tag: 1. Februar 1815, *Diario,* S. lxx, genau wie Rosenkrantz (1953), der ihn sah: 1. Februar 1815, S. 136. Ein Polizeibericht meldet die Ankunft ebenfalls für den Ersten des Monats: Rapport an Hager, 2. Februar 1815, *DCV,* Bd. II, Nr. 1467. Talleyrands Diner für den Duke of Wellington am 4. Februar war natürlich nicht das allererste, das in Wien ihm zu Ehren veranstaltet wurde. Der Hinweis auf die zunehmende Tendenz, sich in den Häusern der Bankiers zu treffen, findet sich in: Karl von Nostitz, nicht datierter Eintrag Anfang Februar 1815, *Leben und Briefwechsel* (1848), S. 166.

Die Begeisterung über Wellingtons Ankunft in Wien wird geschildert in: Comte Auguste de La Garde-Chambonas, *Gemälde des Wiener Kongresses 1814 – 1815. Erinnerungen, Feste, Sittenschilderungen, Anekdoten* (1912), Bd. 2, S. 295 f.; dass der Herzog den Feierlichkeiten neues Leben einhauchte: Méneval, *Memoirs [Mémoires]*, Bd. III, S. 349. Zu Wellington und seiner Begleiterin Grassini: Karl von Nostitz, nicht datierter Eintrag Anfang Februar 1815, in: *Leben und Briefwechsel* (1848), S. 168; sowie Mitteilung an Hager, 3. Februar 1815, *DCV*, Bd. II, Nr. 1483; und Agent Nota an Hager, der die Bezeichnung Grassinis als »Schöne des Universums« hinzufügte, am selben Tag, Bd. II, Nr. 1499. Wellingtons Eigenarten: Elizabeth Longford, *Wellington: Years of the Sword* (1969), S. 352 – 368; Andrew Roberts, *Napoleon and Wellington: The Battle of Waterloo and the Great Commanders Who Fought It* (2001); und Richard Holmes, *Wellington* (2002). Die Bezeichnung als »gestrenger Meister« und eine Beschreibung seines Lachens in: Longford (1969), S. 353. Wellington war seit der Schlacht von Vitoria 1813 Feldmarschall, Duke seit 1814, so beschlossen im House of Commons am 13. Mai 1814 und im House of Lords am 27. Juni 1814, abgedruckt in: *WD*, Bd. VII, S. 522 – 525. Castlereagh schickte seine Depeschen über Wellingtons Botschaft in Paris nach London, wie etwa hervorgeht aus: Castlereagh an Liverpool, 25. Oktober 1814, *BD*, Nr. CXXI, S. 216.

Vor der Abreise aus Wien hatte Talleyrand seine Unterstützung bei dem Thema Sklavenhandel auf dem Kongress zugesagt: Wellington an Castlereagh, 4. Oktober 1814, *WD*, Bd. VII, S. 574. Talleyrands Vorschlag, eine Kommission zum Sklavenhandel zu gründen: Talleyrand an Ludwig XVIII., 15. Dezember 1814, *TLC*, S. 211. Zum Sklavenhandel: »Die Gesandten des Königs auf dem Kongress an den Minister der auswärtigen Angelegenheiten in Paris«, Nr. 26, 24. Januar 1815; *Memoirs [Memoiren]*, Bd. III (1891), S. 18 f. Die Herausforderungen und Enttäuschungen der vielen Interessengruppen in Frankreich: Brief an William Wilberforce, 15. September 1814, *WD*, Bd. VII, S. 558 f. Wellington fügt in diesem Brief hinzu, dass die Abschaffung der Sklaverei fälschlicherweise mit den Wirren der Französischen Revolution in Verbindung gebracht werde und entsprechend schlecht angesehen sei. Zum Einfluss der Presse und insbesondere zu den Schwierigkeiten, einen Beitrag zu veröffentlichen, der sich für die Abschaffung der Sklaverei aussprach, siehe: Wellington an Wilberforce, 8. Oktober 1814, *WD*, Bd. VII, S. 576. Ein weiterer Einwand war, dass Großbritannien einen Hintergedanken habe – den Einsatz ehemaliger Sklaven als Soldaten in ihrem Krieg gegen die Vereinigten Staaten: Wellington an Wilberforce, 14. Dezember 1814, *WD*, Bd. VII, S. 620. Dass Frankreich nicht auf das britische Angebot einer Insel als Gegenleistung für die französische Unterstützung beim Sklavenhandel einging, z. B. in: Castlereagh an Liverpool, 25. Oktober 1814, *BD*, Nr. CXX, S. 215. Die Beschreibung des Lebens auf einem Sklavenschiff als Horrorszenario stammt aus der Autobiografie von Olaudah Equiano (alias Gustavus Vassa, *Merkwürdige Lebensgeschichte des Sklaven Olaudah Equiano, von ihm selbst veröffentlicht im Jahre 1789*), die, wie Adam Hochschild anmerkt, eine der wenigen Quellen aus der Hand eines Sklaven ist: *Bury the Chains: Prophets and Rebels in the Fight to Free an Empire's Slaves* (2005; dt. Ausgabe: *Sprengt die Ketten. Der entscheidende Kampf um die Abschaffung der Sklaverei,* 2007), S. 32. Weitere Einzelheiten zu dieser Frage auf dem Kongress: Jerome Reich, »The Slave Trade at the Congress of Vienna – a Study in English Public Opinion«, in: *Journal of Negro History,* 53 (April 1968), S. 129–143. Es existiert eine große Sammlung von Dokumenten zu diesem Thema im HHStA, St. K., Kongressakten, Kart. 13. Das Protokoll und die Erklärung sind veröffentlicht in: Angeberg, *Le Congrès de Vienne et les traités de 1815* (1864), Bd. II, S. 724–727.

Castlereagh zum heftigen Widerstand von allen Seiten und zur mangelnden Gesprächsbereitschaft: Castlereagh an Liverpool, 25. Oktober 1814, *BD,* Nr. CXX, S. 215 f. Die britische Auffassung, dass sämtliche Handelsschiffe Kontrollbesuche zulassen und alle Schiffe mit Sklaven an Bord beschlagnahmt werden müssten: Wellington an Talleyrand, 26. August 1814, *WD,* Bd. VII, S. 540. Der Vorschlag eines beiderseitigen Rechts, Schiffe zu durchsuchen, war von der französischen Regierung nicht positiv aufgenommen worden: Wellington an Castlereagh, 5. November 1814, *WD,* Bd. VII, S. 595. Castlereaghs Idee einer »Art ständigen europäischen Kongresses«, der sich mit dem Sklavenhandel befassen sollte: Castlereagh an Liverpool, 21. November 1814, *BD,* Nr. CXXIX, S. 233. Und seine Idee, in Friedenszeiten Wirtschaftssanktionen zu verhängen: Castlereagh an Liverpool, 25. Oktober 1814, *BD,* Nr. CXX, S. 216; siehe dazu die Diskussion in: C. K. Webster, *The Foreign Policy of Castlereagh, 1812–1815: Britain and the Reconstruction of Europe* (1931), S. 415 ff. Zum Sklavenhandel als Beispiel für viele Verstöße gegen Menschenrechte und zur Skepsis der Abschaffungsgegner: C. K. Webster, *The Art and Practice of Diplomacy* (1961), S. 2 f. Die Kommission zum Sklavenhandel wird erwähnt in: C. K. Webster, *The Congress of Vienna 1814–1867* (1919, weitere Aufl. 1937), S. 89; Jerome Reich, »The Slave Trade at the Congress or Vienna« (April 1969), S. 109–143. Die erste Sitzung der Kommission fand am 20. Januar 1815 statt: Angeberg, *Le Congrès de Vienne et les traités de 1815* (1864), Bd. II, S. 660–670, und der Widerstand seitens der Portugiesen und Spanier wird an mehreren Stellen deutlich, z. B. auf der Sitzung am 16. Januar, in: Bd. II, S. 612 ff. Einige Briefe Castlereaghs zum Sklavenhandel wurden abgefangen, etwa einer an den portugiesischen Vertreter Palmela, 30. Januar 1815, *DCV,* Bd. II, Nr. 1354; und an Gentz: Hager an den Kaiser, 25. Januar 1815, Bd. II, Nr. 1378. Die Einigung mit Portugal wird dokumentiert in: Angeberg (1864), Bd. II, S. 670–673. Weitere Informationen dazu, wie Castlereagh den Fortgang der Verhandlungen zum Sklavenhandel einschätzte – oder genauer: wie er ihn gerne dem Parlament präsentieren wollte: Castlereagh in der Rede im House of Commons, 20. März 1815, *BD,* Anhang, Bd. II, S. 395 f. Siehe auch: Talleyrand an Ludwig XVIII., 8. Februar 1815, *TLC,* S. 309 f., und sein Brief vom 15. Februar, S. 322. »Abstoßender und verbrecherischer Raubhandel …« und Castlereaghs Bericht über Fortschritte: Castlereagh an Liverpool, 1. Januar 1815, *BD,* Nr. CLIII, S. 274; eine abgewandelte Fassung in: »Memorandum as to the Mode of Conducting the Negotiations in Congress for the Final Abolition of the Slave Trade«, *BD,* S. 235. Die Verurteilung des Sklavenhandels an sich vom 8. Februar 1815 ist veröffentlicht in: Angeberg (1864), Bd. II, S. 726 f. Der Sklavenhandel als Geißel, die »Afrika verwüstet, Europa entwürdigt und die Menschheit bedrückt« habe: S. 726.

**Kapitel 24: Bevor der Kuchen verteilt ist**

Isabeys Arbeit an dem Gemälde des Kongresses: Agent Freddi an Hager, 30. Dezember 1814, *DCV*, Bd. I, Nr. 1203; dass er am Vorabend von Wellingtons Ankunft gerade Hardenberg porträtiert hatte: Karl August von Hardenberg, 17. Januar 1815, *Tagebücher und autobiographische Aufzeichnungen* (2000), S. 812. Zu Isabeys Aufenthalt in Wien: Basily-Callimaki, *J. B. Isabey: sa vie – son temps, 1767 – 1855* (1909), S. 159 – 197. Isabeys Lösung des Dilemmas wegen Wellingtons später Ankunft und sein Gespräch mit Humboldt: Marion W. Osmond, *Jean Baptiste Isabey: The Fortunate Painter, 1767 – 1855* (1947), S. 135 f. Die Zitate aus der Episode mit Humboldt: Hilde Spiel, *Der Wiener Kongress in Augenzeugenberichten* (1965), S. 278 f. Die Ergebnisse zu Polen und Sachsen: C. K. Webster, *The Foreign Policy of Castlereagh, 1812 – 1815: Britain and the Reconstruction of Europe* (1931), S. 384 f. Auf die Einigung am 11. Februar folgten natürlich mehrere weitere Abkommen zwischen Russland und Österreich sowie Russland und Preußen, in denen die Einzelheiten festgelegt wurden. Czartoryskis Enttäuschung und Kommentare u. a. über die Herrschaft Großfürst Konstantins als Militärgouverneur von Kongresspolen und über eine Welle von Selbstmorden in der Armee: *Adam Czartoryski's Memoirs and His Correspondence with Alexander I [Mémoires]*, hg. v. Adam Gielgud (1968), Bd. II, S. 306 ff.; weitere Informationen in: Patricia Kennedy Grimsted, *The Foreign Ministers of Alexander I: Political Attitudes and the Conduct of Russian Diplomacy, 1801 – 1825* (1969), S. 224; Marian Kukiel, *Czartoryski and European Unity, 1770 – 1861* (1955), S. 131 ff.; und W. H. Zawadzki, *A Man of Honour: Adam Czartoryski as a Statesman of Russia and Poland, 1795 – 1831* (1993). Talleyrands Ansichten über das Sachsenproblem: Brief an Ludwig XVIII., 1. Februar 1815, *TLB*, S. 223 – 227; mehr über den Konflikt wegen Leipzig und das Angebot Zar Alexanders, auf Thorn zu verzichten: Talleyrand an Ludwig XVIII., 8. Februar 1815, *TLB*, S. 234 f.; Castlereagh an Liverpool, 6. Februar 1815, *BD*, Nr. CLXXII, S. 301. Hardenberg und die preußische Delegation wollten unbedingt Leipzig und meinten, ohne dieses Zugeständnis nicht nach Berlin zurückkehren zu können: Castlereagh an Liverpool, 29. Januar 1815, *BD*, Nr. CLXIX, S. 296 f. Weitere Informationen über die Grundlagen des preußischen Staates, seine Positionen, Militärstrategie und Wirtschaft siehe: Gaëtan de Raxis de Flassan, *Histoire du Congrès de Vienne [Der Wiener Congress]* (1829), Bd. I, S. 185 f. Die Freilassung des sächsischen Königs und das Abkommen: *TLB*, S. 223 – 226, 236 und 395 – 398. Die Rolle des Zaren wird auch von Castlereagh gewürdigt: 13. Februar 1815, *BD*, Nr. CLXXIV, S. 304.

Zum Erfolg des Prüfungsausschusses: »Die Gesandten des Königs auf dem Kongress an den französischen Minister der auswärtigen Angelegenheiten in Paris«, Nr. 23, 6. Januar 1815, S. 5. Zum Nutzen des Geheimvertrags: Castlereagh an Liverpool, 13. Februar 1815, *BD*, Nr. CLXXIV, S. 303. Die allgemeine Empörung über die Vereinbarungen in Berlin: Nota an Hager, 24. Februar 1815, *DCV*, Bd. II, Nr. 1713; Berliner Kritik an der Leistung der preußischen Delegation auf dem Wiener Kongress: Zerboni di Sposetti an Leipziger, 25. Februar 1815, *DCV*, Bd. II, Nr. 1736. Siehe auch Castelalfer an Saint-Marsan, abgefangen 18. Februar 1815, Nr. 1715. Auch Rosenkrantz hörte davon, dass bei Hardenberg die Fenster eingeworfen worden waren, weil man ihm die Schuld daran gab, dass Preußen Sachsen nicht bekommen hatte: 11. März 1815,

*Journal,* S. 181. Die mangelnde Popularität der Beschlüsse auch im Rheinland: Meldung an Hager, 15. Februar 1815, Bd. II, Nr. 1622. Blüchers Bemerkung, man werde nie wieder eine preußische Uniform tragen können: Flassan, *Histoire du Congrès de Vienne [Der Wiener Congress]* (1829), Bd. I, S. 225. Die Frage, wie sich Deutschland ohne Sachsen künftig sichern solle, Preußen als größte deutsche Macht und Humboldts Prognose zum nächsten Krieg: Sweet (1980), Bd. II, S. 193 ff. Mehr darüber, dass Preußen traditionell eher nach Osten als nach Westen orientiert war: Brendan Simms, *The Struggle for Mastery in Germany, 1779 – 1850* (1998), S. 61. Ebenfalls einen hervorragenden Überblick bietet: James J. Sheehan, *German History 1770 – 1866* (1989), dt. Ausgabe: *Der Ausklang des alten Reiches: Deutschland seit dem Ende des Siebenjährigen Krieges bis zur gescheiterten Revolution 1763 bis 1850* (1994).

Die im Text geschilderten nächtlichen Aktivitäten eines Spitzels von Baron Hager einschließlich der Kutschenfahrt mit einer hochgestellten Persönlichkeit: Rapporte von Agent ** vom 7. Februar 1815, *DCV,* Bd. II, Nr. 1533 f. Das »Jean de Paris« wird beschrieben in: Friedrich Anton von Schönholz, *Traditionen zur Charakteristik Österreichs, seines Staats- und Volkslebens unter Franz I.* (1914), Bd. II, S. 129 f. Méneval als Opfer der Spionage: Claude-François de Méneval, *Memoirs Illustrating the History of Napoleon I from 1802 to 1815 [Mémoires pour servir à l'histoire de Napoléon Ier: depuis 1802 jusqu'à 1815],* hg. v. Napoléon-Joseph de Méneval (1894), Bd. III, S. 387. Jominis Rat stammt aus einem abgefangenen Brief an seinen Bruder: 30. Januar 1815, *DCV,* Bd. II, Nr. 1471.

»So steuern alle bei und alle gewinnen«: Talleyrand an Ludwig XVIII., 3. März 1815, *TLB,* S. 277. Dass Castlereagh seine Arbeit in Wien abschloss und die Übergabe der Gesandtschaft an Wellington plante: Castlereagh an Liverpool, 6. Februar 1815, *BD,* Nr. CLXXII, S. 300. Castlereagh drängte auf eine Verlängerung seines Aufenthalts in Wien: Castlereagh an Liverpool, 4. Januar 1815, *BD,* Nr. CLIX, S. 281; *WSD,* Bd. IX, S. 525. Castlereaghs Abreise aus Wien am 14. Februar: Webster, S. 396, der sich auf Castlereagh selbst stützt. Wahrscheinlicher ist jedoch, dass Castlereagh erst am 15. Februar aufbrach, wie viele Personen aus seiner Umgebung festhielten, z. B.: Talleyrand an Ludwig XVIII., 15. Februar 1815, *TLB,* S. 240; San Marzano, *Diario,* S. lxxi; Hardenberg, 15. Februar 1815, *Tagebücher,* S. 816; und Perth, *Wiener Kongresstagebuch, 1814 – 1815,* S. 91. Letzte Gespräche Castlereaghs über die Türkei, bevor er Wien verließ: *GPWK,* S. 411 ff., und Gentz an Karadja, 24. Februar 1815. Dass Castlereagh auf den Zaren einwirkte und den Status quo garantieren wollte: Gentz an Karadja, 24. Februar 1815, S. 143. Castlereaghs Verhandlungen mit einem türkischen Minister: Castlereagh an Robert Liston, 14. Februar 1815, *BD,* Nr. CLXXV, S. 306. Anlage zu einem Brief Wellingtons mit der Ankündigung, dass er Castlereagh ersetzen werde: Wellington an Liston, 16. February 1815, abgedruckt in: *DCV,* Bd. II, Nr. 1672, allerdings ohne den Einschub über die Diskussionen zwischen Castlereagh und Mavrojény. Castlereaghs Versuch, die Großmächte für den Schutz der Türkei zu gewinnen: C. K. Webster, *The Art and Practice of Diplomacy* (1961), S. 21. Wie Castlereagh war auch Metternich daran interessiert, eine Garantie für das osmanische Territorium zu erreichen: Gentz an Karadja, 14. Januar 1815, in: *Dépêches inédites* (1876), S. 141 f. Meine Angaben zum österreichisch-bayerischen Konflikt über Salzburg und andere Territorien stützt sich auf viele Quellen, insbesondere: Enno E. Kraehe, *Metternich's German Policy* (1963 – 1983), Bd. II, S. 313 ff. Dialog zwischen Talleyrand und dem Zaren am 13. Februar: Talleyrand an Ludwig XVIII., 15. Februar 1815, *TLB,* S. 251 – 255.

Es ist natürlich umstritten, wann genau Napoleon beschloss, Elba zu verlassen. Die Vermutungen reichen vom Tag (oder sogar vor dem Tag) seiner Ankunft bis Mitte Februar, als er eindeutig an der Verwirklichung seiner Pläne zu arbeiten begann. Manche, wie z. B. J. M. Thompson, vertreten die Ansicht, er habe schon, als er Frankreich verließ, wenn nicht gar schon in Fontainebleau den Vorsatz zur Flucht gefasst: J. M. Thompson, *Napoleon Bonaparte* (1952), S. 401. Andere gehen von einem späteren Datum aus, wahrscheinlich im Januar 1815, z. B.: F. M. Kircheisen, *Napoleon [Napoleon I. Ein Herrscherleben],* übs. v. Henry St. Lawrence (1932), S. 685. Wieder andere definitiv vom Februar, z. B.: August Fournier, *Napoleon I.* (1906), Bd. III, S. 309, und John Holland Rose, *The Life of Napoleon I* (1916), Bd. II, S. 405. Fleury de Chaboulon schrieb einen faszinierenden, aber umstrittenen Bericht über das Thema: *Mémoires pour servir à l'histoire de la vie privée, du retour et du règne de Napoleon en 1815* (1820), 2 Bde. Zur Bedeutung von Fleury de Chaboulons Besuch auf Elba Anfang Februar: John Holland Rose (1916), Bd. II, S. 405 f., und Thompson (1952), S. 401; wahrscheinlich bestärkte er Napoleon nur darin, was er schon Anfang Februar beabsichtigt hatte; so auch bei: Norman Mackenzie, *The Escape from Elba: The Fall and Flight of Napoleon, 1814 – 1815* (1982), S. 201. Schwierigkeiten der Bourbonen in Frankreich: Grote an Münster, 27. Februar 1815, *DCV,* Bd. II, Nr. 1843; Goltz an Hardenberg am selben Tag, Nr. 1845. Napoleon wusste offenbar, dass in Wien über seine Abschiebung nach Sankt Helena verhandelt wurde; ein Engländer berichtete über ein Gespräch dieses Inhalts auf Elba: Agent ** an Hager, 9. Mai 1815, Nr. 2353. Napoleon verfolgte aus der Ferne, dass der Kongress zu Ende ging; Murat hatte es ihm gegenüber in einem Brief im Februar 1815 angedeutet: Thompson (1952), S. 401; viele hatten ihn darüber informiert, u. a. Graf Colonna und Fleury de Chaboulon: Kircheisen (1932), S. 685, und Rose, Bd. II, S. 403 f. Napoleon fand sich mit seiner Niederlage nie ab und witterte in seiner gesamten Umgebung Verrat: Thompson (1954), S. 390 f.; ausführlich behandelt in: David Hamilton-Williams, *The Fall of Napoleon: The Final Betrayal* (1994). Gartenarbeit der Männer Napoleons vor der Flucht: Campbells Tagebuch, *Napoleon at Fontainebleau and Elba; Being a Journal of Occurrences in 1814 – 1815* (1869), S. 380. Flucht von der Insel: Fleury de Chaboulon (1820), Bd. I, S. 152 ff.; Henri Houssaye, *1815: Waterloo* (1904), Bd. I, S. 193 – 196. André Castelot, *Napoleon [Napoléon],* übs. v. Guy Daniels (1971), S. 520 f.; Mackenzie (1982), 214 f.; Lefebvre, *Napoleon [Napoléon],* Bd. II (1969), S. 360. Napoleons Prophezeiung: »Ich werde Paris erreichen, ohne einen Schuss abzufeuern«: Eilhard Erich Pauls, *Napoleon I.* (1911), S. 86 sowie Felix Markham, *Napoleon* (1963), S. 226; wiedergegeben in einem Rapport der österreichischen Polizei: Freddi an Hager, 10. März 1815, *DCV,* Bd. II, Nr. 1855. Napoleons Anweisungen für den Tag der Flucht und seine Rede vor den Soldaten: *Ordres et Apostilles de Napoléon* (1911 – 1912), Bd. IV, Nr. 6515 – 6520.

**Kapitel 25: Und wieder ist es an der Zeit, die Welt zu retten**

Das Zitat von Jean-Gabriel Eynard stammt aus seinem Tagebucheintrag vom 14. März 1815: *Au Congrès de Vienne: journal de Jean-Gabriel Eynard* (1914–1924), Bd. II, S. 21. Die langwierige Sitzung in der Nacht zuvor: Angeberg, *Le Congrès de Vienne et les traités de 1815*, Bd. II, S. 896 ff. Die Ankunft der Depesche und Metternichs Reaktionen, die Besprechung mit dem österreichischen Kaiser, das Gespräch mit Talleyrand und die Sitzung mit den anderen Mächten: *NP*, Bd. I, S. 209 f. Dorothea und Talleyrand an jenem Morgen: Philip Ziegler, *Die Herzogin von Dino* (1965), S. 129, und Micheline Dupuy, *La Duchesse de Dino* (2002), S. 189. Talleyrands Vermutung, was das Ziel Napoleons betraf: *NP,* S. 210; Nota an Hager, 8. März 1815, *DCV* (1917), Bd. II, Nr. 1831; San Marzano, Ilario Rinieri (Hg.), *Corrispondenza inedita dei Cardinali Consalvi e Pacca nel tenpo del Congresso di Vienna* (1903), 8. März 1815, S. lxxiii; Talleyrand an Ludwig XVIII., 7. März 1815, *TLB,* S. 283 f. Wellington berichtet außerdem über die Einigkeit der Großmächte auf der Krisensitzung am 7. März: Wellington an Castlereagh, 12. März 1815, *WD,* Bd. VIII, S. 1. Pozzo di Borgo zit. in: Maurice Paléologue, *The Enigmatic Czar [Un tsar énigmatique]* (1938), S. 231. Natürlich konnte sich niemand seines Ziels sicher sein, aber viele vermuteten, dass Napoleon in Neapel landen würde: Meldung an Hager, 8. März 1815, *DCV,* Bd. II, Nr. 1827. Berichte über Napoleons Ankunft in Neapel: anonyme Meldung an Hager, 10. März 1815, Bd. II, Nr. 1856. Die Meinung, Napoleon werde nach Frankreich gehen, wurde von einer »großen Minderheit« vertreten: Méneval, *Memoirs [Mémoires],* Bd. III, S. 350. Wie Gentz von der Flucht erfuhr: *Tagebücher* (1873), Bd. I, S. 363.

Manche Spitzel erfuhren ebenfalls von der Flucht Napoleons: 7. März, Agent Freddi, Rapport an Hager, Bd. II, Nr. 1819. Die Polizei hatte auch einen Brief über die Flucht Napoleons abgefangen, in dem recht genau die Zahl der Soldaten in seiner Begleitung genannt wurde: Bd. II, Nr. 1820. Kurz vor Napoleons Flucht hatte es Warnungen gegeben, z. B.: Weyland an Hager, 13. Februar 1815, Bd. II, Nr. 1604, und es gab sogar verfrühte Berichte über seine heimliche Abreise: Agent Nota an Hager, 25. Februar 1815, *DCV,* Bd. II, Nr. 1728, und 24. Februar 1815, Nr. 1875. Der Theaterabend, an dem die Nachricht bekannt wurde, wird z. B. beschrieben in: Thürheim, *Mein Leben: Erinnerungen aus Österreichs großer Welt, 1788–1819* (1913), Bd. II, S. 121 ff.; der Versuch, auf die Vorstellung konzentriert zu bleiben: ebd., S. 122. Dass Gräfin Bernstorff die Nachricht ebenfalls im Theater hörte: *Ein Bild aus der Zeit von 1789 bis 1835: Aus ihren Aufzeichnungen* (1896), Bd. I, S. 178. In beiden Quellen werden die ängstlichen Gesichter der prominenten Theaterbesucher erwähnt. Weitere Quellen zur Ausbreitung der Nachricht im Theater: Bertuch, *Tagebuch vom Wiener Kongress* (1916), noch am selben Tag, S. 141; Erzherzog Johann, *Aus dem Tagebuche Erzherzog Johanns von Oesterreich, 1810–1815,* hg. v. Franz Xaver von Krones (1891), S. 208 f. Zur Aufführung eines Stücks von Kotzebue an jenem Abend siehe auch Hugo Wittmann, »Wiener Theater zur Zeit des Congresses«, in: Eduard Leisching, *Der Wiener Congress: Culturgeschichte, die Bildenden Künste und das Kunstgewerbe, Theater – Musik in der Zeit von 1800 bis 1825* (1898), S. 271. Es standen noch weitere Ballette und Tableaus auf dem Programm, darunter die Pantomime *Der Kalif von Bagdad*, wie Hardenberg in seinem Tagebuch festhielt: 6.–7. März 1815, *Tagebücher und autobiographische Aufzeichnungen* (2000), S. 818.

Die Reaktion vieler Polen auf die Flucht Napoleons: Meldung an Hager, 8. März 1815, *DCV,* Bd. II, Nr. 1828; dass die polnische Begeisterung immer noch groß war: Agent N. N. an Hager, 10. Mai 1815, Nr. 2361. Rzewuska machte dieselbe Beobachtung: Bd. I, S. 271. Die angebliche Nachlässigkeit der Engländer: Talleyrand an Ludwig XVIII., 7. März 1815, *TLB,* S. 283. Dass Großbritannien verantwortlich gemacht wurde: Agent ** an Hager, 8. März 1815, *DCV,* Bd. II, Nr. 1826, und abgefangener Brief vom selben Tag, Nr. 1825; Spekulationen dazu: Meldung an Hager, ebenfalls am 8. März, Nr. 1827. Lord Stewarts Frage »Sollten wir Napoleons Hüter sein?«: N.N. an Hager, 12. März 1815, Nr. 1864.

Agent Devay belauschte, wie Dalberg Österreich und Russland für die Flucht Napoleons verantwortlich machte und sich auch über Frankreich äußerte: Agent ** an Hager, 24. März 1815, *DCV,* Bd. II, Nr. 2005. Humboldt über Napoleons Flucht: Agent ** an Hager, 18. März 1815, Nr. 1938. Humboldts Frage nach Napoleons Geldquellen: Agent L an Hager, undatierter Rapport, irgendwann Mitte März geschrieben, vom Herausgeber recht plausibel auf den 19. oder 20. datiert, Bd. II, Nr. 1950. Zu General Kollers Reise nach Elba z. B.: Rapport eines anonymen Agenten an Hager, 27. November 1814, *DCV,* Bd. I, Nr. 911; Göhausen an Hager, 23. November 1814, Nr. 854, und Agent P an Hager, 4. Dezember 1814, Nr. 978. Zur Atmosphäre gegenseitiger Schuldzuweisungen z. B.: Méneval, *Memoirs [Mémoires],* Bd. III (1894), S. 351. Der Vergleich mit dem gemeingefährlichen Gefangenen: Niels Rosenkrantz (dänischer Außenminister), 7. März 1815, *Journal de Congrès de Vienne 1814–1815* (1953), S. 176. Graf Münster aus Hannover war ebenfalls der Ansicht, dass im Umgang mit Bonaparte eine fast kriminelle Fahrlässigkeit geherrscht habe, 18. März 1815, S. 227. Wie unschwer es zu erkennen gewesen sei, dass all die kaiserlichen und königlichen Autoritäten von Angst beherrscht waren: Clancarty an Castlereagh, 11. März 1815, *CC,* Bd. X, S. 264 f. Auch viele andere bestätigten das vorherrschende Gefühl der Angst, so z. B. Erzherzog Johann in seinem Tagebuch: 17. März 1815, *Aus dem Tagebuche Erzherzog Johanns von Oesterreich, 1810–1815,* hg. v. Franz Xaver von Krones (1891), S. 211. »Ehe er von Neuem die Welt in Brand steckte«: Bernstorff (1896), Bd. I, S. 178.

**Kapitel 26: Seine Majestät, der Gesetzlose**

Die Reaktion Ludwigs XVIII. auf die Flucht Napoleons: Henri Houssaye, *1815: La première restauration, le retour de l'île d'Elbe, les cent jours* (1904), S. 22; und Alan Schom, *One Hundred Days: Napoleon's Road to Waterloo* (1992), S. 34 f. »Akt des Wahnsinns«: vgl. auch Anlage zu einem Brief von Comte de Blacas d'Aulps an Fürst Talleyrand, 10. April 1815, in: Memoiren des Fürsten Talleyrand (1891), Bd. III, S. 118; eine ähnliche Bezeichnung wurde auch in einem Gespräch zwischen Noailles und dem preußischen König im Salon der Gräfin Zichy gebraucht: Meldung an Hager, 8. März 1815, *DCV,* Bd. II, Nr. 1828.

Dass der König von Sachsen freigelassen und sein Königreich gerettet werden sollte: Talleyrand an die Herzogin von Kurland, 8.–9. Februar 1815, *TLI,* S. 114. Der König von Sachsen wurde aus Friedrichsfelde freigelasssen: Fürstin Radziwill, 21. Februar 1815, *DCV,* Bd. II, Nr. 1752, und Castelalfter, ebenfalls am 21. Februar, Nr. 1753. Der Besuch von Talleyrand, Metternich und Wellington beim König von Sachsen:

Talleyrand, *Memoiren des Fürsten Talleyrand* (1891), Bd. III, S. 78, und Talleyrand an Ludwig XVIII., 7. März 1815, *TLB,* S. 285 f. Talleyrands Bericht über die Audienz der drei bei dem König, einschließlich des Zitats: »Aber der König …«: Talleyrand an Ludwig XVIII., 12. März 1815, *TLB,* S. 288. Dokumente über den Besuch: *DCV,* Bd. II, S. 900 – 904. Die Weigerung des sächsischen Königs, das Abkommen über sein Königreich zu unterzeichnen: Freddi an Hager, 18. März 1815, Nr. 1925; weitere Informationen über den Misserfolg: anonyme Meldung an Hager, 18. März 1815, *DCV,* Bd. II, Nr. 1943; Méneval, *Memoirs [Mémoires],* Bd. III, S. 352. Die Behandlung des Königs von Sachsen sei ein Schandfleck auf der Geschichte des Kongresses gewesen, schrieb Gentz in: *Denkschrift, NP,* Bd. II, S. 494; Rosenkrantz, 8. März 1815, *Journal,* S. 177 f.

Vorwand, Napoleon strenger zu behandeln: anonymer Rapport an Hager, 8. März 1815, *DCV,* Bd. II, Nr. 1827. Das einzige Gesprächsthema »auf Spaziergängen …« und dass der König von Bayern »nicht ganz bei Sinnen« sei: Alexander Iwanowitsch Michailowski-Danilewski, 26. Februar 1815 (russischer Kalender), übs. v. Alexander Sapojnikov, in: Ole Villumsen Krog (Hg.), *Danmark og den dansende Wienerkongres: spillet om Danmark* (2002), S. 146. Polizeispitzeln fiel das Unbehagen des bayerischen Königs ebenfalls auf, z. B.: Rapport an Hager, 10. März 1815, *DCV,* Bd. II, Nr. 1856. Über Wetten wird in mehreren Rapporten berichtet. Äußerungen von Baronne du Montet: *Souvenirs [Die Erinnerungen der Baronin du Montet]* (1904), S. 137. Der fiktionale Szene auf dem Ball bei Metternich: Auguste de La Garde-Chambonas, *Gemälde des Wiener Kongresses 1814 – 1815* (1912), Bd. II, S. 408 f. In Wien herrschte damals schon mehrere Wochen Fastenzeit: Aschermittwoch war am 8. Februar gewesen. »Geigenjubel …«: Lulu Thürheim, *Mein Leben: Erinnerungen aus Österreichs großer Welt, 1788 – 1819* (1913), Bd. II, S. 91. Brief Franz' I. an den Oberhofmeister über die Senkung der Ausgaben: 21. März 1815, HHStA, OmeA, Nr. 237, ext. 1815, zit. in: Krog (Hg.), *Danmark og den dansende Wienerkongres: spillet om Danmark* (2002), S. 458.

Napoleons Flucht und die Begegnung mit anderen Schiffen: Houssaye (1904), Bd. I, S. 203 – 209, und Mackenzie (1982), S. 217 – 223. Der Marsch über die schneebedeckten Alpen: Fournier, *Napoleon I.* (1906), S. 311 f.; Thiers, *History of the Consulate and the Empire of France Under Napoleon,* Bd. XI (1894), S. 186. Napoleons Proklamationen an seine Soldaten: Fournier, *Napoleon I.* (1906), S. 313; Englund (2004), S. 427 f.; Castelot (1971), 527 f.; Kircheisen (1932), S. 689; Fisher (1912), S. 218. Begeisterung über Napoleons Rückkehr: Johnston, S. 215 f. Marchand in Grenoble hatte den Befehl, »Bonapartes Briganten« aufzuhalten: Castelot (1971), S. 527. Mehr über die Begegnung bei Laffrey: Chandler, *The Campaigns of Napoleon* (1966), S. 1011. »Die Einwohner von Grenoble …«: Alan Schom, *One Hundred Days: Napoleon's Road to Waterloo* (1992), S. 26. Die Stärke der bourbonischen Armeen: David Hamilton-Williams, *The Fall of Napoleon: The Final Betrayal* (1994), S. 174. Weitere Probleme der Regierung der Bourbonen, insbesondere bezüglich der Loyalität der früheren Marschälle Napoleons: Arnail-François de Jaucourts Brief an Talleyrand vom 11. März 1815, *Correspondance du comte du Jaucourt avec le prince de Talleyrand pendant le Congrès de Vienne* (1905), S. 230 f. Napoleons Flucht und die Börse, z. B.: Jean-

Gabriel Eynard, 15. März 1815, *Au Congrès de Vienne: journal de Jean-Gabriel Eynard* (1914 – 1924), Bd. II, S. 23. Die Preußen seien »fast froh« über Napoleons Verschwinden, stellte schon Humboldt in einem Brief an seine Frau fest: 7. März 1815, *Wilhelm und Caroline von Humboldt in ihren Briefen,* hg. v. Anna von Sydow (1910), Bd. IV, S. 491. Die zunehmend kriegerische Einstellung der Preußen kommt in vielen damaligen Quellen zum Ausdruck, etwa in einem abgefangenen Brief des Königs von Preußen: 14. März 1815, *DCV,* Bd. II, Nr. 1913. Alles Gesindel in Wien sei für Napoleon, bemerkte der Zar: Meldung an Hager, 8. April 1815, Nr. 2149.

Über die Unterzeichnung der Deklaration gegen Napoleon durch den Ausschuss der Acht berichtete Talleyrand in mehreren Schreiben: Talleyrand an Ludwig XVIII., 12. März 1815, *TLB,* S. 290 f.; Talleyrand an Ludwig XVIII., 14. März 1815, *TLB,* S. 293 f. (in seinen Memoiren auf den 13. März datiert); und Brief an die Herzogin von Kurland, 15. März 1815, *TLI,* S. 138; sowie: Talleyrand an Labrador, abgefangenes Schreiben, 15. April 1815, Nr. 2210 (das Datum ist allerdings falsch abgedruckt); siehe auch: Labrador, *Mélanges sur la vie privée et publique* (1849), S. 40. »[...] stellt euch an die Fenster und späht nach mir aus ...«: Jean Orieux, *Talleyrand. Die unverstandene Sphinx* (1972), S. 553. Die Deklaration gegen den Gesetzlosen wurde am 15. März auf der Titelseite der *Wiener Zeitung* in Französisch und Deutsch abgedruckt und lässt sich nachlesen in: Angeberg, *Le Congrès de Vienne et les traités de 1815* (1864), Bd. III, S. 912 f., siehe auch die betreffende Nummer der *Wiener Zeitung* unter: http://anno.onb.ac.at/cgi-content/anno?aid=wrz&datum=18150315&seite=1&zoom=33. Talleyrand bezeichnete Napoleon schon am 8. März 1815 als Banditen und Briganten: Talleyrand an Ludwig XVIII., 7. März 1815, *TLB,* S. 284. Andere Mitglieder der französischen Delegation taten dasselbe: 9. März 1815, *DCV,* Bd. II, Nr. 1836.

Die Arbeit an der Deklaration: Meldung an Hager, 12. März 1815, Nr. 1872, und die Sitzung: Agent **, 13. März 1815, Nr. 1887; ihre Dauer und die Unterzeichnung der Deklaration um Mitternacht: Gentz, *Tagebücher,* 13. März 1815 (1873), Bd. I, S. 364. Mehrere kleinere Mächte empörten sich, weil sie nicht einbezogen wurden, siehe z. B.: Münster, 18. März 1815, in: Georg Herbert zu Münster, *Political Sketches of the State of Europe, 1814 – 1867: Containing Count Ernst Münster's Despatches to the Prince Regent from the Congress of Vienna [Politische Skizzen über die Lage Europas vom Wiener Congreß bis zur Gegenwart (1815 – 1867) nebst den Depeschen des Grafen Ernst Friedrich Herbert zu Münster über den Wiener Congreß]* (1868), S. 228. Méneval sieht die Erklärung des 13. März als »eine Anstachelung zum Mord, die der Zeit der Barbarei würdig wäre«: Méneval (1894), Bd. III, S. 357 und 491. »Bonaparte dem Dolch des Attentäters auszuliefern«: Wellington an Wellesley Pole, 5. Mai 1815, *WD,* Bd. VIII, S. 61. Kritisiert wird die Deklaration auch in: *Aus dem Tagebuche Erzherzog Johanns von Oesterreich, 1810 – 1815,* hg. v. Franz Xaver von Krones (1891), 14. – 18. März 1815, S. 211.

Wie die Nachricht von der Flucht Napoleons Schloss Schönbrunn und Kaiserin Marie-Louise erreicht: Méneval (1894), Bd. III, S. 349 ff. Marie-Louises Verwirrung: ebd., S. 355, und ihre Verzweiflung: ebd., S. 358. Dass sie in ihrem Zimmer weint: Göhausen an Hager, 9. März 1815, *DCV,* Bd. II, Nr. 1837. Die Reaktion ihrer höfischen Umgebung: Nota an Hager, 9. März 1815, Nr. 1838. Weitere Berichte über ihre Niedergeschlagenheit, erlauscht von Agent **: 13. März 1815, Nr. 1887. Gerüchte, dass sie in das damals zwischen Österreich und Bayern umstrittene Salzburg gehen könnte: Agent ** an Hager, 14. Februar 1815, Bd. II, Nr. 1624. Dass Erzherzog Johann Marie-Louise bedauerte: Méneval (1894), Bd. III, S. 435. Bonapartisten in Marie-Louises Gefolge: Agent ** an Hager, 16. März 1815, *DCV,* Bd. II, Nr. 1910. Eine Änderung der Livree durch Marie-Louise: Rapport an Hager, 15. März 1815, Nr. 1900.

Manche Historiker halten die Gerüchte über eine Verschwörung zur Entführung des jungen Napoleon für unbegründet oder schlicht für einen Vorwand, um nach der Flucht Napoleons das bonapartistische Personal Marie-Louises zu entlassen, doch der Verdacht ist nicht so ohne Weiteres von der Hand zu weisen. Es ist möglich, dass die Polizei die falsche Person im Visier hatte. Montesquious Verteidigungsschriften »Premier Récit de ›Mamman Quiou‹« und, wichtiger noch, »Second Récit de ›Mamman Quiou‹« wurden publiziert von ihrem Sohn: Anatole Montesquiou, *Souvenirs sur la révolution, l'empire, la restauration et le règne de Louis-Philippe* (1961), S. 356–383. Talleyrand riet Anatole de Montesquiou, Wien sofort zu verlassen: Talleyrand an Louis XVIII., 17. März 1815, S. 413; mehr über ihn: Münster (1868), 8. April 1815, S. 240. Dass der kleine Napoleon über den plötzlichen Verlust seiner Gouvernante traurig war, geht aus vielen abgefangenen Briefen hervor, darunter Nr. 2225, 2246, 2299, 2324 und 2388. Fouché über den Entführungsversuch und darüber, dass er beinahe erfolgreich gewesen sei: *Mémoires de Joseph Fouché* (1967), Bd. II, S. 191.

**Kapitel 27: Mit den Veilchen des Frühlings**

Dass Ney Napoleon in einem eisernen Käfig zurückbringen wollte, ist überliefert durch die Anlage in: Comte de Blacas d'Aulps an Fürst Talleyrand, 10. April 1815, *Memoiren des Fürsten Talleyrand* (1891), Bd. III, S. 78. Die französischen Staatspapiere fielen von 83 Anfang März auf 51 Anfang April: Fournier, *Napoleon the First [Napoleon I.]* (1903), S. 700. König Ludwigs Rede vor der französischen Abgeordnetenkammer und seine Bereitschaft, »bei der Verteidigung meines Landes zu sterben«: Henri Houssaye, *1815: La première restauration, le retour de l'île d' Elbe, les cent jours* (1904), Bd. I, S. 335 f. Das verlassene Paris wird geschildert von Hauptmann Edmund Walcot, zit. in: Antony Brett-James, *The Hundred Days: Napoleon's Last Campaign from Eye-witness Accounts* (1964), S. 11 f.; er berichtete auch, dass Paris nach Napoleons Rückkehr einem Jahrmarkt geglichen habe. Paris und der königliche Hof am Vorabend der Abreise des Königs, siehe auch in: Thiers (1894), Bd. XI, S. 255–264. Gerüchte über die Flucht Ludwigs XVIII. und ihre Meldung schon im Vorgriff auf das Ereignis: Rapport an Hager, 18. März 1815, *DCV,* Bd. II, Nr. 1922. Dass 25 Millionen Francs von Ludwig XVIII. bei seiner Flucht mitgenommen wurden: Jaucourt an Talleyrand, 24. April 1815, *TLB,* S. 333. Beratungen über militärische Fragen: Talleyrand an Ludwig XVIII., 19. März 1815, *TLB,* S. 311, und ein weiterer Brief am 23. März, S. 317. Die Sitzung vom 23. März und der dort beschlossene Vertrag: Angeberg, *Le Congrès de Vienne et les traités de 1815* (1864), Bd. III, S. 969–976. Wellington über die Schwierigkeiten bei der Erneuerung des Vertrags von Chaumont und sein Eintreten für die Zahlung von Subsidien an die Verbündeten durch die Briten: Wellington an Castlereagh, 25. März 1815, *BD,* Nr. CLXXXIV, S. 316; auch in: *WD,* Bd. VIII, S. 9. In dieser Depesche heißt es auch: »Nichts kann mit einer kleinen oder ineffizienten Streitmacht getan werden.«

»Verdorben, ausschweifend, leichtsinnig…«: Agent Nota, 2. März 1815, *DCV,* Bd. II, Nr. 1776. Finanzielle Probleme der Herzogin von Sagan: McGuigan, *Metternich, Napoleon und die Herzogin von Sagan* (1979), S. 417; Verkauf ihrer Juwelen durch Metternich: ebd., S 417 f. Siehe auch: Metternich an die Herzogin von Sagan, 21. März 1815, *MSB,* S. 279, und Montesquiou, »Second Récit de ›Mamman Quiou‹«, in: Anatole Montesquiou, *Souvenirs sur la révolution, l'empire, la restauration et le règne de Louis-Philippe* (1961), S. 359 f. Viele französische Emigranten kamen in jenem Frühjahr nach Wien: Baronne du Montet, *Souvenirs [Die Erinnerungen der Baronin du Montet],* S. 138. Ankunft von Dorotheas Mutter, der Herzogin von Kurland, in Wien: Rapport an Hager, 25. März 1815, Nr. 2014, und Gentz, *Tagebücher* (1873), 25. März 1815, S. 367. Eine Anzahl kurzer schriftlicher Mitteilungen, die Talleyrand und die Herzogin von Kurland austauschten, sind nachzulesen in: *TLI,* S. 143–210. Verschiedene Spione hatten Gründe, an Napoleons Rückkehr nach Paris zu glauben: Meldung an Hager, 21. März 1815, Nr. 1977, dasselbe ging auch aus einem abgefangenen Brief hervor: 29. März 1815, Nr. 2068. Die Flucht des Königs war einem anderen abgefangenen Schreiben zu entnehmen: 28. März 1815, Nr. 2043, und Napoleons Einzug in Paris einem Rapport an Hager vom gleichen Tag: Nr. 2044. Paris nach der Ankunft Napoleons: Antony Brett-James (1964), S. 13, und *The Memoirs of Queen Hortense,* hg. v. Prinz Napoleon, übs. v. Arthur K. Griggs (1927), Bd. II, S. 188; dt. Ausgabe: *Um Napoleon. Memoiren der Königin Hortense,* hg. v. Prinz Napoleon (1927); sowie: Fleury de Chaboulon, *Mémoires pour servir a l'histoire de la vie privée, du retour et du règne de Napoleon en 1815* (1820), Bd. I, S. 260 f. Dass Napoleon die Treppe zum Palast hinaufgetragen wurde: John Holland Rose, *The Life of Napoleon I* (1916), Bd. II, S. 409. Oder aber selbst hinaufgestiegen: Fournier, *Napoleon the First [Napoleon I.]* (1903), S. 693. »Sie sind es! …«: André Castelot, *Napoleon [Napoléon],* (1971), S. 534. Die glücklichste Zeit seines Lebens, so Napoleon auf Sankt Helena rückblickend: Steven Englund, *Napoleon: A Political Life* (2004), S. 429; Felix Markham, *Napoleon* (1963), S. 227. Die napoleonische Biene unter der Lilie der Bourbonen: Comte de Lavalette: *Mémoires et souvenirs du comte de Lavalette* (1905), S. 345.

Metternichs Rückkehr in den Salon der Herzogin von Sagan und das Zitat aus ihrem Brief an ihn: McGuigan, *Metternich, Napoleon und die Herzogin von Sagan* (1979), S. 416. Wellingtons Abreise aus Wien am Morgen des 29. März: Wellington an Castlereagh, 5. April 1815, *WD,* Bd. VIII, S. 15; Clancarty an Castlereagh, am selben Tag, *BD,* Nr. CLXXXVII, S. 318; Talleyrand an Ludwig XVIII., 29. März 1815, *TLB,* S. 325. Stewart an Rose, 30. März 1815, Nr. 2079; Rapport an Hager, 29. März 1815, *DCV,* Bd. II, Nr. 2052; und die Bestätigung: Rapport an Hager, 2. April 1815, *DCV,* Bd. II, Nr. 2090. Siehe auch: Rapport an Hager, 19. März 1815, Nr. 1939. Über die Abschiedsküsse wurde später in Paris an Lady Shelley berichtet: *The Diary of Frances Lady Shelley, 1787–1817,* hg. v. Richard Edgcumbe (1914), S. 112; sie werden auch erwähnt in: Elizabeth Longford, *Wellington: Years of the Sword* (1969), S. 396. Wellington sei in den Salons oft von Frauen umschwärmt gewesen, und manche hätten sogar um einen Kuss gebeten: Gräfin Bernstorff, *Ein Bild aus der Zeit von 1789 bis*

*1835: Aus ihren Aufzeichnungen* (1896), Bd. I, S. 182. Dass der Earl of Clancarty Nachfolger Wellingtons in Wien werden sollte: Wellington an Castlereagh, 18. März 1815, *WD,* Bd. VIII, S. 6. Metternichs Aprilscherz: Gentz, *Tagebücher,* 1. April 1815, S. 369; Gentz' Schlaflosigkeit zuvor: 27. März 1815, S. 367. Dass er im Ruf »übertriebener Feigheit« stand: Rzewuska, Bd. I, S. 103. Text der falschen Zeitung und dass er die Tasse »mit beiden Händen zitternd zum Mund führte«: Pflaum (1984), S. 257. Dass der Aprilscherz »beinahe lähmend auf den Unglücklichen« wirkte: Bernstorff, *Ein Bild aus der Zeit von 1789 bis 1835: Aus ihren Aufzeichnungen* (1896), Bd. I, S. 180.

Dalberg über die verzweifelte Lage der französischen Gesandtschaft: Meldung an Hager, 10. April 1815, *DCV,* Bd. II, Nr. 2168. Frankreich in Gefahr, nach der Machtübernahme Napoleons seine Stellung auf dem Kongress zu verlieren: Dalberg an seine Frau, 11. April 1815, Nr. 2209. Talleyrands Kreditprobleme, mitgeteilt von Bankier Geymüller: Rosenkrantz, 24. März 1815, *Journal,* S. 199. Talleyrands Versuch, sich auf die Situation einzustellen, als Napoleon am Tag seiner Ankunft in Paris die Finanzierung der französischen Gesandtschaft aussetzt: Talleyrand an Jaucourt, 23. April 1815, *Correspondance du comte du Jaucourt avec le prince de Talleyrand pendant le Congrès de Vienne* (1905), S. 287. Kündigung des Kredits bei der Banc de France mit Wirkung vom 21. März und Unfähigkeit, das Personal zu bezahlen, weil aus Paris kein Geld mehr kommt: Talleyrand an Ludwig XVIII., 5. Mai 1815, *TLB,* S. 372. Vier Sekretäre in der französischen Gesandtschaft: Rapport an Hager, undatiert, *DCV,* Bd. II, Nr. 1934, und weitere Informationen über das Personal: Rapport an Hager, 16. April 1815, Nr. 2215. Rosenkrantz, 25. März 1815, *Journal,* S. 201. Talleyrands Besitz beschlagnahmt: Talleyrand an die Herzogin von Kurland, 5. April 1815, *TLI, S.* 160. Talleyrand erhielt in dieser Zeit den Elefantenorden: Rosenkrantz, 30. März 1815, *Journal* (1953), S. 204. Talleyrands Nachfrage wegen seiner Korrespondenz mit dem König und dem Außenministerium (Zitat): Talleyrand an Ludwig XVIII., 29. März 1815, *TLB,* S. 326. »Was die Papiere betrifft, so hat kein Ministerium solche fortgebracht«: Reinhardt an Talleyrand, 28. März 1815, Fußnote 1, S. 326. Das Verbrennen einiger Depeschen, insbesondere derjenigen von Mariotti: Jaucourt an Talleyrand, 27. März 1815, ebd., und ausführlicher in: *Correspondance du comte du Jaucourt* (1905), S. 246 ff. Sorge, dass Bonaparte den Geheimvertrag finden könnte: Castlereagh an Wellington, 27. März 1815, *CC,* Bd. X, S. 286 f., und ders., als sich die Sorge einige Tage später als berechtigt erwies: 8. April 1815, S. 300 f.

**Kapitel 28: »Vive le roi!« schreiende Nichtstuer**

»Umarmen wir uns, und alles sei vergessen«: Alan Palmer, *Metternich. Der Staatsmann Europas – eine Biographie* (1977), S. 198. Die Nachricht von Murats Angriff auf den Kirchenstaat und seine Folgen für Österreich: Talleyrand an Ludwig XVIII., 3. April 1815, *TLB,* S. 328. Murats Angriff werde als »Kriegserklärung« aufgefasst, so Metternich zu Clancarty: Clancarty an Castlereagh, 8. April 1815, *BD,* Nr. CXC, S. 322. Dass Caroline Murat gegen den Angriff war: Albert Espitalier, *Napoleon and King Murat* (1912), S. 478 ff. Murat tat so, als werde sein Handeln von Napoleon gebilligt und gutgeheißen, was jedoch nicht der Fall war: A. Hilliard Atteridge, *Joachim Murat: Marshal of France and King of Naples* (1911), S. 279 f. Großbritanniens finanzielle Unterstützung für die französische Gesandtschaft: Talleyrand an Ludwig XVIII., 29. März 1815, *TLB*, S. 325, und Dalberg an Stewart, 29. März 1815, Nr. 2058. Finanzierung nur begrenzt: Talleyrand an Ludwig XVIII., 5. Mai 1815, *TLB*, S. 372. Mehr über die Probleme der französischen Gesandtschaft: siehe Anmerkungen zu Kapitel 27. »Diplomatische Phalanx«: undatierter Brief Jaucourts an Talleyrand, *TLB*, S. 345. »›Vive le roi‹ schreiende Nichtstuer« und »Wenn wir diese Aufgabe übernehmen ...«: Castlereagh an Wellington, 26. März 1815, *CC*, Bd. X, S. 285 f. Britische Subsidien an die anderen Mächte: Wellington an Castlereagh, 18. März 1815, *WD*, Bd. VIII (1844–1847), S. 4 ff., und mehr über die Forderungen: Wellington an Castlereagh, 25. März 1815, S. 9. Hardenberg habe die Offiziere in der Umgebung des Königs als »Prätorianergarden« bezeichnet: Castlereagh an Liverpool, 24. August 1815, *BD*, S. 370. Die deutschen Fürsten und ihre Forderungen nach einem Deutschen Bund: Rosenkrantz, 23. März 1815, *Journal*, S. 197. Angst vor sächsischen Truppen: Pozzo di Borgo an Nesselrode, 30. April/12. Mai 1815, in: Comte Charles Pozzo di Borgo, *Correspondance diplomatique du comte Pozzo di Borgo, ambassadeur de Russie en France et du comte du Nesselrode depuis la restauration des Bourbons jusqu'au Congrès d'Aix-la-Chapelle, 1814–1818* (1890), S. 115. Der Grenzkonflikt zwischen Österreich und Bayern: Enno E. Kraehe, *Metternich's German Policy* (1963–1983), Bd. II, S. 308–314 und 336–342.

Napoleons Appelle an die Großmächte: Fisher (1912), S. 221 ff., sowie seine Bitte um Frieden und Freiheit: Fournier, *Napoleon the First [Napoleon I.]* (1903), S. 694. Napoleons Versuche, Vertreter (Flahaut, Stassart und Montrond) zum Wiener Kongress zu schicken: Méneval, *Memoirs [Mémoires]*, Bd. III, S. 380 ff.; Talleyrand an Ludwig XVIII., 13. April 1815, *TLB*, S. 335 ff., und viele andere. Dalberg berichtete über Anweisungen, keinen Abgesandten Napoleons zu empfangen: 31. März 1815, *DCV*, Bd. II, Nr. 2080. Napoleons Protest gegen das Festhalten seines Kuriers: abgefangenes Schreiben vom 4. April 1815, Nr. 2183. Montronds Ankunft: Talleyrand an die Herzogin von Kurland, 5. April 1815, *TLI*, S. 160. Montrond in der französischen Gesandtschaft: Rapport an Hager, 7. April 1815, Nr. 2135, und Hager an den Kaiser, ebenfalls 7. April, Nr. 2117. Siehe auch neben anderen Erwähnungen: Nesselrode an Pozzo di Borgo, 22. April 1815, *Correspondance diplomatique du comte Pozzo di Borgo* (1890), S. 105. Talleyrands Gespräch mit Montrond, einschließlich der Worte »Lesen Sie die Declaration ...«: *TLB*, S. 335. Metternichs Verhandlungen mit Fouché zu jenem Zeitpunkt: Ray Ellisworth Cubberly, *The Role of Fouché During the Hundred Days* (1969), S. 54–70.

Dass Alexander weiterhin Metternich bekriegte: Münster, 12. April 1815, Georg Herbert zu Münster, *Political Sketches of the State of Europe, 1814–1867: Containing Count Ernst Münster's Despatches to the Prince Regent from the Congress of Vienna [Politische Skizzen über die Lage Europas vom Wiener Congreß bis zur Gegenwart (1815–1867) nebst den Depeschen des Grafen Ernst Friedrich Herbert zu Münster über den Wiener Congreß]* (1868), S. 242. Ludwig XVIII. behauptete, er werde von seinem Volk unterstützt, und forderte die Verbündeten auf, ihm zu helfen: Ludwig XVIII. an Talleyrand, 9. April 1815, *TLB*, S. 332 f. Talleyrand bat in diesem Frühjahr sehr häufig um Informationen, und die Worte »mit äußerster Ungeduld« stammen aus: Talleyrand an Ludwig XVIII., 30. März 1815, *TLB*, S. 327. »Ich sehne mich [...] sehr danach, Sie in meiner Nähe zu haben«, schrieb der König an Talleyrand: Ludwig XVIII. an Talleyrand, 22. April 1815, *TLB*, S. 348. Jaucourts Bitte um Rückkehr: Jaucourt an Talleyrand, 28. April 1815. Die Vermutung, Ludwig XVIII. werde Talleyrand zu seinem Ersten Minister ernennen: Grote an Münster, 8. Mai 1815, *DCV*, Bd. II, Nr. 2416. Talleyrand als mutmaßliche führende Figur in einem künftigen Kabinett des Königs: Pozzo di Borgo an Nesselrode, 11./23. Mai 1815, *Correspondance diplomatique* (1890), S. 140; seine Anwesenheit als unverzichtbar: Pozzo di Borgo an Nesselrode, 28. April 1815, S. 111, und 6. Mai 1815, S. 114. Talleyrands Verzögerungstaktik wird deutlich z. B. in: Talleyrand an Jaucourt, 13. Mai 1815, und in einem Brief an den König vom folgenden Tag: 14. Mai 1815, *TLB*, S. 373, sowie in: *Memoiren des Fürsten Talleyrand* (1891), Bd. III, S. 149, und später erneut: 23. Mai 1815, *TLB*, S. 376 f. (in den *Memoiren* auf 25. Mai datiert, S. 152 f.).

**Kapitel 29: Abschiede**

Die Sitzung am 3. Mai, auf der Mtternich die geheimen Briefe Napoleons öffnete: Kraehe, *Metternich's German Policy* (1963–1983), Bd. II, S. 354 f.; Brief Humboldts Brief an seine Frau vom 5. Mai 1815, *Wilhelm und Caroline von Humboldt in ihren Briefen* (1910), Bd. IV, S. 541–546, sowie 1. Juni 1815, S. 562 ff. Varnhagen von Ense berichtet in seinen Memoiren *Denkwürdigkeiten des eignen Lebens* (1987), Bd. II, S. 652 f., über den Streit zwischen Humboldt und Boyen. Siehe auch Angeberg, *Le Congrès de Vienne et les traités de 1815* (1864), Bd. IV, S. 1902–1905. Boyen war erst kurz zuvor in Wien angekommen: Rapport an Hager, 6. April 1815, *DCV*, Bd. II, Nr. 2113, und Hardenberg, *Tagebücher und autobiographische Aufzeichnungen* (2000), 26. Februar 1815, S. 817. Der schwedische Delegierte über Humboldt als bevorzugten (schwachen) Gegner im Zweikampf: Löwenhielm an seinen Bruder, abgefangen, 18. Oktober 1814, *DCV*, Bd. I, Nr. 453. Verlauf des Duells und Humboldt-Zitate: Humboldt an seine Frau Caroline, 5. Mai 1815, S. 544 f.; Duelle als »eitel Torheit«, 1. Juni 1815, S. 564. Angst, dass Metternich gegenüber Napoleon zu nachgiebig sein könnte: Meldung an Hager, 25. Mai 1815, *DCV*, Bd. II, Nr. 2440. Dass Metternich die Briefe Napoleons öffnete: Clancarty an Castlereagh, 6. Mai 1815, *BD*, Nr. CXCV, S. 331. Grasel, »Ungleichheit der Güter«, »nur Schlösser und Ämter« und »dem Staat und den Reichen [zu] nehmen ...«: Hilde Spiel, *Der Wiener Kongress in Augenzeugenberichten* (1965), S. 383 und 381. Grasel kommt auch vor in: Friedrich Anton von Schönholz, *Traditionen zur Charakteristik Österreichs, seines Staats- und Volkslebens unter Franz I.* (1914), Bd. II, S. 156 ff., sowie bei Caroline Pichler, *Denkwürdigkeiten aus meinem Leben* (1914), Bd. III, S. 100 f.; sie erfuhr verschiedene Details, als sie mit einem indiskreten Polizeibeamten zu Abend speiste.

Dass Napoleon den Vertrag an den Zaren schickte, wird in vielen Quellen erwähnt, so z. B. in: Castlereagh an Wellington, 8. April 1815, *CC*, Bd. X, S. 300 f. Alexanders Reaktion: Baron vom Stein, *Briefe und amtliche Schriften*, hg. v. Erich Botzenhart und Walter Hubatsch (1957–1974), Bd. V, Tagebucheintrag vom 8. April, S. 380 f. »Wir wollen nie wieder über diesen Vorfall sprechen ...«: Alan Palmer, *Metternich. Der Staatsmann Europas – eine Biographie* (1977), S. 198, und ders., *Alexander I., Gegen-*

*spieler Napoleons* (1982), S. 322. Dass der Zar das Dokument ins Feuer warf: Allen McConnell, *Tsar Alexander I: Paternalistic Reformer* (1970), S. 132; Leonid I. Strakhovsky, *Alexander I of Russia: The Man Who Defeated Napoleon* (1949), S. 162; und Henri Troyat, *Alexander of Russia: Napoleon's Conqueror [Alexandre premier]* (1980), S. 221. Die Preußen wussten bereits von dem Geheimvertrag, wie u. a. in einem abgefangenen Brief deutlich wird: *DCV,* Bd. II, Nr. 2232.

Wellington hatte seine Sorgen über Anzahl und Qualität der Truppen in den Niederlanden schon in Wien zum Ausdruck gebracht: Wellington an Castlereagh, 26. März 1815, *WD,* Bd. VIII, S. 12, und seine Befürchtungen bestätigten sich nach seiner Ankunft: Wellington an Bathurst, 6. April 1815, Bd. VIII, S. 18. Im selben Monat folgten viele weitere Klagen. Mehr dazu in: Rory Muir, *Britain und the Defeat of Napoleon, 1807–1815* (1996), S. 351; Elizabeth Longford, *Wellington: Years of the Sword* (1969), S. 401 ff. Schlecht ausgerüstete Soldaten, unerfahrener Stab und »meiner Ansicht nach tun sie in England nichts«: Wellington an Stewart, 8. Mai 1815, *WD,* Bd. VIII, S. 66. Der König von Holland wurde auch als »the Frog« (»der Frosch«) bezeichnet, so z. B. in: Hon. H. G. Bennet an Mr. Creevey, 13. Juni 1815, *The Creevey Papers* (1904), Bd. I, S. 217. Wellington machte die französisch-bonapartistischen Sympathien vieler Soldaten für die Schwierigkeiten verantwortlich, die er in Belgien bei der Truppenrekrutierung hatte: Wellington an Torrens, 22. Mai 1815, *WD,* Bd. VIII, S. 102.

Blücher als »Marschall Vorwärts« kommt in vielen Quellen vor, so z. B. in: Karl von Nostitz, 27. Januar 1815, *Leben und Briefwechsel* (1848), S. 161. Der »stattlichste Mann…«: Lady Shelley, *The Diary of Frances Lady Shelley 1787–1817,* hg. v. Richard Edgcumbe (1914), S. 60. Wellington bezeichnete Blücher als »feinen Kerl«, fügte jedoch hinzu, er sei ein sehr roher Diamant mit den Manieren eines gemeinen Soldaten: R. H. Gronow, *The Reminiscences and Recollections of Captain Gronow, Being Anecdotes of the Camp, Court, Clubs, and Society 1810–1860* (1900), S. 129, dt. Ausgabe: *Aus der großen Welt. Pariser und Londoner Sittenbilder 1810–1860* (1908). Blüchers eingebildete Elefantenschwangerschaft: Longford (1969), S. 406, und Andrew Roberts: *Waterloo: June 18, 1815: The Battle for Modern Europe* (2005), S. 24. Die Angst vor den sächsischen Truppen ist in vielen Quellen spürbar, z. B. in: Pozzo di Borgo an Nesselrode, 30. April/12. Mai 1815, *Correspondance diplomatique* (1890), S. 115. Meuterei der Sachsen: Wellington an Clancarty, 3. Mai 1815, *WD,* Bd. VIII, S. 57, und ein weiterer Brief Wellingtons zwei Tage später: S. 60. Siehe auch in Wien abgefangene Briefe, *DCV,* Bd. II, Nr. 2395 und 2436, und Agent **, der über die eingeworfenen Fenster berichtet: 13. Mai 1815, Nr. 2381. »Sich durch Hintertüren müssen aus dem Hause und so aus der Stadt retten«: Wilhelm von Humboldt an seine Frau Caroline, 12. Mai 1815, *Wilhelm und Caroline von Humboldt in ihren Briefen,* hg. v. Anna von Sydow (1910), Bd. IV, S. 548. Wellington war unermüdlich bei der Organisation der Streitkräfte der Verbündeten, wie Pozzo di Borgo in Brüssel beobachtete: Pozzo di Borgo an Nesselrode, 28. April 1815, *Correspondance diplomatique* (1890), S. 111. Das Kricketspiel wird geschildert im Brief von Lieutenant-Colonel Alexander Lord Saltoun an seine Frau in: Antony Brett-James (Hg.), *The Hundred Days: Napoleon's Last Campaign from Eyewitness Accounts* (1964), S. 26.

Das Wetter in Wien: Gentz, 1. Mai 1815, *Tagebücher*, S. 375, und San Marzano, ebenfalls 1. Mai, *Diario,* S. lxxix. Blühende Kastanien: Bertuch, 7. – 11. Mai 1815, *Tagebuch vom Wiener Kongress* (1916), S. 184 f.; McGuigan, *Metternich, Napoleon und die Herzogin von Sagan* (1979), S. 424. »Der schönste Frühling ...«: Gentz, 16. Mai 1815, *Tagebücher*, S. 379. Zar Alexanders Abreise aus Wien: Stein, *Briefe und amtliche Schriften,* hg. v. Erich Botzenhart und Walter Hubatsch (1957 – 1974), Bd. V, S. 386; Rapport an Hager, 26. Mai 1815, *DCV,* Bd. II, Nr. 2493. Derselbe Spitzel berichtet auch über die Abreise des preußischen Königs und des österreichischen Kaisers. Außerdem Münster: 3. Juni 1815, Georg Herbert zu Münster, *Political Sketches of the State of Europe, 1814 – 1867: Containing Count Ernst Münster's Despatches to the Prince Regent from the Congress of Vienna [Politische Skizzen über die Lage Europas vom Wiener Congreß bis zur Gegenwart (1815 – 1867) nebst den Depeschen des Grafen Ernst Friedrich Herbert zu Münster über den Wiener Congreß]* (1868), S. 268. Alexanders Aussage, dass er gern ein General in der österreichischen Armee wäre, wenn er nicht Zar wäre: Rapport an Hager, 15. April 1815, Bd. II, Nr. 2206. Geschenke des Zaren und des Königs von Preußen: Meldung an Hager, 26. Mai 1815, Bd. II, Nr. 2461. Über den preußischen König: Agent ** an Hager, 29. Mai 1815, Nr. 2472. Metternichs Papagei: McGuigan *Metternich, Napoleon und die Herzogin von Sagan* (1979), S. 431, und seine Geburtstagsfeier: Gentz, 15. Mai 1815, *Tagebücher,* S. 378. Eine englische Kutsche aus London erwähnte Gentz am 16. April 1815 in seinem Tagebuch: ebd., S. 372. Gentz als meistbestochener Mann der Geschichte: Helen du Coudray, *Metternich* (1936), S. 25. Seine Suche nach einem Haus und seine neue Kutsche: Golo Mann, *Friedrich von Gentz. Geschichte eines europäischen Staatsmannes* (1947), S. 317 f.; McGuigan, *Metternich, Napoleon und die Herzogin von Sagan* (1979), 425 f. Gentz unterschrieb am 20. April 1815 den Vertrag für sein neues Haus: *Tagebücher,* S. 373; mehr über das Haus: 16. Mai 1815, S. 379. Nesselrode meinte, die Bestechungsvorwürfe gegen Gentz seien »nicht ohne Grundlage«, brachte aber zu dessen Verteidigung vor, er habe »nur Geld von denen genommen, die dachten wie er«: *Autobiographie,* in: Nesselrode, *Lettres et papiers du chancelier comte de Nesselrode, 1760 – 1850,* Bd. II, S. 35.

Die Finanzprobleme der Fürstin Bagration tauchen in zahlreichen Polizeiberichten auf: Nota an Hager, 8. Juni 1815, Nr. 2536; Agent ** an Hager, 11. June 1815, Nr. 2570. Agent Nota will über einen Mittelsmann versuchen, mehr über die Schulden der Fürstin herauszufinden: Nota an Hager, 13. Juni 1815, Nr. 2574, und Nota an Hager, 14. Juni 1815, Nr. 2584. Dass die Gläubiger ihren Salon belagern, u. a. in: Gentz an Metternich, 20. Juni 1815, *Briefe von und an Friedrich von Gentz,* Bd. III, S. 308 f. Die Lösung der Finanzprobleme der Fürstin: Agent Nota an Hager, 22. Juni 1815, Nr. 2614, und Agent **, 25. Juni 1815, Nr. 2624. Das Risiko für die Fürstin, ins Gefängnis zu kommen, wird auch diskutiert in: Hastier, »Les Bagration«, in: *Vieilles histoires, étranges énigmes* (1962), S. 174, und in Susan Mary Alsop, *The Congress Dances: Vienna, 1814 – 1815* (1984), S. 204. Der zärtliche Abschied der Fürstin vom Kronprinzen von Württemberg: Agent ** an Hager, 11. April 1815, *DCV,* Bd. II, Nr. 2173, zit. in: Hilde Spiel, *Der Wiener Kongress in Augenzeugenberichten* (1965), S. 326, und McGuigan, *Metternich, Napoleon und die Herzogin von Sagan* (1979), S. 426. Die Affäre zwischen Stewart und der Herzogin von Sagan: Meldung an Hager, 19. Mai 1815, Nr. 2411; dass

Stewart immer noch jede Nacht bei der Herzogin verbrachte: Rapport an Hager, 28. Mai 1815, Nr. 2470. Und dass die Affäre auch im Juni noch andauerte, ist ersichtlich aus einer Reihe von Rapporten in der ersten Juniwoche: Nr. 2500–2524. Das Leben in ihrer Unterkunft und in der englischen Botschaft: abgefangener Brief von Jean de Carro, 7. Juni 1815, Nr. 2528, und Berichte an Hager, 7. Juni 1815, Nr. 2531, und 11. Juni, Nr. 2563. »Wien wird zu einer Wüstenei«: McGuigan, *Metternich, Napoleon und die Herzogin von Sagan* (1979), S. 428.

**Kapitel 30: Friedenskongress**

Zu den Absichten, die mit der Veranstaltung auf dem Marsfeld verfolgt wurden: Fournier, *Napoleon the First [Napoleon I.],* übs. v. Margaret Bacon Corwin und Arthur Dart Bissell (1903), S. 692; Vergleich mit der Krönung: J. M. Thompson, *Napoleon Bonaparte* (1953), S. 409. Die verhaltene Begeisterung der Zuschauer: Emil Ludwig, *Napoleon,* übs. v. Eden und Cedar Paul (1926; dt. 1906), S. 520; dieses Werk stützt sich auf die Memoiren von Jean-Roch Coignet, *Les cahiers du capitaine Coignet (1799–1815)* (1883). Auch Schom zeigt dies anschaulich in seiner Beschreibung der Zeremonie: *Napoleon Bonaparte* (1997), S. 731–734. Siehe ferner: Steven Englund, *Napoleon: A Political Life* (2004), S. 436 f.; Fournier, *Napoleon the First [Napoleon I.],* übs. v. Margaret Becon Corwin und Arthur Dart Bissell (1903), S. 705 ff., und Méneval, *Memoirs [Mémoires],* Bd. III, S. 449. Pozzo betrachtete diese inszenierte Zeremonie auf dem Marsfeld als eine »lächerliche Parodie«: Pozzo di Borgo an Nesselrode, 17. April 1815, *Correspondance diplomatique du comte Pozzo di Borgo, ambassadeur de Russie en France et du comte de Nesselrode depuis la restauration des Bourbons jusqu'au Congrès d'Aix-la-Chapelle, 1814–1818* (1890), S. 89. Zu den Veränderungen und zu Napoleons Machtentfaltung siehe außerdem: Pozzo di Borgo an Nesselrode, 30. Mai/11. Juni 1815, S. 156. Manche glaubten, die Feier auf dem Marsfeld würde sich als »fatal« für Napoleon erweisen und seine Herrschaft würde mit diesem Tag enden: Creevey, *The Creevey Papers: A Selection from the Correspondence and Diaries of the Late Thomas Creevey, M. P.* (1904), Bd. I, S. 227. Die Zahl der Jastimmen wird manchmal höher angegeben, wobei die Stimmen der Soldaten mitgezählt werden.

Die Äußerungen des Zaren vom 4. Juni stammen aus einem Brief von Krüdener an Madame Stourdza: Clarence Ford, *Life and Letters of Madame de Krudener* (1893), S. 165; »Sie können sich vorstellen …«: Gräfin Edling, *Mémoires* (1888), S. 232. Weitere Teile der Unterhaltung, wie »sich nicht vor Jesus Christus gebeugt …« und »wie ein Verbrecher …«: Troyat, *Alexander of Russia: Napoleon's Conqueror [Alexandre premier],* übs. v. Joan Pinkham (1982), S. 225, und Edling (1888), S. 231 ff. »Einen großen Ausbruch von Liebe«: Gregor Dallas, *The Final Act: The Roads to Waterloo* (1997), S. 410. Siehe auch Walter Alison Phillips, *The Confederation of Europe: A Study of the European Alliance 1813–1823 as an Experiment in the International Organization of Peace* (1966), S. 125 f.; W. P. Cresson, *The Holy Alliance: The European Background of the Monroe Doctrine* (1922), S. 32–35; und Ernest John Knapton, *The Lady of the Holy Alliance* (1939).

Der Ausschuss zu den Beratungen der deutschen Angelegenheiten, das sogenannte Deutsche Komitee, stand vor zahlreichen Herausforderungen, die detailliert dargestellt werden in: Enno E. Kraehe, *Metternich's German Policy* (1963 – 1983), Bd. II, S. 366 – 399; Paul Sweet, *Wilhelm von Humboldt: A Biography* (1980), Bd. II, S. 195 – 208; Guglielmo Ferrero, *The Reconstruction of Europe: Talleyrand and the Congress of Vienna, 1814 – 1815 [Reconstruction. Talleyrand à Vienne. 1814 – 1815]* (1941), S. 314 – 323. Humboldt brachte seine Enttäuschung auf einen Nenner, indem er die Konferenz des Deutschen Komitees als »undeutsch« bezeichnete: Brief an Caroline von Humboldt, 21. Mai 1815, *Wilhelm und Caroline von Humboldt in ihren Briefen,* hg. v. Anna von Sydow (1910), Bd. IV, S. 556. Graf Münster geht auf die Schwierigkeiten in einem Brief vom 3. Juni 1815 ein: *Political Sketches of the State of Europe, 1814 – 1867: Containing Count Ernst Münster's Despatches to the Prince Regent from the Congress of Vienna [Politische Skizzen über die Lage Europas vom Wiener Congreß bis zur Gegenwart (1815 – 1867) nebst den Depeschen des Grafen Ernst Friedrich Herbert zu Münster über den Wiener Congreß]* (1868), S. 269 ff., sowie ein weiterer Brief vom selben Tag, S. 271 – 275. Das Sitzungsprotokoll ist nachzulesen in: Angeberg, *Le Congrès de Vienne et les traités de 1815* (1864), Bd. III, S. 1227 ff.

Zu Hardenbergs und Humboldts gemeinsamen Einsatz für die Rechte der Juden: Max J. Kohler, *Jewish Rights at the Congresses of Vienna (1814 – 1815), and Aix-la-Chapelle (1818)* (1918), S. 9 ff. Hardenbergs Brief zur Unterstützung der jüdischen Gemeinden in Hamburg, Lübeck und Bremen, 4. Januar 1815, in: Kohler (1918), S. 11 f.; Humboldts Bericht über die Rechte der Juden, in: *Gesammelte Schriften,* Bd. X, S. 97 – 115. Gentz nahm zahlreiche Geschenke entgegen, wie auch aus seinem Tagebuch hervorgeht, z. B. das schöne Geschenk am 13. April 1815: Gentz, *Tagebücher* (1873), Bd. I, S. 371. Dass Humboldt Geschenke ablehnte, ist nachzulesen z. B. in einem Brief an Caroline vom 4. Juni 1815, *Wilhelm und Caroline von Humboldt in ihren Briefen,* Bd. IV, S. 566 f; auch hier wird über Widerstände auf den Sitzungen berichtet: S. 565 ff. Rechbergs Lachen: Kohler (1918), S. 23. Die Textänderung: Kohler (1918), S. 27; Kraehe, Bd. II, S. 382. Carl Bertuchs Denkschrift: HHStA, St. K., Kongressakten, Kart. 8. In den Protokollen wird der Urheber der Änderung in Artikel XVIII nicht genannt: Kraehe (1963 – 1983), Bd. II, S. 383.

Pläne für einen »traité général«: Gentz an Karadja, 22. April 1815, *Dépêches inédites,* S. 151. Ungewissheit bezüglich des Vertrags: Spaen an Nagell, 25. Mai 1815, *DCV,* Bd. I, Nr. 2445; die Größe der Herausforderung: Münster, 15. Mai 1815, Georg Herbert zu Münster, *Political Sketches of the State of Europe, 1814 – 1867: Containing Count Ernst Münster's Despatches to the Prince Regent from the Congress of Vienna [Politische Skizzen über die Lage Europas vom Wiener Congreß bis zur Gegenwart (1815 – 1867) nebst den Depeschen des Grafen Ernst Friedrich Herbert zu Münster über den Wiener Congreß]* (1868), S. 263. Zur Frage, ob ein allumfassender Vertrag oder mehrere Einzelverträge geschlossen werden sollten: Gentz an Karadja, 26. Juni 1815, *Dépêches inédites,* S. 162 und 164 f.; Talleyrands Bericht an den König, *TLC,* S. 536 f. Die Kommission, die mit der Abfassung des Vertrags beauftragt wurde: Münster, 3. Juni 1815 (1868), S. 268. Dass zunächst Gentz, Anstett und Besnadière vorgeschlagen wurden, doch die beiden Letzteren ablehnten: Gentz an Karadja, 26. Juni 1815, *Dépêches inédites,* S. 162.

Die acht Mächte, die in Paris vereinbarten, in Wien zu unterzeichnen, und die anderen, die separat ihr Einverständnis erklären sollten: Münster, 3. Juni 1815 (1868), S. 274 f. Die Unterzeichnung der Schlussakte: Gentz, 9. Juni 1815, *Tagebücher* (1873), S. 385; Gentz an Karadja, 26. Juni 1815, *Dépêches inédites,* S. 166 f. Die 26 Sekretäre, die von morgens bis abends schrieben, werden erwähnt in einem Brief von Gentz an Metternich, 20. Juni 1815: *Briefe von und an Friedrich von Gentz* (1913), Bd. III, S. 307. Die Unterzeichnung der Schlussakte und einige Zusätze vom 10. Juni, Hessen-Darmstadt über die »Abtretung des Herzogtums Westfalen« und die Deutsche Bundesakte: Münster, 11. Juni 1815, S. 278; die Rückdatierung oder Festlegung auf den 8. Juni: Briefe von Münster zwischen dem 11. und dem 14. Juni 1815, S. 278, 281 und 283. Consalvis Protest: Angeberg (1864), Bd. IV, S. 1450 – 1453, und erneut, im Hinblick auf den Papst, am 14. Juni 1815, Bd. IV, S. 1922 – 1929. Nach der zweiten Unterschrift »endgültige Schließung des Kongresses«: Gentz, 19. Juni 1815, in: Gentz, *Tagebücher* (1873), S. 386. Spaniens Weigerung, die Akte zu unterschreiben aufgrund »schwerwiegender Fehler« auf dem Kongress: Labrador, *Mélanges sur la vie privée et publique du marquis de Labrador* (1849), S. 52 f.; seine wiederholten Proteste, in: Angeberg (1864), Bd. III, S. 1018 ff., 1341 f. und 1456 ff. Spanien hatte auch den Vertrag von Paris, zumindest bis zum 30. Mai, nicht unterschrieben – es unterzeichnete erst zwei Monate später, am 20. Juli. Text der Schlussakte in: Angeberg (1864), Bd. III, S. 1386 – 1433.

Metternich und Gentz speisten im Garten: Gentz, 12. Juni 1815, *Tagebücher* (1873), S. 385. Münster traf sich mit Metternich, bevor der österreichische Außenminister in der Nacht vom 12./13. Juni 1815 abreiste: 14. Juni 1815 (1868), S. 284; Gentz, 12. Juni 1815, *Tagebücher* (1873), S. 385. Dass Talleyrand vor seiner Abreise aus Wien zahlreiche Papiere verbrannte: Bericht an den König, 15. Juni 1815, *TLC,* S. 554.

**Kapitel 31: Siegen oder sterben**

Die Niederlagen Murats werden behandelt in: Jean Tulard, *Murat* (1999); sowie in: Albert Espitalier, *Napoleon and King Murat* (1912); A. Hilliard Atteridge, *Joachim Murat: Marshal of France and King of Naples* (1911). Talleyrand an Ludwig XVIII., 1. Mai 1815, *TLC,* S. 491. Napoleons Schwierigkeiten und die intensiven Bemühungen, sie zu überwinden: Hamilton-Williams, *The Fall of Napoleon: The Final Betrayal* (1994), S. 206 ff. Napoleons Dilemma, angreifen oder verteidigen: Chandler, *Waterloo: The Hundred Days* (1980), S. 25; Chandler, *The Campaigns of Napoleon* (1966), S. 1014 ff. Carnots Rat an Napoleon: Emil Ludwig, *Napoleon,* übs. v. Eden und Cedar Paul (1926), S. 521. »Siegen oder sterben«: John Holland Rose, *The Life of Napoleon I* (1916), Bd. II, S. 419.

Der Ball: Andrew Roberts, *Waterloo: June 18, 1815: The Battle for Modern Europe* (2005), S. 27 ff.; Antony Brett-James (Hg.), *The Hundred Days: Napoleon's Last Campaign from Eyewitness Accounts* (1964), S. 39 – 44; dazu Thackerays Beschreibung in: *Vanity Fair,* vor allem die Kapitel 28 und 32; vgl. auch John Hagan, »A Note on the Napoleonic Background of *Vanity Fair*«, *Nineteenth Century Fiction* 15, Nr. 4 (März 1961), S. 358 – 361. Beschreibung der Remise durch die Tochter von Duke und Duchess (Herzogin) Richmond, Lady Georgina Lennox, in: Brett-James (1964), S. 41. Proklamation an die Einwohner von Brüssel, bereits abgedruckt: Fournier, *Napoleon the First [Napoleon I.],* übs. v. Margaret Bacon Corwin und Arthur Dart Bissell (1903), S. 716.

Dass Wellington auf dem Ball über Bewegungen der Franzosen informiert wurde: *The Creevey Papers: A Selection from the Correspondence and Diaries of the Late Thomas Creevey, M.P.* (1904), Bd. I, S. 229; Wellington »gefasst wie immer«: ebd., S. 223. Eine »gute Landkarte im Hause«, »Napoleon hat mich hereingelegt«, »Ich muss ihn hier angreifen«, in: Longford (1969), S. 419 und 421. Eine der vielen kritischen Stimmen wegen Wellingtons Teilnahme am Ball: J. M. Thompson, *Napoleon Bonaparte* (1952), S. 411; Wellington und der Duke of Richmond über den Landkarten, u. a.: Lady Shelley, *The Diary of Frances Lady Shelley, 1787 – 1817,* hg. v. Richard Edgcumbe (1914), Bd. I., S. 171. Richmond »markierte die Karte mit einem Stift, und diese Markierung habe ich gesehen«: Lady Shelley, die Richmond kurz danach einen Besuch abstattete, S. 171.

Quatre-Bras wurde von Captain R. H. Gronow beschrieben, in: *The Reminiscenses and Recollections of Captain Gronow: Being Anecdotes of the Camp, Court, Clubs, and Society 1810 – 1860 [Aus der großen Welt. Pariser und Londoner Sittenbilder 1810 – 1860]* (1900), Bd. I., S. 66 f. Ligny und die Bedeutung des preußischen Rückzugs nach Norden: David G. Chandler, *The Campaigns of Napoleon* (1966), S. 1034 – 1047; außerdem: Chandler, *Waterloo: The Hundred Days* (1980), S. 102 f. und 106. Verbitterung der Preußen gegenüber den britischen Verbündeten: Oberst E. Kaulbach, »The Prussians«, in: Alun Chalfont (Hg.), *Waterloo: Battle of Three Armies* (1980), S. 64. Die Nachrichten über Bonapartes Sieg über die Preußen und den Rückzug Wellingtons wurden damals stark aufgebauscht: Creevey (1904), S. 231 f. Die Aktivitäten am 17. Juni werden beschrieben in: Owen Connelly, *Blundering to Glory: Napoleon's Military Campaigns* (1987), S. 210; Robert, *Waterloo: June 18, 1815: The Battle for Modern Europe* (2005), S. 34 – 37, und Kircheisen (1932), S. 699, wo Napoleons Befürchtung erwähnt wird, dass Wellington entkommen könnte.

Das trügerisch flache Gelände wurde beschrieben als »eine große, wellige Ebene«: Croker an seine Ehefrau, 27. Juli 1815, *The Croker Papers: The Correspondence and Diaries of the Late Right Honourable John Wilson Croker,* hg. v. Louis J. Jennings (1884), Bd. I, S. 72; Victor Hugo spricht von »verschiedenen geneigten, wellenförmigen Erhebungen der Ebene«: Victor Hugo, *The Battle of Waterloo,* übs. v. Lascelles Wraxall (1907), S. 29; vgl. ders., *Les Misérables [Die Miserabeln* oder *Die Elenden]* (1862). Wellingtons Aktivitäten am Morgen des 18. Juni, einschließlich seines Briefes an Lady Frances Wedderburn Webster, in: Gregor Dallas, *The Final Act: The Roads to Waterloo* (1997), S. 372. Die »Erschöpfung der Truppen«: John Sutherland, *Men of Waterloo* (1966), S. 186; »Blücher hat den dicksten Mann in seiner Armee ausgewählt«: Alessandro Barbero, *The Battle: A New History of Waterloo [La battaglia. Storia di Waterloo],* übs. v. John Cullen (2005), S. 45. Viel Regen: R. H. Gronow, *The Reminiscenses and Recollections of Captain Gronow: Being Anecdotes of the Camp, Court, Clubs, and Society 1810 – 1860 [Aus der großen Welt. Pariser und Londoner Sittenbilder 1810 – 1860]* (1900), Bd. I., S. 67. Die Bedingungen, die in dieser Nacht herrschten, werden anschaulich geschildert in: Roberts (2005), S. 36 f.; wie die Soldaten schliefen, das fehlende Frühstück und »starr vor Kälte«: John Keegan, *The Face of Battle* (1976), S. 134 ff.

Meine Darstellung von Napoleons Frühstück beruht auf: Andrew Roberts, *Napo-*

*leon and Wellington: The Battle of Waterloo – and the Great Commanders Who Fought It* (2001), S. xxix – xxxi; Barbero, *The Battle: A New History of Waterloo [La battaglia. Storia di Waterloo]* (2005), S. 57, und John Holland Rose (1916), Bd. II, S. 451 f. Napoleon zur Kampfmoral als das Entscheidende im Krieg: Roberts (2001). Der Vorschlag von General Drouot: David G. Chandler, *Waterloo: The Hundred Days* (1980), S. 126; die geringe Ausdehnung des Schlachtfelds: Chandler, *The Campaigns of Napoleon* (1966), S. 1064.

**Kapitel 32: La Belle-Alliance**

Das Gehöft Hougoumont wird beschrieben in: Robert Southey, *Journal of a Tour in the Netherlands in the Autumn of 1815* (1902), S. 89 f.; Colonel Alexander Woodford von den Coldstream Guards in: Antony Brett-James (Hg.), *The Hundred Days: Napoleon's Last Campaign from Eye-Witness Accounts* (1964), S. 108 f. Der Angriff wird anschaulich geschildert in: David Howarth, *Waterloo: Day of the Battle* (1968), S. 71 – 80, sowie von William Seymour in: Alun Chalfont (Hg.), *Waterloo: Battle of Three Armies* (1980), S. 73 – 76, 85 – 90. Prinz Jérômes Verzweiflung, verletzter Stolz und die Bedeutung des gescheiterten Ablenkungsmanövers werden behandelt in: Alan Schom, *One Hundred Days: Napoleon's Road to Waterloo* (1992), S. 280; John Sutherland, *Men of Waterloo* (1966), S. 197; und David G. Chandler, *The Campaigns of Napoleon* (1966), S. 1072 f. Der Gärtner, der sich im Anwesen versteckte, Willem van Kylsom, und die Worte »[aus] allen Löchern, allen Steinplatten«: Victor Hugo, *Battle of Waterloo,* übs. v. Lascelles Wraxall (1907), S. 14, 16 f.; vgl. ders., *Les Misérables [Die Miserabeln* oder *Die Elenden]* (1862). Wellingtons Bemerkung über »den Torschluss«: Elizabeth Longford, *The Years of the Sword* (1969), Bd. I, S. 459; Wellington wiederholte die Bedeutung dieses Vorgangs gegenüber mehreren anderen Personen, z. B. bei Lady Shelley, die darauf im September 1815 in ihrem Tagebuch einging: *The Dairy of Frances Lady Shelley 1787 – 1817,* hg. v. Richard Edgcumbe (1914), S. 172. Alessandro Barberos Theorie, dass die Franzosen das Anwesen gar nicht hätten sehen können: *The Battle: A New History of Waterloo [La battaglia. Storia di Waterloo],* übs. v. John Cullen (2005), S. 76.

Die Unterhaltung zwischen Grouchy und Gérard: Henri Houssaye, *1815: Waterloo* (1904), S. 293 – 296; Hintergrund zu den Kommandeuren: Jacques Champagne in: Chalfont (Hg., 1980), S. 41, 44 f., sowie Owen Connelly, *Blundering to Glory: Napoleon's Military Campaigns* (1987), S. 215. Napoleon in Rossomme und die preußische Armee, die als ferne Wolke erscheint: Sutherland (1966), S. 198, und Longford (1969), Bd. I., S. 460. »Selbst jetzt liegen …« und »Ein Besonnenerer«: Schom (1992), S. 281, dazu auch: Chandler (1966), S. 1076. Die Kanonen: Brett-James (Hg.), S. 113. Die Schwierigkeiten der Formation von Comte d'Erlon: Roberts (2001), S. 175; Roberts (2005), S. 63 ff.; Howarth (1968), S. 88 f. Bylandts Brigaden: Barbero (2005), S. 126 f., 130 und 134; die tief liegenden Wolken: Gregor Dallas, *The Final Act: The Roads to Waterloo* (1997), S. 373. Kugeln gegen Brustpanzer und wie »ein heftiger Hagelsturm«: R. H. Gronow, *The Reminiscences and Recollections of Captain Gronow, Being Anecdotes of the Camp, Court, Club, and Society 1810 – 1860 [Aus der großen Welt. Pariser und Londoner Sittenbilder 1810 – 1860]* (1900), Bd. I, S. 190 f. Einsatz für die

Rechte der Tiere: Paul Johnson, *The Birth of the Modern: World Society 1813–1830* (1991), S. 85.

Uxbridge und der Angriff: Roberts (2005), S. 68–71, und Barbero (2005), S. 139–168. Corporal John Dicksons Bericht über den Angriff der Union Brigade vermittelt, mit welcher Begeisterung solche Attacken geritten wurden (»Eine eigenartige Erregung erfasste mich, und ich bin überzeugt, dass mein edles Tier das Gleiche empfand«), in: Brett-James (Hg., 1964), S. 116–119. »Wohl keiner, der den Tag überlebt hat …« bis »… den wütenden Kürassieren«: Gronow, *Aus der großen Welt* (1908), S. 36 f. Die tatsächliche Größe der Karrees und das Verhalten der Pferde beim Angriff auf ein Karree: Roberts (2005), S. 78 und 85; sowie John Keegan, *The Face of Battle* (1976), S. 157 ff. »Verdammt, der Kerl …«: Longford (1969), Bd. I., S. 468. Wellington bezeichnete Waterloo als einen »vernichtenden Kampf«: Wellington an Beresford, 2. Juli 1815, *WD*, Bd. VIII, S. 185 f. »Schwere Brandung«: Captain C. Mercer, *Journal of the Waterloo Campaign* (1870), S. 110; ähnlich in anderen Berichten: Keegan (1976), S. 158. Dass Neys erster Kavallerieangriff zu früh erfolgte: John Holland Rose, *The Life of Napoleon I Including New Materials from the British Official Records* (1916), Bd. II, S. 461 und 463. Wellingtons Krise, sein Zentrum kurz vor dem Zusammenbruch: Longford (1969), Bd. I., S. 473; Commandant Henry Lachouque, *Waterloo* (1975), S. 177. Zu Napoleons Siegeschancen: Chandler (1966), S. 1085 ff. Basil Jackson über die Deserteure, in: *Notes and Reminiscences of a Staff Officer* (1903), S. 447. »Wo zum Teufel soll ich die hernehmen?«: John Holland Rose, *The Life of Napoleon I* (1916), Bd. II, S. 465. Wellingtons angeblicher Ausruf »Beten wir …«: Barbero (2005), S. 242. Dass die Preußen trotz vieler Hindernisse vorrückten, wird in vielen Quellen erwähnt, wie z. B.: Colonel E. Kaulbach, in: Chalfont (Hg., 1989), S. 92 f. Wie Napoleon die Garde in die Schlacht schickte: Barbero (2005), S. 261–269, und Lachouque (1975), S. 185. Und wie Wellington seine Männer anfeuerte: Longford (1969), Bd. I, S. 476 ff.

Die Flucht der Franzosen in heillosem Durcheinander und die Eroberung von ungefähr 1500 Kanonen mit Munition: Wellington an Earl Balhurst, 19. Juni 1815, *WD*, Bd. VIII, S. 149. Napoleons Bemerkungen über die Panik stammen aus: Gaëtan de Raxis de Flassan, *Histoire de Congrès de Vienne [Der Wiener Congress]* (1829), Bd. II, S. 353. »Von Panik ergriffener ungeordneter Haufen«: David Hamilton-Williams, *The Fall of Napoleon: The Final Betrayal* (1994), S. 239. »Alles ist mir misslungen …«: David Chandler, *Waterloo: The Hundred Days* (1980), S. 10. Dass wichtige französische Marschälle außen vor blieben: Chandler (1966), S. 1022 f., und Roberts (2005), S. 38. Roberts über die Absurdität der Debatte, ob Wellington ohne die Preußen hätte siegen können: Roberts (2005), S. 104.

Neys Aktionen zu Beginn der Schlacht werden z. B. diskutiert in: Chandler (1980), S. 87 ff., 92 und allgemein S. 127, 187–190; ebenfalls in: Chandler (1966), S. 1047–1057, 1061 und 1092. Wellingtons Brief an Earl of Balhurst, geschrieben in Waterloo, 19. Juni 1918: *WD*, S. 146–151, sowie ein weiterer Brief vom selben Tag aus Brüssel: *WD*, S. 152. Wellingtons Aussage zum »Todesstoß« für Napoleon stammt aus einem Brief an den Earl of Uxbridge, 23. Juni 1815: *WD*, Bd. VIII, S. 162. Wie viele andere tat sich auch Varnhagen zunächst schwer, das Ausmaß des Sieges zu begreifen: Varnhagen an Cotta, 30. Juni 1815, *Varnhagen von Ense und Cotta: Briefwechsel 1810–1818,* hg. v. Konrad Feilchenfeldt, Bernhard Fischer und Dietmar Pravida (2006), Bd. I, S. 51. Einige Preußen sprachen ebenfalls von »La Belle-Alliance«: Hardenberg, 18.–24. Juni 1815, *Tagebücher und autobiographische Aufzeichnungen* (2000), S. 822. Schätzungen der Opferzahlen in: David Chandler (1966), S. 1093 f. Brüssel als »riesiges Lazarett«: Eynard, 30. Juni 1815, *Au Congrès du Vienne: Journal de Jean-Gabriel Eynard* (1914–1924), Bd. II, S. 202. Einer der überlasteten Chirurgen in: Brett-James (1964), S. 202 f. Dieser Chirurg, Charles Bell, fertigte zahlreiche Zeichnungen von Verwundungen an, von denen einige in seiner wegweisenden Untersuchung über Neurologie veröffentlicht wurden: Charles Bell, *The Nervous System of the Human Body* (1830). Die eroberten Hinterlassenschaften Napoleons: Wellington an den Prinzregenten, 8. Juli 1815, *WD,* Bd. VIII, S. 202 f. »Ein Trojanisches Pferd …«: Hamilton-Williams (1994), S. 221. Die geheimnisumwitterte Rückkehr Napoleons nach Paris: Pozzo di Borgo an Nesselrode (1890), 15./27. Juni 1815, S. 175. Napoleons Überlegungen über eine Diktatur und seine Abdankung: August Fournier, *Napoleon the First: A Biography [Napoleon I.]* (1903), S. 722 ff.; und F. M. Kircheisen, *Napoleon [Napoleon I. Ein Herrscherleben]* (1932), S. 703, sowie weitere Informationen zu seiner schwierigen Lage, S. 706 f. Die Debatte in der Nationalversammlung nach Waterloo und Napoleons erste Reaktionen: Steven Englund, *Napoleon: A Political Life* (2004), S. 443 ff. Lafayettes Darstellung in: Lafayette, *Mémoires, correspondance et manuscripts* (1837–1838), Bd. V, S. 86. Napoleons letzte Amtshandlungen als Kaiser waren einige Ernennungen und Pensionszuteilungen: *Ordres et apostilles de Napoléon* (1911–1912), Bd. IV, Nr. 6869–6876.

**Kapitel 33: Im rinnenden Sand**

»Finita la commedia«: Gentz, *Tagebücher* (1873), S. 433. Brieftauben wurden häufig zur Übermittlung von Nachrichten eingesetzt, auch noch im Zweiten Weltkrieg, z. B. von Charles Lynch von der Nachrichtenagentur Reuters 1944 in der Normandie: Walter Cronkite, *A Reporter's Life* (1996), S. 104. Sir Walter Scotts Bemerkungen über Waterloo: Walter Scott, *Private Correspondence,* Bd. II, S. 381, sowie Carolly Erickson, *Our Tempestuous Day: A History of Regency England* (1986), S. 182. »Der ganze Boden …«: Walter Scott zit. nach: *Magazin für die Literatur des Auslandes*, Nr. 12, 26. Januar 1838, S. 45. Lady Shelley besuchte den Schauplatz drei Monate später, sie wohnte beim Duke und der Duchess of Richmond und beobachtete, wie Bauern verschiedene Gegenstände verkauften: *The Diary of Frances Lady Shelley, 1787–1817,* hg. v. Richard Edgcumbe (1914), S. 168. Croker an seine Ehefrau, 27. Juli 1815: *The Croker Papers: The Correspondence and Diaries of the Late Right Honourable John Wilson Croker* (1884), Bd. I, S. 72. Hüte, Mützen und viele andere Gegenstände lagen in diesem Herbst noch immer auf dem Schlachtfeld: *Reminescences and Recollections of Captain Gronow, Being Anecdotes of the Camp, Clubs and Society, 1810–1860 [Aus der großen Welt. Pariser und Londoner Sittenbilder 1810–1860]* (1900); Robert Southey, *Journal of a Tour in the Netherlands in the Autumn of 1815*; das Manuskript wurde in den 1860er-Jahren bei einer Versteigerung erworben und 1902 veröffentlicht, S. 93.

Die 133 Tage dauernden Friedensverhandlungen: Palmer, *Metternich [Metternich.*

*Der Staatsmann Europas – eine Biographie]* (1972), S. 151; zu den Spielhallen in Paris: Gronow (1900), S. 87f.; sowie weitere Details zur Szenerie: S. 299–305. Militärpräsenz in Paris, z.B. Soldaten, die ihre Pferde an die Bäume in den Champs-Élysées binden: G.O., 12. August 1815, *WD,* Bd. VIII, S. 240. Wellingtons Unterstützung für eine erneute Restauration der Bourbonen: Wellington an Bathurst, 2. Juli 1815, *WD,* Bd. VIII, S. 188–193. Rückkehr der Bourbonen und »ausländische Bajonette«: Graf Molé, *The Life and Memoirs of Count Molé (1781–1855) [Le comte Molé, 1781–1855. Sa vie, ses mémoires],* hg. v. Marquis de Noailles (1924), Bd. I, S. 240. Zusammenstöße zwischen Bonapartisten und Royalisten: Eynard (1914–1924), 27. Juli 1815, Bd. II, S. 251, und Croker an seine Ehefrau, 17. Juli 1815 (1884), S. 65; natürlich auch zwischen den früheren verbündeten Soldaten: z.B. Gentz an Pilat, 12. September 1815, *Briefe von Friedrich von Gentz an Pilat,* hg. v. Karl Mendelssohn-Bartholdy (1868), Bd. I, S. 182f. Die zunehmende Unbeliebtheit von König Ludwig XVIII., die Sicht der Ratgeber und die Angst vor einem Rückfall des Landes ins 17. Jahrhundert: Gentz an Karadja, 23. Oktober 1815, *Dépêches inédites* (1876), Bd. I, S. 187.

Dass Blücher Napoleon exekutieren lassen wollte, berichtete der Duke of Wellington Sir Charles Stuart am 28. Juni 1815; die Bemerkungen sind in einem Brief von Sir Charles Stuart an Castlereagh enthalten: 30. Juni 1815, *CC,* Bd. X, S. 386f. Castlereagh hatte sich dafür ausgesprochen, Napoleon nach Fort St. George in Schottland zu bringen: Brief an Lord Liverpool, 17. Juli 1815, *BD,* S. 350. Wellington stimmte ihm zu, wie Lady Shelley notierte: *The Diary of Frances Lady Shelley 1787–1817,* hg. v. Richard Edgcumbe (1914), S. 105. Dass zwei Fregatten Napoleon nach Amerika bringen sollten, teilte die französische Delegation den Repräsentanten der Koalition mit: Pozzo di Borgo an Nesselrode, 20. Juni/2. Juli 1815, *Correspondance diplomatique du comte Pozzo di Borgo* (1890), S. 183.

Napoleons Bereitschaft zu kämpfen und die Stärke der französischen Streitkräfte auch nach Waterloo: David G. Chandler (1966), S. 1093f. Napoleon in Malmaison: Henry Lachouque, *The Last Days of Napoleon's Empire: From Waterloo to St. Helena [Les derniers jours de l'empire],* übs. v. Lovett F. Edwards (1966), S. 119–138; *The Memoirs of Queen Hortense [Um Napoleon. Memoiren der Königin Hortense],* übs. v. Arthur Griggs (1927), Bd. II, S. 237–250. Napoleon, der seine Möglichkeiten überdenkt: Gilbert Martineau, *Napoleon Surrenders [Napoléon se rend aux anglais],* übs. v. Grances Partridge (1971), S. 79–83; Weiteres dazu, auch zu Napoleons Aufenthalt auf der HMS *Bellerophon,* in: David Cordingly, *The Billy Ruffian: The Bellerophon and the Downfall of Napoleon: The Biography of a Ship of the Line, 1782–1836* (2003), S. 228–278. Liverpools Bemerkung darüber, dass Napoleon zu einem »Objekt der Neugier« geworden sei: Brief an Castlereagh, 21. Juli 1815, *CC,* Bd. X, S. 434. Napoleon an Bord der HMS *Northumberland*: John R. Glover, Sekretär von Konteradmiral George Cockburn auf der HMS *Northumberland,* 7. August 1815, *Taking Napoleon to St. Helena* (1895), S. 93.

Während Preußen auf Gebietsabtretungen drängte, unterstützte England die Aufrechterhaltung der territorialen Integrität Frankreichs in seinen Grenzen von 1790: Gentz an Karadja, 5. September 1815, *Dépêches inédites* (1876), S. 176f. Russland mahnte ebenfalls zur Mäßigung. Gneisenaus Härte grenzte an Rachsucht (vor allem wegen Frankreichs Rolle bei der Entscheidung, Preußen Sachsen zu entziehen): Pozzo di Borgo an Nesselrode, 2. Juli 1815 (1890), S. 187 (im russischen Kalender der 20. Juni). »Beträchtliche Schwierigkeiten mit den Preußen«: Castlereagh an Liverpool, 12. Juli 1815, *BD,* S. 342. Die Übergriffe und Zerstörungen durch die Preußen auf ihrem Weg durch Frankreich: Gronow (1908), S. 44, 60, 64–67. Klagen über ihre Exzesse und deren negative Folgen in zahlreichen Briefen: Castlereagh an Liverpool, 24. Juli 1815, *BD,* Nr. CCVII, S. 351, und *WSD,* Bd. XI, S. 122. Dass Hardenberg sich wie inmitten von »Prätorianergarden« fühlte: Castlereagh an Liverpool, 24. August 1815, *BD,* S. 370; ebenfalls *WSD,* Bd. XI, S. 137. Hardenberg war verärgert über Blücher und machte ihm deutlich, dass seine Forderungen nicht durchsetzbar seien: 31. August 1815, *Tagebücher und autobiographische Aufzeichnungen* (2000), S. 825. Die Preußen sorgten sich um den Einfluss der Armee auf ihr Kabinett: Pozzo di Borgo an Nesselrode, 17. Oktober 1815 (1890), S. 220 f. Die Bezeichnung für tollwütige Hunde in Frankreich: Gregor Dallas, *The Final Act: The Roads to Waterloo* (1997), S. 402. »Blücher« lautete übrigens auch der Name des Neufundländers des Duke of Richmond: Johnson (1991), S. 717. Angst vor den Preußen, u. a. ihren maßlosen Geldforderungen, und Verminung der Brücke: Castlereagh an Liverpool, 8. Juli 1815, *CC,* Bd. X, S. 419 f.; Croker an seine Ehefrau, 13. Juli 1815: Croker (1884), S. 62; Pozzo di Borgo an Nesselrode, 9. Juli 1815, *Correspondance diplomatique* (1890), S. 203. Dass die Preußen die Pont d'Iéna sprengen wollten: Graf Molé, S. 317; er war für die Brücken und ihre Instandhaltung verantwortlich und schätzte den Schaden auf insgesamt rund 12 000 Francs. Wellingtons Intervention zugunsten der Brücke: Wellington an Blücher, 8. Juli 1815, *WD,* Bd. VIII, S. 201, und am nächsten Tag, S. 203 f., hier auch seine Argumente gegen eine Reparationszahlung von 100 Millionen Francs. Wellingtons Einsatz für die Brücke wird auch angesprochen in: Lady Shelley, *Diary* (1914), S. 107, sowie in: Pozzo di Borgo (1890), S. 203. Croker behauptete, er habe die »Markierungen der Sprengung« gesehen: Brief an seine Ehefrau, 13. Juli 1815 (1884), S. 62; Gronow (1908), S. 55.

Die Preußen seien »von Hass und Rachsucht getrieben«: Hintergrund dieser Bemerkung war die Beobachtung, dass einige englische Vertreter diese preußische Haltung übernahmen: Gentz an Karadja, 5. September 1815, *Dépêches inédites* (1876), S. 173; weitere Forderungen: Gentz an Karadja, 5. September 1815, S. 174 f.; Castlereagh an Liverpool, 21. September 1815, *BD,* Nr. CCXXVI, S. 378 f., und *WSD,* Bd. XI, S. 165. »Für den Rest unseres Lebens mit Revolutionen rechnen«: Talleyrand an die Herzogin von Kurland, 1. Juni 1815, *TLI,* S. 199. In Vivant Denon, *Précis de ce qui s'est passé au musée royal depuis l'entrée des alliés à Paris,* und mehreren Briefen werden diese Szenen beschrieben, wie etwa an den Duc de Richelieu, 10. Juli 1815, enthalten in: Marie-Ann Dupuy, Isabelle le Masne de Chermont, Elaine Williamson (Hg.), *Vivant Denon: directeur des musées sous le consulat et l'empire correspondence (1802–1815)* (1999). Denons Versuch, die Kunstgüter im Louvre zu schützen: Judith Nowinski, *Baron Dominique Vivant Denon (1747–1825): Hedonist and Scholar in a Period of Transition* (1977), S. 102 ff. Mehr Informationen zur Erstürmung des Museums durch die Preußen: Dorothy Mackay Quynn, »The Art Confiscation of the Napoleonic Wars«, in: *American Historical Review,* Bd. 50, Nr. 3 (April 1945), S. 450; sowie:

Charles Saunier, *Les conquêtes artistiques de la revolution et de l'empire: reprises et abandons des alliés en 1815* (1902), S. 101 – 111.

Wellington beschreibt die Bemühungen der Könige von Preußen und der Niederlande, ihre Kunstgüter zurückzuholen: Wellington an Castlereagh, 23. September 1815, *WD,* Bd. VIII, S. 267 – 270. Wellingtons Bemerkungen über die Plünderungen: Elizabeth Longford, *Wellington: Pillar of State* (1972), S. 27. Canovas Mission zur Inspektion der aus dem Vatikan geraubten Kunstschätze: Ercole Consalvi, *Mémoires [Memoiren]* (1864), 15. September 1815, S. 85 ff., und 2. Oktober 1815, S. 87 ff. Canova »zwischen Hoffen und Bangen«, die Schwierigkeiten, die aus dem Vertrag von Tolentino erwuchsen, und die Argumente für eine weitere Verwahrung der Kunstwerke in Paris, die er zu hören bekam: Canova an Papst Pius VII., 15. September 1815, Consalvi (1864), S. 85 f. Weitere Informationen zu den unter Napoleon geraubten Kunstschätzen des Vatikans: John Martin Robinson, *Cardinal Consalvi 1757 – 1824* (1987), S. 35; Owen Chadwick, *The Popes and European Revolution* (1981), S. 462; E. E. Y. Hales, *Revolution and the Papacy* (1960), S. 113 ff. Der Abtransport der *Venus* und der Bronzepferde und der Streit um die Kunst: Dorothy Mackay Quynn (April 1945), S. 451 – 460. Denon wirkte »sehr niedergeschlagen«: Croker an seine Ehefrau, 14. Juli 1815, John Wilson Croker, *The Croker Papers: The Correspondence and Diaries of the Late Right Honourable John Wilson Croker 1809 to 1830,* hg. v. Louis J. Jennings (1884), Bd. I, S. 62. Dass Wellington im Theater ausgebuht wurde: Rorry Muir, *Britain and the Defeat of Napoleon 1807 – 1815* (1996), S. 372. Die Zahlenangaben zu den rückgeführten Kunstwerken: Antoine Lavallée, in: Charles Saunier (1902), S. 161. Jacob Grimms Suche nach Manuskripten: Brief an seinen Bruder Wilhelm, 23. September 1815, *Briefwechsel zwischen Jacob und Wilhelm Grimm aus der Jugendzeit* (1963), S. 453 f. Soldaten mussten die Arbeiter am Arc de Triomphe schützen; dazu und über die Unmöglichkeit, Paolo Veroneses *Hochzeit zu Kana* abzutransportieren: Schwarzenberg an seine Ehefrau, 29. September 1815, in: Johann Friedrich Novák (Hg.), *Briefe des Feldmarschalls Fürsten Schwarzenberg an seine Frau, 1799 – 1816* (1913), S. 422. Basil Jackson beobachtete die Soldaten und den Abtransport: Basil Jackson, *Notes and Reminiscences of a Staff Officer* (1903), S. 106 – 110.

Der Zar unter dem Einfluss von Baronin Krüdener: Clarence Ford, *Life and Letters of Madame de Krudener* (1893), S. 176 ff.; Ernest John Knapton, *The Lady of the Holy Alliance* (1939), S. 147 ff.; Gräfin Edling, *Mémoires* (1888), S. 241 f. Die Unterzeichnung des Gründungsdokuments der Heiligen Allianz: Hardenberg, 26. September 1815, *Tagebücher und autobiographische Aufzeichnungen* (2000), S. 826. Wortlaut des Dokuments: Angeberg, *Le Congrès de Vienne et les traités de 1815* (1864), Bd. IV, S. 1547 ff. Der »große Ausbruch von Liebe« und Parallelen zu Wilsons Völkerbundidee in der Heiligen Allianz: Dallas (1997), S. 410 und 442. Zitate aus dem Gründungsdokument: »Allianzvertrag zwischen dem Kaiser von Russland Alexander I., dem Kaiser von Österreich Franz II. und dem König von Preußen Friedrich Wilhelm III.« (26. 9. 1815), in: documentArchiv.de (Hg.), http://www.documentArchiv.de/nzjh/1815/heilige-allianz.html. Zar Alexander schrieb Castlereagh, dass ihm »nichts größere Befriedigung bereitet [habe], als dieses Band des Friedens zu unterzeichnen«: Castlereagh an Liverpool, 28. September 1815, *BD,* S. 384. Viele weitere

Monarchen und Staaten traten später ebenfalls der Heiligen Allianz bei, darunter die Könige von Württemberg, Sachsen, Sardinien und den Niederlanden sowie die Schweizerische Eidgenossenschaft und einige frühere Hansestädte. Die USA hielten sich abseits, wenngleich auch dort einige Vereinigungen wie die Massachusetts Peace Society für einen Beitritt warben und dem Zaren in einem Brief mitteilten, dass sie beabsichtigten, »die Grundsätze, die in dieser wunderbaren Allianz verkündet wurden, zu verbreiten«. Weitere Informationen zur Heiligen Allianz und zur Haltung der USA: William Penn Cresson, *The Holy Alliance: The European Background of the Monroe Doctrine* (1922), S. 48. Henry Kissingers Bemerkungen zur Heiligen Allianz in: Kissinger, *Diplomacy [Die Vernunft der Nationen]* (1994), S. 83. Consalvis Proteste gegen die Heilige Allianz: Hales, *Revolution and Papacy, 1769 – 1846* (1960), S. 237. Metternichs Sicht: *NP,* Bd. I, S. 214 ff. Castlereaghs Bemerkung über »pathetischen Mystizismus und Unsinn«: Brief an Liverpool, 28. September 1815, *BD,* Nr. CCXVIII, S. 383; *WSD,* Bd. XI, S. 175.

»Konferenzdiplomatie«: Edward Vose Gulick, *Europe's Classical Balance of Power: A Case History of the Theory and Practice of One of the Great Concepts of European Statecraft* (1967), S. 289 f. Die Bedeutung von Artikel VI wird hervorgehoben in: Kissinger, *A World Restored: Metternich, Castlereagh, and the Problems of Peace 1812 – 1822 [Das Gleichgewicht der Großmächte. Metternich, Castlereagh und die Neuordnung Europas 1812 – 1822]* (1957), S. 221; ders., *Diplomacy [Die Vernunft der Nationen]* (1994), S. 83. Gentz als möglicher Generalsekretär Europas, 21. Oktober 1815: *Tagebücher* (1873), Bd. I, S. 421. »Die zwischenstaatlichen Angelegenheiten … zu ordnen und zu regeln …«: C. K. Webster, *The Foreign Policy of Castlereagh, 1815 – 1822* (1929), S. 121.

»Eine Art Königin der diplomatischen Welt«: R. H. Gronow, *The Reminiscences and Recollections of Captain Gronow, Being Anecdotes of the Camp, Court, Clubs, and Society 1810 – 1860 [Aus der großen Welt. Pariser und Londoner Sittenbilder 1810 – 1860]* (1900), Bd. I, S. 300; »Eine rasende Leidenschaft …«: Charles Rémusat, *Mémoires de ma vie* (1958 – 1967), Bd. I, S. 274 f. Dorothea wurde von Agent Nota als Talleyrands heimliche Liebe betrachtet: Nota an Hager, 5. November 1815, *DCV,* Bd. II, Nr. 2768, auch von anderen, wie z. B.: Pasquier, *Historie du mon temps: Mémoires du chancelier Pasquier* (1893 – 1894), Bd. III, S. 369. Philip Ziegler glaubte ebenfalls, dass »Talleyrand Dorothea innig liebte«, und kritisiert die Quellen: *The Duchess of Dino: Chatelaine of Europe [Die Herzogin von Dino]* (1962), S. 127 – 134, 141 f., ebenso Françoise de Berardy, *Talleyrand's Last Duchess* (1966), S. 126 – 131, und Emmanuel de Waresquiel, *Talleyrand: le prince immobile* (2003), S. 481 f. »Verzehrt von einem schleichenden Fieber …«: Graf Molé (Hg.), *The Life and Memoirs of Count Molé (1781 – 1855) [Le comte Molé, 1781 – 1855. Sa vie, ses mémoires],* hg. v. Marquis de Noailles (1924), Bd. III, S. 343 f.

Die Begehrlichkeiten der französischen Nachbarn Niederlande, Preußen, Bayern und Württemberg: Castlereagh an Liverpool, 24. Juli 1815, *BD,* Nr. CCVII, S. 350; *WSD,* Bd. XI, S. 122. Forderungen nach Entschädigung und Sicherheit anstelle eines Anspruchs aufgrund einer Eroberung: Castlereagh an Liverpool, 25. September 1815, *BD,* Nr. CCXXVII, S. 380. Abtretung von französischem Gebiet vorhergesagt, auch von Elsass und Lothringen: Nota an Hager, 10. August 1815, *DCV,* Bd. II, Nr. 2698.

Gentz bestritt die vermutete Beteiligung der Großmächte an der Entlassung Talleyrands: Gentz an Karadja, 25. September 1815, *Dépêches inédites* (1876), S. 179 f. Hardenberg notierte jedoch, dass sich Alexander für Pozzo di Borgo einsetzte, dem offenbar die Position von der französischen Regierung angeboten wurde: *Tagebücher und autobiographische Aufzeichnungen,* 21. September 1815, S. 825. Brief von König Ludwig XVIII. an Zar Alexander, 11./23. September 1815, wiedergegeben in: *Correspondance diplomatique* (1890), S. 209 ff. Pozzo glaubte nicht, dass der französische König die Bedingungen akzeptieren könnte: 15./27. August 1815, S. 207. Kosten und tägliche Ausgaben für die österreichische Armee: Gunther E. Rothenberg, »The Austrian Army in the Age of Metternich«, in: *Journal of Modern History* 40, Nr. 2 (Juni 1968), S. 165. Zweiter Pariser Frieden: Kircheisen, S. 705; Unterzeichnung des Vertrags: Gentz, 20. November 1815, *Tagebücher,* S. 430; Gentz an Karadja, 25. November 1815, *Dépêches inédites,* S. 192. Richelieu las den Vertrag mit »Tränen in den Augen«, wie Graf Molé beobachtete, und Talleyrand hätte sich lieber die Hände abhacken lassen, als den Vertrag zu unterschreiben: Molé, Bd. II, S. 78 und 89. Auch Edling fand, dass es sich um einen »Missbrauch des Sieges« handelte: Edling (1888), S. 244. Ein »Meisterwerk der Zerstörung« (»un chef-d'œuvre de destruction«): Pozzo di Borgo an Zar Alexander, 15./27. August 1815, *Correspondance diplomatique* (1890), S. 207. Wortlaut des Vertrags: Angeberg (1864), Bd. IV, S. 159 ff. »Diese Stadt und diese Sonne ...«: Brief von Metternich an seine Tochter Marie, 13. Juli 1815, enthalten in: Alan Palmer, *Metternich. Der Staatsmann Europas. Eine Biographie* (1977), S. 205.

**Epilog**

Napoleon kam am 15. Oktober im Hafen der Insel an, doch er ging erst am 17. Oktober an Land. Die Bezeichnung »schwarze Warze« stammt vom Marinearzt Henry, zit. in: Alan Schom, *Napoleon Bonaparte* (1997), S. 767, und in: John Holland Rose, *The Life of Napoleon I* (1916), Bd. II, S. 497. Alexander hatte Marie-Louise wie versprochen geholfen, Parma zurückzuerlangen, und es war ein Geheimvertrag unterzeichnet worden, der ihrem Sohn die Nachfolge im Herzogtum garantierte. Marie-Louises Geschenk für Metternich: Agent Freddi an Hager, 13. Juli 1815, *DCV,* Bd. II, Nr. 2657. Die spätere Heirat der Herzogin von Sagan, ihre Depressionen und ihre Niedergeschlagenheit: Dorothy McGuigan, *Metternich, Napoleon und die Herzogin von Sagan* (1979), S. 464 f. Die Lösung der Schwierigkeiten von Fürstin Bagration und ihre spätere Ehe: Louis Hastier, »Les Bagration«, in: *Vieilles histoires, étranges énigmes* (1962), S. 175 und 182. Bagration alias Feodora in Balzacs *La Peau de chagrin* »avec une étonnante précision«: Hastier (1962), S. 184 f., und Susan Mary Alsop, *The Congress Dances: Vienna 1814–1815* (1984), S. 208. »Sie hat vergessen, alt zu werden ...«: McGuigan (1979), S. 465. Die Herzogin in der tschechischen Literatur: McGuigan (1979), S. 467. »Phantasma, unwirkliches Wesen«: Harold Nicolson, *The Congress of Vienna: A Study in Allied Unity: 1812–1822 [Der Wiener Kongress oder Über die Einigkeit der Verbündeten 1812–1822]* (1946), S. 274.

Eine ungenaue Todesbescheinigung ist ein Grund für die Spekulationen über den Tod des Zaren: Allen McConnell, *Tsar Alexander I: Paternalistic Reformer* (1970), S. 185; ebenfalls: Henri Troyat, *Alexander of Russia: Napoleon's Conqueror [Alexandre premier],* übs. v. Joan Pinkham (1980), Anm. 293; Troyat befasste sich auch mit weiteren Unklarheiten im Zusammenhang mit der Sterbeurkunde, S. 302 f. Die Theorie, dass der Zar in ein Kloster in Palästina geflohen sei, wurde untersucht in: Maurice Paléologue, *The Enigmatic Tsar [Un tsar énigmatique]* (1938), S. 317 f. Zu den Anhängern der Theorie, dass der Zar Fjodor Kusmitsch war, zählte auch Fürst Wladimir Bariatinsky: *Le mystère d'Alexandre Ier* (1929). In der russischen Geschichte gibt es jedoch zahlreiche ähnliche Legenden über frühere Herrscher, vom »falschen Dimitri« bis zu mehreren Verkörperungen von Peter III. Puschkins Charakterisierung des Zaren als »eine Sphinx, die ihr Geheimnis mit ins Grab nahm«: Alan Palmer, *Alexander I: Tsar of War and Peace [Alexander I.: Gegenspieler Napoleons]* (1974), S. xviii. Siehe dazu auch: Großfürst Nikolai Michailowitsch Romanow, *Le Tsar Alexandre [L'Empereur Alexandre Ier: Essai d'étude historique]* (1931), Bd. I, S. 343 f.

Die Zahlungen des sächsischen Königs an Talleyrand tauchen in zahlreichen Quellen auf, z. B.: Lord Acton, »Essay on the *Mémoires* of Talleyrand«, in: ders., *Historical Essays and Studies* (1926), S. 397. John Emerich Edward Dalberg-Acton war ein Enkel des Herzogs von Dalberg, der in Wien für Talleyrand arbeitete. Acton zitierte eine Unterhaltung mit Graf Senfft, einem ehemaligen sächsischen Minister, der Talleyrand kannte und berichtete, dass dieser Geld aus Sachsen erhalten habe, und zwar bis zu 40 000 Pfund. »Wien, Wien …« und »Briefmarken ablecken«: Ziegler, *The Duchess of Dino: Chatelaine of Europe [Die Herzogin von Dino]* (1962), S. 127 und 121. Castlereaghs Tod: H. Montgomery Hyde, *Strange Death of Lord Castlereagh* (1959).

Woodrow Wilsons Bemerkung über den »Geruch von Wien« wurde veranlasst durch einen Kommentar des neuseeländischen Premierministers, der im Rat der Zehn eine Frage stellte, nachdem er *Congress of Vienna* (1919) von Webster gelesen hatte, und dies war auch die letzte Bezugnahme auf den Wiener Kongress auf der Pariser Friedenskonferenz, wie Webster später feststellte: C. K. Webster, *The Art and Practice of Diplomacy* (1961), S. 28. »Die großen Fische fressen …«: Marquis de Labrador, *Mélanges sur la vie privée et publique* (1849), S. 33. Weiteres zur Frage des Nationalismus auf dem Wiener Kongress: Hannah Strauss, *The Attitude of the Congress of Vienna Toward Nationalism in Germany, Italy, and Poland* (1949). Verteilung der Beute: Gentz über den Kongress, *NP*, Bd. II, S. 474. Kissingers Bemerkungen über den Deutschen Bund: Kissinger, *Diplomacy [Die Vernunft der Nationen]* (1994), S. 80 f.; das Vermächtnis des Kongresses in Deutschland bis 1866: James Sheehan, *German History, 1770 – 1866 [Der Ausklang des alten Reiches]* (1994), S. 401. Ein »gerechtes Gleichgewicht«: Brief Castlereaghs an Liverpool, 11. November 1814, *BD,* S. 232. Mehr zur Beziehung zwischen den europäischen Großmächten und zur Monroedoktrin: William Penn Cresson, *The Holy Alliance: The European Background of the Monroe Doctrine* (1922). Die Proklamation der schweizerischen Neutralität: Angeberg (1864), Bd. IV, S. 1640 f. Diplomatische Gepflogenheiten, Rangfolge: Labrador, *Mélanges sur la vie privée et publique* (1849), S. 50 f., sowie Annex XVIII der Schlussakte, der auf den 19. März 1815 datiert wurde (1864), Bd. III, S. 934 f. und 939 f. Castlereagh über den europäischen Sicherheits-»Apparat« in einer Rede vor dem britischen Unterhaus: 20. März 1815, enthalten in: Anhang II zu *BD,* S. 395. Text der Schlussakte: Angeberg, *Le Congrès du Vienne et les traités de 1815* (1864), Bd. III, S. 1386 – 1433.

# Personenregister

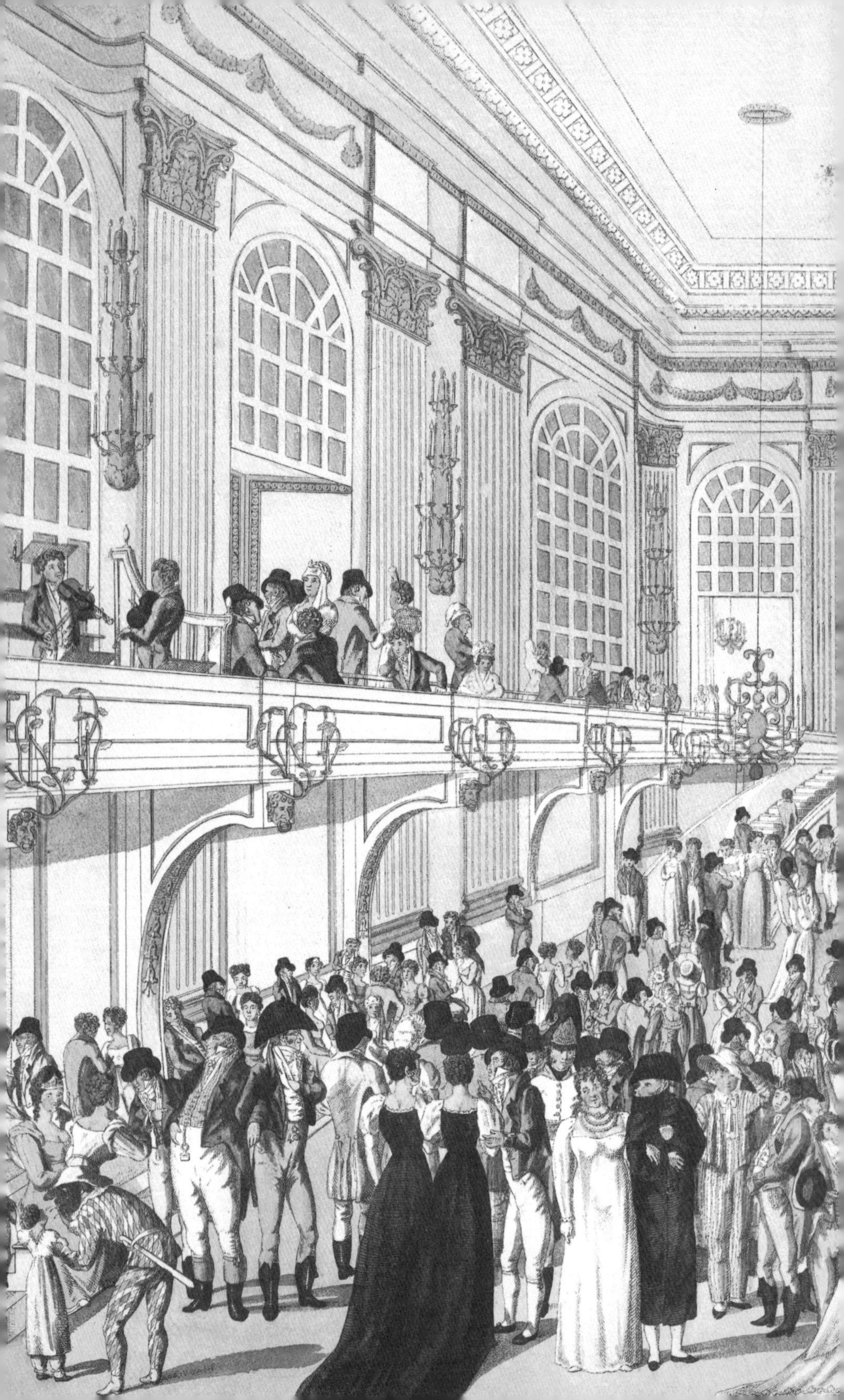